BIBLIOTHÈQUE GERMANIQUE

Par Mme DE POLIER, *le* C. A. LABAUME *et le* C. DEMAIMIEUX, *inventeur de la Pasigraphie, membre de l'Académie des Sciences de Harlem.*

TOME PREMIER.

A PARIS,

Chez les frères LEVRAULT, quai Malaquais, au coin de la rue des Petits-Augustins; à STRASBOURG, chez les mêmes, imprimeurs-libraires.

AN IX. 1800.

PRÉFACE.

On reprocherait, avec raison, aux auteurs de la Bibliothéque germanique un excès d'engouement, qui toucherait de bien près à la démence, si, vouant une admiration exclusive aux productions de la littérature allemande, ils prétendaient les offrir à leurs compatriotes comme devant faire oublier les chef-d'œuvres et les modèles dont la littérature française s'honore à juste titre.

Une idée aussi absurde ne leur est jamais entrée dans l'esprit; mais ils pensent que les hommes studieux, à qui les circonstances n'ont pas permis d'apprendre l'allemand, leur sauront gré de mettre en circulation les connnaissances et les idées d'une nation laborieuse, qui ne le cède à aucune autre dans les sciences naturelles ou exactes, dans la statistique, dans l'érudition classique et dans l'analyse des beautés artielles, et qui possède, dans toutes les parties des belles-lettres, des ouvrages, sinon parfaits, au moins recommandables sous plusieurs rapports.

Borner, comme on l'a fait en dernier lieu, ce qui nous est venu de bon de l'Allemagne, aux œuvres de Gessner, c'est, à leur avis, déceler beaucoup d'aveuglement ou beaucoup de partialité. Les quatre volumes de poésies traduites par Huber; *Wilhelmine*, de Thummel; la *Mort d'Adam*, de Klopstock; les *Fables* et quelques pièces de Lessing; la *Théorie des Beaux-Arts*, de Sulzer, disséminée dans la première Encyclopédie ; l'*Histoire des Suisses*, de Müller; les premiers volumes de l'*Histoire des Allemands*, par Schmidt; l'*Histoire de l'ancienne philosophie*, de Meiners; la *Solitude*, de Zimmermann; le *Musarion*, l'*Agathon*, le *Socrate en délire*, le *Peregrinus Protée*, de Wieland; le *Werther*, de Goethe; ce qu'on a traduit des *Esquisses* de Meissner, et des *Bagatelles*, d'Anton Wall, etc. leur paraissent déposer victorieusement contre cette assertion.

Ces ouvrages, suivant eux, ne répondent pas moins victorieusement au dédain avec lequel les Allemands sont traités dans un *Cours de littérature*, qui présenterait moins de lacunes et d'erreurs, et des résultats moins superficiels, si son auteur avait connu les écrits de plusieurs savants d'Allemagne.

Soutenus par ces considérations, certains d'avoir à exploiter une mine abondante d'instruction et d'amusement, les auteurs de la *Bibliothéque germanique* s'occuperont de leur entreprise avec autant de zèle que de persévérance.

Ils se trouveront heureux d'obtenir le suffrage des lecteurs impartiaux, à défaut de celui des critiques aveuglés par la prévention.

BIBLIOTHÈQUE GERMANIQUE.

STATISTIQUE.

STATISTIK des Kœnigreichs Ungarn, Versuch von Martin SCHWARTNER. — *Essai de Statistique du royaume de Hongrie, par M. SCHWARTNER, professeur de diplomatie, et premier bibliothécaire de l'université de Pest.* Pest, Trattner.

Les savants d'Allemagne regardent cet ouvrage comme une addition importante à leurs richesses historiques. Il présente, sous le titre modeste d'*Essai*, un tableau détaillé, non-seulement des avantages que la nature a prodigués à la Hongrie, mais encore de l'état des arts, de la liberté d'esprit et du patriotisme qui règnent dans cette contrée.

L'introduction renferme des éclaircissements préliminaires relatifs aux diverses parties et aux meilleures sources de l'histoire politique et littéraire, et sur l'utilité de la statistique hongroise. L'auteur divise celle-ci en trois sections, selon la méthode d'Achenwall et de Schlœzer; 1.º parties intégrantes de l'état; 2.º pays, habitants et productions; 3.º constitution et administration.

Il met au nombre des sources, les documents authentiques, les actes publics, les mémoires politiques, les ouvrages géographiques, historiques, et les recueils d'antiquités étrangères et nationales, les relations de voyages, enfin les journaux et les gazettes; et il indique, par des exemples, la meilleure manière de puiser dans chacune de ces sources.

Le code fondamental hongrois, les pactes, transactions et traités qui composent le droit public de Hongrie, sont réunis dans le *Corpus Juris Hungarici*, dont la dernière édition fut publiée en deux volumes in-folio, à Ofen, en 1779. *Le Calendrier des Titres* se publie, chaque année, en latin, en deux formats, sous la protection du conseil d'état royal. Il a commencé en 1728. Le plus ancien calendrier (annuaire) écrit en hongrois, mais traduit, que connaisse l'auteur, est de 1584.

On ne peut, dit-il, dans celle de ses divisions qui traite du pays, des habitants, des productions et du commerce, fixer au juste l'étendue de la Hongrie. Joseph II mourut avant qu'on eût terminé l'arpentage géométrique, pour lequel il avait établi une commission. Cette commission fut très-désagréable aux Etats du pays, qui craignirent que la suite naturelle d'une pareille opération, ne fût un dénombrement, un cadastre et des impôts.

A la mort de Joseph, ces travaux cessèrent, quoiqu'ils eussent déjà coûté des millions, et, dans quelques endroits, l'ivresse de la joie qu'on ressentit, en apprenant que la commission était supprimée, porta le peuple à mettre le feu aux ouvrages faits, pour en détruire à jamais le souvenir.

Il est peu de pays dont on ait autant et d'aussi bonnes cartes que la Hongrie, et cependant elles ont été, jusqu'à présent, peu d'accord sur la véritable étendue et le toisé de la totalité du royaume. Selon une des plus modernes, publiée à Vienne, en 1791, en quatre feuilles, la surface entière du royaume, en y comprenant la Dalmatie, la Croatie et l'Esclavonie, a 4,033 milles quarrés. Si l'on y ajoute 730 milles pour la Transylvanie, le tout donnera 4,763 milles quarrés. La quantité de marais qu'il y a en Hongrie, est, à la fois, une preuve, et l'une des causes de la modicité de sa population. On accusa toujours le climat de Hongrie d'insalubrité, au point de donner au pays les dénominations proverbiales de tombeau des étrangers, de cimetière des Allemands. M. Schwartner en fait l'apologie.

En 1787, lors du troisième dénombrement, le nombre des habitants de la Hongrie, de l'Esclavonie et de la partie hongroise de la Croatie et de la Dalmatie, en n'y comprenant pas la Transylvanie, se trouva monter à 7,116,789 ames. La guerre de Turquie et la famine de 1788, le manque de fourrage qui ruina tant de particuliers en 1794, et une épidémie venue de Turquie en 1795, auront, sans doute, diminué la population ; mais l'auteur croit que quatre bonnes années consécutives auront réparé cette perte.

Quelque nombreux que soient les habitants de la

Hongrie, pris en masse, la population n'y est pas moins très-médiocre, puisque le total ci-dessus ne donne pas 1848 ames par chaque mille quarré géométrique.

La nourriture des bestiaux y est très-abondante, mais les fourrages y sont maigres ; les prés artificiels, mal semés, peu productifs et rares ; les procédés économiques, relatifs aux écuries et aux étables, n'y sont introduits nulle part. On envoie les bœufs et les troupeaux de moutons dans de grandes plaines où bruyères, où personne n'a le droit de s'établir que les bergers. Ces terrains vagues, nommés, en Hongrie, *pussten* ou *prædia*, étaient au nombre de 1,305 en 1787. A supposer 1,000 hommes sur chacun de ces *pussten*, la population serait augmentée de 1,305,000 hommes. Mais les propriétaires nobles perdraient trop à ce calcul. Or, il n'y a, en Hongrie, que les nobles qui aient le droit de posséder des seigneuries, et leurs fermiers ou administrateurs, savent bien leur prouver que les moutons, nourris sur les *pussten*, ne sont tondus que pour le seigneur, au lieu que, dans les villages, le sujet doit encore payer divers impôts, et vivre, avec sa famille, du produit des champs qu'il laboure.

Aucun pays n'offre, peut-être, autant de nations et de langues différentes que la Hongrie. M. Schwartner classe ainsi ces diverses nations d'après leur langue.

1.º Les Hongrois indigènes ou originaires, vivant, la plupart, dans le plat pays ; c'est pour cela que la langue hongroise n'est point celle des montagnards. On compte fort peu de ces Hongrois primitifs dans les états libres royaux, qui constituent le tiers-état en Hongrie.

Ces Hongrois paraissent haïr la vie des cités, tout autant que la détestaient les Allemands ou Germains de Tacite. Ils sont en plus grand nombre que les Allemands et les Valaques ; mais la race des Esclavons et ses branches multipliées, surpassent de beaucoup, en masse, la nation hongroise, proprement dite. En 1787, on comptait, en Hongrie, sans y comprendre les Etats libres, 11,402 bourgs ou villages, dont 3,668 de Hongrois, 5,789 d'Esclavons, Croates ou Illyriens, 921 d'Allemands et 1,024 de Valaques.

2.º Les Slaves, qui ont différents dialectes, et, par conséquent différents noms, comme Slaves ou Esclavons, Slowakes, Rasciens, Croates. Les premiers sont ceux qui se propagent le plus. Il y a cela de remarquable que, « partout où ils prennent racine au milieu des Hongrois indigènes ou des Allemands, ceux-ci cessent de prospérer et s'éteignent dans le cours d'un petit nombre de générations. Depuis deux cents ans, plusieurs bourgs et d'innombrables villages, ont passé des Hongrois et des Allemands aux Slowakes. »

3.º Les Allemands et les Transylvains fixés au pied des Alpes hongroises. Ils y sont à peu près au nombre de 150,000 ames. Ce furent les Allemands qui, les premiers, introduisirent dans ce pays le droit de bourgeoisie. A leur arrivée, commencèrent les travaux des mines, et la Hongrie leur dut plus d'activité dans son industrie et dans son commerce avec le Nord. Ils adoptèrent de bonne heure le costume national hongrois, et le conservèrent. Enfin, ce fut par eux que le luthéranisme s'introduisit plutôt en Hongrie que dans d'autres contrées.

4.º Les Valaques, qui se nomment, dans leur langue, *Romains*, et le sont, en effet, d'origine. De la tempérance et l'aversion du travail, de la patience et une humeur vindicative, de la superstition sans morale, sont les traits sous lesquels l'auteur nous peint le caractère de ce peuple qui, par sa rapide multiplication, est aussi funeste aux Rasciens, lorsqu'il se mêle avec eux, que le sont les Slaves ou Slowakes pour les Allemands et Hongrois.

5.º Les Macédoniens ou Grecs modernes qui vivent confondus parmi tous les autres habitants de la Hongrie, et n'ont aucun village séparé. C'est dans leurs mains que passent presque tout l'argent et toutes les marchandises, tant celles qui vont de Hongrie en Turquie, que celles qui viennent de la Turquie en Hongrie et en Allemagne. Eux et les Rasciens font le grand commerce de ce pays. Nulle part, ils ne s'adonnent à l'agriculture; et, comme ils embrassent rarement l'état militaire, on ne peut savoir s'ils ont hérité de la valeur des anciens Macédoniens.

6.º Aux Grecs modernes sont intimement unis les

Czinzares, effectivement Valaques, mais ayant la même religion, exerçant les mêmes métiers que les Grecs, et qui, faisant un usage fréquent de la langue grecque, passent très-souvent pour des Grecs.

7.º Les grandes fermes nationales, les auberges et cabarets du pays, sont tenus par des Arméniens, qui, vers la fin du dix-septième siécle, arrivèrent dans la Transylvanie, et de là se répandirent en Hongrie.

Ils vivent sur les grands *pussten*, séparés et dispersés çà et là. Il n'y a qu'une seule paroisse arménienne, qui ne comptait, en 1794, que 104 paroissiens. Ils ne parlent que leur langue dans leur église, et sont, à cela près, de la religion catholique romaine.

8.º Une petite quantité de Clémentins, ainsi nommés, du nom de leur conducteur, qui émigrèrent, en 1463, de l'Albanie, et arrivèrent, en 1737, par la Servie, en Esclavonie. Ils sont encore dispersés dans deux villages.

9.º Des Juifs qui, dans le treizième siécle, avaient entre leurs mains la plupart des domaines, des fermes régaliennes, et tout le commerce. Il n'y en a plus qu'environ 75,000 errants dans le pays, et dont la seule occupation est de colporter différentes marchandises dans les hameaux et les bourgs. Joseph II se proposait d'améliorer leur sort; mais il mourut trop tôt.

10.º L'auteur croit qu'il serait infiniment plus facile d'améliorer celui des *Zigeuner* (vulgairement nommés, en Europe, Bohémiens ou Egyptiens, vagabonds, diseurs de bonne aventure), parce que ceux-ci sont baptisés, et auraient moins de répugnance que les Juifs à se laisser instruire dans la religion chrétienne. Ces *Zigeuner* sont, tout au plus, au nombre de 16 à 17,000 dans la Hongrie, plus attachés aux Hongrois qu'aux Esclavons, et sympathisant peu avec les Allemands. Marie-Thérèse leur donna le nom de Hongrois modernes, qui leur plaît beaucoup.

Après avoir considéré les diverses nations qui peuplent la Hongrie, sous le rapport du langage, M. Schwartner les observe sous les rapports de la religion, de l'habitation, des professions et des emplois publics. Il examine ensuite les priviléges et les lois politiques. En 1785, la noblesse hongroise se composait de 325,894 individus des deux sexes. Ainsi, sur deux têtes et demie, il y en avait une noble.

Il s'occupe ensuite des productions des trois règnes de la nature. Le détail où il entre, à cet égard, passerait les bornes que nous pouvons donner à un extrait. Nous recueillerons ici quelques notes.

Le commerce des bœufs et des moutons est très-florissant depuis Joseph II. Celui des chevaux et celui des soies prospère singulièrement depuis 1765.

Une branche considérable du commerce des Juifs de Prague, consiste en plumes d'oies, dont la plus grande partie vient de Hongrie.

Après la Sibérie et l'Amérique, la Hongrie est,

à présent, le pays le plus riche en cuivre. Les mines de fer y sont nombreuses et inépuisables. Les salines de la Hongrie et de la Transylvanie sont si abondantes, qu'elles pourraient fournir du sel à toute l'Europe. Elles ont toujours été une des régales les plus productives; mais il leur manque le débit chez l'étranger. On en exporte annuellement 1,200,000 quintaux dans l'Empire. L'éloignement des salines de l'Esclavonie, situées à l'extrémité des frontières nord-est de la Hongrie, obligea le gouvernement, en 1794, à permettre l'importation de 2,800,000 quintaux de sel de Turquie dans les frontières militaires, autrichiennes et hongroises.

L'alcali minéral deviendra une branche capitale de commerce pour ce royaume.

Depuis la découverte faite dans un marais, près d'Ofen, d'un sel produit par la nature, le prix du sel de Glober, qui coûtait 16 creutzers la demi-once, a baissé jusqu'à un creutzer.

Quoique l'agriculture et l'économie rurale soient peu avancées en Hongrie, le surplus de la consommation des habitants n'en monte pas moins à quelques millions. Si le cultivateur hongrois perfectionnait cette partie, combien de richesses ne se procurerait-il pas? Le vin suffirait seul pour enrichir la Hongrie; mais si sa population augmentait, la disproportion entre les champs et les vignes devrait cesser. Il paraît que les Hongrois, comme d'autres peuples, plantent, en vigne, les terrains qui produiraient le plus en grain. Le tabac est aussi un article très-important. En général, ce pays, si fertile, ne rapporte pas la moitié de ce qu'il rapporterait, s'il était cultivé d'après les méthodes en usage chez d'autres peuples de l'Europe.

Dans le développement du droit public, objet de la seconde partie, l'auteur remonte aux lois fondamentales contenues dans la Bulle d'Or d'André II. Il établit, par l'histoire et par la constitution hongroise, que l'empereur François est roi de Hongrie, et tient ce droit de sa naissance et de son couronnement. En décrivant l'acte du couronnement, le diplome inaugural, nommé diplôme sacré, la cérémonie et la prestation de serment, sur la couronne, appelée, en hongrois, couronne sainte, M. Schwartner dit, page 314 : « Cette idée accessoire de relique, liée autrefois, et maintenant encore, par le clergé et par les laïques, à la couronne de Hongrie indépendamment du prix énorme, mais légal, que le Hongrois attachait à cet ornement, fut d'une incontestable utilité, dans les temps où le droit d'élection existait, et où plusieurs prétendants se disputèrent souvent le royaume : cette même idée religieuse n'est pas d'une moindre utilité aux États, aujourd'hui que l'expédition du diplome inaugural et le serment royal sont inséparables du couronnement. »

L'époque de la majorité du roi n'est pas encore déterminée par la constitution. Une ancienne loi donne cependant le Palatin, pour tuteur, au prince mineur. Le roi de Hongrie a décidément la prééminence de rang sur le roi de Bohème, mais elle n'est point décidée entre les rois de Portugal, de Sardaigne et de Hongrie.

La législation, les contributions, les subsides, sont la matière des délibérations de la diète hongroise; et, hors de cette diète, les Etats ont encore des droits que l'auteur expose.

Tout gentilhomme hongrois peut être dénoncé, mais il n'est jamais arrêté avant d'avoir comparu devant un tribunal, composé de ses pairs, et avant qu'ils l'aient déclaré coupable. Cette inviolabilité n'a, pour exception, que le crime de haute trahison, et ne s'étendrait point à un noble notoirement inculpé de brigandage, connu pour incendiaire, adultère, ou infidèle dans l'administration des finances de l'état.

L'empereur Léopold fit passer, à la diète de 1791, un règlement portant que le successeur au trône serait couronné, pour le plus tard, au bout de six mois, à compter du jour du décès du feu roi, avec cette clause, qu'excepté la concession des priviléges, le nouveau roi exercerait tous ses droits et jouiroit de toutes ses prérogatives, et que les nobles seraient fidèles à leur monarque héréditaire, et prêts à le servir avant comme après le couronnement.

Le primat de Hongrie a les mêmes priviléges que la noblesse; mais il est aussi tenu de défendre sa patrie les armes à la main.

Par la loi d'amortissement, établie en Hongrie, les fondations ecclésiastiques ne s'accroissent pas facilement de dons testamentaires de biens immeubles. Les évêques hongrois sont, à ce que croit l'auteur, taxés à 20 pour cent de leur revenu, de même que les fonds religieux, pour l'entretien des forteresses, depuis 1791. Il n'y a plus de serfs, et l'état du paysan est très-bon depuis Léopold II. Le paysan a comme le bourgeois, le droit d'appel au tribunal suprême, droit qui, jusqu'en 1792, n'appartenait qu'à la noblesse, et uniquement pour cause d'homicide.

Passant à l'administration, M. Schwartner en fait connaître les parties constitutives, qui sont : 1.º la chancellerie hongroise, organe de la volonté royale, pour tout ce qui en dépend; 2.º le conseil d'état suprême, établi à Ofen, du ressort duquel sont la justice, les finances et la police des états et du pays. L'empereur Joseph II en exclut, ainsi que de toutes les fonctions administratives, civiles et politiques, les évêques chargés, autrefois, des affaires ecclésiastiques près de ce conseil. En 1785, il réunit le conseil à la chambre royale ; mais, en 1791, elle en fut séparée, et le primat du royaume remit deux évêques dans le conseil suprême.

L'auteur observe qu'il existe beaucoup de cas pour lesquels il n'y a pas de lois positives en Hongrie ; que le code en contient d'équivoques ou même d'incompréhensibles; qu'ici, c'est l'analogie, et là, l'usage qui décide; que la Hongrie n'a point encore de code pénal, de jurisprudence criminelle, de forme de procédure reconnue, ou par le monarque ou par l'état. La pratique annexée au *corpus juris*
est

est l'ancien droit criminel établi, en Autriche, sous Charles V, rédigé, avec quelques changements, et introduit par l'empereur Ferdinand III. Jusqu'à Joseph II, les plus criants abus se mêlèrent à cette partie du droit, et, malgré ses réglements, les crimes furent presqu'impunis, ou leur punition sans effet utile. En Hongrie, où il n'y a qu'un seul auteur, Mathias Bodo, qui ait écrit (en 1751) sur les délits et les peines, et les principes du droit criminel, la marche de la procédure est lente, embarrassée.

On a aboli la peine du halage, ordonnée par Joseph II. Une seule maison de travail et de correction, établie à Szegedin, au confluent de la Narisch et de la Theysse, ne suffit pas pour un aussi grand pays. Elle renfermait, en 1794, environ soixante détenus.

La Hongrie lève d'ordinaire neuf régiments d'infanterie et sept régiments de cavalerie ou de hussards; les premiers, de 3,000 hommes; les seconds, de 1,200; mais ils sont considérablement renforcés en temps de guerre, vu le bas prix des vivres et des fourrages; elle entretient aussi plusieurs régiments de cavalerie allemande.

Ces fameuses murailles vivantes des frontières de la Hongrie, ces remparts qui la défendent contre les Turcs et leurs alliés, ces peuples de soldats qui habitent une étendue de pays de plus de cent milles d'Allemagne, ces cultivateurs guerriers dont se forme un cordon permanent de la Save au Danube, sont peu connus, même du Hongrois instruit.

Tom. I. 2

M. Schwartner les dépeint avec une prédilection qui l'honore.

En temps de guerre, ils ont la même solde que les autres régiments; à la paix, ils vivent des fruits de la terre qu'on leur a donnée, et qu'ils mettent en valeur. Avant la guerre actuelle, la population de cette lisière était de 420,000 ames, et la cour y avait aussi un corps d'armée de 84,000 hommes, en dix-sept régiments. Ils ne lui coûtent rien durant la paix : ce sont des hommes robustes et bien armés, qu'aucun danger n'effraie, qui, accoutumés à des travaux continuels, résistent aux plus grandes fatigues; qui, moins délicats que d'autres militaires, sont moins exposés à des maladies, et qui, tenant au sol et à leur famille, ne désertent jamais. La plupart d'entre eux professent la religion grecque.

Quant aux finances, les revenus de l'état ont offert à M. Schwartner, d'après des calculs et des renseignements qu'il dit avoir pris dans des sources authentiques, un produit annuel de 15 à 16 millions de florins, et, les dépenses payées, un reste net qui n'excède pas la somme de 1,002,296 florins, s'il y atteint.

La dernière section de son ouvrage traite de l'instruction publique, des écoles, de la littérature, de la hiérarchie et des lumières ecclésiastiques : il débute par une histoire sommaire des sciences en Hongrie, depuis le seizième siècle, époque où les protestants et les jésuites donnèrent une impulsion à l'esprit hongrois. M. Schwartner est très-mécontent de l'éducation que les enfants reçoivent, en Hongrie, dans les écoles catholiques, où, selon lui, on leur fait perdre cinq ans à étudier fort mal du latin, qu'ils ne savent ni ne comprennent que bien rarement.

Presbourg, Kaschau, le Grandwaradin, Cinq-Eglises et Agria, possèdent des académies d'instruction publique.

Les écoliers font deux ans de philosophie et deux ans de droit. On y enseigne, depuis 1792, la langue hongroise.

Il n'y a qu'une seule université, en Hongrie, celle de Pest, qui prit son origine du collége que les jésuites avaient établi à Tyrnau. Avant le règne de Marie-Thérèse, le gouvernement ne s'était pas occupé de cette institution. En 1770, l'impératrice-reine chargea M. van Swieten d'en opérer la réforme. En 1777, on en fit la translation à Ofen. Joseph II voulut que Pest en fût le siége; il y fonda deux chaires protestantes, et ses réglements et ses soins en auraient accru le lustre, si, après la mort de cet empereur, le plus jeune des van Swieten et M. de Pastory n'avaient cessé d'en avoir la direction. L'auteur paraît croire qu'elle a déchu. Cependant, en 1792 et 1793, on y comptait encore 281 étudiants. D'ailleurs, les gymnases protestants, comparés aux hautes écoles catholiques, sont pauvres en revenus, en professeurs, en moyens.

M. Schwartner ne nous laisse pas la satisfaction

de croire, qu'à présent, la littérature hongroise soit très-florissante. A peine compte-t-il cinquante auteurs vivants, en y comprenant les traducteurs et les rédacteurs de feuilles périodiques. Il observe, au surplus, qu'on ne connaît, en Hongrie, les cruautés inquisitoriales que par les livres qui en perpétuent le souvenir; que, dès longtemps, les églises catholiques et les monastères, y ont cessé d'être un asyle pour les brigands et pour les assassins, et qu'en général, le catholicisme hongrois est accompagné d'une bienveillance tolérante à l'égard des autres religions. D. P.

BIOGRAPHIE.

Leben Ulrichs von Hutten, von C. Meiners. — *Vie d'Ulrich de Hutten*, par C. Meiners, Zurich, Orell.

Ce morceau de biographie forme le troisième volume d'un ouvrage que M. Meiners publie successivement, sous le titre de *Vies des hommes célèbres qui ont fleuri à l'époque de la restauration des lettres.* C'est, jusqu'à présent, ce qu'on a de plus exact et de plus complet sur la personne et les travaux d'Ulrich de Hutten; et plusieurs circonstances de l'histoire de la réformation, y sont exposées avec plus de clarté et de justesse que partout ailleurs.

ROMANS.

1. BLUMEN-Frucht-und Dornen-Stücke, etc. — 2. Jean PAULS biographische Belustigungen etc. — 3. Leben des Quintus FIXLEIN, etc. — 4. Geschichte meiner Vorrede zur zweyten Auflage des Quintus FIXLEIN. — 5. Der JUBELSENIOR, etc. — 6. Das Kampaner-Thal, etc., — *FLEURS, Fruits et Épines; ou Mariage, Mort et Noces de F. St. SIEBENKÆS, avocat des pauvres, dans le village impérial de Kuhschnappel; par Jean-Paul (RICHTER.)* 3 vol. Berlin, *Massdorf.* — *Amusements biographiques de Jean PAUL, sous le crâne d'une géante;* par le même. *Ibid.* — *Vie de Quintus FIXLEIN, tirée de quinze porte-feuilles;* par le même. Bayreuth, Lubeck. — *Histoire de ma préface, pour la 2.me édition de Quintus FIXLEIN;* par le même. *Ibid.* — *L'Ancien* (de paroisse), *à l'époque de son jubilé; appendix;* par le même. Leipsick, Beygang. — *La Vallée de Campan, ou sur l'Immortalité de l'Ame; avec une explication des gravures en bois, qui accompagnent les dix commandements du Catéchisme:* par le même. Erfurt, Hennings.

UN mélange singulier d'imagination, de sensibilité, de bon et de mauvais goût, de vérités et de paradoxes, caractérise les ouvrages de M. J. P. Richter, le plus original des nombreux romanciers que l'Allemagne posséde aujourd'hui. A quelques page qu'on ouvre ses productions, on rencontre des bizarreries qui bravent toutes les règles de la critique, et trompent l'attente légitime du lecteur judicieux. Tantôt, au milieu des plus touchantes descriptions, on est désagréablement affecté par une raillerie hors de propos; tantôt, l'ame, épanouie par un accès de gaieté, est tout-à-coup resserrée par des impressions toutes contraires. Ici, une pensée commune ou triviale, détruit l'effet d'un tableau attachant; ailleurs, le plaisant et le sérieux sont tellement confondus, que l'on ne sait quel effet l'auteur a voulu produire. Quelquefois, une profusion de science, puisée dans tous les règnes de la nature, et dans tout le domaine de l'art, accable l'esprit, en même temps qu'elle l'amuse. D'autres fois, il est fatigué par des digressions philosophiques, déplacées ou fastidieuses. En un mot, sujets insignifiants, détails hétérogènes, invraisemblances sur invraisemblances, véritable cháos, qui semble un jeu du hasard, plutôt que le résultat de la méditation et du travail; et, d'un autre côté, fonds inépuisable d'aperçus neufs et piquants, beautés du premier ordre, toutes les fois qu'il s'agit de la mort, de l'immortalité et de la vertu; peintures ravissantes de la nature et de la vie humaine, observations fines et justes, sur les nations, les individus, les faits et les mœurs : voilà ce que présentent les écrits de M. Richter; ce qui justifie et les censures dont ils sont l'objet, et la célébrité dont ils jouissent.

Il est difficile de les lire de suite; il serait impossible de les traduire, surtout en français : mais nous croyons devoir les indiquer aux personnes qui savent assez d'allemand pour les comprendre, et en donner une idée à celles qui n'ont pas cet avantage.

L'histoire de l'avocat Siebenkæs est contre toute vraisemblance. Elle roule, en entier, sur deux suppositions, également étranges. Siebenkæs ressemble tellement à un de ses amis, que non-seulement on les confond sans cesse l'un avec l'autre, mais encore que le premier prend possession d'un emploi accordé au second, sans exciter la moindre défiance. De plus, avec l'aide de cet ami, Siebenkæs fait semblant de mourir; et, au moyen d'un testament dont la singularité ne frappe personne, il reparaît dans sa demeure, tandis qu'une buche est enterrée à sa place. Le mérite de l'ouvrage (et il en a réellement beaucoup) est dans l'étonnante variété des détails, dans la vérité des scènes domestiques de la classe moyenne, dans les tendres épanchements d'une amitié que rien n'altère, et dans une foule de traits satiriques, dont plusieurs seraient perdus pour nous, mais qui font ressortir, d'une manière plaisante, des ridicules particuliers à l'Allemagne.

Les *Amusements biographiques* sont divisés en deux parties. La première renferme une espèce de nouvelle sentimentale, dont le sujet est bien conçu, et qu'on ne peut lire sans attendrissement. La seconde, intitulée, *Appendix satirique*, présente un tissu de raison et de folie, où l'on ne s'arrête, avec plaisir, que sur l'oraison funèbre d'un mineur, appelé Zans. La géante dont il est parlé dans le titre, est une statue colossale dont la tête sert de cabinet à l'auteur.

La *Vie de Quintus Fixlein* est celle d'un bonhomme, dont les innocentes faiblesses amènent le sourire sur les lèvres, qu'on aime à suivre au milieu des riens qui exercent son oiseuse activité. Mais ce n'est là qu'une des faces du roman. L'auteur y a joint un épisode, d'un genre tout opposé, qui a pour titre, *La Lune*, ou *Eugène et Rosamonde*, et dans lequel on ne se lasse point d'admirer la fraîcheur de l'invention et du coloris, l'abandon du sentiment, et la justesse des réflexions, dictées par une douce philanthropie.

La préface et son histoire manquent tout-à-fait d'unité, d'intérêt et de but. C'est le radotage d'un homme d'esprit.

Nous en dirons autant de l'*Ancien de paroisse, à l'époque de son jubilé*. Le simple récit des noces d'un curé de campagne y est entremêlé de cinq lettres pastorales, dont les sujets n'ont point, ou presque point de rapport avec le reste de l'ouvrage. Vient ensuite, comme appendix de l'appendix, la description d'une nuit de Noël. Dans tout cela (quelques passages exceptés), on cherche en vain l'originalité, l'esprit d'observation et la sensibilité profonde qui contrebalancent les défauts des autres productions de M. Richter.

La *Vallée de Campan* offre une allégorie ingénieuse et brillante de la vie humaine. L'auteur y a prodigué les preuves de son talent pour les descriptions ; et des tableaux riants y sont associés, avec beaucoup d'art, à des idées tantôt sublimes, tantôt affectueuses.

L'explication des gravures en bois qui accompagnent le décalogue, dans les catéchismes allemands, est un salmi de morale et de satire, très-inférieur à la *Vallée de Campan,* et qui lui est absolument étranger. L.

POÉSIE.

Friedrichs von Hagedorn Poetische Werke. — Œuvres poétiques de Frédéric de Hagedorn, *avec une notice biographique et caractéristique, et des extraits de sa correspondance;* par J. J. Eschenburg, 5 vol. in-8.° Hambourg, 1800.

M. Eschenburg, conseiller de cour à Brunswick, est né à Hambourg, en 1743. Il occupe un rang distingué parmi les littérateurs de l'Allemagne, comme réunissant le goût et le savoir. Il a traduit Shakespeare d'une manière supérieure. Il est auteur, traducteur, éditeur d'une foule de morceaux précieux, insérés dans les meilleurs journaux. Il rédigeait, en 1777, *le Musée britannique, à l'usage des Allemands*, qui se continue sous le titre d'*Annales britanniques littéraires*. Il a publié un *Choix de poésies allemandes*, une *Théorie fondamentale des belles-lettres*, un *Manuel de littérature, d'archéologie et de mythologie ;* une *Bibliothéque dramatique*, l'esquisse de l'histoire de la poésie anglaise, dans les 11.ᵉ et 12.ᵉ siécles. Nous nous bornons, ici, à cette indication rapide de ses principaux ouvrages; mais nous aurons souvent l'occasion de revenir sur un savant qui rend d'aussi grands services aux lettres, en général, et en particulier, à sa littérature nationale.

Son but, en donnant une nouvelle édition des Œuvres de Hagedorn, est de montrer à ses compatriotes à quel point ils se sont éloignés de la route que leur tracèrent, il y a environ cinquante ans, des hommes doués d'un goût sain et d'une imagination qu'ils savaient maîtriser. Il avoue que la littérature allemande a fait des progrès surprenants vers la fin de ce siécle ; mais il ne peut dissimuler qu'en général, loin de s'être perfectionnée, comme ses autres branches, la poésie semble avoir rétrogradé dans ces derniers temps. Il partage l'admiration légitime qu'inspirent les véritables chef-d'œuvres dont l'Allemagne s'honore ; mais il blâme la défaveur qu'un enthousiasme excessif, le caprice, la prévention ou la mode ont jeté sur les écrivains classiques qui, les premiers, amenèrent l'heureuse révolution sans laquelle ces chef-d'œuvres n'auraient pas vu le jour.

De ce nombre est Hagedorn, dont les productions didactiques et lyriques lui semblent mériter d'autant moins d'être vouées à l'oubli, qu'elles ont contribué, pour leur part, à cette révolution, et que des beautés réelles les recommandent aux gens de goût.

Il les publie, non telles qu'elles ont paru dans les éditions précédentes, mais telles que l'auteur lui-même les avait revues, corrigées, augmentées, pour une édition posthume. Les trois premiers volumes de celle-ci contiennent les poésies de l'auteur. M. Huber en a traduit plusieurs dans *son Choix de Poésies Allemandes*. Nous en ferons connaître quelques autres dans la partie de cette bibliothéque, consacrée aux *Variétés*, et nous nous bornerons, dans cet extrait, à la notice biographique qui les accompagne.

La famille de Hagedorn, originaire de la Westphalie, était d'une noblesse aussi ancienne qu'illustrée. Son père, résident du Danemarck dans la basse Saxe, s'était fixé à Hambourg. Hagedorn naquit dans cette ville, le 23 avril 1708. Il joignit à l'avantage de la naissance celui d'avoir un père dont le mérite, les connaissances, le goût et les soins paternels contribuèrent de bonne heure au développement des talents naturels de son fils. Moins favorisé de la fortune, M. de Hagedorn le père perdit une partie de la sienne, en cautionnant un ami : d'autres circonstances malheureuses achevèrent de le ruiner, et il laissa en mourant sa veuve et ses deux fils, encore mineurs, dans la situation la plus gênée. Cette excellente mère, s'oubliant elle-même, se réduisit aux privations les plus dures, pour achever la bonne éducation qu'on leur avait commencée. Elle destinait l'aîné à l'étude du droit ; mais son talent pour la poésie, son goût pour la littérature se déployèrent si exclusivement, qu'il négligea tout ce qui ne les favorisait pas. En quittant Jena, il se rendit à Londres, et y séjourna deux ans chez M. de Sœhlenthal, ambassadeur danois, qui lui accordait, comme à son secrétaire privé, la table et le logement. Deux petits ouvrages qu'il publia en anglais furent accueillis, et leurs produits suppléèrent à la pénurie où il se trouvait. Il s'acquit à Londres des amis distingués ; mais c'était au service de sa patrie qu'il cherchait à se fixer. Il y revint en 1731, après avoir accompagné l'ambassadeur en Brabant et en Hollande. Espérant toujours d'être employé, et toujours déçu dans cet espoir, il vécut chez sa pauvre mère, n'ayant pour tous revenus que ceux d'une petite action dans les mines, et de sa place d'agent du chapitre de la cathédrale de Hambourg ; mais, en 1733, il fut nommé à l'emploi de secrétaire de la compagnie de commerce anglaise de Hambourg, place dont les revenus, joints à un logement commode et gratuit dans la maison anglaise, améliorèrent sa position, en lui laissant assez de liberté pour se livrer à ses goûts prédominants, la poésie, la littérature et la bonne société.

Le caractère de Hagedorn ne peut être mieux dépeint que par ses poésies. Tous les lecteurs attentifs et sensibles y trouveront, dit M. Eschenburg, « son esprit et son cœur également aimables. Sa naissance, sa première éducation, lui procurèrent de bonne heure l'avantage du commerce du grand monde. Sa connaissance des langues, ses lectures multipliées, son séjour à Londres, son genre de vie à Hambourg, ses circonstances de fortune, peu brillante, mais heureuse et libre, ne contribuèrent pas peu à le former d'une manière distinguée, et lui donnèrent cette aménité qui fut le cachet principal de son caractère ». On le désigna souvent par le surnom d'Horace allemand : M. Eschenburg le lui confirme. « En effet, dit-il, presque tous les traits caractéristiques qu'a si bien développés Wieland dans son commentaire des Epîtres et des Satires du poète romain, se retrouvent chez le poète allemand, son admirateur et son imitateur zélé ; particulièrement l'urbanité, le coloris délicat que répand sur le savoir cet usage du monde, cette politesse qui s'acquiert insensiblement par la lecture des meilleurs écrivains et le commerce des personnes les plus cultivées et les plus considérées de son temps, et cette ressemblance entre Horace et Hagedorn, n'étaient point, chez ce dernier, un caractère étudié, mais un effet de l'analogie réelle qui s'est trouvée entre leurs dispositions physiques et intellectuelles, entre les circonstances de leur développement et de leur genre de vie.

« La modestie est inséparable d'une disposition d'ame pareille. Les lettres, ainsi que les ouvrages poétiques de Hagedorn, en donnent de nombreuses preuves : il poussa cette vertu à l'extrême, et souvent il s'exposa par là au blâme de son frère cadet, son ami le plus intime, mais fort attaché aux prérogatives du rang et de la naissance, que Hagedorn abandonnait sans peine, ainsi que les prétentions de capacité et de lumières, à gens qui, dans le fait, lui étaient souvent très-inférieurs. »

Moins tolérant lorsque l'obscurité, le manque de sens, la bêtise ou le radotage excitaient sa satire, ou lorsque la méchanceté et la malignité mettaient sa bile en mouvement, il prodiguait alors le sarcasme le plus amer; mais hors de là, il se montrait aussi bon, aussi facile, dans ses procédés, qu'il l'était dans ses écrits.

Malgré les bornes de sa fortune, une de ses principales vertus fut la bienfaisance ; il sut l'accompagner des graces que lui prête le mystère. Bon fils, bon frère, bon ami, bon époux, il fut profondément sensible, et ses ouvrages sont pleins de traits que l'esprit seul ne saurait imiter ni produire.

Le même attrait se fait sentir dans sa philosophie; on voit clairement, dans ses ouvrages, que son cœur, à l'unisson de son esprit, surpassait peut-être Horace, son modèle, en modération dans ses desirs, en amour de l'indépendance et de la liberté. Son poème, intitulé le *Bonheur*, dépeint, avec une franchise peu commune de son temps, la brillante misère des cours. Son aversion pour l'adulation servile se déploie dans son poème sur l'*Amitié*, et partout il saisit l'occasion d'exprimer sa façon de penser qu'il dut peut-être, au lieu de sa naissance, ou qui, du moins, se fortifia dans une ville libre, et par son commerce journalier avec des Anglais, et avec d'autres hommes qui avaient la même manière de penser.

Sa sensibilité pour les beautés de la nature, pour les jouissances de la vie champêtre, tenait encore plus à son cœur qu'à son imagination. Aussi les a-t-il décrites avec tout le charme de la vérité. Ses chants immortalisèrent sa demeure favorite, Harvestehude, petit endroit sur l'Alster, près de Hambourg, devenu, à présent, un séjour de plaisance, dont la belle situation attire les étrangers et les indigènes; mais en s'y rappelant le poète, on y chercherait vainement le majestueux tilleul, dont sa muse a si bien dépeint les 99 branches. Frappé de la foudre, on l'a coupé; des chênes ont pris sa place, et M. Eschenburg, par cette anecdote, réfute l'absurde tradition qui attribuait à Hagedorn d'avoir pris un chêne pour un tilleul.

« Les facultés de l'esprit étaient chez lui dans la plus heureuse harmonie avec les qualités de son cœur : la nature avait doué du don de poésie cette ame si fortement capable des impressions les plus vives du bon et du beau. Quoique son imagination ne s'élevât pas d'un vol hardi dans les plus hautes sphères de la région poétique, elle influait dans une telle mesure sur toute sa façon de penser, qu'elle lui donnait toujours le coloris de la poésie. Son génie et son goût étaient également formés. Dans une époque où l'un et l'autre étaient si peu avancés en Allemagne, qu'à la place des progrès que semblait annoncer, dès le dix-septième siècle, l'apparition d'un opitz, unique dans son genre, notre poésie nationale se vit menacée d'une progression rétrograde qui, dès la fin de ce même siècle et au commencement du dix-huitième, eût amené une nouvelle espèce de corruption de goût ; on sait qu'on dut à Hagedorn et Haller la restauration et même la création de notre poésie. Il fallait trouver, entre la boursouflure emphatique des Lobstein, des Hofmanswaldau, et les rimes plates et glacées de leurs adversaires, un milieu capable de conduire au vrai beau et à la perfection. Les ouvrages de l'antiquité et ceux des étrangers, servirent de guides à Hagedorn. Beaucoup d'autres Allemands, ses prédécesseurs ou ses contemporains, les avaient connus ; mais aucun n'avait su les comprendre ou profiter de leurs lumières, comme il le fit ; et il fallait, pour cela, une pénétration, un courage, une fermeté peu communes. »

Ces mêmes qualités, réunies à la sagesse et à la prévoyance, étaient indispensables pour donner de l'effet aux nouvelles lumières qu'il voulait répandre, pour leur préparer la voie et l'influence qu'elles ont eues ; car de nouveaux obstacles s'élevaient. L'école de Gottsched menaçait de s'emparer d'un empire dangereux sur la langue, le goût, la poésie ; elle éprouvait, il est vrai, une forte résistance de la part de la Suisse ; mais celle-ci nous menaçait d'un despotisme tout aussi partial et dangereux. Heureusement, la prudence, l'humeur paisible de Hagedorn, évitèrent ces orages ; ses lettres prouvent qu'il sut, d'un pas assuré et ferme, poursuivre la carrière qu'il avait ouverte, et qui était si digne d'être suivie.

« L'esprit, ainsi que le mérite des ouvrages de ce poète, gagnèrent, sans contredit, beaucoup à ce qu'il ne fut point un savant de profession; mais amateur, admirateur très-chaud des sciences, homme de lettres possédant les connaissances les plus variées, et cette érudition aimable que donnent des lectures choisies, variées et bien faites. Pour peu qu'on examine l'histoire de notre littérature, on verra que des hommes de cette espèce ont toujours influé le plus heureusement sur elle.

« Qu'on n'imagine pas, ajoute M. Eschenburg, comme correctif à son observation (neuve, en effet, chez un savant allemand), que je méconnaisse les mérites nombreux des membres des universités; mais on ne saurait nier que, dans ces corporations, la partialité, les prétentions, l'esprit de parti, des vues particulières, ne nuisent au goût autant qu'à l'esprit. »

Indulgent pour les autres, Hagedorn n'en était que plus sévère pour lui-même; il le devint de plus en plus, finit et retoucha, avec la plus grande sévérité, ses derniers ouvrages; leur rapprochement des premiers, aussi instructif que curieux, le prouve. C'est pour cette sévérité, cette pureté, cette finesse de goût, que Wieland a mis Hagedorn au dessus des poètes de toutes les nations, et qu'il le place entre les poètes allemands qui ont le plus limé leurs ouvrages.

L'histoire littéraire des poésies de Hagedorn suit la

notice dont nous avons extrait ce qu'on vient de lire ; l'éditeur accompagne cette histoire d'observations et d'anecdotes qui jettent un grand jour sur la littérature de cette première époque, « généralement trop peu appréciée dans l'ensemble de la littérature allemande. »

Le premier recueil des poésies de Hagedorn parut en 1729. Il est devenu si rare, que M. Eschenburg a cru devoir en donner une notice détaillée : on y voit les talents précoces et les progrès de l'auteur. Il fournit plusieurs morceaux au recueil, en 6 volumes, intitulé, *Poésies des Bas-Saxons*, et publié en 1732 et 1738, par Weichmann et par Kohl : en comparant ces pièces à celles des autres auteurs de ce recueil, on voit déja l'étonnante supériorité de Hagedorn ; dans la suite, il retoucha et fit réimprimer les meilleurs de ces essais.

Les fables et contes qu'il publia, en 1738, firent époque dans la poésie allemande, et quoiqu'il ne les annonçât que comme des imitations libres des fabulistes étrangers, anciens et modernes, elles ont, dans la manière, une vraie originalité. Les fables de Gellert ne parurent que quelques années plus tard ; moins sérieuses, plus légères et populaires, elles eurent, au commencement, plus de succès que celles de Hagedorn ; mais ce qui honore les deux poètes, c'est la justice qu'ils rendirent à leurs talents respectifs. Celui de Hagedorn était décidément pour la poésie didactique et lyrique ; il se voua particulièrement à ces deux genres. En terminant ici notre extrait, nous regrettons de ne pouvoir suivre M. Eschenburg dans l'exposé historique et critique, aussi instructif qu'attrayant, qu'il présente à ses lecteurs, des ouvrages de Hagedorn. D. P.

L. T. Kosegartens Poesien. — *Poésies de L. T. Kosegarten*, 2 vol. in-8.º Leipsick, Græffe.

M. Kosegarten paraît doué d'une sensibilité profonde et d'une imagination brillante. On voit qu'il est passionné pour la vertu et pour la belle nature. Son esprit est nourri de ce que nous ont laissé de meilleur les poètes et les philosophes les plus célèbres, tant anciens que modernes; mais, parmi les premiers, il sympathise surtout avec Ossian, Milton et Thomson, et, parmi les derniers, avec le métaphysicien de Kœnigsberg. De là vient que son talent s'exerce de préférence sur les traditions des vieux âges, ou qu'il aime à se livrer, soit à des pressentiments de mort et d'immortalité, soit à des réflexions sur l'homme, sur sa destinée et sur le but de son existence. Les critiques allemands lui reprochent de manquer d'invention dans les romances historiques ou ballades, ainsi que dans l'épopée à la manière d'Ossian. Ils applaudissent aux sentiments et aux images répandus dans ses idylles, à l'énergie et à la sublimité avec lesquelles il sait exprimer lyriquement les pensées philosophiques. Ils trouvent que plusieurs de ses hymnes et de ses chansons ne laisseraient rien à desirer, s'il les eût resserrés davantage, s'il usait plus sobrement du langage figuré et de la ressource des épithètes ; et si, de temps en temps, à force de vouloir donner un corps à des objets immatériels, il ne devenait pas inintelligible ou bizarre.

Les morceaux intitulés : *Ce qui demeure et ce qui passe*, l'*Immortalité*, *Holdy et Holda*, *Cidli et Meli*, l'*Elysée*, *Walder et Oda*, l'*Apparition*, *Erwin et Elwina*, l'*Harmonie des sphères*, *Arkona*, *Inauguration de l'Amphithéâtre anatomique de Rostock*, sont, avec une églogue où l'auteur décrit ses occupations et ses plaisirs, ceux qui méritent le plus d'être distingués dans ce recueil. Nous nous bornerons aujourd'hui à faire connaître l'idylle qui a pour titre : *Cidli et Meli*.

Deux enfants de M. Kosegarten, morts en bas âge, lui ont fourni le sujet de cette idylle, dont l'action est supposée se passer dans le séjour des bienheureux. Assise sur les genoux de sa grand'mère Zilia, Cidli se rappelle, avec étonnement, le songe de sa courte vie. Elle admire les beautés du Paradis; mais elle ne peut s'empêcher de regretter son père, sa mère, ses frères et ses sœurs : elle s'afflige surtout d'être éloignée de Meli, son plus jeune frère, qu'elle a laissé encore au berceau.

« J'aimais tant, dit-elle, à le voir s'agiter et balbutier de plaisir, étendu sur le sein de ma mère, ou sommeiller dans le petit lit où il était balancé ! Combien de fois je l'ai moi-même tenu sur mon sein ou pressé dans mes bras ! Meli me souriait alors avec tendresse. Ah! que n'est-il en ces lieux, mon aimable Meli? »

Ces mots ne sont pas encore achevés, qu'un arc-en-ciel se déploie, et que Meli paraît aux yeux de sa sœur.

« Meli, Meli, est-ce toi? s'écrie-t-elle, en s'arrachant des bras de Zilia, pour serrer dans les siens son frère resplendissant de clarté. Meli, Meli, est-ce toi? Oh! dis-moi, cher Meli, dis-moi d'où tu viens, où tu cours! Dis-moi si mon père, si ma mère, t'ont chargé, pour moi, d'un tendre message, s'ils pensent encore à Cidli, ainsi que Lili et Lilla. Oh! dis, dis-moi tout. »

Zilia cueille une pomme de l'arbre de vie. Ce fruit développe tout à coup l'intelligence de Meli; il reconnaît sa sœur, et lui répond en ces termes:

« Est-ce toi, chère Cidli? Oui, ma sœur bien-aimée, mon père et ma mère te saluent, de même que Lili et Lilla. Tu ne nous as quittés que depuis un petit nombre de jours. Les yeux de tes amis étaient encore humides des pleurs qu'ils ont versés sur toi. Je suis tombé malade; un feu intérieur me consumait. Pendant sept nuits et sept jours, je suis resté étendu sur le sein de Sally. Tantôt ma mère passait un bras autour de moi; tantôt c'était mon père. A la huitième aurore, le feu qui me dévorait s'est éteint. Je me suis senti environné d'une aimable fraîcheur; de légers bourdonnements ont frappé mon oreille; des figures lumineuses se sont offertes à mes yeux affaiblis; soudain mon cœur a cessé de battre; ma respiration s'est arrêtée. Bercé par le doux chuchotement de l'ange du repos, je demeurais plongé dans un sommeil délicieux; j'entendais, comme au milieu d'un rêve, la voix de mon père, qui me disait: Vas en paix, ô mon fils! vas trouver Cidli, et la saluer mille fois de notre part. Oui, Cidli, mon père et ma mère te saluent. Bien-aimée, Lili et Lilla te saluent de même; ils te saluent mille fois, et nous chérissent à jamais, ô Cidli ! »

Zilia, vivement émue, embrasse les deux enfants, leur apprend qu'elle a donné le jour à leur père, et les bénit.

« Un calme solennel, un auguste silence régnaient dans les campagnes d'Eden; mais bientôt ce calme fut suivi d'une inépuisable alégresse. De près et de loin, des sommets d'Ararat, des sables dorés que le Pison roule avec ses eaux, des rivages parfumés du Gihon, des palmiers du Phrath, et des cyprès qui bordent l'Hidekel, accoururent, d'un vol léger, sur ces plaines jonchées de lys, semblables aux feuilles qui voltigent pendant l'automne, les ames des enfants que le souffle de l'Eternel avait enlevées de la terre, avant qu'elles fussent épanouies. Cidli, entourée de leur foule radieuse, était ravie d'admiration; Meli était saisi de crainte et de joie; tout à coup résonnent d'harmonieux concerts; le son des luths agite mollement le feuillage des cèdres; les sources jaillissent avec un mélodieux murmure. Du sein des bosquets de myrthes, des harpes éoliennes associaient leurs accords aux rapides mouvements de la troupe enfantine. Cidli et Meli furent entraînés dans son tourbillon avec tant de promptitude, que leur chevelure flottait, sans ordre, autour de leurs épaules, et laissait disperser les fleurs de leurs couronnes. Ainsi, dans l'heureux Eden, régnait une alégresse infinie, tandis que, dans la région des tombeaux, le père était seul près des urnes, et pleurait les enfants qu'il avait perdus. » L.

MORALE.

Versuche über verschiedene gegenstænde aus der moral, der litteratur, und dem geschæftlichen leben; von C. Garve. — *Essais sur différents sujets de morale, de littérature, et de sociabilité*, par *C. Garve*, 3 volum. petit in-8.° Breslaw.

M. Garve, l'auteur de cet ouvrage, est mort le premier décembre 1798, âgé de 56 ans. Il avait été professeur de philosophie à l'université de Leipsick. Dans les dernières années de sa vie, il demeura à Breslaw, sa ville natale, sans y exercer de fonctions publiques. Une maladie très-douloureuse empoisonna une partie de son existence. Vers la fin de sa carrière, il fut entièrement privé de la vue ; mais la vigueur et la sérénité de son esprit ne l'abandonnèrent jamais, ainsi que le prouvent ses dernières productions, publiées, peu de temps avant sa mort, par les soins de son ami, M. Manso, savant et philosophe, que nous aurons souvent occasion de nommer dans notre bibliothéque.

M. Garve a beaucoup écrit. Nous ne pouvons donner la très-longue nomenclature des diverses productions détachées, dont, comme auteur ou traducteur, il a enrichi les meilleurs journaux savants et littéraires de l'Allemagne. Sous ces deux points de vue, un de ses plus importants ouvrages est la traduction des Offices de Cicéron, à laquelle il ajouta d'excellents commentaires. Depuis 1783, que cet ouvrage parut en 4 vol., il a eu quatre éditions, dont la troisième, de 1788, fut revue et augmentée par l'auteur.

Elève du célèbre Gellert, M. Garve eut, ainsi que son instituteur, une préférence marquée pour la philosophie morale. La modestie, le calme intérieur, la clarté qui règnent dans les ouvrages du maître, se retrouvent dans ceux du disciple. Tous deux, ils se proposèrent d'influer sur la moralité. Mais le public qu'ils se choisirent, dut mettre de la différence dans leur manière. Garve voua ses talents à la classe la plus instruite, la plus civilisée : il eut, par conséquent, un ton moins populaire. Il présenta une foule de sujets moraux sous un nouveau point de vue. La littérature allemande étoit alors négligée des personnes d'un rang élevé. On connaît la prévention qu'avait contr'elle le grand Frédéric. M. Garve attribuoit ce dédain au peu d'ouvrages politiques et moraux écrits dans un style attrayant.

Persuadé qu'on n'acquiert point dans la solitude du cabinet, l'art de revêtir ses pensées de tournures agréables, Garve rechercha la société du grand monde : ce fut là son motif dans la préférence qu'il semblait lui donner, et non la sotte vanité qu'on lui imputa d'augmenter ainsi sa considération personnelle.

« Je dois vous avouer, disait-il à un de ses élèves, (M. Dithmar, de Berlin) que j'ai desiré de très-bonne heure la société des personnes éminentes, dans le but de me former, de perdre cet embarras, cette timidité que j'éprouve encore souvent dans le monde, et qui m'a nui dans bien des occasions où j'aurais pu être utile. Les facultés intellectuelles les plus précieuses, les connaissances les plus étendues, n'influent sur le général de la société, que lorsqu'elles sont accompagnées de savoir-vivre ; et il nous manque, à nous autres savants, cette grâce, cette aisance dans les manières, cette aménité dans le discours, sans lesquelles le génie le plus distingué a souvent du désavantage dans le monde, à côté d'individus qui lui sont inférieurs. »

En appréciant les avantages que donnent à la noblesse les circonstances, l'éducation, la manière de vivre ; en estimant généralement cette classe, M. Garve savait distinguer dans les individus ceux qui en remplissaient les imposants et rigoureux devoirs, de ceux pour lesquels elle n'était qu'un privilége d'ignorance, de présomption, ou de sottise. Juge impartial, les défauts ou les erreurs n'étaient, à ses yeux, que des taches individuelles, et non des suites inséparables de cette antique institution sociale. Il développe et motive cette opinion dans la plupart de ses ouvrages.

Le premier volume de ces Essais renferme quatre dissertations dont voici les titres : sur la Patience, sur les Modes, sur cette maxime de La Rochefoucault, *l'air bourgeois se perd quelquefois à l'armée, jamais à la cour ;* sur l'Indécision. Dans le second volume, l'auteur discute deux passages d'Hérodote. Il traite ensuite de l'Amour de la Patrie en général, et plus particulièrement de celui que les habitants d'un grand état portent à leur province. Le troisième Essai a pour objet l'Art de penser ; et dans le quatrième, M. Garve examine les rôles d'insensé dans les pièces de Shakespeare, et surtout le caractère de Hamlet. Enfin, le troisième volume roule en entier sur la Société et sur la Solitude.

Pour donner à nos lecteurs une idée de la manière simple, claire et pratique de M. Garve, dans les questions les plus abstraites, nous allons faire connaître ses réflexions sur l'Art de penser.

L'auteur range sous deux divisions cette matière intéressante. Il s'occupe, dans la première, de la Pensée en général ; des obstacles qu'elle éprouve, et des moyens qui la favorisent : dans la seconde, de la différence des méthodes par lesquelles se distinguent les penseurs, ou entre lesquelles ils ont à choisir.

« La marche de l'esprit humain, dans ses méditations, n'est point complétement arbitraire : elle dépend en partie du hasard ; toutefois, par une observation approfondie de soi-même, on peut inventer quelques règles utiles, au moyen desquelles les esprits penseurs auront plus de pouvoir sur cette faculté intellectuelle, et pourront avec succès la soumettre aux objets choisis de leur méditation. »

La première règle qu'établit l'auteur, d'après sa propre expérience, c'est la nécessité de présenter à l'imagination l'image animée et complète de l'objet sur lequel on veut méditer. « Le poète, dit-il, doit préparer la voie au philosophe ; et aucun homme ne peut opérer de grandes choses par l'entendement, s'il n'a assez d'imagination pour se représenter, à un certain degré, d'une manière sensible, l'essence abstraite des matériaux qu'il veut travailler.

« Entre les difficultés que rencontre l'opération libre de la pensée, une des plus grandes, c'est l'influence des causes étrangères, car elle ne peut être levée qu'accidentellement, ou par une disposition favorable des organes. » M. Garve développe ceci par des exemples, et conclut « qu'un des dons de la nature, qui distingue le vrai génie, est l'harmonie heureuse des pensées, que l'imagination et la mémoire retracent, avec le plan que l'entendement s'est formé.

« Un autre obstacle que rencontre la pensée, c'est la difficulté de saisir son expression propre. » M. Garve l'attribue quelquefois à l'imperfection des langues elles-mêmes ; le plus souvent au peu de connaissance qu'on a de leur esprit et de leur caractère. » Dans l'un ou l'autre cas, l'essence de la pensée s'altère ou se change, tandis qu'on cherche l'expression, ou lorsqu'on est contraint, soit par l'impuissance de la langue, soit par le manque d'éloquence, d'adopter une expression déjà déterminée, mais peu propre à caractériser toutes les nuances des objets intellectuels.

« Peut-être même existe-t-il des génies auxquels il faudrait une langue expresse pour rendre complétement l'essence de la pensée qu'ils ont conçue. Du moins, voit-on quelquefois de vrais philosophes, des génies réellement poètes, tellement écrasés par la difficulté de rendre leurs pensées, que, même dans leur propre langue, ils ne sont compris ou devinés que par le petit nombre d'êtres dont l'esprit a quelque analogie avec le leur. »

Si l'esprit rencontre des difficultés dans la marche de ses méditations, il a aussi des secours qui les lui facilitent. M. Garve les développe. Il parcourt les moyens par lesquels ceux même qui ne sont pas naturellement doués des facultés intellectuelles d'attention et de constance que demande cet exercice, peuvent s'y habituer. Nous regrettons de ne pouvoir traduire tout ce morceau, rempli d'observations curieuses, et de règles aussi simples qu'utiles aux jeunes gens.

Passant à sa seconde division, qui roule sur la différence des méthodes de la méditation, l'auteur la subdivise d'abord en deux espèces principales; 1.° celle où, sur les mêmes matières, on peut choisir sa méthode ; 2.° celle qui est attachée à la nature de l'objet, et où la différence de la marche du penseur philosophique, et du penseur mathématique, est particulièrement remarquable; mais M. Garve ne fait que l'indiquer : ne se proposant de traiter que des objets pratiques, il s'arrête à la première partie de sa sub-division, c'est-à-dire, aux diverses méthodes où l'on est libre de choisir. Il en distingue six : 1.° *la méthode systématique*. L'auteur observe qu'elle ne peut être employée qu'à l'égard de matières déja connues ; qu'elle est défavorable à l'esprit et à l'imagination. « C'est la cause, dit-il, qui en éloigne les beaux génies, ou les philosophes doués de talents poétiques ou d'éloquence. Rousseau échoua lorsqu'il voulut s'y assujettir dans son Contrat social, sans contredit le moins bon de ses ouvrages. » M. Garve ajoute à ces observations une note très-curieuse sur la manière dont M. Kant est vraisemblablement parvenu à former son système.

2.° *La Méthode socratique*, ou analytique. Après en avoir développé la nature, M. Garve observe que, de toutes les méthodes, c'est la plus facile, la plus commode à la communication des idées, mais seulement pour la tête qui pense d'elle-même, et qui réunit les facultés intellectuelles d'un esprit perspicace, et d'une imagination poétique.

3.° *La Méthode historique*, espèce subordonnée à l'analytique. M. Garve la subdivise en histoire des faits et en histoire de la science des choses. Ainsi, Rousseau veut écrire sur l'éducation ; il suppose un enfant dont il décrit les développements progressifs ; sa théorie est une suite de réflexions, intercalée dans l'histoire d'une éducation positive. Platon veut expliquer le droit et la vertu ; il feint une société qui présente ces deux choses dans leur origine et dans leurs progrès. Ce qu'ont fait Rousseau et Platon, pour des systêmes complets, chaque philosophe peut le faire dans la branche qui est l'objet de ses recherches. Telle était la marche que suivaient les anciens philosophes, pour découvrir les principes fondamentaux de la morale. Leurs observations suivirent l'homme, de l'état d'animalité où il naît, jusqu'à la pléine maturité de sa raison.

4.° M. Garve appelle cette 4.me méthode celle de la *réfutation*. Elle a l'avantage de fournir un objet de méditation. L'histoire de la philosophie nous instruit que les découvertes les plus importantes, ainsi que leurs progrès, ont été la suite de l'examen d'anciennes opinions, et de leur réfutation. M. Garve développe cette méthode avec sagacité, en observant que réfuter et objecter, n'est pas encore penser soi-même.

5.° la 5.me méthode, analogue à la 4.me, et que l'auteur nomme méthode *commentative*, en est cependant essentiellement différente. Toutes deux suivent la marche, naturelle à l'esprit humain; d'éveiller ses propres idées par des idées étrangères; mais la première méthode conduit au scepticisme, si, de la réfutation, on ne passe à un libre examen de la chose, au lieu que le commentateur a, du moins, l'espoir de s'enrichir d'une augmentation de connaissances. M. Garve expose très-clairement la difficulté de cette méthode, ses dangers, ses avantages, et il termine ce développement par un avis très-sage aux auteurs qui écrivent plus qu'ils ne lisent, aux penseurs qui méprisent le savoir.

6.º La dernière méthode est enfin celle de l'observation. Le philosophe qui la choisit, suppose ses lecteurs au fait de l'objet de ses recherches; il n'a d'autre vue que d'augmenter leurs connaissances par ses observations. Les méditations de cette espèce sont, d'ordinaire, un mélange de philosophie, d'histoire, de littérature. Ce genre demande la réunion du bel-esprit au génie philosophique. L'auteur, pour rendre plus sensible la nature, les avantages de cette méthode, met en parallèle les trois grands maîtres qui l'ont employée; Montaigne, Hume, Montesquieu. Il termine ce parallèle par un coup-d'œil rapide, mais lumineux, jeté sur Bacon, qu'il nomme le père et le fondateur de cette méthode, dans la philosophie moderne; et il conclut enfin que, de toutes les productions philosophiques, celles de ce genre sont les plus propres à conduire à la méditation une tête bien organisée.

C'est avec regret que nous ne pouvons nous étendre assez pour donner, ici, une idée développée du troisième volume de l'ouvrage de M. Garve. Il y traite de l'influence de la société et de la solitude sur l'esprit, le caractère et la culture morale et civile de l'homme; ses recherches, à cet égard, sont d'autant plus intéressantes, qu'elles paraissent une réfutation de l'ouvrage célèbre où M. Zimmerman établissait exclusivement les avantages de la solitude. Plus impartial, et avec un esprit plus vraiment philosophique, M. Garve démontre que l'homme n'est point fait pour un de ces genres de vie exclusifs, et que le perfectionnement de sa culture intellectuelle, morale, civile, en exige le mélange. L'originalité, la finesse et la justesse des observations contenues dans ce volume, font regretter que M. Garve n'ait pas terminé, sur cette matière intéressante, les recherches qu'annonçait son introduction.

D. P.

PHILOSOPHIE der Toilet. — *PHILOSOPHIE de la Toilette*, par *G. C. CLAUDIUS*. Leipsick, 1800.

Cette production nouvelle n'est pas neuve, quant à son objet : c'est une de ces satires si multipliées contre l'orgueil du rang, celui de la naissance et la folie des modes. L'auteur y fait contraster le ridicule, la légèreté, la corruption des cours, avec l'invincible attrait de la vérité, de la pureté, du naturel, dans la façon de penser et dans les mœurs. Il introduit des personnages, dont les uns, véritables caricatures de vice, sont pris dans la classe qu'il fronde ; et les autres, modèles des vertus qu'il veut inspirer, sont d'une classe inférieure ; l'ouvrage est en dialogues ou en récits entremêlés çà et là de quelques saillies plaisantes.

THÉATRE.

MEINE theatralische Laufbahn. — *Ma Carrière théatrale*, par *A. W. IFFLAND*, in-8.º Leipsick.

C'EST sous le double rapport d'acteur et d'auteur célèbre que la carrière théatrale et dramatique de M. Iffland présente de l'intérêt et de l'instruction. Une étude approfondie de l'art, une longue expérience, réunies aux talents les plus rares, l'ont mis à même de porter ses observations, non-seulement sur le théâtre allemand, mais sur l'art dramatique en général.

Né à Hanovre, en 1759, M. Iffland annonça, dès l'âge de cinq ans, une sensibilité fort extraordinaire, pour tout ce qui avait rapport à l'art théatral. Les impressions qu'il reçut, lorsqu'à cet âge, il vit, pour la première fois, le *Malade imaginaire*, furent si vives, si fortes, qu'il s'en souvient et les décrit avec la plus grande vérité; mais son ravissement ne tenait encore qu'à ses organes physiques, aux choses qui, plus ou moins, frappent tous les enfants précoces.

Le moment où sa vocation et son génie dramatique se développèrent véritablement, fut celui où, quelque temps après le *Malade imaginaire*, il vit représenter *miss Sara Sampson*, du célèbre Lessing. Les plus grands acteurs que l'Allemagne eut alors,

Eckhof, Mlle Hensel, Mlle Back, remplissaient les rôles de *Melleffont*, de *miss Sara*, de *Marwood*, ou plutôt s'identifiaient à ces personnages. Voici comment M. Iffland dépeint ce qu'il éprouva :

« Je fondis en larmes. Ce pouvoir irrésistible, qui excite, conduit, entraîne chaque sentiment, développa, éleva, charma, subjugua mon ame. J'étais entièrement *dissous*. La toile tomba ; je ne pus me lever ; mes pleurs coulaient ; mes sanglots se faisaient entendre ; on ne pouvait me faire quitter la place. De retour chez mon père, je parlai de la pièce ; mes expressions surprirent ; la langue, dont je me servais, m'était étrangère ; mais loin de blâmer le feu qui me brûlait, on parut partager mon ravissement. Mon père repassa la pièce avec moi, son cœur paternel, vivement ému, me fit sentir tout ce qu'une pièce de ce genre avait de moralité. De cet instant, je regardai le théâtre comme l'école de la sagesse. »

Des impressions plus fortes encore se développèrent chez le jeune Iffland à la première tragédie. Ces héros, ces reines, ces princesses, tous ces personnages si malheureux, si confiants envers le public, remplirent ce jeune cœur d'un intérêt, d'un respect, d'un enthousiasme qui alla jusqu'au délire. Il était furieux que, dans leur propre palais, et tandis qu'ils s'abreuvaient de pleurs, on se livrât à la joie et à la danse. Les applaudissements que les spectateurs donnèrent au ballet qui suivit la pièce, lui parurent outrageants : il se demandait ce qu'en penseraient Antiochus et Cléopâtre. Il espérait qu'un mot, de leur part, ferait cesser ce bruit indécent, et de dépit de le voir continuer, il se tapit dans un coin de loge.

Son père, commençant à craindre la marche que prenaient l'imagination et la sensibilité de cet enfant, fut moins complaisant que la première fois, et ne lui permit plus de parler du seul objet qui l'occupait en entier. Ses frères et sœurs, même les domestiques, se montrèrent tout aussi peu disposés à l'entendre. Ses petits camarades préféraient l'exercice militaire. Ainsi, privé de spectateurs, il passait ses heures de recréation dans un vieux grenier, à délirer comme Antiochus ou à pleurer comme Cléopâtre ; et souvent sa propre déclamation l'émouvait au point qu'il fondait réellement en larmes ; mais quelquefois, s'oubliant jusqu'aux approches de la nuit, le petit héros, frappé d'une terreur panique, sans penser qu'il était fagoté, d'un côté, en *Antiochus*, de l'autre, en *Cléopâtre*, se précipitait en bas de l'escalier, en jetant les hauts cris.

Effrayé d'une passion aussi prononcée, on ne conduisit plus le petit Iffland au spectacle ; il s'en dédommagea par la lecture de toutes les pièces qu'il put attraper : *Roméo et Juliette* fut de ce nombre ; elle acheva de lui ôter le repos et la raison. Il ne vit plus que des *Capulet* père, dans ceux qui s'opposaient à sa manie tragique. On mit tous les obstacles qu'on put à ses lectures ; on écartait avec le plus grand soin tout ce qui pouvait enflammer une passion si violente ; mais le jeune Iffland, ingénieux à la satisfaire, demanda, comme une grace, de devenir le lecteur des sermons que lisaient ses parens. Ceux-ci, rassurés par ce nouveau goût, et fort enchantés de l'onction et de la force qu'il mettait à cette lecture, crurent à sa vocation pour la chaire, et ne s'aperçurent point qu'en déclamant ces sermons, leur fils ne pensait qu'à *Roméo*, *Capulet*, ou *Antiochus*.

Nous ne pouvons suivre M. Iffland dans les détails charmants et pleins de vérité, qu'il donne de la progression de ce goût dominant, qui décida son sort. Il était si humilié de ne réussir dans aucune des études auxquelles on le destinait, si désespéré de se voir méconnu de ses parens, taxé d'incapacité ou d'insouciance, tandis que son ame ardente brûlait en secret d'un feu qu'il n'osait avouer, qu'un vrai délire s'emparant de lui au moment où on allait le faire entrer à l'université, il quitta, sans congé, mais non sans émotion et sans regrets, sa maison paternelle, sa ville natale, âgé alors de seize ans; il se rendit à Gotha, où l'attirait le grand Eckhof. A l'aspect de cet acteur célèbre, son imagination lui retrace si vivement les rôles où il l'a vu exceller, que son saisissement le rend incapable de prononcer le petit discours qu'il avait préparé; sa voix s'altère, des larmes le suffoquent : Eckhof lui serre la main avec bonté, et cette initiation circule avec un doux frémissement dans tous les membres du jeune adepte. Présenté par Eckhof, il fut accepté le 15 mars 1775.

« Ce fut là, dit M. Iffland, que je vis encore les beaux restes du talent précieux de cet acteur immortel. Je ne déciderai pas si ses moyens tenaient à l'art ou à la nature; il est mort. Ce que je sais, c'est qu'à son gré il pouvait me faire répandre des larmes, et que jamais la réflexion ne m'a fait rougir de celles qu'il arrachait à ma sensibilité. » MM. Beil et Beck se formaient à la même école que M. Iffland. Tous trois, à peu près du même âge, remplis, tous trois, de cette ardeur qu'inspire le vrai talent, ils se livrèrent ensemble à l'étude d'un art qu'ils chérissaient. Leurs essais, leurs exercices, leur zèle infatigable pour atteindre à l'idéal de cette perfection qui leur a mérité la célébrité (*) attachée à leur nom, sont détaillés par M. Iffland d'une manière aussi agréable qu'instructive.

La mort d'Eckhof et la dissolution du théâtre de Gotha conduisirent les trois jeunes amis à Manheim, où M. Iffland arriva avec la satisfaction d'avoir obtenu le pardon, la bénédiction, et le consentement paternels pour l'état qu'il avait embrassé.

C'était à l'époque où l'Électeur palatin, héritier de la Bavière, quittait Manheim pour établir sa résidence à Munich. Ce prince, desirant dédommager son ancienne capitale des pertes qu'elle essuyait par ce départ, résolut, en lui enlevant les spectacles qui l'avaient rendue opulente et célèbre, d'y établir un théâtre national. M. Iffland donne une idée précise des grands talents des acteurs et actrices rassemblés par les soins de M. le baron de Dalberg, des difficultés qu'il rencontra par le peu de goût qu'avait l'électrice, ainsi que le public, pour le théâtre allemand; des alternatives de succès et de revers de ce théâtre; enfin, de la per-

---

(*) Le premier est mort en 1793.

fection à laquelle il parvint, et dut sa célébrité. Une apparition brillante électrisa, en 1780, tous les esprits. Schrœder, attaché alors au théâtre de Vienne, et qui, par son talent, consolait l'Allemagne de la perte d'Eckhof, passa à Manheim, y séjourna quelques jours.

Ici, M. Iffland se livre à un enthousiasme qui peindra l'originalité de son caractère. « Rien n'égalait, dit-il, mon desir de voir le fameux Schrœder. J'étais malade, je n'osais quitter ma chambre, je portais envie à ceux qui, les premiers, aborderaient ce grand homme. Il eut la bonté de venir chez moi, je frissonnai d'aise lorsqu'il me tendit la main. Je pouvais me dire : Schrœder connaît ton existence. Sans m'embarrasser de ma santé, de la défense des médecins, je courus chez lui, je l'assiégeai ; le moindre de ses regards disposait de tout mon être. »

« Il parut sur la scène, dans toute la perfection de son génie. On n'avait jamais ni vu ni éprouvé rien de semblable à l'effet qu'il produisit. Absolument différent de l'idéal que je m'étais formé, des modèles que j'avais admirés, il me causa un ravissement qui tenait de l'extase. En scène, à côté de lui, je ne pus que prononcer des mots, faire des gestes d'automate, aller et venir machinalement. Aussi me préféra-t-il Beil, qui, moins profondément sensible, ne fut que stimulé par ce grand modèle, et conserva la pleine liberté de développer son talent. »

Cette préférence de Schrœder blessa moins l'amour-propre que le cœur de son jeune admirateur ; mais elle n'affaiblit point l'intime liaison qui régnait entre les trois rivaux. Ils redoublèrent au contraire de travail, et leurs efforts communs, suivis d'un succès qui réchauffa le public, ouvrirent la période brillante du théâtre national de Manheim, qui dura de 1786 à 1793, époque où, par la révolution française, la guerre, les opinions diverses, les choses commencèrent à prendre une tournure inquiétante. Ce théâtre s'en ressentit, l'esprit de parti se montra.

Ce morceau de l'ouvrage qui nous occupe, est plein de détails intéressants qu'on ne peut ni abréger, ni rendre en entier, vu leur étendue. Après avoir soutenu toutes les horreurs de deux bombardements, Manheim, livrée et reprise, ne présenta plus pour le théâtre, ni les mêmes avantages, ni les mêmes encouragements, qui, seuls, y auroient fixé M. Iffland pour sa vie. Prêt à sacrifier ses intérêts au pays, à la ville, au prince auxquels il s'était attaché, il ne put se résigner à l'indifférence qu'on apportait au rétablissement du théâtre dont, en l'absence de M. de Dalberg, il avait eu la direction. Sollicité d'accepter des places considérables et lucratives à Vienne, Hambourg et Berlin, il attendit, pendant un an, l'effet de ses représentations à M. de Dalberg ; les voyant enfin inutiles, il accepta, en 1796, la place de directeur du théâtre royal et national de Berlin, qu'il remplit encore avec tout le succès qu'on avait droit d'espérer de ses talents et de ses lumieres.

Le goût exclusif de M. Iffland pour son art, l'activité infatigable avec laquelle il en cherchait la perfection, se montra d'abord par divers essais de sa plume, insérés dans plusieurs journaux allemands; mais ce fut à la premiere représentation de l'*Alceste* de Wieland, qu'il éprouva l'impulsion puissante du besoin de créer lui-même. L'accueil qu'on fit à sa première pièce, *Albert de Thurneisen*, représentée en 1781, l'encourageant, il donna successivement de 1784 à 1786, Verbrechen aus ehrsucht, *le Crime par ambition;* die Mündeln, *les Pupilles;* die Jæger, *les Chasseurs*, et Bewustseyn, *la Conscience*, pièces qui lui assurèrent la réputation la plus méritée, dans le genre du drame, restreint aux scènes ordinaires de la vie. Il a enrichi, depuis, la scène allemande de quantité d'autres drames du même genre, qui, sans être tout-à-fait à l'abri d'une critique sévère, sont cependant très-supérieurs à la plupart de ceux de ses contemporains, par la variété, la vérité des caractères, la chaleur et le naturel du coloris, une multitude d'idées heureuses et le talent qu'il possède en maître, d'émouvoir, à son gré, la sensibilité.

Nous nous réservons de faire connaître ces diverses pièces à nos lecteurs, en parlant de la dernière édition des œuvres de M. Iffland, faite en 1799, et augmentée de plusieurs pièces nouvelles.

L'époque où M. Iffland ouvrit sa carrière d'auteur, fut féconde en productions marquantes pour le génie allemand. Ce fut en 1782, que parurent *les Brigands*, premier chef-d'œuvre de Schiller, pièce aussi étonnante dans son genre que dans ses effets. M. Iffland dépeint la magnificence, la vérité des décorations et des costumes par lesquels on voulut, à Manheim, rendre hommage au talent extraordinaire de cet auteur. Il rend compte de la perfection avec laquelle cette pièce fut représentée, de la manière étonnante dont M. Bock entra dans l'esprit des plus belles scènes du rôle si dangereusement intéressant de *Charles Moore*. « Le poète, dit-il, ne pouvait l'avoir conçu plus fortement qu'il ne fut rendu par cet excellent acteur. » Mais ce que M. Iffland ne pouvait ajouter sur lui-même, c'est que, dans le rôle profondément et finement scélérat de *François Moore*, Iffland développa des moyens si neufs, une force et une astuce si surprenantes, qu'il mit par là le sceau à sa réputation, et à l'enthousiasme général du public.

Ainsi que beaucoup d'autres critiques éclairés de l'Allemagne, M. Iffland, en rendant une justice complète au génie de Shakespeare, paraît convaincu que les pièces de cet auteur ont eu une influence fâcheuse sur le théâtre allemand. Pendant longtemps, on les donna exclusivement, ensuite les auteurs le prirent pour modèle, et l'on ne vit plus sur la scène allemande que des sujets gigantesques et bas, invraisemblables, terribles. Les auteurs, les acteurs, le public, s'habituèrent aux choses fortes, aux horreurs; les cris remplacèrent l'expression vraie du sentiment; la grossièreté passa pour énergie; la rudesse, pour du naturel, et l'oubli de toutes les convenances, pour singularité. « On ne pourrait, ajoute M. Iffland, donner sur notre théâtre actuel, les pièces d'un Destouches, d'un Marivaux, comme on les donnait, il y a 25 ou

30 ans, sur les théâtres d'Akermann et de Seyler. On n'a plus cette fleur de politesse, cette fine galanterie qu'avaient alors nos acteurs. Dans ce temps-là, le public exigeait que l'auteur et l'acteur excitassent progressivement son intérêt, ce qui supposait, au moins, dans les deux premiers actes, non de la froideur, mais une marche tranquille, seulement, animée par ces détails qui, en offrant, soit le ton de la vie ordinaire, soit celui d'un certain monde, exposent naturellement au spectateur le tableau des caractères, de l'esprit, de la situation des familles ou des sociétés dans lesquelles se passe l'action. » Mais actuellement, il ne faut que des choses frappantes ; et, dans cette manière renforcée, rien, selon M. Iffland, n'a réellement gagné que l'expression du haut comique, infiniment plus varié qu'il ne l'était autrefois sur le théâtre allemand. D. P.

HISTOIRE.

GUSTAVS III Tod. — *MORT de GUSTAVE III, Peinture psychologique et morale des erreurs de l'enthousiasme et des passions, présentée sous la forme dramatique, en quatre livres.* 2 vol. in-8.º avec figures. Leipsick ; Græff.

L'AUTEUR de cet ouvrage est M. G. C. Horst, curé de Lindheim dans le comté de Hanau-Münzenberg, qui a déja publié une histoire de la dernière guerre entre la Suède et la Russie. Le nouveau sujet dont il a fait choix offre un intérêt majeur non-seulement à l'historien, mais encore au moraliste, et fournit une ample matière de réflexions. « On est surpris, dit M. Horst, dans sa préface, lorsqu'on observe à quel point les hommes impliqués dans cette conjuration différaient sous le rapport du caractère, de l'éducation morale et des circonstances extérieures. A côté d'un Ankerstrom, dépourvu de toute culture, on voit figurer un de Horn, modèle d'élégance et de raffinement ; un Ribbing, ouvert, plein de feu, se trouve associé avec un Pechlin, homme aussi froid qu'impénétrable, avec un Bielke, consommé dans toutes les ruses de la politique. Mais l'énigme s'explique d'elle-même, lorsqu'on réfléchit que, chez celui-là, un mécontentement farouche de son sort opérait ce qui, chez un autre, était plus ou moins l'ouvrage d'un malheureux enthousiasme politique, d'une raison délirante et de passions effrénées. »

Indépendamment des considérations de ce genre, l'auteur a inséré, dans sa préface, un aperçu du règne de Gustave III, où il le représente comme un prince que la nature avait favorisé, jusqu'à un certain point, de tous les dons inséparables de l'idée d'un grand homme, et qui avait assez d'énergie intérieure pour se rendre lui-même tantôt le plus heureux, tantôt le plus infortuné des êtres sensibles; mais son génie était souvent en contradiction avec son cœur.

Dans le corps de l'ouvrage, M. Horst a surtout cherché à faire ressortir les dangers de l'enthousiasme politique. Sa manière de présenter les faits a, pour garantie, le procès-verbal des recherches, imprimé en suédois, par ordre du tribunal suprême.

On a remarqué plus d'une fois que les formes du drame et du dialogue, appliquées au récit des événements historiques, obligeaient à lui donner trop d'étendue, et amenaient presque nécessairement des détails froids et fastidieux, qu'il est plus aisé d'éviter dans une narration directe. L'ouvrage de M. Horst n'est pas tout-à-fait exempt de ce reproche. On entrevoit cependant qu'il se ferait lire avec moins d'attrait, s'il n'offrait pas les développements essentiels à toute composition dramatique.

Gallerie interessanter personen. — *Galerie de Personnages intéressants, ou Tableau du caractère, des actions et de la destinée de divers hommes illustres ou fameux des temps anciens et modernes, mis au jour par C. A. SCHILLER.* Berlin et Vienne. Doll.

Joseph II, Gustave III, Catherine II, Bonaparte, Rewbell, Carnot, Lafayette, Dumouriez, Pitt, Kaunitz, Hertzberg, Potemkin, Laudon, Mirabeau, Robespierre, Marat, Danton, Euloge Schneider, Franklin, Cook, Mahomet, Cromwell, Jeanne d'Arc, Ulrich de Hutten, Pétrarque, figurent successivement dans cette galerie; mais l'espace que l'auteur a jugé à propos de leur consacrer, n'est pas toujours proportionné à leur génie, à leur influence ou à leur réputation. Joseph II et Gustave III semblaient mériter qu'il s'étendît davantage sur les révolutions que l'un entreprit et que l'autre effectua ; il ne dit presque rien des services rendus par Franklin aux États-Unis de l'Amérique septentrionale, soit pour assurer leur indépendance, soit pour régler le mode de leur gouvernement. Potemkin, Cook, Mahomet, Pétrarque et d'autres n'occupent également qu'un petit nombre de pages. On ne peut nier cependant que, si M. Schiller a négligé de s'appesantir sur des faits, dont il a peut-être supposé que ses lecteurs étaient suffisamment instruits, il n'ait tracé, avec autant de précision que de justesse, le portrait de chacun de ses personnages. Celui d'Ulrich de Hutten peut nous servir d'exemple.

« Ulrich de Hutten était d'une petite stature, quoique d'une complexion robuste. Il avait endurci son ame, au point de supporter tous les coups de la fortune ; il méprisait tous les avantages, tous les plaisirs qu'il aurait fallu acheter par le moindre sacrifice de ses principes et de sa liberté. Esprit fier, entreprenant, qui bravait toutes les résistances, et que rien ne pouvait enchaîner; véhément dans ses actions, comme dans ses discours; inébranlable dans le parti qu'il avait une fois embrassé; fidèle à ses liaisons; mais toujours prêt à se détacher de l'ami ou du protecteur le plus cher, pour les intérêts de la vérité et de la justice. Une lutte continuelle avec le malheur, l'indigence, la maladie, et les ennemis nombreux que lui attira son amour pour la vérité, aigrit tellement son caractère, qu'il devint irascible et farouche par accès; mais il n'en était pas moins rempli de zèle pour les droits et pour le bonheur de ses frères et de sa patrie ; il haïssait mortellement l'imposture, les voies obliques et le défaut de probité. Il joignait, à ces vertus d'un digne chevalier, l'avantage d'être l'un des hommes les plus doctes, les plus éclairés et les plus éloquents de son siécle ; et, comme si le ciel eût voulu contrebalancer les maux qui l'assaillirent pendant tout le cours de sa vie, il l'avait doué d'un courage et d'un sentiment de ses forces, qui l'empêchèrent de succomber à des infortunes capables d'écraser sans retour un homme ordinaire. »

DIE Vorzeit Lieflands, ein denkmal des Pfaffen-und Rittergeistes, von G. MERKEL. — *L'Ancienne Livonie, monument de l'esprit sacerdotal et chevaleresque ;* par *G. MERKEL.* T. 1. Berlin. Voss.

Il y a environ deux ans que M. Merkel, dans un ouvrage intitulé *die Letten* (les Livoniens), dénonça sans ménagement à tous les amis de l'humanité, les vexations auxquelles ce peuple est en butte depuis plusieurs siécles. Il ne s'élève pas moins fortement, dans celui-ci, contre les injustices et les cruautés de tout genre. On lui a seulement reproché en Allemagne un excès d'amertume, et le retour trop fréquent des mêmes inculpations. D'ailleurs, il semble attribuer trop généralement à la méchanceté, à la fourberie, ce qui n'était que le résultat du fanatisme religieux, et de l'opinion où l'on était que, plus on convertirait de payens au christianisme, plus on obtiendrait une place éminente parmi les bienheureux.

Ce volume renferme trois livres. Dans le premier, l'auteur remonte à l'origine des Livoniens. Il regarde la Prusse comme le berceau de cette nation, et Widewut, un chef des Alains, comme son fondateur. Ce Widewut engagea les Alains, les Esthiens, les Naves et les Finois, sauvages enfants des déserts, à prendre des habitations fixes, et à cultiver la terre ; et il leur donna des lois et une religion. De la Prusse, les Livoniens s'étendirent de tout côté, vers la Lithuanie, dans l'intérieur de la Livonie et du duché de Courlande. Les Slaves et les Finois, peuples encore nomades, se retiraient devant eux ; et partout ces colonies abattaient les forêts et défrichaient le sol. Cette nation fut d'abord pacifique ; mais son humeur changea avec ses relations.

M. Merkel décrit ensuite l'état des Livoniens au douzième siécle, leur stature, leur caractère, leurs usages, leur constitution politique, et leur religion.

Le second livre est consacré à l'histoire ancienne des Esthoniens et des Liviens, et surtout à celle des Finois, leurs communs ancêtres. L'auteur compare l'état actuel des premiers, à ce qu'ils furent dans les temps les plus reculés. Ses recherches ne lui ont rien fait découvrir touchant les Kures et les Liviens. Il conjecture que ce pouvaient être les *Hellevones* de Pline et les *Levones* de Ptolemée. Dans cette hypothèse, ils occuperaient encore le même pays où les Allemands les trouvèrent.

Le troisième livre traite de la découverte et de la conquête de la Livonie. L'histoire va jusqu'à la mort de l'évêque Albert en 1229.

VOYAGES.

Reise durch Osnabrück und Niedermünster in das Saterland, Ostfriesland, und Grœningen. — *Voyage dans la contrée de Saterland, dans l'Ostfrise et à Grœningen, par les Évêchés d'Osnabrück et de Münster; Par J. G. Hoche, docteur en philosophie, curé de Rœdinghausen, dans le comté de Ravensberg, et membre de la société littéraire d'Halberstadt.* 526 pages, petit in-8.° Brême, Wilmans. 1800. — (*Premier Extrait.*)

L'objet principal que M. Hoche se proposait dans ce voyage, fait en 1798, était de revoir des amis chers à son cœur. Il lui procura l'avantage accessoire de contenter sa curiosité, à l'égard d'un petit pays, omis sur presque toutes les cartes, oublié ou méconnu par tous les géographes, et sur les habitans duquel un voyageur lui avait raconté des particularités singulières.

Ce pays, nommé *Saterland*, est limitrophe de l'évêché de Münster et de l'Ostfrise; il est renfermé entre deux petites rivières, l'Oh et la Marka, et entouré

touré de toutes parts de bruyères et de marécages. Il n'a de largeur que deux lieues, et cinq de longueur. « On ne doit pas s'étonner, dit M. Hoche, qu'il ait été jusqu'à ce jour ignoré des géographes, puisqu'une société de savants, qui n'en est pas éloignée de dix milles (d'Allemagne), n'en soupçonnait pas même l'existence. »

Il paraît que ses premiers habitants étaient originaires de la Frise. M. Hoche soupçonne que leur migration eut lieu dans le neuvième siècle, et qu'elle fut occasionnée par le sanglant prosélytisme de Pepin et de Charlemagne. D'anciens documents, conservés avec soin, constatent que trois familles nobles vinrent s'établir, les premières, dans cette contrée alors déserte, avec leurs domestiques et leurs vassaux. Il existe encore des descendants de ces familles, portant les mêmes noms que leurs ancêtres; ils avaient jadis des priviléges, fondés sur les documents dont il vient d'être fait mention; mais le temps les en a dépouillés, ou plutôt il les a rendus communs à toute la peuplade.

Elle est répartie dans six villages, qui forment trois paroisses; celle de Scharle, celle de Raamsloh, qui comprend les villages de Huln et de Balje, et celle de Stricklingen, à laquelle appartient le village d'Urende. Ces trois paroisses sont régies, sous l'autorité de l'évêque de Münster, par douze bourguemestres, élus tous les ans, par moitié, dans une assemblée générale, qui se tient à Raamsloh. Chaque paroisse a, en outre, deux magistrats inférieurs, chargés de la police, de la sûreté des chemins, de l'exactitude des poids et mesures, et du soin des pauvres.

Les servitudes princières ou féodales sont inconnues dans le pays de Saterland. La pêche, la chasse, la moûture des grains, la boulangerie, la brasserie y sont libres et gratuites. Les procès doivent être portés devant un tribunal de l'évêché de Münster; mais les heureux Saterlandiens ne connaissent pas les procès, et se font un point d'honneur de ne soumettre leurs légers différends qu'à la sagesse de leurs bourguemestres, qui les accommodent à l'amiable. 96 rixthalers et 4 tonnes et demie de beurre forment la totalité de leurs contributions. Ils n'ont jamais voulu souffrir les enrôlements militaires.

Luthériens au commencement de ce siècle, ils sont aujourd'hui catholiques. Ce changement a été l'ouvrage des évêques de Münster. Il a servi l'ignorance et les préjugés; mais les Saterlandiens ont conservé l'esprit de tolérance qui s'allie si rarement avec la superstition.

Ils se plaignent avec raison du mauvais état de leurs écoles, et surtout de ce qu'on prend à tâche de substituer, dans l'éducation de leurs enfants, le bas-allemand à leur idiome national.

L'hospitalité la plus franche, la plus désintéressée est une de leurs principales vertus. Ils font un usage immodéré du café; mais ils le prennent très-faible. Du jambon, des viandes fumées, du pain noir, des pommes de terre, plusieurs espèces de chou rouge, du beurre et du fromage, composent leur nourriture ordinaire. Leur mets favori consiste dans une omelette où il entre du lard et de la farine de sarrasin. La bouillie de riz est encore une de leurs friandises. Ils supportent courageusement la faim et le froid, mais ils ne peuvent résister à la soif et à la chaleur; et se passent moins aisément d'eau-de-vie et de bierre, que d'aliments solides. Presque tous les hommes mâchent du tabac. Ils comptent par nuits, à l'instar des anciens Germains, dont plusieurs usages se sont maintenus parmi eux.

La condition de leurs femmes, généralement belles et vertueuses, diffère peu de l'esclavage. Le labour, les semailles, la moisson, toute l'économie rurale font partie de leurs travaux. Elles aident même à tirer les bateaux, quand leurs maris reviennent de la pêche ou des voyages d'assez long cours qu'ils entreprennent pour des objets de commerce. L'habitude, l'exemple de leurs mères, le sentiment de leur dépendance, les tiennent courbées, sans qu'elles en murmurent, sous la tyrannie du sexe le plus fort.

« Le pays ne renferme point de pauvres, proprement dits. Les bourguemestres, sur le rapport des magistrats subalternes, fournissent à la subsistance des indigents, qui sont en petit nombre; et viennent au secours de ceux qui éprouvent des revers. Il y a quelque chose de patriarchal dans les relations mutuelles des habitants; on dirait qu'ils sont tous membres d'une même famille. Les orphelins et les veuves trouvent partout des pères et des soutiens.

Quelqu'un est-il malade, ce qui arrive rarement, d'autres gouvernent ses affaires. »

Les maladies vénériennes n'ont pas encore pénétré dans cet asyle des bonnes mœurs. La petite vérole y est ordinairement bénigne. On n'y connaît pas les médecins. Le plus grand inconvénient de la vieillesse est l'affaiblissement de la vue ; tous les autres sens conservent leur vigueur jusque dans l'âge le plus avancé.

Les enfants sont formés de bonne heure aux occupations de leur sexe. L'amour de leur pays, une obéissance implicite aux volontés de leurs parents, sont les bases de l'éducation qu'ils reçoivent dans la maison paternelle.

Les Saterlandiens ne se marient qu'entre eux, et jamais avant d'avoir atteint la plénitude de leurs forces. De là proviennent, sans doute, leur santé presqu'inaltérable, la haute stature et l'extérieur avantageux qui les distinguent des autres habitants de la Westphalie.

Leur langue est l'ancien dialecte de la Frise, que M. Hoche regarde comme l'aîné de tous les dialectes allemands, et d'où dérivent, suivant lui, les langues anglaise et hollandaise, ainsi que le bas allemand ou l'ancien saxon. Les Saterlandiens ont quelques chansons populaires, dont la mélodie n'est pas dépourvue d'agrément. Ils se plaisent surtout à chanter une romance composée, il y a tout au plus trente ans, par un de leurs compatriotes, et dont l'héroïne vit encore au milieu d'eux. En voici le sujet.

» Une jeune et belle fille accompagne son père à Embden, où celui-ci va chercher des marchandises. Elle y devient amoureuse d'un capitaine de navire, au point de quitter furtivement son père, de s'habiller en matelot, et de s'engager au service de ce capitaine, sans toutefois lui laisser soupçonner son véritable sexe. Tous les Saterlandiens partagent la douleur que sa disparition cause à son père. Tandis qu'on la cherche inutilement de tous côtés, elle fait, avec le capitaine, sept voyages consécutifs aux Indes orientales, toujours en proie à sa passion, et toujours malheureuse dans les tentatives innocentes qu'elle hasarde pour la découvrir à celui qui en est l'objet. Enfin, elle lui sauve la vie. Au moment où il la presse contre son cœur, dans le transport de sa reconnaissance, il s'aperçoit de son déguisement. Elle lui en avoue le motif, et le don de sa main ne tarde pas à récompenser tant d'amour et de constance. »

La plupart des renseignements dont on vient de lire le précis, furent donnés à M. Hoche par Henri Wilmsen, respectable vieillard, âgé de quatre-vingt-neuf ans, et qui jouit de la plus grande considération dans cette petite république. « Il en est le conseiller et l'arbitre. Elle s'enorgueillit de ses lumières et de son expérience. Les enfants prononcent son nom avec une vénération affectueuse ; ses décisions sont des oracles pour les hommes faits........ L'électeur de Cologne, Clément Auguste, résidait souvent, comme évêque de Münster, dans son château de Clemenswerth, situé au midi de la forêt d'Hümmeling.

Il y manda deux fois Henri Wilmsen et un autre habitant du pays de Saterland, pour s'assurer le gain d'un pari qu'il avait fait avec ses courtisans. Il s'agissait de leur prouver que, parmi ses sujets, il s'en trouvait qui parlaient une langue inintelligible pour eux. Wilmsen aimait à se rappeler cette époque de sa vie, quoique le spectacle d'une cour n'eût pas laissé dans son esprit une impression des plus avantageuses. Il riait de bon cœur, au souvenir des seigneurs, grands et petits, qui avaient assisté à la comédie où il avait joué le principal rôle, et qui, n'entendant pas son langage, ne s'étaient pas aperçus que les acteurs s'égayaient aux dépens des spectateurs.

« Wilmsen accueillit d'un sourire l'envie que je lui témoignai de connaître la constitution de son pays. *Je vous satisferai volontiers*, me répondit-il d'un air franc et ouvert; *mais vous me direz auparavant des nouvelles de Bonaparte. On m'a conté en dernier lieu qu'il avait été fait prisonnier.* Ce discours m'étonna beaucoup; mais je reconnus bientôt que les grands événements politiques de la fin de ce siècle intéressaient vivement tous les Saterlandiens, et qu'ils recueillaient avec avidité les nouvelles qui parvenaient jusqu'à eux, de Leer ou d'Embden. Le nom de Bonaparte était dans la bouche de tous les enfants. Je crus que les Saterlandiens ne prenaient tant de part à ce qui se passait si loin d'eux, que par un mouvement de curiosité, bien naturel à des hommes séparés en quelque sorte du reste du monde. Je me trompais; ce grand intérêt en faveur de Bonaparte, est l'expression de leurs sentimens politiques ; expression dans laquelle on distingue aisément des vœux très-prononcés. Ils sont républicains, et chérissent la liberté par dessus tout. J'observai dans la physionomie de Wilmsen, les signes d'une satisfaction intérieure; et une jeune fille témoigna hautement sa joie, lorsque j'assurai, d'une manière positive, que Bonaparte n'était pas tombé entre les mains des ennemis de la France. » L.

J. Sievers Briefe aus Siberien an seine Lehrer, H. Brande, Ehrhardt und Westrumb. — *Lettres écrites de Sibérie,* par *J. Siever, pharmacien, de l'académie des sciences de Pétersbourg, et membre de la société libre-économique, à ses maîtres, MM. Brande, apothicaire du roi d'Angleterre; Ehrhardt, botaniste du même prince, et Westrumb, commissaire des mines, et membre du conseil de pharmacie.* Pétersbourg. Logau.

M. Siever a parcouru, de 1790 à 1794, les contrées dont il parle dans ses lettres, comme membre d'une commission chargée, par Catherine II, de faire des essais relativement à la culture de la grande rhubarbe de Sibérie (*Rheum Sibiricum*), et d'autres plantes de la même espèce. Il a surtout voyagé dans la Mongolie Russe, dans le pays des Kirgis, le long des frontières de la Chine, et même une fois au-delà de ces frontières, toujours occupé de son principal objet, d'acquérir une connaissance exacte de la vraie rhubarbe, de la manière de la cueillir et de la préparer. Cependant il n'a point négligé les observations propres à intéresser les naturalistes, non plus que celles qui peuvent plaire à toutes les classes de lecteurs. Il décrit les animaux, les plantes, les minéraux, ainsi que les mœurs des peuples au milieu desquels il a séjourné. Il peint les Kirgis sous des couleurs beaucoup plus favorables qu'on n'avait fait jusqu'ici. Ce n'est qu'à force d'adresse qu'il est parvenu à passer les frontières de la Chine. Des Kalmouks, des Mongols, ou des Mantchoux, en défendent partout l'accès. Un étranger qui s'approcherait trop de ces gardes, courrait risque d'être chargé de fers, et envoyé à Pétersbourg. Ce n'est qu'au moyen de ces précautions rigoureuses que les Chinois conservent, à l'abri de toute surprise, leurs frontières de l'ouest, du nord et du nord-est, où ils n'ont d'ailleurs que de très-faibles garnisons.

Partout l'auteur a trouvé de ces tombeaux, appelés en allemand *Tschudische græber* (tombeaux Scythes). Ils commencent au 60.ᵉ degré de longitude, et finissent au 140.ᵉ Quelques-uns de ces tombeaux sont remarquables par leur élévation et par l'épaisseur de leurs pilliers. M. Siever a vu l'intérieur de l'un d'eux. Il renfermait une tête et des ossements humains, placés dans la direction de l'est à l'ouest; le squelette d'un cheval, couché du sud au nord; une épée droite, à deux tranchants, large d'un pouce, et longue d'environ une aune et demie; dix pointes de flèches en fer; plusieurs feuilles d'or; deux anneaux du même métal, forgés; plusieurs brasselets travaillés avec art, et des harnais de cuivre argenté.

M. Siever s'est convaincu que personne en Europe n'a encore eu en sa possession la véritable plante de rhubarbe; mais seulement ses racines séchées. C'est à des Buchares, faits prisonniers par les Chinois, il y a plus de quatre-vingts ans, que nous sommes redevables de toute la rhubarbe qui se trouve dans le commerce. Elle vient de Sinia, ou Selin, ville située dans le gouvernement de Schepsi, entre le 35.e et le 40.e degré. Des cultivateurs et de pauvres gens creusent le sol des montagnes environnantes, pour en tirer la rhubarbe, la nettoient, la coupent par morceaux, l'étendent et la font sécher sous des hangars, hors de la portée du soleil. Cette opération dure une année entière. Ce n'est qu'alors que la rhubarbe peut être transportée. Les Chinois ne donnent point de sa graine aux Européens. La plante ne s'élève pas fort haut. Ses feuilles sont rondes et bordées de petits piquants.

TAGEBUCH einer Reise die im Jahre 1781 von der Grænzfestung Mosdok nach dem innern Caucasus unternommen worden. — *JOURNAL d'un voyage, entrepris en 1781, de la forteresse de Mosdok, à la partie intérieure du Caucase.* 142 pag. in-8.° Pétersbourg et Leipsick.

Le but de ce voyage était d'examiner la région mitoyenne du Caucase, les routes qui conduisent en Géorgie et dans la contrée d'Imerette, de lever une carte géographique et militaire, d'engager les montagnards à s'établir dans les plaines adjacentes, et de faire quelques recherches minéralogiques. L'auteur ne se nomme point; mais tout fait présumer que l'éditeur est le célèbre Pallas. L'ouvrage est une addition précieuse à ce que l'on savait déja sur la partie du Caucase, qui se prolonge entre la mer Noire et la mer Caspienne; mais il n'est pas susceptible d'analyse. On y trouve des notions exactes sur les brigandages des Tschetgenz; sur les retraites où les bergers du canton d'Æhlon se mettent à l'abri de leurs attaques; sur les sépultures situées près de la rivière de Sundcha, où les corps se conservent exempts de corruption; sur la source d'eau minérale chaude qui n'en est pas fort éloignée; sur les Karabulokes, les Ingutsches, les Kabardins, les Osses et autres peuplades; sur les rivières, les montagnes, les forêts, la qualité du sol, les singularités de la nature et les occupations des habitants. L'auteur exprime partout le desir de voir la Russie étendre et consolider sa puissance dans ces contrées; mais il ne forme pas des vœux moins ardents pour leur culture et leur civilisation.

Il rapporte un fait qui prouve jusqu'à quel degré les Ingutsches poussent le mépris de la vie. Un jeune Ingutsche se mit en devoir de lui tirer un coup de fusil, au milieu de vingt hommes armés qui lui servaient d'escorte. Oses-tu bien t'attaquer à moi, lui dit-il, en lui montrant son bâton de commandement, lorsque tu sais ce que ce bâton signifie ? tu serais hâché en morceaux à l'instant même. Je le sais, répondit-il avec feu. —Ta famille serait passée au fil de l'épée. —Elle peut gravir les rochers, reprit-il en souriant ; vous ne sauriez détruire toutes les chèvres sauvages qui les habitent ; encore moins détruirez-vous tous les miens. — Par grandeur d'ame, je te fais grace de la vie. — Il n'est pas en ton pouvoir de m'obliger en cela, car je la méprise.

On avait pensé, jusqu'à ce jour, qu'il était presque impossible de rendre praticables les chemins qui traversent le Caucase. On lit dans la *Description historique et topographique* de cette montagne, par J. Reineggs, que Catherine II forma cette grande entreprise, et fit élever trois forteresses pour en garantir le succès ; mais qu'un débordement du Terek, survenu en 1785, détruisit tous les ouvrages commencés par ses ordres avec des frais immenses. Notre voyageur oppose sa propre expérience, à l'opinion générale, et au récit de Reineggs. Il assure n'avoir pas même rencontré de grandes difficultés à faire transporter de l'artillerie dans ces chemins, et n'avoir pas dépensé plus de dix mille roubles à l'exécution des travaux nécessaires.

La contrée qu'habitent les Osses a principalement fixé son attention. Il est d'avis que sa possession serait extrêmement avantageuse à la Russie. L'intérieur de ses montagnes lui fournirait des métaux ; ses vallées, des pâturages ; ses plaines, des terres labourables ; le Caucase, un boulevard naturel contre les ennemis et les brigands; enfin, supposé qu'elle donnât aux habitants une constitution équitable et bienfaisante, elle trouverait en eux des sujets aussi braves que soumis.

Ce journal est suivi d'un mémoire très-important pour la connaissance des terres polaires, qui ne peut être l'ouvrage que du savant Pallas. Il traite des îles Lœchefi, situées dans la mer Glaciale, vis-à-vis de la plage à laquelle on a donné le nom de Swœtoi-nos.

R E I S E nach den Badeœrten Karlsbad, Eger und Tœplitz. — *VOYAGE aux Bains de Carlsbad, d'Egra et de Tœplitz, fait en 1797, et rédigé en forme de lettres.* 284 pages in-8.º Leipsick, Voss.

A cela près d'une assez grande quantité de méchants vers, dont ces lettres sont parsemées, elles se font lire avec intérêt, et présentent des notions exactes sur les localités, la police, et les amusements des bains qui en font le sujet; l'auteur laisse aux médecins la gloire et l'ennui de disserter sur leurs vertus curatives.

Carlsbad renferme environ quatre cents maisons bâties avec peu de solidité, et quinze cents habitants. Cette ville paraît située sur une voûte de terre extrêmement mince; le rez-de-chaussée de plusieurs maisons est échauffé par la vapeur des eaux thermales, qui s'y introduit par dessous. Le bain, appelé *Mühlenbad*, dont on est redevable à Marie-Thé-

rèse, est agréable et commode. Le *Strudel* manque
d'allées ombragées. Le *Neuebrunnen* a une galerie
couverte, qui sert de promenoir. Le *Gartenbrunnen*
est presque nul, sous le rapport médicinal. Le *Schlaf-
brunnen*, quoiqu'on y parvienne avec peine, est
celui qu'on fréquente le plus. Les allées qui bornent
la ville, du côté de l'ouest, sont très-humides. Les
malades trouvent difficilement à se loger d'une manière convenable. La police ne s'occupe pas davantage de ce soin, que des autres améliorations dont
la nécessité frappe tous les yeux. On est mal servi
pour beaucoup d'argent. La noblesse s'arroge exclusivement la jouissance de la meilleure auberge, appelée l'hôtel de Saxe. Le temps est très-variable ; on
ne voit presque point d'oiseaux, et jamais de mouches, en raison des vapeurs minérales dont l'air est
rempli. L'eau qu'on boit est mauvaise ; il en est de
même des grains, des légumes et des fruits. On est
assailli de mendiants et de musiciens ambulants qui
ne valent guères mieux. A la honte des magistrats,
les étrangers sont tenus, en arrivant, de payer une
taxe qu'on dit être destinée à l'entretien des promenades, mais qui n'empêche pas qu'on ne les laisse
dégrader de plus en plus. On ne souffre, ni jeux de
hasard, ni femmes publiques. La nature a peu fait
pour les environs de Carlsbad, et l'art ne les a point
embellis. Le spectacle est des plus médiocres. Le ton
de la société n'a rien d'attrayant. La manie généalogique établit, entre les malades, des lignes de dé-
marcation qu'il n'est pas permis de franchir.

Egra, qui a pris le nom de Franzenbad, depuis le séjour qu'y a fait l'empereur actuel, a beaucoup à se féliciter d'avoir possédé ce prince dans ses murs. Il ordonna des travaux et des embellissements que les magistrats ont fait exécuter avec un zèle digne d'éloges. D'ici à quelques années, ce lieu ne saurait manquer d'obtenir la préférence sur Carlsbad ; il lui est déjà supérieur à tous égards.

L'auteur traverse la Bohême, pour se rendre à Tœplitz, et s'arrête avec complaisance sur ce que les environs de cette ville offrent de remarquable.

BESCHREIBUNG einer im Sommer 1799, von Hambeurg nach und durch England geschhener Reise, von P. A. NEMNICH. — *VOYAGE de Hambourg en Angleterre, fait, en 1799, par P. A. NEMNICH.* 522 pages in-8°. Tubingen. Cotta. 1800.

Cet ouvrage a de l'intérêt pour les amateurs de fabriques, de manufactures et de commerce. M. Nemnich entre dans un détail très-circonstancié de tous les établissements d'industrie et d'arts qui ont contribué aux richesses et à la gloire de l'Angleterre. Il parcourt, sous ce point de vue, toutes les villes, tous les bourgs et villages qui peuvent lui fournir quelques observations sur ces divers objets ; il jette ensuite un coup-d'œil sur l'état de la littérature allemande dans ce sol étranger, où, dit-il, elle commençait, depuis quelques années, à fixer l'attention, et où elle est devenue l'occasion et la matière première d'un commerce important, par la sensation, véritablement étonnante, qu'ont produite en Angleterre les ouvrages de M. Kotzebue. Depuis cette époque récente, la quantité des ouvrages allemands, traduits, est incroyable. Selon M. Nemnich, les traducteurs forment un corps nombreux à Londres, où beaucoup de femmes se vouent à cette occupation. Jusqu'à présent on y est peu difficile sur la manière dont les originaux sont traduits, et l'on rejette sur eux la critique que mériterait peut être la traduction ; mais, en général, les Anglais sont très-indulgents pour les écrivains allemands, et n'imaginent point qu'une tête allemande puisse être organisée comme une tête anglaise.

Un des services rendus à la littérature de chaque pays par les traductions, c'est la découverte des plagiats respectifs, espèce de brigandage trop cachée jusqu'à ce jour. M. Nemnich prétend que des orateurs ecclésiastiques anglais se verront obligés de restituer la gloire de leur nom aux plumes allemandes dont ils s'étaient parés ; mais il est assez impartial pour ajouter qu'il se trouve aussi des auteurs allemands qui se sont rendus coupables du même larcin. C'est aux traducteurs que chaque nation devra le recouvrement de ses propriétés. Mais il est encore douteux si la reconnaissance qu'ils mériteront égalera l'animosité à laquelle ils s'exposent.

M. Nemnich donne une idée précise des difficultés qu'éprouvent les étrangers à établir des relations avec les libraires anglais, ceux-ci n'ayant jamais qu'une seule branche de littérature dans leur magasin, et la littérature formant un commerce absolument séparé. Depuis quelques années, plusieurs libraires allemands se sont établis à Londres, et facilitent la communication, nulle autrefois, entre les deux pays. Il s'y est même établi deux imprimeries allemandes, dont les impressions, soignées à la manière anglaise, sont supérieures à la typographie commune allemande. Le nombre des allemands établis à Londres, tant commerçants que savants ou artistes, monte à trente mille ames. Du moment qu'ils y sont fixés, ils traduisent leur nom en anglais. Celui de *Koch* devient *Cook*, celui de *Kœnig* devient *King*, etc.... Selon M. Nemnich, cette disposition des allemands à se naturaliser anglais, se montre encore chez les jeunes gens revenus de l'Angleterre, par leur affectation de singularité, par le mépris qu'ils affichent pour leur propre nation, et l'enthousiasme avec lequel ils relèvent la supériorité de l'Angleterre.

L'auteur termine ce volume par un aperçu des usages nationaux anglais, trop répétés dans tous les voyages pour nous y arrêter. Ce qui nous a paru plus curieux, c'est le plan d'une langue universelle, proposé par un M. J. Anderson, membre de la société de Manchester ; plan trop compliqué et trop incomplet pour qu'il soit jamais praticable. Il n'offre ni la clarté ni la facilité de la pasigraphie et de la pasilalie, écriture et langue universelles, dont les éléments très-simples se bornent à douze caractères,

et

et à quinze règles invariables, qui n'éprouvent aucune exception, et que beaucoup d'enfants ont apprises en quelques heures. Il est à desirer, pour les voyageurs, le commerce et l'humanité, que la Pasigraphie fasse bientôt partie de l'éducation publique.

D. P.

H. B. A. EUPHRASUNS Reise nach der Schwedisch-westindischen insel S. Barthelemi, und den inseln S. Eustache und S. Christoph. — *VOYAGE de M. B. A. EUPHRASUN, aux îles de S. Barthélemi, de S. Eustache et de S. Chrisophe, ou Description des mœurs et de la manière de vivre des habitants de ces îles, de leur gisement, de leur climat et de leurs productions naturelles; ouvrage traduit du Suédois, par J. G. L. BLUMHOF, membre de la Société économique de Leipsick et de la Société des sciences physiques, de Gœttingue.* 308 pag. in-8. Gœttingue, Dietrich.

En 1785, lorsque la Suède prit possession de l'île de S. Barthélemi, il s'y trouvait à peine deux chétives cabanes; et le sol était tellement couvert de figuiers d'Inde, qu'on ne pouvait, pour ainsi dire, se faire jour au travers de ces arbrisseaux. Aujourd'hui, cette île renferme une jolie petite ville composée de trois cents maisons, et produit du coton d'une qualité supérieure, sans parler de beaucoup d'autres plantes utiles. Son étendue n'est pas considérable; elle n'a de largeur qu'un demi-mille suédois, sur un mille et demi de longueur. Ses habitants sont au nombre de trois mille. Ils reçoivent leurs denrées du continent de l'Amérique, et l'eau, de S. Christophe. La liste des productions naturelles des trois îles occupe plusieurs pages ; l'auteur était spécialement chargé de prendre, à cet égard, des informations détaillées. On ne peut voir sans surprise qu'une semblable variété d'animaux et de plantes se rencontre dans un aussi petit espace. L'auteur ne dit rien qui ne soit déjà connu, par rapport à l'île de S. Eustache, où il n'a séjourné que très-peu de temps. Ses remarques sur l'île de S. Christophe sont plus neuves et plus instructives. Il recommande à ses compatriotes l'usage des marmites d'acier, dont il a reconnu les avantages sur le navire anglais où il s'était embarqué.

Cet ouvrage méritait les honneurs de la traduction ; il offre des matériaux intéressants, pour l'histoire naturelle de l'Amérique.

MÉLANGES.

Annalen der leidenden menscheit.—*Annales de l'humanité souffrante*, avec cette épigraphe *Homosum*. 6 vol. in-8.º Altona. Hammerich. 1797—1799. (Premier extrait.)

Des amis de l'humanité ont entrepris de recueillir dans cet ouvrage, dont ils publient chaque année deux volumes, les actes officiels, les anecdotes et les opuscules de tout genre qui leur paraissent de nature à exciter l'indignation générale contre les abus du pouvoir, les attentats du fanatisme, les vices de la législation; en un mot, contre tous les fléaux politiques, religieux et civils, dont ce pauvre globe est infesté.

L'exécution de ce plan ne pouvait être vue de bon œil par cette classe d'hommes, qui fonde son autorité, son opulence, son bonheur sur les abus et les crimes. Aussi, dès la publication des deux premiers volumes, les éditeurs ont été en butte aux invectives, et même à la persécution; mais cet honorable résultat de leur zèle, auquel ils avaient dû s'attendre, ne les a point découragés; et voici comment ils s'expriment, à ce sujet, dans l'avant-propos du tome troisième. « Serait-il écrit que la vérité et la justice ne réussiront jamais à parler sans contrainte, et à briser les liens que leur

imposent, ou le redoutable despotisme, ou le timide esclavage? ne doivent-elles pas, pour ainsi dire, prendre l'humanité par la main, et l'arracher du labyrinthe où la plongent l'erreur et l'indulgence pour le crime, afin de la remettre dans la route vaste et lumineuse de la sagesse et de la vertu? Fournir cette carrière, et laisser de côté les vues secondaires, quel que soit le prestige ou la terreur qui les accompagne, est la seule tâche digne de l'homme pensant. Qu'il arrive donc ce qu'il plaira au ciel! »
— « Qu'il s'énonce librement, celui qui parle de ce qu'il sait. Vous qui parlez sans crainte de ce que vous connaissez bien, nous en appelons à votre jugement. Hommes éclairés, punissez-nous, si nous avons parlé de choses que nous n'entendions pas. S'il existe un individu qui puisse nous accuser de n'avoir pas eu de bonnes intentions en faveur des gouvernements et des peuples, de n'avoir pas dirigé nos efforts vers la tranquillité des états et le bonheur des hommes, et prouver que ces efforts n'étaient pas légitimes, qu'il se lève et jette le gant; nous oserons le ramasser. Quant à vous, esprits pusillanimes, qui tremblez devant la vérité; coupables, qui redoutez la justice; fanatiques, qui voudriez répandre des flots de sang, pour le succès de vos extravagances; égoïstes, qui sacrifiez le genre humain à vos desirs; aveugles, qui vous laissez égarer par des fous et des imposteurs; tyrans, qui ne savez que persécuter; flatteurs, qui ne savez que ramper, votre voix n'est pas faite pour nous servir de guide, ni vos armes pour nous inspirer

de l'effroi. Que la persécution soit le partage de l'ami des hommes! que l'infortune l'assiége! qu'il ne moissonne que des privations! la Providence le conduira infailliblement à son but; la Providence qui a dit à l'homme doué de facultés supérieures : tu professeras la vérité et la justice. Souvent l'ami de la vérité n'est qu'une victime couronnée de fleurs, immolée au salut du genre humain. Mais qui balancerait à subir cette glorieuse destination? »

L'une des vexations les plus criantes, dont ces Annales renferment les détails et les preuves, est celle dont le conseil de Brême s'est rendu coupable envers M. Arnold Delius, négociant de cette ville. M. Delius, homme à grandes vues, riche, d'une probité à toute épreuve, faisait un commerce très-étendu avec l'Amérique Septentrionale. Il s'éleva un procès entre lui et des capitalistes intéressés dans ses entreprises. L'influence de ses adversaires parvint à retarder de jour en jour la décision du conseil; et tandis qu'ils multipliaient les procédures, et faisaient passer M. Delius par tous les détours de la chicane, ils portèrent, à sa fortune et à son crédit, une atteinte presqu'irréparable. Il s'adressa enfin à la chambre impériale de Wetzlar, pour demander ce qu'il avait déja réclamé plusieurs fois, et toujours inutilement, auprès du conseil de Brême, savoir, que son procès, qui n'avait pour objet que des discussions de comptabilité mercantile, fût renvoyé à des arbitres choisis dans le corps des négociants. La chambre impériale accueillit favorablement sa pétition; le renvoi eut lieu; le jugement n'éprouva que les retards indispensables, et les adversaires de M. Delius, au lieu de soixante mille thalers qu'ils prétendaient devoir leur être alloués, n'en obtinrent que neuf mille. Chose étrange! les villes impériales n'ont cessé de solliciter le droit de juger sans appel les affaires commerciales, afin que le cours de la justice ne fût pas exposé à des lenteurs funestes au commerce; et voilà qu'une d'elles oblige un tribunal d'Empire d'intervenir dans une affaire commerciale pour hâter le cours de la justice. A quelle prospérité le commerce peut-il aspirer dans un lieu où la chicane prolonge ainsi les procès des négociants? Cependant il est de notoriété publique que le commerce de Brême est dans la situation la plus florissante. Il faut donc conclure de là que la justice de Brême est ordinairement plus expéditive, et que M. Delius a été la victime de l'intrigue et de la corruption.

Les éditeurs ont recueilli avec soin les détails et les pièces officielles de la destitution de M. de Berlepseh, dont les journaux de l'Europe ont retenti, il y a quelques années. Ils s'élèvent fortement contre la légitimité de ce renvoi, et nomment la série des divers articles qu'ils lui ont consacrés, « un tableau important de l'*Orientalisme* des constitutions Européennes. »

Le vaste champ laissé à l'arbitraire, dans la plupart de ces constitutions, n'est pas le seul vice qu'on ait à leur reprocher. La féodalité, ce fléau de l'agriculture et des cultivateurs, les a entachées presque toutes de ses priviléges et de ses prohibitions absurdes autant que nuisibles ; et, ce qu'il y aurait d'étonnant, si quelque chose devait étonner ici-bas, lorsqu'il s'agit de sottises, en fait d'administration, c'est qu'il se trouve encore, à la fin du 18.ᵉ siècle, et tout près du théâtre de la révolution française, des hommes, participant à l'autorité, qui ne rougissent pas de faire revivre les anciennes lois féodales, et d'enchérir sur leur déraison. Tel est un M. de Reizenstein, chambellan de l'électeur de Saxe, intendant de son gibier, et bailli de sa seigneurie de Weissenfels, dont une ordonnance publiée en 1796, et recueillie dans ces *Annales*, porte « que l'intention du prince étant de ne point ravir aux faisans la liberté qu'ils tiennent de la nature, et de n'avoir que des faisans sauvages, il est défendu, sous des peines afflictives, de déranger leurs nids en quelque lieu que ce soit ; et que tout propriétaire de champs ou de prairies, dans les cantons peuplés de faisans, doit laisser croître l'herbe, sans la faucher, dans une étendue circulaire de trois aunes autour de chacun de leurs nids. »

Il est assez piquant de rapprocher cette déclaration de droits, promulguée en faveur des faisans, d'un décret de la chambre impériale, rendu le 25 mai 1796, et qui condamne un procureur à une amende d'un marc d'argent, « parce qu'il s'est servi de plusieurs expressions indécentes, et respirant le ton des ennemis de la constitution, telles que ces mots, étrangers à l'affaire : *Les droits imprescrip-*

tibles de l'homme. » Le correspondant qui a transmis ce décret aux éditeurs, observe qu'on ne sait ni ce que veut dire le ton des ennemis de la constitution, ni quels sont ces ennemis, ni à quelle constitution ils en veulent, ni ce que les mots allégués peuvent avoir d'indécent. Il aurait pu demander aussi à quelle affaire les droits de l'homme sont étrangers.

L'ordonnance du landgrave de Hesse-Cassel, qui défendait l'usage des pantalons, des bâtons à nœuds, des chapeaux ronds, des souliers à cordons, et des bottines, ainsi que les cheveux courts et les *nageoires*, amène ce sarcasme des éditeurs : « quelques voyageurs assurent que la défense s'étend même aux chansons populaires, et particulièrement à celle qui commence par ce vers :

Réjouissez-vous de la vie ;

mais d'autres soutiennent que les bons Hessois n'étaient guères disposés à chanter, et cette chanson là moins que toute autre. »

On voit par l'histoire d'un nommé Dittmer, receveur des impositions en Prusse, que, dans ce royaume, les fonctionnaires civils sont fréquemment exposés aux insultes du militaire, et courent risque de perdre leur place et leur liberté, lorsqu'ils ne les reçoivent pas avec une résignation absolument passive.

En rendant compte d'un ouvrage sur l'ancienne chevalerie, publié en 1793, par un vieil officier, les éditeurs approuvent hautement ce qu'il dit, au sujet des duels, « qui ne sont autre chose, suivant lui, que des folies de jeunesse, des domquichotteries, des crispinades, des crimes ou des infamies. »

Le trait suivant fournit une ample matière à leur gaieté : lecomte de Burghausen est auteur d'un ouvrage intitulé : *Lettres d'un comte Silésien à un gentilhomme de Courlande, sur la noblesse*, où il se prononce avec énergie contre la noblesse héréditaire ; le censeur lui refusa la permission de l'imprimer ; mais, dans cette occasion, ainsi que dans mille autres, la censure ne fit qu'aggraver le mal, en croyant le prévenir. Les lettres du comte silésien parurent, en 1795, à Altona ; et l'éditeur, M. Würzer, y joignit des commentaires beaucoup plus forts que le texte. Une singularité digne de remarque, c'est que le rapport imprimé, dans lequel le censeur motiva son refus, et qui est inséré tout au long dans ces Annales, renferme tous les passages qu'il a jugés répréhensibles, sans qu'il y manque une seule phrase. Les éditeurs ont mis le comble à la témérité de leurs citations, en y ajoutant le résumé que voici : « La noblesse héréditaite est incontestablement ce qu'on peut imaginer de plus désastreux pour l'humanité et pour les états. Elle est uniquement fondée sur l'orgueil et sur la cupidité, c'est-à-dire, sur les deux vices d'où découlent, suivant la raison et la religion, les plus grands maux du genre humain. Qu'on lui ôte ces deux appuis, elle tombe dans le néant.

Elle détruit ce qu'il y a de plus avantageux et de plus respectable parmi les hommes, les services et la moralité. Elle est absolument incompatible avec la justice. Rien de ce qui est humain et raisonnable, n'offre la moindre présomption en sa faveur. C'est l'usurpation la plus despotique, et en même temps la moins sensée, d'un homme sur les autres hommes. Elle exige une considération basée sur la force, et emporte nécessairement avec elle l'idée de l'anarchie. Il n'est donc pas surprenant que toute anarchie vienne d'elle. »   L.

VERMISCHTE Schriften von Justus MŒSER, nebst dessen leben, herausgegeben von F. NICOLAI. — *Œuvres mêlées de J. MŒSER, précédées de sa vie, publiées par F. NICOLAI.* 2 vol. gr. in-8.º Berlin et Stettin; Nicolaï.

En qualité d'homme, de cosmopolite, de savant, d'écrivain, de fonctionnaire public, d'esprit sociable, d'ami, de père de famille, Mœser appartient à la première classe des personnages distingués. L'auteur de sa vie s'est trouvé à portée de l'apprécier, sous chacun de ces rapports. Ainsi il était plus appelé que qui que ce soit, à remplir la tâche de son biographe. Il a senti néanmoins qu'il lui était impossible de tracer le tableau de ses vertus et de ses travaux, d'une manière aussi vive et aussi frappante que son souvenir le lui traçait à lui-même. « La vie, proprement dite, de Mœser, sa situation individuelle, la nature de ses actions, le développement et l'emploi de ses talents, l'influence de ses écrits préparaient de nombreuses difficultés à quiconque entreprendrait de faire concevoir au public allemand tout le mérite d'un homme qui ne lui était connu que par quelques ouvrages........ Mœser, pendant tout le cours de sa vie, exerça la plus grande et la plus salutaire influence sur la totalité d'un pays; mais ce pays est peu considérable ; et peu d'hommes, même en Allemagne, ont une idée de sa constitution. Les productions de Mœser offrent un caractère d'originalité qui lui est particulier, et le placent au rang des meilleurs prosateurs de l'Allemagne; mais il y fait sans cesse allusion aux objets qui le touchaient de plus près, et il s'ensuit de là qu'ils ne sont ni assez répandus, ni assez étudiés. Il possédait, à un degré peu commun, la connaissance des hommes et du monde, ainsi que les vertus sociales; mais ces qualités ne brillèrent que dans un cercle très-resserré. »

Au surplus, il paraît que l'excellent esprit qui pouvait, mieux que personne, mesurer l'étendue de ces difficultés, était aussi le plus capable de les vaincre. En effet, au jugement des principaux critiques de l'Allemagne, cette vie de Mœser est un des morceaux de biographie les plus achevés et les plus instructifs qui aient été composés dans leur langue.

M. Nicolaï s'est fait un devoir d'y insérer quelques fragments de Mœser, où lui-même avait esquissé diverses circonstances qui lui étaient personnelles. On aurait lieu de regretter que ce travail soit demeuré incomplet, si une plume moins habile avait hasardé de suppléer à son imperfection.

Mœser naquit, le 14 décembre 1720, à Osnabrück, où son père était directeur de la chancellerie, et président du consistoire. Dans un des fragments dont il vient d'être fait mention, il raconte, avec beaucoup d'enjouement, quelques particularités de son enfance. Ses études ne ressemblèrent point aux études ordinaires ; et M. Nicolaï observe, à cet égard, que les Allemands sont encore en arrière des autres nations, sous le point de vue de la trop grande importance qu'ils attachent, dans le monde, à ce qui s'apprend dans les colléges et dans les universités. A parler vrai, lorsque Mœser fréquenta ces établissements, la méthode de l'enseignement y était plus imparfaite et plus pédantesque qu'elle ne l'est aujourd'hui. Il en était alors, dans toute l'Allemagne, de la manière de s'instruire, comme de la manière de s'habiller. Mœser reconnut bientôt l'insuffisance de cette instruction ; il devina que la société était aussi un livre qui méritait d'être étudié ; mais dont l'intelligence était réservée aux esprits observateurs et pénétrants. Une multitude d'incidents domestiques et de rapports d'amitié contribuèrent à ses progrès dans cette nouvelle carrière. La lecture des meilleurs écrivains français, anglais et italiens, ne lui fut pas moins utile. Les fonctions publiques, auxquelles il fut employé, dirigèrent nécessairement son attention vers l'économie politique, la diplomatie et les recherches historiques, où il se montra depuis si supérieur. Heureusement la portion la plus active de sa vie publique, et en même temps son âge mûr, coïncidèrent avec la guerre de sept ans, dont les commotions, ainsi qu'il arrive aux époques de toutes les guerres importantes, servirent à développer plusieurs caractères qui, sans cela, n'auraient pas trouvé aisément l'occasion de déployer leurs ressources. Cette guerre fut une période critique pour toute l'Allemagne, et plus encore pour le petit état d'Osnabrück. M. Nicolaï expose ici, avec autant de précision que de justesse, les données particulières à ce pays, d'où résulte, pour le lecteur, l'avantage de pouvoir juger plus sûrement de la position et des services de Mœser. On apprend même à connaître par là les traits distinctifs de son caractère et de son génie. Il commença par bien mériter de sa patrie dans la profession d'avocat, et fut le défenseur des opprimés, dans la plus noble acception de ce mot. Il occupa aussi la place honorable et importante qu'on désigne sous le nom d'*Advocatus patriæ*. Dès sa jeunesse, il avait senti de la répugnance pour les charges de judicature. Il fut le principal appui du parti protestant contre le clergé catholique qui avait alors en main la puissance. La manière dont il se conduisit pendant la guerre de sept ans, surtout en ce qui regardait les contributions et les réquisitions, épargna à l'évêché d'Osnabrück deux ou trois cent mille écus, et des désagréments sans nombre. Elle lui valut l'affection générale de ses compatriotes, et la confiance, tant du duc Ferdinand de Brunswick que des généraux les plus distingués. Il puisa, en même temps, un surcroît d'expérience dans ses rapports multipliés avec toute sorte d'individus. De nouvelles sources d'instruction lui furent ménagées, lorsqu'à la fin de la guerre, on le chargea d'aller à Londres régler les comptes et presser le paiement des fournitures livrées à l'armée des alliés que soudoyait l'Angleterre. Il y passa huit mois, et mit à profit cet intervalle pour acquérir des notions précieuses sur la constitution, la politique, l'industrie, le commerce, la littérature, le théâtre, les divertissements nationaux de la Grande-Bretagne, et avant tout, sur le caractère de ses habitants. Cette abondante moisson de lumières influa prodigieusement sur sa conduite publique et sur ses productions. Pendant les vingt années que dura la minorité de l'évêque actuel d'Osnabrück, non-seulement Mœser eut le rang et le titre de premier conseiller du régent, mais encore il le fut en réalité. Ce fut de lui qu'émanèrent les principaux actes du gouvernement ; et, dans cette situation difficile, où tant d'autres ont échoué, la bonté de son cœur, la justesse de son esprit parvinrent à lui concilier l'assentiment et l'amour universels, et les lui conservèrent, lorsque le prince-évêque eut pris les rênes de l'administration. Depuis 1768 jusqu'à sa mort, il occupa la place importante de référendaire (rapporteur) intime, et sa patrie lui fut redevable de la tranquillité dont elle jouit durant cet intervalle. La confiance du peuple l'environna toujours, sans qu'il employât, pour se l'attirer, le manége d'une politique à double face. La noblesse et la franchice de son caractère, aidées des conseils de son expérience, lui procurèrent, seules, cet avantage inestimable pour un homme d'état.

La profondeur de son savoir, qui dut être d'un grand secours à la sagacité dont l'avait doué la nature, n'égara jamais son jugement, malheur trop commun aux gens de lettres qui remplissent des postes éminents. Il faisait effort sur lui-même pour cacher sa science; il évitait soigneusement l'appareil de l'érudition ou les recherches du style, partout où ils auraient été déplacés.

Ni les travaux du cabinet, ni le commerce des gens de guerre et des courtisans, ni la vie du grand monde, n'altérèrent sa sensibilité, n'affaiblirent son goût pour la moralité et la vertu, pour le bonheur domestique, pour la bienfaisance, pour toutes les affections humaines et sociales. Ses *Fantaisies patriotiques* (Patriotischen Phantasien) attestent combien il était jaloux de répandre, parmi ses semblables, des idées saines et des sentiments généreux.

Nous laissons de côté les réflexions de M. Nicolaï sur quelques dissertations qui font partie de ce recueil, et particulièrement sur les principes qui s'y trouvent développés, relativement à la servitude personnelle. Nous dirons seulement que ces principes pouvaient facilement être mal interprétés; mais qu'ils s'adaptaient directement à un genre de servitude personnelle, encore subsistante dans l'évêché d'Osnabrück, et plus douce, moins imprégnée du venin féodal, que dans aucune des contrées où elle s'est maintenue.

En général, les *Fantaisies patriotiques* de Mœser produisirent les meilleurs effets. Elles occasionnèrent une réforme presque totale dans l'enseignement des écoles publiques. Avouons-le cependant; Mœser n'approuvait pas les innovations philantropiques qui ont pour but de répandre l'instruction parmi les habitants des campagnes. Au reste, il est peut être téméraire de le juger sévèrement sur cet article. L'ironie lui était familière; il a défendu des opinions et des préjugés insoutenables, exprès pour mieux faire ressortir leur absurdité. Ajoutons à cela, et il en convenait lui-même, qu'il avait un certain faible pour les paradoxes,

Son histoire d'Osnabrück fait époque dans la littérature allemande. Elle est remplie d'observations fines, souvent jetées en passant, qui expliquent les faits d'une manière absolument neuve ; mais cet ouvrage est moins de nature à être lu qu'étudié. Il est fâcheux que Mœser ne l'ait pas poussé au-delà du douzième siècle.

Les divers essais qui composent le recueil publié par M. Nicolaï, peuvent être considérés comme faisant suite aux *Fantaisies patriotiques*. Le premier volume renferme les morceaux suivants :

Utilité des passions et des penchants bien dirigés.

Humbles représentations et suppliques de Joseph Partridge, entrepreneur général des amusements d'hiver de l'armée alliée.

Arlequin *ou* Apologie du comique grotesque.

Lettre au vicaire savoyard.

Lettre

Lettre à M. de Voltaire sur le caractère de Luther et sur la réformation.

Lettre à M. Antoine Mendez da Costa, premier rabin à Utrecht, sur l'analogie de la secte des pharisiens et de la religion catholique.

Lettre à M. P. G. K, à W., sur l'union future des églises romaine et évangélique.

Sur la langue et la littérature allemandes.

Le célibat des prêtres envisagé sous le rapport politique.

Histoire de la fondation du collége de la ville de Wiedenbrück, évêché d'Osnabrück.

Fondation du couvent d'Iburg, à Osnabrück.

Sur la tolérance universelle.

Virgile et Tintoret.

Comparaison d'un souper ancien et d'un souper moderne.

Un souverain doit-il déclarer que toute expectative accordée ou à accorder, est une faveur surprise à sa religion?

Sur les droits de l'humanité, regardés comme le fondement de la république française.

Sur les droits de l'humanité, en tant qu'ils peuvent servir de base à une constitution.

A un misanthrope commençant.

Sur la suppression totale du droit d'aubaine en France.

Quelque chose en faveur de la prétendue superstition de nos pères.

Tom. I. 7

Quand et comment une nation peut-elle changer sa constitution ?

Sur les objections de M. K. contre le morceau précédent.

Le pauvre Freye, anecdote.

Comment la différence des conditions a pu avoir ses fondements dans le premier pacte social.

Encore quelque chose sur les droits de la naissance.

M. Nicolaï a placé à la fin de ce volume une notice caractéristique de Mœser, envisagé comme écrivain, et un parallèle entre lui, Francklin, Busch et Sturz.

Le tome second commence par sept opuscules de Mœser, qui avaient déjà été imprimés.

Remarques sur les additions qu'a subies le dernier contrat d'élection impériale. (Il s'agit du couronnement de Léopold II.)

Questions proposées par une académie des belles-lettres.

Notice sur le premier recueil allemand de formules et de titres, qui ait été imprimé.

De la charge héréditaire de grand-maître de la vénerie, dans l'évêché d'Osnabrück.

Signification des mots latins, *unciæ porcorum*. Le mot *unciæ* signifie le nombre vingt ou une vingtaine (*stiege*) qui se nommait *stica* dans le moyen âge.

Extrait d'une chartre latine où l'empereur Michel confirme un comte Michel-Ange de Drivasto dans la dignité de *Comes palatinus*.

Remarques latines sur un passage d'Euripide.

Mœser croit trouver dans ce passage la description de l'état originaire des monuments septentrionaux que les traditions populaires attribuent aux géants.

A ces réimpressions, succèdent d'autres morceaux inédits, dont voici les titres :

La Vertu, sur les planches *ou* mariage d'Arlequin, petite pièce en un acte. Mœser composa cette pièce, en 1763, comme un appendice à son apologie du comique grotesque. Elle a peu de mérite, sous le rapport de l'art ; mais elle était digne de l'impression par la gaieté qui y règne.

Anti-Candide. Plan d'une continuation du *Candide* de Voltaire; fragments en partie sérieux, en partie enjoués.

Fragment d'une Théodicée, à l'usage des paysans.

Fragment sur la théorie et la pratique ; réfutation d'un écrit de Kant.

Sur la servitude personnelle.

Contre la servitude personnelle.

La correspondance de Mœser, qui occupe ensuite une centaine de pages, est aussi amusante qu'instructive. Les noms qui figurent dans cette correspondance sont tous plus ou moins célèbres. Ce sont ceux de l'éditeur, de Gleim, d'Abbt, du comte Guillaume de la Lippe, de Kæstner, de Schmidt, d'Ursinus, historien allemand ; du comte de Hertzberg et du conseiller Becker de Gotha.

Des productions de la jeunesse de Mœser terminent cette collection intéressante. Des essais de morale, publiés autrefois par feuilles détachées, en forment la plus grande partie, avec un long fragment de la préface d'une tragédie intitulée *Arminius*, que Mœser publia en 1749, et dont la coupe s'éloigne trop du système dramatique adopté de nos jours, pour que M. Nicolaï ait jugé convenable de la réimprimer. Cette préface montre avec quelle application Mœser étudiait déjà l'ancienne histoire de l'Allemagne.

Cet homme, respectable à tant de titres, est mort le 8 janvier 1794. Les Allemands ont pu dire de lui ce que Tacite a dit d'Agricola : *Finis vitæ ejus nobis luctuosus, patriæ tristis, extraneis etiam ignotisque non sine curâ fuit.* Il différait de presque tous les hommes qui se sont acquis une grande réputation, en ce qu'il gagnait surtout à être vu de près. Sa vie entière fut consacrée à l'accomplissement de ses devoirs, aux jouissances intellectuelles et domestiques. Il disait de lui-même, qu'il avait de nombreux motifs de contentement, peu de motifs d'inquiétude, et aucun d'affliction. Il fut sujet, dans ses dernières années, à une infirmité spasmodique, qui ne troubla pas, un seul moment, la sérénité de son ame. Il avait imaginé, à cet égard, une hypothèse bien propre à le tranquilliser. C'était, suivant lui, l'effet d'un travail intérieur de la nature, qui cherchait à rétablir l'équilibre de son organisation. Il persista même assez longtemps à regarder sa dernière maladie comme un bienfait de la nature ; et lorsqu'il s'aperçut de son erreur, il se contenta de dire, avec une égalité d'esprit admirable : *J'ai perdu mon procès.*

NEBENSTUNDEN. — *Heures de loisir*, ouvrage périodique, publié par G. G. FULLEBORN. Tom. I. Breslau, Meyer, 1799.

Chaque volume de cet ouvrage renfermera, 1.º un choix de morceaux devenus rares, oubliés depuis longtemps, ou enfouis dans des livres qui n'ont point eu de succès ; 2.º des compositions inédites.

Un grand nombre de sentences et de maximes ouvrent le premier volume. On y remarque du trait et de l'originalité. Elles sont tirées d'un recueil peu connu, imprimé à Magdebourg, en 1606, sous ce titre : *Parœmiologia germanica*, et dont l'auteur, mort en 1609, a déguisé son véritable nom (*Kollenhagen*) sous celui de J. Olorinus Variscus. Viennent ensuite des énigmes, des impromptus de table (*Leberreime*) ; *les grands et les petits Pêcheurs*, extrait du *Renner*, ancienne satire dont Lessing faisait un cas particulier; des poésies lyriques, composées de 1760 à 1770, par un nommé Hering, et qui respirent la plus touchante mélancolie ; enfin une douzaine de fragments pleins d'énergie et de sensibilité, tirés des ouvrages de Creutz, poëte estimable, mais qu'on ne lit plus guères.

La seconde partie offre d'abord divers opuscules de Lessing, non encore publiés, et que son frère a communiqués à l'éditeur. Quoiqu'il faille les regarder généralement comme de simples ébauches, ils portent tous l'empreinte de son profond savoir, de son esprit observateur et de la supériorité de son talent. Aucun ne dégrade son caractère moral ou littéraire, et ne donne lieu de regretter qu'ils aient vu le jour. Une tête, comme la sienne, ne s'arrêtait jamais sur des objets indignes de son attention, et dans les sujets même où l'on dirait qu'il s'est écarté de cette règle, on voit, en allant jusqu'au bout, qu'il a eu de bonnes raisons pour s'en occuper.

A ces *reliques* d'un homme justement célèbre, succèdent quelques productions de l'éditeur. L'une d'elles a pour titre, *la Femme du Diable*; c'est un conte très-gai; mais dont le fonds ne lui appartient pas. Il prend un ton plus sérieux dans une suite de morceaux en vers et en prose, sur la vie et la mort, qu'il a intitulés *Furstenstein*, du nom d'un château magnifique de la Silésie, dans les environs duquel il paraît les avoir composés. La plupart sont d'heureuses imitations de la bonne manière de M. Richter. Le volume est terminé par *la Nuit de Sainte-Walpurge (Walpurgis-nacht)*, espèce de centon puisé dans les ouvrages de J. F. Lœven, et consacré à la mémoire de ce poète, à qui des romances ingénieuses firent, il y a environ trente ans, une réputation qui ne s'est pas soutenue.   L,

D. J. G. KRUNITZ's œkonomisch technologische Encyklopædie, etc. fortgesetzt von F. J. FLOERKEN. LXXV.ᵉ theil. — *Encyclopédie économique et technologique de J. G. KRUNITZ, ou Système universel d'économie politique, civile, domestique et rurale ; de géographie, d'histoire naturelle et d'histoire des arts, par ordre alphabétique ;* continuée par *F. J. FLOERKEN.* LXXV.ᵉ vol., comprenant depuis l'article *Leidenschaft* (Passion) jusqu'au mot *Lein* (lin). 800 pap. gr. in-8.°, avec 68 planches. Berlin; Pauli. 1798.

L'Ecyclopédie économique de M. Krünitz est très-estimée en Allemagne. Il paraît même qu'elle a trouvé en France de justes appréciateurs de son utilité, puisqu'un de ses articles les plus intéressants a été traduit dans le *Recueil de Mémoires sur les établissements d'humanité, publié en l'an VII par ordre du ministre de l'intérieur* (*). M. Floerken a déjà prouvé qu'il était digne de continuer cette grande entreprise ; et ce nouveau volume confirme ses lecteurs dans l'opinion avantageuse qu'ils se sont formée de son jugement et de ses connaissances.

L'article *passion* en occupe seul les deux tiers. L'auteur y examine la nature et les effets des passions,

---

(*) N.° 18. *Considérations sur les Etablissements d'Humanité en général, et en particulier, sur les Hospices d'Enfants-Trouvés.*

tant chez l'homme que chez les animaux. Sans prétendre épuiser un sujet aussi vaste, il a cru devoir le traiter avec une certaine étendue, pour ne rien laisser à desirer dans ses principaux développements.

Les articles *lombards*, *emprunt*, *colle*, *lin*, sont, dans un genre différent, ceux qui présentent le plus de détails instructifs.

LITTÉRATURE.

NEBE Auswahl vorzuglicher Stücke, aus den besten franzœsischen Schriftstellern, etc. — *NOUVEAU choix de morceaux supérieurs, tirés des meilleurs écrivains français, avec de courtes notices sur leurs auteurs*, par P. SIEFERT, *professeur à l'Institut royal d'éducation de Halle.* Halle, 1800.

L'ÉTUDE des langues et de la littérature étrangères est fort cultivée en Allemagne. Les excellents ouvrages de MM. Eschenburg et Vetterlein; *le Manuel de la langue française*, par MM. Ideler et Notten, le prouvent, ainsi que quantité de productions d'autres auteurs allemands. Le recueil que nous annonçons, particulièrement destiné à faciliter l'étude fondamentale de la langue française aux élèves de la première classe de l'Institut de Halle, peut être placé à côté des ouvrages que nous venons d'indiquer. Il en réunit les avantages, quelquefois même il les surpasse, par la sévérité du choix. L'auteur a suivi, en grande partie, la division proposée par M. Eichorn, dans le premier volume de son *Histoire de la littérature française*, publiée à Gottingue en 1799. Il n'en a supprimé que les articles *Opéra* et *Elégie*. « Le premier, dit-il, parce qu'à l'égard de la poésie, il s'écarte trop de mon plan ; et le second, parce qu'il est difficile de trouver des Elégies françaises qui remplissent tout ce que la saine critique et le bon goût sont en droit d'exiger de ce genre. » A cette exception près, M. Siefert, prenant M. Eichorn pour guide, présente comme lui des considérations générales sur le caractère de chaque genre de poésie, l'ordre chronologique de leurs progrès en France, et des notices curieuses, tant sur les poètes eux-mêmes que sur l'influence de leurs productions. Il promet une seconde partie qui renfermera des extraits des prosateurs français les plus distingués, et sera traitée de la même manière. D. P.

UEBERSETZUNGEN griechischer Dichter. — *Anacréon* et *Sapho, traduits par* C. A. OVERBECK. Lubek et Leïpsic, 1800.

De huit traductions d'Anacréon, que possède la littérature allemande, celle de Degen est réputée la meilleure, quoiqu'elle soit infiniment surpassée par la manière dont Ramler a rendu comme originales, en langue allemande, quelques odes du poète grec. On peut en dire autant de la Muse de Lesbos. Souvent bien traduite; elle paraît revivre dans la seconde de ses odes, naturalisée en allemand, par le comte de Stolberg, et insérée dans le *Museum allemand* (Deutsche Museum), de 1786. La traduction de M. Overbeck a mérité d'être accueillie, même en la comparant à de si grands modèles.   D. P.

VARIÉTÉS.

Klopstock à Young, traduction d'une Ode de *Klopstock*, composée en 1752, treize ans avant la mort d'*Young*.

Meurs, vieillard prophétique! meurs.
Dans les jardins des cieux ta palme est déja prête
     Déja tous les célestes chœurs
     Demandent quel charme t'arrête
Aux humbles régions de la mort et des pleurs.
Que fais-tu parmi nous, lorsqu'au plus haut des nues,
Un monument durable, érigé par tes mains,
T'assure les regrets et l'encens des humains?
L'Esprit fort, abjurant ses veilles dissolues,
Veille près des tombeaux, veille avec tes ennuis,
     Dans la sainte horreur de tes nuits.
Il sent que tu dis vrai, que ta voix menaçante
Ne fait qu'anticiper sur le grand jugement.
Il voit les morts renaître; et son cœur défaillant
Reconnaît du Très-Haut la sentence accablante,
     Dans l'arrêt qu'il entend.
Meurs (ces noms de trépas, de terme de la vie,
Dépouillés de terreur, graces à ta magie,

Des cantiques d'un juste ont pour moi la douceur.)
Mais instruis-moi toujours ; combats toujours l'erreur
Dont ma raison novice est encor obscurcie ;
 Meurs, et deviens mon bon Génie !

L.

L'ORGUEIL, Nouvelle d'après A. LAFONTAINE.

(Cette nouvelle est l'abrégé d'un petit roman en forme de lettres, inséré dans l'*Almanach des Romans pour l'année* 1800).

Ema Hæddick, séparée de son amie Louise, lui écrit dans ce moment intéressant qui décide du sort d'une jeune personne. Fille unique et très-riche, elle a pour père le meilleur des humains ; vrai philantrope, il ne demande d'autre mérite, chez son gendre, qu'un cœur brûlant d'humanité, et une conscience pure. Si sa fille, qu'il idolâtre et dont il veut par-dessus tout le bonheur, rencontre un sujet pareil, dans quelque état que ce soit, il le lui accordera pour époux.

Dans un voyage que le père et la fille ont fait aux eaux de Pyrmont, ils ont rencontré un jeune homme nommé Droste, qui les a sauvés du danger auquel un postillon ivre les avait exposés, en les renversant et brisant leur voiture. Avec autant de présence d'esprit, de fermeté, de prudence que de zèle, il leur évite les embarras où les met cette aventure. La connaissance se fait. Le vieillard prend le jeune homme en amitié, et lui propose, avec toute la franchise et la bonhommie de son caractère, d'accepter sa maison, sa table, ayant besoin d'un homme aussi entendu que lui pour l'administration de ses terres. Droste accepte, et M. Hæddick l'aime chaque jour davantage. Il en vient jusqu'à desirer que sa fille voie son protégé des mêmes yeux que lui, car il est décidé à n'influer jamais sur le choix qu'elle fera d'un époux.

Ema convient, avec son amie, que Droste mérite l'amitié de son père. Ce jeune homme est d'un extérieur agréable; il a de l'esprit, un bon ton, de bonnes manières; il est vertueux, bienfaisant, humain, même grand dans ses actions : malgré tant de qualités, elle éprouve, à son égard, un repoussement irrésistible. Elle ne peut en expliquer les motifs. Ils ne sont pas dans la conduite que tient Droste avec elle; réservé, délicat, quoiqu'il connaisse les vues de M. Hæddick, il ne témoigne à la fille que les attentions qu'il a pour toutes les femmes. Il l'aime cependant; elle ne peut en douter; mais il met autant de soins à cacher ce sentiment, que d'autres en mettent à le montrer.

Le desir de satisfaire un père chéri, la conduite estimable de Droste, la certitude que la raison d'Ema lui donne qu'elle ne peut qu'être heureuse avec un homme de ce caractère, combattent fortement l'éloignement qu'elle a pour lui. Mais une passion plus tendre l'agite encore, elle la confie à Louise.

M. Hæddick et sa fille passent les étés dans leur terre de Meyenberg; Ema y a rencontré, en se promenant, un jeune homme vêtu en paysan, mais en qui des manières nobles décèlent une autre origine.

Elle l'a revu ensuite accompagné d'un vieillard, dont il est fils; leur tournure, le mystère dont ils s'enveloppent, lui font soupçonner qu'ils sont malheureux. Une conversation entre eux, qu'elle entend par hasard, la confirme dans cette idée. La haine amère, que le vieillard manifeste contre le genre humain, afflige l'ame bienveillante d'Ema. Les soins consolants et tendres du fils touchent son cœur sensible. Elle ne veut d'abord que soulager l'infortune. Son père étant alors absent, elle est seule chargée de ce devoir, et s'en acquitte au commencement par humanité; mais les inconnus refusent tous les secours offerts.

La persévérance et l'ingénieuse bonté d'Ema parviennent enfin à apprivoiser le vieillard misanthrope. Déja leurs entrevues deviennent plus fréquentes: une douce intimité s'établit entre eux trois; elle va jusqu'à la tendresse entre les deux jeunes gens; ils s'entendent sans le dire, et lorsqu'Ema, rappelée par son père, retourne en ville, elle y rapporte un cœur rempli de son inconnu dont elle ignore et respecte le secret.

Louise combat la passion de son amie, plaide la cause de Droste, et fait observer à Ema que des gens qui se cachent sont quelquefois plus coupables que malheureux. Mais Ema ne peut imaginer que les Willer (c'est le nom que portent ces inconnus) soient dans ce cas-là. « Un bon fils, dit-elle, un fils qui se dévoue à son père ne peut être un vil criminel. » Elle a été témoin des soins touchants qu'il lui rend. Avec les vertus qu'ils ont, on peut être malheureux sans doute, mais on n'a point mérité de l'être.

Intimement convaincue que le jeune homme est digne d'elle, Ema ne se livrera point au sentiment qu'il lui inspire; elle rassure Louise. « Je remplirai, dit-elle, le vœu secret du plus tendre des pères. Sa délicatesse seule en retient l'expression; mais, Louise, ah! si tu voyais l'attendrissement qui accompagne ses caresses paternelles, lorsque son Ema confirme les éloges qu'il donne à son jeune ami; le regard complaisant et interrogeant avec lequel il semble me demander : n'est-il pas vrai, mon Ema, c'est-là un excellent jeune homme? la satisfaction qui se peint sur ses traits, lorsqu'à l'estime que m'inspire Droste, je joins un mot ou un regard qui exprime de la confiance.... Le voilà, mon amie, le voilà le motif impérieux qui me prescrit d'éviter la rencontre de Willer, qui me porte à rechercher la société de Droste, à observer les actions qui lui assurent de plus en plus l'amitié de mon père, et à ne point accorder d'attention aux palpitations déchirantes de mon cœur, lorsque j'aperçois de loin Willer se promenant dans l'allée d'acacias, et que ses regards douloureux me disent qu'il ne respire que pour moi. »

Ema tient la résolution qu'elle a prise; mais en étudiant Droste, avec le desir sincère de vaincre l'éloignement qu'elle a pour lui, elle ne peut s'empêcher de le comparer à Willer. Tous deux sont pauvres. Droste s'en glorifie. Il paraît, dans ses discours, mépriser la fortune; et dans la place qu'il occupe chez M. Hæddick, il écarte avec soin les idées de dépendance et de bienfait; très-susceptible, il voudrait, en acceptant ce qu'on fait pour lui, acquitter, en homme à son aise, les plus légers services qu'on lui rend. Willer, au contraire, aussi fier que Droste, se résigne à sa misère, la supporte sans en parler, sans paraître y penser. Il n'accepte aucun des secours que lui offrent les Hæddick; mais, à la plus légère marque d'amitié ou de confiance, ses traits expriment la plus vive, la plus vraie sensibilité. Tous deux épris d'Ema, ils l'aiment en silence. La réserve de Droste naît de l'orgueil. Quoique sûr de l'approbation du père, il ne veut point rechercher Ema, parce qu'elle est très-riche. Willer se tait parce qu'il n'a aucun espoir; mais son silence même est l'effet du sentiment le plus tendre.

Ces traits et mille nuances que met en évidence un commerce journalier, et qu'Ema saisit successivement, lui font craindre que Droste ne soit plus vain que tendre; que la retenue qu'il affecte avec elle n'ait pour but secret de pouvoir dire: elle m'aima la première; d'ajouter à l'avantage d'obtenir une riche héritière, le triomphe de ne l'avoir point recherchée. La moitié de l'espoir que Droste peut avoir, remplirait le cœur du sensible Willer de la joie la plus pure. S'il se croyait aimé, il serait heureux, tandis que Droste sera toujours convaincu que son épouse est seule heureuse.

En soupçonnant ce défaut chez Droste, la bonne

Ema craint cependant de lui faire tort, et il a réellement tant d'excellentes et belles qualités que, malgré ce léger nuage, elle écoutera la raison, et se sacrifiera au devoir.

L'été les ramène à Meyenberg. Hœddick s'informe des Willer. La figure intéressante et noble du vieillard l'a frappé; il le dépeint à Droste, qui ne le connaît pas, et il lui parle de leur situation en homme qui en est vivement touché. Ema raconte la conversation qu'elle a entendue entre le père et le fils; à ce récit, l'ame toujours froide et tranquille de Droste, s'émeut plus qu'on n'avait cru; des larmes involontaires coulent le long de ses joues; son abandon est tel qu'il ne paraît pas les sentir. Pour la première fois, sa figure, belle, paraît belle à Ema. Hœddick rappelle Droste à lui-même. Il veut soulager l'infortune; il en propose les moyens. Droste, consulté, les rejette comme mortifiants, et parle avec tant de délicatesse des égards qu'on doit au malheur, des ménagements à observer avec les infortunés, que le père et la fille lui remettent le soin d'adoucir la situation des Willer, et qu'Ema, contente de les savoir dans d'aussi bonnes mains, enchantée de la douce et délicate humanité de Droste, ne balance plus à annoncer à son père qu'elle s'est décidée à épouser son jeune ami. Cette promesse donnée, elle repousse avec effort les réflexions fâcheuses que font naître chez elle deux ou trois traits de la conduite de Droste.

Ema l'a bien jugé. Il n'a, en effet, que des vertus d'apparat;

vertus d'apparat ; c'est un second Falkland (*). Bassesse, injustice, fourberie, rien ne l'arrête, pourvu qu'il se flatte d'ajouter à l'éclat du vernis de perfection dont il veut se couvrir, et de triompher de ses rivaux. Ignorant encore la promesse d'Ema d'être à lui, et trop pénétrant, trop fin pour n'avoir pas lu dans cette ame ingénue, les Willer inquiétent sa vanité jalouse. En se parant de sensibilité aux yeux d'Hæddick et d'Ema, il n'a voulu que recueillir la gloire du bienfait, se rendre le maître des deux infortunés, et les écarter de Meyenberg. Son amour propre est blessé du refus des Willer, d'accepter les secours qu'il leur offre avec la dureté humiliante de la compassion, accompagnés de cette morgue insultante qui cherche moins à soulager des malheureux, qu'à les bien convaincre des puissants moyens qu'on a de les obliger.

Ema et son père ignorent ces détails ; mais l'espèce d'embarras avec léquel Droste leur rend compte de la commission dont ils l'ont chargé, l'humeur qu'il manifeste contre les Willer, l'obstination et la sorte de despotisme qu'il met à se mêler seul de ce qui les regarde, frappent Ema, l'inquiètent, réveillent ses soupçons. Ils sont bientôt changés en certitude, par une conversation qu'elle a avec les Willer ; ceux-ci prennent congé d'elle, résolus à quitter Meyenberg ; Droste les tourmente ; il leur a fait

---

(*) Principal personnage du roman intitulé, *Caleb Williams*.

entrevoir qu'il n'y a que lui qui les y protége ; mais que s'ils acceptent ses secours, il saura les mettre à couvert de la justice, dont il les suppose poursuivis, et il a mis pour condition à ses bienfaits, leur départ, en les assurant que M. Hæddick l'exigeait.

Toutes ces faussetés étonnent, indignent Ema. En écoutant ses reproches, Droste a l'art de ne paraître que mal-adroit. Il insinue même, en convenant de ses torts, que ce sont ceux d'un amour jaloux ; son air confus, pénétré, la persuade ; elle lui pardonne et se reproche, en secret, d'avoir engagé les Willer à rester. Mais Droste n'abandonne point l'idée de les bannir; il a su s'en procurer les moyens, et feindra de ne plus s'en occuper. Cependant le père et la fille apprennent, par des voies indirectes, que ces deux étrangers sont des criminels d'état, condamnés, échappés des chaînes que leur ont mérité leurs crimes, et actuellement poursuivis. Leur vrai nom est Renneberg. A ces horribles récits, Ema perd connaissance ; Droste paraît touché du danger des coupables, et très-inquiet de l'état d'Ema, qui se reproche son injustice envers lui.

Quelques jours se passent dans cette agitation, lorsque Droste reçoit, au déjeûner de famille, un paquet de lettres. Il les ouvre, se trouble, les lit avec émotion, les met dans sa poche, les reprend, a l'air indécis, les remet enfin, avec effort, à Hæddick ; celui-ci, très-agité à son tour de cette lecture, ne répond aux questions d'Ema qu'en lui remettant les écrits ; c'est une confirmation qui paraît authentique du crime des Renneberg, un avis anonyme au bon Hæddick de ne point s'exposer en les protégeant. Ema, dans l'état le plus affreux, tombe aux pieds de son père ; elle le conjure d'avoir pitié de ces deux malheureux, de leur taire la connaissance qu'on a de leur sort ; elle lui demande, ainsi qu'à Droste, de favoriser leur fuite, et elle perd une seconde fois connaissance ; quand elle a repris l'usage de ses sens, on décide qu'il faut faire partir les deux étrangers, et les avertir du danger qui les menace ; Droste veut prendre ce soin ; pour la première fois, Hæddick, d'un air froid et chagrin, lui défend de s'en mêler. Ema ou lui s'en chargeront. Hæddick embrasse sa fille en la baignant de larmes : j'ignore, dit-il, s'ils sont aussi coupables qu'on le prétend ; mais ils courent de grands risques ; va, mon enfant, remets-leur ce rouleau ; prend courage, mon Ema ; et il veut la quitter ; mais Ema le retient : « Ils ne seraient pas coupables ? oh mon père ! » — « J'en doute, mon Ema ; mais leur liberté, leur vie paraissent en danger ; il faut qu'ils partent. » A ces mots, Ema tremblante, observe qu'elle ne peut les revoir, s'ils sont innocents. Droste, ajoute-t-elle, se chargera du soin que je devais remplir. Non, répond Hæddick, d'un air expressif, s'ils ne sont pas coupables, Droste ne peut s'en mêler. Je vais agir moi-même, rassure-toi, Ema ; les larmes furent toujours l'apanage de notre humanité ; mais au moins les tiennes ne sont pas celles du coupable ? « Au ton d'interrogation de ces paroles, Ema reprend son assurance. » Non, non, mon père, s'écrie-t-elle. » — « Eh bien, mon enfant, répond Hæddick très-ému, ton cœur recouvrera la paix, compte sur ton père, tes pleurs seront séchés longtemps avant qu'il te rappelle ta promesse. »

Ema comprend, ainsi que les lecteurs, que son père connaît ses sentiments pour le jeune Renneberg; mais elle ignore qu'il commence à connaître Droste, et quoiqu'intimement persuadée de l'indulgence d'un père, elle se condamne à remplir l'engagement qu'elle a pris, lorsqu'un courrier, expédié par Louise, arrive à Meyenberg. Louise frémit qu'il n'y soit pas arrivé assez tôt pour empêcher le départ des Renneberg. Son mari les connaît; ce sont les êtres les plus estimables et les plus malheureux. Le père a été victime d'une fausse délation. Défenseur généreux d'un ami accusé de tramer des complots contre le gouvernement, le scélérat dont il prend la défense, l'accuse lui-même; de fausses apparences, des témoins gagnés rendent cette accusation vraisemblable. Le saisissement qu'éprouve l'ame honnête et sensible de Renneberg, confronté avec son perfide ami, est pris pour l'aveu du crime que ce traître a l'audace de lui imputer. Le vieillard est condamné, ruiné; le fils absent accourt, ne peut sauver son père; mais il se dévoue, et donne des exemples de piété filiale si touchants, si magnanimes, que la victime de l'injustice doit enfin sa liberté à leur effet sur le cœur du monarque; mais c'est sous la condition de quitter le pays. Proscrit, errant, le sentiment douloureux de la scélératesse d'un ami, et d'horribles traitements endurés, ont aliéné l'esprit du vieillard. Il n'accepte le sacrifice de son fils que sous le serment qu'ils renonceront aux humains; de là le mystère dont ils se couvrent, le soin avec lequel ils cachent leur vrai nom.

Depuis longtemps le mari de Louise les cherche. Il a obtenu la révision du procès. L'innocence du vieillard est reconnue; il est réhabilité, et Louise ajoute au paquet les actes qui le confirment.

Cette lettre arrive à l'instant où le bon Hæddick allait chez les Renneberg, pour les soustraire au danger auquel il les croyait exposés. Droste est d'autant plus confondu de cette nouvelle, que, malgré son art, il ne peut nier qu'il ne sût leur histoire, et qu'il ne connût leur innocence, au moment où, par de fausses pièces, il cherchait à les noircir et à les éloigner. On découvre encore qu'au milieu de l'aisance dont il jouissait chez les Hæddick, il laissait son père dans l'abandon et la misère la plus affreuse. Toutes ses fautes, même ses crimes, n'ont pourtant d'autre source que l'orgueil et le desir de se parer de vertus et d'avantages qu'il ne possédait pas. Il ne peut supporter la vue du triomphe de son rival et de l'union de celui-ci avec Ema; il part sans être corrigé; car la vanité et l'orgueil sont incorrigibles; mais humilié et confus d'avoir été si complétement démasqué.   D. P.

NÉCROLOGIE.

Mathématicien, astronome, géographe, phil[o]sophe, jurisconsulte, sous tous les aspects, le no[m] de Kæstner était illustre en Allemagne depuis un dem[i] siécle. Il s'y est immortalisé, autant par le gra[nd] nombre de ses productions savantes et littéraires q[ue] par leur mérite et l'habileté avec laquelle il déco[u]vrait les méthodes les plus propres à accélérer le d[é]veloppement et les progrès des sciences.

Ce patriarche des mathématiciens du nord a t[er]miné son utile carrière au mois de juin 1799, à l'â[ge] de 81 ans, et l'université de Gottingue a perdu [en] lui un des savants dont la célébrité contribuait à [sa] réputation.

Kæstner était né à Leipsick, le 27 décembre 171[9.] Son génie précoce devança les années; à 6 ans, [il] lisait couramment la Bible latine; à 12, il entr[a à] l'université: quelques années après, il avait déja l[u] dans les originaux, tous les ouvrages classiques, fra[n]çais, italiens et espagnols. Reçu notaire, en 174[3,] à l'âge de 14 ans, il monta les premières marc[hes] du temple des lois.

Malgré l'application que supposent des progrès au[ssi] rapides dans la carrière du barreau, à laquelle s[on] père le destinait, le goût et le talent innés [du] jeune Kæstner, le portaient aux mathématiques; t[out] décélait en lui le génie mathématicien, et les élém[ens] d'Euclide avaient un tel attrait pour lui, qu'ils servaient de délassement et de récréation. D'aussi grands talents, et les progrès surprenants qu'il fit dans une science qui n'était qu'un accessoire pour un étudiant en droit, fixèrent l'attention de ses Mécènes. On lui destina, et on lui promit, la première chaire de professeur qui viendrait à vaquer. Mais dans cet intervalle assez long, sa réputation croissant toujours, le protecteur éclairé de l'université de Cottingue, M. le ministre de Munchhausen, voulant enrichir cet établissement d'un sujet aussi distingué que l'était Kæstner, lui proposa une place de professeur de mathématiques et de physique. Depuis 1756 qu'il accepta cette offre, Kæstner se fixa à Gottingue. Quelques années après, il y succéda au célèbre Tobie Meyer dans l'emploi de directeur de l'Observatoire; enfin, en 1765, il fut nommé conseiller des cours R. et électorale de Hanovre et de Brunswick-Lunebourg.

Nous ne pouvons entrer ici dans le détail de la nomenclature latine des productions de Kæstner. Elle comprend 9 pages grand in-8.º du dictionnaire de Meusel. La plupart d'entre elles sont devenues des monuments classiques, entre lesquels son ouvrage sur toutes les branches des mathématiques pures et pratiques, se distingue par une précision dont, jusqu'à lui, les géomètres grecs avaient seuls donné l'exemple, et par la richesse d'érudition littéraire qu'il renferme.

A la tête la mieux organisée pour l'abstraction et les sciences profondes, Kæstner réunissait une capacité de combinaison qui s'étendait à tout, même dans la vie ordinaire, et une présence d'esprit peu commune, vraie étincelle du génie épigrammatique, et source inépuisable du sel dont il assaisonnait ses écrits, ses leçons académiques et sa conversation. Ne se bornant point à la science, il se délassait de ses méditations profondes par la littérature. Il a enrichi, jusqu'à sa mort, l'académie de Gottingue de mémoires excellents, et le recueil de ses œuvres diverses, ainsi que son ouvrage sur les grands hommes, dont il s'occupait encore dans les derniers jours de sa vie, lui eussent acquis, seuls, une réputation méritée. Sa muse satirique réjouit les lecteurs amis de ce genre, autant qu'elle effrayait ceux qu'elle menaçait, et son style en prose, doit, selon son biographe, être considéré comme un modèle à opposer aux prosateurs allemands qui, de nos jours, se perdent dans les nuages d'une métaphysique transcendante.

Ennemi déclaré de la philosophie critique Kantienne, qu'il regardait comme une révolution dangereuse, il ne perdit aucune occasion de lancer contre elle, dans ses écrits, tous les traits du sarcasme le plus spirituel et le plus amer. Cette disposition à la satire devint, avec l'âge, un besoin dans cet esprit épuisé par la méditation; presque tous les livres de la nombreuse bibliothèque de Kæstner, furent remplis en marge de ses épigrammes, dont une grande partie eut pour objet ses collègues, ou les auteurs qui le priaient d'insérer leurs ouvrages dans les annonces de Gottingue qu'il rédigeait. Ces livres, prêtés à ses écoliers, répandaient ses épigrammes sans qu'on pût strictement lui en savoir mauvais gré ; car il n'en avouait pas la dixième partie. Il s'attira néanmoins par là bien des désagréments, et fut aussi redouté sous ce rapport, qu'il fut aimé de ceux qui, connaissant le fond de son caractère, et se mettant au dessus de la singularité que lui donnait son attachement aux anciens usages, dans les habits, meubles, et mœurs, le voyaient familièrement, et jugeaient qu'il était bon, franc, aussi chaud dans son amitié que dans sa haine, aussi officieux qu'irascible, aussi gai que bourru, et surtout très-amusant et très-aimable dans sa conversation. Il aimait la société, et en avait toujours chez lui, ne sortant jamais que pour aller à l'église ou à ses séances académiques. Ses travaux continuèrent jusqu'au moment où, peu avant sa mort, une paralysie vint les interrompre ; mais il avait mis la dernière main aux ouvrages qu'il comptait publier. D. P.

Notice sur Creutz. (V. pag. 101).

Fr. Casimir Ch. de Creutz, naquit à Hombourg, en 1724 ; il fut membre de l'académie de Berlin et de quelques autres sociétés savantes, conseiller de cour impérial., et conseiller intime du prince de Hesse-Hombourg. Il mourut à Hombourg, le 6 septembre 1770, de l'hydropisie. Il honora toujours Gottsched, dont il était le disciple ; mais la reconnaissance ne l'aveugla point sur ses méprises littéraires. Il était doué d'un goût sain, et il y joignait les talens de l'homme d'état. Dès sa première jeunesse, il se fit connaître par divers morceaux de poésie. En 1750, il publia, sans se nommer, un volume d'odes et de chansons, dont il s'avoua l'auteur à la tête des éditions subséquentes. On a encore de lui les ouvrages suivans :

Essai sur l'ame, 1754.

Considérations métaphysiques, en latin, 1760.

Les Tombeaux, poëme philosophique en six chants, *avec de nouvelles odes et des pensées philosophiques*, 1760.

Le Véritable Esprit des lois, 1768.

Tout se peint en noir à l'imagination de Creutz. Il ne s'éveille et ne s'anime que lorsqu'elle lui présente les scènes de l'autre vie. Ses productions lyriques n'égalent pas ses poëmes dogmatiques. Il n'y a ni chaleur, ni enthousiasme dans ses odes : elles sont instructives, mais froides ; riches de pensées, mais vides d'inspiration.

Les *Tombeaux* n'ont point de plan ; les idées et les expressions y péchent souvent par cette obscurité énigmatique qu'on reproche à Young. Leur lecture plonge l'ame dans une mélancolie inquiète, sans lui laisser, pour ainsi dire, de perspective consolante.

Dans son *Esprit des Lois*, quoique le titre semble annoncer une critique de Montesquieu, Creutz ne s'est pas proposé de contredire ce grand homme; il a seulement tâché d'expliquer le sens des lois, en rémontant à des causes plus élevées et plus générales que celles dont il fait mention. Du reste, cet ouvrage est écrit avec solidité, et il y règne une sagacité vraiment philosophique.

Scène de la Mort de WALLENSTEIN, tragédie de SCHILLER.

(ACTE II, SCÈNE II.)

WALLENSTEIN, MAX PICCOLOMINI.

MAX.

Mon général....

WALLENSTEIN.

Je ne le suis plus, si tu prends la qualité d'officier de l'empereur.

MAX.

C'est donc un projet arrêté. Tu veux quitter l'armée ?

WALLENSTEIN.

J'ai renoncé au service de l'empereur.

MAX.

Et tu veux quitter l'armée ?

WALLENSTEIN.

Bien loin de là ; j'espère m'attacher à elle par des nœuds plus étroits et plus forts, (*Il s'assied.*) Oui,

Max; je n'ai pas voulu m'ouvrir à toi avant que l'heure d'agir eût sonné. L'heureux sentiment de la jeunesse saisit aisément ce qui est juste. Il est doux de juger par soi-même, lorsqu'on peut se décider d'après des exemples qui n'offrent point d'incertitude. Mais, lorsqu'il faut choisir entre deux maux inévitables, et que, dans la lutte des devoirs, le cœur n'est pas tout-à-fait désintéressé; c'est un bonheur que de ne pouvoir choisir, et la nécessité devient une faveur. — La nécessité nous presse. Ne regarde pas en arrière. Plus d'espoir pour toi. Regarde en avant. Ne juge pas. Prépare-toi à agir. — La cour a résolu ma perte; et moi, j'ai résolu de la prévenir. — Nous ferons alliance avec les Suédois; ce sont de braves gens et de bons amis. (*Il s'arrête pour attendre la réponse de Max.*) — Je t'ai surpris. Ne me réponds pas. Je te donne le temps de te reconnaître. (*Il se lève et se retire dans le fond du théâtre. Max demeure longtemps immobile, plongé dans la douleur la plus profonde. Au premier mouvement qu'il fait, Wallenstein revient sur ses pas, et se place devant lui.*)

MAX.

Mon général, tu me mets aujourd'hui hors de tutelle; jusqu'à ce jour, on m'avait épargné le soin de tracer moi-même la route que je devais choisir. Je te suivais aveuglément. Je n'avais besoin que de te voir, et j'étais sûr de prendre le bon chemin. Aujourd'hui, pour la première fois, tu me renvoies à toi-même, et tu me forces d'opter entre toi et mon cœur.

WALLENSTEIN.

Jusqu'à ce jour, ton sort t'a bercé mollement. Tu pouvais, en te jouant, accomplir tes devoirs, te livrer à tous les beaux mouvements de ton ame, agir sans que ton cœur fût partagé; les choses ne peuvent plus demeurer ainsi, les routes se divisent pour ne plus se réunir, les devoirs combattent les devoirs : il faut que tu prennes parti dans la guerre qui s'allume entre ton ami et ton empereur.

MAX.

La guerre ! est-ce là le nom que tu as proféré ? La guerre est épouvantable comme les fléaux du ciel; cependant elle est salutaire comme eux, lorsqu'elle ne blesse pas les convenances établies. Est-ce une guerre convenable que celle que tu prépares à ton empereur, avec sa propre armée ? Dieu du ciel ! quel changement ! me convient-il de te parler ainsi, à toi qui m'apparaissais comme l'astre qui devait me servir de guide ? oh ! quel déchirement tu fais éprouver à mon cœur ! faut-il que je renonce à l'ancienne habitude du respect, à la sainte habitude de l'obéissance ? — Non, ne détourne pas de moi ton visage, ton visage fut toujours pour moi celui d'un dieu; il ne saurait perdre tout d'un coup son empire. Mes sens sont encore dans tes liens; penses-tu que mon ame ait pu s'en affranchir tout d'un coup ?

WALLENSTEIN.

Max, écoute-moi.

MAX.

Oh ! n'exécute pas ton projet ! ne l'exécute pas ! vois; tes traits nobles et purs ne savent encore rien de cette action désastreuse; elle n'a souillé que ton imagination. L'innocence ne veut pas se laisser bannir de ton extérieur imposant. Repousse cette tache odieuse, cette idée ennemie. Ce n'aura été qu'un mauvais songe, tel que ceux qui servent de conseillers à la vertu. L'humanité peut avoir de pareils moments; mais le sentiment doit l'emporter. Non, tu ne finiras pas ainsi ! ce serait décrier parmi les hommes tous les grands caractères, toutes les facultés éminentes. Ce serait réaliser l'opinion commune, qui ne croit à rien de noble dans la liberté, et qui ne peut se fier qu'à l'impuissance.

WALLENSTEIN.

Le monde me blâmera avec rigueur; c'est à quoi je m'attends. Je me suis déjà dit à moi-même ce que tu peux me dire. Quel homme, lorsqu'il lui est permis de faire un détour, n'évite pas les résolutions extrêmes? Mais ici, il n'y a point de choix. Il faut ou que j'emploie la force, ou que j'en sois la victime. — Tel est mon sort; il ne me reste que cela.

MAX.

Eh bien ! soit. Conserve-toi dans ton poste par des moyens violents; résiste à l'Empereur, et s'il le faut, va jusqu'à une rebellion ouverte. Ce parti n'aura pas mes éloges; mais je suis capable de le pardonner; je partagerai avec toi des démarches que je n'approuve pas. Seulement — ne sois pas un traître. Le mot est lâché. Ne sois pas un traître. Ce n'est pas là une mesure précipitée, une erreur du courage, plein du sentiment de sa force. Ah ! c'est toute autre chose. C'est une action noire, noire comme l'enfer.

WALLENSTEIN.

(*Il fronce le sourcil d'un air sombre, mais il conserve un ton modéré.*)

La jeunesse est prompte à laisser échapper des

paroles semblables au tranchant d'un poignard. Sa tête ardente mesure hardiment des circonstances qui ne peuvent être jugées que d'après elles-mêmes. En un moment, tout lui paraît infâme ou louable, coupable ou vertueux; et ce que l'imagination fantastique ajoute à ces mots ténébreux, elle en accable les actions et les individus. Le monde est étroit; le cerveau large; les pensées logent à l'aise les unes à côté des autres; mais les faits s'entrechoquent dans l'espace. Où l'un s'établit, un autre doit reculer. Quiconque ne veut pas être expulsé, doit en expulser un autre. Là règne la discorde, et la victoire appartient au plus fort. — Oui. Celui-là peut craindre de se proposer un but, qui traverse la vie sans former de souhaits, qui habite dans le feu comme la salamandre, et se conserve intact dans un élément pur. La nature me forma d'une substance moins aërienne; mes desirs m'entraînent vers la terre; la terre appartient au Génie du mal, et non au Génie du bien. De leur sublime séjour, les Dieux ne nous envoient que des faveurs générales; leur lumière réjouit; mais n'enrichit personne; la possession est exclue de leurs domaines. Il faut ravir les pierreries, l'or, dont tout le monde fait cas, aux Pouvoirs imposteurs qui se cachent loin du jour. On n'obtient leur bienveillance qu'à force de sacrifices, et il n'existe pas un être vivant qui se soit retiré de leur service avec une âme pure.

MAX *(avec expression.)*

Ah! redoute, redoute ces Pouvoirs imposteurs! ils ne tiennent pas leurs promesses. Ce sont des esprits de mensonge qui t'entraînent à reculons dans l'abîme. Ne te fie pas à eux! je t'en avertis. O! retourne à ton devoir! Sans doute! tu le peux. Charge-moi d'aller à Vienne. Oui. Que je parte! laisse-moi te

réconcilier avec l'empereur; il ne te connaît pas ;
mais, moi, je te connais; il te verra avec mes yeux,
et je te rapporterai sa confiance.

WALLENSTEIN.

Il est trop tard! Tu ne sais pas ce qui est arrivé.

MAX.

Et, quand il serait trop tard; quand les choses en
seraient au point qu'un crime seul pourrait prévenir
ta chute, il faut tomber noblement, comme tu t'es
soutenu. Perds le commandement; quitte le théâtre;
tu peux en sortir avec éclat; sors-en aussi avec ton
innocence. — Tu as beaucoup vécu pour les autres;
vis aussi pour toi-même. Je t'accompagnerai; jamais
je ne séparerai ma destinée de la tienne.

WALLENSTEIN.

Il est trop tard. Tandis que tu perds tes paroles,
des courriers qui portent mes ordres à Prague et à
Egra laissent les milles derrière eux. — Ne résiste
plus. Nous agissons conformément à la nécessité.
Marchons d'un pas noble et ferme, dans la carrière
où elle nous force d'entrer. — En quoi suis-je plus
coupable que ce César, dont le nom occupe encore
le premier rang dans les fastes du monde? Il guida
contre Rome les légions que Rome lui avait con-
fiées pour la défendre. S'il eût jeté le glaive, c'en
était fait de lui, comme c'en serait fait de moi si je
posais les armes. Je sens en moi quelque chose de
son génie. Donne-moi son bonheur; je supporterai
le reste.

(*Max qui, jusqu'à ce moment, a paru soutenir
une lutte douloureuse; s'éloigne rapidement.
Wallenstein le suit des yeux avec surprise et d'un
air embarrassé, et demeure plongé dans une méditation profonde.*)

MÉLANGES.

J. G. SCHLOSSER kleine Schriften. *Opuscules de J. G. SCHLOSSER ;* 6 vol. in-8.°, publiés de 1779 à 1787; Francfort, Fleicher. — 2. BRIEFE über die Gesetzgebung überhaupt und des Preussischen Gesetzbuch insbesondere. *LETTRES sur la législation en général, et, en particulier, sur le code prussien, par J. G. SCHLOSSER.* 341 p. in-8.° 1789. ibid. — 3. Das GASTMAHL. *LE FESTIN, par le même.* Kœnigsberg, Nikolovius. 1794. — 4. SCHREIBEN an einen jungen Mann der die kritische Philosophie studieren wollte. *LETRRE à un jeune homme qui se proposait d'etudier la philosophie critique; par le même.* 2 vol. in-8.° Lubeck et Leipsick. Bohn. 1797 et 1798. — 5. ARISTOTELIS Politik. *POLITIQUE d'Aristote, traduite et enrichie d'un commentaire, par le même.* 3 vol. in-8.° Lubeck et Francfort. 1797 et 1798.

SCHLOSSER, auteur de ces divers ouvrages, et d'un grand nombre d'autres, indiqués dans le dictionnaire de Meusel, naquit, en 1738, à Francfort-sur-le-Mein; il est mort, dans cette ville, le 17 octobre 1799.

Jurisconsulte, savant et littérateur, il partagea sa vie entre les occupations des places qu'il remplit, le bien qu'il eut l'occasion et le desir d'y faire, et la culture des sciences et des lettres. Ses œuvres et l'estime dont il jouissait, engagèrent Joseph II à l'appeler à Vienne, au moment où, rivalisant avec le grand Frédéric et Catherine II, cet empereur méditait le plan d'un nouveau code pour ses états; mais Schlosser était convaincu que les lumières ne suffisent pas seules à cette création, et qu'il faut que la masse entière sur laquelle elles doivent opérer, soit capable, par sa moralité, de recevoir ce perfectionnement.

Selon lui, « les relations genérales de l'Europe, « celles plus resserrées de chaque pays, de chaque « famille, étaient tellement compliquées par la cor- « ruption générale des mœurs, par l'égarement de « l'esprit et de l'imagination, qu'il était impossible, « dans cet état de choses, d'établir un code neuf, « et de rechercher une perfection spéculative. Tout « ce que la sagesse permettait d'entreprendre, était « de préparer peu à peu la voie qui pourrait un jour « conduire à une amélioration morale et pratique. »

En attendant, il proposa de se borner à ramener le droit romain à ses principes fondamentaux, en les éclaircissant et les déterminant par de bons commentaires, qui missent un terme aux controverses sur cet objet.

Cette idée de Schlosser fut exécutée dans les états

du margrave de Bade; dans lesquels ce savant s'était fixé depuis longtemps. Il fut chargé par ce prince de ce travail difficile; et il avoue, avec une modestie rare, que les matériaux rassemblés par le célèbre professeur Westphale, le lui allégèrent beaucoup.

Le margraviat étant devenu le théâtre de la guerre, Schlosser se retira dans le Holstein; il se rendit à Eutin, chez son gendre, Nikolovius, où il passa deux ans, dans la société intime du comte de Stolberg, consacrant son loisir à l'amitié, aux sciences et aux lettres; et c'est à cette époque que l'Allemagne doit l'excellente traduction qu'il a faite de la politique d'Aristote, en trois volumes, enrichie de commentaires, qui donnent à ce livre le mérite d'un ouvrage moderne original. Mais la mort d'un frère de Schlosser, bourguemestre de Francfort, ayant levé l'obstacle qui, dans la constitution municipale de cette ville, s'oppose à ce que des frères ou des parents y remplissent en même temps des emplois de magistrature, le sénat l'appela unanimement à la place de Syndic, qu'il occupa avec tant de distinction que, quoiqu'il fût le dernier des municipaux en ancienneté, toutes les affaires importantes de ces temps difficiles furent remises entre ses mains.

En se vouant à l'étude approfondie des lois, Schlosser n'en fit point l'objet exclusif de ses méditations et de ses travaux. L'éducation, la morale, la religion, la philosophie, la politique, la littérature ancienne et moderne furent les sujets variés de ses écrits et de ses délassements ; car sa manière agréable de les traiter, leur donne le ton de la conversation la plus instructive et la plus intéressante. Il n'avait ni cette prévention qui admet ou rejette sans examen de nouvelles idées, ni la manie de l'originalité ; l'on pourrait presque ajouter que cela même en donne à ses ouvrages, vu le temps où il écrivit. Du moins ont-ils un caractère très-distinct de ceux de la plupart des auteurs ses contemporains, par l'éloignement qu'ils annoncent de tout système novateur, et par la clarté, la netteté des idées, par l'éloquente simplicité du style. Nous allons mettre nos lecteurs à même d'en juger, en extrayant et traduisant quelques passages des divers morceaux que contiennent les six volumes des œuvres diverses ou opuscules de cet écrivain.

I.er VOLUME. *Lettres sur les Ecoles philanthropiques.*

Ces établissements d'éducation excitaient alors un enthousiasme général en Allemagne. Les écrits de Barth, de Basedow et de Salis avaient électrisé toutes les têtes, et fait naître l'espoir que trente et quarante jeunes gens, élevés dans les nouveaux principes, et d'après les méthodes nouvelles, suffiraient pour réformer le monde et y amener la perfection de l'humanité. Schlosser fut invité par l'ami auquel ces lettres sont adressées, à prononcer son opinion sur cette importante matière. Mais l'observation, l'expérience des siécles et la sienne propre avaient convaincu

Schlosser que ces riantes idées n'étaient que de beaux rêves impossibles à réaliser, et qu'une perfection idéale, absolue, établie comme base des éducations philanthropiques et des spéculations métaphysiques des philosophes allemands, était incompatible avec la nature humaine, précisément par cela même qu'elle est nature humaine, rapport sous lequel elle ne peut aspirer qu'à une perfection relative.

« La marche ordinaire des poètes et des philoso-
« phes est de confondre la nature primitive et pure,
« telle qu'elle était avant sa corruption, avec l'état
« de nature de l'homme déja corrompu, deux choses
« essentiellement différentes. Quant à moi, je vou-
« drais toujours mettre ces deux natures en parallèle,
« et examiner alors avec les philosophes quels sont
« les moyens de corriger peu à peu la nature actuelle
« de l'homme, de la ramener progressivement à la
« nature primitive; et jusqu'où celui-ci, comme être
« dégradé, serait capable de s'en approcher. Dans
« cet examen, il faudrait mesurer chaque pas que
« la génération présente et celle qui lui succédera,
« oseraient faire vers ce but, calculer et connaître
« à fond ce qu'on doit abandonner aux efforts des
« générations futures, et jusqu'à quel point nous et
« nos enfants nous pouvons leur frayer la route à de
« plus grands progrès. Sans ces précautions, l'ou-
« vrage qu'on se propose, risquerait d'être détruit,
« avant d'être achevé...... »

« Il est extrêmement facile d'imaginer le plus haut
« point de perfection idéale ; mais la grande diffi-

« culté consiste à déterminer le degré de bonté qui
« la compose. Il ne fallait pas un grand génie pour
« concevoir le caractère d'un *Grandisson* ; la scène
« où il devait paraître étant déja préparée, un per-
« sonnage sans vertus pouvait y jouer ce rôle ; mais
« un *Werther!* cet homme si imparfait et si sublime,
« cette peinture si vraie, remplie du contraste tou-
« jours renaissant de la lumière et de l'ombre, cet
« homme énergique et faible, vertueux et coupable
« tour à tour; le génie seul conçut un tel caractère,
« et une main de maître en traça les traits. »

Comme il n'est pas aussi facile de prédisposer le théâtre du monde, que celui sur lequel se passent les scènes d'un roman, Schlosser prétend que la vraie sagesse doit se borner à élever les hommes pour la sphère qu'ils doivent occuper, et pour les relations qu'ils ont à soutenir.

« Si j'avais à former un enfant doué par la nature
« de qualités extraordinaires, sans doute je cherche-
« rais à les développer sous tous leurs rapports intel-
« lectuels, moraux et physiques ; mais lorsque cet
« enfant serait en état de porter, autour de lui, un
« coup-d'œil observateur, en m'excusant à ses yeux
« de l'avoir élevé pour un monde que je ne puis lui
« donner, je l'accoutumerais à se faire à celui où il
« se trouve, et tâcherais de lui faire passer ce bour-
« bier, de manière à ne salir que ses vêtements. »

Traçant ensuite la route qu'il suivrait, s'il avait à élever un grand nombre d'enfants, dont la plupart n'auraient que des dispositions ordinaires, Schlosser présente un tableau d'éducation physique, morale, intellectuelle, absolument opposée aux principes et aux méthodes des établissements philanthropiques, où l'éducation physique tend à former des géants ou des athlétes, retarde le développement intellectuel, ou prétend le produire par des méthodes faciles qui ne sont que superficielles, où la religion et les connaissances réellement nécessaires à l'homme, ne sont que des points accessoires, si elles n'en sont bannies, et où enfin la perfection spéculative et idéale, éloigne toujours de la perfection relative pratique.

Sous tous les rapports individuels et généraux, c'est à celle-ci que s'attache Schlosser.

Il veut que l'éducation publique forme des hommes sains quant au physique, bons pour le moral, assez instruits pour les occupations auxquelles ils sont destinés. « Je les exercerais à faire de l'instruction un
« travail, parce qu'ils sont appelés au travail ; à
« apprendre des mots, puisqu'ils doivent en pronon-
« cer, et à la dépendance, car la vie entière n'est
« qu'une sujétion continuelle. Pour cela, nous n'a-
« vons pas besoin de ces établissements brillants. Si
« l'Allemagne en avait seulement qui tinssent un
« juste milieu entre la Caroline de B. et l'Institut
« des orphelins de Halle, et s'ils étaient remplis
« d'instituteurs sages, qui sussent faire un travail de
« l'instruction, sans la rendre odieuse par l'oppression
« et l'esclavage ; alors, mon ami, je vous conseillerais
« d'y envoyer vos enfants ; mais je les plains, ces
« pauvres enfants, si vous les mettez dans des éta-

« blissements, où l'on en fera des géants ou des
« aigles inutiles, et même dangereux à notre monde
« actuel....... »

Les lettres suivantes sont remplies de passages qui prouvent que Schlosser n'avait d'autre but, dans ses discussions, que de ramener à une pratique utile, des théories dont l'objet lui paraissait chimérique. Passons à un morceau du second volume, intitulé : *Fragment politique,* véritablement curieux par la manière dont l'auteur, après avoir parcouru tous les états qui composent le corps politique et social, et avoir tracé leurs devoirs respectifs, présente le tableau des contrariétés perpétuelles qui se rencontrent entre la perfection idéale qu'on recherche actuellement dans l'art de gouverner, et la réalité possible dans la société humaine.

De l'art du Gouvernement. — « Là où la sûreté
« est l'objet de la politique, cet art est simple, est
« facile.

« Mais que n'en exige-t-on pas à présent?

« Il faut qu'un état soit riche, et que cependant
« les mœurs y soient bonnes, que les lois rendent
« toute injustice impossible, et l'on ne veut néan-
« moins que des lois succinctes, peu nombreuses, et
« une justice prompte! Tout doit tendre à un but.
« Et tout doit être libre ! Il faut que les employés
« du gouvernement servent avec intérêt et capacité,
« et coûtent peu ! L'ordre doit régner, et il est in-
« dispensable que tout marche vîte ! On exige sûreté
« partout, sans qu'il y ait de contrainte nulle part!

« On desire la joie publique, sans excès ; la tolérance,
« sans contestation ; partout la subordination, et par-
« tout l'égalité. Enfin l'on demande partout courage,
« lumières, amour de la patrie, porté jusqu'au zèle,
« et partout on exige une obéissance aveugle..... »

« O chefs des nations ! de qui prétendez-vous
« cela ? Et vous, philosophes, quelle est donc la na-
« ture des êtres sur lesquels vous écrivez vos sys-
« tèmes ? »

Ce fragment, quelque succinct qu'il soit, vaut un traité complet par l'abondance d'idées qu'il renferme sur les grands objets si souvent discutés de l'art du gouvernement, des relations naturelles et sociales de l'homme, des productions de la nature, des vrais besoins remplis par l'agriculture, des besoins créés par l'imagination, qu'elle seule pouvait satisfaire, au moyen des richesses qu'elle inventa. Schlosser ne forme ni roman politique, ni un code universel ; il peint les choses telles qu'elles existent ; il rapproche, met en parallèle le bien et le mal qui résultent des circonstances devenues nécessaires à l'état actuel de l'humanité ; et après avoir tracé le tableau d'un état agriculteur et d'un état commerçant, celui des grands états qui seuls peuvent réunir ces deux moyens de richesses, il conclut que tout gouvernement possible n'a de base fondamentale que sûreté et justice, et que le gouvernement est sage dès qu'il sait tirer parti des circonstances locales d'un pays, et des dispositions physiques, morales et intellectuelles de la nature humaine, dans son état actuel.

Un morceau de littérature qui suit ce fragment prouve que ce ne fut point le manque d'imagination qui porta Schlosser à rejeter les nouvelles théories générales; il était, au contraire, richement doué de cette faculté qui, réunie chez lui à un cœur chaud et profondément sensible, se déploya toute dans les objets du sentiment, auxquels elle imprima sous sa plume un caractère, sans doute, trop exalté pour le goût français; mais il ne s'agit ici de discuter ni le fond ni la forme : nous n'aspirons qu'à donner une idée vraie de la manière d'écrire et de sentir de Schlosser.

Cet opuscule, intitulé *le prince Tandi à l'auteur du nouveau Menoza*, est adressé à un jeune homme qui avait donné une pièce de théâtre, critiquée par les journaux allemands, avec cette amertume qu'on y trouve quelquefois, et qui devrait être bannie d'ouvrages dont le but est de présenter des observations instructives, et non des condamnations arbitraires.

Schlosser console son jeune ami, et le blâme d'avoir pu s'oublier un instant, jusqu'à réclamer contre le jugement d'un journaliste, et cela, dans un journal.

« Sois juste, mon ami.... si j'ose le dire, sois aussi
« juste que moi.... J'ai trouvé les hommes grands
« dans leurs maximes, petits dans leurs actions. Je
« me suis attribué le droit de l'homme, celui de
« vivre pour moi et pour les miens. Il me paraît
« injuste de forcer les autres à adopter mes mœurs,
« mes opinions. As-tu quelque privilége dans la ré-
« publique des lettres? Si tu prétends lui plaire par

« ta façon d'écrire, alors elle est en droit d'exiger
« que ta manière soit celle qui lui plaît.

« Mais, non; le ciel te préserve de jamais hasarder
« un seul trait de plume avec l'intention d'être loué
« par des hommes qui, toisant l'esprit à leur mesure,
« rejettent comme mauvais tout ce qui ne peut y
« entrer. Contente-toi du suffrage des ames hon-
« nêtes, des cœurs sensibles. Ceux-ci ne feront point
« sonner la trompette; mais ils déposeront tes bonnes
« productions sur l'autel du sentiment, où leurs en-
« fants, leurs petits enfants, iront rendre hommage à
« l'auteur, et le bénir pour chaque émotion douce
« dont il les aura pénétrés. Ah! mon ami! Newton,
« Copernic, ces grands génies, en mesurant le cours
« des astres, célébrèrent moins le Créateur de ces di-
« vins ouvrages, que ne le font les adorations journa-
« lières des vieillards qui se réchauffent aux rayons
« de son brillant soleil, en élevant un soupir vers la
« main bienfaisante qui les ranime.

« Ton *Menoza* a été froidement accueilli. Ah! si
« tu avais été présent à l'effet qu'a produit sur nous
« sa lecture, si tu avais vu les pleurs de ma fille,
« âgée de douze ans, l'émotion de mon excellent
« père, notre attendrissement à tous, une scène pa-
« reille t'eût rendu indifférent aux éloges ou à la cri-
« tique exagérée et ridicule des journalistes.

« Qu'ils sont risibles, en effet, ces despotes qui
« s'érigent en juges, surtout lorsque leurs arrêts
« portent sur ce qui tient à la sensibilité! La nature a
« mille moyens de s'emparer de notre cœur; ces

« froids Aristarques n'en connaissent qu'un ; ils en ont
« fermé, chez eux et chez les autres, toutes les
« entrées pour n'en laisser qu'une ; et ces froids ré-
« gulateurs connaissent encore fort mal celles qu'ils
« se sont réservées. »

« J'ai lu les poëtes grecs avant de lire Aristote.
« La violence avec laquelle Sophocle s'empara de
« mon ame, me rendit Grec, m'attacha des liens les
« plus forts à un peuple qui n'existe plus, m'enflamma
« d'enthousiasme pour des hommes devenus pous-
« sière depuis des siècles, me convainquit que ce
« tragique avait trouvé le chemin de mon cœur,
« celui de tous les cœurs humains. Ajax se préci-
« pitant sur son glaive, parce que sa grande ame
« ne peut supporter l'idée du mépris ; le combat
« sublime qu'élèvent chez Néoptolème l'ambition et
« la droiture de son caractère ; la courageuse piété
« d'Antigone ; la vengeance brûlante d'Electre, son
« héroïque amour filial, son indocile magnanimité ;
« ces tableaux faisaient ruisseler mes larmes : mon
« cœur se livrait à toutes les impulsions que le
« poète voulait lui donner. M'embarrassant peu des
« moyens par lesquels il me captivait, je ne sen-
« tais que l'obligation de lui céder, et jamais l'idée
« ne me vint qu'un pouvoir aussi irrésistible, pût
« tenir à d'autres causes qu'à ce que le poète avait
« éprouvé avant moi, tous les sentiments que j'éprou-
« vais après lui.

« De Sophocle passant à Homère, je ne pus
« supporter qu'une heure le bouillonnement qu'il

« produisit dans mon ame. J'étais furieux avec Achille,
« je me précipitais dans le combat avec Diomède;
« j'entendais le choc des boucliers; je voyais lancer
« les pierres, et les Dieux se mêler aux héros;
« que dis-je? non-seulement je voyais tout, mais
« j'agissais; entraîné au milieu de la foule guerrière,
« je traverse à gué le Scamandre.... »

Il paraît que Schlosser crut à tort pouvoir reposer son cœur et son imagination en se livrant à la lecture d'Ossian. Le même feu se retrouve dans l'exposé de l'impression qu'il éprouva. Elle fut si vive, que, s'identifiant aux descriptions et aux personnages du poème, il y prit part à l'action; Oscar devint son fils, ses pleurs coulaient aux chants des Bardes, il soupirait avec les filles des cavernes, il entendait les hurlements des chiens.

« Ce fut avec cette ame brûlante, ouverte à toutes
« les impressions du sentiment, que je pris Aristote.
« Non, Lentz, je ne puis t'exprimer ce que je sentis
« en voyant ce froid observateur tracer le cercle
« dont il voulait circonscrire le chemin par lequel
« ces êtres immortels avaient pénétré dans les replis
« les plus cachés de mon ame. Je jetai le livre;
« pendant dix ans, je n'ai pu le reprendre; mais, dans
« cet espace de temps, je lus et méditai les juge-
« ments portés sur ces poètes, dont j'avais si long-
« temps cultivé le commerce, avec le même respect
« qu'on aurait pour des esprits célestes. L'un se
« bornait à l'éloge de leur talent descriptif; un autre
« admirait, dans Sophocle, l'unité de l'action; un

« troisième voyait le génie d'Homère, dans le tissu
« compliqué, et cependant vraisemblable, de son
« Épopée, dont il aurait dû néanmoins bannir les
« Dieux. Celui-ci relevait la sévère observation du
« costume dans Ossian, celui-là le pouvoir de l'illu-
« sion. Il y en eut qui recherchèrent pourquoi le
« beau était beau, et qui placèrent la solution de
« ce problème dans l'unité ; d'autres firent consister
« le beau dans l'imitation de la nature. Il s'en trouva
« qui formèrent des règles de toutes ces opinions ;
« enfin on écrivit ces règles. Je me tourmentais à
« les trouver justes, à en sentir la vérité, je ne
« trouvai et ne sentis rien.

« J'étais malade à cette époque.

« Je ne m'approche jamais des poètes que je res-
« pecte, que lorsque je suis libre et bien portant.
« L'ennui me fit reprendre Aristote, Dubos, Mar-
« montel, Lebatteux, Baumgarten ; ces auteurs
« n'auraient pu choisir eux-mêmes un moment plus
« favorable. Incapable de sentir, j'avais assez de
« loisir, la tête assez froide pour méditer après eux.
« En lisant leurs ouvrages, en appliquant à mes
« poètes leurs observations, je les trouvai confirmées ;
« je me rappelai l'unité qui règne dans Sophocle ;
« je distinguai les épisodes d'Homère, et j'en vins à
« caractériser, comme eux, le sentiment obscur que
« me laissaient les poètes grecs, et à n'y voir que
« de la terreur, de la pitié. J'adoptai les règles, je
« fus même pénétré d'estime pour ceux qui les
« suivaient.

« Dès que je fus rétabli, je recherchai avec soin
« leurs ouvrages : Corneille, Racine m'émurent peu,
« Voltaire m'éblouit, les drames de Darnaud me
« dégoutèrent. Parmi les Allemands, je lus Brave,
« Croneck, Schlegel, et, trouvant partout la mesure
« et le compas, je fus très-étonné d'être convaincu de
« la vérité des règles, sans être jamais touché des
« ouvrages où elles sont observées. »

Schlosser crut alors que sa maladie lui avait ôté toute sa sensibilité ; mais Shakespear la lui rendit. On est ému en lisant la description qu'il fait de l'état où le mit la lecture de Mackbeth et de Coriolan.

« En comparant ces chef-d'œuvres aux règles si
« préconisées, je me crus entraîné par une force
« magique, et soumis à un enchantement irrésis-
« tible. Revenu à moi-même, je vis que les faiseurs
« de règles ne s'arrêtaient qu'à l'enveloppe, et n'a-
« vaient pas connu l'esprit vivifiant qu'elle leur
« dérobe, et qui n'est bien saisi que par les cœurs
« faits pour le sentir.

« Ce sont les formes de cette enveloppe qui con-
« stituent *l'Æsthétique* européenne. Quant à moi,
« je ne connais qu'une seule règle, le sentiment.
« Elle ne peut être apprise, calculée, assujettie aux
« spéculations : elle est le sceau du génie poétique. »
Nous bornant à traduire Schlosser, nous ne discuterons point si le besoin des règles du vrai beau ne fut pas un sentiment de plus chez ceux qui les tracèrent.

Les quatre derniers volumes des œuvres mêlées de Schlosser nous fourniraient quantité de morceaux dignes d'être analysés. Nous terminerons cet article par un aperçu rapide de son ouvrage intitulé *le Festin*, banquet d'anniversaire d'un vieillard respectable retiré du monde, et menant, au milieu de sa famille, une vie patriarchale. Les personnages de ce repas l'animent par une conversation sur les mœurs, les opinions, les usages de la société, et en font une peinture fidelle. La critique est juste et sans amertume.

Le seul moment de sa vie où Schlosser en montra, d'une manière à sortir de son caractère, c'est lorsqu'il censura la philosophie Kantienne, objet qu'il traite dans les deux petits volumes adressés à un jeune homme supposé résolu à étudier cette philosophie. L'intolérance de Schlosser, à l'égard des principes de Kant, tenait à ce qu'il était convaincu qu'ils tendaient à détruire le christianisme. Les disciples du philosophe de Koenigsberg se joignirent à leur maître; et cette formidable légion ayant déclaré la guerre à Schlosser, l'Allemagne fut inondée de pamphlets critiques, *anti-critiques*, dont nous épargnerons les titres et la notice à nos lecteurs.   D. P.

ANNALEN der leidenden menschheit. — *ANNALES de l'humanité souffrante*. (Second extrait.)

Nous allons continuer de parcourir cet ouvrage, en nous arrêtant sur les articles les plus remarquables. *Edmond Burke.* On trouve ici une traduction allemande

lemande du jugement que l'américain Barlow a porté de ce rhéteur, dans un de ses poèmes. « O Burke ! esclave dégénéré et maudit ! c'est à regret, c'est en rougissant que ma muse profère ton nom, etc. » A ce morceau, peut-être trop véhément, le traducteur ajoute des observations judicieuses sur les effets qu'ont produits les déclamations de Burke. « Si cet homme (il vivait encore à l'époque où ceci a paru) peut contempler sans terreur l'immensité des maux qu'il a causés, il mérite assurément des épithètes encore plus odieuses que celles dont il a été accablé jusqu'à ce jour. En parcourant ce vaste théâtre de carnage et de désolation que l'Europe nous présente, l'ame se soulève à l'idée qu'un seul individu doit porter le crime de cette horrible métamorphose ; surtout lorsqu'on se rappelle que cet individu posséda longtemps la confiance de tous les gens de bien, et qu'il l'a perdue par les motifs les plus bas et les plus méprisables, lui qui avait fondé son ancienne réputation, en parlant le langage de la liberté, en se donnant pour l'ami des peuples. Mais, sans prendre pour guide un mouvement passager d'indignation contre ses abominables principes, je pose en fait, après un mûr examen, qu'il faut attribuer presqu'exclusivement la guerre actuelle et ses déplorables suites à la plume de Burke. » L'auteur montre ensuite quel étrange concours de circonstances a placé, pour ainsi dire, entre ses mains, le sort de tant de millions d'hommes. Il finit par l'abandonner à sa propre conscience et aux malédictions de la postérité.

Conduite de l'abbé du couvent de Lamspringe, dans l'évêché d'Hildesheim, envers un de ses religieux. Le religieux dont il s'agit, avait apporté d'Angleterre, où il était allé en mission, une paire de gants et une paire de bas de peau que l'abbé trouva de son goût. Celui-ci desira les avoir à sa disposition. Sur le refus du moine, il s'éleva, entre lui et l'abbé, une altercation violente, à la suite de laquelle le dernier accusa son antagoniste d'avoir voulu attenter à sa vie, et, dans une assemblée de ses partisans, le condamna à une prison perpétuelle. La sentence fut exécutée sans délai; on enferma ce malheureux dans un cachot obscur, où il languit depuis plus de huit ans, privé de la conversation de ses semblables, nourri des mêts les plus vils, jeûnant au pain et à l'eau, deux fois par semaine, étendu sur de la paille pourrie, exposé en hiver au froid le plus rigoureux, sans pouvoir faire entendre ses justes plaintes, et attaquer son persécuteur devant les tribunaux civils. L'abbaye de Lamspringe est un couvent de bénédictins.

Discite justitiam. Tel est le titre d'un mémoire dans lequel un patriote saxon commence par déclarer qu'en général son pays est gouverné avec sagesse. « Le prince est équitable, dit-il; le peuple est bon et soumis aux lois. Cependant il règne un mécontentement sourd, une méfiance réciproque entre les agents du pouvoir et les administrés. Cela vient surtout de la scélératesse et de l'impudence avec lesquelles une foule de percepteurs des deniers publics, d'officiers de justice et de favoris des grands, exercent leurs emplois et abusent de leur crédit. » L'auteur, après avoir exposé, sans ménagement, les procédés iniques de cette classe d'hommes, choisit, dans leur nombre, un des plus coupables, et le dénonce, sinon nominativement, au moins d'une manière assez caractérisée pour qu'il soit reconnu de tous ceux qui ont intérêt à le voir, démasqué et puni. Ce tyran subalterne est un de ces favoris dont il a parlé ; jadis porte-faix et décroteur, il est aujourd'hui bourguemestre et premier chirurgien d'une petite ville, située au centre de la Saxe électorale, et se permet impunément toute sorte de vexations.

Extrait de la correspondance d'un voyageur. Il règne maintenant, en Russie, une rigueur excessive, tant dans le civil que dans le militaire. La source en est, à la vérité, respectable ; l'empereur aime l'ordre et la justice ; et de là naît cette extrême sévérité ; mais l'empereur ne saurait tout voir par lui-même, et l'intrigue abuse de ses ordres les mieux intentionnés, pour opprimer, sous son nom, des hommes irréprochables.

Plusieurs Allemands, établis à Archangel, ayant besoin d'un instituteur pour leurs enfants, résolurent d'en faire venir un d'Allemagne, et chargèrent un négociant de Hambourg de leur choisir quelqu'un qui fût propre à cet emploi, et de traiter avec lui pour deux ans, sous des conditions avantageuses. Celui-ci leur manda, au printemps de l'année 1798, qu'il avait trouvé leur affaire, et que l'homme dont il s'agissait, comptait s'embarquer pour Archangel, vers le milieu de l'été. C'était un professeur d'Altona, nommé Berard. Pendant qu'on l'attendait à Archangel, Paul I.ᵉʳ fit promulguer l'ukase qui interdit l'entrée de la Russie à tous les étrangers, à moins qu'ils ne soient pourvus d'un passe-port signé d'un de ses ministres, résidant hors de ses états. Comme on savait à Archangel que le professeur Berard devait s'être embarqué antérieurement à la publication de cet ukase, on présuma qu'il pourrait bien n'avoir pas eu la précaution de se munir d'un passeport de ce genre, et l'on pria le gouverneur civil d'obtenir son admission, quand bien même il n'aurait pas rempli la formalité prescrite. Le gouverneur adressa, à cet effet, une requête au procureur général, ou ministre de l'intérieur, le prince Kurakin, à Pétersbourg. Cependant Berard arrive, muni d'un passe-port du résident danois à Hambourg, et d'un autre du chargé d'affaires de Russie dans la même ville. Au vu de ces papiers, le gouverneur militaire lui-même, premier dépositaire de l'autorité, ne fit aucune difficulté de laisser débarquer le professeur. Il y avait déja plusieurs jours que celui-ci logeait paisiblement dans une maison qu'on avait louée pour son usage, lorsque la réponse de la cour à la requête du gouverneur civil changea tout à coup la face des affaires. L'empereur ordonnait expressément que, si Berard n'avait point de passe-port, il fût obligé de repartir sur le vaisseau qui l'aurait amené. Le gouverneur civil se hâta d'écrire au procureur général qu'il avait rempli la condition imposée. Il conféra ensuite sur cet objet avec le gouverneur militaire, et obtint de ce dernier l'assurance verbale qu'il était parfaitement de son avis, c'est-à-dire, qu'il n'y avait aucun inconvénient à laisser Berard dans Archangel. Mais à peine le gouverneur civil se fut-il éloigné, qu'en dépit de sa promesse, le gouverneur militaire envoya chercher Berard par le chef de la police, et sans lui donner le temps de faire ses malles, ou d'emporter la moindre chose, le fit rembarquer *sur le vaisseau qui l'avait amené*. Cela fait, il manda à l'empereur que son zèle pour l'exécution stricte et ponctuelle des ordres de S. M. l'avait engagé à faire repartir sur le champ le professeur Berard, comme un individu suspect sous plus d'un rapport.

Cet infortuné passa environ six semaines, dans la situation la plus fâcheuse, avec son épouse infirme, à bord d'un bâtiment petit, incommode et mal sain. Le vaisseau remit en mer à la fin de septembre, saison où les naufrages sont les plus fréquents ; et Berard se trouva dans la cruelle alternative de périr au sein des flots, ou d'arriver à Hambourg, privé de tous moyens de subsistance. Vers le temps de son départ, M. Ashnerdoff, le gouverneur civil d'Archangel, reçut sa destitution, motivée sur sa négligence dans l'exécution des ordres de S. M. I., relatifs à l'admission des étrangers en Russie.

Voilà une des nombreuses surprises qui se font journellement à la religion de Paul Ier ; elle est d'autant plus affligeante, que M. Ashnerdoff ne méritait pas un semblable traitement. Distingué depuis sa jeunesse dans le corps des cadets, par son application, son exactitude et sa bonne conduite, il avait obtenu la première médaille, à laquelle est annexée la permission de voyager pendant deux ans aux frais de l'empereur. Il mit à profit cet avantage, comme on avait lieu de s'y attendre ; quelque temps après son retour, au commencement de 1798, il fut nommé gouverneur civil d'Archangel, et se concilia l'estime et l'affection de tous les habitants par sa justice et son affabilité. Il y avait à peine deux mois qu'il était installé dans ses fonctions, lorsque M. Lezano fut promu au poste de gouverneur militaire. Ce Lezano est italien. Son orgueil fut blessé de ce que le gouverneur civil avait adressé directement sa requête au procureur général, sans employer son intervention, et sachant de bonne part que ce ministre qui protégeait M. Ashnerdoff, était menacé d'une disgrace prochaine, il ne craignit point de sacrifier à son ressentiment, non-seulement le gouverneur civil, mais encore le malheureux Berard.

En voilà assez pour mettre le lecteur en état d'apprécier l'intérêt et l'utilité de ces Annales. Il serait à desirer que, dans tous les pays, des hommes courageux et probes, se chargeassent ainsi d'inventorier publiquement les malheurs causés par l'intrigue, la cupidité et l'ambition. L'humanité ne pourrait que gagner à cette mesure ; ou elle inspirerait une crainte salutaire aux oppresseurs, ou elle rallierait les opprimés au cri général d'une indignation non moins salutaire.   L.

ÉCONOMIE POLITIQUE.

FINANZ Einrichtung, vermoge welcher Reichthum stets die Belohnung gemeinnütziger Tugend seyn wurde; von D. BULOW. — *Etablissement de finance au moyen duquel les richesses seraient toujours la récompense des vertus généralement utiles*; par D. BULOW. 1 vol. in-8.° 274 p. Berlin, Hambourg. 1800.

AINSI que tant d'autres écrivains de nos jours, l'auteur de cette production brûle du desir d'être utile à l'humanité; et comme la législation, la morale et la métaphysique, sont épuisées, il ne porte ses vues, et n'étend ses projets qu'au bien-être physique du monde et des états qui le composent.

Cet ouvrage est divisé en trois parties. M. Bulow recherche, dans la première, ce qui constitue l'aisance des états; et, dans la seconde, si l'on s'occupe de cette branche essentielle du bonheur public. Convaincu qu'elle est négligée et mal comprise, il en indique les causes. Enfin, la dernière partie de son travail a pour but d'écarter les difficultés qui s'opposent à cette aisance, et d'offrir le développement du système par lequel il croit la faire naître.

C'est sur l'or et l'argent monnayés que M. Bulow rejette les maux qu'il entreprend de guérir.

Selon lui, « aussi longtemps que ces deux métaux resteront des signes représentatifs d'échange de commerce, l'aisance publique ne pourra s'établir, » et voici les raisons qu'il en donne :

1.º Aucune marchandise ne peut sans danger s'élever à la dignité de signe représentatif des autres marchandises, parce qu'elle obtient par là une valeur exagérée, qui devient, ainsi que le prouve l'expérience, l'objet unique et exclusif de la cupidité.

2.º Aucun signe représentatif des choses de commerce ne peut avoir une valeur mercantile, par là même qu'il n'est qu'un signe ; ainsi, quoiqu'en liaison avec la marchandise qu'il représente, il doit être uniquement borné à la représenter.

C'est sous ces deux points de vue principaux que l'auteur exclut, sans pitié, des honneurs de la représentation, non-seulement les deux métaux chéris des hommes, mais encore toute autre espèce de marchandises. Pour légitimer cet arrêt, M. Bulow remonte à l'origine du commerce, à celle de l'idée d'un signe d'échange et à la cause de la grande valeur attribuée aux deux métaux dominateurs qu'il veut proscrire. Après avoir décrit les maux introduits dans la société par cet ancien usage, il cherche à les réparer, en proposant, pour l'avenir, un signe représentatif d'échange propre, par sa nature, à n'avoir aucun des inconvénients attachés à ceux qu'il remplacera, et qui puisse remplir toutes les conditions nécessaires dans un tel signe.

Selon l'auteur, le papier réunit seul ces avantages;

sa valeur intrinsèque est nulle, lorsqu'il n'est pas en masse; et, de toutes les matières, c'est celle sur laquelle le signe et le nom de la chose qu'il représente, peuvent se graver le plus facilement. C'est donc le papier que l'auteur établit comme signe d'échange, et voici les bases de son projet.

Lorsqu'on voudra le réaliser, on commencera par bannir l'or et l'argent monnayés, en ne laissant à ces deux métaux corrupteurs que leur valeur mercantile : on fera construire des édifices auxquels on donnera, si l'on veut, le nom de maison de banque; mais qui seraient plus exactement désignés, dit-il, par celui de *magasin de productions et d'industrie*, parce que, dans ces établissements garantis par le gouvernement (sans qu'il puisse néanmoins en gêner les opérations), on déposerait les productions de toute espèce, brutes ou travaillées, contre un billet, sur lequel on graverait la sorte de marchandise, le prix auquel la banque la prend, la date du dépôt et le nom du vendeur.

M. Bulow conserve la dénomination monétaire, comme règle ou mesure idéale des valeurs mercantilles; mais il la réduit à l'écu, et cet écu, pour simplifier les opérations, il le divise en dixaines et centaines.

Telles sont les bases principales du système de M. Bulow. L'ouvrage est terminé par un tableau des biens incalculables qui résulteront, pour l'humanité, de ce nouvel ordre de choses. Dans son enthousiasme philanthropique, il paraît n'avoir oublié que les dangers de l'entreprise et l'impossibilité d'une telle réforme. D. P.

HISTOIRE NATURELLE.

GEOGRAPHISCHE Geschichte des Menschen und des allgemein verbreiteten Vierfussigensthiere, mit einer hiezu gehôrigen zoologischen Weltcharte; von A. W. ZIMMERMANN. — *HISTOIRE géographique de l'homme et des quadrupèdes, avec une carte zoologique du monde;* par *A. W. ZIMMERMANN.* 3 part. in-8.° Leipsick.

M. Zimmermann, professeur de mathématiques et d'histoire naturelle, au collége de la Caroline, à Brunswick, est très-connu des savants par une zoologie latine (*); mais vu les rapides progrès de l'histoire naturelle, et les découvertes dont elle s'enrichit journellement, quatre années ont apporté une grande différence entre la production latine et l'ouvrage allemand de cet auteur. Il a profité, dans le dernier, de tout ce qui a été écrit de mieux sur cette matière, tant en Angleterre qu'en Allemagne, et quoiqu'il ait suivi le même plan que dans son ouvrage latin, celui-ci peut être considéré comme une production originale très-supérieure au *Specimen zoologiæ geographicæ.*

(*) Intitulée : *Specimen zoologiæ geographicæ quadrupedum domicilio, et migratione sistens.* Lugd Batav., in-4.° ap. Th. Haag.

Cette nouvelle production est divisée en quatre parties. Le premier volume en contient deux avec une préface et une introduction.

M. Zimmermann commence sa première partie par l'homme, le plus parfait des animaux. Après avoir décrit les avantages physiques qui distinguent l'homme de tous les autres êtres organisés, l'auteur s'occupe de l'histoire géographique de l'espèce humaine, du climat et de la température qu'elle peut supporter ; il recherche si elle doit la faculté de vivre et de se propager sous toutes les zones, à la force et à la souplesse de sa constitution physique, ou si elle la doit uniquement à sa raison, ainsi que le prétend Buffon. Examinant ensuite quelle est sur l'homme l'influence du climat, de la nourriture et de quelques autres circonstances accessoires, il recherche si cette influence est suffisante pour produire, par la dégénération, les variétés d'espèces, ou si le Créateur (car M. Zimmermann n'admet point une nature aveugle) forma des individus propres à chaque climat.

L'auteur termine ce morceau par une discussion sur la forme originelle de l'homme, et y réfute l'idée de Rousseau et de Monboddo, qui ont cru trouver dans l'ourang-outang l'homme primitif. Comme Buffon, de Paw et Blumenbach ont épuisé cette matière, M. Zimmermann se contente d'exposer les résultats de leurs opinions, en y ajoutant une observation qui établit une différence physique que, selon lui, ces savants n'ont pas saisie ; savoir, que l'ourang-outang est borné, par sa nature, aux zones les plus chaudes de l'ancien continent, au lieu que l'homme vit et se propage dans toutes les températures, avantage dont la conséquence est que l'homme a une constitution corporelle plus parfaite ou plus forte que celle de cette première espèce de singe, au niveau de laquelle Rousseau voulait le ravaler.

La seconde et la troisième parties de l'ouvrage de M. Zimmermann sont uniquement consacrées à des recherches sur les quadrupèdes divisés par lui en deux classes principales, dont la première comprend ceux qui, par leur constitution physique, analogue à celle de l'homme, et pouvant, comme lui, supporter tous les climats et toutes les températures, se trouvent également dans l'ancien et le nouveau monde ; et la seconde, les animaux qui, bornés exclusivement par leur nature à de certaines zones, ne sont pas communs aux deux mondes, et ne se trouvent que dans quelques contrées de l'un ou de l'autre.

Cette géographie zoologique termine le second volume. La quatrième partie, contenue dans le dernier, présente un coup-d'œil sur l'étendue connue du règne animal, et sur celle qu'on peut supposer, par analogie, être encore inconnue ou invisible, et des recherches sur les relations que doivent avoir entre elles les diverses zones, quant à la masse de leurs productions animales.

Telle est la distribution générale de cet ouvrage. Malgré le soin qu'a pris l'auteur, de rendre sa nomenclature zoologique plus complète que celles qui l'ont précédée, de rectifier même les erreurs que de nouvelles découvertes ont fait apercevoir, son but principal a moins été l'histoire naturelle, que de trouver, dans la distribution animale, les preuves d'un ordre intelligent et sage, se montrant partout de la manière la plus avantageuse à l'homme ; de se mettre en état de conclure, par la zoologie, quelle est la température de chaque pays, quelles ont été leurs communications et leurs relations, quelle fut la forme primitive de notre terre ; en un mot, de réunir et bien disposer, pour une utile méditation, les matériaux que cette science peut fournir à l'histoire du monde et à celle de l'homme, sous les rapports géographiques, physiques et moraux. Voici comment l'auteur établit l'utilité de la zoologie sous ce dernier point de vue.

« Pour comparer l'ancienneté et le degré de la culture morale des divers peuples, les secours que nous présente la zoologie peuvent nous servir, ainsi qu'on va le voir :

« Qu'on suppose deux peuples sous le même climat, et assujettis, par conséquent, aux mêmes besoins ; sans contredit, le plus cultivé sera celui qui aura su se les procurer d'une manière plus commode. J'ai expressément supposé deux peuples dont les pays eussent le même climat, parce qu'une température différente est la source de besoins différents. Sous un ciel tempéré, les secours des animaux sont moins nécessaires qu'ils ne le sont sous celui dont l'âpreté et le froid mettent l'homme dans le cas de ne pouvoir vivre uniquement des végétaux , et où la terre ne lui fournit cette nourriture qu'après un grand travail. Ainsi, en prenant pour exemple le peuple du Tongut et celui du Canada , auxquels le chien serait également utile pour la chasse, on pourrait conclure, en voyant que le premier a su dresser les loups à cet usage, qu'il était, ou plus intelligent ou plus anciennement cultivé que le dernier, qui se borne à traquer péniblement son gibier.

« Le luxe et les besoins s'accroissent en proportion de la culture. Il est évidemment plus commode de choisir un animal dans un troupeau de bétail rassemblé, qu'il ne l'est de tuer un animal sauvage ; aussi les hordes de peuples chasseurs ont-elles précédé celles de peuples bergers. C'est ainsi qu'en remontant de proche en proche, on peut, avec vraisemblance, accorder la culture morale la plus ancienne au peuple qui sut se procurer, avant les autres, le plus de commodités possibles dans sa position, en rassemblant et domptant un très-grand nombre d'animaux sauvages pour les rendre domestiques ; et encore, à cet égard, les peuples de l'Asie devancèrent toutes les autres nations. L'Africain du nord, dont le pays est contigu à l'Asie, apprivoisa le chameau ; mais, ni l'Africain du nord, ni celui du midi, n'ont su dompter l'éléphant originaire dans leur climat, comme il l'est dans celui de l'Asie. Ainsi, soit par un effet naturel de l'état de stupidité où est restée cette race d'hommes, ou par le retard de la culture morale, cet animal, si utile pour le transport, la guerre ou les besoins du luxe, reste inutile aux Africains : d'où l'on peut conclure que c'est en Asie où se trouve la plus grande quantité de quadrupèdes domptés, domestiques, appropriés au service de l'homme, qu'il faut aussi chercher l'homme le plus anciennement cultivé. »

« Après l'Asie, viennent l'Europe et l'Afrique septentrionale. Il est vraisemblable que ce fut de l'Asie que les Européens reçurent l'art de dompter les rennes, du moins les Allemands et les Gaulois ne le connurent-ils pas, et les Lapons qui le possèdent ont pu l'avoir du nord de l'Asie. Le midi de l'Afrique est tellement arriéré en comparaison du nord, qu'on n'y sait pas tirer le moindre parti des deux espèces de quadrupèdes qui s'y trouvent, du zèbre et du guagga, non plus que du buffle ; et quoique M. Gordon dise que quelques Caffres apprivoisent ce dernier animal, comme il ne put jamais parvenir à s'en procurer un qui fût arrivé à son entière croissance, il me paraît, si le fait est vrai, qu'il n'est qu'individuel, et que, par conséquent, il ne prouve rien. »

« De tout ce que je viens de dire, on peut conclure que le développement de l'intelligence humaine, est à peine à son premier degré en Amérique ; car, en général, il n'y a presque point d'animaux domestiques dans cette partie du monde, et, ce qui est même plus remarquable, c'est que des tribus de sauvages, qui vivent aux environs du Pérou et du Mexique, n'avaient pas encore su adopter l'usage des deux animaux qu'on y emploie au travail. »

A ce morceau que nous venons d'extraire pour indiquer à nos lecteurs la manière dont M. Zimmermann applique la zoologie à l'histoire de la culture morale de l'homme, nous ajouterons le petit supplément dans lequel il donne l'explication du thermomètre animé et zoologique, qu'il imagine pouvoir être utile à la comparaison des diverses températures.

« En cherchant, dit-il, à établir exactement l'étendue qu'occupent les quadrupèdes sur la terre, j'en ai trouvé plusieurs espèces, plus ou moins éloignées de l'équateur. Il n'y a donc, pour former un thermomètre zoologique, qu'à chercher dans la première et dans la seconde partie de ma zoologie géographique, la patrie de ces animaux, ou plutôt à y remarquer la ligne frontière, jusqu'à laquelle ils s'étendent, à déterminer exactement la largeur des bandes ou zones qu'ils habitent.

« Ainsi, en commençant par les quadrupèdes du nord, la ligne au-delà de laquelle il ne se trouve plus de rennes vers l'équateur, commence, en Europe, sous le soixante-unième degré de latitude, atteint obliquement, en Asie, vers le cinquantième degré, et descend jusqu'au quarante-cinquième vers la Tartarie chinoise.

« Ce même animal se retrouve, en Amérique, un peu au dessus du quarante-cinquième degré, et s'étend, par une petite élévation de quelques degrés, à travers ce nouveau continent, du nord de la nouvelle Angleterre, jusqu'à la mer Atlantique.

« Dans

« Dans l'ancien continent, l'ours blanc commence à peu de distance des côtes de la mer Glaciale, et n'arrive point en Europe jusqu'au cercle polaire; en Sibérie, au contraire, il s'étend jusqu'à Beorsdorf, situé au soixante-quatrième degré; mais il ne descend point à l'orient jusqu'au Kamtschatka, tandis qu'en Amérique, on le voit souvent, depuis la baie de Hudson jusqu'à la partie méridionale de l'Amérique; c'est-à-dire, vers le cinquante-quatrième ou cinquante-cinquième degré de latitude. »

Après avoir tracé de la même manière la lisière septentrionale et méridionale, qui borne les contrées où se trouve l'alcé ou l'élan, l'auteur tire de ces faits la conséquence que ces trois espèces d'animaux qu'il a pris pour exemples, ne pouvant supporter qu'un climat très-froid, on peut conclure, par la latitude de leurs zones limitrophes, quelles doivent être les températures des pays, tant de l'ancien que du nouveau continent où l'on trouve ces animaux, et que ce thermomètre zoologique sert à prouver:

1.° La différence considérable du froid qui règne entre le nouveau et l'ancien monde, sous la même latitude;

2.° De combien le froid augmente, à mesure qu'on s'avance à l'est dans l'Asie;

3.° Qu'il sert enfin à déterminer les degrés de latitude sous lesquels la température est égale dans les deux continents.

« Ainsi la première espèce d'animal annonce une différence de 20 degrés entre l'Amérique et l'Europe;

la seconde n'annonce qu'une différence de 17 degrés. En prenant le terme moyen, la température de l'Europe doit se retrouver, dans le pays le plus reculé à l'ouest du nord de l'Amérique, à 18 degrés de latitude vers l'équateur. »

L'auteur fonde sur plusieurs autres observations et plusieurs espèces, l'utilité et les résultats que les quadrupèdes méridionaux peuvent procurer à son thermomètre. Une mappemonde où ces zones zoologiques sont tracées, termine son ouvrage. Il a souvent des opinions contraires à celles du célèbre Buffon; quelquefois il le réfute; mais c'est toujours avec le respect dû aux grands talents et avec cette certitude qu'on acquiert par des faits, lorsqu'en cherchant à les approfondir, on n'a point d'autre but que celui de trouver la vérité. D. P.

VERZEICHISS der Kœfer Preussens. — *Catalogue des Coléoptères de la Prusse, ébauché par J. G. KUGELANN, apothicaire à Osterode ; achevé et revu par J. K. W. ILLIGER.* Première Partie. Halle, Gebaner.

M. Kugelann avait fait présent à M. Hellwig, professeur à Brunswick, de sa collection de coléoptères trouvés en Prusse, et des remarques dont ils lui avaient fourni le sujet, en lui laissant la liberté d'en faire tel usage qu'il lui plairait dans ses ouvrages d'entomologie. M. Hellwig, ne pouvant s'occuper, aussitôt qu'il l'eût desiré, de la publication de ce travail utile, en a chargé M. Illiger, son disciple et son ami, déja connu parmi les naturalistes, comme un observateur rempli de sagacité ; et qui s'est acquitté de cette tâche de manière à justifier sa réputation.

Il a suivi, dans la rédaction de ce catalogue, le système de Fabricius. Comme lui, il a égard aux parties de la bouche ; mais il y associe avec raison toutes les autres parties, et notamment les antennes et le tarse. En un mot, il considère toute l'habitude organique ; et il le pouvait d'autant plus hardiment, que Fabricius lui-même a rangé d'après elle la plupart des espèces, sous les genres qu'il a établis. M. Illiger observe aussi, dans la description des espèces, les règles tracées par M. Hellwig ; savoir, de ne pas décrire sur nouveaux frais les espèces connues, de renvoyer seulement aux endroits où elles sont bien décrites, de s'en tenir à réparer les omissions, à corriger les erreurs, mais de décrire les espèces nouvelles avec la plus grande exactitude. Toutes les fois qu'une espèce offre plusieurs variétés, il les y ramène soigneusement ; et par là, il débarrasse le système d'une multitude d'espèces dont on l'a mal-à-propos surchargé. Comme dans plusieurs genres, le grand nombre des espèces pourrait être cause que les caractères seraient indécis ou difficiles à reconnaître, il les partage en familles, et cela d'après un caractère commun, pris de la forme du corps ou de l'une de ses parties, ensorte qu'on ne peut manquer de discerner la véritable espèce à laquelle appartient un individu, lorsque deux espèces de familles différentes offrent d'ailleurs des caractères à peu près semblables.

M. Illiger expose successivement les genres des coléoptères, d'après le système entomologique de Fabricius. Seulement il en divise plusieurs en un plus grand nombre de genres ; et retranche de plusieurs autres des espèces qu'il transporte ailleurs. Toutes les fois qu'il forme de nouveaux genres, il les accompagne d'une description exacte des organes de la bouche et des autres parties du corps, dans les espèces qu'il leur subordonne. Mais on remarque avec peine que, dans la plupart de celles que Fabricius a indiquées dans son supplément, et M. Illiger dans ce catalogue, ces deux entomologistes diffèrent à l'égard des caractères génériques. Auquel des deux faut-il s'en rapporter ?

Voici les genres nouveaux, ou pris dans d'autres genres.

Ainsi que chez Fabricius, celui des scarabées en forme plusieurs (il est seulement fâcheux que Fabricius et M. Illiger ne s'accordent pas sur les noms), *Scarabée, Oryctes, Aphodius* et *Copris*. Fabricius a laissé ensemble le premier et le troisième de ces genres ; mais M. Illiger sépare avec raison, sous le genre *Aphodius*, les espèces qui ressemblent au scarabée *fossor*, de celles qui ressemblent au scarabée *stercorarius*. Le genre *Oryctes* est le *Geotrupes* de Fabricius, et le genre *Copris* est le même chez tous les deux.

Quelques *Shœridia*, entre autres la *Tetratoma ferruginea* de Herbst, composent le genre *Ansotoma*, et le *Sphær. nigripenne*, le genre *Agathidium*.

L'*Helops tristis* Panz. est classé sous le genre *Ptomaphagus*.

Le genre *Bolitophagus* est formé de quelques espèces d'*Opatri*, par exemple, de l'*O. crenatum*; Agricola F.

M. Illiger réunit sous le genre *Serropalpus* d'Hellénius, un certain nombre d'*Helopes*, de *Notoxi* et de *Lymexila*, tels que *Hel. serratus*, *Not. dubius*, *Lym. barbatum*.

L'*Hallomenus*, genre établi par Hellwig, et dont Panzer a déja formé le *H. humeralis et micans*.

L'*Hydrœna*, genre de Kugelann, est formé de quelques espèces de l'*Elophorus*, par exemple, du *minimus* F.

M. Illiger admet également le *Pselaphus* de Herbst, qui est suivi du *Boyaxis*, genre analogue, de Kugelann.

Le *Ptilinus muticus* F. forme le g. *Sarcotrium*.

Le *Peltis* de Kugelann renferme quelques sylphes et quelques cassides F. par exemple, S. *grossa*, *ferruginea*, etc.; *Cassida limbata*, etc.

Le *Cateretes* de Herbst comprend quelques dermestes.

Tels sont les nouveaux genres contenus dans la première partie de ce catalogue. Les entomologistes, exempts de prévention, n'auront pas de peine à reconnaître la légitimité de leur adoption. Ils approuveront aussi plusieurs autres changements, dont on ne saurait contester la justesse. Quel est, par exemple, l'homme instruit qui ferait un sujet de reproche à M. Illiger d'avoir réuni le *Carabus cephalotes* au g. *Scarites*, le *Derm. violaceus*, le *Notoxus mollis*, le *Tillus elongatus* F., au g. *Clerus*; au g. *Melyris* diverses *Lagriæ* F.; au g. *Coccinella*, les *Scymni* de Kugelmann; au g. *Elaphrus*, ces *Carabi*, chez lesquels la quatrième partie de la mandibule antérieure est une pointe mince, et qui, rangés dans ce catalogue sous une famille particulière, sont mieux placés que parmi les autres insectes du même nom.

La foule nombreuse de ces derniers insectes est divisée, d'après Paykull, en ailés et non ailés, et distribuée en plusieurs familles. M. Illiger, dans cette distribution, a eu principalement égard au *Thorax*. Il a coordonné de la même manière, les *Coccinella*, sans faire attention aux couleurs; et cette méthode vaut assurément beaucoup mieux, pour faciliter les recherches, et pour indiquer les variétés, que celle qui est fondée sur les couleurs et sur les points. Seulement il serait à desirer qu'on eût fait un pas de plus, et qu'on eût changé les noms formés d'après le nombre si variable des points.

Il est impossible de ne pas rendre justice au travail de l'auteur, dans la synonymie et dans la description des espèces. Il ne mérite pas moins la reconnaissance des amateurs de l'entomologie, pour avoir, non-seulement rapporté les changements d'espèces déja connus, mais augmenté ces changements de plusieurs qu'il a découverts, et reformé par ce moyen diverses erreurs qui s'étaient glissées dans le système de Fabricius. Il paraît cependant avoir trop hasardé dans plusieurs circonstances. Il réunit, par exemple, à son genre *Aphodius conspurcatus*, le *Sc. conspurcatus et inquinatus* de Panzer. Or, il est vrai qu'on les trouve souvent ensemble ; mais ils n'en diffèrent pas moins l'un de l'autre, quant à la forme et quant à la tête. Le *Copris nuchicornis* a huit variétés ; M. Illiger aurait bien pu y admettre le *Sc. fracticornis* de Preyssler. C'est à bon droit que la *Coccinella unifasciata* est réunie à la *C. variabilis*, à raison de la ligne transversale qu'elle a sur l'étui de ses ailes ; mais la description n'établit pas clairement que la *C. constellata* de Laicharting appartienne à cette espèce.

L'auteur a joint à cette première partie un essai qui a pour but d'établir la série naturelle des genres et des espèces. Les genres sont ceux de Fabricius ; leur ordre tient davantage de celui de Linné. Ils sont rangés de la manière suivante : *Eleutherota, Ulonata, Rhyngota, Glossata, Odonata, Synistata, Piezata, Antkliata, Unogata, Agorata, Mitosata*. Les espèces sont classées avec le même succès d'après leur analogie.   G.

THÉATRE.

JULIANE, ein Lustspiel. — *JULIE, comédie en trois actes, par l'auteur du Tribunal secret.* Berlin, Voss.

QUELQUE glorieux qu'il soit de remplacer son nom par le titre d'un ouvrage couronné du succès, l'auteur de cette pièce est assez modeste pour se croire obligé de la faire précéder d'un éclaircissement relatif au but de son ouvrage.

Selon lui, le genre de la comédie noble est absolument inconnu sur le théâtre germanique, « où l'art de la scène est loin d'avoir encore atteint ce ton de conversation qui fait le charme de la comédie française, quoique la langue allemande, par son extraordinaire souplesse, si l'on savait l'employer, fût capable de fournir infiniment plus de moyens pour les sujets nobles et délicats de la vraie comédie, que ne peuvent, dit-il, en procurer les langues anglaise et française. »

C'est comme essai du genre dramatique qu'il voudrait introduire en Allemagne, que l'auteur présente sa comédie. « J'ai cru, dit-il, devoir choisir mon sujet dans les relations privées et sociales du grand monde, absolument étrangères aux acteurs et au public allemands, et je n'ai employé d'autre intrigue dans ma pièce que celle qui résultait naturellement du caractère et des opinions des personnages que je mets en scène. Je me suis donc attaché à remplacer par le coloris animé que j'ai donné à leurs sentiments, à leurs idées, le mouvement et la vie que les intrigues ordinairement employées répandent sur la marche de l'action qui conduit au dénouement. »

« J'avais deux écueils à éviter dans cette carrière nouvelle ; d'un côté, l'idéal métaphysique si commun dans la littérature moderne allemande, ou ce qu'on a nommé en France, le *Marivaudage* ; de l'autre, la froideur qui naît du sacrifice de l'intérêt à une élégance recherchée, à une finesse continue, défauts reconnus des pièces de Dorat, et de beaucoup d'autres pièces du théâtre français. Je crois avoir échappé à ces deux dangers ; et ce qui me le persuade, c'est que, dans mon travail je n'ai point suivi de modèle, et ne me suis pas laissé influencer par le goût étranger ; car notre art dramatique national possède surabondamment, en véritable intérêt, ce qui lui manque en goût, en élégance et en finesse. »

On voit, par cet extrait de la préface de l'auteur de *Julie*, qu'il se propose de concourir à perfectionner le théâtre allemand. L'analyse de sa pièce, et la traduction de quelques scènes, mettront nos lecteurs à portée de juger de ses moyens.

Depuis six ans, le jeune comte d'Elbau est uni, par un commerce illégitime, à Julie Holmer. Sa passion pour elle est si forte, si constante, qu'il a voulu, en l'épousant, lui sacrifier toutes les prérogatives que sa naissance, sa fortune, son mérite lui donnent à la cour et dans le grand monde. Julie réunit aux charmes et à la sensibilité de son sexe, une ame forte; elle a triomphé de ce qu'on appelle les préjugés, et s'est créé une philosophie qui lui fait mépriser les idées reçues, les principes vulgaires, et lui donne la liberté de ne consulter que son cœur et sa tête, de sacrifier au comte, sans scrupules ni regrets, son honneur et sa réputation. Trop fière pour s'assujettir au joug des convenances, et pour craindre le mépris, elle est trop tendre, trop délicate, pour souffrir que le comte renonce, pour elle, à la carrière brillante qu'il doit parcourir. C'est elle qui l'engage à obéir aux vœux de ses parents respectables, et à se marier avec une jeune personne de qualité, douée d'autant de charmes que de fortune.

Le désintéressement de Julie redouble l'amour du comte pour elle. Il cède à la volonté de celle qu'il aime; mais en conservant l'espoir que, malgré son établissement, il pourra, selon les usages reçus, avoir femme et maîtresse; et en prenant la précaution de ne point voir sa future, avant le moment où il la conduit du couvent à l'autel. Depuis un mois que ce mariage s'est fait, le comte porte le scrupule de sa fidélité pour Julie, au point de n'avoir, avec la comtesse, que ces procédés extérieurs, ces égards auxquels on ne peut se soustraire dans la bonne compagnie; mais entraîné par les attraits irrésistibles de la comtesse, luttant contre l'amour qu'elle lui inspire, et la résolution de ne s'y point livrer, son cœur partagé

entre ces deux objets, éprouve des combats terribles;
et c'est à Julie qu'il confie l'état de son ame. Elle
s'y est attendue, elle a vu la comtesse; celle-ci mérite les sentiments de son époux; Julie, amante et
mère, ne veut plus joindre à ce dernier titre que celui
d'amie; et se dévouant au bonheur du comte, elle
s'éloigne, en réunissant, par son départ, les deux
époux, et emportant l'estime et l'amitié de toute
cette famille.

Ce sujet fournit trois actes à l'auteur. Dans le premier, les spectateurs voient l'intérieur du ménage
des deux époux, et comment le comte vit avec Julie.
Les père et mère de la comtesse, le baron et la baronne de Strahlen, intimement liés avec les jeunes
gens, sont instruits de l'intrigue de leur gendre; le
baron n'y attache aucune importance; il trouve sa
fille bien mariée, et ne comprend point les inquié-
tudes de sa femme sur le sort de leur enfant, ni les
détails d'une sensibilité qu'il trouve exagérée chez la
comtesse. Quelque peine que celle-ci se donne pour
cacher, sous un air riant, la douleur qui la déchire,
la baronne l'a pénétrée; mais craignant encore plus,
pour sa fille, le malheur d'un espoir déçu, que le chagrin actuel, elle s'empresse de lui ôter l'espérance de
gagner enfin le cœur d'un époux, et elle l'instruit
des liaisons de d'Elbau avec Julie. Cette confidence,
pour le moins singulière de la part d'une mère, n'apprend rien à la comtesse, qui en sait autant que ses
parents sur la conduite du comte; mais elle voudrait
paraître l'ignorer, pouvoir se cacher à elle-même la

cause de son indifférence, et conserver l'espoir que ses tendres soins lui ramèneront le cœur de l'époux qu'elle adore. L'innocente et louable coquetterie qu'elle met en usage pour y parvenir; les inégalités du comte, froid par système, ardent par sentiment; l'inquiétude et l'aigreur de la baronne; le parti que voudrait tirer, de la position des deux époux, M. de Felser, jeune fat, ami prétendu du comte, et qui fait sa cour, très-inutilement et assez platement, à la comtesse; le projet que forme le conseiller Waldorf, ami vrai de toute la famille, de profiter de ce petit incident pour donner de la jalousie au comte; les confidences de celui-ci à Julie, et le développement du caractère de cette héroïne de la pièce; tel est le fond des scènes du premier acte.

Une nuit s'est écoulée entre les deux actes. Au commencement du second, la famille est inquiète d'une indisposition subite qui a forcé la comtesse de quitter une assemblée. En vain elle cherche à cacher ce qu'elle souffre, le baron lui-même commence à craindre l'effet d'un chagrin concentré, il voudrait qu'on parlât au comte; celui-ci, plus inquiet de l'état de sa femme qu'il ne veut le paraître, cherche à se dérober à l'intérêt qu'elle lui inspire; l'officieux Waldorf veut le rendre jaloux; le comte est ému, mais il sent qu'il n'a pas le droit de le paraître; très-agité, il court chez Julie, qui le calme, et le prépare, sans la lui annoncer, à la séparation qu'elle médite.

Il règne un peu plus de mouvement dans le 3.ᵉ et dernier acte. La baronne veut mettre fin à l'intrigue du comte, elle a engagé son mari à se rendre chez Julie, avec M. de Felser. Le conseiller Waldorf désapprouve cette démarche ; il connaît le comte ; sa maîtresse ne peut être une vile créature, elle mérite des égards ; et pour prévenir les scènes que la franchise militaire du comte, et le ton libertin de Felser lui font prévoir, il va lui-même chez Julie, qu'il trouve occupée des préparatifs de son départ. Cette résolution lui inspire la plus grande estime pour elle. On annonce le baron et M. de Felser. Waldorf les reçoit, pour épargner à Julie les propos désagréables qu'allaient lui tenir ces messieurs.

La comtesse ignore toutes ces démarches ; elle est au désespoir, lorsque sa mère lui apprend qu'elle vient d'agir pour mettre fin à cette honteuse liaison ; elle ne doute point qu'un pareil éclat n'éloigne d'elle à jamais un époux qu'elle chérit. Julie accourt pour la tranquilliser, lui annoncer son départ volontaire, et remettre entre ses mains le bonheur futur du comte. Elle ne veut plus être que l'amie des deux époux ; l'admiration, les transports de reconnaissance de la comtesse la mettent dans le délire du bonheur. Sa mère triomphe ; c'est à la démarche qu'elle a conseillée qu'on doit cette heureuse issue ; elle est très-étonnée d'apprendre que son mari n'a point vu Julie ; que Waldorf n'a pas plus contribué que lui à son départ, et que ses petits soins officieux n'ont eu aucune influence sur cet heureux événement. Le comte arrive avec un empressement auquel se joint la tristesse la plus noble. Son abord a quelque chose de solennel. Il ne cache point sa douleur de la perte qu'il vient de faire; mais il demande à sa femme si elle veut recevoir l'héritage que Julie lui laisse, et le don sans partage de son cœur. La comtesse reçoit avec transport cette déclaration, et la pièce finit par la réunion des deux époux.

Il nous reste à faire connaître à nos lecteurs de quelle manière l'auteur a, dans cet essai, suppléé, par le ton de la conversation, au mouvement et à l'intérêt qu'il a exclus de son sujet. Nous choisissons, dans le premier acte, la seconde scène. La comtesse a quitté sa mère pour faire sa toilette; c'est avant le dîner. La baronne est encore attendrie de sa conversation avec sa fille. Le baron survient.

Le Baron.

N'est-ce pas la comtesse que j'ai entrevue? Mais, qu'avez-vous, madame? Vos yeux sont remplis de larmes. — Ne peut-on savoir?....

La Baronne.

Vous vous trompez, mon cher baron, ma fille était très-bien.

Le Baron.

Et vous me dites cela de ce ton douloureux! Non, il s'est passé quelqu'événement fâcheux; je le parie. Et certes, je vous en félicite; car, vous autres femmes, vous n'êtes dans votre élément que lorsque vous avez une bonne occasion de pleurer. Mais ne voulez-vous pas? — Attendez, quelle est l'expression propre ? — Ah! j'y suis. — Ne voulez-vous pas répandre votre douleur dans mon sein ? — Voyons, que s'est-il passé ?

LA BARONNE.

Rien, monsieur, — rien, du moins qui vous parût digne d'affecter votre sensibilité.

LE BARON.

Je vous en crois. Sans doute la vôtre s'est encore exercée sur le sujet éternel de vos conversations; la comtesse est donc encore tout aussi peu raisonnable! — Mais comment le serait-elle, lorsque sa mère elle-même —

LA BARONNE.

Oui, je l'avoue, je n'ai point assez de raison pour voir avec indifférence le malheur de ma fille.

LE BARON.

Ni moi; et si l'on voulait bien m'apprendre en quoi il consiste, je vous assure, madame, qu'en joignant mes doléances aux vôtres, je pourrais me résoudre à faire plus encore.

LA BARONNE.

En quoi son malheur consiste ! ah ! dans chaque minute de sa vie actuelle ! Peut-elle être heureuse, lorsque, brûlant d'amour pour son époux, elle ne trouve en lui qu'un froid embarras, lorsque son ame profondément sensible, vole à sa rencontre, et se sent repoussée par de cérémonieux compliments ; lorsqu'enfin il ne répond au langage du sentiment le plus vif, que par le ton poli, insignifiant et glacé, qui règne dans la société ?

LE BARON (*après un silence*).

Êtes-vous malheureuse, madame ?

LA BARONNE.

Moi ! c'est vous qui me faites une question semblable ! ah mon ami ! vous en savez la réponse.

LE BARON.

Hé bien ! vous ai-je tenu ce langage langoureux et passionné qui, s'il fallait vous en croire à présent, fait le seul bonheur du lien conjugal ? Le comte estime ma fille, elle le mérite ; c'était une bonne, une aimable enfant, en tout point digne de sa mère. S'il plaît à Dieu, elle sera une très-brave femme ; mais est-ce la faute de son mari, si elle a pris des idées exagérées et romanesques ? A-t-elle reçu à l'autel le droit de le former à sa manière ? Le comte a pris son pli, elle doit renoncer au projet d'en faire un héros de roman.

LA BARONNE.

Mais, mon bon ami !

LE BARON.

Laissez-moi finir, chère baronne. Le bonheur de notre fille ne m'occupe pas moins que vous ; mais

les

les vœux, les besoins de son cœur!...... pourquoi exige-t-il plus qu'il ne peut avoir ? Toute autre se trouverait fort heureuse à sa place. — Non, je ne puis approuver qu'on s'exalte ainsi la tête ; il ne faut point qu'un enthousiaste aspire à dominer le monde ; Sophie vit avec des gens raisonnables, et elle pleure encore ses poupées.

LA BARONNE.

Vous auriez raison, mon cher baron, si la conduite toujours froide, toujours polie du comte tenait à son caractère ; mais on voit qu'il se contraint : il est naturellement sensible, et bien différent, lorsqu'il est avec... Dieu sait qui.

LE BARON.

Ah! nous y voilà enfin ; c'est donc de la jalousie ! mais, enfants que vous êtes! — que prétendez-vous aussi ? — Avant d'avoir connu notre fille, le comte n'a pas vécu dans une chartreuse ; il n'a point épousé Sophie par amour, et de certaines liaisons ne se rompent pas si vîte. Il agit en homme d'honneur. Dans le mystère dont il couvre une relation déja formée, et de la manière dont il se conduit, ce n'est point sa faute, si sa femme a l'air d'une tourterelle délaissée.

LA BARONNE.

J'avais cru d'abord que vous étiez disposé à parler sérieusement. Voudriez-vous en effet que votre fille prît de sa situation les idées lestes que vous en avez ;

qu'elle adoptât cette philosophie, cette prétendue force d'ame, par laquelle on secoue tous les principes et toutes les convenances morales ? Ah! je vous en réponds, monsieur, il est beaucoup d'hommes qui desireraient la trouver chez la comtesse ; par exemple :

LE BARON (*très-vivement*).

Quoi ! qui, par exemple ?

LA BARONNE.

M. de Felser, sans aller plus loin.

LE BARON (*très-sérieusement*).

Madame !... Mais,... je connais notre fille ; elle sait mieux ce qu'elle doit à sa vertu, qu'elle ne juge des mœurs et des usages établis dans le monde.

(*C'est entre le baron, la baronne, la comtesse, Waldorf et Felser, qui dînent chez le comte, que se passe la scène V.^e du même acte. Felser témoigne à la comtesse la crainte qu'elle n'ait été incommodée, parce qu'il ne l'a point vue au bal masqué*).

LA COMTESSE.

N'ayez jamais cette inquiétude, monsieur ; je puis me porter très-bien et ne point aller au bal.

FELSER.

Je ne le sais que trop, madame ; (*à voix basse*) mais vous ne savez pas tout ce que vous avez perdu. J'ai fait une découverte !

WALDORF (*qui a prêté l'oreille*).

Une découverte, monsieur! Oh! faites-nous-en part? On connaît vos découvertes au bal; rien n'est plus amusant! allons, M. de Felser, ne vous faites pas presser.

FELSER.

Ce n'est pas ma manière, mon cher conseiller; mais vous m'embarrassez, car ce n'est qu'une bagatelle; en vérité, une pure bagatelle!

WALDORF.

Et vous la réserviez pour la comtesse seule? Bon, c'est une défaite! mais nous ne nous en contenterons pas; n'est-il pas vrai, comtesse? Plus généreuse que lui, vous ne vous réservez point exclusivement ce qu'il voulait vous conter?

LA COMTESSE.

Non, certainement, et il n'est rien dans le monde que M. de Felser puisse vouloir ne confier qu'à moi.

(*Persifflé de toute la compagnie, surtout de Waldorf qui le méprise, Felser, cédant à ces instances, commence son récit, en demandant pour prélude, qu'on le dispense au moins de nommer les acteurs de l'aventure*).

WALDORF.

Quoi! pas même les lettres initiales? Allons, soit, commencez, monsieur. Votre bon cœur nous est garant que vous ne rendrez pas l'énigme trop difficile à deviner.

FELSER.

Oisif, ennuyé, j'arpentais hier les rues ; mes yeux se portent sur une croisée ; ne me demandez point de vous déterminer plus précisément le local : je remarque une femme ; elle me paraît digne d'un second coup-d'œil ; c'était, dans la force du mot, ce qu'on peut appeler une belle figure, mais froide ; rien de piquant, et, malgré cela, un de ces visages qui ne sont point communs. Elle était en conversation très-animée avec un homme que je crus reconnaître ; je pris ma lorgnette, et je vis en effet....

LA BARONNE.

Qui ?

FELSER.

Excusez, madame, c'est mon secret. J'ajouterai seulement que le tout me frappa, d'autant plus qu'un de mes soupçons en était justifié, confirmé. Je regardai encore la femme, je comparai, et plus que jamais je trouvai inconcevable, impardonnable!.... Mais je suis obscur, mon récit est inintelligible! je vous en ai prévenu, je ne puis m'expliquer plus clairement.

WALDORF.

Tranquillisez-vous, monsieur ; nous n'en sommes pas moins instruits de ce que vous voulez nous dire.

FELSER.

Oh ! je vous en défie. — Où en suis-je resté ? Ah ! le soir j'arrivai tard au bal ; il était très-brillant. Préoccupé de ce que le hasard venait de m'apprendre, j'errais çà et là, sans projet, sans but, m'ennuyant, ne prenant part à rien, lorsqu'une seconde découverte me tire de cette apathie. Un masque, d'abord méconnaissable, s'oublie un moment, et je retrouve en lui l'homme que j'ai vu à la fenêtre ; aussitôt je le suis, sans qu'il me remarque....

LA BARONNE.

Quoi ! le même homme !

FELSER.

Oui, le même, madame ; mais cela vous en apprend-t-il davantage ? — Quant à moi, avant de l'apercevoir, je ne savais que trop qu'il n'était pas d'une certaine société......

WALDORF.

M. de Felser, les coups-d'œil, les signes, ne sont pas du jeu, je vous en avertis.

FELSER.

Je le vis enfin s'approcher d'une femme qui, n'étant masquée qu'à demi, me montra la figure que j'avais vue à la croisée. Pour les observer mieux, je me tapis dans un coin où personne ne pouvait me voir ; c'est un endroit de la salle véritablement précieux, qui n'est connu que de moi, et d'où j'ai déja saisi bien des aventures. Bref, le demi-masque parle : votre femme, dit-il, n'est donc point ici? Non, répond l'homme, j'ai parcouru tout le bal ; elle n'y est pas; il faut qu'elle ait changé d'intention. — Dans ce cas, reprend l'autre, rien ne me retient; je suis excédée de ce tumulte, et bien fâchée d'être venue pour rien. Partons donc, ma Julie, répondit l'amant (à ce que je crois).

La Comtesse (*répète involontairement*).

Julie!

Felser (*indifféremment*).

J'appris par-là son nom. — Ils se levèrent et disparurent.

Waldorf.

Et puis?

Le Baron.

Après?

Felser.

Mon récit finit là, que voulez-vous de plus? Ne vous ai-je pas dit que c'était une bagatelle?

La Comtesse.

Vous deviez achever, monsieur, et nous instruire de la conclusion du roman.

Felser.

La conclusion! d'honneur, madame, je n'ai plus rien entendu ni vu; vous comprenez que je ne pouvais les suivre ; du reste, on peut deviner le dénouement de semblables aventures.

La Comtesse.

Non, monsieur, on ne devine point, et je vais vous donner le mot de cette énigme, en m'enveloppant du même mystère que vous avez mis dans votre récit. Un soi-disant ami du masque-homme, ne l'épie ainsi que pour aller rapporter tout à certaine personne, qu'il espère affliger ou aigrir par ce récit.

Felser.

Madame !

La Comtesse.

Je n'ai pas fini : écoutez jusqu'au bout. Heureusement, monsieur, ma tranquillité est fondée sur des bases trop solides, pour qu'elle puisse être ébranlée par les rapports de gens malins ou oisifs ; ainsi, pour cette fois, je vous pardonne vos confidences; mais il faut que j'ajoute, dût votre prétendu secret vous échapper, que le fait par lequel vous prétendez m'indisposer contre mon époux, quoique vous trouviez la chose très-innocente, me le paraît aussi, mais d'après d'autres principes que les vôtres. J'aime cette Julie que le comte estime ; votre description achève de m'intéresser pour elle. Peut-être était-ce votre but, et dans ce cas, je vous devrai des remercîments, que je ne vous refuserai certainement pas.

Le Baron *(embrassant sa fille).*

Ma Sophie, mon enfant ! *(à Felser)* Félicitez-vous, monsieur, que la comtesse ait pris sur elle le dénouement de votre conte. Si je m'en étais mêlé, peut-être sa conclusion vous eût moins satisfait.

FELSER.

Monsieur !

WALDORF.

Chut, chut... Profitez de la leçon. A l'avenir, monsieur, je vous conseille de chercher ailleurs vos anecdotes.

FELSER (*à la comtesse*).

Je vous félicite, madame; vous pouvez recueillir à l'instant la reconnaissance que vous doit le comte, pour une confiance aussi méritée que l'est celle que vous avez en lui.

(*Le moment de la pièce où les deux époux se trouvent seuls, est la septième scène du premier acte. L'embarras de ce tête-à-tête s'accroît chez le comte, par celui que sa femme feint d'éprouver sur la demande qu'elle a annoncé avoir à lui faire; elle s'explique enfin, c'est de l'argent qu'il lui faut*).

LE COMTE.

Quoi ! ce n'est que cela ! Pourquoi tous ces préambules ? Madame, dites-moi si...

LA COMTESSE.

Je le vois, j'ai mal pris mon temps; cependant je vous assure, cher comte, que j'ai été très-économe.

LE COMTE.

Comtesse, que voulez-vous de moi?

LA COMTESSE (*riant*).

Rien que de l'argent... Vous me regardez! Votre embarras m'en fait éprouver à mon tour. Auriez-vous imaginé que j'eusse quelque autre chose à vous dire? Il faut que cela soit, car je ne puis vous croire que très-généreux.

LE COMTE.

J'ose, à mon tour, vous demander une grace;— épargnez-moi, comtesse. — Vos yeux annoncent une arrière-pensée; je ne la comprends pas, et cela me peine.

LA COMTESSE.

Oh! mon cher comte! vous seriez plus peiné encore, si vous ne me compreniez pas. Ces deux causes de chagrin ne peuvent subsister entre nous : ne pourroit-on y remédier ?

(*Le comte saisit la main de sa femme, la baise, et la laisse aller avec confusion*).

LA COMTESSE.

Vous aviez quelque chose à me dire?

LE COMTE (*se remet avec effort, et prend un ton léger*).

Vous mettez trop d'importance à mes badinages; depuis longtemps j'étudie les jolies caprices du beau sexe, mais ce sont de ces mystères qu'il faut respecter sans les comprendre.

(*La comtesse cherche à cacher ses larmes ; le comte ému la serre dans ses bras en prononçant* Sophie. *Le ravissement où est la comtesse lui rappelle Julie. Il se dégage, la retient, déraisonne, et s'arrache enfin d'auprès de sa femme en s'écriant :* Oh! Sophie, tu me rends coupable!)

Le théâtre a changé dans le même acte; on est transporté chez Julie. Voici la manière dont l'auteur pallie l'immoralité de la liaison de Julie avec le comte. Celui-ci agité, bouillant, et confus des sentiments qu'il éprouve, reproche à sa maîtresse la froideur et le calme qu'elle paraît avoir; il ne peut plus supporter les combats qui le déchirent; sa femme est un ange, s'écrie-t-il douloureusement! Julie sourit malgré elle, et justifie ce sourire; dût-il lui coûter son bonheur, le contraste du ton et de l'éloge le lui arrache. « Il ne te coûtera rien, répond le comte ; je ne t'enlève point ton bonheur, en proférant ce mot. — Non, certainement, reprend Julie, et vous serez heureux... Faut-il t'en dire plus, mon ami? Lorsqu'un homme honnête trouve un ange dans sa femme, il aime cet ange. — Oui, cela est vrai, s'écrie le comte, attendri par ses ressouvenirs. Julie surmonte cette sensibilité, et ne peut supporter le poids du remords, ni le fardeau du malheur d'autrui. — Quoi! s'écrie-t-elle, cette femme intéressante et belle serait condamnée à ne lire jamais dans tes yeux le sentiment que son cœur y cherche ! »

LE COMTE, *impétueusement.*

Elle l'a trouvé, Julie ; elle l'a trouvé aujourd'hui.

Julie transportée reconnaît son ami ; il est enfin docile à ses directions.

« Non, s'écrie le comte, en me forçant à m'établir, vous m'aviez promis une femme ordinaire ; elle ne devait point être un obstacle à nos liens. Si j'avais connu Sophie, je ne l'aurais point épousée ; je l'aurais avertie de ma position.

JULIE (*après un silence, paraissant se remettre*).

Cependant... — Quoi ! vous auriez accompli cette résolution !

LE COMTE.

Il n'est plus temps ; Sophie m'aime, et son empire est irrésistible.

Julie n'en doute pas ; le comte lui dépeint son état ; sans cesse partagé entre ces deux objets, ou peut-être forcé de remettre le sort de Julie entre les mains de son épouse ; et elle se séparerait de lui ! — Julie paraît approuver cette idée du comte, elle ne trouve point étonnant qu'il l'ait conçue ; le seul obstacle qu'elle y voit, c'est qu'une ame ordinaire, telle que la comtesse, ne saura point trouver d'issue dans un labyrinthe dont elle n'a pas d'idée ; une ame forte est seule capable d'en sortir ; elle engage donc le comte à ne point agir, avant qu'elle ait eu une seconde conversation avec lui ; il le promet et la quitte.

Ce second entretien se passe dans la dernière scène

du second acte. Le comte a eu une conversation avec Waldorf, qui lui a fait craindre que l'abandon où il laisse sa femme, ne pût devenir un droit pour elle d'écouter enfin d'autres vœux ; il reproche à Julie de l'avoir empêché d'épouser une coquette ; son cœur n'eût point pris d'intérêt à la conduite d'une pareille femme, il n'en craindrait pas les égaremens. Mais si la comtesse........

JULIE (*très-vivement*).

Tu es jaloux. (*avec effort et dignité.*) Calme-toi, mon ami ; cela me décide ; je t'épargne une réponse ; j'en sais assez pour comprendre ce que je dois à la dignité de mon sexe, pour agir de façon à le mettre à l'abri de la violence ou de l'injustice. Tu es au moment de nous rendre tous malheureux. — Mon devoir m'est clairement tracé. — (*Elle éprouve un frissonnement violent.*)

LE COMTE.

Julie !

JULIE.

Il m'est tracé avec une évidence, une énergie qui révolte ma nature ; mais mon esprit en est convaincu ; ton cœur noble et bouillant n'est point fait pour une telle liaison ; j'ai déjà senti une pitié jalouse, lorsque je pensais à cette ame tendre, à ses charmes, à son espoir. — Et moi ! mais vous sauver l'un et l'autre, seule je le puis ; laissez-moi ce que je peux avoir de plus qu'elle en ce moment ; j'en ai besoin pour supporter ce que vous aurez de plus que moi.

LE COMTE.

Tu m'anéantis, Julie !

JULIE.

Pourquoi, mon ami ?.... Vous ne pouvez, vous autres hommes, faire une vertu de l'amour ; vous devez nous céder cet avantage ; vous cherchez ailleurs la sagesse ; pour nous, c'est en ce point qu'elle nous est nécessaire. — La journée ne doit pas se passer, sans que tu ayes donné ton cœur tout entier à Sophie. Oh ! combien tu te sentiras soulagé, quand tu seras délivré de l'indigne chaîne qui te pèse. (*Elle veut sortir.*)

LE COMTE.

Où allez-vous, Julie ?

JULIE (*revenant*).

Encore un mot. (*avec quelque froideur*) Tu dois me promettre que tu ne cesseras de regarder Louise comme ta fille ?

LE COMTE (*avec douleur, mais fermeté*).

Je n'ai pas mérité cette prière, oh Julie ! vous n'avez jamais eu lieu de rougir avec moi d'être mère.

JULIE *l'embrasse.*

Pardonne, digne objet d'amour, d'estime et de respect : pardonne. Non, tes torts, quelque grands qu'ils soient, n'ont point motivé la demande qui m'est échappée. (*Elle sort.*)

Comme les scènes du troisième acte ont toutes le même caractère, nous ne prolongerons pas cet extrait que nous aurions beaucoup abrégé, s'il ne s'était agi d'un projet de réforme du genre dramatique allemand. Si cet essai pouvait l'opérer, nous osons croire que, par une révolution pareille, le théâtre germanique, sans acquérir les graces de la comédie française, perdrait beaucoup en intérêt naturel et surtout en moralité.   D. P.

ART D'ORNER LES PAYSAGES.

DAS Seifersdorfer Thal. — *La Vallée de Seifersdorf*; par *W. G. Becker*, avec 40 planches. Nouvelle édition. Leipsick. 1800. (Premier extrait.)

La vallée de Seifersdorf, située dans les environs de Dresde, embellie par les soins du comte Maurice de Brülh et de son épouse, était digne, à tous égards, d'une description détaillée. S'il existe un lieu dans le monde, duquel on puisse dire avec raison que le génie de l'homme y a donné un langage à la nature morte, c'est incontestablement ce beau coin de terre. L'Allemagne renferme des cantons plus magnifiques, plus fertiles, plus ornés ; mais elle n'en possède point qui réveille autant d'idées affectueuses ou sublimes, dans un aussi petit espace ; où l'on ait si bien mis à profit tous les points de vûe, saisi tous les effets, secondé toutes les impressions.

M. Becker expose d'abord les principes qui ont dirigé les maîtres de la vallée de Seifersdorf dans les travaux qu'ils y ont fait exécuter. Ce sont les principes qui devraient servir de règle dans tous les jardins anglais, et que l'on sacrifie trop souvent à des conceptions bizarres ou incohérentes. « Ni recherche, ni afféterie; point de fabriques extraordinaires; une sage économie dans les aspects intéressants; rarement des ruines; jamais d'espaces entièrement dévastés. De loin en loin, quelques monuments, variés dans leur forme et dans leur intention, et dont l'objet ne soit pas étranger au propriétaire. Nulle part, des endroits riants métamorphosés en cimetières; des ponts construits sur des ruisseaux déja existants, et non des eaux amenées à grands frais, pour donner lieu de construire des ponts. Un heureux choix, un assortiment judicieux de plantes, d'arbres et d'arbustes. Rien de forcé, rien d'étrange. Qu'on puisse croire, à chaque pas, voir l'ouvrage de la nature elle-même, aidée dans ses créations par une main que guidait le sentiment du vrai beau. »

Le frontispice représente l'entrée de la vallée, qu'annonce l'inscription suivante :

« Tes plaisirs, agréable Tempé, sont simples, exempts de luxe et d'éclat, à l'abri du repentir et de la crainte, toujours bien venus, lorsque leur tour les ramène. »

On voit ensuite le temple des Muses, dont les colonnes, entrelacées de lierre, laissent distinguer, dans une niche, le buste de Wieland, avec ces mots: « Ici

les Muses consacrent à leur favori des couronnes qui ne se fanent point et que les Graces ont tressées. »
Un peu plus loin, on rencontre la lyre d'Apollon, et des lauriers groupés avec le cor d'ivoire ; la coupe et la baguette d'Oberon. Les faveurs des princes valent-elles un pareil hommage, surtout lorsqu'on réfléchit qu'il se multiplie et se renouvelle autant de fois que des personnes d'un esprit cultivé visitent la vallée de Seifersdorf ?

Le sujet de la troisième planche est un monument en l'honneur d'Hermann, le héros de l'ancienne Germanie. Il consiste dans un bouclier, une massue, une lance et un glaive, appendus à un chêne vigoureux, au pied duquel sont deux urnes, placées dans la cavité d'un autel de pierre.

4. et 5. Monument de Laure et cabane de Pétrarque. Le premier est formé d'une colonne rompue vers le tiers de sa hauteur, entourée de peupliers d'Italie, dans les intervalles desquels sont disposés des bancs de gazon. La cabane est couverte de roseaux, et deux troncs d'arbres, desséchés et dépouillés de leurs branches, supportent son avant-toît. A peu de distance de l'entrée, jaillit une petite source, destinée à rappeler la fontaine de Vaucluse. L'intérieur de la cabane est orné du portrait de Laure, et de quelques sonnets de Pétrarque, copiés sur les murs.

6. Monument de Léopold, prince de Brunswick. Près du ruisseau qui traverse la vallée, au sein d'un paisible crépuscule, entre des aunes et des saules, on découvre un sarcophage antique, surmonté d'une
urne,

urne, dont le médaillon renferme le portrait de Léopold. Le sarcophage est orné d'un bas-relief, où se voit un aigle qui prend son essor vers le soleil. Au-dessous on lit cette inscription : « L'aigle visite la terre, mais ne s'y arrête pas ; elle secoue la poussière de ses ailes, et retourne à l'astre du jour. »

7.ᵉ Buste d'Amélie, duchesse douairière de Weimar, sœur de Léopold de Brunswick ; ce buste est placé dans une niche, adossée à un beau chêne, dans un site des plus romantiques. Le piédestal offre cette inscription : « Les Graces et les Muses cherchaient un temple indestructible ; elles l'ont trouvé dans l'esprit d'Amélie. »

8.ᵉ L'autel de la vérité, avec ces mots: « Plante divine, tu bannis le prestige des opinions, tu épures les affections du cœur. »

9.ᵉ Ruine du passé. Piédestal brisé sur une de ses faces, et surmonté d'une boule, emblême de la mobilité. L'inscription est un distique célèbre de M. Herder, dont voici le sens : « Nous sommes mortels ; tous nos vœux sont mortels. Souffrance ou joie, tout passe avant ou après nous. »

10.ᵉ Le tilleul du repos. Tilleul orné d'un médaillon qui représente les silhouettes du comte et de la comtesse de Brülh et de leur fils unique. On lit au dessous l'inscription suivante : « Un roi trouverait ici le repos, si, comme nous, il y apportait un cœur plein d'amour. »

11.ᵉ Une urne surmontée d'un papillon, avec ces mots: « Pressentiment de la destination future. » Pour fortifier l'impression de cet objet symbolique, on a ménagé, à l'œil du spectateur, la riante perspective d'un local délicieux auquel les propriétaires ont donné le nom d'Elysée.

12.ᵉ Temple consacré à la mémoire des hommes vertueux. Ce temple est au milieu d'une prairie verdoyante, ombragé par de hauts peupliers, devant lesquels on trouve un autel érigé à la Vertu. Le texte qui accompagne cette planche, renferme une description très-intéressante de la fête qui eut lieu pour l'inauguration solennelle du temple dont il s'agit.

13.ᵉ Chapelle du bon Maurice. L'idée de cette chapelle est une des plus heureuses que la sensibilité et le goût aient réalisées dans la vallée de Seifersdorf. Le comte de Brülh était catholique. Sa veuve de la religion protestante, lui a dédié une petite chapelle en pierres de taille, jointes avec de la mousse, dans laquelle est déposée l'histoire de sa vie et de ses principaux actes de bienfaisance, par allusion aux légendes des saints de l'église romaine, et pour en tenir lieu. L'autel, placé vis-à-vis de la porte, offre cette inscription : « Les actions déterminent la valeur des hommes. »

14.ᵉ Sous des sapins, entre des gazons d'une part, et des ronces de l'autre, se présente la cabane de la Solitude, formée de quatre souches de pin et couverte de roseaux. Le gazon et les épines font allusion à ces beaux vers de Klopstock, qui forment l'inscription :
« La Solitude a dans sa main droite une coupe joyeuse, dans sa gauche, un poignard aiguisé par la fureur.

Elle tend sa coupe à l'homme heureux, et son poignard aux infortunés. »

L'ensemble de cette composition serait encore plus caractéristique, si la cabane était placée dans un site moins découvert, et si le toit n'était pas uniquement supporté par des espèces de perches écartées les unes des autres, qui laissent apercevoir une multitude d'objets au milieu desquels il est impossible de se figurer qu'on est loin des hommes.

15.ᵉ *Le prie-Dieu du solitaire.* Ici l'intention est tout à fait manquée. Devant un bosquet, d'une beauté ravissante, s'élève un hêtre desséché dont les branches dépouillées et noueuses ressemblent à un énorme bois de cerf. A ce hêtre est adossé un billot taillé en forme de prie-Dieu, et surmonté d'un crucifix et d'une tête de mort. L'œil ne saurait se familiariser avec de pareils contrastes. Le frère aîné du comte Maurice avait mieux réussi dans son jardin de Pfœrten ; là, des sentiers irrégulièrement tracés à travers des broussailles qu'ombragent de grands arbres, conduisent à une cabane de mousse, dans laquelle le prie-Dieu, le crucifix et la tête de mort, artistement groupés sous une tablette où se lit l'inscription, *Memento mori*, reçoivent toute leur force de l'obscurité du lieu.

VOYAGES.

BRIEFE eines reisenden Russen, von KORAMSIN. — *LETTRES de M. KORAMSIN, voyageur Russe, traduites du russe en allemand*, par Jean RICHTER. 4 petits vol. in-12. Leipsick, Hartknoch. 1800.

LES deux premiers volumes de cet ouvrage étant connus des lecteurs de la *Bibliothéque germanique*, nous ne nous arrêterons ici qu'aux deux seconds.

Le voyageur russe ou allemand (car on croit assez généralement que ces lettres sont une production originale dans cette dernière langue), après avoir parcouru l'Allemagne, s'être arrêté dans toutes les villes où résident quelques savants ou quelques écrivains célèbres, et avoir rendu compte à son ami de ses entrevues avec eux, de leur conversation et des anecdotes qui les concernent ou les caractérisent, arrive en Suisse en 89. Ce pays était encore tranquille, heureux ; les petits Cantons, asile des bonnes mœurs, de la félicité domestique, existaient encore. Il les parcourt, et le tableau qu'il trace, sans être neuf, est si vrai, si riant, qu'il afflige l'ame sensible par son contraste avec l'état actuel de ces contrées, où, hormis les sites de la nature, rien n'a pu échapper au fléau destructeur qui en a détruit les habitants et les habitations.

M. de Koramsin s'arrête longtemps à Zurich. « Un bourgeois de cette ville, dit-il à son ami, est aussi fier de ce titre qu'une tête couronnée peut l'être de sa couronne ; depuis plus de 150 ans, personne n'a obtenu la bourgeoisie ; on l'a cependant offerte à Klopstock ; mais sous la condition qu'il établirait son domicile à Zurich.

« Le respectable archidiacre Tobler, ami intime de Bodmer et de Gessner, vit encore ; il m'a raconté beaucoup de traits de ces deux hommes si dignes de leur célébrité. Gessner, me disait-il, a embelli le printemps de ma vie, tous les ressouvenirs riants de ma jeunesse le raniment à mes yeux. Souvent les lectures des poètes changeaient pour nous, en momens, très-courts les longues soirées de l'hiver. Lorsque j'allais le voir, il m'accueillait d'ordinaire avec quelques productions agréables et nouvelles de sa plume, et sa maison fut une académie des arts et des belles-lettres, telle que la puissance ou la richesse n'en fondera jamais. »

« Vous savez, peut-être, mon ami, ajoute M. de Koramsin, que Gessner dédia son Daphnis à une jeune demoiselle de Zurich ; mais peut-être ignorez-vous qu'elle devint sa femme, et que cette union fut, jusqu'à sa fin, le modèle de la tendresse et du bonheur conjugal Entre les anecdotes que j'ai recueillies sur le Théocrite suisse, une seule m'a peiné, c'est l'antipathie qu'il avait et nourrissait contre Lavater. Il ne pouvait le souffrir ; les efforts de leurs amis communs, pour les rapprocher, furent aussi vains qu'ils furent répétés, et Gessner emporta ce sentiment dans sa tombe ; mais Lavater, au contraire, s'est véritablement honoré par le tribut d'éloges et d'hommages que sa muse rendit à la mémoire de son ennemi. » Notre voyageur rencontre deux danois à Zurich ; l'un, le poète Baggesen, jeune encore, « avait débuté dans la carrière du *Parnasse*, par deux opéra qui furent accueillis avec transport du public de Copenhague : et tout aussi déchirés par l'envie des auteurs, ses compatriotes, qui s'efforçaient de prouver que ces deux pièces ne valaient rien. Peu aguerri encore, après s'être essayé à les défendre, le jeune auteur (*) a abandonné l'arène des journalistes, et est venu en Suisse remettre sa santé. Son compagnon et lui sont tous les deux amis de Lavater, tous les deux grands partisans des exclamations sentimentales ; le comte de Moltken se bat le front, trépigne du pied. Baggesen, les mains jointes, lève les yeux au ciel, lorsque Lavater s'abandonne à sa chaleur déclamatoire..... »

« Les campagnes et les villages bernois sont plus florissants que ceux du canton de Zurich ; rien n'est plus beau que les prairies de ces contrées ; toutes, entourées d'arbres fruitiers, arrosées de mille petits ruisseaux qui y serpentent, se réunissent, se séparent tour à tour, et circonscrivent des labyrinthes de feuillée et de verdure. L'ombre bienfaisante des forêts garantit le voyageur, dans sa route, des rayons

---

(*) M. Baggesen a triomphé de l'envie, et est actuellement un des poètes danois les plus distingués.

brûlants du soleil. On rencontre partout des villages où règnent l'ordre et la propreté. Les maisons, couvertes en chaume, sont grandes et distribuées de façon à contenir, d'un côté, l'habitation commode de la famille; de l'autre, toutes les aisances nécessaires à l'économie rurale.

« On ne voit nulle part des bâtiments délabrés ou prêts à tomber en ruine : tout annonce l'ordre, l'aisance; et cet état florissant qui distingue les paysans bernois et suisses, tient à ce qu'ils ne paient nulle part aucune imposition, et qu'ils sont partout aussi parfaitement libres qu'indépendants ; car si l'on en excepte des dîmes partielles et consenties par le propriétaire primitif, ils n'ont aucune redevances à payer. Aussi trouve-t-on communément dans les villages bernois, des cultivateurs capitalistes de 50,000 écus. » Tel était le sort d'un peuple qu'on a osé représenter comme gémissant sous un joug tyrannique !...

« Je m'arrêtai à Meyringen, village de la belle vallée de Hasly; mais quelque beaux qu'y soient les sites de la nature, les habitants me frappèrent plus encore. Hommes, femmes, jamais je ne vis de plus belles figures ! Ces dernières surtout sont presque toutes charmantes ; elles ont la fraîcheur et le coloris de la rose des Alpes. Je vis un rassemblement devant une maison; plusieurs jeunes gens s'exerçaient à la lutte, à la course et à d'autres jeux : on célébrait les fiançailles d'un jeune couple ; je le distinguai bientôt de cette foule bruyante. Uniquement occupés l'un de l'autre, les deux fiancés voulaient avoir l'air de prendre part aux plaisirs de la compagnie ; mais leurs yeux, leurs mouvements exprimaient le doux attendrissement du bonheur. Ces deux amants se donnaient la main, le berger souriait en regardant sa bergère : ils ne se disaient rien ; mais avec quelle éloquence leurs regards n'exprimaient-ils pas le sentiment de leur cœur ! Je m'approchai de l'époux, et le frappant amicalement sur l'épaule, je lui dis : tu es bien heureux, mon ami ! A ces mots, la fiancée porta sur moi un regard modeste, mais expressif, où je lus sa reconnaissance de cet éloge indirect. Que ces filles des Alpes ont le sentiment tendre et délicat ! qu'elles entendent bien le langage du cœur !.. »

Notre voyageur passe à Lausanne, qu'il a peu ou mal vu. Rousseau à la main, il s'achemine à Vevey. Les rochers de Meillerie, Saint-Preux prêt à s'y précipiter, remplissent son imagination. « Vous savez, mon ami, l'enthousiasme que m'inspira Rousseau, le ravissement avec lequel je lus son Héloïse, et vous comprendrez le sentiment que j'éprouvai en parcourant les contrées où il a placé la scène de son roman.

« Après m'être reposé à l'auberge, je poursuivis mon chemin au bord du lac Léman, pour me rendre à Clarens, demeure de Julie, cachée à mes regards impatients, par des hauteurs boisées. J'arrivai, et je vis un petit village au pied d'une montagne couverte de noirs sapins. Cette habitation si enchanteresse sous le pinceau magique de Rousseau, n'est, au fait, qu'un vieux château, à tours et à tourelles, dont l'aspect lugubre et les ruines, annoncent la haute antiquité. Quelques habitants du village paraissent s'enorgueillir de la célébrité que Rousseau lui a donnée. Ils savent ce qui y attire l'étranger curieux; souvent un paysan, interrompant son travail, s'approche, et lui dit : Certainement, Monsieur, vous avez lu la nouvelle Héloïse ? Un vieillard me montra le bocage où Saint-Preux reçut de Julie le premier baiser de l'amour... »

Nous passons sur des observations superficielles, des assertions hasardées du voyageur, sur le ci-devant pays de Vaux, pour le suivre à Genève, où il a le bonheur de se lier avec le célèbre Bonnet, être d'autant plus rare, que sa philosophie conserva tous les caractères de la vraie sagesse, sans s'égarer jamais dans le dédale obscur du matérialisme réchauffé, dont se nourrit la philosophie prétendue nouvelle du 18.e siécle.

« J'avais presque renoncé au bonheur de voir ce grand philosophe et naturaliste; M. de K., son parent, me conduisit chez lui; il habite une campagne nommée Genthod, située près de Genève. Nous ne le trouvâmes pas; mais, instruit de ma visite, il m'invita le lendemain, en me fixant une heure; je m'y rendis avec empressement. Quoique je ne m'attendisse à voir qu'un vieillard affaissé sous le poids de l'âge, ombre du grand Bonnet, jugez de ma surprise, à l'aspect d'un homme âgé, mais frais, dispos, les yeux pleins de feu, la voix ferme et sonore; en un mot,

Bonnet lui-même, dont on pourrait attendre une seconde Palingénésie, et duquel la vieillesse n'est accompagnée d'aucune autre infirmité que celle d'une surdité. Il me tendit amicalement la main. — Vous voyez, lui dis-je, un jeune homme qui a lu vos ouvrages avec le plus grand plaisir, et qui chérit et respecte l'auteur. — C'est une grande satisfaction pour moi, me répondit-il, d'oser imaginer que mes écrits puissent être utiles et agréables aux gens qui pensent bien. Nous nous assîmes auprès du feu, notre conversation dura près de trois heures; mais avant que je vous en rende compte, je ne puis me refuser au plaisir de vous dépeindre la manière amicale, la bonhomie par lesquelles ce véritablement grand homme captive tous ceux qui ont le bonheur de le voir. On n'aperçoit pas chez lui la plus légère trace de la boursouflure savante, ou de l'orgueil philosophique, si communs de nos jours. Il me parlait comme si j'eusse été à son niveau; il paraissait reconnaissant de la juste admiration qu'il m'inspirait. Son ame est si bonne, si pure, si peu soupçonneuse, qu'il croit à la politesse du cœur, et ne doute jamais de la franchise des autres. Quelle différence entre lui et tant d'autres hommes célèbres du jour! Au lieu de recevoir, comme eux, l'éloge avec un sourire orgueilleusement complaisant, à titre d'un hommage dû, ou avec une négligence offensante pour celui qui le leur rend, Bonnet accorde estime pour estime; et cependant quelle immense distance n'y avait-il pas entre lui et moi! Il parut satisfait de mon intention de traduire ses ouvrages. — Lequel prendrez-vous pour commencer, me demanda-t-il? — La Contemplation de la nature ; je le considère comme un riche magasin de connaissances généralement utiles. — Je n'aurais jamais cru, reprit Bonnet, que cette production fût aussi favorablement accueillie, qu'on lui fît l'honneur de la traduire en tant de langues ; vous saurez, Monsieur, par la préface, que j'ai été sur le point de la condamner au feu. — Mais en traduisant ma Palingénésie, je crois que vous vous occuperez de ce que j'ai fait de mieux, de plus utile ; car vous le savez, sans doute, notre siècle fournit bien des incrédules.

« Bonnet n'a pas été content que ses traducteurs anglais et allemands ne se soient point adressés à lui-même. Il est convaincu que, pendant la vie d'un auteur, il faut obtenir de lui le droit de le traduire. De toutes les traductions qu'on a faites de ses écrits, celle de Spallanzani lui paraît la meilleure ; mais celle du professeur Titius, en langue allemande, le mécontente d'autant plus, que ce savant non-seulement l'a corrigé dans quelques endroits, mais que, dans d'autres, il a confondu ses propres opinions avec les hypothèses de l'auteur. Je lui dis, à cette occasion, que Titius, malgré son savoir, me paraissait ne l'avoir pas bien compris ; je lui citai quelques exemples de contre-sens, sur lesquels, sans rien répondre, Bonnet haussa les épaules.

« Le philosophe genevois aime Lavater ; il donne des éloges à la bonté de son cœur et à ses talents ;

mais il fait moins de cas de sa philosophie qu'il croit dangereuse. Je parlais à Bonnet de l'amour-propre des auteurs. Ils travaillent pour la gloire, me répondit-il ; en courant après elle pour eux-mêmes, ils sont utiles à toute l'humanité ; car la sagesse du Créateur a uni, d'un lien indissoluble, le bien des individus au bien général.

« Nous parlâmes de Rousseau. C'est, dit Bonnet, un très-grand orateur. Son style est une musique harmonieuse ; mais son système de philosophie n'est qu'un château en l'air. Et je ne puis non plus lui pardonner d'avoir, dans ses Lettres écrites de la montagne, attaqué le gouvernement de notre patrie commune.

« C'est sans prévention et d'accord avec tous ceux qui connaissent Genève, que Bonnet la regarde comme étant la ville de l'Europe la plus éclairée ; l'instruction y est générale ; artisans, artistes, marchands, femmes, tous y ont leur bibliothèque, tous lisent, et non-seulement des romans et des poésies, mais encore des livres philosophiques. Je puis confirmer cela, car jusqu'aux perruquiers savent leur Voltaire par cœur. Pourriez-vous croire, mon ami, que, dans cette Genève si éclairée, le surnom de Bonnet soit *Insecte*, parce qu'il écrivit sur les insectes !...

« Le feu de la discorde commence à se répandre dans cette petite république ; hommes singuliers ! au sein même du bonheur, ils ne sont pas contents. J'ai entendu aujourd'hui un discours sur l'amour de la patrie ; l'orateur prouvait aux Genevois que la leur était heureuse sous tous les rapports, qu'il ne fallait pour la perfection de ce bonheur, que l'accord entre les citoyens, première base de la sûreté générale. L'église était remplie ; on n'entendait que pleurs et que sanglots ; j'ai moi-même été touché des vérités qu'a fait entendre l'orateur.

« J'étais invité à dîner à Genthod ; il faisait beau. Je partis à pied de Genève, mais le ciel se couvrit ; une forte ondée de pluie me força à chercher un asile ; j'entrai chez un paysan ; il était à table, entouré d'une nombreuse famille ; on m'approcha un siége, le maître de la maison m'invita à goûter des pommes de terre, apprêtées par sa ménagère. Elles sont très-bonnes, lui dis-je, en lui rendant la fourchette. — Eh ! pourquoi donc, Monsieur, n'en mangez-vous pas ? — Je vous suis obligé, mais je dîne chez M. Bonnet. — Ah ! vous le connaissez ? — Oui, depuis quelque temps. — Ah ! l'honnête, ah ! le brave homme ! tenez, Monsieur, tous les paysans le chérissent ; et les pauvres ! il faut voir comme ils l'appellent leur père, leur bienfaiteur ! — Il fait donc de grandes charités ? — Certainement, et jamais on ne sortit avec tristesse de sa maison ; mais ce n'est pas seulement l'aumône qu'il fait ; il console, il accueille les nécessiteux, avec tant d'amitié, tant de bonté, que, les larmes aux yeux, ne pouvant parler, on les voit chercher sa main, la saisir, la baiser. — Oh ! cela est bien vrai, s'écria le fils aîné du paysan. — Cela est bien vrai, répétèrent tous les enfants.

« La pluie avait cessé, je repris mon chemin, en repassant en moi-même cet éloge donné par le cœur au cœur de l'excellent Bonnet qui, par sa bienfaisance, est aussi utile à l'humanité qu'il l'est par ses écrits. Je le trouvai dans son jardin; son inquiétude de me voir mouillé, son attention, ses soins pour me faire sécher, sa crainte que l'humidité, le froid ne m'incommodassent, partout son cœur se montra; toutes ses manières captivent le sentiment, sa simplicité met à l'aise, ses regards encouragent; jamais je n'eus aussi peu d'embarras, en parlant à un homme aussi distingué; il écoute jusqu'au bout, aucun détail ne le fatigue, il répond à tout; oh! quel homme!

« Vous voulez donc, me dit-il, traduire ma Contemplation; commencez, je vous en prie, cet ouvrage, sous les yeux de l'auteur; voici la table où il fut écrit; voici le livre, du papier, de l'encre et des plumes. — Je ne me fis point presser; je m'approchai, avec une sorte de respect, de cette table; je me mis dans le fauteuil du grand philosophe; et, quoiqu'il fût à mes côtés, ma main ne trembla point; je traduisis le titre, le premier paragraphe, et je les lui lus; j'entends, sans vous comprendre, dit Bonnet en riant, mais vos compatriotes en sauront plus que moi; je compte garder ce papier en souvenir de notre connaissance. Il voulut savoir le temps que je mettrais à cette traduction, le format que je lui donnerais, et si je me chargerais de la correction des épreuves. J'éprouvai un vrai plaisir à le voir entrer dans ces détails; mais ce qui m'en fit encore plus, ce fut sa promesse de me communiquer toutes les observations du public sur son ouvrage, la notice de toutes les découvertes faites dans les sciences, depuis qu'il a écrit, avec les augmentations et éclaircissements qu'il a rassemblés, pour les ajouter à de nouvelles éditions. « Je suis homme, dit-il, j'ai pu me tromper; n'ayant pu faire toutes les recherches par moi-même, j'ai peut-être adopté les erreurs d'autrui; et comme je desire donner à mes ouvrages la plus grande perfection possible, je les corrige sans cesse. Il me demanda quelle philosophie on enseignait dans l'université de Moscow? Je répondis au hasard : celle de Wolf. C'est un bon philosophe, reprit Bonnet, mais il a fait trop de cas de la démonstration; je préfère sa méthode analytique.

« Nous passâmes dans la salle à manger; nous y trouvâmes Mme Bonnet. Plus jeune que son mari, elle est plus caduque, plus infirme; mais elle a son urbanité et sa bonté. Pendant qu'il mangeait sa soupe, elle me faisait tout bas l'éloge du cœur de son époux; je laisse au public, me dit-elle, le soin de juger de son esprit et de son génie; mais sa sensibilité, sa tendresse, ses prévenances délicates, journalières, ont fait le bonheur de ma vie, ont soutenu et prolongé ma frêle existence. — De quoi parlez-vous, demanda Bonnet, en rendant son assiette au domestique? — Du beau temps, répondit sa femme, en cherchant à lui cacher son attendrissement.

« J'étais entre ce digne couple qui me rappela Philémon et Baucis; après dîner, Mme Bonnet me fit voir des oiseaux de toutes les espèces, elle les aime avec passion; qui n'aimerait, lui dis-je, ce que votre époux a décrit? Bonnet l'entendit et me serra la main.

— Croiriez-vous, Monsieur, me dit-il, que nous avons de fréquents différends, Mme Bonnet et moi, sur la littérature ? hier encore nous en vînmes presque à nous quereller, à l'occasion des lettres de Dupaty sur l'Italie. Madame en trouve le style excellent, je le trouve maniéré, peu naturel ; elle y voit l'éloquence du cœur, je n'y trouve que des antithèses. Mme Bonnet sourit, en observant que l'auteur de l'Essai analytique de l'ame ne sentait pas toujours les beautés poétiques....

« J'ai conduit à Genthod mes amis danois ; Bonnet les a reçus avec sa cordialité ordinaire ; il a parlé au comte des affaires politiques du Danemarck, à Baggesen de ses amours, à Becker de chymie et de minéralogie, à moi du caractère national et de la littérature russe. La conversation est devenue générale, Haller en était l'objet ; avec quelle chaleur le grand philosophe a relevé le mérite de l'illustre poète ! ils furent, trente ans, amis intimes ; plusieurs fois, en parlant de Haller, les yeux du respectable vieillard se sont remplis de larmes ; il est allé chercher la dernière lettre qu'il reçut de lui, et l'a donnée à Baggesen, pour qu'il nous en fît la lecture ; elle nous a tous attendris. J'ai conservé dans ma mémoire quelques passages de cet intéressant monument, écrit peu de jours avant la mort de Haller. — Bientôt, bientôt, mon respectable ami, je quitterai ce monde ; je jette un coup-d'œil sur ma vie passée, et, avec confiance en la bonté divine, j'attends tranquillement ma fin. Je rends graces au ciel, et dans ce moment plus

que

que jamais, de m'avoir fait naître et élever dans la religion catholique, et de ce que ses saintes vérités ont toujours été senties par mon cœur ; je le remercie d'avoir joui du bonheur de votre inestimable amitié ; elle a adouci ma vie et nourri dans mon ame l'amour de la sagesse et de la vertu. Soyez heureux, mon digne ami, vivez longtemps encore........ je voudrais vous embrasser pour la dernière fois, vous entendre encore prononcer le doux nom d'ami, vous dire à vous même tout ce que mon cœur sent pour vous. Je laisse des enfants ; soyez leur second père, leur Mentor, leur protecteur, leur ami. Adieu. Où et comment nous reverrons-nous ? je l'ignore ; mais ce que je sais, c'est que Dieu est sage, bon et tout-puissant. — Nous sommes immortels ! notre amitié est immortelle ! Bientôt le voile impénétrable va se lever pour moi. J'en rends graces à l'Être suprême. Adieu, pour la dernière fois, votre mourant, mais éternel ami !

« C'est avec de tels sentiments que ce grand homme a terminé sa carrière, nous dit Bonnet ; puisse notre fin à tous ressembler à la sienne ! Vous épousez sa petite fille, ajouta-t-il, en prenant la main de Baggesen ; embrassez-moi.

« On parla de poésie. Baggesen assura qu'il ne ferait plus de vers (*), parce que ce langage n'étant pas naturel, le sentiment ne pouvait s'y rendre dans toute

---

(*) Pour la gloire de la littérature danoise, il n'a pas tenu parole.

sa chaleur et toute sa plénitude. Je suis en partie de cette opinion, dit Bonnet ; peut-être la cause en est-elle que je ne suis point poète. — Celui, s'écria Baggesen, qui écrivit à la fin de la Palingénésie : Notre père !.......... Notre père !......... est le plus grand des poètes ! Cet éloge parut toucher le sensible vieillard.

« J'ai pris congé de l'excellent Bonnet ; il m'a donné les observations qu'il m'avait promises. Nos adieux ont été tendres ; j'étais ému ; je l'ai quitté, en fermant la porte de son cabinet sur moi ; il l'a rouverte, m'a suivi en me criant : Adieu, cher K.... adieu. Pourquoi faut-il se séparer de tels êtres ?.... Puisse-t-il vivre longtemps pour le bien de l'humanité !.... »   D. P.

VARIÉTÉS.

Imitation d'un distique de Schiller.

Si tu n'as pas vu rire une bouche charmante,
  Tu ne connais pas la gaîté ;
Si tes yeux n'ont pas vu la beauté gémissante,
  Tu ne connais pas la beauté.

                                             L.

Aperçu de la Lithuanie. (Tiré du *Voyage d'un Livonien* ; 3 vol. in-12. Dresde, 1791).

I. Kalm, premier village de la Lithuanie, forme la frontière de la Courlande. Une douane est établie en ce lieu ; lorsque je le traversai, il y a dix-huit mois, je fus visité scrupuleusement à la barrière, malgré un pour-boire considérable, parce que les commis étaient sans doute obligés de le faire alors ; mais aujourd'hui l'inspecteur s'est contenté de donner un coup-d'œil à ma valise. En effet, quelle autorité, en Pologne, pourrait le punir de sa négligence ? Toutes sont suspendues ou détruites, et on suit encore les anciennes ordonnances, parce qu'on n'en a point de nouvelles à y substituer. On change de chevaux à Kalm, et l'on remarque dans ce village une différence sensible avec le pays que l'on a quitté un demi-mille auparavant. Des croix annoncent que l'on entre dans un pays catholique romain. La langue, le caractère des habitants ne sont plus les mêmes. L'organisation de la poste est aussi différente dans les deux états, ainsi que la manière d'agir des postillons. Le Courlandais est bien vêtu, ses chevaux sont gras et robustes ; le Lithuanien s'enveloppe d'une vieille robe brune, semblable à celle d'un capucin ; ses pieds sont nus, et ses coudes percent l'étoffe grossière qui le couvre à moitié. Le premier porte un grand cor, tel que celui des postillons d'Allemagne ; et le second fait retentir souvent

le sien, beaucoup plus petit, de sons aigres et perçants.
Le premier ménage ses chevaux ; le second, au contraire, fait avancer les siens, sans pitié, à grands coups de fouet. Le galop est leur pas ordinaire, et ils trottent pour se reposer. Enfin, le postillon courlandais n'est honnête que quand son intérêt l'exige ; et le postillon lithuanien découvre sa tête, à cent pas, quand il m'aperçoit, et s'approche, le dos courbé. Je le rendais plus content, en lui donnant 10 florins de Pologne, que le courlandais avec 60. Les cordes qui servent de traits, et les chevaux maigres et petits répondent au portrait que je viens de faire du conducteur.

II. A la sortie de Kalm, la terre devient très-productive en grains. La route traverse une belle plaine, parsemée de bois. Elle s'étend jusqu'à Janiszek, où se trouve le relais.

Janiszeck est un bourg peu considérable, auquel on est convenu de donner le nom de ville. Les maisons sont en bois, et on n'aperçoit aucune trace de pierres ou de chaux. Les pignons donnent généralement sur la rue, ainsi que dans la Westphalie. Les juifs forment la majorité des habitants, et (ce qui ne se voit dans aucun autre lieu) ils tiennent le premier rang dans la ville. Chaque maison n'a qu'un étage ; la plupart des toits sont en paille, et percés ou dégradés. Cette misérable ville est renommée par un grand marché de chevaux qui s'y tient deux fois l'an. Au reste, Dieu n'y est pas mieux logé que ses créatures. Deux églises devant lesquelles j'ai passé, sont petites, bâties en bois, et tombent en ruines.

Janiszeck renferme tout au plus 350 maisons et 2,500 habitants.

III. De Janiszeck à Mieskut, le chemin est toujours uni et la terre fertile. On traverse plusieurs villages, dont on peut se représenter aisément l'état misérable, d'après la description que je viens de faire d'une ville. On rencontre, dans chaque village, deux ou trois crucifix, en bois pourri, placés de travers, ou même tombés des poteaux qui les soutenaient. Je remarquai que les paysans passaient à côté, sans y faire grande attention et sans ôter leurs chapeaux ou leurs bonnets, ainsi qu'en Bohême. Peut-être n'existe-t-il point, dans ce canton, de moines dont la considération repose sur le plus ou moins de soins qu'ils prennent à entretenir des croix ; ou peut-être aussi les habitants sont-ils trop pauvres pour s'en procurer de nouvelles.

Mieskut est le pendant de Janiszeck.

IV. De Mieskut à Schauel (Szawell), le terrain s'élève insensiblement, et la route passe alternativement sur de petites hauteurs couvertes d'arbustes et dans des vallons cultivés. Les feuilles sortent déja des boutons, et la végétation est beaucoup plus avancée qu'en Courlande et en Livonie. Schauel, une des principales villes de la Lithuanie, se fait remarquer par son église, surmontée d'une tour, et par deux grands bâtiments en pierre, appartenants au seigneur et aux autorités civiles du lieu. On entre par une rue régulièrement bâtie, pavée, et dont les maisons, assez jolies, sont habitées par des artisans ou des juifs. Mais, comme en Pologne, on ne voit rien qui soit régulier dans toutes ses parties ; ces maisons ont sur la rue un pignon en briques, tandis que le derrière est entièrement construit en bois. Les autres habitations sont aussi en bois et dispersées çà et là, sans alignement. La place du marché est proportionnellement très grande ; d'un côté, se trouvent l'église, les deux maisons en pierre et la grand'garde ; de l'autre, est un double rang de boutiques appartenantes à des juifs. Ils y vendent des étoffes de coton, des draps, de la verrerie, du pain et autres marchandises. Les juifs ont presque trouvé en Pologne une patrie ; et leur extérieur est aussi plus soigné que partout ailleurs. On distingue, surtout parmi les femmes, des physionomies vraiment orientales ; des cheveux et des yeux noirs, des nez aquilins y sont très-communs, et la peau a une blancheur que l'on cherche en vain parmi les autres habitants de la Lithuanie.

Szawell renferme 300 maisons ou chaumières et environ 3,500 habitants.

V. On passe la Niemen, en bateau, à un demi-mille de Kauen. Un caporal russe était chargé d'entretenir l'ordre au passage, et d'y activer le service, commission qu'il exécutait à l'aide d'un gros bâton de coudrier. Il était tellement exact à remplir consciencieusement son devoir, que lorsque les bateliers travaillaient bien, il les forçait, à coups de bâton, de travailler encore mieux. Son zèle alla même jusqu'à pousser à l'ouvrage, par des moyens semblables de persuasion, deux pauvres passagers, un juif et un lithuanien. Je m'aperçus à la fin qu'il me regardait en souriant, à chaque coup qu'il appuyait sur les épaules des bateliers, voulant me faire entendre qu'il frappait pour me faire passer plus vîte. Cette remarque, loin de me disposer en sa faveur, me donnait au contraire peu d'envie de récompenser sa bonne volonté. Cependant étant arrivé heureusement sur l'autre rive, la joie d'être échappé au danger qui me menaçait sur un bateau pourri et mal gouverné, me fit oublier ma résolution, et je lui donnai quelque monnaie qu'il accepta avec autant d'humilité qu'il avait montré auparavant d'arrogance.

VI. De Sokolk à Buckstal, la route continue à être belle et bien entretenue, ainsi que de Buckstal à Bialystok. Je trouvai établis, dans ces deux derniers postes, des descendants de deux familles saxonnes qui occupent, de père en fils, la place de maître de poste depuis le roi Auguste II. Cette espèce de tribu est déja forte de cent quarante-quatre têtes. Elle forme une petite société séparée du reste de la nation, intimement unie par les liens du sang; car les pères évitent, autant qu'il se peut, de mêler le leur avec celui des Polonais; ils conservent encore les mœurs et la langue des Saxons, quoique les hommes s'habillent généralement à la polonaise. Une extrême propreté distingue avantageusement les maisons de poste, habitées par ce petit peuple, de toutes celles de la Lithuanie.

VII. Les chevaux lithuaniens sont en général d'une petite stature, sans que ce défaut diminue en aucune manière leur utilité. Leur principale qualité est d'aller très-vîte (souvent mon postillon m'a mené les deux tiers de la poste au galop); mais ils tirent fort mal, et les maîtres de poste attèlent ordinairement à votre voiture, sans que vous le demandiez, un ou deux chevaux de plus qu'on ne leur en paie. J'ai été conduit avec cinq chevaux pendant plusieurs postes, quoique je n'en payasse que trois, et dans tout le reste de la route, on en a attelé quatre à ma voiture. Il ne faut pas surtout se laisser prévenir contre eux par leur figure chétive, et les cordes en mauvais état qui leur servent de trait ; car, au premier coup-d'œil, on doute que l'on puisse atteindre la poste prochaine. Aussi chaque postillon est-il obligé de descendre de cheval une ou deux fois pour faire au harnais les réparations nécessaires.

Les postillons lithuaniens sont à moitié nus ; ils n'ont, pour la plupart, ni habit, ni veste, ni culottes ; ils conduisent avec beaucoup d'adresse, et, malgré leur célérité, avec une prudence et des précautions que j'ai souvent admirées. Ils sont honnêtes, complaisants, et se contentent de ce qu'on leur donne, loin d'adopter l'importunité insatiable des postillons saxons ou prussiens. Je n'ai vu que deux fois, dans mon voyage jusqu'à Varsovie, mon postillon s'arrêter devant un cabaret; il fut même forcé, par la chaleur, de se rafraîchir, et il ne me fit attendre que cinq minutes. Je n'ai pas trouvé un seul postillon lithuanien qui fût entièrement abruti par la boisson. Les maîtres de poste sont les gens les plus complaisants du monde. Le changement de chevaux à chaque relais, ne dure pas dix minutes : on a coutume, pendant l'été, de laisser paître ces animaux dans des prairies qui sont auprès de la maison; et il suffit que leur gardien entende les sons aigres du cor du postillon, qui annonce l'arrivée d'un voyageur, pour qu'il conduise aussitôt à la poste le nombre qui est nécessaire; il ne faut qu'un instant pour les enharnacher et les atteler à la voiture, et on peut continuer sa route sans nul retard. Peu importe que l'on comprenne la langue du pays, il suffit de retenir le mot qui répond à celui de *cheval*, et quelques nombres nécessaires pour faire ses comptes avec les maîtres de poste. On connaît, en peu de temps, la monnaie, sans avoir besoin de dictionnaire.

VIII. La Lithuanie est un pays généralement plat, montueux dans quelques parties. Des terres labourées et des forêts le partagent à peu près également. L'agriculture y fleurit, et j'ai remarqué, en divers endroits, qu'on y préparait les terres, de la même manière qu'en Saxe et en Bohême. Le terroir est excellent, et la douce température du climat contribue beaucoup à sa fertilité. Lorsque je quittai la Livonie et la Courlande, les semences étaient à peine levées dans la campagne; mais en Lithuanie, dix à quinze milles plus loin, les moissons étaient déja en épis. La végétation des arbres était aussi fort avancée, les saules et les acacias en fleurs, et les bouleaux garnis de feuillages. Les prairies étaient ornées des couleurs les plus fraîches et couvertes de nombreux troupeaux de bétail.

L'aspect de ces campagnes est satisfaisant pour l'œil observateur de l'économiste ; mais celui des parties boisées de la Lithuanie attriste son ame. C'est là qu'il gémit des désordres que commet la paresse, au sein de l'abondance. J'ai traversé des forêts de plusieurs milles de longueur, et j'ai vu, des deux côtés de la route, les plus beaux arbres brûlés, depuis peu, sur pied (car on ne se donne pas la peine de les abattre), ou calcinés, ou même entièrement pourris et réduits en poussière ; de grandes forêts sont dévastées en entier ; et les souches, brûlées jusqu'à la racine, ou réduites en charbon, présentent l'image de la destruction. J'ai trouvé, dans quelques endroits, des arbres encore embrâsés, et personne ne s'en inquiétait. Aussi arrive-t-il quelquefois, en Lithuanie, que des forêts brûlent pendant des semaines entières et sont réduites en cendres, sans qu'on puisse arrêter les progrès du feu, ou même sans qu'on y songe. Le gardien du troupeau, malfaisant par paresse, met le feu, quand il a froid, au premier arbre qu'il trouve, au lieu de ramasser des branches sèches qui s'allumeraient plus facilement, et lui procureraient une chaleur plus active. Celui qui a besoin de charbon, fait brûler un ou plusieurs arbres, et recueille ensuite sa provision.

J'ajouterai, pour peindre d'un seul trait la manière dont le commerce tire parti de ces forêts magnifiques, que j'ai vu, étendus sur la route, plusieurs beaux arbres dont on s'était contenté d'enlever uniquement la largeur d'un pied environ, vers le milieu. Le reste avait été abandonné comme inutile.

Les traits de paresse et de négligence que je viens de citer, caractérisent l'habitant des campagnes, dans tous les pays où existe la servitude; tel on le voit en Livonie, en Courlande et en Russie, tel on le retrouve en Pologne et en Hongrie. Lorsqu'un paysan n'a pas, dans son ménage, ce qu'exigent ses besoins urgents, il va le demander à son maître, et il l'obtient. Il a conclu, avec ce maître, un accord tacite, semblable à celui qui s'est formé naturellement entre les hommes et les animaux domestiques: *échange du travail contre la nourriture.* Pourquoi songerait-il à épargner ou à rassembler des provisions? Il sait, que, s'il ne lui reste plus rien, son maître est intéressé à l'empêcher de mourir de faim, et il aime mieux recevoir le *kantschu*, que de se livrer à un travail qui ne lui offre d'autre perspective que la certitude d'un travail encore plus forcé.

IX. Les villages de Lithuanie offrent l'image de la misère la plus profonde. Le bois et la paille sont les seuls matériaux employés à la construction des maisons. Chacun étant libre de bâtir la sienne où il veut et comme il veut, et ne songeant point à la réparer au besoin, on ne voit, dans les hameaux, que des murs qui tombent en ruines. J'ai remarqué des granges formées par des claies enfoncées dans la terre, sur lesquelles on avait appuyé les débris d'un toit. J'épargne à mes lecteurs la description du dedans.

X. Les Lithuaniens sont en général grands, bien faits et robustes. Les moustaches qu'ils portent presque tous, leur donnent un air martial. Leur habillement long, leurs culottes larges et qui descendent très-bas, et leurs *basteln* (chaussure formée d'une semelle d'écorce d'arbre, attachée autour du pied avec des cordons) impriment, à l'ensemble de leur extérieur, un caractère oriental. Leur tête est couverte d'un bonnet de pelleterie, dont la forme ressemble un peu à celle des perruques antiques. Leurs femmes portent aussi des habits longs, mais elles y joignent une longue jupe. Un mouchoir grossier noué autour de la tête, et dont les bouts voltigent entre leurs épaules, compose toute leur coiffure. Le drap, ou plutôt le coutil de laine qui sert à les vêtir, est l'ouvrage de leurs mains; elles l'emploient sans le teindre, brun ou blanc, tel que la toison le fournit. Les enfants sont en chemise, hiver comme été.

XI. On trouve rarement, parmi les Lithuaniens, une gaîté franche et naturelle, indice du bonheur; ils ne connaissent que cette joie bruyante et factice que l'eau-de-vie fait naître momentanément. Aussi leurs maîtres, qui veulent les étourdir sur leur misérable situation, ont-ils soin de leur fournir en abondance cette liqueur, dans les cabarets. Ce sont eux qui leur vendent un moment de plaisir, pour leur dernier pfenning et pour leur dernier grain de blé. Car la plupart de ces cabarets sont affermés à des juifs qui paient au propriétaire une redevance d'un dixième du produit.

Je me résume en observant que ces malheureux, étant obligés d'acheter à des juifs leurs besoins de luxe, et à des moines mendiants le salut de leurs ames, il est inutile que je m'étende davantage sur l'état civil et moral et sur la religion de ce peuple; le lecteur peut en juger par lui-même, d'après les remarques précédentes. H. L. P.

NÉCROLOGE.

L'Allemagne a perdu, au mois d'août de cette année 1800, un savant et un écrivain distingué, dans la personne de J. G. Busch. Hambourg, sa ville natale, put le compter au nombre de ses citoyens les plus zélés pour le bien public, et les plus actifs à former de bons établissements. On lui doit celui de l'Académie de commerce, pour lequel il s'associa M. Ebeling, et qui, par leurs soins, est devenu l'une de ces fondations qu'aucune autre du même genre n'a égalée depuis. C'est aussi à Busch que les Hambourgeois sont redevables des plans d'amélioration sur lesquels la *maison de travail et de charité* a été réformée. Les bases et les règlements de son administration sont si bien combinés, et l'ont rendue si florissante, que la société anglaise de bienfaisance, s'occupant des mêmes objets, crut avantageux de prendre des renseignements, à Hambourg, sur la nature de cet établissement, et en a profité dans ceux qu'elle a formés à Londres.

Busch rencontra plus d'obstacles au desir qu'il avait de porter la réforme dans la constitution hambourgeoise. L'envie de dominer prend si souvent le masque du patriotisme, que ses concitoyens méconnurent le motif de son zèle. On lui rendit plus de justice, vers la fin de sa carrière ; et il eut non-seulement la satisfaction de voir adopter et exécuter ses plans, pour le perfectionnement de l'instruction publique, mais celle encore d'être considéré comme un oracle à consulter et à suivre dans les questions litigieuses de l'union anséatique, dont un grand nombre furent éclaircies et terminées par ses avis.

Quoique Busch puisse être mis au rang des écrivains les plus féconds de l'Allemagne, il sut se préserver également et de l'épidémie d'une stérile spéculation métaphysique, et de la sécheresse d'une érudition pédantesque. Son esprit, nourri par la lecture, l'observation et des recherches savamment faites, ne s'attachait, dans ses ouvrages, qu'à présenter des objets réellement profitables au public ; et l'on retrouve, dans chacune de ses productions, le cachet d'un homme qui n'est guidé que par le desir de faire le bien. Presque tous ses ouvrages eurent très-rapidement plusieurs éditions ; il embrassa peu à peu, dans les cours qu'il donnait à son académie et dans la *Bibliothéque de commerce* qu'il rédigea pour elle, avec M. Ebeling, le cercle entier des mathématiques et de l'histoire, sous le rapport de l'utilité que peuvent avoir ces deux connaissances, pour des commerçants qui veulent s'instruire. Ce fut à l'usage de cette académie qu'il composa son *Traité complet de Mathématiques*, son *Encyclopédie*, ses *Mélanges*, son *Tableau du commerce*, son grand ouvrage *sur la circulation du numéraire*, son *Traité d'hydraulique pratique*, pour lequel il avait recueilli beaucoup de matériaux, dans des voyages entrepris avec cette intention. De tous ses écrits, c'était celui qu'il estimait le plus. Il vient d'en paraître une nouvelle édition, considérablement augmentée, et revue avec soin par l'auteur.

Ce qui prouve à quel point Busch s'intéressait à l'agrandissement du commerce de sa ville natale, avec quelle constance il s'occupait de tout ce qui pouvait y contribuer, c'est la quantité de mémoires qu'il publia sur tous les objets qui y sont relatifs. Tels sont, entr'autres, ceux qu'il composa sur la banque, le droit de change, sur la teneur des anciens actes de navigation anglaise, sur le renversement occasionné par la guerre présente, dans le commerce maritime et les arts, ainsi que sur la crise où se trouvait le commerce en général, au commencement de 1799. Ces divers mémoires, que l'intérêt propre ne dicta point, car Busch n'était pas commerçant, lui causèrent bien des désagréments de la part de ses concitoyens qui regardèrent, comme une trahison, des ouvrages dont le but était de répandre une lumière qui leur semblait aussi dangereuse que Busch la croyait nécessaire. Sans s'arrêter à ces jugements, il continua, jusqu'à la fin de sa vie, ses écrits patriotiques, et parvint à un âge avancé sans perdre la vigueur de son esprit, et sans autre infirmité que celle de la perte presque totale de sa vue; mais on retrouvait dans sa conversation l'instruction qu'il ne pouvait plus consigner dans ses écrits; et, ce qui est rare, quoique Busch aimât, dans sa vieillesse, à parler de lui-même, son nécrologue nous assure que ce vieillard ne fut jamais ennuyeux. D. P.

La Salamandre et la Statue, Conte de WIELAND.

Au milieu des plus grandes ardeurs de l'été, l'orage surprit, vers le soir, un voyageur dans une contrée passablement agreste, et qui lui était tout-à-fait inconnue, et le força de chercher un abri. L'obscurité naturelle d'une épaisse forêt de sapins, accrue par celle des nuages, l'enveloppa tout à coup de ténèbres si profondes, que, sans la lueur éblouissante des éclairs, il n'aurait pu discerner les objets situés à vingt pas de lui. Heureusement, cette clarté peu rassurante lui fit apercevoir une tour antique, à demi-ruinée, qui s'élevait au dessus d'un bosquet sauvage, planté sur une petite hauteur, et qui semblait lui offrir un refuge assuré, s'il était en son pouvoir de l'atteindre.

A cette vue, un rayon de plaisir pénétra dans son ame; et ce plaisir se changea en un transport de joie, lorsqu'un éclair, plus brillant que les autres, lui découvrit que, parmi les créneaux dégradés de cette tour, il y en avait trois qui n'étaient pas encore endommagés.

« Enfin, s'écria-t-il, j'ai trouvé ce que je cherche
en

en vain depuis si longtemps ; car il est impossible que Kalasiris m'ait trompé. Cette tour est, à coup sûr, celle où je dois rencontrer l'objet de mes vœux. »

En parlant ainsi, il aperçut un petit sentier qui paraissait se diriger vers la tour, à travers le bosquet. « Ceci, dit-il, est de bon augure. » Et en effet, ce sentier abrégea tellement son chemin, qu'il arriva en peu de minutes près de la tour, seul reste d'un château, dont les ruines majestueuses, entremêlées de plantes et d'arbrisseaux, et dispersées d'une manière pittoresque, offraient tous les indices d'une extrême vétusté.

Le voyageur, à qui la pluie ne permettait pas de contempler ces beautés irrégulières, se hâta de gagner l'intérieur de la tour, dont l'entrée était ouverte. Il se trouva bientôt dans une grande salle voûtée qui ne recevait, par la porte et d'en haut, que ce qu'il fallait de lumière, pour lui aider à distinguer un escalier qui conduisait dans la partie supérieure du bâtiment. Malgré le bonheur dont il se flattait, il fut saisi d'une sorte de terreur; et, pendant qu'il montait l'escalier en tâtonnant autour de soi, avec ses deux mains, il sentit battre son cœur, comme un homme qui, partagé entre la crainte et l'espérance, va au devant de l'arrêt auquel son sort est attaché. Cet escalier, sans marches, et dont la pente était assez douce, décrivait trois fois la circonférence de la tour. Il se terminait à une petite antichambre, si faiblement éclairée, que le voyageur ne put y discerner autre chose qu'un banc de pierre, placé le long de la muraille, et une porte donnant sur une autre pièce d'où venait la lumière. Il regarda par cette porte, et ce qu'il découvrit à la première inspection, changea tout à coup en certitude l'attente qu'il avait conçue; il recula en tremblant; et, jusqu'à ce que son cœur fût moins agité, il s'assit sur le banc qui était couvert de nattes. Là, il jeta les yeux sur ses vêtements, et rougit, pour la première fois, de son humble extérieur. Dans le fait, il ne ressemblait pas à quelqu'un qui eût droit d'entrer dans un appartement aussi magnifique. Un habit brun, de toile grossière, qui lui descendait jusqu'aux genoux, et un manteau de drap bleu très-usé, et déchiré par les bords, avec une ceinture de cuir, composaient tout son habillement. Il portait des bottines qui décelaient un long service; et il avait la tête enveloppée d'un grand bonnet d'étoffe brune, qui ne laissait voir, de sa figure olivâtre, maigre et ridée, que ce qui était nécessaire pour rendre son aspect encore plus repoussant. Tout cela, joint à une barbe rousse qui pendait sur sa poitrine, formait un ensemble qui annonçait l'indigence, et qui n'était pas fait pour prévenir en sa faveur. Cependant, comme il avait couru le monde, depuis un an, sous le même costume, il reprit courage et résolut d'entrer, au hasard d'être mal accueilli.

Dès les premiers pas, il se crut dans la chambre à coucher d'une déesse. Le plancher était couvert d'un tapis de drap d'or; les murs étaient ornés de tapisseries de velours d'un vert tendre, et de lambris dorés, d'où pendaient des guirlandes de fleurs naturelles. A ces guirlandes étaient attachés les rideaux couleur de rose d'un superbe lit de repos, en forme de tente; il n'y avait point d'autres meubles, si ce n'est quelques coussins de velours d'un jaune pâle, garnis de franges d'argent, et disposés le long des murs. Les vitrages diaprés d'une seule grande fenêtre ovale, répandaient une sorte de lumière brisée, qui produisait l'effet le plus agréable, et qui semblait destiner ce beau réduit à la jouissance solitaire d'un bonheur mystérieux.

Quoique notre voyageur fût loin de s'attendre à un pareil spectacle dans une tour en ruines, il fut encore plus étonné de voir, au lieu de ce qu'il espérait y trouver, un jeune homme étendu sur le lit de repos. Cet inconnu se leva à son approche, et jeta sur lui un regard sombre, mais calme, sans donner le moindre signe de crainte ou d'embarras, à la vue d'un personnage de si mauvaise apparence.

Il était enveloppé d'un vieux manteau d'écarlate. Ses cheveux, les plus beaux cheveux blonds qu'il fût possible de voir, flottaient négligemment sur ses épaules, en longues boucles naturelles. Ses yeux étaient caves; la pâleur de son visage annonçait une santé défaillante. Il régnait, dans tout son extérieur, une expression de tristesse qui douait d'un charme irrésistible les restes d'une beauté prête à se faner; mais qui avait encore peu d'égales.

Le voyageur se sentit si puissamment attiré vers cet aimable inconnu, et rempli, en sa faveur, d'un intérêt si tendre, qu'il eut peine à trouver des paroles pour ce qu'il aurait aimé à lui dire au premier abord. Il balbutia des excuses que le jeune homme ne lui laissa pas achever.

« Si j'en juge par ton extérieur, lui dit-il, tu n'as pas de grandes obligations au destin. Tu es mon frère, si tu es malheureux, et qui que tu sois, le bienvenu dans ce séjour.

« Je suis un étranger, répondit le voyageur. Un orage qui m'a surpris dans les bois, a dirigé mes pas de ce côté. Cette tour s'est offerte à mes regards ; et, chose surprenante ! c'est précisément cette tour que je cherche depuis cinq ou six mois dans ces environs. »

A ces mots, le jeune homme se leva tout-à-fait pour considérer l'étranger avec encore plus d'attention. Malgré son extérieur repoussant, le son de sa voix retentissait au fond de son cœur ; cette unique impression réveilla en lui les plus charmants souvenirs ; un penchant irrésistible l'attira vers l'étranger ; et, sans pouvoir démêler la cause de ce pressentiment, il crut que l'apparence lui en imposait sur son compte. En un mot, dans l'espace de quelques minutes, ils furent aussi bons amis, que s'ils s'étaient connus depuis le même nombre d'années.

Le jeune homme, après avoir invité le voyageur à s'asseoir près de lui sur le lit de repos, alla tirer d'une armoire, cachée dans le mur, des fruits, du pain et un flacon de vin de Chypre. « Ce flacon, lui dit-il, est demeuré intact depuis quelques jours ; je ne saurais mieux l'employer qu'à te rafraîchir. Ami, tu parais en avoir besoin. Depuis plus d'un mois, je ne vis que de pain et d'eau. »

Le vieillard le remercia par un regard où se peignait la sensibilité la plus tendre. « Pour te prouver au moins, lui répondit-il, le desir que j'ai d'être reconnaissant, je vais commencer par me montrer à toi sous ma véritable forme. » Aussitôt il dénoua un cordon attaché sous sa barbe, ôta son bonnet et son visage de momie, qui n'était qu'un masque très-artistement fabriqué, se dépouilla de son manteau, et fit voir au jeune homme un beau brun de son âge, dont la beauté ne cédait qu'à la sienne, quoique, comme lui, il parût avoir souffert d'un chagrin secret, plus que des coups de l'adversité.

Ces mots : « Je vais me montrer à toi sous ma véritable forme, » avaient causé à l'inconnu une émotion dont il n'avait pas été maître; mais il eut beau, l'instant d'après, se voir frustré dans la singulière espérance qu'ils lui avaient fait concevoir, il trouva quelque chose de si particulier et de si attrayant dans la physionomie de l'étranger, qu'il ne pouvait en détacher ses regards. Enfin, ne se contenant plus, il lui sauta au col, le serra tendrement contre son cœur, et inonda ses joues d'un torrent de larmes.

Cette effusion de tendresse, aussi subite qu'extraordinaire, toucha vivement l'étranger; il ne put s'empêcher néanmoins d'en laisser voir sa surprise, et elle n'échappa point au jeune habitant de la tour. « Tu sauras tout, lui dit ce dernier en l'embrassant de nouveau; mais auparavant, si tu veux que je chérisse encore la vie, jure-moi de ne pas me quitter; jure qu'à dater de ce moment, nous ne nous séparerons qu'à la mort. »

« Je te le jure, répondit l'étranger d'une voix à demi-étouffée et les larmes aux yeux ; j'en atteste les jours de celle pour qui je respire, que je cherche depuis si longtemps, et que j'espérais trouver ici.

« Ici ! dans cette tour, reprit l'inconnu, avec une émotion visible? — Mais je me rappelle que tu me l'as déja dit. Ton langage, ta physionomie, notre rencontre dans cette tour, ont quelque chose de mystérieux. Je t'en conjure, apprends-moi qui tu es, et qui tu cherchais en ce lieu ; je répondrai à ta franchise ; je te confierai un secret qui n'est pas encore sorti de mon sein, et d'où dépend le destin de ma vie.

« — Une sympathie involontaire m'entraîne vers toi depuis que mes yeux ont rencontré les tiens. Comment pourrais-je avoir des secrets pour toi, lorsque je suis prêt à te prouver, par le sacrifice de mon existence, la force du sentiment que tu m'inspires ? Mais arme-toi de la résolution nécessaire pour entendre une aventure des plus étranges.

« — Il est difficile qu'elle le soit plus que celle dont j'ai à te faire le récit, lorsque tu auras bien voulu satisfaire mon impatience. »

Tandis que ces deux jeunes gens s'entretenaient ainsi, trop occupés l'un de l'autre et d'eux-mêmes pour faire attention à autre chose, deux cavaliers, enveloppés jusqu'aux yeux, arrivèrent près de la tour, où l'orage qui durait encore, les avait également contraints de chercher un asile. Ils laissèrent leurs chevaux à la garde d'un valet, et montèrent l'escalier; mais avant d'atteindre l'antichambre, ils s'aperçurent qu'ils n'étaient pas seuls dans la tour, et qu'on parlait assez haut dans la pièce voisine. Soit réserve, soit curiosité, soit tout autre motif, ils ne voulurent point interrompre la conversation des deux amis. Ils s'assirent, sans en être remarqués, sur le banc de pierre, près de l'entrée de la chambre, et, l'oreille au guet, retenant leur haleine, ils s'efforcèrent de ne rien perdre de la conversation.

« Le lieu de ma naissance, dit l'étranger, est Memphis, en Egypte, où Kalasiris, mon père, est en même temps grand-prêtre et vice-roi.

« Qu'entends-je, s'écria le jeune homme de la tour? Kalasiris est ton père! Tu es son fils Osmandyas !

« Comment, reprit l'Egyptien étonné ? nous sommes donc connus de toi!

« Pardonne, Osmandyas, repliqua son ami ; je ne me permettrai plus de t'interrompre. Tu sauras tout ; mais poursuis.

Les deux cavaliers qui étaient dans l'antichambre, ne furent pas moins frappés que lui, d'entendre les noms de Kalasiris et d'Osmandyas. Leur agitation fut telle, qu'elle aurait infailliblement trahi leur présence, si, dans le même moment, les deux amis n'avaient pas été hors d'état de remarquer ce qui se passait autour d'eux. Ils se remirent bientôt, s'exhortèrent mutuellement, par un signe de tête, à demeurer tranquilles, et s'avancèrent un peu davantage, pour écouter de toutes leurs oreilles.

« Puisque tu parais connaître l'Egypte, continua l'étranger, il serait superflu de te dire comment sont élevés les fils de nos grands-prêtres. Lorsque j'eus passé l'âge de seize ans, mon père, afin d'achever mon éducation, m'envoya dans la Grèce, sous la conduite d'un vieux prêtre, me faire initier aux mystères des Cabires, d'Orphée et d'Eleusis, et compléter ainsi les instructions que j'avais reçues, tant à Memphis qu'à Saïs, touchant les secrets de l'ancien monde, bien supérieurs, suivant lui, à toutes les sciences des âges plus récents. J'employai plus de deux ans à ce voyage ; et après avoir appris dans la Samothrace, en Crète, à Lemnos, à Eleusis et ailleurs, tout ce que les mystagogues pouvaient m'enseigner, je retournai à Memphis, convaincu que je n'en savais pas plus qu'auparavant sur ce que j'étais le plus curieux de savoir.

Mon père me reçut avec beaucoup de bonté ; jugeant que j'avais rempli l'objet de mon voyage, et, se proposant, selon toute apparence, de me mettre en garde contre l'amour-propre, si ordinaire à la jeunesse, il s'imposa la tâche de me prouver la futilité des connaissances que j'avais acquises. *Possesseur de tant de secrets*, me dit-il, *quels prodiges es-tu capable d'opérer? Le vrai sage n'est pas celui qui* peut débiter ce qui n'est su que d'un petit nombre, et que personne ne desire ou n'a besoin de savoir ; mais bien l'homme qui mène une vie plus parfaite que le commun des hommes, qui sait s'approprier les forces de la nature, et produire, avec leur secours, des effets que l'ignorance prend pour des enchantements et des miracles. Les vrais mystères, à l'initiation desquels tu ne peux être préparé que par un long travail et des recherches infatigables, sont confiés à la sagesse et à la fidélité d'un petit nombre de favoris du sort ; et ces mystères même ne sont que de faibles restes de ce que les hommes savaient et pouvaient, avant que la dernière catastrophe de notre planète détruisît cette noble race. Tu en verras des échantillons qui te frapperont d'étonnement ; et toutefois tu ne verras que la moindre partie de ce qu'il est donné à l'homme d'effectuer, lorsqu'il jouit de la plénitude de ses forces.

« En me tenant ce langage, Kalasiris, à ce que je présume, cherchait à exciter en moi le desir de m'instruire, à m'inspirer une ardeur pour le travail, sans laquelle, disait-il, j'aspirerais toujours en vain à la connaissance des mystères qui étaient seuls dignes de ce nom. Mais le sort ne paraît pas m'avoir destiné à être l'héritier de sa sagesse. Une passion, dont toute sa philosophie ne put me garantir, la passion, si tu veux, la plus étrange et la plus insensée qui peut-être ait jamais subjugué l'imagination d'un mortel, s'empara de tout mon être, anéantit tous les plans que j'avais formés, tous mes efforts pour me rendre digne des instructions de Kalasiris, en me fixant — aux pieds d'une statue.

« D'une statue, s'écria le jeune homme de la tour, en souriant et d'un air de surprise !

« Ecoute-moi, reprit Osmandyas, ensuite tu m'excuseras ou tu me condamneras, d'après l'avis de ton cœur ; le cœur seul est juge de ce qui le concerne. Depuis mon retour à Memphis, Kalasiris m'avait accordé un libre accès dans sa chambre, où je n'entrais auparavant que lorsqu'il me faisait appeler. Près de cette chambre, se trouvait un cabinet que personne de sa maison n'eût osé ouvrir pour tous les trésors du monde, quoique, d'ordinaire, il ne fût pas fermé à clef. On s'en formait l'idée la plus terrible. On était fermement persuadé que sa porte était gardée par un Génie, prêt à faire mourir, sur le champ, quiconque, excepté le grand-prêtre, aurait la témérité de l'ouvrir. Une simple défense de mon père aurait eu plus de pouvoir sur moi que la crainte de ce Génie ; car j'étais accoutumé, depuis mon enfance, à regarder ses ordres comme des lois qu'il n'était pas permis d'enfreindre. Mais comme il ne m'avait rien dit à cet égard, la curiosité de voir ce que pouvait renfermer ce cabinet mystérieux, l'emporta enfin sur toute autre considération ; et je profitai, pour la satisfaire, de la première heure où je fus certain qu'il ne viendrait pas m'y surprendre.

« J'avoue que je tremblai de tous mes membres, lorsque je tirai le verrou. Mais le redoutable Génie

eut la complaisance de me laisser entrer; et dès que
mon courage eut repris le dessus, le premier objet
qui frappa ma vue, parmi une foule de choses surprenantes, fut un vieillard en habits sacerdotaux, dont
l'air majestueux et le regard mêlé de douceur et de
gravité m'en imposèrent tellement, que je me serais
prosterné à ses pieds, si je n'avais été retenu par son
immobilité qui ne me parut pas entièrement naturelle. *Ne serait-ce là qu'une statue*, me dis-je à moi-
même? J'eus besoin de toute ma fermeté, pour me
convaincre de la vérité de cette conjecture; mais je
ne pus parvenir à comprendre comment l'art était
venu à bout de produire un ouvrage aussi parfait, de
donner à une masse inerte cette apparence de vie et
cette expression qui annonçaient une ame.

« J'étais encore occupé de ces réflexions, lorsque
j'aperçus, dans un angle du cabinet, une jeune fille
d'une beauté admirable, assise sur un lit de repos et
paraissant jouer avec une colombe. Elle était vêtue
d'une longue tunique de fin byssus, assujettie sur ses
épaules à l'aide d'un bouton, et serrée par un ruban
au dessous de son sein légèrement couvert. Ses bras
et ses épaules étaient nus; et son mince vêtement,
quoique en tout conforme à la décence, prononçait,
avec autant d'aisance que de grace, les formes sédui-
santes de son corps moulé sur les plus belles proportions. Je fus surpris de trouver un objet aussi charmant
dans le secret réduit de Kalasiris, que sa sagesse, son
âge et sa dignité mettaient, sous ce rapport, à l'abri
de tout soupçon. L'instant d'auparavant m'avait prouvé

la supériorité de son talent, dans l'imitation de la nature. Cependant je fus encore dupe du premier coup-d'œil; et il ne me vint à l'esprit que cette aimable personne était aussi une statue, que lorsque sa parfaite immobilité ne me laissa plus aucun doute à cet égard.

« Il n'est pas en mon pouvoir de te décrire ce que j'éprouvai en ce moment; il faut avoir été dans la même position, pour s'en former une idée. J'étais convaincu que je n'avais sous les yeux qu'une image privée de sentiment et de vie; et toutefois mon cœur s'obstinait à croire qu'elle vivait, qu'elle respirait, qu'elle entendait mes discours. Mon imagination contribuait à nourrir l'illusion; et celle-ci était si forte que je passai une demi-heure, à genoux devant cette statue, lui adressant tout ce que l'amant le plus respectueux et le plus tendre peut adresser à la bien-aimée de son cœur, sans oser prendre sur moi de la toucher, pour m'assurer qu'elle ne vivait pas. *Assurément*, me disais-je, *elle n'est ainsi immobile que par l'effet d'un enchantement; elle vit, quoiqu'elle ne respire pas; elle m'entend, quoiqu'elle ne puisse pas me répondre. Tout me garantit qu'elle ne demeurera pas toujours insensible à l'amour extrême qu'elle m'a inspiré. Je la toucherai par la constance de ma passion; et peut-être m'est-il réservé de rompre le charme qui tient ses sens enchaînés, et, pour prix de ce service, d'être, dans ses bras, le plus fortuné des humains!*

« Je conçois qu'une telle passion doit te paraître

extravagante, et je n'ai rien à dire pour sa justification, si ce n'est que je ne fus plus maître de moi-même, du moment où j'eus contemplé cette figure céleste. Je le fus si peu, que je m'emparai de sa main, de sa main, hélas! qui ne résista point à la mienne, mais qui ne lui donna aucun signe d'émotion, et la pressai contre mon cœur, avec autant d'ardeur et de timidité que si elle eût été vivante.

« Au même instant, mon père survint et me surprit agenouillé devant la statue, et la tête penchée sur une de ses mains. Saisi de frayeur, je m'attendais à être durement réprimandé. Heureusement, j'en fus quitte pour la peur : ses traits n'avaient rien de sévère. *Il paraît, Osmandyas*, me dit-il, et il accompagna ces mots d'un sourire, *que tu as rapporté de la Grèce une admiration passionnée pour les arts. Je n'ai jamais rien vu*, lui répondis-je en rougissant, *d'aussi aimable que cette figure. D'aussi aimable*, reprit-il, en m'observant avec attention! — *Je me suis trompé, ô mon père! j'ai voulu dire d'aussi parfait. — Cela se peut, elle est l'ouvrage d'un grand maître.* Et son silence mit fin à notre conversation. Quelque desir que j'eusse de lui adresser une foule de questions, je n'osai pas m'en permettre une seule, tant l'habitude du respect l'emportait devant lui sur mes vœux les plus chers!

« Je m'éloignai; mais mon cœur demeura près de la belle statue, à laquelle il donnait un tout autre nom. Je me persuadai de plus en plus que c'était une personne existante et réelle, que la magie avait réduite à cet état d'insensibilité. Cette idée flattait mon imagination. Dans l'espace de quelques jours, elle l'enflamma tellement, que je ne pensais pas à autre chose, et que, ne pouvant rien faire qui se rapportât à l'objet de mon délire, je ne faisais exactement rien.

« Mon père s'abstint, pendant quelques semaines, de toucher cette corde. Il semblait même ne pas remarquer que je renonçais à tous mes travaux, à tous mes plaisirs accoutumés, et que je m'abandonnais insensiblement à une tristesse qui me faisait chercher les endroits les plus solitaires, et fuir le commerce de mes semblables. Cependant, sans qu'il y parût, il m'ôta, ou du moins je l'en soupçonnai, toutes les occasions de pénétrer dans son cabinet, pendant cet intervalle. A la fin, les suites de ma mélancolie devinrent si frappantes, qu'elles ne pouvaient échapper à son attention. J'étais sombre et abattu; je perdais l'appétit et le sommeil; en un mot, je changeais à un tel point, que j'étais méconnaissable à mes propres yeux. Kalasiris seul paraissait ne pas s'en apercevoir, lorsque tout à coup j'eus de nouveau la facilité de passer des heures entières dans son cabinet, sans être observé.

« A moins d'avoir aimé véritablement, tu ne saurais te représenter avec quel transport je tombai aux pieds de cette figure adorée, avec quelle ardeur j'embrassai ses genoux, les discours que je lui tins, et combien je fus heureux la première fois que je parvins jusqu'à elle.

« Ah ! sans doute, je le puis, s'écria le jeune homme de la tour, en poussant un profond soupir !

« Dès cette première fois, sa vue influa tellement sur mon humeur et ma santé, que je parus tout à coup un autre homme. Kalasiris ne prenait toujours garde à rien ; mais, durant une semaine environ, le hasard sembla chaque jour me ménager une heure que je pouvais passer aux pieds de la statue. Il y avait des moments où mon délire allait si loin, que je croyais la voir attendrie par mes larmes, où j'imaginais que ses lèvres essayaient de se mouvoir pour m'adresser quelque chose d'obligeant. Ces illusions fortifièrent naturellement la persuasion où j'étais que le pouvoir seul de la magie lui donnait les apparences d'une statue, et qu'elle était vivante ainsi que moi ; enfin, je ne pus m'empêcher de faire part à mon père de cette supposition, que je regardais comme une vérité indubitable.

« Kalasiris m'écouta tranquillement ; mais lorsque je cessai de parler, il me regarda d'un air sérieux, et me dit : *A ce que je vois, il y a certainement ici quelqu'un d'enchanté, et ce quelqu'un n'est autre que toi-même. Il est temps, Osmandyas, de mettre fin à ce jeu ridicule ; autrement, où penses-tu que doive te conduire ton amour pour une statue ?*

« Ce ton de sévérité me frappa d'autant plus, que je n'y étais pas préparé ; mais je ne m'en félicitai pas moins, de ce que mon père me fournissait lui-même l'occasion de lui découvrir l'état de mon cœur.

La violence de ma passion rompit alors la digue, où le respect l'avait contenue jusqu'à ce moment en sa présence; je me jetai à ses pieds, j'implorai sa compassion, je lui déclarai, dans les termes les plus forts, que cet amour, quelqu'insensé qu'il parût, déciderait du bonheur ou du malheur de ma vie.

« En pareil cas, la passion est diffuse. Cependant Kalasiris m'écouta avec beaucoup de patience, sans paraître offensé de la chaleur de mes expressions. Il me dit ensuite tout ce qui pouvait se présenter à l'esprit d'un homme sage, pour ramener un fils unique et bienaimé d'un égarement aussi déraisonnable. Il me réduisit enfin au silence; mais sans avoir réussi à me convaincre, et me congédia avec bonté, non toutefois sans laisser apercevoir quelque mécontentement, de ce que, disait-il, je me donnais si peu de peine pour faire triompher ma raison d'une faiblesse honteuse et bizarre.

« Il s'écoula plusieurs semaines, sans qu'il fût question entre nous de ce sujet d'entretien. Les occasions de voir l'objet de mon idolâtrie devinrent plus rares; et, d'un autre côté, Kalasiris en fit naître, chaque jour, de distraire mes sens et mon imagination. Tantôt c'étaient des commissions, plus ou moins importantes; tantôt des parties de plaisir sur le Nil, ou d'autres divertissements analogues à mon âge. Mais tous ces prétendus remèdes produisirent le contraire de ce qu'il en attendait. En quelque lieu que se trouvât mon corps, mon ame était toujours près de la statue; et si je supportais avec quelque résignation,

tion, la douleur d'en être souvent séparé pendant plusieurs jours, c'était uniquement parce qu'un seul quart-d'heure, employé à la contempler, me dédommageait avec usure de cette longue privation. Eût-il fallu souffrir mille fois davantage, je n'aurais pas cru payer trop cher ces moments de délices.

« On eût dit que Kalasiris s'attachait particulièrement à saisir les occasions de me faire voir les plus belles personnes de Memphis. La fête d'Isis ne pouvait venir plus à propos. Une procession solemnelle fit passer sous mes yeux toutes les jeunes filles de Memphis et des environs, sans voiles et parées de leurs plus beaux atours. On vanta devant moi la rare beauté de quelques-unes d'entre elles ; mais ou je ne les distinguai pas de leurs compagnes, ou je ne leur trouvai rien d'extraordinaire. Mon père saisit ce moment pour me demander, d'un ton de plaisanterie auquel je n'étais pas accoutumé de sa part, si, dans cette multitude de belles personnes, je n'en avais pas remarqué une qui m'eût semblé être l'original de ma statue. *Pas une seule ,* lui répondis-je sur le même ton, *qui m'ait semblé digne de la servir. J'en suis fâché ,* reprit-il un peu plus sérieusement; *car tu as vu, parmi ces jeunes vierges, celle que je t'ai destinée pour épouse. A moi !* mon père, m'écriai-je, troublé d'une proposition aussi inattendue! *Elle est,* continua-t-il, *la plus aimable de toutes ; et, si mes yeux ne me trompent pas, elle est aussi la plus belle. Au moins est-elle incontestablement plus belle que cette dame d'argile émaillée, pour laquelle tu as un goût si étrange. Cela est impossible,* m'écriai-je. *Quand cela serait*, reprit Kalasiris, *ce n'est pas sur la beauté qu'un homme sensé se détermine dans le choix d'une compagne. Mais comme tu n'es pas en état de faire par toi-même un choix raisonnable*, continua-t-il avec beaucoup de gravité, *je me suis chargé de ce soin. Je suis maître de mes sens; je sais ce qui nous convient à l'un et à l'autre, et tu ne peux avoir d'objection à former contre mon choix.*

« Ce discours, pareil à la foudre, me renversa aux pieds de Kalasiris. Si tu conçois que j'aimais ma statue par dessus tout; que ma passion, malgré son absurdité, avait tous les caractères de l'amour le plus vrai, le plus tendre et le plus véhément qui eût jamais brûlé le cœur d'un mortel, tu devineras aisément ce que je tentai pour attendrir le cœur de mon père, et pour le détourner d'une résolution qu'il m'avait annoncée avec si peu de ménagement. Il m'écouta longtemps, et voyant que j'étais trop ému pour céder à des motifs raisonnables, il me quitta en m'ordonnant de me calmer, afin d'être en état de lui dire mon dernier mot sur cet objet lorsqu'il reviendrait.

« A peine fut-il sorti du cabinet, que je me jetai aux pieds de ma chère statue, et lui jurai, dans un accès d'enthousiasme que je n'avais pas encore éprouvé, de lui être éternellement fidèle, quand même le malheur de ma vie ou une mort cruelle devrait être la suite de mon serment. La violence de mes sensations l'emporta alors, pour la première fois, sur la réserve, aussi tendre que respectueuse, qui, jusqu'à ce moment, ne m'avait permis que d'embrasser ses genoux, ou de coller mes lèvres sur sa main. Je l'embrassai avec l'ardeur la plus passionnée; je pressai ma poitrine haletante contre sa poitrine sans élasticité ; je couvris son charmant visage de baisers et de larmes, et ma démence alla si loin, que j'imaginai un instant la sentir échauffée par le feu de mes caresses.

« L'illusion ne pouvait durer plus longtemps, et il fut heureux pour ma raison qu'elle ne tardât pas à se dissiper. Mais j'eus beau reconnaître, avec dépit, que j'avais été le jouet d'une erreur, cela ne changea rien à mon frénétique amour, et Kalasiris me retrouva plus décidé que jamais à lui tout sacrifier, s'il était nécessaire. Je m'avançai au devant de lui, avec un regard et un accent qui exprimaient cette résolution. *Mon père*, lui dis-je, *je suis convaincu qu'il y a quelque chose d'extraordinaire dans cette statue et dans les sentiments qu'elle m'inspire. Ou la magie l'a réduite en cet état, ou, si elle n'est qu'une masse insensible, il existe certainement un être qui a servi de modèle à cette copie si parfaite, qu'elle trompe les yeux et la raison. Dans ces deux hypothèses, mon sort dépend de cet être. Il sera, jusqu'à mon dernier souffle, l'objet de mon plus ardent amour ; et c'est en vain qu'on exigerait de moi l'impossible. Je ne puis cesser de l'aimer,* qu'en cessant de vivre ; et si l'on veut bannir de mon ame le desir de le posséder, il faut commencer par m'arracher le cœur. O mon père! que je te doive le bonheur de la vie que j'ai reçue de toi! Je suis certain que le mystère de cette statue merveilleuse, qui semble vivre et respirer, de même que ce respectable vieillard, n'est pas un secret pour toi. Je ne puis plus supporter cet état de souffrance et d'incertitude. Il ne tient qu'à toi, ô mon père! j'en suis sûr, il ne tient qu'à toi de le faire cesser. Apprends-moi, je t'en conjure par les mânes augustes de nos ancêtres, ce que je dois faire pour être heureux, ou dis-moi que cela est impossible, et donne-moi la mort.

« Est-ce là ton dernier mot, me dit mon père avec un regard calme, mais imposant? *Oui*, répondis-je d'une voix ferme et sans être épouvanté. — *Eh bien! trouve-toi ici demain, au lever du soleil*, reprit-il d'un air où je crus démêler plus de compassion que de rigueur, et en me faisant signe de m'éloigner.

« Je le quittai, pénétré de respect, mais dans une situation d'esprit que je n'essayerai pas de te dépeindre. L'attente absorbait toutes mes pensées, et chaque minute qui s'écoula jusqu'à ce que le soleil eût disparu et jusqu'à ce qu'il se montrât de nouveau, sembla mesurer pour moi l'insupportable durée d'une torture non interrompue.

(*La suite à la page 257.*)

NOTICES BIBLIOGRAPHIQUES.

ZOOLOGIE.

KLEINE Schriften zur vergleichenden Physiologie, Anatomie, und Naturgeschichte gehœrig. — *OPUSCULES relatifs à la Physiologie, à l'Anatomie et à l'Histoire naturelle comparées, traduits du latin de J. F. BLUMENBACH.* Par J. G. GRUBER. In-8.º Leipsick. Meissner.

TROIS dissertations, dont la première a pour titre : *Essai d'une Physiologie comparée des animaux à sang chaud, vivipares et ovipares* (1789); la seconde, *Essai d'une Physiologie comparée des animaux à sang froid et des animaux à sang chaud* (1787); et la troisième, *Extrait de la collection des crânes de diverses nations, pour servir à l'histoire naturelle de l'espèce humaine* (1790). M. Gruber n'a joint ni remarques ni appendice à sa traduction. Au surplus, ce volume forme le commencement d'un recueil où M. Gruber se propose de traduire, soit du latin, soit des langues qui se parlent hors de l'Allemagne, ce qui paraîtra de meilleur sur la Physiologie et l'Anatomie comparées.

Botanique.

SALZBURGISCHE Flora. — *Flore de Salzbourg, où Description des plantes sauvages qui croissent dans l'archevêché de Salzbourg, avec l'indication de leur sol, du temps de leur floraison, de leur durée, de leur forme, etc., de leur usage dans la médecine et dans l'économie domestique, et de leur utilité pour les peintres, les teinturiers, les corroyeurs, etc.; publiée par F. A. DE BRAUNE.* T. III. Salzbourg, Mayr.

On a donné de justes éloges au soin avec lequel sont exécutés les deux premiers volumes de cet ouvrage; celui-ci, qui le termine, mérite également l'approbation des connaisseurs. Il renferme les plantes comprises dans la dernière classe du système sexuel de Linné, ou les *cryptogames*, avec des remarques additionnelles, et une table alphabétique de toutes les plantes nommées et décrites dans le cours des trois volumes. Les espèces sont au nombre de 1898, ce qui en donne 467 de plus que n'en contient l'ouvrage intitulé: *Prémices de la Flore Salzbourgeoise* (Primitien der Salzburgischen Flora). Il paraît certain au surplus que ce nombre pourrait être porté à 2000; en effet, on ne s'est encore procuré une connaissance exacte que de la moindre partie de la chaîne prodigieuse des montagnes de l'archevêché de Salzbourg; et, à compter seulement depuis la publication du premier volume de cette Flore, on y a découvert plus de cent espèces nouvelles.

Deutschlands Flora, in Abbildungen nach der Natur, mit Beschreibungen. — *Flore d'Allemagne, en dessins faits d'après nature et accompagnés de descriptions*. Par *J. Sturm, membre honoraire de la société botanique de Ratisbonne*. Nuremberg. In-12.

Chaque livraison de ce joli recueil est composée de seize plantes réduites pour la plupart, mais toujours fidèlement copiées d'après la nature. L'auteur, qui n'est point botaniste de profession, a pris pour guide la *Flore Alleman e* de M. Hoffmann.

Chimie.

Chemisch - Œkonomische Abhandlung ueber die Bestandtheile, den Anbau, und Nutzen der Acaciá. — *Traité chimique et économique sur les parties intégrantes, la culture et l'utilité de l'acacia*. Par *G. C. A. Rüchert, membre de la société des Sciences morales et économiques de Burghausen*. In-8.º Vienne, Wappler.

Après avoir exposé sommairement les avantages qui distinguent l'acacia (*Robinia pseudo-acacia L.*) de plusieurs autres espèces d'arbres, et donné une idée de sa culture, M. Rüchert rend un compte détaillé de l'analyse chimique qu'il a faite de son bois, de ses fleurs et de ses feuilles. Il paraît que les opinions contradictoires de différents auteurs, sur le sol qui convient le mieux à l'acacia, sont ce qui lui a fait naître l'idée d'obtenir, par l'analyse chimique, un résultat qui pût servir de guide dans le choix du terrain destiné aux plantations de ce genre. Voici les inductions que lui fournit cette analyse :

Culture. L'acacia peut croître dans tous les terrains, mais la bonté de son bois dépend de la bonté du sol. Le cultivateur qui le plante dans un mauvais terrain, agit contre ses propres intérêts. Il prospère d'autant plus, que le sol contient plus de terre dissoluble dans les acides ; par conséquent l'argile est le terrain le plus convenable, et une terre sablonneuse vaut mieux qu'une terre compacte, attendu que celle-ci favorise moins l'extension des racines. Parmi les engrais, il faut préférer les terres argilleuses, les cendres, les sels, le gypse, etc. Pour les pépinières, il faut choisir un terrain qui contienne de l'argile, de la chaux et du sable, et le joncher des engrais ci-dessus. La semence doit être recueillie au mois de juin ; et, lorsqu'on procède à la transplantation, on doit chercher à donner au sol les qualités qui lui manquent.

Utilité. Les feuilles peuvent être avantageusement employées pour la teinture de la laine et du coton. Elles peuvent servir à la nourriture des bestiaux ; mais, sous ce rapport, elles sont inférieures aux autres espèces de fourrages. Le bois de l'acacia vaut mieux pour être réduit en charbon, et en fournit davantage que la plupart des bois connus ; enfin l'acide, que produit cette opération, peut servir à la confection de la céruse et d'autres ingrédients.

HISTOIRE.

LITTERATUR der Teutschen Staatengeschichte. — *LITTÉRATURE de l'Histoire politique de l'Allemagne*. Par *C. G. WEBER, répétiteur de droit à l'Université de Leipsick.* Première partie, contenant la littérature générale, et en particulier, celle de l'Autriche, de la Bohème et du cercle de Bavière. Leipsick. Crusius.

M. Weber rend compte, dans sa préface, de l'intention qui lui a fait entreprendre cet ouvrage. Il s'est proposé de donner un catalogue aussi complet, aussi exact, aussi méthodique qu'il serait possible, de tous les écrits imprimés séparément ou insérés dans les collections, journaux, etc. concernant l'histoire générale et particulière des différents états de l'Allemagne. D'après ce plan, il y aurait de l'injustice à exiger de M. Weber des renseignements sur le mérite et le succès de ces écrits et des notices biographiques sur leurs auteurs. Il serait pourtant à desirer qu'il eût pris ce soin à l'égard des ouvrages les plus importants, et que, sous ce point de vue, il eût choisi pour modèle l'*Allemagne savante* (das Gelehrtes Deutschland) de Meusel. A la vérité, il promet de publier quelque jour un choix des principaux traités dont il aura été fait mention dans son catalogue ; mais cette promesse court risque de n'être pas remplie de si tôt ; car il faut auparavant que le catalogue soit achevé. Au surplus, M. Weber supplée, jusqu'à un certain point, à cette omission dans les articles modernes, parce qu'il y renvoie aux analyses des divers journaux.

La distribution des matières ne paraît susceptible d'aucune observation critique. On en jugera par la série des titres sous lesquels sont classés les ouvrages relatifs à l'histoire des états qui composent le cercle d'Autriche :

Ouvrages de géographie.

Ouvrages historiques.

Recueils de documents.

Systèmes et abrégés.

Ouvrages sur des parties détachées de l'histoire de ces états.

Idem. Sous le rapport de l'histoire civile et politique.

Ouvrages relatifs à l'histoire des familles régnantes.

Ouvrages et matériaux particuliers servant à l'histoire de certains événements et de certaines périodes.

Ouvrages particuliers servant à l'histoire militaire de l'Autriche.

Ouvrages de statistique.

Ouvrages concernant l'histoire ecclésiastique.

Ouvrages relatifs à l'histoire de la civilisation, des arts et des sciences.

ALLGEMEINER genealogischer Regenten-Almanach von Europa, fur das Jahr 1800. — *Almanach généalogique universel des gouvernants de l'Europe, pour l'an 1800 ; publié par A. C.* GASPARI. 94 pages in-8.º Weïmar. 1800.

On ne conçoit pas trop pourquoi la famille de Louis XVI, laquelle ne gouverne rien, occupe une page de cet Almanach, tandis qu'on y cherche vainement les premiers fonctionnaires des états républicains. Du reste, il présente un tableau comparatif des différents calendriers de l'Europe, que, pour plus d'une raison, les auteurs des almanachs français feraient bien de lui emprunter à l'avenir.

HISTOIRE LITTÉRAIRE.

NACHRICHTEN von Gelehrten, Künstlern und andern merkwurdigen Personen aus Ulm. — *Notices sur les savants, les artistes et autres personnages remarquables de la ville d'Ulm, publiées par Alb.* WEYERMANN. Leipsick. Wolf. 563 pag. in-8.º

Ces notices sont d'autant plus précieuses, que l'auteur en a puisé la meilleure partie dans des mémoires non imprimés. Malheureusement le libraire, par une fausse spéculation d'économie, l'a forcé de se restreindre à un seul volume, d'où il est résulté que plus de six cents articles sont demeurés dans son porte-feuille. Sans doute, il y en a beaucoup, soit parmi ces derniers, soit parmi ceux qu'il a livrés à l'impression, qui ne sont pas d'une grande importance; mais, dans ces sortes d'ouvrages, il s'agit moins de captiver l'attention par la célébrité ou le mérite des individus, qu'il ne s'agit de présenter un ensemble complet, pour que le lecteur puisse juger de l'état des sciences et des arts dans le pays dont on l'entretient.

COMMERCE.

DAS Gewerbfleissige Deutschland. — *L'Allemagne industrieuse, ou Catalogue systématique des négocians, fabricans, manufacturiers, libraires, trafiquants d'objets d'arts, imprimeurs, graveurs, apothicaires, possesseurs de cabinets de lecture, de forges, d'ateliers où l'on travaille le cuivre, le laiton, le vitriol et autres substances semblables, actuellement vivans; indication de leurs travaux, des foires qu'ils fréquentent et des logemens qu'ils y occupent, avec des explications relatives à la géographie commerçante, et à la science des manufactures et des marchandises.* Prem. partie, contenant la Haute-Saxe. Ronnebourg et Leipsick. Schumann, 1800.

Il existait déja un ouvrage de ce genre; mais incomplet et fautif. L'auteur de celui-ci ne néglige rien pour lui donner toute la perfection dont il est susceptible; mais cette perfection est inséparable d'une étendue presqu'indéfinie ; et il est à craindre que lorsque, par exemple, on publiera le volume de l'Autriche, les cessions, les faillites ou la mort, n'aient changé toutes les adresses de la Saxe.

Il semble résulter de cette considération, que, comme tableau général, cette espèce d'Encyclopédie est trop individuelle ; mais que ses diverses parties peuvent avoir momentanément leur utilité sous le point de vue des indications locales.

Littérature.

Blüthen griechischer Dichter. — *Fleurs des Poètes grecs, traduites par F. K. L. Baron de Seckendorf.* Weimar. Gædicke.

La *Batracomyomachie* d'Homère, les chants belliqueux de Tyrtée, plusieurs morceaux de Bion, de Moschus, d'Anacréon, de Théocrite, les plus courts d'entre les hymnes qu'on attribue à Homère, telles sont les fleurs que M. de Seckendorf a choisies pour les transplanter dans la littérature germanique : il a cru devoir s'imposer la loi de ne pas faire parler ses originaux autrement qu'ils n'auraient parlé, suivant toute apparence, s'ils avaient eu à s'exprimer en allemand, à l'époque où ils ont écrit, d'après les idées particulières à leur nation et à leur propre manière de voir. Il a ensuite tâché de reproduire le plus fidèlement qu'il a pu, leur rhythme et leur période métrique ; mais on lui reproche de s'être permis, pour atteindre ce but, des licences inexcusables, en fait de grammaire et de phraséologie.

PLATONS Republik. — *RÉPUBLIQUE de Platon, traduite et expliquée par M. G. FÆCHSE, professeur au collége royal de Halle.* 2 vol. gr. in-8.º Leipsick. Tauchnitz.

Il existait déja trois traductions allemandes de la République de Platon. La première, composée en 1554, est tout à fait surannée ; la seconde, ouvrage d'un nommé Kleuker qui a traduit tout Platon de 1778 à 1792, ne tient pas à beaucoup près ce qu'on a lieu de se promettre d'une semblable entreprise ; la troisième, estimable sous plusieurs rapports, et dont l'auteur est M. Wolf, a paru l'année dernière, c'est-à-dire au moment où M. Fæchse livrait la sienne à l'impression, par conséquent trop tard pour qu'il lui fût possible de renoncer à la gloire et au produit de son travail.

Au surplus, il a rempli cette tâche difficile avec autant de goût et de savoir, quoique par fois avec moins de concision que M. Wolf ; et il a de plus que lui, le mérite d'avoir joint, à l'interprétation du texte, une introduction bien écrite et sagement pensée, une excellente analyse de l'ouvrage de Platon, et des notes multipliées qui ont principalement pour objet l'instruction de la jeunesse.

ÉDUCATION.

Rolando's und seiner Glüksgefæhrten Reise um die Welt. — *Voyage de Rolando et de ses compagnons de fortune, autour du monde ; ouvrage dans lequel les notions les plus nécessaires de la géographie, de l'histoire naturelle, de la science des antiquités, et de la forme du gouvernement des principaux pays, sont présentées à la jeunesse d'une manière agréable et facile à saisir ; traduit du français du C. L. F. JAUFFRET. Par Richard KIELMANN.* In-18. Mulhausen. Risler. — A Paris et à Strasbourg, chez les frères Levrault.

Ce Voyage est de nature à plaire aux enfants, et à les instruire sans les rebuter. On pourrait se servir de la traduction du C. Kielmann, pour leur faciliter l'étude de la langue allemande. Elle se publie, comme l'original, par petits cahiers, dont chacun coûte 75 centimes, pris séparément. Le prix de douze cahiers est de 8 francs ; celui de 24 cahiers, formant 6 volumes, n'est que de 15 francs.

Reisen der Zœglinge zu Schnepfenthal. — *VOYAGES des élèves de Schnepfenthal. Par C. G. SALZMANN.* T. I. Schnepfenthal. 1799.

Ce premier volume contient la relation d'un voyage dont la durée ne s'étendit pas au-delà de quatre jours. Les voyageurs étaient, pour la plupart, des enfants de six à dix ans. M. Salzmann les avait partagés en quatre compagnies, dont chacune était commandée par un officier de sa création. Toutes les fois que la troupe s'arrêtait, ou se remettait en marche, il y avait un appel et une revue. Un des élèves était chargé d'une pharmacie portative ; un autre, qui avait toujours sagement administré ses petites finances, avait le soin de la caisse commune. Un maître de quartier allait en avant faire préparer les logements et les repas ; un voiturier suivait avec les bagages. Chemin faisant, M. Salzmann ne laissa échapper aucune occasion d'instruire agréablement ses élèves, soit en leur expliquant les curiosités naturelles, soit en leur développant le but et l'organisation des établissements publics, et les divers procédés en usage dans les manufactures.

Art militaire.

Neues militairisches Magazin. — *Nouveau Magasin militaire, historique et scientifique, avec des plans et des cartes ; publié par J. G. Hoyer, premier lieutenant des pontoniers de l'électeur de Saxe.* In-4.º Leipsick. Baumgærtner.

Ce journal est principalement composé de mémoires sur la tactique. Le rédacteur fait souvent usage des rapports des généraux français, pour indiquer la meilleure disposition des troupes de ligne, et l'ordre de bataille le plus propre à assurer la victoire.

N. B. — *La page suivante est la 65.º de la* Bibliographie universelle, *disposée ainsi pour qu'on puisse en faire un volume.*

VARIÉTÉS.

La Salamandre et la Statue, Conte de WIELAND.
(Suite.)

« L'AUBE se montrait à peine, que j'étais déja dans l'antichambre de mon père; mais je fus forcé d'attendre pendant une heure; elle me parut un siècle; je comptais les battements de mon pouls, les yeux fixés sur le point du ciel, dont l'éclat allait m'annoncer la décision de mon sort. Enfin le soleil parut; la porte de mon père s'ouvrit; j'entrai et le trouvai debout devant le majestueux vieillard, dans une attitude qui aurait fait présumer qu'ils conversaient tout bas l'un avec l'autre. Comme il me tournait le dos, et qu'il semblait ne pas prendre garde à moi, je profitai de l'occasion pour m'approcher de ma chère statue. Je crus distinguer dans sa physionomie plus de bienveillance que jamais, et lorsque je pressai sa main de mes lèvres, je sentis, à n'en pouvoir douter, une douce pression qui répondait à la mienne.

« En ce moment, mon père se tourna de mon côté, *Tu le veux, mon fils,* me dit-il, d'un ton calme et affectueux; *il faut nous séparer. Un amour aussi merveilleux que le tien doit pouvoir soutenir toutes les épreuves; autrement, il ne serait qu'un sor-*

tilége et un prestige. Revêts ces habits, Osmandyas, et cache ton visage sous ce masque. Par là ton extérieur sera celui d'un pauvre vieillard. Personne ne se défiera de toi, et au besoin, tu trouveras partout des secours. Voici ton bâton de voyage et une bourse qui contient autant de drachmes que tu employeras de jours à ton voyage. Vas, mon fils, et que le Génie de ton amour te serve de guide! Dirige tes pas du côté du nord-ouest, jusqu'à ce que tu arrives dans les Gaules. Lorsque tu seras parvenu aux frontières de l'Armorique, cherches-y une vieille tour, à laquelle il ne reste que trois créneaux que le temps ait épargnés. C'est là que tu trouveras le terme de ton voyage et le but de tes desirs. »

Tandis que le jeune Egyptien proférait ces mots, le jeune homme de la tour parut tout à coup plongé dans une méditation profonde, et Osmandyas se tut; mais le premier ne tarda pas à s'apercevoir de son silence; ses traits reprirent leur sérénité, et il le pria d'achever son récit.

« Kalasiris m'aida à m'habiller, et m'attacha de ses propres mains le masque, qui était fait avec tant d'art, et qui s'adaptait si parfaitement à ma figure, que tout le monde pouvait s'y méprendre, d'autant mieux que ma misère apparente ne devait inspirer à qui que ce fût la curiosité de m'examiner long-temps et avec soin. *Je vois*, me dit mon père, *les questions voltiger sur tes lèvres; mais abstiens-toi de m'interroger, et subis ton destin. Ne t'aban-*

donne pas toi-même; ton Génie ne t'abandonnera pas non plus. Mon cœur me prédit quelque chose d'heureux. Adieu, Osmandyas; nous nous reverrons.

« A ces mots, il m'embrassa tendrement, me baisa au front, et me dit de partir sur le champ.

« Il y a maintenant dix lunes que j'ai quitté Memphis. J'aurais peut-être succombé plus d'une fois aux fatigues de ce long pélerinage; plus d'une fois elles m'auraient suggéré l'idée de retourner sur mes pas, si j'étais parti avec l'espérance de trouver une couronne. Mais, au jugement de mon cœur, ce que je cherchais ne pouvait être acheté trop cher. Je devais trouver le prix de ma persévérance dans les bras de ma statue. J'en avais la parole d'un homme dont les discours avaient toujours été pour moi des oracles. Le succès me paraissait infaillible, quoique les moyens ne fussent pas à la portée de mon intelligence. Ce matin, j'avais dépensé ma dernière drachme, et la tour que je cherchais échappait toujours à mes regards. Il était dit qu'au moment où je m'y attendrais le moins, je la rencontrerais à l'aide d'un orage, que j'y trouverais un ami que je ne cherchais pas. Mais, hélas! le but de mes souhaits!....

« Est, peut-être, plus près que tu ne penses, dit, en l'interrompant, le jeune homme de la tour; au moins as-tu lieu de le croire, puisque toutes les autres circonstances ont été si conformes à la prédiction de ton père. Plût au ciel que je n'eusse pas plus de sujets de désespoir que toi ! Cher Osmandyas, tu ne serais pas aussi heureux dans les bras de ta statue, vivante et partageant ton amour, que je l'ai été, que je le serais encore, et que j'aurais toujours dû l'être, si, par ma propre faute..... (car à quoi me servirait d'accuser le destin?).... la perte de ce que j'aime uniquement, ne m'avait pas rendu le plus infortuné des hommes. »

En prononçant ces mots d'une voix étouffée, le jeune homme de la tour enfonça son visage dans un coussin qui était près de lui, appuyé contre le mur, pour cacher un torrent de larmes qu'il ne pouvait plus retenir. Osmandyas fut si touché de la douleur de son jeune ami, qu'elle lui fit oublier la sienne. Il lui prit la main, la pressa avec toute l'ardeur de la sensibilité, et demeura quelque temps en pleurs devant lui.

Le jeune homme ne fut pas longtemps insensible à sa compassion ; il parut honteux de son excessive faiblesse, et se recueillit pour devenir un peu plus maître de lui-même. Enfin, Osmandyas le voyant plus tranquille, lui parla en ces termes : « C'est quelquefois un avantage pour un cœur aux abois, de se soulager dans le sein d'un ami. Si tu crois pouvoir, en ce moment, user de ce moyen, découvre-moi, à moins que ma demande ne soit indiscrète, le sujet de l'affliction qui te dévore. Peut-être ton état n'est-il pas tellement désespéré que te le représente une imagination obscurcie par le chagrin. Peut-être l'œil plus calme de l'amitié découvrira une issue où tu ne saurais en apercevoir. »

« Ecoute mon histoire, lui répondit le jeune homme, et juge ensuite si je puis encore espérer. Je te l'ai promise; je la dois à ta sincérité. D'ailleurs, c'est toujours une satisfaction, même pour celui qui a perdu le bonheur sans retour, de parler de sa félicité passée avec un être sensible.

« La nature m'a donné un cœur tendre et une secrète disposition à vivre dans un monde idéal plutôt que dans la foule des hommes ordinaires et dans l'impure atmosphère de leurs passions. L'éducation alimenta ce penchant. Quoique je sois d'une famille noble, on me laissa grandir dans une solitude presqu'absolue. J'y contractai, vers l'époque de mon adolescence, une antipathie singulière contre les femmes et les jeunes filles que j'avais occasion de voir, antipathie d'autant plus étrange, que peu de mortels furent jamais doués d'un sentiment aussi délicat du beau, et plus susceptibles de l'amour le plus pur et le plus exalté.

« J'étais dans cette disposition d'esprit, lorsqu'il me tomba entre les mains quelques manuscrits rares, faisant partie d'une collection rassemblée par les soins de mon père, chef des druides de cette contrée. Ils me firent connaître les Génies des élémens; ces créatures sublimes qui tiennent le milieu entre les purs esprits et les hommes, eurent pour moi un tout autre charme que les habitantes de l'Armorique, pétries d'un limon plus grossier. Juge toi-même si les détails, que je trouvai dans ces manuscrits, sur la beauté et les perfections des nymphes élémentaires, étaient de nature à diminuer la répugnance que m'inspiraient les jeunes gauloises, et si, une fois assuré de la possibilité de communiquer et même de m'unir intimement avec ces êtres enchanteurs, je ne dus pas former, dès l'âge de 14 ans, la résolution d'abjurer tout commerce avec les filles des hommes, et d'observer ponctuellement les préceptes des sages, afin de mériter le suprême bonheur d'avoir un jour pour amante une Salamandre ou une Sylphide.

« Ma mère, aussi belle que vertueuse, et ma sœur unique, son vivant portrait, furent seules exceptées de ce serment; la première, parce que je me persuadai qu'elle-même était d'un ordre supérieur à l'humanité. Depuis longtemps, sa supériorité sur les autres femmes, et la considération extraordinaire que lui témoignait un sage tel que mon père, ne me laissaient aucun doute à cet égard. Ce qui fortifiait encore cette opinion dans mon esprit, c'était le peu d'occasions que j'avais de jouir de sa présence, élevé, comme je l'étais, dans l'habitation solitaire d'un druide. Cela même donnait plus de consistance et d'empire aux idées que je me formais de ses prétendues compagnes. D'un autre côté, ce que l'histoire m'apprenait de la corruption des femmes dans les principales villes du monde, ajoutait à mon antipathie. Enfin, elle devint si forte, qu'à l'âge de 16 à 18 ans, il était impossible de me déterminer à passer un quart-d'heure dans une société de femmes.

« Dès que mon père remarqua cette bizarrerie de

mon imagination, ainsi qu'il l'appelait, il parut la désapprouver, et employa toute sorte de raisons pour la combattre. Ma sœur me plaisantait sur mon insensibilité, et me menaçait de la vengeance de son sexe; mais tout cela ne produisit aucun changement dans ma façon de penser.

« Je pensais que mon père voulait seulement m'éprouver, et, quoique j'aimasse tendrement ma sœur, elle avait peu d'ascendant sur moi, parce que ses liaisons avec plusieurs jeunes filles lui avaient fait perdre toute ma confiance.

« Il y a environ huit ou neuf semaines que, dans une de mes promenades solitaires, une colombe d'une beauté rare s'étant envolée d'un buisson, à quelque distance de moi, me donna l'envie de la poursuivre. Elle avait l'air si apprivoisée; elle rasait la terre de si près, et s'y posait si souvent, presqu'à ma portée, que j'espérai qu'elle se laisserait prendre. On aurait dit qu'elle se plaisait à me faire parcourir un circuit de deux à trois mille pas; enfin, vers les approches de la nuit, je la perdis tout à fait de vue.

« Je me trouvais dans un désert si sauvage, que, quoiqu'il ne parût pas fort éloigné du château de mon père, je ne me souvins pas de m'être jamais enfoncé aussi avant dans la forêt. Le ciel était déja trop sombre pour me permettre de retrouver mon chemin, et je me bornais à chercher un abri ou une caverne où je pusse attendre le jour, lorsque j'aperçus tout à coup devant moi la tour où nous sommes. Je crus voir de la lumière dans l'étage du milieu. Il y régnait, ainsi qu'aux environs, un profond silence, qui m'inspira d'abord quelque terreur; mais la curiosité l'emporta. Je franchis le seuil; une lampe, suspendue vers le commencement de l'escalier, me montra la direction qu'il fallait suivre. Je montai, et j'arrivai dans cette chambre, sans reconnaître d'où provenait la lumière qui m'avait frappé. Dans le fait, je n'eus pas le temps de m'occuper de cet examen; car une jeune dame qui sommeillait sur ce lit, captiva mes regards dès l'entrée. Elle était couverte jusqu'aux pieds d'une longue tunique de soie couleur de feu, drapée à la manière des Grecs, et retenue par une ceinture éclatante au dessous d'un sein, dont un voile de pourpre, qui lui cachait le visage, laissait deviner la beauté, plutôt qu'il ne la laissait voir. »

A ces mots, l'une des personnes qui étaient dans l'antichambre, dit à l'oreille de l'autre : « Il est temps de poursuivre notre route. » Au même instant, elle se leva sans bruit, se glissa dans la partie supérieure de la tour, munie d'un petit flacon, qu'elle tira de dessous son manteau, reparut au bout de quelques secondes, et sortit avec son compagnon, sans être plus remarquée qu'en entrant.

« Un Grec, continua le jeune homme de la tour, se serait cru dans la chambre à coucher de l'Aurore. Pour moi, je me persuadai que j'avais devant mes yeux une de ces nymphes célestes, dont la seule idée avait suffi, depuis plusieurs années, pour comtrebalancer toutes les impressions que les beautés terrestres pouvaient faire sur mes sens. Les mouvements indéfinissables que sa vue excitait en moi, ne tardèrent pas à changer ce soupçon en certitude. C'était un mélange agréable et confus d'émotions nouvelles : tour à tour, avec la rapidité de l'éclair, un feu dévorant, un frisson glacial, parcouraient mes veines; je me sentais alternativement saisi de crainte et ravi en extase; la nature humaine n'a point d'images, la langue n'a point d'expressions pour rendre ce que j'éprouvais. Ce serait donc en vain, cher Osmandyas, que j'essayerais de te décrire... »

« Ajoute que tu prendrais une peine superflue, interrompit Osmandyas; les sensations que tu éprouvas alors, ne sauraient être plus extraordinaires, plus pures et plus vives que celles que j'éprouvai moi-même au premier aspect de ma charmante statue. »

Le jeune homme de la tour allait répondre quelque chose à cette observation; mais une réflexion subite lui ferma la bouche. — « Tu as raison, reprit-il après un moment de silence, on ne peut ni décrire ni comparer de telles sensations. Vouloir les décrire, c'est exposer celui qui nous écoute à n'entendre que des mots, sans y attacher aucune idée, ou à juger de ce que nous avons éprouvé, par ce qu'il a éprouvé en pareil cas. Il faudrait, non-seulement que tu te fusses trouvé à ma place, mais encore que tu eusses été moi-même, pour concevoir la passion inexprimable que fit naître en moi cette beauté divine, quoiqu'endormie, et dans une attitude qui me dérobait la plus grande partie de ses charmes. »

Osmandyas qui, malgré son idolâtrie pour une statue, avait plus de philosophie qu'on ne lui en aurait supposé, approuva d'un sourire le jeune homme de la tour, et celui-ci continua en ces termes :

« Il est des affections si pures et si simples, qui remplissent l'ame d'une manière si exclusive, qu'elles bannissent toute idée de temps. Sans doute, une affection de ce genre absorba mes facultés, pendant que, m'enhardissant de plus en plus, retenant ma respiration, posant à peine le pied sur la terre, j'approchai de ma déesse et demeurai immobile devant elle, dans une contemplation délicieuse; car je ne saurais dire si cette ivresse dura une ou deux heures ou même davantage; je me rappelle seulement que, lorsque cette vision ravissante se fut dissipée, elle me sembla n'avoir duré qu'un instant.

« Pauvre ami, dit Osmandyas, ce n'était donc qu'un songe?

« Tu te trompes beaucoup, mon cher, reprit le jeune homme; mais Elle s'éveilla, se mit sur son séant, me considéra quelque temps avec surprise, et faisant, avec sa main gauche, un mouvement dont la promptitude ne me permit pas d'en expliquer le but, elle disparut à mes yeux. Je demeurai au sein de l'obscurité la plus profonde; et, dans mon épouvante, je serais tombé évanoui, si des bras invisibles ne m'avaient retenu au moment où je commençai à perdre connaissance. Lorsque je revins à moi, je me trouvai sur le lit de repos où j'avais vu dormir l'inconnue; les premiers rayons du jour répandaient une faible clarté à travers le vitrage coloré de la fenêtre; je jetai autour de moi des regards étonnés, et reconnus la chambre; mais il ne restait d'Elle aucun autre vestige que son image empreinte dans mon ame, et la nouvelle existence qu'elle m'avait donnée.

« Je quittai la tour, et me rendis chez mon père, où l'on était inquiet de ma longue absence. Je racontai que je m'étais égaré, que le hasard m'avait fait rencontrer une tour, où j'avais passé la nuit plus commodément que je ne l'aurais passée dans les bois; mais je gardai le silence sur mon aventure. Personne n'avait ouï parler d'une tour semblable à celle que je décrivais; mais chacun prétendit remarquer dans mes traits un changement singulier, et augmenta mon trouble en assurant qu'il devait m'être arrivé quelque chose d'extraordinaire.

« Je me dérobai de mon mieux à ces observations importunes, et je passai la journée à réfléchir sur ma merveilleuse aventure. L'idée où l'on était que j'avais mal reposé la nuit précédente, me fournit un prétexte de me retirer plus tôt que de coutume. Je trouvai moyen de sortir sans être aperçu; je courus vers la forêt, et, autant que cela était possible à la lueur du crépuscule, je cherchai le sentier qui, la veille, m'avait conduit près de la tour; mais comme l'obscurité allait toujours en augmentant, il m'aurait été difficile de le retrouver, si je n'avais aperçu à deux cents pas de moi une lumière que je résolus de suivre. Elle semblait marcher devant moi, et me conduisit par une route, beaucoup moins longue, jusqu'au pied de cette tour. Elle s'éteignit alors, mais la tour pouvait d'autant moins m'échapper, que la lune s'était levée dans l'intervalle, et se réfléchissait avec éclat sur une partie des ruines.

« Figure-toi ce que j'éprouvai, lorsqu'à une distance de vingt ou trente pas, je vis la personne qui, la veille, était couchée sur le lit de repos, assise sur un morceau de colonne renversée. Son costume était le même, si ce n'est que son voile, rejeté en arrière, me découvrait la plus belle tête qui eût jamais frappé mes regards, quoique je fusse trop éloigné pour distinguer ses traits. Elle avait le visage appuyé sur sa main gauche, et contemplait la lune, comme si elle y eût cherché l'image d'un objet chéri. Le charme irrésistible que lui donnait cette attitude, m'aurait prêté des ailes pour aller tomber à ses pieds, si la majesté de sa taille et le souvenir de ce qu'elle était, n'eussent enchaîné mes pas à une distance respectueuse.

« Dès qu'elle m'aperçut, elle ramena son voile sur sa figure, et se leva pour venir à ma rencontre. *Cherches-tu quelqu'un en ce lieu, Clodion,* me demanda-t-elle avec un son de voix qui retentit dans mon ame? *Qui pourrais-je y chercher que toi-même,* lui répondis-je? *Ce langage,* reprit-elle en souriant, *est-il celui de la flatterie ou l'expression des sentiments de ton cœur? Si tu daignais,* repliquai-je, *lire dans mon ame, ce doute serait bientôt résolu ; car ton image y règne seule depuis la soirée d'hier, où j'eus le bonheur de te voir. C'en est trop,* reprit-elle, *pour une connaissance qui, au moins de ton côté, est si imparfaite et si récente. Je dis de ton côté ; en effet, je dois t'avouer pour ce qui me concerne, que le hasard m'a plus favorisée que toi. Je te connais depuis longtemps, et si tu pouvais te voir avec mes yeux, tu trouverais dans cette assurance une réponse à ce que tu m'as dit d'obligeant.*

« Je me jetai à ses pieds ; elle me tendit une main ravissante, que je baisai dans un transport d'ivresse et d'amour. J'ignore ce que je lui adressai pendant que je fus dans cet état; mais elle jugea à propos de me rappeler promptement à moi-même. Elle me dit de me lever, et, comme la nuit était des plus belles, elle me conduisit dans l'espace qui s'étendait derrière les ruines. Ce lieu, quoique la nature parût s'y jouer en liberté, offrait trop de goût et d'harmonie dans ses distributions, pour qu'on n'y reconnût pas la main de l'art. Nous parcourûmes des allées d'arbrisseaux odoriférants, qui se terminaient, tantôt à de grandes pièces de verdure, entourées de fleurs, tantôt à des enceintes de rochers couverts d'arbres ou de broussailles, où nous nous trouvions subitement emprisonnés ; d'autres fois à de petits vallons où des sources murmurantes, après avoir serpenté sous l'ombragé, se réunissaient dans un canal qui donnait à ce riant séjour l'apparence d'une presqu'île. Cette succession de beautés, la lueur magique de l'astre des nuits, la sérénité de l'air, le bonheur de sentir mon bras enlacé avec celui de la divinité de mon cœur, tout cela produisit sur mes sens une impression si étrange, que je me crus transporté dans l'empire de la Féerie. Cette pensée me vint d'autant plus naturellement, que je ne pouvais m'expliquer comment un endroit aussi délicieux, et qui paraissait aussi voisin de notre habitation, m'était demeuré inconnu jusqu'alors.

« Soit pendant que nous errions dans ce jardin enchanté, soit lorsqu'il nous prenait fantaisie de nous reposer sur un banc de mousse, au pied d'un feuillage qui ne nous transmettait qu'un voluptueux crépuscule, ma belle compagne m'entretint de mille sujets agréables qui me donnèrent la plus haute idée de son esprit et de son savoir. Elle me parlait avec autant de franchise et de confiance que si nous nous étions toujours connus. Enfin, à l'aide d'un pont jeté sur le canal, nous rentrâmes dans le bois, et je me retrouvai tout à coup au milieu des ruines et vis-à-vis de la tour, à la place où je l'avais aperçue. L'horizon commençait à se teindre de la pourpre matinale. *Il faut nous séparer*, me dit-elle, *mais si ma compagnie t'a offert quelqu'agrément, il dépend de toi de me trouver aussi souvent qu'il te plaira, dans cette tour, à la même heure qu'aujourd'hui.* En parlant ainsi, elle me fit prendre un chemin pratiqué dans le bois, qui, en moins d'un quart-d'heure, me conduisit chez mon père. Elle m'accompagna assez loin, et s'évada tout à coup si furtivement que je marchai encore quelque temps, sans m'apercevoir qu'elle m'eût quittée.

« Je n'ai pas besoin de t'apprendre, cher Osmandyas, si j'usai de la permission qu'elle m'avait donnée. Heureusement, ni mon père, ni qui que ce fût, ne sembla s'occuper de mes actions. Je prétextai, tantôt des promenades, tantôt des parties de chasse, tantôt des visites dans le voisinage, pour colorer mes absences nocturnes, et l'on se contenta de mes excuses, sans me faire plus de questions, ou sans s'étonner de ce que je passais communément les matinées à dormir et les nuits ailleurs qu'au logis.

« Elles auraient fait envie aux Dieux mêmes, ces nuits que j'employai, durant quelques semaines, à converser en secret avec mon inconnue. Je pouvais lui dire tout ce que je sentais pour elle. A son tour, elle me laissait lire dans son ame. Il est vrai que le respect et son imposante réserve donnaient bien peu de carrière à mes desirs ; une vestale n'aurait pas eu sujet de rougir de ce qu'elle m'accordait ; mais elle savait ajouter tant de prix à ses moindres faveurs, elle était tellement inépuisable, en fait d'esprit et d'enjouement, que je me regardais comme le plus fortuné des mortels.

« Elle me découvrit, dans ces heures de confiance et de tendresse, que, dès le premier instant où elle m'avait vu, elle avait formé la résolution de me rendre maître de son cœur et de sa personne, supposé qu'elle m'en trouvât digne, lorsqu'elle aurait étudié mon caractère. Elle m'avoua que mon antipathie pour les beautés terrestres et ma prédilection pour les nymphes élémentaires, n'avaient pas laissé de me recommander à ses yeux. Cependant elle refusa obstinément de m'apprendre son état et son nom, jusqu'à ce qu'elle eût des motifs suffisants d'ajouter foi à ma constance et à ma sincérité.

« Épris comme je l'étais, je me résignai sans peine à toutes les épreuves qu'il lui plairait de me faire subir, pour s'assurer de ma fidélité ; et mon respect pour elle était si profond, je craignais tant de révolter sa délicatesse en lui laissant voir des desirs trop empressés, que je n'osai pas la supplier d'abréger la durée de ces épreuves qui me semblaient aussi désagréables qu'inutiles. Je ne lui parlais même qu'avec la plus grande circonspection du maudit voile, qui me cachait toujours plus de la moitié de son visage. En effet, comme elle ne s'expliquait pas clairement sur la nature des épreuves auxquelles je devais m'attendre, savais-je si, en gardant ce voile importun, son but n'était pas précisément d'essayer jusqu'où irait ma complaisance pour ses moindres fantaisies ?

« Quatre ou cinq semaines s'étaient écoulées ; mon amour, quoique réduit, pour ainsi dire, à vivre d'air, prenait sans cesse de nouvelles forces ; déja il avait acquis toute la violence de la passion la plus ardente, lorsqu'un soir, contre la coutume de ma belle inconnue, je ne la trouvai, ni parmi les ruines, ni sous les ombrages, ni dans aucun des
petits

petits temples du jardin enchanté, mais dans la tour et sur le même lit de repos où je l'avais trouvée la première fois. Une petite pluie, qui était tombée ce soir-là, lui avait fait craindre, me dit-elle, que le grand air ne m'incommodât. Du reste, ma tendresse ne paraissait pas lui causer plus d'inquiétude en cet endroit, que dans ceux où nous avions jusqu'alors passé ensemble une partie des nuits.

« Ma conduite respectueuse justifia sa confiance; cependant notre conversation devint insensiblement plus tendre qu'elle ne l'avait encore été. Elle-même sembla l'être plus que de coutume. Le ton de sa voix était celui de l'amour même, et le feu de ses yeux étincelait à travers le double voile qui, de son front, descendait jusque sur son sein. Je parlai avec transport des délices d'une passion mutuelle et des espérances qu'elle m'avait permis de concevoir, et je hasardai, pour la première fois, de lui témoigner une impatience dont elle ne parut point offensée. *Seulement encore sept jours*, me dit-elle. *Sept siècles*, m'écriai-je en tombant à ses pieds!

« Cédant à mes instances, elle finit par réduire cet intervalle à trois jours. *Encore, ces trois jours*, me dit-elle d'une voix suppliante ; *accorde-les à la crainte que j'éprouve de rendre heureux un inconstant. Toi-même*, ajouta-t-elle, *mets ce temps à profit pour sonder ton cœur, pour examiner si tu es capable d'un amour aussi pur, aussi durable que les êtres de mon espèce ont droit de l'exiger. Ne crois pas que cet examen soit*

Tom. I. 18

superflu, *et ne compte pas sur le penchant de mon cœur, si jamais tu me manques de foi. Sans doute, il ne me permettrait pas de me venger d'une manière cruelle ; mais tu ne me reverrais plus. Je ne respire que pour toi ; mais je veux, en retour, que ton cœur m'appartienne sans réserve. Si ma possession te semble digne de ce sacrifice, si tu te crois en état de résister à toutes les épreuves, reviens en ce lieu la troisième nuit après celle-ci ; nous échangerons ensemble le serment d'une éternelle fidélité ; mais aujourd'hui, cher Clodion, laisse-moi.*

« Ne l'exige pas, souveraine adorée de mon cœur, répondis-je en embrassant ses genoux ; souffre qu'ici même, à tes pieds....

« En ce moment, la clarté magique qui remplissait la chambre, fit place à une obscurité profonde, et la belle inconnue s'échappa de mes bras. Je la conjurai en vain de redevenir visible ; en vain je me fatiguai à la chercher en tâtonnant ; elle n'était plus dans la tour ; et, quoique désolé de la rigueur de cette épreuve, il fallut me contenter de l'espérance d'être amplement dédommagé, dans trois jours, de l'affliction qu'elle me faisait éprouver.

« L'intervalle qui s'écoula jusqu'à la troisième nuit, forma un vide dans mon existence. Je n'en avais d'autre que celle d'une horloge, et ne savais que compter les heures, les minutes et les secondes. Enfin arriva la soirée si impatiemment attendue ; je volai à la forêt plus tôt que de coutume ; mais, sans que je puisse en deviner la cause, j'eus beau chercher le chemin que m'avait enseigné la belle inconnue, il me fut impossible de le retrouver. Je m'égarai dans le bois; je suivis des sentiers absolument nouveaux pour moi; je revins sur mes pas, afin de chercher encore, et la nuit me surprit sans que la tour se fût présentée à mes regards.

« Enfin j'aperçus une lumière. Je me dirigeai de ce côté, dans la confiance qu'elle m'aiderait à retrouver mon chemin. Après avoir longtemps erré à sa poursuite, dans les détours d'une espèce de labyrinthe, je me trouvai, autant que les ténèbres me permirent d'en juger, sous le portail d'un palais magnifique.

« Il en sortit un domestique bien vêtu, tenant un flambeau à la main. Il me considéra un moment, et me demanda, d'un air respectueux, si je ne me nommais pas Clodion. Cette question me parut étrange; mais, n'étant pas dans l'usage de taire mon nom, j'y répondis affirmativement. Le domestique poussa aussitôt un cri de joie, me tourna le dos et rentra dans le palais.

« Les deux battants de la porte s'ouvrirent, au bout de quelques moments. Six jeunes filles, aussi belles que richement parées, précédées d'autant d'esclaves qui portaient des flambeaux, vinrent à moi, m'adressèrent des paroles obligeantes, et me prirent respectueusement par la main, pour me conduire dans l'intérieur du palais. Je les priai de m'excuser; je leur dis que je m'étais égaré, que l'on m'attendait ailleurs, et que je ne pouvais m'arrêter un seul instant. *Pardon, seigneur,* me répondit l'une d'entre elles, *vous voici, à notre grande satisfaction, dans le lieu où, depuis longtemps, vous êtes l'objet d'une attente bien douloureuse.*

« *Cela est impossible,* repliquai-je ; *vous vous amusez à mes dépens, et je n'ai point de temps à perdre.* En parlant ainsi, je voulus m'évader; mais les esclaves me fermèrent le chemin avec leurs flambeaux. Les jeunes filles se prosternèrent devant moi, et la plus âgée, celle qui m'avait déjà parlé, me conjura, par les jours de celle que j'aimais, de l'écouter un moment. *Vous seul,* me dit-elle, *magnanime chevalier, vous seul pouvez nous rendre le service pour lequel nous implorons votre présence. Il ne vous retiendra pas un quart-d'heure, et sa nature est telle qu'un homme de votre rang ne peut se refuser aux sollicitations de tant d'infortunées ; rendez-vous à nos prières, et personne, dans ce palais, ne hasardera de vous y retenir malgré vous.* Ses compagnes se joignirent à elle pour me conjurer, en pleurant, de me laisser attendrir; et, ne voyant aucun moyen de me refuser à leurs prières, réfléchissant qu'une plus longue résistance ne servirait qu'à me faire perdre plus de temps, je les suivis dans le palais; mais de si mauvaise humeur, que j'oubliai presque d'être poli à leur égard.

« Elles me firent traverser une longue galerie resplendissante de lumière, et plusieurs chambres, dont la dernière n'était éclairée que par la faible lueur d'une seule lampe. Une grande porte, qui en occupait le milieu, donnait dans une autre pièce ; deux géants armés de haches énormes, étaient debout aux deux côtés de cette porte, comme pour en défendre l'accès. Je m'arrêtai, je regardai la jeune fille qui me servait de guide ; car j'étais sans armes ; mais tout à coup un dragon enflammé, tenant dans sa gueule une épée étincelante, fendit la voûte et s'abattit devant moi. La jeune fille me pria d'accepter de lui cette épée qui m'était destinée, et de continuer ma route. J'obéis, le dragon disparut ; et lorsque j'approchai de la porte, en agitant l'épée autour de ma tête, les géants tombèrent sur le plancher.

« J'entrai dans une salle tendue de noir, au centre de laquelle une coupole élevée, garnie d'une multitude de lampions, répandait une pâle lueur qui ne servait qu'à faire ressortir davantage le lugubre appareil des murailles. Sous la coupole, on voyait un grand cercueil, couvert de velours noir, placé sur une estrade où l'on montait par trois degrés. Six Maures, avec des tabliers de brocard, arrondis à leur extrémité, la tête ornée de panaches couleur de feu et le sabre nu au poing, entouraient le cercueil dans une attitude menaçante ; mais l'éclat de mon épée merveilleuse eut à peine frappé leurs yeux, qu'ils tombèrent et disparurent. Deux des jeunes filles qui m'accompagnaient, montèrent sur l'estrade, et levèrent le couvercle du cercueil. Celle qui jusqu'alors avait porté la parole, me fit signe de venir les joindre.

« Je montai, je vis dans le cercueil, à la faible clarté qui descendait de la coupole, une jeune dame de la plus grande beauté, le sein gauche percé d'une flèche dont le fer y entrait à demi.

« Je reculai à cet aspect : *Vous voyez*, me dit la jeune fille, *l'intéressant objet dont la délivrance vous a été réservée par le destin. Cette jeune dame, notre maîtresse, a eu le malheur d'inspirer, sans le vouloir, la passion la plus vive et la plus opiniâtre à un puissant Génie. Sa haine pour lui égalait l'amour qu'il ressentait pour elle ; car il est le plus odieux des êtres, comme elle en est le plus aimable. Après l'avoir longtemps tourmentée de ses vaines poursuites, et n'avoir obtenu que les assurances les plus positives de son antipathie insurmontable, son amour se changea en fureur. Il l'amena par force dans cette salle, l'étendit dans ce cercueil, et, de sa propre main, lui enfonça cette flèche dans le cœur. Depuis plus d'un an, tous les matins, il vient l'en arracher. Au même instant la blessure est guérie ; notre maîtresse recouvre ses sens, et se voit exposée de nouveau, pendant tout le jour, à ses odieuses persécutions. Mais comme elle persiste dans ses refus, chaque soir il la remet dans le cercueil, et lui perce le sein avec la flèche, sûr de la retrouver le lendemain, d'après les mesures qu'il a prises pour qu'elle soit bien gardée. En effet, indépendamment des géants et des Maures, qui sont chargés de ce soin, il a placé sur la porte* de ce palais un talisman qui le rend invisible, et comme si ce n'était pas encore assez, chaque jour, avec l'aide des esprits qui lui obéissent, il transporte le palais et nous dans un autre lieu. Cependant toutes ses précautions n'ont pu empêcher qu'il ne dépende de vous seul de mettre fin à l'horrible sort de notre chère maîtresse. Un oracle fameux que j'ai consulté, m'a répondu que cette aventure ne pouvait être terminée que par un jeune chevalier Gaulois, nommé Clodion, qui se montrerait au temps prescrit, et qui, protégé par une puissance supérieure à celle de notre ennemi, détruirait ses enchantements. Après une longue attente, nous avons enfin le bonheur de vous posséder, et il n'est pas douteux que vous ne soyez le libérateur promis par l'oracle. Le privilége accordé à vous seul, de voir ce palais, l'épée magique qui vous a été envoyée d'une manière si merveilleuse, l'empire qu'elle vous a donné sur les esclaves de notre tyran, tout nous assure que nous touchons au terme de nos maux. Achevez maintenant l'ouvrage du destin, généreux chevalier! Personne au monde, excepté vous et le Génie, ne pourrait arracher cette flèche du sein de notre maîtresse. Essayez-le. Si vous réussissez, l'odieux Génie aura perdu tout son pouvoir sur la belle Pasidore, et sa reconnaissance sans bornes sera le prix de votre magnanimité.

(La fin à la page 385.)

VOYAGES.

BEMERKUNGEN auf Reisen in Danemarck, Schweden, Frankreich.—*OBSERVATIONS faites dans un voyage en Danemarck, en Suède, en France, par C. L. LENZ, instituteur de la maison d'éducation philanthropique de Schnepfenthal, près Gotha.* Ire partie. Gotha, Ettinger, 1800.

M. LENZ, auteur de cet ouvrage, est né en 1760, à Géra, s'est voué à l'éducation publique, et a beaucoup écrit sur cette matière. Elève et partisan du fameux Basedow, il a publié un ouvrage en 1787, sur l'institut de Dessau, si sévèrement critiqué des uns, si pompeusement exalté par les autres, et qui, ainsi que toutes les choses humaines, a ses bons et ses mauvais côtés. M. Lenz a passé de l'école philanthropique de Dessau à celle de Schnepfenthal, fondée par M. Salzmann, protégée par le duc de Saxe-Gotha, dans les états duquel elle est située, et reconnue actuellement, en Allemagne, pour un des instituts d'éducation publique les plus distingués; ce que prouve la quantité d'élèves étrangers qu'on y envoie de toutes parts.

Plusieurs familles danoises et suédoises, qui y avaient des enfants, ou qui desiraient en confier aux soins de M. Lenz, l'invitèrent à faire ce voyage ; et ce fut à la tête d'un grand nombre de jeunes élèves, qu'il partit de Gotha, en 1796.

Son but principal, comme l'indique le titre de l'ouvrage, étant de publier, non une relation de voyage, mais les observations qu'il a été à portée de faire, sur les mœurs, la culture morale, les opinions, le genre de vie, les usages des contrées qu'il a parcourues, il ne faut point s'attendre à trouver dans cette production des détails de géographie et de statistique. L'auteur passe rapidement sur ces objets. Dans la partie qui concerne le Danemarck, il s'arrête avec détail sur l'université de Kiel, où le professeur Keinhold, si connu par son zèle pour la doctrine de Kant, a tellement propagé le kantisme, que la jeunesse y déserte toutes les autres écoles de philosophie, pour ne suivre que celle-là ; et, selon M. Lenz, elle est tellement en vogue dans le Danemarck, qu'il faut être kantiste à Copenhague, si l'on ne veut s'exposer aux railleries et au mépris de la jeunesse.

Le professeur Fabricius, célèbre par son *Entomologie latine*, était absent, et séjournait alors à Paris : son ouvrage sur les académies, lui avait attiré beaucoup de désagréments, par le zèle amer qui y règne contre les universités de Kiel et de Copenhague, et beaucoup de partisans parmi les savants, amis des réformes, qui voyaient avec satisfaction qu'un professeur eût le courage d'écrire et de signer des vérités salutaires. Sans prendre de parti dans cette querelle assez vive, M. Lenz ne conçoit pas que M. Fabricius, qui, par le moyen de la langue latine, est devenu l'instituteur de toute l'Europe en entomologie, cherche à mettre en discrédit cette langue déja trop négligée, et cependant si utile, par la liaison qu'elle établit entre les savants de tous les pays, et par les avantages que chacun en retire pour sa propre langue. A cet égard, l'université de Kiel a de grands avantages sur beaucoup d'autres.

Nos voyageurs n'ayant fait que traverser le Danemarck pour se rendre en Suède, M. Lenz s'arrête beaucoup plus sur ce dernier pays. On n'y trouve encore aucun établissement de poste pour les voyageurs, ni de roulage pour les marchandises, ce qui rend toutes les communications très-difficiles dans l'intérieur du pays, où, selon M. Lenz, les habitants croupissent dans l'ignorance la plus barbare, parce qu'ils ne peuvent se procurer les livres et les papiers littéraires, savants, ou politiques, étrangers; pas même ceux qui sont écrits en langue nationale, car souvent l'espace de plusieurs années ne leur fournit pas une occasion de faire venir un ouvrage imprimé à cinquante milles de l'endroit qu'ils habitent. Les librairies suédoises, à l'exception de celles des villes maritimes, ne méritent pas le nom de librairie. Les écoles sont très-arriérées ; et, d'après les détails donnés par M. Lenz, cette partie de la Suède est dans un dénuement absolu de tous les moyens de s'éclairer, qui ont amené chez les autres nations les sublimes découvertes et le perfectionnement auquel le reste de l'Europe est parvenu. L'auteur convient cependant qu'il a trouvé dans ce pays, des hommes honnêtes et éclairés. Il fait part à ses lecteurs d'une lettre qu'un savant suédois, qui a beaucoup voyagé, lui écrivit en 1799, sur l'état de la culture intellectuelle en Suède. Nous la traduisons ici, comme contenant des faits assez curieux :

« Je ne m'arrêterai point à rechercher si la nation suédoise est arriérée d'un siècle ou d'un demi-siècle, quant aux lumières. Ce dont je suis convaincu, c'est que la proportion de la partie éclairée à celle qui ne l'est pas, rapprochée de la même proportion chez la nation allemande, ne présenterait pas, à l'examen, un résultat aussi inégal que celui qu'on croit apercevoir au premier coup-d'œil. Observez, je vous prie, combien la population suédoise est peu considérable, et vous trouverez que le nombre d'hommes éclairés, dont vous avez vu plusieurs, pendant votre séjour dans ma patrie, n'est pas aussi disproportionné au total de sa population, que l'on pourrait le croire. J'avoue que la lumière n'a répandu que tard ses rayons en Suède; la cause en est que la nation, entretenue dans sa grossièreté par de longues guerres, n'a pu se livrer à la culture intellectuelle; que la pauvreté, suite de ces guerres, l'a mise hors d'état de s'en procurer les moyens, et qu'enfin l'influence et la prépondérance du clergé apportaient un obstacle insurmontable à bien des réformes. Cependant le dernier roi (qu'on n'accusera pas d'avoir favorisé l'oppression du clergé) fit tout ce qu'il osa et tout ce qu'il put faire pour répandre les lumières. Actuellement que le monarque Suédois a acquis plus de puissance, nous pouvons espérer qu'il lui sera plus aisé, qu'il ne le fut à son prédécesseur, de travailler à les propager dans ses états. Le clergé lui-même donne partiellement des preuves qu'il s'éclaire; il fait déja un meilleur usage de son influence sur le peuple. Depuis longtemps les productions de l'esprit ne sont plus assujetties à ces censures rigoureuses qui y mettaient des entraves; les écrits théologiques sont les seuls qu'on y soumette; encore a-t-on excepté de cette règle ceux que des particuliers font venir de l'étranger. Ce n'est donc ni à cette cause, ni au manque des établissements de messagerie qu'on peut attribuer le retard du progrès des lumières en Suède : c'est la pauvreté qui y met le plus grand obstacle ; elle porte la classe mitoyenne à ne s'attacher qu'aux connaissances nécessaires à la subsistance des familles. De là le peu de goût qu'on y a généralement pour la lecture, et par conséquent le peu d'émulation qu'ont les hommes instruits à écrire des ouvrages dont ils tireraient peu de profit; de là le triste état de la librairie suédoise. Malgré tous ces obstacles, je ne doute cependant point que la lumière qui commence à se lever à Upsal, ne se répande enfin peu à peu dans toute la Suède. On fait très-bien de concourir au succès des premiers efforts de ces braves gens, en les instruisant de ce qu'ils ont encore à faire; mais dans les avis qu'on leur donne, il faudrait éviter l'amertume qui aigrit ou décourage. « Ici le savant suédois fait un compliment à l'auteur sur les observations que ce dernier lui a adressées, et le remercie, en particulier, de celles qui concernent le sort malheureux des maîtres d'écoles Suédois.

Ce qui nous paraît préférable au luxe des lumières de l'esprit, c'est l'honnêteté et la moralité qu'indique la grande sûreté avec laquelle on voyage en Suède. M. Lenz nous assure qu'on ne s'y souvient pas d'un seul exemple de brigandage ou d'assassinat sur les routes, quoiqu'on traverse souvent 10 à 20 milles de forêts épaisses, si peu fréquentées, qu'on n'y voit aucune trace humaine, et ces routes solitaires sont parcourues sans aucun danger, même dans les nuits les plus longues et les plus noires; souvent nos voyageurs passaient les leurs dans ces forêts, ne trouvant que de quatre en quatre lieues une misérable chaumière, dont l'aspect présentait plutôt l'idée d'une caverne de brigands, que celle d'une demeure d'hommes sociables. « Je l'avoue, ajoute M. Lenz, nous n'y entrions pas sans effroi au commencement; mais bientôt nous perdîmes cette crainte; nous avons même couché et très-bien dormi dans ces réduits décorés du nom d'auberge ou de station de postes, quoiqu'elles n'aient ni verroux ni clef, soit à la porte de la maison, soit à celles des trous ou recoins qu'on y nomme sérieusement des chambres. Au milieu de ces forêts, le propriétaire de l'habitation laisse tout ouvert; le paysan, voiturier, entre la nuit dans ces cabarets, cherche à tâtons le lit des hôtes, les secoue fortement pour les éveiller ;

on se lève, on allume du feu, on donne à manger et à boire ; et, pendant que le passager se chauffe et se rassasie, la seule personne qui s'est levée pour le recevoir, se recouche, et le voyageur pourrait tout emporter sans gêne ; car on lui laisse le soin d'éteindre le feu, la lampe, et il sort laissant la porte ouverte comme il l'a trouvée. »

Cette heureuse simplicité, cette innocence de mœurs, sont cause que chez un peuple, de la pauvreté duquel aucun autre peuple n'a l'idée, il ne se trouve jamais ni mendiant ni brigand. Pourrait-on en dire autant des nations riches et éclairées ?

Les paysans fournissent les chevaux de ce qu'on appelle, en Suède, la poste extraordinaire. Se trouvent-ils à la distance de la route que déterminent les ordonnances royales ? ils sont obligés de voiturer les voyageurs pour un prix fixé par les mêmes ordonnances. Quand on arrive à la poste, il faut envoyer chercher les chevaux, quelquefois à un mille, souvent beaucoup plus loin ; mais quelque retard qu'apporte cette nécessité de les attendre, si l'on n'a la précaution de les commander d'avance, graces à la beauté des chemins et à la célérité de la course de ces animaux, on voyage aussi vîte en Suède que dans tout autre pays, et à beaucoup meilleur marché ; car, même en supposant guides, chevaux et menus frais généreusement payés, le prix d'une poste à l'autre, ne monte pas au simple *pour boire* des postillons allemands. Le paysan suédois suit à pied les voyageurs qui conduisent ses chevaux ;

il mange son morceau de pain sec, sans jamais attendre ni demander au-delà du prix modique fixé par la taxe, et souvent il ramène ses chevaux chez lui de trois ou quatre milles, sans avoir bu un coup. Si l'étranger qu'il conduit lui parle amicalement, s'il lui donne quelques sols, le suédois témoigne une reconnaissance touchante, et ses pauvres coursiers pâtissent seuls de sa gratitude ; car il les fait aller à toute bride.

La Suède a peu de villages ; on fait par fois vingt milles allemands sans en rencontrer un ; la plupart ne sont que de chétifs hameaux, composés d'une quinzaine de misérables chaumières ou huttes. C'est déja un endroit considérable que celui où une trentaine de maisons se trouvent réunies. Celles-ci sont en bois dans les petites villes, même dans quelques villes considérables. Les églises, bâties en pierre, sont isolées dans la campagne ; l'école est à côté, et souvent les paysans sont obligés d'aller chercher, à cinq ou six lieues de leur demeure, l'école et le bâtiment destiné au culte ; mais il y a des magisters ambulants qui séjournent alternativement dans les diverses habitations, et sont reçus et accueillis des familles isolées.

Quelque prévenu que s'avoue M. Lenz contre tout ce qui porte le nom de société ou communion religieuse, il rend justice à celle des frères moraves ou hernutés, très-nombreuse en Suède, et dans laquelle, selon lui, « se réunissent, de toutes les classes, les individus les plus pieux, les plus moraux ;

mais aussi, dit-il, les moins éclairés, et les esprits les plus bornés de la Suède; au lieu que les têtes fortement organisées, les savants les plus renommés, les plus dignes amis de l'humanité et les plus zélés partisans des progrès des lumières et du perfectionnement intellectuel et moral, se rallient à la société fondée par le célèbre Swedenborg. On aura l'intelligence de ce fait, ajoute l'auteur, lorsqu'on saura, comme me l'ont dit quelques membres de cette association, qu'ils ne se croient obligés d'admettre, pour cela, comme article de foi, ni la Jérusalem terrestre, ni les inspirations de Swedenborg, et qu'ils ne se sont engagés dans cette confrairie que dans le dessein de faire servir aux progrès des mœurs, de la science et des lumières, les grandes richesses et l'enthousiasme que possèdent les disciples de cet homme extraordinaire. »

« C'est à Stockholm et à Londres que sont les deux siéges principaux de cette association; et c'est à elle qu'on doit le bill donné, il y a peu d'années, en faveur de l'abolition de la traite des nègres. C'est la même société qui fonda, sur la côte occidentale de l'Afrique, la colonie de Sierra-Leona, si honteusement et si cruellement détruite, à l'insçu du gouvernement français, par des corsaires de cette nation. En formant cet établissement, la société avait un but particulier aux disciples plus intimément imbus de la doctrine de Swedenborg, et un but général commun à tous les membres de cette association. Les premiers espéraient qu'ils parviendraient de cette

colonie

colonie-mère, dans l'intérieur de l'Afrique ; qu'ils y trouveraient leur nouvelle Jérusalem terrestre, où la justice fleurit, où le christianisme primitif s'est conservé dans toute sa pureté, et où, disent-ils, notre Seigneur lui-même habitera et régnera sur les vrais croyants. Le but général commun à tous les membres, avait aussi pour objet de pénétrer de là en Afrique ; mais dans la vue d'observer la nature du sol, celle des productions, et les peuples de ces contrées absolument inconnues, et de mettre ces notions à profit pour contribuer au bonheur de l'humanité, et accélérer les progrès de la culture intellectuelle et morale des Africains.

« Les instructions données par la société de Swedenborg à ceux de ses membres qu'elle envoya dans la nouvelle colonie, tendaient, non à conquérir, mais à gagner les nations nègres par tous les bons procédés capables de captiver l'esprit et le cœur. Ils devaient travailler à obtenir, par la persuasion, des nations sauvages elles-mêmes, l'anéantissement du trafic odieux de leurs frères, que l'Europe civilisée n'a point voulu abolir, et qui occasionne des guerres sans cesse renouvelées entre ces peuplades, guerres dont l'unique but est de faire et de vendre des prisonniers. Le professeur Adam Asselin, démonstrateur de botanique à Upsal, et savant distingué, avait, de plus, l'ordre particulier de découvrir la ville de Tombucta, qui, dans les idées des sectateurs de Swedenborg, devait être leur nouvelle Jérusalem. »

En attendant que M. Asselin publie son voyage,

M. Lenz communique à ses lecteurs le peu de détails que des Suédois, membres de cette société, lui en ont donnés. En 1796, ce savant partit de Sierra-Leona, pour s'avancer dans les parties intérieures de l'Afrique, et trouva partout, dans ces contrées brûlantes, des peuplades d'un caractère doux et bon : elles n'avaient point encore aperçu de blanc, et témoignèrent au savant suédois autant de bienveillance que de curiosité. M. Asselin fit, dans cette course, une récolte immense en productions naturelles ; il y trouva une quantité étonnante de plantes inconnues, et rédigea un journal de ses observations sur le sol de cette contrée, sur ses habitants et sur les trois règnes de la nature, auquel il joignit les dessins exacts de ce qu'elle lui avait fourni. Forcé de rétrograder, soit parce que cette route ne pouvait le conduire à découvrir Tombucta, soit par la crainte d'une guerre prête à éclater entre les peuplades nègres (car M. Lenz indique l'un et l'autre motifs), le savant suédois retourna dans la colonie ; mais, poussé par son zèle et par les sollicitations de ses commettants, il ne fit qu'y déposer ses trésors, et s'achemina dans les contrées où il espérait découvrir la ville, objet de ses recherches. Il en était à la quatrième journée de sa course, lorsqu'elle fut encore interrompue par la triste nouvelle qu'il reçut, de la perte totale de ses riches collections, consumées avec la ville de Sierra-Leona, détruite et réduite en cendres par des corsaires français.

« Cette terrible et cruelle catastrophe n'a point

rebuté le zèle de la société; elle a rétabli la colonie de Sierra-Leona; et, pour la mettre à l'abri des incendiaires de l'Europe policée, elle l'a éloignée du rivage; ce qui l'approche des peuplades sauvages plus franches, plus humaines que les Européens. On sait qu'elle a chargé M. Hornemann de la découverte de la ville de Tombucta, dont M. Asselin, lors de son retour en Europe, a certifié l'existence. On connaît, par diverses relations, le succès des recherches de M. Hornemann.

« Aussi active, en Europe, qu'elle l'est dans les autres parties du monde, la société de Swedenborg travaille, en Suède, à tirer le peuple de sa grossièreté, en l'instruisant. Elle a rassemblé les meilleurs ouvrages populaires, classiques et philanthropiques; elle les fait traduire et répandre à ses frais. En 1796, elle avait formé le plan d'un Institut d'éducation publique pour toutes les classes, plan dont les bases étaient celles des Instituts philanthropiques les plus distingués de l'Allemagne. Il ne paraît pas qu'elle ait réalisé ce projet; « et c'est, peut-être, un bien, observe M. Lenz ; car cet Institut aurait produit le mal de propager les idées religieuses de ces sectaires, auxquelles même les plus éclairés d'entre eux tiennent si fort, que lorsque la conversation tombe sur cet objet, ce ne sont plus les mêmes hommes. »

Nous ne suivrons pas l'auteur dans les explications qu'il donne de ce contraste. En général, M. Lenz se contredit souvent, en exaltant le besoin et la nécessité des lumières, et en ne perdant aucune occasion d'opposer les mœurs douces, bonnes, des ignorants et des sauvages, aux cruautés et à l'égoïsme des nations éclairées; mais cette contradiction existant dans des faits, on ne peut lui imputer d'autre tort que celui de la faire trop sentir dans un ouvrage écrit avec l'intention de concourir à répandre les opinions nouvelles.   D. P.

HISTOIRE.

SPARTA, ein Versuch, zur Aufklærung der Geschichte, und Verfassung dieses Staates, von J. C. F. MANSO. — *SPARTE, essai pour servir à l'éclaircissement de l'histoire et de la constitution de cet état.* Par *J. C. F. MANSO.* Tom. I. Leipsick: Dick. 1800.

M. Manso, professeur du gymnase de Gotha, est né en 1760, dans le duché de Saxe, et s'est distingué entre les savants de cette nation par la critique éclairée qu'il réunit à une profonde érudition. Sciences, littérature, belles-lettres, il a tout embrassé. Traducteur, auteur, poète, il a enrichi l'Allemagne de quantité de mémoires et de productions critiques sur des objets philosophiques, moraux, politiques, historiques, et d'essais de littérature et de poésie, favorablement accueillis du public, et justement loués par les meilleurs journaux allemands.

La nomenclature de ces divers ouvrages se trouve dans le dictionnaire de Meusel avec les dates de leur publication; et comme nous aurons l'occasion, dans le cours de notre *Bibliothéque germanique*, d'en faire connaître plusieurs, nous nous arrêtons aujourd'hui au nouvel ouvrage que M. Manso a publié cette année, et dont nous venons d'indiquer le titre. Suivant l'usage allemand, il n'en a paru encore que le tome premier, en deux volumes, qui renferment chacun deux parties, dont les deux premières contiennent l'origine et l'histoire politique, civile, militaire, morale, religieuse de Sparte, et les deux dernières, des mémoires critiques sur les points à éclaircir.

Parmi les ouvrages modernes publiés sur la Grèce, l'Angleterre en a fourni de très-distingués; cependant ils n'atteignent pas encore à cette critique approfondie, à cette fidélité avec laquelle on peut exiger que soit exécuté chaque tableau de l'histoire, pour former un bel ensemble, et présenter un coup-d'œil uniforme et complet. M. Manso, en faisant cette observation, désigne deux causes principales du défaut qu'il relève dans ces ouvrages; l'une, que l'histoire de la Grèce n'est proprement que celle de ses divers états qui étaient trop compliqués, trop mêlés entre eux, pour qu'on puisse y trouver le fil d'une histoire générale, avant d'avoir travaillé séparément et avec une critique lumineuse, chacune de ses parties; l'autre, qu'on ne saurait venir à bout d'une pareille entreprise qu'en commençant par fixer ses regards avec une attention soutenue et sans partage, sur un seul de ces états.

C'est à Sparte que l'auteur commence ses recherches. Les matériaux fournis sur cet état, les aperçus généraux des meilleurs historiens de la Grèce, se bornent à l'exposition assez peu sûre des lois de Lycurgue, à celle des guerres et des conquêtes qu'il a faites, des différences établies entre les diverses classes des habitants de la Laconie, de l'origine et de la nature des réformes qu'éprouva peu à peu la constitution ; mais il n'y est pas fait mention, ou du moins on n'y parle que très-superficiellement de la corruption des mœurs et des causes de la décadence et de la chute totale de cette constitution. Or, quand on aspire à connaître Sparte, il ne suffit pas d'en savoir l'histoire et d'en effleurer la constitution ; il faut encore approfondir son culte religieux, ses usages militaires, son administration politique, en un mot, tout ce qui se comprend sous la désignation d'*Antiquités Spartiates*. Ce sont ces objets que M. Manso réunit à l'histoire de cette république grecque, en répandant le jour de la plus saine critique sur les autorités anciennes et modernes où il puise ses matériaux.

Ceux que présente l'histoire d'Athènes sont, sans contredit, plus riches et plus satisfaisants, pour l'écrivain avide de gloire. L'humanité s'y développe sous le plus bel aspect ; au lieu que Sparte, sa rivale, n'offre à l'œil curieux que des citoyens et des guerriers. Malgré cela, cette république est une espèce de phénomène si rare, que l'observateur ne peut que s'arrêter avec intérêt à rechercher comment s'établit et se maintint une constitution composée de parties si singulières; quels furent les rapports qui en résultèrent entre Sparte et les états environnants, et le degré de culture qu'elle détermina chez les Spartiates. Il est de plus certain qu'il n'y a jamais eu d'objet sur lequel les opinions aient été plus diverses, que ne le sont les jugements portés sur le mérite de la législation lacédémonienne.

Lycurgue fut-il le bienfaiteur de ses concitoyens ? La résolution, le courage, la constance des Spartiates, méritent-ils plus l'admiration que leur orgueil, leur cruauté, leur avidité de conquêtes, ne méritent le blâme? Doit-on les honorer du surnom de guerriers valeureux, ou les désigner par l'épithète honteuse d'aventuriers téméraires? Ces questions sont restées indécises, et, pour les éclaircir avec l'impartialité justement exigée de l'historien, M. Manso remonte à l'origine de Sparte, et va jusqu'à la destruction de cet état.

Il donne un tableau clair et précis de la Laconie, des diverses classes de ses habitants; il peint à grands traits les guerres, les conquêtes des Spartiates, leur culte, leurs usages, la constitution primitive de Sparte, et celle que Lycurgue y introduisit. Il recherche l'esprit, les moyens et l'influence des réformes de ce législateur, tant dans l'intérieur que dans les relations de Sparte avec ses voisins et avec les étrangers, sans oublier les fréquents orages qui ébranlèrent souvent l'intérieur de ce corps politique. Tel est le plan général de cet ouvrage. Nous allons donner une idée de la manière de l'auteur.

Après avoir présenté le tableau sommaire des migrations qui peuplèrent la Grèce, il s'arrête à la Laconie.

« Si, à l'exemple d'autres colonies étrangères qui s'établirent en Grèce, les Doriens avaient apporté avec eux, en Laconie, les arts, la civilisation et les richesses, on pourrait mettre en doute si la réussite de leur entreprise fut avantageuse ou nuisible au pays dont ils s'emparèrent. Mais, tout aussi peu civilisés que l'étaient les anciens habitants qu'ils expulsèrent, et n'ayant que ce courage guerrier, cette valeur sauvage qui écrase et renverse tout, ils détruisirent, dans l'espace d'environ deux cents ans, avec autant d'injustice que de cruauté, les possessions conquises ; et, semblables à des animaux de proie en fureur, ils firent, dans cette longue lutte, tout ce qu'ils purent pour s'entre-dévorer.

« C'est à regret que l'œil s'arrête à ces scènes d'horreur et de destruction ; mais on ne peut les omettre ; car elles appartiennent aux dévelopemens de l'histoire ; elles les préparent, ou plutôt elles les entraînent avec elles. Rassemblons donc les traits épars dans un même tableau, par lequel nous pourrons nous former une juste idée des relations qui existèrent entre les nouveaux et les anciens habitants de la Laconie, entre les peuples et les rois ; enfin entre eux tous et leurs voisins. »

Ici M. Manso rapproche, compare les aperçus jetés çà et là dans les auteurs anciens, pèse leurs indices, en discute la vraisemblance, et reprend la peinture de l'état où se trouvait la Laconie avant l'époque de Lycurgue.

« Mais pourquoi m'arrêter à prouver, par des conjectures, que les temps qui suivirent la migration des Héraclides, furent des temps de défiance, de discorde, de cruautés ? L'histoire elle-même témoigne d'une manière aussi claire que précise, que dès que les Doriens eurent acquis de la force dans leur nouveau pays, ils en abusèrent pour opprimer les Achéens qui y étaient restés. Bien loin de tenir les traités conclus avec eux, Agis, fils d'Euristhène, ne leur enleva pas seulement les prérogatives dont ils jouissaient ; mais il les contraignit encore à payer un tribut aux Spartiates ; et, lorsque les habitants de la ville d'Hélos, voulurent essayer de s'en affranchir, le même Agis, accompagné de son corégent, le successeur de Proclès, marcha contre eux, détruisit leur ville, et en condamna les habitants au sort le plus affreux, en les déclarant esclaves de l'état, en les reléguant dans des bâtiments isolés de ceux des autres citoyens, en leur imposant le fardeau des travaux publics ; enfin, en soumettant les maîtres particuliers, auxquels l'état les donnait, à l'obligation de ne jamais les affranchir, et de ne les vendre nulle autre part qu'à Sparte même ; établissement qui, malgré sa tyrannie, se maintint sans s'affaiblir et sans adoucissement, jusqu'au temps des Romains.

« Ce qu'il y a de remarquable, c'est que ce traitement barbare ne fut point occasionné par une fureur momentanée et passagère, ou par une vengeance unique dans son espèce. — Non; il se montre plutôt comme l'avant-coureur, le signal d'une guerre contre les Achéens, qui dura jusqu'à la première guerre de Messène, et dont les convulsions, sans cesse renouvelées, détruisirent plusieurs villes, assujettirent les vaincus aux vainqueurs, et changèrent si complètement la position des nouveaux venus, et celle des anciens habitants, que, depuis Agis, on distingue quatre classes d'habitants dans la Laconie.

« La première, celle des Spartiates ou Héraclides mêlés aux Doriens, renfermait les citoyens proprement dits, ou la noblesse du pays, qui jouissaient exclusivement de la liberté, de l'indépendance; tous les pouvoirs de l'état et de l'administration résidaient dans ses mains; elle était seule en possession des honneurs attachés aux dignités publiques.

« La seconde classe, bien plus nombreuse, était celle des Perioques ou Lacédemoniens, anciens habitants du pays; quoique libres, ils étaient assujettis aux Spartiates et leurs tributaires, exclus des dignités publiques, comme n'étant pas citoyens; mais, considérés comme soldats, il fallait qu'ils fournissent le contingent exigé d'eux, en temps de guerre.

« Les étrangers, établis en Laconie, depuis que les Héraclides l'avaient conquise, formaient la troisième classe, peu distinguée de la seconde; enfin, la quatrième était celle des malheureux Hélotes,

Ilotes ou serfs, qui appartenaient à l'état, comme sa propriété, et au maître à qui il les donnait comme esclaves.

« Au commencement, cette classe fut uniquement composée des habitants d'Hélé; elle s'augmenta ensuite des vaincus, intérieurs et étrangers, et devint redoutable à ses propres tyrans.

« Ce seul tableau suffirait déja pour établir avec certitude les causes des guerres intestines qui, déchirant et ébranlant la Laconie, devaient opérer un changement dans sa constitution. Mais aux divisions qui régnaient entre les Spartiates et les Lacédémoniens, et aux guerres du dehors, se joignait encore une autre cause de dissolution et de ruine; c'étaient les bases indéterminées de la puissance royale.

« Ce que dit Plutarque, à cet égard, est si clair, si positif, que je me borne à citer ce passage (*); quelque admiration que les Spartiates eussent pour leur roi Soüs, ils changèrent le nom de Proclide, qui désignait cette famille, en celui d'Eurytionide, parce que son fils Eurytion fut le premier des rois Spartiates qui, aspirant à gagner la faveur du peuple, lui sacrifia de ses prérogatives royales, et se rendit populaire. Cette condescendance introduisit le trouble et l'anarchie à Sparte, le peuple y devint, chaque jour, plus exigeant, plus audacieux; les rois, successeurs d'Eurytion, se rendirent tantôt odieux

---

(*) Vie de *Lycurgue*. 2, 3, 4.

par leur rigueur à rétablir l'ordre, tantôt méprisables par leur impuissance et leur faiblesse.

« Ainsi, continue M. Manso, la lutte, sans cesse renaissante, de la volonté des deux rois Spartiates; la contradiction perpétuelle entre la faiblesse et la force de leur administration; l'anarchie, la fureur populaire montées au point que, selon Plutarque, le peuple assassina le roi Eunomus; tous ces traits rassemblés, ne laissent aucun doute que Sparte ne se trouvât alors dans cette époque dangereuse où les états, s'approchant de leur dissolution, demandent une réforme. Ce fut Lycurgue qui sauva sa patrie. »

L'auteur raconte ici la vie et les voyages de cet homme célèbre, le suit non simplement en historien, mais en observateur, dans les divers lieux où l'on suppose que Lycurgue rassembla les matériaux de sa législation; et le ramenant à Sparte, voici comment M. Manso décrit la manière dont Lycurgue s'y prit pour exécuter son entreprise.

« A son retour, Lycurgue trouva les esprits plus disposés, qu'ils ne l'avaient encore été à accepter une constitution nouvelle. Pendant son absence, l'anarchie s'était accrue; les maux en étaient devenus plus sensibles; le mécontentement plus grand, plus général; le desir du peuple et des rois, qu'il s'opérât une réforme, était plus prononcé, et l'attente publique, déjà fixée sur Lycurgue avant son départ, avait atteint le plus haut degré d'impatience et de vivacité. Malgré ces dispositions favorables, il ne crut pas qu'il fût prudent de publier ses projets, avant que de s'assurer encore de leur réussite. L'oracle de Delphes était universellement réveré en Grèce ; les Doriens avaient apporté ce sentiment dans la Laconie; ce fut le Dieu, dont cet oracle était l'organe, que Lycurgue voulut avoir pour protecteur et pour soutien de son entreprise.

« Il s'adressa donc à Apollon et reçut, de la bouche même de sa prêtresse, la réponse flatteuse et encourageante, qu'il était l'ami des Dieux, plus un Dieu, qu'un homme, et que sa constitution surpassait en excellence, toutes celles alors connues. Muni de cette autorité divine, certain qu'il réunirait par elle tous les esprits et tous les cœurs à ses projets, il donna la plus grande publicité à cet oracle, et gagnant peu à peu la confiance des principaux du peuple, Lycurgue, aidé, selon Plutarque, du roi Archélaus, établit sa législation sans obstacle, et sans secousse. »

M. Manso la présente à ses lecteurs avec des détails neufs, sur lesquels il répand le jour d'une critique sévère; il démontre que le législateur Spartiate ne voulut point et n'aurait pas pu donner à sa patrie une constitution nouvelle; que la sienne ne fut qu'un simple rétablissement de l'ordre ancien, perfectionné, déterminé d'une manière invariable, mais toujours combiné sur l'esprit général du temps où vivait Lycurgue, et sur les maximes politiques qui, depuis des siècles, s'observaient à Sparte, dans toute la Grèce, et s'observèrent ensuite à Rome.

C'est par cet esprit qu'il faut juger de la constitution de ce législateur; tout ce qui s'en écarte y est étranger. Ainsi, pour en donner un exemple, « loin d'abolir, nous dit M. Manso, les distinctions établies entre les classes des habitants de la Laconie, il s'attacha au contraire, avec soin, à donner à cette institution antique une force et une durée légales, et l'on retrouve ce principe dans toutes ses institutions. »

M. Manso le prouve dans l'examen qu'il en fait, et qui le conduit au résultat, « que la constitution de Lycurgue, considérée sous les rapports des différentes classes qu'elle embrassait, avait trois caractères très-prononcés; qu'elle fut, à l'égard des Spartiates, au moins dans son origine, la plus pure démocratie; une aristocratie rigoureuse pour les Périoques ou Lacédémoniens; et, pour les Ilótes, le despotisme sous son plus effrayant aspect. Sparte même, point central de cette constitution, ne se présente que sous l'image d'un camp bien fortifié, assujetti à une police rigide, et qui, dominant la contrée, en exige et obtient, en vertu de règlements déterminés, ce qu'il faut à ses besoins, où en poursuit avec violence la livraison, lorsque celle-ci éprouve quelque retard; un camp dans lequel il n'existe aucun mérite utile, que celui du courage, de la valeur, de la force, et aucune autre jouissance, que les exercices militaires, et les jeux gymnastiques.

« Le respect aveugle, l'obéissance stricte à l'ordre

établi, traits qui caractérisent exclusivement l'esprit d'un camp bien ordonné, se retrouvent dans la constitution du législateur Spartiate. Pour que Sparte pût rester ce qu'elle était devenue par sa réforme, elle devait ne s'éloigner en aucune manière des règlements que Lycurgue avait établis.

« Il fallait qu'elle n'eût jamais honte de sa pauvreté, qu'elle ne se fatiguât jamais de son genre de vie, qu'elle renonçât à toute conquête, qu'elle s'isolât enfin de toute influence étrangère, se bornant uniquement à défendre et à maintenir son petit territoire. Sous ces conditions, elle ne se fût jamais agrandie ni perfectionnée, mais elle fût restée ce qu'elle était. Le premier pas qu'elle fit pour porter la guerre au delà de ses frontières, les premiers secours qu'elle envoya à ses alliés, furent les premiers coups mortels portés à sa constitution. Si Lycurgue supposa que son peuple, enfermé dans un camp, aurait cette modération, ou s'il imagina que Sparte guerrière, Sparte conquérante resterait telle qu'il l'avait rendue, il ne connut ni la nature de l'homme, ni celle de sa législation. C'est là que réside la mesure pour apprécier son ouvrage; un état dans lequel les citoyens sont élevés en guerriers, vivent sous les armes, aiment la guerre, devient guerrier, fait des conquêtes, s'agrandit, s'enrichit par elles, et perd par là peu à peu toutes les bases sur lesquelles reposait sa liberté. Ainsi Lycurgue fut très-éloigné de la solution du problème qu'il s'engageait à résoudre, celui de protéger Sparte, contre tout ennemi extérieur ou intérieur; et sa constitution portait en elle-même, comme tant d'autres, le germe de corruption que le temps y a développé. »

Nous ferons connaître la suite de cet ouvrage à mesure qu'elle paraîtra. D. P.

GESCHICHTE BERNHARDS des Grossen Herzogs zu Sachsen-Weimar. — *HISTOIRE de BERNARD le Grand, duc de Saxe-Weimar.* Par *M. HETT-FELD, docteur en droit.* Leipsick.

Les deux premières sections de cet ouvrage présentent un coup-d'œil général de l'histoire de la maison de Saxe; ce n'est qu'à la troisième, que l'auteur commence celle du duc de Saxe-Weimar, cet illustre défenseur de la religion protestante et de la liberté germanique, si célèbre, dans l'histoire générale de l'Europe, par ses talents militaires. Il ouvrit sa carrière à l'âge de dix-sept ans, peu après la malheureuse bataille de Prague, et combattit, avec autant de succès que de bravoure, contre l'empereur, sous les drapeaux de Christiern IV, roi de Danemarck. Cependant les conseils de son frère et la menace d'être mis au ban de l'empire, lui firent quitter le service danois en 1627. On voit, dans la quatrième section, la situation critique des princes protestants de l'empire, occasionnée par l'édit de restitution donné en 1629, et leurs efforts pour attirer Gustave Adolphe dans leur parti. Bernard entra à son service,

vice, et donna, en toute occasion, des preuves de ce qu'il serait un jour. Ces deux sections offrent le précis de la guerre de trente ans. L'auteur, entre les diverses conjectures auxquelles la mort de Gustave Adolphe a donné lieu, regarde comme la plus vraisemblable celle qui l'attribue au duc François Albert de Lauenbourg. « Les apparences qui éveillèrent ce soupçon, dit-il, sont de telle nature, qu'il est difficile de se convaincre du contraire. Le duc Albert, qui était entré, en 1620, au service impérial, l'échangea, sans raison, contre celui de Suède; seul il portait, à la bataille de Lutzen, une écharpe verte, couleur de l'Autriche; il demeura sain et sauf au milieu des boulets ennemis. — Il était partout à côté du roi, et ne vint point annoncer sa chute à l'armée; mais aussitôt après que le coup fut porté, il s'éloigna du champ de bataille, et vola à Weissenfels. » A la vérité, toutes ces circonstances ont fait présumer que le duc Albert, gagné par l'Autriche, abrégea les jours de Gustave; mais il en est d'autres qui semblent repousser victorieusement cette imputation. Nonseulement le duc resta au service de Suède; mais encore il prit part à la conjuration de Wallenstein contre l'empereur Ferdinand, et fut, à cette occasion, détenu prisonnier par ordre de l'empereur. M. Hettfeld paraît aussi ignorer que la maison de Saxe-Lauenbourg se plaignit à la cour de Suède des calomnies qu'on avait osé répandre, à cet égard, contre le duc Albert, et que l'histoire a pleinement lavé celui-ci de ces soupçons injurieux à sa gloire. Dans cette bataille remarquable de Lutzen, Bernard prit le commandement, et pour prévenir le découragement de l'armée, il cacha la mort de Gustave, répandit qu'il avait été fait prisonnier, et obtint une victoire importante. A dater de cette époque, ce prince ne paraît plus dans l'histoire que comme général en chef, comme vainqueur et auteur des plus grands projets; la couronne de Suède, en récompense de ses importants services, lui donna, en 1633, le duché de Franconie avec les deux évêchés de Wurtzbourg et de Bamberg, qu'il perdit, en 1635, après la malheureuse bataille de Nordlingen. La chute et l'assassinat de Wallenstein remplissent la plus grande partie de la septième section, morceau dont l'intérêt est augmenté par la manière dont le célèbre Schiller vient de traiter ce sujet pour le théâtre.

M. Hettfeld donne le caractère de cet homme fameux d'après les meilleures sources; ses traits principaux étaient l'orgueil, le faste, la cruauté. « Faites pendre cette *bestie*, » était sa sentence ordinaire pour la moindre petite faute, et sa cruauté allait si loin, qu'il voulut une fois faire mourir un enfant que son épouse venait de mettre au monde, parce qu'il avait fait souffrir sa mère. La huitième section contient la malheureuse bataille de Nordlingen. L'auteur y décrit la triste position des protestants, la conclusion de la paix de Prague, à laquelle Bernard ne voulut jamais consentir; son alliance avec la cour de France, son entrevue avec Louis XIII, dans laquelle, violant l'étiquette reçue, il se couvrit ainsi que le roi; la surprise et les murmures des courtisans, l'embarras de Louis XIII qui, déconcerté, ôta son chapeau, rompit la conversation, et se retira, en lui disant : « Mon cousin, nous aurons d'autres occasions de nous voir. »

Nous passons sur les deux dernières sections qui roulent en partie sur les événements de la guerre de 1637 à 1639. Bernard mourut le 8 juillet de cette année, vraisemblablement empoisonné, sans qu'on ait jamais pu savoir, avec certitude, par l'ordre de qui fut commis ce crime. L'auteur paraît pencher pour les conjectures qui l'attribuèrent à la France. On lui rendit les plus grands honneurs après sa mort. Ce héros réunissait à la valeur du soldat, les sentiments d'une vraie philanthropie. La plupart de ses campagnes et de ses marches décélaient le but de soutenir sa croyance religieuse et de la protéger contre l'oppression. Il aimait ses soldats comme ses enfants, partageait avec eux toutes les fatigues, tous les dangers de la guerre, était toujours à leur tête dans chaque action. Il fut vainqueur dans 34 batailles, et ne perdit que celle de Nordlingen; mais il sut se relever de cette défaite avec l'énergie et l'habileté qui caractérisent le grand homme. D. P.

MUSIQUE.

Die Schœpfung, von Hayden. — *La Création, Oratorio de Hayden.*

Dans un moment où *la Création* de Hayden, transportée sur le théâtre de la République et des Arts, a excité au plus haut degré la curiosité et l'intérêt de tout Paris, le public de cette grande ville, toujours un peu enthousiaste et moins sûr, nous osons le dire, de son tact en matière musicale qu'en toute autre partie des beaux-arts, sera peut-être curieux de savoir quel jugement on a porté, en Allemagne, de cette composition extraordinaire, et de le comparer avec ceux des journalistes français. Voici ce qu'on lit, à cet égard, dans une des meilleures feuilles périodiques allemandes :

« Il y a quelques années qu'un musicien nommé Taube, joua ici (à Vienne) publiquement sur l'orgue, des morceaux qui n'étaient rien moins que *la bataille d'Aboukir, le jugement dernier, le tourment des damnés, les joies des bienheureux*, et autres choses de ce genre. Quoique j'eusse perdu de vue, depuis longtemps, ces tours de force de M. Taube, ils me revinrent à la mémoire, lorsque je lus, dans les gazettes, l'annonce de la *Création* composée par le célèbre Hayden.

« Une *Création* n'est pas un sujet plus propre à la composition musicale, qu'une bataille ou un jugement dernier, et quelque supériorité que Hayden puisse avoir sur Taube, le travail du premier ne doit pas être considéré autrement que comme un essai pour parvenir à composer ce qui n'est pas de nature à se prêter à la composition. Une ode sur la création, un récit de ce grand événement, sont certainement des sujets dignes de la musique. Dans les morceaux du premier genre, le compositeur rendra le sentiment du poète; dans ceux du second, il touchera les auditeurs par l'effet du récit déclamé.

« Mais quant à l'idée de la création elle-même, la musique n'y peut atteindre que par analogie, en s'efforçant de peindre les objets par des sons plus ou moins forts, plus ou moins précipités; tentative qui lui fait abandonner le sentiment, son unique et véritable sphère, et la jette dans un champ trop vaste pour elle, et d'où le bon goût l'a bannie depuis long-temps. Il est aussi insignifiant de vouloir parler aux yeux, par le moyen d'un instrument, qu'il le serait de prétendre peindre un son par le moyen des couleurs, quel que soit le talent de l'artiste qui s'élève à de tels essais.

« On dira peut-être que Hayden, en jetant le plan de la *Création*, s'est figuré une certaine position, dans laquelle il a placé un être sensible, et que son but a été de peindre le sentiment de cette créature intelligente et animée à l'aspect du plus étonnant des spectacles ; mais ce n'est point le cas dont il s'agit. Le poëme qui sert de fondement à la composition du musicien, est le récit de Moyse, interrompu de temps en temps par les airs et les duos des anges et du premier couple humain.

« Si ces récits étaient composés simplement en récitatifs, avec l'expression d'une déclamation animée, et entremêlés de chants qui rendissent la force du sentiment, cela serait conforme à la nature de l'art et du sujet. Mais alors la composition répondrait-elle bien à son titre ? Dans ma supposition, l'on raconterait au public l'histoire de la création, et il entendrait le musicien exprimer des sensations relatives à ces objets. Mais telle n'a point été l'intention de Hayden. Il a voulu composer la création, et il a subordonné, à la peinture des effets, les deux genres d'exposition, le récitatif et le chant. Il est vrai que ceci ne regarde que les deux premières parties ; car du moment que la création, proprement dite, est terminée, et que le musicien, introduisant Adam et Eve sur la scène, et leur faisant exprimer leurs sentiments mutuels, revient sur un sol qui n'est point étranger à la musique, alors sa composition est céleste ; on est entraîné, et dans ce ravissement de l'enthousiasme, la fin fait oublier le commencement.

« Ce commencement doit dépeindre le combat des élémens et du chaos, avant la création ; on n'entend que cris et sifflemens confondus, jusqu'à ce que le chanteur entonne ces paroles : « *Au*

« *commencement, Dieu créa le ciel et la terre.* »

« Aussitôt toutes les dissonances se résolvent en de beaux accords ; mais dès ces premiers mots, le compositeur fait déja voir combien la déclamation lui importe peu dans le récit ; il oublie le sens de ce qu'il raconte, pour ne penser qu'aux couleurs de sa narration ; car il fait tomber toute la force et l'emphase du motif musical sur le mot *Dieu*. Quelle méprise !

« Je m'étendrais trop, si je voulais analyser ainsi toute cette production. Que l'on me permette encore un mot sur la manière de peindre que l'auteur a adoptée dans l'ensemble. Lorsque le chantre prononce ces paroles : *Dieu dit : Que la lumière soit, et la lumière fut !* Les instruments divaguent sensiblement au premier membre de la phrase : *Dieu dit : Que la lumière soit* ; mais ils se réunissent et frappent ensemble avec force, sur ces derniers mots : *et la lumière fut.* Il y a de l'analogie dans cette peinture.

« Je distingue peu d'objets dans l'obscurité ; mais, à l'explosion de la lumière, un monde se dévoile autour de moi, et mille sensations s'éveillent dans mon ame ; je puis donc être conduit, sans beaucoup d'efforts, à l'interprétation de ce que le musicien a voulu me dire, lorsque je connais les paroles qui lui ont servi de base, et que j'en ai saisi le sens. Mais, sans cette condition, je ne comprendrais autre chose à ce passage, sinon que tout était tranquille, et que subitement il s'est élevé un grand bruit. Je sais qu'on a voulu me peindre quelque chose ; et je cherche une image quelconque qui corresponde à l'expression. Je puis me représenter une mer paisible qu'une tempête agite tout à coup, un beau jour de printemps qui est interrompu par un orage subit, un guerrier endormi, attaqué à l'improviste et qui saute sur ses armes. Mille images de ce genre peuvent occuper mon esprit; il est même possible que celle de l'apparition instantanée d'une lumière se rencontre dans ce nombre, sans que je devine positivement pour cela quelle est celle que le compositeur avait devant les yeux, lorsqu'il écrivait.

« Qu'on ne m'objecte pas que ce reproche pourrait s'appliquer à toute musique dont on ôtera les paroles ; car je prétends que les paroles ne doivent point être le véritable objet de la musique : elle ne doit exprimer, dans le récitatif, que le sens et les perceptions ; dans le chant, que la situation de l'ame du musicien, ou la passion qui l'anime ; et c'est alors surtout qu'elle doit peu s'embarrasser des paroles avec lesquelles cette impression se trouve liée ; mais du moment qu'elle veut peindre, du moment qu'elle veut dessiner de telle façon que je ne puisse pas m'y méprendre, les objets qu'indiquent les paroles, elle aspire à monter dans une région où ses ailes ne la porteront pas, et où ses essais les plus brillants n'en montreront que d'autant plus leur nudité.

« On ne sauroit nier que Hayden a fait, dans sa *Création*, ce que peut-être jamais musicien qui a voulu peindre par les sons, n'a exécuté ; il faut admirer son magnifique lever du soleil, la douce clarté de la lune s'avançant plus lentement dans sa carrière, la grande habileté d'imitation qu'il a développée dans la création des animaux ; et si l'on joint à cela que toutes les fois que sa composition devient lyrique, elle se ressent du grand maître, on concevra les applaudissements que cette production a excités et excite encore. Celui qui ne se livre qu'à ses sensations, en écoutant un morceau de musique, en juge le mérite par le nombre de sensations agréables qu'il en a reçues. Il jouit de ce qu'il trouve, sans s'informer de ce qui devrait ou pourrait y être ; et pour une telle personne, la *Création* de Hayden sera longtemps un chef-d'œuvre distingué.

« Je ne me dissimulerai point que ce jugement, sur une musique si généralement admirée, trouvera beaucoup d'adversaires ; mais il faut attaquer et renverser les principes sur lesquels repose ma critique, ou lui rendre la justice qui lui est due.

« Tout homme qui éprouve la répugnance que donne le vrai goût, à laisser introduire la confusion dans les beaux-arts, et qui sera convaincu que l'observation des règles de l'*aesthetique* en général, et l'attention de ne franchir les limites d'aucune de ces règles, sont une beauté de plus ; que ce sont des lois que le génie même s'est prescrites ; toute personne, disons-nous, persuadée de ces vérités, adoptera le jugement qu'on vient de lire, et blâmera Hayden d'avoir cessé un moment, en exagérant les moyens que lui donnait son art, d'être le plus original et le plus étonnant des compositeurs de son temps.

« Nous ajouterons que l'exécution de cet *oratorio* sur le théâtre de Vienne, a été au plus haut point de perfection; les meilleurs artistes, chanteurs et chanteuses se sont surpassés, et l'orchestre était aussi nombreux que bien composé. » D. P.

PHILOSOPHIE.

Kalligone. — *Kalligone*. Par *J. G. Herder*. 2 vol. in-12. Leipsick. Hartknoch, 1800. (*Premier extrait.*)

Lettre de Wieland à un voyageur de ses amis.

C'est avec toute sorte de droits, mon cher ami, que le titre, *Kalligone*, et le nom de Herder ont excité votre attention. Mais (pardonnez l'impolitesse apparente de cette question) pourquoi, dans quelle vue desirez-vous apprendre de moi ce que renferme cet ouvrage, et l'opinion que je m'en suis formée? Sous ce dernier rapport, je conçois tout ce qu'il y a de flatteur dans le compliment que vous avez dessein de me faire; mais, sans rappeler que je n'ai, ni ne dois avoir aucune prétention à dicter des arrêts dans la république des lettres; s'il vous fallait une garantie, quelle autorité plus imposante pouvez-vous souhaiter, que celle de l'auteur même de *Kalligone*? Quelle production mériterait de trouver des lecteurs, d'être lue, relue et méditée de quiconque chérit le bon et le beau, si les écrits de Herder n'en étaient pas dignes? Lisez donc *Kalligone*, mon cher ami, et vous trouverez en vous-même mon jugement sur cet excellent livre; et vous n'aurez besoin d'aucune autre autorité pour le confirmer, que de votre sens intérieur, de l'effet naturel de cet empire qu'exerce la vérité sur les ames pures et capables de la saisir, lorsque, par suite d'une intime conviction, elle est présentée avec autant d'énergie que d'attraits. Encore une fois, lisez *Kalligone*; je vous y exhorte d'autant plus qu'il n'est point d'analyse ou d'extrait, quel que soit son mérite, qui puisse vous en donner une idée satisfaisante. Ce serait vouloir juger un corps d'après son ombre; et j'en dis autant de tous les ouvrages de Herder. A cet égard, les productions du génie ressemblent à celles de la nature. Un squelette anatomique, un extrait chymique ne peuvent pas plus nous donner une idée véritable des uns que des autres. Leur caractère spécial consiste précisément dans le rapport mutuel, dans la liaison intime de leurs diverses parties, d'où résulte un tout vivant et animé; de quelque côté que j'envisage la chose, je ne peux donc que vous engager à lire vous-même.

Toutefois, pour qu'on ne m'accuse pas de m'être refusé à votre demande, par paresse ou par défaut de complaisance, et parce qu'éloigné, comme vous l'êtes de l'Allemagne, vous courez risque d'attendre encore longtemps avant que *Kalligone* puisse se faire un passage jusqu'à vous, à travers la sanglante arêne qui nous sépare, je m'imposerai volontiers la tâche agréable et facile de vous exposer le motif, le sujet et le but de cet ouvrage, aussi longuement que le permettront mon loisir et l'étendue de cette lettre. Quelque peu que je dise, j'en dirai toujours assez pour vous inspirer le désir de puiser vous-même à la source.

Vous avez lu la *Métacritique* de Herder sans prévention, avec impartialité, comme il faut la lire pour la bien comprendre, pour saisir les vues généreuses qui présidèrent à sa composition. *Kalligone* est le pendant de cet ouvrage. De même que Herder l'opposa à la *Critique de la raison pure*, il oppose aujourd'hui *Kalligone* à la *Critique du jugement* (*). Il ne lui fut pas difficile, dès l'origine, de voir dans quel guêpier il allait s'enferrer ; mais, comme de raison, il n'en prit pas beaucoup de souci. Les guêpes ont déja fait et feront encore ce qu'on a lieu d'attendre d'elles ; ce serait temps perdu que de les combattre ; une semblable lutte dérogerait à la dignité de l'homme à qui il appartenait, plus qu'à tout autre, de s'élever contre cette moderne scolastique, aussi injustement prônée qu'elle est pernicieuse ; mais, en faveur de ceux qui, dans ce grand procès,

---

(*) *Critik der reinen Vernunft; Critik der Urtheilskraft*, ouvrages de Kant.

cherchent sincèrement et uniquement la vérité, il était indispensable, sous plus d'un rapport, qu'il s'expliquât de nouveau sur le motif et l'objet de son entreprise; qu'il en montrât l'urgente nécessité. Il a rempli ce devoir dans un avant-propos placé en tête de *Kalligone*, et cela avec franchise, avec énergie, en un mot, de manière à contenter, suivant moi, tout lecteur qui prononce sans passion et sans préjugé. Comme cette introduction, à l'inverse de la plupart des préfaces, forme une partie essentielle de l'ouvrage, en ce qu'elle prévient ou dissipe tous les mal-entendus, et place le lecteur au point juste d'où il faut considérer la *Métacritique* et *Kalligone*, pour les bien juger et pour les lire avec fruit, vous me saurez gré, à ce que j'espère, de vous en offrir le contenu, le plus souvent dans les propres termes de Herder, du moins autant qu'il est possible d'en venir à bout, sans la transcrire en entier.

Même dans cette classe de lecteurs qui veulent ne tenir à aucun parti, il s'en trouve plusieurs qui, dans un écrit polémique, ne peuvent séparer de l'ouvrage contre lequel il est dirigé, l'auteur dont cet ouvrage porte le nom. Il leur a semblé que Kant avait été traité avec trop de rigueur dans la *Métacritique;* qu'un homme tel que lui avait droit à plus de ménagements. Mais « pourquoi ces ménagements? Il s'agissait d'un livre, et non pas d'un auteur. » Herder avait témoigné sa profonde estime au philosophe de Kœnigsberg, de la manière la moins équivoque, dans ses *Lettres sur l'humanité* (*) ; et « si le but de sa philosophie était de mettre un frein aux arguties erronées d'une métaphysique subtile ou babillarde, qu'aurait-on à alléguer contre ce socratisme ? » Mais la *Critique de la raison pure* atteignait-elle ce but ? Pouvait-on l'atteindre en suivant la route que Kant avait frayée ? Lorsque tant de gens en abusaient, lorsqu'il devait résulter de là des maux incalculables, n'était-on pas fondé à l'en accuser ? en un mot « cet arbre pouvait-il porter d'autres fruits que des fruits semblables ? voilà de quoi il s'agissait ; voilà de quoi il était permis de traiter à l'occasion d'un ouvrage *que chacun était sommé de compléter ;* d'un ouvrage *qui avait imposé à chacun la loi de concourir à son achèvement* (expressions de Kant à la fin de la *Critique de la raison pure*, et dans ses *Prolégomènes de toute métaphysique à venir*).

« Ainsi qu'un arbre se reconnaît à ses fruits, une doctrine se reconnaît à ses effets. Les effets de cette philosophie sont visibles ! « Herder en présente l'aperçu dans un petit nombre de pages, et en citant des faits que tout le monde a sous les yeux. Mais cette énumération et ce qu'il ajoute sur l'objet de la *Métacritique* et sur les principes qui ont dirigé sa plume, n'est pas susceptible d'extrait. Lorsque chaque mot est une flèche lancée par un bras vigoureux, et qui ne manque jamais son but, il fau-

―――――――――――――――――――――――

(*) *Briefe ueber die humanitæt.* Nous rendrons incessamment compte de cet ouvrage.

drait tont copier, si je voulais ne rien omettre d'essentiel. Contentez-vous du passage suivant, qui rassemble avec une concision nerveuse, les points principaux de cette controverse, et détruit tous les sophismes dont on a fait usage pour atténuer l'effet de la *Métacritique*, en même temps qu'il met dans le plus grand jour la légitimité des intentions de Herder, et la sagesse de sa conduite.

« Des jurandes dans la carrière des sciences sont maintenant aussi ridicules que méprisables ; elles le sont surtout dans la philosophie ; car un diplome ne donne pas plus l'esprit philosophique, qu'il n'est propre à en assurer la possession. A qui donc la métaphysique est-elle redevable de ses expressions ? Au langage. Mais le langage est une propriété commune : il est permis à chacun de plaider pour en obtenir la fixité. A qui appartiennent les facultés intellectuelles que le philosophe dissèque, qu'il examine, qu'il emploie ? A l'humanité. Tout homme les porte en soi ; il peut entretenir ses semblables de l'usage et de l'abus qu'on en fait.

« Il s'ensuit de là que la *Métacritique* devait s'en tenir à la source des abus, à la *Critique* même. Elle ne voulait ni ne pouvait se mettre à la poursuite de tous les livres ou de tous les pamphlets (de l'école de Kant)...

« Elle ne pouvait de même opposer que des objections à la *Critique*, sans les lier ensemble, pour en former un système suivi. Car elle voulait affranchir le monde du joug du despotisme catégorique et non lui imposer un nouveau joug de paroles ; elle voulait éveiller dans l'esprit de chaque lecteur sa propre métaphysique. Voilà pourquoi elle analysa les idées, sans aller chercher des mots hors la langue. Le langage des hommes porte en soi les formes de la pensée. Nous ne pensons, surtout abstractivement, qu'avec le secours du langage et dans l'étendue de sa sphère. Si, comme vous le dites, vous avez besoin de *schêmes* (signes) particuliers pour vos contemplations, ne brouillez pas notre langue, et inventez des chiffres à votre usage. *Schématisez* en jargon Thibetain. L'esprit collectif de tous les peuples civilisés de l'Europe, a un idiôme philosophique ; de Platon et d'Aristote, il descend à Locke et à Leibnitz, à Condillac et à Lessing. Un italien corrompu, qui joint de nouvelles idées ténébreuses à des mots que tout le monde comprend, est et demeure un italien corrompu : il ne saurait s'introduire par force dans l'esprit, dans la langue de la nation, encore moins de toutes les nations. Triste coucou, dont les œufs ne répéteront jamais que ce son monotone, il ne saurait les déposer, avec une autorité universelle, dans tous les nids de l'ancien et du nouveau monde. Qu'il garde son nid et sa voix, nous lui laissons l'un et l'autre.

« Avec le même droit, en vertu de la même obligation, continue notre auteur, avec lequel et en vertu de laquelle j'ai ajouté une Métacritique à la *Critique de la raison vide*, j'adjoins une *Kalligone* à la *Critique du jugement*, sans m'inquiéter davantage

davantage de la manière dont elle sera accueillie. L'homme qui se tourmenterait le moins du monde à cet égard, n'aurait pas composé la *Métacritique*.

« Avec le même droit, car le mot *Critique* appelle la critique, le mot *jugement* invite à juger. Ni l'un ni l'autre n'ont été donnés ou affermés à qui que ce soit.

« En vertu de la même obligation, *Kalligone* montrera ce que c'est que l'idéalisme critique dans son application aux jugements en matière de goût ; quels principes il établit, quelles idées fondamentales et universelles il met en avant sur le beau, sur les lettres et les arts libéraux, sur leur valeur et sur leur usage, en général et en particulier, ce qu'il enseigne, relativement au sublime, à l'idéal, à la beauté morale. Lasse au surplus de réfuter le plus souvent des assertions qui méritaient à peine d'être contredites, elle s'est affranchie de ce soin, dès qu'elle l'a pu. Que le lecteur s'en affranchisse de même, dès qu'il le pourra ; car il n'y a rien à gagner aux principes de l'*absence d'idées*, de la *tendance sans but*, du sens commun æsthétique, etc. »

Vous devinez d'avance que les discussions polémiques forment la moindre partie de *Kalligone*, et qu'elles sont moins l'objet de l'ouvrage qu'un moyen dont l'auteur se sert pour nous communiquer ses idées, ses remarques et ses réflexions sur le Beau, sur le Sublime et sur les causes du plaisir qu'ils nous font éprouver ; et pour nous dédommager ainsi, avec usure, de l'ennui inséparable des

Tome I.

subtilités vagues, des abstractions arbitraires, des divisions de choses indivisibles, des sophismes, des paralogismes, des pétitions de principes, etc. qu'il a entrepris de combattre. Afin de vous convaincre cependant qu'il ne pouvait se soustraire entièrement à l'obligation fastidieuse de mettre dans tout leur jour les avortons d'une *leptoleschie* exaltée et délirante *à priori* ; afin de vous prouver combien il était nécessaire de s'opposer sérieusement à cet usage inverse de la raison, je ne puis mieux faire que de citer encore les propres paroles de Herder : « N'est-ce pas, continue-t-il, une chose affligeante que de voir la philosophie, qui se prétend *la seule possible*, dépouiller notre sentiment de toute idée, refuser tout motif de jugement à notre goût, et soutenir que les beaux-arts n'ont aucun but ; de la voir métamorphoser ces mêmes arts en une singerie ennuyeuse ou momentanée, et la critique en une sentence universelle, dictatoriale, sans base et sans sujet ? Et néanmoins, depuis la publication de la *Critique du jugement*, ces absurdités qu'en tout autre temps on eût rougi de s'avouer à soi-même, sont devenues les idées régnantes, l'ordre du jour. Elles ont favorisé l'audace, l'ignorance, et la manie généralement répandue, d'afficher des principes philosophiques. — Mais, babillez tant qu'il vous plaira, *de la non-conscience du génie, laquelle lutte, d'une manière inexplicable, avec le sentiment intérieur* ; inventez, dans l'ivresse du ravissement, des milliers de locutions mystiques, e prosternez-vous devant vos formules répétées jusqu'au dégoût, comme devant des idoles de votre propre création; l'homme sensé voit avec pitié cette danse de malades piqués de la tarentule, et passe son chemin. Quoi! les sages de tous les temps ont tâché de répandre la clarté dans la région des idées humaines, de découvrir les lois de la nature, et d'engager les hommes à s'y conformer; et nous nous précipitons *à priori*, c'est-à-dire, la tête la première, dans le gouffre des contemplations impénétrables d'un mysticisme éternellement dépourvu d'idées! Les gens de bien de tous les temps se sont efforcés de présenter le beau comme l'image du vrai et du bon, et d'attirer les cœurs, à l'aide de ses charmes, sous l'empire de la saine morale; et nous étendons une main glacée, une main de fer pour arracher impitoyablement ce que la nature a identifié avec nous-mêmes; nous nous applaudissons d'avoir trouvé le point *où le beau ne saurait être ni vrai ni bon*, comme si c'était la plus sublime des découvertes..... Si ce n'est pas là profaner ce que l'humanité a de plus noble, les arts, les facultés intellectuelles, le sentiment, la raison, je ne sais sur quoi pourra tomber ce reproche. »

Quiconque s'intéresse à la gloire et à la prospérité de l'Allemagne, trouvera un ample sujet de réflexions dans les pages suivantes, où notre auteur parle des suites désastreuses qui résulteraient infailliblement, pour la jeunesse, de l'enseignement d'une philosophie *transcendentale, critico-idéalis-*

tique, dans les écoles. Considérée sous ce point de vue, la *démence transcendentale* cesse d'être comique. On gémit bien plutôt, on se sent humilié qu'il existe parmi nous des hommes et des *homoncules*, satisfaits et glorieux de ce qu'une nouvelle espèce de philosophie scolastique, encore plus subtile, plus vaine, plus artistement ténébreuse et plus complètement inutile que cette vieille scolastique des 13.e et 14.e siécles, qu'on a eu tant de peine à bannir, est enfin parvenue, au mépris du sens commun, à s'emparer des chaires de nos nombreuses universités. « Ce n'est pas ainsi que pensaient les anciens, sur l'éducation de la jeunesse ; les autres nations policées ne pensent pas ainsi. Ceux-là regardaient comme utile et raisonnable de philosopher sur peu de sujets ; ils exigeaient la maturité de l'âge pour les abstractions ; celles-ci n'ont qu'une voix pour se récrier sur le danger et le ridicule du scolasticisme, surtout dans les établissements d'instruction. Nous sommes les seuls qui permettions volontiers à une philosophie *transcendentale, critico-idéalistique*, de prendre le pas sur toutes les études académiques, de corrompre l'esprit de la jeunesse, d'égarer son imagination dans les inutiles arguties du verbiage, de la manie de disputer et d'avoir toujours raison, d'un aveugle enthousiasme pour des locutions étrangères ; nous sommes les seuls qui lui permettions de remplir les âmes de vuide, d'inspirer le dégoût de tout savoir réel, de toute action utile, et le mépris de tous les hommes

:stres et vertueux qui ont vécu avant nous. Nous la contemplons comme un phénomène à qui il faut laisser parcourir son période, parce que chaque chose doit avoir son temps; et nos voisins se moquent de nous; et notre jeunesse se perd *transcendentalement !* »

Puisque nous avons ce revenant sur les bras, il faudra bien le garder quelque temps; et il fera des siennes jusqu'à ce qu'il en soit las, et que personne ne s'occupe plus de lui. Mais cela pourrait ne pas arriver de si tôt; et en attendant, il pourrait s'introduire tant de désordre dans les cerveaux de notre jeunesse, qu'il serait tout-à-fait impardonnable d'attendre patiemment, comme le paysan d'Horace, que le fleuve fût écoulé. Ainsi tous les hommes raisonnables, tous les gens de bien applaudiront à Herder, lorsqu'il s'écrie, en leur adressant la parole : « Hâtez-vous de faire cesser le coupable manége dont on use à l'égard de la jeunesse; ne vous contentez pas de le démasquer, car il se démasque lui-même. »

En citant cet appel de Herder, je n'ai pas dessein, plus que lui, de crier *haro* sur la nouvelle scolastique, et d'armer l'autorité contre elle et ses adhérents. La liberté de penser et d'examiner, la liberté de communiquer aux autres, non-seulement les résultats, mais encore tous les détails de l'examen analytique ou synthétique, au moyen duquel nous avons ou nous croyons avoir obtenu ces résultats, est à la fois une condition indispensable du progrès des lumières, et un droit imprescriptible de l'humanité, auquel on ne saurait toucher sans crime. Mais ce droit de communication a ses limites, comme tous les autres droits. Tout ne convient pas à chacun ; chaque chose a sa place marquée. Et, comme dit très-bien notre auteur, la philosophie transcendentale, supposé qu'il existe une semblable philosophie, appartient aux académies des sciences, et non aux écoles, « où il ne s'agit pas d'enlacer la jeunesse dans le tissu indissoluble des abstractions vuides de sens, des synthèses raffinées, des prétendues contemplations, qui ne portent sur rien de concevable ou de sensible ; où il ne s'agit pas de la rendre incapable de toutes les occupations utiles, mais où on doit lui enseigner ce qu'il est dangereux de ne pas savoir, et la préparer pour son rôle à venir dans la société civile. Supposé même qu'il soit donné à un petit nombre d'*enfants des Dieux*, de franchir, dans leurs spéculations, toutes les bornes dans lesquelles la nature a circonscrit les sens, l'esprit et la raison des autres hommes, permis à eux de monter et de s'élever, tant qu'il leur plaira ; qui que ce soit n'aura le droit (non plus que le pouvoir) de les arrêter dans le vuide infini qui est leur élément. Leur plaît-il de décorer, du nom de philosophie, cette aérostatique surnaturelle, et les visions mystiques dont les béatifie la contemplation perpétuelle du bout de leur nez ; qui s'avisera d'y mettre obstacle ? *In verbis simus faciles.* Ce n'est pas tout. Supposé, ce qui est fort douteux, que les sciences puissent tirer quelque profit de ce qu'ils ont découvert dans le monde immatériel, au moyen de cette *transcendance*, incompréhensible pour les hommes vulgaires, qui voudra, qui osera, qui voudra les empêcher d'en faire l'application ? Qui leur refusera le tribut de sa reconnaissance, si, dès cette vie mortelle, ils nous mettent en possession du monde invisible, et s'ils augmentent par là, dans une progression infinie, la somme des biens que la nature a mis à la portée de l'homme ? Mais, jusqu'à ce moment, jusqu'à ce qu'ils aient prouvé par les faits que, s'ils nous ôtent les avantages réels dont nous sommes déja en possession, ce n'est point pour nous faire courir après une ombre, comme le chien de la fable, ils peuvent garder leur sagesse pour eux-mêmes et pour ceux qui leur ressemblent, d'autant mieux que, suivant leur propre doctrine, on a besoin, pour la saisir, d'une *préformation* particulière, et, en quelque sorte, d'un sixième sens, et qu'il n'est pas en leur pouvoir de communiquer ce sens à volonté.

Les choses étant ainsi, on se demande naturellement par quel prodige *la contagion transcendentale* a pu s'étendre aussi rapidement et aussi loin? On trouverait dans l'histoire une assez bonne solution de ce problème. Il suffirait d'examiner comment, il y a quatre ou cinq siècles, la philosophie des Duns, des Occam et de tous les autres docteurs *subtilissimes* et *irréfragables* de ce temps, s'empara de toutes les écoles de la chrétienté. Mais la réponse de Herder me paraît assez satisfaisante, pour nous dispenser de cette recherche. « La contagion, dit-il, trouva une matière morbifique, toute disposée à la recevoir. C'était en partie la caducité des anciens systèmes, à la place desquels on en desirait un nouveau, en partie l'orgueilleuse paresse de quelques idéalistes qui se flattaient de tout expliquer avec des paroles, et voulaient au moins rouler leur tonneau, pendant que le monde était en proie aux agitations politiques. On a fait plus; on a abattu et reconstruit; mais cette tour de Babel qui devait monter jusqu'aux nues, a opéré la confusion des langues parmi les travailleurs. Chacun bâtit maintenant sa tourelle, au gré de son *moi transcendental*. A merveille! Ils usent de leur droit. Qu'ils bâtissent à leur mode. Mais vous, hommes rassis et judicieux, ne demeurez point oisifs; occupez-vous aussi de bâtir, et bâtissez quelque chose de meilleur. »

L'auteur passe à une seconde question, dont on ne peut guères s'abstenir en songeant à tout le mal occasionné par la philosophie critique, sinon tout-à-fait innocemment, au moins contre la volonté de son fondateur. Voici comment j'énonce cette question, d'après la manière dont je la conçois : Serait-ce donc en vain qu'on aurait fait une dépense incalculable de sagacité, de profondeur, d'intelligence, d'abstraction, de spéculation et de subtilité; qu'on se serait donné tant de peine, afin de remonter jusqu'aux sources inconnues des erreurs de l'esprit humain ? Ces travaux n'auraient-ils servi de rien, et faudrait-il en balayer les résultats du temple de la sagesse, comme des toiles d'araignée ? Certes, telle n'est point l'intention d'un homme dont la vie entière est l'application de cette devise : *Vitam impendere vero ;* tel ne saurait être le vœu de quiconque apprécie sainement et sans partialité les choses d'ici-bas. L'ancienne scolastique ne fut pas absolument inutile ; elle servit au moins à aiguiser les esprits. Et pourquoi ne dirait-on pas, avec encore plus de justice, de la philosophie kantienne, ce que Leibnitz, dans plusieurs de ses écrits, allègue en faveur des dialecticiens du moyen âge, qu'il avait bien lus et dont il savait profiter ?....

Vers la fin de cette introduction, Herder souhaite, par intérêt pour la gloire de Kant, qu'il désavoue publiquement les effets que sa doctrine a produits, et dont sa volonté n'a point été complice, et qu'il fasse une déclaration expresse de l'objet qu'il s'était d'abord proposé. Mais ici la bonté de son cœur met en défaut ses lumières ; il sait trop bien que cet héroïque désaveu est impossible à un vieillard de 80 ans, qu'il demanderait toute la force de la jeunesse, et que personne n'a encore poussé l'abnégation de soi-même au point de s'accuser d'avoir sacrifié sa vie entière au succès d'une entreprise, dont il avait manqué le but, pour s'être trompé dans le choix des moyens propres à la faire réussir.

Je vous ai retenu si longtemps sous le parvis de la déesse Kalligone, qu'il faut, avec votre permission, nous reposer un peu avant que je puisse vous introduire dans son sanctuaire. WIELAND.

ROMANS.

HULDA das schone Wasserfræulein, vom Verfasser des RINALDO RINALDINI. — *HULDA, la belle Ondine*, par *l'auteur de RINALDO RINALDINI*. Leipsick, 1800. 1 vol. in-8.º 218 pag.

L'HISTOIRE ou le roman du capitaine de brigands Rinaldo Rinaldini, a eu, en Allemagne, le plus grand succès, et a tellement établi la réputation de son auteur, qu'elle le dispense de se nommer à la tête de ses nouvelles productions. Rinaldo Rinaldini a eu, en peu de temps, trois éditions; et lorsque la dernière a paru, on a demandé à l'auteur de mettre son héros sur la scène allemande; il a travaillé à remplir ce desir du public; nous attendons cette pièce, pour en rendre compte, et montrer de quelle manière l'auteur y a tiré parti de son Roman, dont on vient de publier deux traductions françaises.

Hulda, ouvrage du même auteur, est à sa seconde édition : c'est un conte tiré de ces traditions populaires d'autant plus marquantes dans l'histoire du genre humain, qu'elles ont été et sont accréditées chez toutes les nations, et que leurs traces se retrouvent et se retrouveront toujours, parce qu'elles tiennent à un fil qu'aucune discussion philosophique ne pourra ni découvrir ni rompre.

La scène se passe du temps de la chevalerie. Le comte Hermann de Berka a un fils unique, nommé Albert. Son vieux ami et frère d'armes, Hartwig de Burgaw, n'a qu'une fille, l'aimable et douce Berthe ; les deux amis voudraient revivre dans leurs enfants ; ils les ont destinés l'un à l'autre, et Albert, jeune et beau chevalier, suivi de son écuyer, se rend au château de Burgaw, avec le desir de plaire à la belle Berthe, et la modeste inquiétude de ne pouvoir y réussir. Il aperçoit les tours du château ; son cœur palpite ; il se fait annoncer, et resté seul, il entend dans les airs les sons mélodieux d'une voix de femme. Il se retourne, sa vue parcourt l'espace, sans rien apercevoir ; cependant le chant continue. Immobile à sa place, ses yeux cherchent en vain la musicienne ; mais il entend distinctement un couplet par lequel on l'invite à se rendre dans un château, séjour délicieux, où l'attend le lit nuptial. Ce couplet ayant été répété plusieurs fois, la voix se tait ; le son paraissait sortir de la Saal, rivière de Franconie, coulant près des possessions de Hartwig. Albert regarde, examine encore avec tout aussi peu de succès ; il repousse l'idée involontaire que ce pourrait être Berthe ; sa virginale pudeur ne se permettrait pas une invitation aussi libre que celle qu'il a reçue. Il est prêt à continuer son chemin, le chant recommence ; Albert s'arrête : « qui est là, s'écrie-t-il ? « La voix se tait à cette interrogation l'écho seul en reprend la finale d'un ton railleur. Au même instant, la voix, dans un troisième couplet, dépeint à Albert les charmes et la tendresse de sa belle invisible. Un quatrième couplet instruit Albert qu'on le préfère à une foule de rivaux ; sa curiosité allait redoubler ses questions, lorsqu'il croit sentir un voile arraché de ses yeux, et qu'il aperçoit une femme d'une figure ravissante se promenant sur la rive opposée de la Saal. « C'est Berthe, s'écrie-t-il ! Elle m'attend. » Il se décide à la joindre. La Saal lui paraît tout à coup si basse qu'il en distingue le lit, et peut y faire entrer son cheval ; pendant qu'il l'essaie, que le coursier immobile résiste d'abord à l'éperon, se cabre ensuite, s'écarte, et n'avance point vers le rivage, l'aimable chanteuse continue sa promenade, son chant et ses tendres invitations. Le pauvre Albert fait encore d'inutiles efforts, lorsque des pas de chevaux se font entendre. Aussitôt l'inconnue disparaît aux yeux du chevalier, les ondes écumeuses de la Saal reprennent leur cours, et Albert voit devant lui l'écuyer du vieux Hartwig, envoyé par son maître, pour le conduire au château, où il arrive rempli de son aventure, qu'il ne confie à personne.

L'aimable Berthe a toutes les vertus et la simplicité de ces temps héroïques ; son père, toute la loyauté et la bonhommie des anciens chevaliers ; sa société ordinaire était son honnête aumônier, le père Liborius, et maître Hærbrand, surnommé Minnewart, homme expert dans l'astrologie, la chiromancie, les sciences occultes, la médecine, la poésie, et grand amateur de bon vin. La gaîté tranquille, le caractère commode de l'aumônier, l'humeur joviale et les saillies du poète firent passer d'agréables moments à Albert. Il devint très-sensible à la beauté de Berthe. Leurs amours sont ceux du bon vieux temps ; leurs parents fixent le temps de cette union, et Berthe qui, jusque-là ne s'était occupée que de son père et des soins du ménage, attend avec quelque impatience, ainsi qu'Albert, l'époque déterminée pour leur mariage.

Dans le voisinage de Burgaw résidaient, au château de Lodedaburg, le vieux chevalier de ce nom, son frère, prieur du chapitre de Wurtzbourg, et sa belle-sœur, avec Agnès sa fille. Cette Agnès a déja assisté à trois tournois, séjourné, en visite, à différentes cours; elle a eu beaucoup d'aventures, s'est fait connaître de manière à écarter les époùseurs, et elle espère, par ses intrigues, s'en procurer un, en enlevant Albert à Berthe, qu'elle dédaigne comme lui étant très-inférieure. La coquetterie, la malignité, le babil, la médisance qu'elle met en œuvre pour captiver le jeune chevalier, contrastent admirablement avec la tendre sensibilité et les douces vertus de la fille de Hartwig. Mais bien loin de séduire Albert par ce manége, Agnès le révolte, et la timide Berthe, rassurée, ignore qu'une rivale plus dangereuse aspire au cœur de son amant.

Il attendait un jour que Berthe vînt le joindre à la promenade : des cris frappent son oreille; il voit deux misérables poursuivant une belle femme ; elle l'appelle à son secours. En brave chevalier, il vole à sa défense, se croit au moment de mettre hors de combat les misérables qui la menacent, et cherchent à l'atteindre, lorsqu'il se sent retenu par derrière avec violence. Il chancelle, s'escrime en l'air avec son glaive, dont les coups portent sur un saule du rivage de la Saal. Albert tombe, et entend crier : *Jésus, Marie!* A ces mots, il lève les yeux. La dame et ses persécuteurs ont disparu. Berthe, seule à son côté, lui tend une main tremblante ; elle a vu son combat avec le saule, sa chute, elle n'y comprend rien non plus qu'au transport guerrier qui animait Albert. Il lui raconte ce qu'il a vu. « Mon invocation t'a sauvé, s'écrie Berthe; oh! mon Albert! tout ceci n'est qu'un prestige de l'esprit ou de l'espèce de fée qui habite dans les eaux de la Saal. Cette Ondine veut t'attirer dans ses piéges ; prends garde à toi, lorsque tu approcheras de cette rivière. »

Albert, instruit par son amante de la nature de ces apparitions, la conjure de ne point en parler au château. Il craint les réflexions du curé, les railleries du poète. Berthe s'engage au silence, en exigeant à son tour la promesse qu'Albert évitera le rivage perfide de la Saal.

Le jeune chevalier est retenu au lit par une foulure, suite de sa chute; les habitants du château se rassemblent au tour de lui, Berthe surtout lui prodigue les plus tendres soins ; la vieille Anna, sa nourrice, seconde sa maîtresse, elles filent toutes les deux à côté du lit d'Albert. Anna, au grand contentement de Berthe, lui raconte et lui exagère les anecdotes terribles des malheurs occasionnés par les apparitions de l'Ondine de la Saal.

La tendre intelligence qui s'établit entre les deux amants, la certitude que son projet est manqué, portent la vindicative et artificieuse Agnès, à tout tenter pour troubler leur tranquillité. Le comte de Tregnits, son cousin, amant rejeté de Berthe, forme le même vœu ; ils se réunissent et complottent entre eux de séparer à jamais, s'il est possible, les deux fiancés. Déja ils ont réussi à inspirer de la jalousie à Albert, de l'inquiétude à Berthe, par la crainte d'un combat entre le comte et son amant ; mais le premier est trop lâche pour le risquer. Il profite d'une partie de chasse pour se défaire de son rival, et on rapporte Albert au château, blessé, mourant, au moment où le comte, par une double trahison, a saisi l'absence du vieux chevalier et la sienne, et a enlevé et emmené Berthe.

Tandis qu'on est à la poursuite du ravisseur, qu'Albert souffrant de ses blessures et de sa séparation d'avec Berthe, rejette les consolations perfides et les soins astucieux d'Agnès, la belle Ondine apparaît à notre amant, verse un baume salutaire sur ses plaies, et n'exige d'autre récompense du soulagement qu'elle lui procure, que la promesse qu'il ne la fuira plus. Elle lui apprend qu'elle se nomme Hulda, qu'elle l'aime, qu'elle est riche, puissante, et que s'il répond au sentiment qu'elle a pour lui, elle sera toujours sa plus constante protectrice. La nuit suivante, elle-lui apparaît encore, répète son invitation de venir la trouver dans son fluide empire, s'attache à lever les scrupules que témoigne Albert contre une telle liaison, et disparaît en lui annonçant qu'il va être guéri, qu'elle ne reviendra plus; mais qu'elle l'attend dans son palais, sous les ondes de la Saal. Quelques jours après cette seconde apparition, Albert se trouve parfaitement rétabli, maître Minnewart s'en attribue la gloire, et le jeune comte n'a garde de le détromper.

On a eu cependant des indices de la route tenue par le ravisseur de Berthe; Albert l'apprend avec quelque embarras. Sans être complètement infidelle, son cœur est partagé entre elle et son enchanteresse. Il quitte le château de son futur beau-père, pour chercher sa fiancée, côtoie les bords de la rivière avec le desir de voir Hulda pour la remercier, et en prononçant le nom de l'Ondine, il se trouve tout à coup dans le superbe palais qu'elle habite. Dans ce séjour délicieux les heures sont des minutes, les jours des heures. Un mois s'écoule, Hulda a levé tous les scrupules que lui oppose Albert; leur union est cimentée par une tendresse mutuelle. Le comte de Berka en se retrouvant à Burgaw, serait tenté de croire qu'il n'a fait qu'un beau rêve, si une bague de prix où le portrait d'Hulda se trouve enchassé, ne lui eût confirmé cette étonnante aventure.

Des nouvelles de Berthe le tirent de l'ivresse où sa passion pour l'Ondine le plonge: un vaillant et courtois chevalier a rencontré le comte de Tregnitz,
lui

lui a arraché sa proie, et a conduit Berthe chez le vieux comte de Berka. C'est là qu'Albert va retrouver sa fiancée; mais comment osera-t-il se présenter devant elle? comment répondra-t-il à son innocente tendresse? Cette idée le presse, l'occupe. En côtoyant la fatale rivière qu'il voit toujours dans son chemin, tout-à-coup le voilà dans le palais d'Hulda. Habile à calmer ses remords, elle l'instruit sur la nature des êtres élémentaires et des rapports établis entr'eux et les humains, lui prouve que l'intimité d'un être semblable ne troublera point le bonheur conjugal qui l'attend auprès de Berthe, que ce bonheur en sera même augmenté, pourvu qu'Albert se soumette à garder le secret le plus inviolable sur son union avec une Ondine; condition de laquelle dépend la durée de cette union et leur bonheur à tous.

Toujours plus épris de son enchanteresse, mais aimant encore sa fiancée, Albert va la chercher chez son père à Berka, et la ramène en triomphe à Burgaw, où le bon Hartwig la reçoit avec transport, et se résout à hâter le mariage, dans la crainte de quelqu'autre incident. Le jour des nôces arrive, les convives se ressemblent, tout est en mouvement au château, les deux amants sont unis, et, leur mariage béni, on se rend au banquet nuptial. Les gobelets s'entrechoquent, on boit des santés à la ronde, Minnevart entonne un épithalame qu'il a mis en musique; la joie est générale. Au milieu de ses bruyants éclats, on annonce une chanteuse étrangère qui demande à se faire entendre. On la fait entrer; lors-

Tome I.

qu'elle lève son voile, sa beauté frappe, étonne; Albert, avec un saisissement qui le pétrifie, reconnaît sa belle Ondine. Rien n'échappe à Berthe; elle fixe sur son époux un regard expressif; il le comprend, lui serre tendrement la main, et se tait. Hulda, reconnue d'Albert, accorde sa harpe, et chante plusieurs couplets d'une romance qu'elle interrompt au moment intéressant où le héros, supposé indécis entre plusieurs beautés, est sur le point de choisir celle à laquelle il va s'unir. Toute la compagnie que l'enchantement et l'intérêt qu'inspirait la musicienne, ont rendue immobile, se ranime par la curiosité de savoir le dénouement de sa romance. Chacun, selon son caractère, questionne la chanteuse; elle se tait; mis hors de lui par ce silence, Albert la conjure de parler, en la nommant Hulda; l'étonnement général, occasionné par cette imprudence, est à son comble; Hulda, s'écrie-t-on! Albert la connaît! Berthe demande à son époux, s'il la connaît en effet. Hulda elle-même l'interroge sur la raison qu'il a pour lui donner ce nom. Le tumulte augmente, tous les convives parlent à la fois, Agnès maltraite l'étrangère, Albert prend le parti de celle-ci. Alors Hulda s'adresse à lui, pour avoir un gobelet de vin qu'elle veut boire à la santé des deux époux. Il le lui donne en tremblant; elle le prend, salue la compagnie, y porte les lèvres, et s'arrête en prononçant ces mots: « Gloire, grandeur, richesse, bonheur, seront le partage du comte Albert de Berka; il vivra heureux avec son épouse Berthe, dame de Burgaw, jusqu'à...... »

Sans achever sa phrase, Hulda lance le gobelet; il vole au plafond, et la liqueur qu'il contient, se répand en gerbes de feu sur la table. Les convives effrayés se lèvent; la chanteuse remet son voile, et disparaît par la fenêtre, emportant avec elle le gobelet et la harpe. L'effroi est général, l'aumônier fait un signe de croix et marmotte une prière entre ses dents. Berthe tombe dans les bras d'Albert; d'un air mécontent, le vieux Hartwig interroge son gendre, Berthe joint ses tendres instances à celles de son père : Albert raconte les premières apparitions de l'Ondine, en omettant avec soin ce qu'il n'ose révéler, et ce qui pourrait inquiéter sa sensible épouse. Son récit fini, les convives s'écrient : « C'est l'esprit de la Saal ! »

Les prêtres qui se trouvent au festin, témoignent leur crainte pour le salut d'Albert; mais un chanoine observe que cette sorcière n'est point d'une mauvaise espèce, puisque les gouttes de feu retombées sur la table sont autant de pièces d'or, preuve certaine du bien qu'elle veut aux deux époux. Malgré cette réflexion rassurante, Berthe conjure Albert de ne plus revoir l'Ondine, et la tranquillité paraît se rétablir.

Albert avait à se venger du comte de Tregnitz; il sort victorieux de cette expédition. La mort de son père, celle de son beau-père l'obligent à des voyages aux cours dont relèvent ses fiefs. Il concilie tout; protégé d'Hulda, il se tire des combats avec gloire, des affaires avec succès. Aimable, léger, quelquefois infidèle à Hulda et à son épouse, il revient toujours à toutes les deux.

Berthe n'a point oublié l'aventure du repas de nôces; elle s'est depuis aperçue qu'Albert porte au cou une chaîne d'or à laquelle pend une bague où elle a reconnu le portrait de l'enchanteresse; mais, aussi délicate que tendre, elle souffre, se tait, se contente des défaites d'un époux qu'elle adore, et met toutes les vertus en pratique. Maître Minnewart, versé dans les sciences occultes, a deviné le secret d'Albert. Ami zélé des deux époux, il cherche à lui inspirer des remords sur une liaison condamnable. Le comte balance; il voudrait se cacher à lui-même les dangers qu'il commence à soupçonner. Retenu par les menaces d'Hulda, il n'ose ni rompre, ni continuer cette relation criminelle. Une épidémie horrible se manifeste, elle ravage toute la contrée. Au milieu des morts et des mourants, Albert est atteint lui-même de ce fléau. Sa conscience triomphe; dans son angoisse, il se confesse à sa tendre épouse, que rien n'a pu éloigner de lui. Elle lui pardonne, appelle auprès d'Albert les secours consolants de la religion, et ce retour à la vertu réduit Hulda à renoncer au cœur d'Albert.

L'Ondine se montre aux deux époux, pour la dernière fois; leur effroi et celui des assistants, à son aspect, ne paraît pas l'étonner; elle relève Berthe qui est tombée à ses genoux; puis elle déclare qu'elle renonce à tout commerce avec les humains, indignes, par leurs faiblesses, de toute communication avec des êtres d'une nature supérieure à la leur; elle pardonne à Albert, récompense les vertus de Berthe, et disparaît à leurs yeux, en quittant pour jamais la Saal et ces contrées. Albert, rétabli, vit heureux avec son épouse.

« Les traditions des êtres élémentaires, observe l'auteur, se sont conservées, en Allemagne, jusqu'à nous; mais on en a fait des êtres méchants et malicieux; ce qui les rend, ajoute-t-il, encore plus dissemblables à l'humanité, surtout dans ce siécle où elle s'est si fort approchée de la perfection ! »

Des détails charmants sur les anciennes mœurs, un style coulant, le ton naturel et animé du dialogue, rendent cet ouvrage intéressant.

Voici un passage qui donnera une idée de la manière de l'écrivain.

« Le bon Hartwig était mort; Albert, devenu seigneur de Burgaw, avait eu un petit banquet de famille, le soir du mardi-gras; on y avait largement bu; le père Liborius et Berthe s'étaient retirés; Albert et Minnewart, entourés de flacons, poursuivirent leur entretien. — Quelle nuit orageuse, s'écrie Albert ! — Elle ressemble beaucoup à celle de la mort de notre bon vieux chevalier, répond Minnewart. — Que Dieu lui accorde le saint repos qu'il donne à tous les trépassés, réplique Albert ! — Oui, reprend Minnewart, le bonheur et le repos éternel ! Qui sait, ajoute-t-il, en posant son verre, le moment de sa mort ?

Albert. Point de pensée sinistre, maître Minnewart ! Je ne les aime pas. Savez-vous qu'il m'est venu un desir d'apprendre de vous les sciences occultes ? Il n'y a plus de combats, je me soucie très-peu de la chasse, il faut que je m'occupe; ainsi nous verrons ensemble jusqu'où nous pourrons pénétrer dans le royaume des esprits.

Minnewart. Oui, comte; oui, nous verrons...; mais quel singulier coup de vent! il ressemble....

Albert. Paix!.... Encore!..... Entre, qui que tu sois qui frappes si singulièrement; entre, tu seras le bien-venu! On ne te craint pas, laisse-nous donc voir ta face.

Au même instant, une voix sourde, ténébreuse, qui paraît venir et s'étendre le long de la fenêtre, prononce ces mots:

« Albert sera puissant et riche. »

Le comte et Minnewart se regardent en silence, et en secouant la tête.

Ami, s'écrie Albert, cette voix prophétique serait-elle celle de mon Hulda?

De votre Hulda! Seigneur; répond Minnewart étonné.

Albert. Elle s'est elle-même nommée ainsi, lorsqu'elle m'apparut.

Minnewart. Eh! mais, — non.

Albert. Quoi?

Minnewart. Non, je ne chercherai pas à vous pénétrer.

Albert. C'est bien; mais avec le temps, ami, vous apprendrez tout. Cependant..... qu'entends-je encore?..... Pourquoi donne-t-on si tard du cor? — Hé! garçons?

Trois cavaliers sont à la porte du château, répondit un serviteur, en accourant à l'ordre du comte; ils ont des flambeaux, et demandent à être introduits.

Albert. Des brigands n'arrivent pas ainsi. Qu'on baisse le pont.

Les cavaliers entrèrent; on les conduisit chez Albert; ils venaient de Berka, et ils étaient porteurs de lettres qui annonçaient à Albert la mort de son père. — Mon père, mon père est mort, s'écria-t-il avec saisissement! — Oui, monseigneur, et nous vous saluons comme l'héritier de ses comtés, et comme étant, à présent, notre seigneur et maître.

Minnewart. Hé bien, monseigneur, cette voix qui s'est fait entendre!

Albert. Cette voix, ami! — Mais écoute; il faut que je parte demain pour Berka, je ne puis en revenir de sitôt; tu sais qu'il faudra prêter hommage de mes fiefs, à Weimar, à Eisenach; je ne puis m'en dispenser; je te remets mon château, ma femme; s'il arrivait quelque accident en mon absence, je sais que je laisse ici un homme de tête et de cœur, qui saura le meilleur parti à prendre. Bonne nuit, Minnewart; à mon retour, nous étudierons les sciences occultes. — Ils se séparèrent. Berthe ne dormait point encore; elle avait entendu le bruit. Albert lui annonça la mort de son père, et le voyage indispensable qu'il allait faire, Berthe pleura, le conjura de ne pas s'arrêter; il lui promit tout ce qu'elle lui demanda, en lui représentant la nécessité de cette courte séparation. Les deux époux causèrent, s'embrassèrent, et le jour les surprit avant qu'ils eussent sacrifié aux autels de Morphée. Au moment de la séparation, les larmes de Berthe coulèrent encore; et lorsqu'Albert en eut séché les plus amères, il s'élança sur son coursier, et partit avec une nombreuse suite... » D. P.

THÉATRE.

Gustav Vasa, Octavia, Bayard. — *Gustave Vasa, Octavie, Bayard, trois pièces nouvelles de M. de Kotzebue, représentées toutes trois cette année pour la première fois, sur les théâtres de Weimar, de Berlin, de Breslaw et autres de l'Allemagne.*

Ces trois pièces nouvelles, en prouvant l'étonnante fécondité de leur auteur, ne justifient pas l'enthousiasme qu'il inspire en Angleterre, ni celui qui s'est manifesté en France à l'occasion de *Misanthropie et Repentir*; mais elles confirment le jugement que porte des productions de M. de Kotzebue la partie éclairée du public allemand, dont les critiques lui reprochent, avec justice, le manque d'ensemble, d'harmonie de goût, dans ses compositions, l'incohérence dans les idées, l'inégalité, l'exagération dans le stile et dans la manière. A ces défauts (que ne peuvent effacer des détails agréables), on lui reproche de joindre l'inobservation totale des règles; non de celles prescrites par Aristote, strictement observées par les Français, et qu'en général les Allemands repoussent comme bornant le génie; mais, de la première des règles dramatiques que dicte le bon sens, celle d'étudier assez son sujet pour y adapter les mœurs, le caractère, le langage, les costumes qui lui conviennent, et de connaître le théâtre au point de n'en pas choquer toutes les convenances. L'analyse de ces pièces mettra nos lecteurs à même de juger jusqu'à quel point il mérite ces reproches.

Le sujet historique du premier drame embrasse, dans le plan de l'auteur, depuis le moment où Gustave Vasa s'est échappé des fers où le retenait Christiern, jusqu'à celui où, vainqueur de ce tyran, il l'oblige à quitter la Suède, et entre lui-même triomphant à Stockholm.

Cette pièce est en cinq actes. Le premier se passe dans le Holstein. L'hôtesse curieuse d'un misérable cabaret, et des marchands de bestiaux auxquels Gustave, déguisé, sert de valet, présentent au spectateur l'exposition des grands événements qui agitent la Suède. Jean Gregerson, vieux domestique de la famille Vasa, survient, raconte les dernières scènes sanglantes qui ont eu lieu à Stockholm, la cruauté avec laquelle Christiern a condamné à mort les membres les plus respectés du clergé et de la noblesse; entr'autres l'exécution du père de Gustave. A cette affreuse nouvelle, le jeune paysan perd connaissance. Cet accident attire sur lui l'attention du vieillard, qui le reconnaît et lui rend les soins les plus zélés et les plus tendres. Les premiers mouvements de douleur calmés, Gustave ne respire que vengeance contre le meurtrier de son père et de tant de nobles suédois; son héroïque valeur s'enflamme à l'idée de délivrer sa patrie du joug d'un cruel oppresseur; il se rend à Lubeck, ville puissante, riche, alliée de la Suède.

Le bourguemestre, Nicolas Broms, y est si distingué par sa sagesse et ses vertus, que, devenu l'ami du jeune héros, il prend sur lui de le soustraire aux plus grands dangers, et de le refuser aux demandes d'un envoyé de Christiern qui vient le réclamer. Il fait plus, il lui procure les moyens de se rendre en Suède sur un vaisseau de Lubeck; et le second acte se passe dans l'un des ports de ce royaume.

C'est près de Calmar que Gustave débarque, dans le voisinage d'un château, où Marguerite de Lowenhaupt, son amante, réside depuis la mort de son père, victime des fureurs du tyran. Un monument qu'elle lui a fait élever, instruit Gustave de cette horrible catastrophe. On ne comprend point trop que la tyrannie existant encore, Marguerite ait osé élever ce monument; mais il le fallait à l'auteur, comme nouveau motif de fureur, de vengeance, des résolutions héroïques auxquelles son héros se livre avec la plus grande exaltation.

La rencontre inopinée de son amante, tempère ou suspend ces transports guerriers. L'ame du jeune Gustave est toute entière à la tendresse. Marguerite est accompagnée de Gertrude, sa gouvernante; elles avertissent Gustave des piéges qu'on lui prépare, et

Gertrude qui cause volontiers, y ajoute un détail des cruautés exercées par le tyran danois, qu'on croirait avoir été calqué sur l'époque de la terreur, si détestée en France. Ces avis, ces horribles récits, hâtent la séparation des deux amants. Gustave se rend à Calmar, chez sa sœur. Celle-ci a un amant qui protége Gustave contre de nouveaux dangers, et lui facilite les moyens de se réfugier dans les montagnes; il s'y rend très-convaincu que, dans ces asiles fermés encore à la tyrannie, il retrouvera des Suédois libres et fidèles à leur patrie, à la tête desquels il la délivrera du joug étranger et oppresseur sous lequel elle gémit.

C'est dans ces montagnes que se passe le troisième acte. Gustave arrive dans un château appartenant à Peerson, noble suédois, autrefois de sa connaissance. Une partie de chasse y réunit beaucoup de seigneurs danois et suédois. Ravi du rassemblement de tant de vaillants chevaliers, dans la loyauté desquels il met une entière confiance, Gustave s'ouvre avec autant de franchise que d'imprudence à Peerson, lui confie tous ses projets. Peerson attaché aux Danois, fort intéressé d'ailleurs, sent le parti qu'il peut tirer de cette confidence, et par de fausses démonstrations de zèle, il cherche à arrêter Gustave dans son château, jusqu'au moment où il pourra avec sûreté le livrer à Christiern, et en tirer la récompense promise à ceux qui le lui amèneront. Mais l'épouse de Peerson, plus loyale, ne peut souffrir cette noire perfidie; elle avertit Gustave, le soustrait à la trahison qu'on médite, et le jeune héros, indigné et fatigué de tant de tentatives infructueuses, n'a plus d'espoir de réussir qu'en se livrant aux loyaux et braves Dalécarliens.

Il n'arrive en Dalécarlie qu'à travers mille périls; mais il y trouve les cœurs et les esprits très-disposés à seconder ses intentions, à affranchir la Suède du joug danois. Son éloquence en fait des héros; ils lui jurent une fidélité à toute épreuve; il les arme, se met à leur tête; la troupe s'augmente à chaque instant, devient enfin un corps d'armée redoutable, qui, par des victoires rapides, s'ouvre le chemin de Stockholm. Elle est sous ses murs, au commencement du quatrième acte.

Le roi Christiern en apprend la nouvelle par l'archevêque d'Upsal, chassé de son archevêché par Gustave, et qui détaille au roi les succès du héros, aussi rapides qu'un torrent. Celui-ci s'est emparé de toutes les places, renverse tout sur ses pas et assiége Stockholm. Le tyran, dans son effroi, se croit déja perdu; mais Cécile, la mère de Gustave, est sa prisonnière; il peut encore intimider le fils en menaçant les jours de la mère, et obtenir une armistice.

Ce conseil que donne l'archevêque, est suivi par Christiern; mais Cécile, loin d'être effrayée de ces menaces, n'aspire qu'à venger son époux, à délivrer sa patrie. Elle profite de l'entrevue qu'elle a avec son fils, pour le confirmer dans la résolution de conquérir Stockholm, de faire périr le tyran; elle cherche à écarter le pressentiment qu'il a des dangers qu'elle peut courir, et malgré les instances qu'il lui fait de rester auprès de lui; après qu'elle a reçu son serment qu'il poursuivra ses projets, elle retourne se livrer à une mort certaine.

Le cinquième acte se passe dans le palais de Christiern; il s'y livre à toutes les terreurs que lui inspirent les murmures et les menaces d'un peuple soulevé, et à toute l'angoisse que donne une rage impuissante. Cécile revient, brave sa colère, lui annonce la fin de sa tyrannie, le menace du glaive vengeur de son fils. Il ne reste de ressource à Christiern que la fuite; il s'y prépare, et après avoir donné l'ordre d'exécuter Cécile, il se précipite hors de son palais, entouré, poursuivi des apparitions effrayantes de toutes ses victimes, et totalement privé de sa raison. Gustave fait une entrée triomphale dans Stockholm, arrive au palais au milieu des acclamations et des cris de joie du peuple; mais la nouvelle de la mort de sa mère que Marguerite lui apprend, remplit son ame d'amertume, et termine la pièce en laissant le spectateur indécis sur le sentiment qu'il éprouve.

On voit, par l'analyse de cette pièce, que l'auteur en suivant fidèlement le développement historique de son sujet, a rassemblé dans ces cinq actes toutes les aventures réelles de son héros; que ce drame contient des voyages, des courses qui varient à chaque instant le lieu de la scène; une suite d'événements dont on aurait pu composer trois ou quatre drames, des obstacles, des dangers, des difficultés vaincues, qui auraient fourni des situations intéressantes qui eussent peut-être fait oublier la longueur de la pièce. Mais la plus belle scène du drame est celle de l'entrevue de Cécile et de son fils, fiction ajoutée par le poète.

M. de Kotzebue, dans cet ouvrage, paraît avoir voulu imiter le genre de Shakespeare, et l'imitation n'est pas heureuse, car son drame en a tous les défauts, sans en avoir aucune des beautés.

C'est avec tout aussi peu de succès que l'auteur de Gustave paraît avoir essayé, dans sa tragédie d'Octavie, de rivaliser avec la noble simplicité de l'Iphigénie de Gœthe. Partout se retrouve la manière de M. de Kotzebue; et en prenant son sujet dans l'histoire romaine, il n'y a laissé de Romain que les noms, et y a transporté ces idées forcées et ces sentiments alambiqués dont se compose son genre particulier, avec les usages, les mœurs, les costumes modernes; ce qui fait de cette pièce une caricature en cinq actes, dans lesquels Octavie court toute seule à Alexandrie avec ses enfants, prisonnière de Cléopâtre, et délivrée par un esclave, pleure et dispute pour ravoir ses enfants, que Cléopâtre lui retient, et que leur mère retrouve à la fin. Un dialogue entremêlé de vers ïambes et d'hexamètres, des coups de théâtre affreux, s'ils n'étaient prodigués sans effet, des situations bizarres et peu intéressantes, nous conduisent à la fin de la pièce, sans qu'on nous apprenne ce que devient Cléopâtre, sans que nous voyions Octave, privation dont on peut, il est vrai, se consoler; car Cléopâtre est un monstre, Octave un imbécille, et Octavie elle-même, malgré la dignité maternelle et les grandes phrases que l'auteur lui fait débiter, est très-peu intéressante.

Sans être exempte d'imperfection, la tragédie de Bayard est bien au dessus des deux premières pièces dont nous venons de parler. M. de Kotzebue a su choisir les belles époques de la vie de son héros; elles sont trop connues des Français pour que nous entrions dans l'analyse de ce sujet. En restant fidèle à l'histoire, l'auteur ajoute, à l'intérêt des situations vraiment dramatiques, des scènes touchantes écrites d'un style naturel et correct. Aussi cette tragédie a-t-elle eu beaucoup de succès à la première représentation, et les changements que l'auteur y a faits pour la seconde, l'ont encore augmenté à tel point qu'on la place actuellement au rang des meilleurs drames héroïques du théâtre allemand.

En terminant cette notice d'une partie des pièces données cette année, par M. de Kotzebue (car il a encore fait recevoir quelques comédies dont nous parlerons dans un autre article), nous donnons ici la solution du problème de l'arrestation de cet auteur ordonnée par le gouvernement de Russie, telle que nous l'apprenons par notre correspondance de Hambourg.

On avait répandu dans cet empire, ainsi que dans le nord de l'Allemagne, des pamphlets incendiaires, dont on le crut l'auteur, sur des apparences trompeuses. Cette fâcheuse méprise fit arrêter M. de Kotzebue, à deux lieues au delà de Memel, et il fut transporté dans un kibik qui prit la route de Pétersbourg. On ignore comment il parvint à s'échapper. Tout ce qu'on sait de son propre récit, c'est qu'à sept milles au delà de Riga, il erra deux jours et deux nuits dans des forêts ; que, forcé par la faim de s'approcher de quelque habitation, il arriva à Engelshofe, entra dans le château du seigneur de ce lieu où il fut repris, conduit à Pétersbourg et là condamné à l'exil en Sibérie. Il était déja sur la frontière avec un compagnon d'infortune, lorsqu'on vint le rechercher; ses protecteurs ayant tout mis en œuvre pour le justifier, avaient découvert que l'auteur des pamphlets était un marchand français établi dès longtemps dans le Nord. M. de Kotzebue ayant été ramené à Pétersbourg, l'empereur, convaincu de son innocence, l'a nommé directeur de l'université de Dorpat, en lui faisant présent d'une maison valant 33,000 roubles. D. P.

Sur l'état de la musique et de l'art dramatique à Vienne ; extrait du Journal d'un Voyageur.

Le voyageur allemand, auteur anonyme de ce morceau, présente à son correspondant un tableau détaillé de ce que sont, dans cette capitale, toutes les parties de l'art musical, à commencer par la musique dansante, et en s'élevant de là à tous les autres genres; sans le suivre dans les cabarets, les guinguettes, les places publiques et tous les lieux où il se promène, dès qu'il entend un son, nous nous bornerons à dire qu'il a été fort étonné, vu le tact musical

musical allemand, du peu de vie qu'il a observé dans la musique dansante, selon lui, toujours traînante et monotone.

Plus content des concerts, et surtout de ceux des amateurs, il prétend qu'ils sont poussés à Vienne à un point de perfection qui surpasse tout ce qu'on peut attendre des meilleurs concerts publics. « Les amateurs de musique de cette capitale cultivent cet art avec une passion et un zèle que n'ont pas les musiciens de profession, et entre ceux-ci, qui fourmillent à Vienne, j'ai vu le grand Hayden qui assistait à toutes les répétitions de son *Oratorio de la Création*, être mécontent des *clarinistes*.

« Il est très-difficile pour des musiciens étrangers de se faire entendre à Vienne, parce qu'il n'y a aucune salle destinée à des concerts publics; et les concerts spirituels que la grande académie de musique donne, au profit des pauvres et des infortunés; se tiennent ou dans la salle de redoute (bal masqué), ou dans une salle particulière qui peut contenir 300 personnes.

« La musique d'église est en général excellente, particulièrement dans celles de Saint-Michel et Saint-Etienne et dans l'église italienne; ce qui me paraît lui donner un grand avantage sur la musique d'autres églises, c'est qu'on fait exécuter les *Soprani* par des voix de femmes ou de jeunes garçons. Dans les grandes fêtes, la musique a pour directeur, dans l'église de Saint-Etienne, le maître de chapelle Salieri; l'orchestre se place alors près de la chapelle impériale et royale.

« J'ai eu le plaisir d'entendre dans l'église écossaise, une grand'messe de Hayden, dont l'ensemble est digne de ce célèbre compositeur, et dont l'*Elévation* est, ainsi que tous les morceaux de ce genre dont il est l'auteur, un vrai chef-d'œuvre de l'art et du sentiment. Une singularité me frappa, c'est qu'entre autres instruments à vent, elle n'était accompagnée que d'une seule trompette obligée. L'effet merveilleux que produisait cette nouveauté, me porta à lui en parler, et ce bon vieillard me raconta que ce qui lui avait donné cette idée, était le son du cornet d'un postillon apportant une très-grande nouvelle à Vienne. Ce son avait tellement frappé son esprit occupé alors de la composition de sa grand'messse, que ne pouvant séparer ces idées, il avait ajouté la trompette obligée, à son Elévation; cette anecdote me paraît de quelque importance psychologique.

« M. Albert-Berger se plaint de la décadence du style musical, dans la musique d'église. Je ne puis être de son avis, quelque grand musicien qu'il soit; je trouve qu'il en juge avec les mêmes préjugés que montre M. Hiller, maître de chapelle à Leipsick, habile artiste d'ailleurs, mais qui voudrait anéantir tout ce qui n'est pas de la composition de Graun, de Handel, de Sébastien Bach, ou ce qui est encore pis, le changer à sa manière, comme on l'a fait en estropiant la sublime composition de Mozart, dans sa pièce qui a pour titre : *Divinité suprême*. J'ignore jusqu'où ces deux musiciens peuvent avoir raison, mais ils doivent convenir que les efforts de l'art vers sa perfection, sont infinis, comme ceux de l'homme moral; et qu'il serait fâcheux pour le génie des grands artistes, s'il fallait admettre que l'art a, depuis trente ou quarante ans, atteint un tel degré qu'il ne pût s'élever plus haut. Cela même serait un pas rétrograde. Mais on n'a rien à redouter des essais qu'on fait pour parvenir à de nouveaux progrès; car nous avons heureusement en Allemagne, outre les Bach, Handel, Graun et Hiller, d'autres artistes dont le sentiment musical apprécie le mouvement grave, solennel, auguste et sublime dans sa tranquille harmonie, qui, mieux que des fugues, exprime le vrai caractère de la musique d'église.

« Il y a cinq théâtres à Vienne, sur lesquels se jouent de grands opéra, des opéra-comiques et des opéra-bouffons. Les deux principaux ont le titre de théâtres de la cour, et les trois autres se désignent par le nom des faubourgs où ils sont. Les opéra de Salieri ont actuellement la vogue, et sont mieux exécutés que ceux de Mozart, parce que Salieri les dirige lui-même. Entre les nouvelles pièces qu'il a données, *Falstaff*, au jugement des connaisseurs, est celle qui mérite le plus l'admiration qu'inspirent les ouvrages pleins de talent de ce compositeur.

« M. Weiglder l'aîné, a beaucoup ajouté par son nouvel opéra intitulé, *Amor Marino*, à la réputation qu'il s'était faite par sa *Princesse d'Amalli*. On donne très-souvent ici le grand opéra de *Camille*. Son auteur M. F. Par, maître de la chapelle du duc de Parme, y a développé toute l'étendue des connaissances qu'exige son grand genre ; et son opéra-comique, *Il Morte Vivo*, prouve un heureux talent pour le vrai comique. »

Les chanteurs et les cantatrices attachés au théâtre, devant être acteurs, les observations qui les concernent embrassent nécessairement l'art dramatique ; ainsi le voyageur parcourt rapidement chaque théâtre de la capitale où il séjourne.

« Quatre troupes représentent alternativement sur les deux théâtres désignés sous le nom exclusif de théâtre de la cour, et c'est là que se donnent les grands spectacles.

1.° « L'opéra allemand, extrêmement nombreux en acteurs, parmi lesquels il y en a de très-distingués par leurs grands talents. M. Saal entre autres m'a ravi ; je ne connais en Allemagne de vraie basse-taille que la sienne et celle du célèbre Maurer, à Francfort-sur-le-Meyn. Mais M. Saal a la voix encore plus étendue que M. Maurer ; des sons pleins et doux, une harmonie parfaite entre chaque tons, la délicatesse, le goût, réunis à la facilité d'une grande habitude, tels sont les avantages naturels et acquis de Saal ; et auxquels la plupart de nos basse-tailles allemandes, n'ont pu encore parvenir. Mme Saal, sa fille, a la voix très-belle, très-pure et très-flexible ; l'habitude qui lui manque, s'acquiert journellement : Hayden la choisit pour première cantatrice dans sa *Création*, et je l'ai entendue souvent dans des grand'-messes de ce célèbre compositeur. Cela seul suffirait pour vous donner une idée de son talent, auquel elle joint une figure charmante et beaucoup de grace et de naturel dans son jeu. Mme Galvani a la voix très-étendue, très-agréable, mais son jeu et ses manières sont gauches; elle manque totalement de goût dans sa mise. Je ne m'arrêterai pas aux autres acteurs de cet opéra, quoique même entre les seconds rôles, il y en ait de très-bien remplis.

2.° « L'opéra italien est bien moins nombreux que l'allemand, mais on le recrute par les acteurs de celui-ci, qui possèdent bien la langue italienne, tels que les deux Saal, père et fille, Mme Galvani, Mlles Gasmann et M. Dogel. Il faut avoir vu Mme Tomeni, première cantatrice de cet opéra, pour comprendre l'enthousiasme général qu'elle excite; sans cela on le croirait exagéré. Mais rien ne peut l'être lorsqu'on l'a vue: la nature et l'art se réunissent chez cette maîtresse souveraine de ce dernier. Quoiqu'âgée de 40 ans, elle paraît à peine en avoir 18 à 20. Le goût le plus noble règne dans sa manière de se mettre; sa voix est nette, ferme, agréable et étonnamment flexible; son jeu muet, naturel et gracieux. *Nina* est son triomphe,

« L'oreille la moins formée sera sensible à la vérité du sentiment et à la beauté de la déclamation que Mme Tomeni met dans le récitatif du grand opéra, récitatif qui, sur le théâtre de Vienne, et sur plusieurs autres de l'Allemagne, n'est point accompagné de musique. Elle joue, avec une gaîté et une grace qui lui sont propres, mistriss Slender dans *Fastalff*; selon moi, elle s'y surpasse elle-même sous le double rapport de chanteuse et d'actrice. M. Simoni, premier ténor, a une voix étendue, beaucoup d'ame, mais quelques sons qui rappellent ceux de l'harmonica, lorsque cet instrument n'est pas d'accord ; et son jeu, comme acteur, a peu de naturel. La voix de M. Pasyna est plus belle, plus pleine, plus agréable ; mais il n'a aucun talent pour le récitatif, et son jeu est maniéré. M.me Rinardi Par, très-bonne cantatrice, ne paraît que dans les opéra de la composition de son mari, et peut-être est-ce au peu d'habitude qu'elle a du théâtre qu'il faut attribuer l'embarras que décèlent ses gestes. M. Angrasini, premier bouffon, réunit à la plus belle voix et aux talents du musicien, ceux de l'acteur ; il excelle dans le vrai comique et s'écarte absolument de la tourbe ordinaire des bouffons italiens, rôle rempli par Ciganelli dont la manière triviale relève encore le mérite d'Angrasini.

« Comme le public de Vienne est passionné pour les ballets, cette partie de l'art théatral y est cultivée avec autant de zèle que de soin. La musique des ballets y est bonne et très-agréable ; les décorations, les costumes, ont de la magnificence et du goût. Les danseurs attachés aux grands spectacles sont nombreux, et il y en a de très-distingués, entre autres les deux premières danseuses, M.lles Capentini et Angiolini ; et dans l'exécution des ballets, on ne peut qu'admirer la force, la légèreté, la grace des pas et des mouvements, ainsi que l'expression de la pantomime. Mais le génie d'invention manque au maître de ballets, et l'on en voit souvent annoncés comme neufs, qui n'ont été qu'un peu changés. Par exemple, j'ai vu ici deux prétendus nouveaux ballets; l'un *Zémire et Azor*; l'autre, *le Tambour Nocturne*, qu'on dit être de la composition de M. Clerigo, le jeune, et dans lesquels j'ai retrouvé, trait pour trait, avec une musique ressemblante, deux ballets que j'ai vus, il y a deux ans, à Leipsick, aussi comme nouveautés, de l'invention de Barchielli. Que ces artistes décident entre eux lequel en est le vrai propriétaire, je me borne à vous conter le fait.

« Les acteurs du théâtre national allemand, de même que les autres troupes de ces deux théâtres, sont immédiatement à la solde de l'empereur. Mais la régie des revenus de l'entreprise et la direction, sont affermées au baron de Brow, qui, aidé d'un comité d'acteurs, reçoit les pièces et forme le répertoire de la semaine. Ce choix n'est souvent pas trop bon, par la raison qu'ici, comme ailleurs, des motifs politiques ou économiques le décident. Comme partout, le premier principe de la direction est qu'il faut remplir la salle; d'où résulte la nécessité, non de donner de bonnes pièces, mais de se conformer au goût de la multitude.

« La question importante, si le goût général est le bon goût, est tellement négligée, méconnue, qu'il paraît au contraire qu'on cherche à se persuader que ce n'est point au théâtre à former le goût public; mais que c'est celui-ci qui doit influer sur le théâtre. On sentira trop tard peut-être, dans maints endroits de l'Allemagne, l'erreur où l'on est à cet égard.

Le nouveau drame de Schiller, Wallenstein, n'a point été donné à Vienne par ménagement pour les personnes de la famille de Wallenstein qui sont dans cette capitale.

« Au mauvais choix des pièces, la direction de ce spectacle ajoute encore de la négligence ou de la faveur dans la distribution des rôles, et je trouve que par là ce théâtre a fait une perte trop peu sentie, lorsque M. de Kotzebue en a quitté la direction. Il s'opposait à ces abus; il voulait les réformer; il s'attira l'inimitié de ceux qui les tolèrent, et se vit forcé à résigner sa place. Les mémoires écrits pour et contre cette affaire qui a tant fait de bruit, sont actuellement entre les mains de tout le monde.

« Le public est content, même enthousiasmé, lorsqu'il voit une scène à grands sentiments et beaucoup de mouvement dans la première pièce, ou lorsqu'on lui épanouit la rate, dans la seconde pièce, par de grosses plaisanteries. Une belle figure, de la hardiesse, de la routine, des gestes à tort et à travers, des cris, une expression renforcée, peuvent, à coup sûr, prétendre aux applaudissements de la foule : les auteurs, les acteurs le savent, s'y conforment et s'embarrassent peu du reste.

« Il en est cependant dans cette troupe qui méritent les plus grands éloges. MM. Roose, Koch et Brockmann, Mmes Adamberger, Roose et Leiser, sont applaudis de tous les connaisseurs ; mais M. Lange, le favori de la multitude, n'a d'autre mérite qu'une très-belle figure, une voix de tonnerre, et une déclamation défectueuse et exagérée.

« C'est au peuple que sont destinés les spectacles qui se donnent sur les trois théâtres des faubourgs. Celui de Saint-Joseph est le plus mauvais des trois. On n'y voit que des farces du plus bas comique. Mais sur le théâtre de Léopold, dont Marinelli est l'entrepreneur, on joue une foule d'opéra comiques, dont MM. Wensel, directeur de la musique, Kauer et le poète Hensel, sont les auteurs. Le public de Vienne applaudit, à tout rompre, à ces pièces, et quelque médiocres ou mauvaises qu'elles soient, elles sont encore moins choquantes pour le bon goût que les drames à la *Shakespeare* ou à la *Radcliffe*, qu'on y donne quelquefois ; du moins les décorations, la musique et même quelques bons acteurs, dédommagent-ils du fond de la pièce. Schicaneder est l'entrepreneur du troisième spectacle populaire. On connaît en Allemagne ses talents divers ; les farces qu'il donne ont un si grand succès, que la foule qui s'y porte, le met à même de bien payer la quantité d'acteurs et de baladins nécessaires à son spectacle. »

En terminant l'extrait des observations du voyageur allemand, nous ajouterons que Vienne est la première ville de l'Allemagne où l'on ait établi de petits spectacles pour le peuple. Quelque convaincu qu'on y soit que ces établissements sont indispensables, parce que, sans eux, le théâtre national serait contraint de donner à côté d'un chef-d'œuvre une farce populaire, on a cherché à prévenir la corruption du goût, en établissant un journal intitulé *Dramaturgie*, dans lequel, non-seulement les grands théâtres, mais aussi les petits spectacles sont soumis à une critique sage et à la portée de tous les lecteurs. Nous ferons connaître cet ouvrage, et successivement l'état de tous les principaux théâtres de l'Allemagne.   D. P.

ART D'ORNER LES PAYSAGES.

Das Seifersdorfer Thal. — *La Vallée de Seifersdorf*, etc. (Second extrait.)

16. Tombeau de Lorenzo. Ce tombeau est placé dans un petit jardin, entouré d'une clôture de saules. On lit à l'entrée ces mots du comte de Schaumbourg-Lippe, qui servent d'inscription à son mausolée : « Nous marchons éternellement vers la perfection, quoique le tombeau fasse disparaître à nos yeux la trace de nos progrès. » On aperçoit à peu de distance, sur une colline, la cabane de Lorenzo, qui forme le sujet de la 17.e planche.

18. Moulin de Seifersdorf, bâti dans le goût des métairies hollandaises, avec des portes et des fenêtres gothiques.

19. Monument du père de la comtesse de Brühl. Dans un enfoncement religieux, sur un tertre de gazon, se voit une urne de pierre, autour de laquelle un serpent s'entrelace. Tout près de là, sont quatre

vers dont voici le sens : « Je t'apporte pour offrande ma reconnaissance et mes larmes, mes larmes amères, dernier tribut permis à ma tendresse. »

20. Un vase, placé dans une niche qui fait partie d'un rocher, avec cette inscription : « A l'amitié gothique. » Tout cela ne serait pas fort intelligible, sans le secours de la description. Elle nous apprend qu'on a voulu désigner par cet emblème, l'ancienne amitié germanique, sur la solidité de laquelle on pouvait compter.

21. Temple consacré à Maurice et aux plaisirs champêtres. C'est un grand pavillon soutenu par des colonnes, et entouré de peupliers, au milieu d'une prairie spacieuse. Dans les fêtes que les propriétaires de ce beau séjour donnent à leurs vassaux, il tient lieu de salle de danse.

22. Monument consacré au jeune comte de Brühl par ses parents, un jour qu'ils célébraient l'anniversaire de sa naissance. Sur une terrasse de gazon, où l'on monte par des degrés, s'élève une éminence formée de quartiers de roc brut, avec cette inscription : « Veux-tu, fils bien-aimé, traverser gaîment le dangereux océan de la vie, et aborder un jour gaîment au port, ne te laisse point dominer par l'orgueil, lorsque les vents te seront favorables ; et conserve ton courage au milieu de la tempête. Que la vertu soit ton gouvernail, l'espérance ton ancre ; tour-à-tour elles te conduiront au rivage à travers les dangers. »

23. Autel consacré aux chantres de la vallée. Cet autel ombragé par une voûte de feuillage, offre une N sur une de ses faces, et sur l'autre une lyre, et

une flûte de berger. Les chantres dont il s'agit sont Naumann et Neumann, qui ont célébré en commun les agréments de cette vallée; celui-ci par des chansons remplies de sentiment et de délicatesse; celui-là en composant des airs simples et mélodieux pour les chansons de son ami.

24. Monument du ministre de Brühl. Dans l'obscurité solitaire d'un bosquet de pins, où l'on entre par une porte dépourvue d'ornements, repose, élevé sur un piédestal de pierre, un sarcophage où sont gravés ces mots : *Manibus patris.*

25. Cabane de la bergère des Alpes. Cabane romantique, ombragée par de grands arbres, et consacrée à la mémoire de l'Adélaïde de Marmontel.

26. Monument de Dorestan, amant d'Adélaide. C'est une urne posée sur un tertre de gazon, derrière lequel s'élève un rocher nu qui ajoute beaucoup au pittoresque du site.

27. Repos d'Adélaïde. Cabane assez semblable à la première, dans un site délicieux, avec cette inscription :

Si la vie est un songe,
Quel bonheur de rêver ici!

28. Le bain. Petite anse du ruisseau, garnie de pierres, et ombragée par de grands arbres.

29. Le temple de l'Amour, salle d'architecture grecque, construite sur une éminence de verdure, entourée de rosiers et de peupliers. Au milieu une statue de l'Amour, copiée d'après l'antique. Il tient dans ses mains deux horloges de sable, dont l'ins-

cription suivante offre l'explication. « Je vois l'Amour avec un sablier dans chaque main. Quoi! ce dieu, l'étourderie même, a-t-il deux manières de mesurer le temps? — Les heures des amants que sépare le destin, s'écoulent avec lenteur de l'un de ces sabliers; l'autre épanche avec rapidité les heures de ceux qui sont ensemble. »

30. Statue de Pan, à côté d'une chute d'eau, et d'un pont qui laisse apercevoir une vaste prairie. Ce lieu est destiné à recevoir un monument en l'honneur de Gessner.

31. Buste de Herder, sur un therme. Herder, en faisant hommage à la comtesse de Brühl d'un exemplaire de ses *Idées pour servir à la philosophie de l'histoire*, y avait écrit huit vers que cette dame a fait placer au dessous de son buste. En voici le sens : « Un espace étroit circonscrit les jours de l'homme; son intelligence est encore plus bornée, et ses affections plus que tout le reste. Regarder autour de nous, établir le peu d'ordre dont nous sommes capables, jouir innocemment des faveurs de la Providence, et quitter la vie avec une ame satisfaite et reconnaissante; voilà quelle doit être notre histoire. Ce n'est pas là une vaine idée; c'est l'expression du sentiment. »

32. Cabane de Pythagore.

33. Temple circulaire, dédié à la bienfaisance. Des tiges de pins, un toit de roseaux; dans le milieu, un autel avec cette inscription : « Aux ames bienfaisantes. » Vis-à-vis l'entrée, on voit sur une tablette le monogramme du comte de Brühl, à qui

le jour de l'inauguration de ce temple, tous les pauvres dont il a soin, présentèrent un bouquet orné de cette devise : « Heureux les miséricordieux, car il leur sera fait miséricorde. » Des vers sur la bienfaisance, tirés de l'Elysée, poème de M. Jacobi, occupent les deux extrémités de cette tablette.

34. De beaux peupliers qui ombragent une source.

35. Obélisque érigé au comte de Brühl par ses vassaux. Cet obélisque est dans un champ labouré; l'inscription principale est conçue en ces termes : « Consacré au meilleur des maîtres, Jean Maurice, comte de Brühl, par ses trois communes, Seifersdorf, Schœnborn et Ottendorf. » Quatre autres inscriptions décorent les quatre faces de l'obélisque. Il suffira de citer la suivante : « Il aime tendrement sa femme et son fils; personne n'est plus vertueux et plus bienfaisant ; il partage son pain avec tous les indigents, et souffre de la douleur et des besoins d'autrui. »

Avec ce monument, si digne d'être envié par tous les riches propriétaires, finit la description de la vallée. Les autres planches représentent quelques objets remarquables qui se voyent dans le jardin.

36. Monument d'Hirschfeld avec le pavillon du jardin. Le monument consiste en un vase de porcelaine de Misnie, posé sur un tertre de gazon. Le pavillon est masqué en dehors par de la vigne sauvage. Il touche à une feuillée qui cache une grande volière, peuplée de tourterelles des Indes et de serins. Dans son intérieur, on lit sur la cheminée l'ins-

cription suivante : « L'un des plus grands bienfaits du ciel est de pouvoir mener une vie obscure, modérée et tranquille, régler dans son ame le partage de l'ombre et celui de la lumière, et sourire aux beautés des scènes naturelles que l'art n'a point défigurées. »

37. Dans un bocage mélancolique, se trouve une grotte solitaire construite en pierres brutes, et qui porte cette inscription : « A Young. » On y distingue, à la clarté lugubre d'une lampe, un autel chargé d'un crucifix et d'une tête de mort, l'image d'un saint qui prie, en mosaïque ; un exemplaire ouvert des nuits d'Young.

38. Buste de Mme de Reck, placé sur un grand piédestal, devant un bosquet de jasmin. Mme de Reck, désignée sous le nom d'Elisa dans les chansons de Naumznn, composa dans ce bosquet des cantiques spirituels que le célèbre musicien Hiller a publiés à Leipsick.

39. Monument consacré aux enfants d'Young, Narcisse et Philandre. C'est une urne entourée de serpents, qui se voit dans une île délicieuse entre d'épais arbrisseaux.

40. Buste de Gœthe, dans une maisonnette d'écorce, entourée de rosiers et d'autres arbustes. A peu de distance, on voit une statue de l'Amour sous un berceau de chèvre-feuille.   G.

EDUCATION.

KLOPSTOCKS Feyer. — *Fête de Klopstock à Pforta;* par *HEIMBACH*, *recteur de l'école de cette ville.* Leipsick.

Le 20 mars de l'année dernière, Klopstock écrivit de Hambourg, à M. Heimbach, une lettre dont voici la traduction :

« Je me rappelle souvent avec plaisir mon séjour à Pforta, parce que j'y terminai, à peu de chose près, le plan du *Messie*. Un fait qui vous prouvera combien j'étais occupé de ce plan, c'est que les huit premiers vers du dix-neuvième chant (*), renferment la description d'un songe qui fut, suivant toute apparence, le résultat de mes méditations continues. Si j'avais été peintre, j'aurais passé la moitié de ma vie

---

(*) Le père des hommes étendit le voile du silence sur une des scènes que lui avait présentées le redoutable jugement. Au milieu de la foule pressée, innombrable, des morts ressuscités, il avait vu Eve debout sur une colline, les cheveux épars, les bras étendus, les joues enflammées, le sourire sur ses lèvres et les larmes dans les yeux, implorer le juge en faveur de sa postérité, et lui crier : grace ! grace ! avec cet accent d'un cœur pénétré, cet accent maternel, que les anges et les humains n'avaient pas encore entendu.

à tâcher de représenter la mère des hommes aussi belle qu'elle s'était offerte à mes regards, de reproduire la sublime expression de ses traits. Cependant la fin du songe manque à cet épisode : à l'imitation d'Eve, je levai les yeux lentement et avec respect, vers le souverain juge ; j'aperçus des pieds très-éclatants, et me réveillai tout-à-coup.

« Vous recevrez ci-joint un exemplaire de la grande édition du *Messie*, qui fait le plus grand honneur aux presses de M. Gœschen. Je le destine à la bibliothèque de votre école ; et d'après le silence que je garde sur la place où j'aimerais à le voir, je vous en abandonne le choix. Si vous jugez la chose avantageuse pour vos élèves, faites-leur porter ce livre dans la bibliothèque, de la manière suivante :

« Choisissez, parmi eux, celui que vous regardez comme le meilleur sujet, je n'entends pas seulement sous le rapport de l'intelligence, mais encore sous celui de la moralité, qui, suivant moi, comprend aussi l'application. Priez en mon nom ce jeune homme de se charger de cet exemplaire, et de le placer où vous le lui commanderez. Peut-être sera-t-il à propos de lui donner, pour acolytes, ceux dont les bonnes qualités les rangent immédiatement après lui.

« Exécutez cette idée à votre fantaisie, comme cela s'entend de soi-même, ou si vous l'aimez mieux, dispensez-vous de l'exécuter, et déposez sans bruit, mon ouvrage dans votre bibliothèque.

« Mais j'ai une autre prière à vous faire, et je suis certain que vous y aurez égard. De tous mes maîtres, le co-recteur Strübel fut celui que j'aimai le plus. Il mourut lorsque j'étudiais à Pforta. Sa perte m'affligea vivement. Faites répandre sur son tombeau par un de vos élèves quelques-uns des premiers dons du printemps ; soit de jeunes branches, soit des boutons, soit des fleurs, et engagez-le à prononcer tout bas mon nom durant cette pieuse cérémonie.

KLOPSTOCK.

Le 13 avril suivant, M. Heimbach répondit à Klopstock que sa lettre et son présent avaient été reçus avec enthousiasme ; et que ses intentions avaient été remplies dans la matinée du jour de Pâques.

A la tête d'un cortége, formé de l'école toute entière, deux de ses élèves les plus âgés, désignés par leurs camarades, comme étant les plus dignes de représenter l'auteur du *Messie*, s'étaient acheminés vers le tombeau de Strübel. Là, on se forma en cercle ; le chœur chanta une strophe de Klopstock *sur la résurrection ;* et tandis que M. Heimbach récitait son ode *au rédempteur ;* les deux coryphées jonchèrent le tombeau des prémices de la saison. De là on se rendit à la bibliothèque dans le même ordre. L'exemplaire du *Messie*, porté sur un coussin de soie blanche, et surmonté de feuillages, fut déposé, au son d'une musique douce, sur un petit autel couvert de lauriers et de fleurs. M. Heimbach prononça un discours analogue à la circonstance, qui fut écouté dans un silence religieux.

Il a recueilli, dans l'ouvrage qui fait le sujet de

cet article, la lettre de Klopstock et sa réponse, une seconde lettre où Klosptock lui témoigne sa satisfaction, et tous les détails de cette double solennité dont les impressions frappantes et durables ont dû exciter dans le cœur de ses élèves une tendre reconnaissance envers leurs maîtres et une profonde vénération pour les talents supérieurs. L.

POÉSIE.

Gedichte von J. G. Salis. — *Poésies de J. G. Salis*, Quatrième édition augmentée. 165 pages in-8.°, avec le portrait de l'auteur. Zurich. Orell. 1800.

Le nom de Salis est illustre dans le pays des Grisons. Il se lie, depuis plusieurs siécles, à la considération que procurent de vastes domaines, des établissements utiles et des actions mémorables. Malheureusement ceux qui le portent aujourd'hui se sont trouvés exposés, dans ces derniers temps, aux suites fâcheuses d'une opinion politique contraire au vœu de la majorité. L'aimable auteur des poésies que nous avons sous les yeux, a perdu ses biens dans la révolution helvétique. Sa patrie l'a rejeté de son sein; mais il lui reste des amis, une sensibilité douce, des mœurs sans reproche, et un talent distingué. Combien d'hommes, égarés comme lui par des préjugés et des habitudes, dont ils sont les victimes, n'ont pas les mêmes sujets de consolation!

Les stances intitulées, *la Fille des Champs*, que nous avons fait connaître en rendant compte du dernier *Almanach des Muses*, de M. Voss, peuvent donner une idée des morceaux qui composent ce recueil. Ils sont tous dans le genre descriptif et sentimental. Ami de M. Mathisson qui a obtenu de la célébrité par des poésies du même genre, M. Salis l'a pris pour modèle, et ne lui est pas inférieur.

NOTICES BIBLIOGRAPHIQUES.

HISTOIRE NATURELLE.

DER Naturforscher. —*LE Naturaliste, vingt-huitième cahier*. Halle. Gebauer.

On regrettait, depuis six ans, de ne point voir paraître la continuation de cet ouvrage périodique, généralement estimé. Ce nouveau cahier, digne du précédent, annonce que les éditeurs n'ont point abandonné leur entreprise, et les amateurs de l'histoire naturelle ne peuvent que leur en savoir gré. Il renferme onze articles consacrés, pour la plupart, à la zoologie.

1. Description de quelques espèces nouvelles de coléoptères, par M. Frœlich, avec des figures enluminées.

2. Mélanges entomologiques., par H...r.

3. Hoffmann sur les *Phalæna mundana* et leur métamorphose.

4. Remarques du D. John faites pendant un voyage de Tranquebar à Tanjaour, Tirutschinapolly, et Madras, en 1795.

5. F. J. Chemnitz, sur des limaçons monstrueux.

6. Observations minéralogiques, par le même.

7. Description de deux nouvelles espèces de serpents, par S. C. Gmelin.

8. Pétrifications de coquillages rares, tirées du cabinet du prince de Rudolstatt, par C. L. Cœmmere.

9. Voyage sur le Rhône, par J. P. Wolff.

10. Recherches physiologiques sur les insectes, par Duval.

11. Description du *Vibrio agrostis*, par J. G. Steinbuch.

HISTOIRE.

GALLERIE merkwürdiger Verschwœrungen, Empœrungen, und Revolutionen. — *GALERIE de conjurations, d'insurrections et de révolutions remarquables, comparées avec la révolution française.* 2 vol. in-8.º Leipsick. H. Müller.

Il y a de l'impartialité dans les parallèles que l'auteur établit entre les faits qu'il raconte et diverses circonstances de notre révolution ; mais ses jugements sur les individus sont presque toujours hasardés et peu exacts. Ses deux volumes contiennent 24 articles, savoir : Tom. I, Révolution de Portugal, en 1580; Histoire des troubles de la France, 1560 — 1594; Révolution de Suède, 1523; Révolution de Danemarck, 1523; Révolution de Hollande, 1567 — 1609; Insurrection des Pays-Bas, 1789 — 1790; Révolution de Portugal, 1640; Insurrection de Masaniello à Naples, 1647; Révolution de Russie, 1762; Révolutions d'Angleterre, 1640 — 1649, 1660, 1688; Révolution de Suède, 1772; Conjuration en Portugal, 1758; Insurrection en Sardaigne, 1793 — 1794; Révolution de Pologne, 1794; Révolution de l'Amérique septentrionale, 1774 — 1783; Révolution de Gènes, 1797; Insurrections en Irlande, 1798; Révolution de Venise, 1797; Révolution de Rome, 1798; Révolution de Naples, 1799.

STATISTIQUE.

HISTORICH-STATISTISCHES Gemæhlde des russischen Reichs am Ende des achtzehenden Jahrhunderts. — *TABLEAU historique et statistique de l'empire de Russie, à la fin du dix-huitième siécle;* par Henri STORCH. 4 vol. Leipsick, Hartknoch.

Ces quatre volumes ne renferment encore qu'une partie de l'ouvrage de M. Storch. Son plan embrasse trois grandes divisions. La première, qui n'est pas terminée à beaucoup près, traite des habitants;

la seconde doit traiter de la constitution politique ; et la troisième, de l'administration.

Sous le premier titre, il s'est proposé de passer en revue l'origine des Russes et leur état physique, civil et moral. Ces quatre points de vue entraînent de longs développements, en sorte que la partie du commerce, l'une des sous-divisions de l'état civil, n'est qu'entamée dans le quatrième volume.

Nous donnerons une analyse détaillée de cet ouvrage, l'un de ceux qui font le mieux connaître la Russie ancienne et moderne.

TOPOGRAPHIE.

PYRMONTS Merkwürdigkeiten. — *CURIOSITÉS de Pyrmont ; Esquisse à l'usage des voyageurs, avec des observations sur l'ouvrage de Frankenau, intitulé :* Pyrmont et ses eaux minérales. Leipsick. Küchler.

L'ouvrage de Frankenau, supposé traduit du danois, est un amas de faussetés auxquelles l'auteur des *Curiosités de Pyrmont* oppose des faits incontestables.

A la suite d'une introduction qui renferme une notice sommaire, historique et géographique du comté et des bains de Pyrmont, il traite, dans neuf sections, de la ville de Pyrmont, de ses environs, de ses habitants, des médecins, au nombre de cinq, qui y sont établis, de ses embellissements, des établissements publics, des promenades, des divertissemens, du ton de la société, etc. Les trois dernières sections offrent des renseignemens précieux sur l'histoire naturelle des environs de Pyrmont, sur les propriétés des eaux minérales de cette ville, sur les idées superstitieuses qu'on s'en est formées, sur leur usage intérieur et extérieur, sur les cas où elles peuvent être nuisibles, et ceux où on les emploie avec succès. L'ouvrage est terminé par des règles de conduite à l'usage des malades.

Voyages.

Reise durch einige Theile vom mittaglichen Deutschland und dem Venetianischen. — *Voyage dans quelques parties de l'Allemagne méridionale et du territoire de Venise.* Erfurt, Henning.

On est agréablement surpris en parcourant ce voyage. Les premières feuilles ne contiennent qu'un détail aride d'objets qui sont connus de tout le monde, et qu'on trouve dans tous les abrégés de géographie; mais l'ouvrage change bientôt de forme, et devient de plus en plus attrayant. Il est d'autant plus difficile de le quitter sans l'avoir lu jusqu'au bout, qu'il y règne une extrême variété, et que l'auteur ne néglige rien de ce qui peut intéresser généralement. Il décrit, en homme sensible, les beautés de la nature, fait connaître les productions du sol et leurs différens emplois, l'industrie, les mœurs, les usages domestiques, le caractère des habitants, et assaisonne ses remarques de vérités fortes, énoncées avec toute la chaleur du patriotisme.

Architecture.

M. Vitruvii Pollionis de Architecturâ Libri X, ope codicis Guelferbytani, editionis principis, cæterorumque præsidiorum recensuit A. Rode, Dessaviensis. — *Les dix livres de M. Vitruve Pollion sur l'Architecture, revus par A. Rode de Dessau*, etc. in-4.° Berlin, Mylius, 1800.

Les architectes, jaloux de se perfectionner dans leur art, doivent faire leur étude principale de l'ouvrage de Vitruve. A la vérité, on s'est souvent mépris, soit lorsqu'on a cru y trouver partout les règles de l'architecture grecque dans sa pureté, soit lorsque comme Piranesi, dans sa *magnificenza di Roma*, on a appliqué ses dimensions à des ruines postérieures au siècle d'Auguste. Mais il n'en occupe pas moins un rang distingué parmi les trésors de connaissances que l'antiquité nous a transmis, et les artistes, ainsi que les philologues, ne peuvent savoir trop de gré au nouvel éditeur qui s'est efforcé de le rendre plus intelligible et d'une utilité plus générale.

M. Rode avait déja bien mérité de la littérature allemande par une excellente traduction de Vitruve (2 vol. in-4.°, Leipsick, Gœschen, 1796.); il donne ici le texte de cet auteur, parfaitement imprimé, revu avec tout le soin d'une critique judicieuse, et accompagné de variantes tirées de divers manuscrits dont on n'avait pas encore fait usage. Ces variantes peuvent conduire à l'explication de plusieurs passages qui présentent encore des difficultés, ou servir à en corriger quelques autres, dont l'authenticité paraît douteuse.

La traduction de M. Rode est enrichie d'un *lexicon vitruvianum* ; mais ce vocabulaire avait besoin d'être perfectionné ; les mots techniques n'y étaient rendus qu'en allemand. M. Rode, en le transportant dans son édition du texte, y a joint, d'un bout à l'autre, les mots techniques français, anglais et italiens. Par-là tous les artistes de l'Europe peuvent recueillir les fruits de son travail.

Posséder Vitruve sans dessins d'architecture, c'est ne le posséder qu'à demi. Cet auteur lui-même avait senti que son ouvrage ne pouvait s'en passer, et il en avait tracé les esquisses ; mais au préjudice irréparable de l'art, l'ignorance des copistes ne leur a pas permis d'arriver jusqu'à nous. M. Rode se proposait depuis longtemps de suppléer à leur défaut par des dessins de sa composition, travaillés avec tout le soin dont il est capable ; mais jusqu'à présent il ne s'est pas trouvé en état de les faire graver. On assure néanmoins qu'il a surmonté les obstacles que la modicité de sa fortune opposait à leur publication ; et on les annonce pour le milieu de cette année.

LITTÉRATURE.

Des Plutarchus von Chæronein vergleichende Lebensbeschreibungen. — *VIES et parallèles de Plutarque de Cheronée, traduits du grec et accompagnés de notes, par J. F. S. KALTWASSER, professeur au gymnase de Gotha.* Tomes I et II. Magdebourg, Keil.

Holzmann, dit *Xylander*, traduisit en allemand, vers la fin du 16.ᵉ siècle, les *Vies des hommes illustres* de Plutarque; mais en supprimant les parallèles. Le docteur Kind en donna une seconde traduction de 1745 à 1754, et M. de Schirach une troisième de 1776 à 1780. De ces trois versions, celle de Kind est la plus recommandable sous le rapport de la fidélité, et parce que ce savant y a joint des notes qui décèlent un homme profondément versé dans la littérature ancienne ; mais elle laissait encore beaucoup à desirer pour l'élégance, et quelquefois même pour l'exactitude. M. Kaltwasser, à qui l'Allemagne était déja redevable d'une traduction estimée des *Œuvres morales* de Plutarque, a publié, l'année dernière, le premier volume de la traduction qui fait le sujet de cet article, et tous les lecteurs instruits ont jugé que son travail l'emportait de beaucoup sur celui de ses prédécesseurs. Le second volume, qui vient de paraître, a les mêmes droits à leurs suffrages.

Les notes de M. Kaltwasser embrassent la géographie, l'histoire et les antiquités. Il y a fait entrer une partie des remarques de Dacier et de Kind.

Pour les nombreux passages des poètes grecs cités par Plutarque, il s'est servi des traductions métriques de ces poètes qui ont paru depuis quelque temps en Allemagne ; et il a rendu de la même manière les fragments isolés.

HANDBUCH der poetischen Literatur der Deutschen.— *Manuel de la littérature poétique des allemands*; par *C. F. R. Vetterlein*. Kœthen. 1800.

Ce manuel est destiné à servir de complément à une *Chrestomathie poétique*, en 3 volumes, que M. Vetterlein a publiée de 1797 à 1799. Il renferme des notices biographiques sur quarante-un poètes allemands, tant anciens que modernes, depuis Wernike jusqu'à Falk ; des renseignements bibliographiques sur les différentes éditions de leurs ouvrages ; la liste des traductions qui en ont été faites dans les langues étrangères, et des renvois aux auteurs chez qui l'on trouve, sur leur compte, des détails et des jugements plus circonstanciés.

Le travail de M. Vetterlein, déja très-recommandable par son objet et par la manière dont il est exécuté, reçoit un mérite de plus de l'équitable sévérité avec laquelle les contrefacteurs, ces corsaires de la littérature, y sont voués à l'indignation publique;

comme défigurant les ouvrages dont ils volent le produit, et trompant la bonne foi des acheteurs qui se laissent prendre à l'amorce illusoire du bon marché.

Voici comment M. Vetterlein s'exprime à ce sujet dans sa préface : « Je me suis attaché, en faveur des jeunes bibliophiles, à citer toujours les *bonnes* éditions des poètes, afin de les prémunir à cet égard contre la mauvaise marchandise des contrefacteurs. J'appelle bonnes éditions, celles qui ont été faites sous les yeux des auteurs même, ou, après leur mort, sous les yeux de leurs amis. Les éditions apocryphes sont celles qui ont été publiées à l'insçu ou contre la volonté des auteurs, par d'autres gens de lettres, ou, ce qui arrive plus communément, par des demi-littérateurs, aux gages des libraires; enfin les éditions contrefaites sont celles que des libraires avides de gain ont l'audace de publier sans la permission des auteurs ou des légitimes éditeurs. Trattner, à Vienne; Schmieder, à Carlsruhe; Kegel, à Frankenthal; Tennefeger, à Reutlingen; Gasel, à Brünn et autres colporteurs de livres, ont contrefait presque tous nos poètes et presque tous nos bons prosateurs ; de pleines voitures chargées de cette denrée de bas aloi, sont parties de chez eux pour toutes les provinces de l'Allemagne. Sans doute on ne paye pas cher ces contrefaçons; mais on achète toujours trop cher de mauvaise marchandise. La plupart sont de véritables maculatures; elles fourmillent de fautes typographiques; plusieurs sont incomplètes, copiées sur d'anciennes éditions, grossies de morceaux apocryphes ; et, en les comparant aux éditions originales, j'ai souvent rencontré des mots, des lignes, des vers, des passages entiers qui s'y trouvaient omis. On dit que ces contrefacteurs ont des priviléges de leurs gouvernements ; ou qu'au moins ceux-ci protégent leur coupable trafic. Ce n'était donc point assez pour nos hommes puissants, de ne pas protéger l'enfance de la muse germanique ; il fallait encore qu'ils fermassent les yeux, lorsqu'après avoir grandi sans leur avoir d'obligation, elle courait risque, à son entrée dans le monde, d'être la victime des assassins et des brigands. »

ROMANS.

DER schwarze Ritter oder die drey Waisen. — *Le Chevalier noir, ou les trois Orphelins, histoire du douzième siécle.* Troisième édition. Krems.

La nuit surprend un chevalier courant les aventures, accompagné de son écuyer, et l'oblige de chercher un asile contre l'orage, dans les ruines d'un vieux château, dont le dernier possesseur, ennemi mortel du chevalier, avait attenté à ses jours et avait voulu le précipiter dans le Rhin. Le remords de cette action le poursuit après son trépas ; son ombre errante dans ce château, ne peut goûter un seul moment de paix. Cette nuit même, il parcourt les décombres de son ancienne propriété, lorsqu'il reconnaît, dans le chevalier, le fils de son ennemi. Décidé depuis longtemps à réparer sa faute, autant qu'il est en lui, il prend la forme d'un chevalier, et, caché sous une armure noire, il devient le mentor du jeune voyageur, le conduit d'aventures en aventures, lui fait surmonter tous les dangers, vaincre dans tous les combats et acquérir de la gloire et des richesses avant de se séparer de lui.   D. P.

HELIODORA, oder die Lautenspielerinn von Griechenland. — *HÉLIODORA* ou *la Musicienne grecque*. 3 vol. in-8.º Meissen. Erbstein.

Héliodora est jeune, sensible et spirituelle. Elle a eu pour mère une italienne enlevée de sa patrie. Les persécutions du despotisme l'obligent, à son tour, de quitter la sienne avec son père. Ses talents pour la musique les font subsister l'un et l'autre. Elle arrive à Naples; elle y trouve ses parents du côté maternel au sein de la grandeur et de l'opulence, et ils finissent par la reconnaître.

Tel est le canevas de ce roman, dépouillé d'une multiplicité d'incidents qui en font une lecture extrêmement variée. Le seul que nous puissions indiquer dans cette notice est l'amour d'Héliodora pour un jeune peintre rempli de génie, de goût et de talent, que sa tendresse dédommage des longues souffrances d'une première passion mal récompensée.

L'auteur d'*Héliodora* vient encore de publier un autre Roman, imité du *Diable amoureux* de Cazotte, et intitulé : *Erminia* ou *la Solitaire des ruines de Rome*.

Théatre.

Balsora, ein morgenlændisches Schauspiel. — *Balsora*, *drame oriental*. Par *J. H. W.* Witschel. Nuremberg.

Le sage Helim, médecin du sultan Alnareschin, possède sa confiance, et ce prince lui remet ses deux fils pour les élever. Abdallah, un de ces jeunes princes, devient amoureux de Balsora, fille d'Helim, et le sultan, quelque temps après, conçoit pour elle le même sentiment, forme le projet de l'élever au rang de son épouse et le déclare à sa cour assemblée. L'effroi de Balsora lui occasionne une faiblesse, le père la déclare expirée, et le sultan au désespoir, ordonne que le corps de son amante reçoive au moins les honneurs qu'il lui destinait, et soit placé dans les caveaux mortuaires du palais, où l'on transporte de même Abdallah qui, à l'aide d'un soporatif, paraît aussi privé de vie ; dans cette sombre demeure les amants se réveillent et se retrouvent. Helim les fait conduire dans une campagne écartée dont il est possesseur, et où ils vivent heureux, jusqu'à ce que le sultan, en s'égarant, dans une partie de chasse, arrive à cet endroit, y retrouve et reconnaît son fils, lui pardonne, lui sacrifie son amour, et confirme le bonheur des deux époux. M. Witschel a tiré ce sujet d'un conte très-connu en Allemagne ; le tragique des situations, l'aisance du dialogue et la pompe du spectacle ont valu à son drame un succès mérité.

D. P.

VARIÉTÉS.

Le Nouvel Amour, Imitation de Goethe.

L'Amour, non pas l'Amour enfant,
Mais celui dont Psyché regretta les caresses,
Promenait dans l'Olympe, au milieu des déesses,
Le regard assuré d'un jeune conquérant.
　　Il aperçoit une Immortelle
Qui d'Aphrodise même efface la beauté;
C'est Vénus-Uranie. Eperdu, transporté,
Il lui voue, il lui jure une ardeur éternelle.
　　Le téméraire, hélas! fut écouté,
Et cueillit dans ses bras une palme nouvelle.
　　De leurs plaisirs nâquit un autre Amour;
Avec l'esprit du Dieu qui lui donna le jour,
　　Il a les mœurs de Vénus-Uranie,
Eleve des Neuf Sœurs, ne les quitte jamais,
Et dans les cœurs choisis qu'il blesse de ses traits,
Fonde le culte heureux des Arts et du Génie.

　　　　　　　　　　　　　　　L.

La Salamandre et la Statue, Conte de WIELAND.
　　　　　　(Conclusion.)

« Je lui protestai que le service qu'il s'agissait de rendre à sa maîtresse, fût-il dix fois plus considérable, je ne voulais d'autre récompense que la liberté de m'éloigner aussitôt après le lui avoir rendu. Sans me répondre sur cet article, elle me pria d'observer que sa maîtresse était au pouvoir de son persécuteur, aussi longtemps que la flèche enchantée n'était pas retirée de son sein, et qu'il pouvait, d'un moment à l'autre, venir me l'enlever, si je tardais davantage, et la transporter en des lieux où j'aurais beaucoup plus de peine à remplir la mission que les destins m'avaient réservée.

« Je m'approchai de Pasidore; sa beauté m'éblouit tellement que je n'osai pas la considérer. Je saisis la flèche avec un mouvement de terreur, et tandis que je la retirais, non sans peine, la lumière qui éclairait le milieu de la salle, s'éteignit soudain; tout le palais fut ébranlé par un coup de tonnerre, et je demeurai, pendant quelques instants, enveloppé d'une vapeur épaisse et sulphureuse. Lorsqu'elle se dissipa, je me trouvai dans une salle magnifique, où resplendissait la clarté de plusieurs lustres de crystal. Un superbe trône avait remplacé le cercueil de Pasidore; elle y était assise dans l'attitude d'une personne qui vient de sortir d'un long évanouissement. Sa tête reposait sur le sein d'une de ses suivantes; les autres, agenouillées autour d'elle, semblaient se réjouir de sa délivrance. Elle se leva, soutenue par deux d'entre elles, descendit de son trône, passa lentement devant moi, et me jeta un regard où se peignait l'expression d'une tendre reconnaissance, et qui pénétra jusqu'au fond de mon cœur. Je la suivis des yeux sans le vouloir, jusqu'au moment où je la perdis de vue.

« Troublé par des événemens aussi inattendus et

aussi extraordinaires, je demeurais immobile, et me demandais à moi-même quel motif m'engageait à rester plus longtemps, lorsqu'une des jeunes filles revint sur ses pas, et m'invita, au nom de sa maîtresse, à ne pas quitter le palais avant qu'elle m'eût remercié. *Ne pouvant se montrer avec bienséance,* ajouta-t-elle, *vêtue comme elle l'était dans le cercueil, elle vous prie seulement d'attendre qu'elle soit habillée ; cela ne sera pas long.*

« Quelque pénible que fut pour moi ce nouveau retard, je crus ne pouvoir m'y refuser sans enfreindre toutes les lois de la politesse. Je me laissai conduire dans une chambre où la jeune fille m'invita à prendre quelque repos, et à goûter des rafraîchissements servis avec abondance sur une table d'ivoire. Dans le fait, je n'eus pas à me repentir d'avoir suivi ce conseil ; car j'étais épuisé de lassitude et malade, pour ainsi dire, du dépit de me voir contrarié dans mes vœux les plus chers. Le temps qu'il me fallut passer dans cette chambre, ne m'en parut pas moins d'une longueur excessive. La jeune fille m'avait quitté pour pouvoir m'avertir du moment où sa maîtresse serait en état de recevoir ma visite, et les quarts-d'heure se succédaient sans qu'elle reparût.

« Dans cet intervalle, le jour vint à poindre, et je reconnus, avec une douleur inexprimable, que j'avais passé l'heure de mon rendez-vous. Je faillis perdre la raison, en songeant que mon inconnue m'aurait attendu inutilement. Que devait-elle penser de moi? Quel obstacle alléguer qui pût faire excuser mon manque de parole? Et lorsqu'elle avait lieu de m'imputer une offense aussi peu motivée, comment me flatter d'obtenir jamais mon pardon?

« La jeune fille, à son retour, me trouva plongé dans ces réflexions affligeantes. Je la suivis, avec un trouble et un air de tristesse dont elle parut frappée. Mais — Puis-je te faire cet aveu, cher Osmandyas, sans que tu me méprises autant que je me méprise moi-même? — au premier regard que Pasidore fixa sur moi, tout mon trouble se dissipa, comme par enchantement, et quelles que dussent être les suites de ce que j'avais fait pour elle, le sacrifice de mon bonheur ne me coûta pas un regret. Insensé! je me persuadais que mon inconnue elle-même m'approuverait d'avoir manqué à notre rendez-vous, si elle voyait l'objet qui en avait été cause.

« Pasidore était à demi-couchée sur un lit de repos; la pâleur de son visage annonçait un reste de langueur, effet inévitable de ses longues souffrances. Elle m'engagea à m'asseoir auprès d'elle, et me remercia avec le ton de la sensibilité. Le son de sa voix m'émut au dernier point; ce n'était pas le son de voix de mon inconnue; mais il avait tant d'analogie avec lui, que cette ressemblance acheva de me captiver. Elle parla peu; mais ses beaux yeux n'en furent que plus éloquents. Chaque trait de sa physionomie était digne de ces yeux enchanteurs, et le tout formait un ensemble où la finesse et l'harmonie des contours, la perfection des formes et la pureté du coloris, surpassaient de beaucoup ce que j'avais admiré jusqu'alors de plus ravissant. Figure-toi d'ailleurs tout ce que l'ame ajoute à la beauté, l'expression de la sensibilité la plus délicate, et un certain sourire imperceptible, qui semblait voltiger autour de ses lèvres, et lui prêter sans cesse de nouveaux charmes, et juge s'il était possible...

« Pauvre Clodion, interrompit Osmandyas, où était l'image de ta belle inconnue, pour te laisser le loisir d'examiner avec tant de soin et si peu de précaution des charmes qui n'étaient pas les siens?

« Tu me plaindras encore davantage, reprit Clodion, tu m'excuseras peut-être aussi lorsque tu sauras tout. L'attitude de Pasidore, sans blesser la décence, plaçait tous ses charmes dans le clair-obscur le plus avantageux qu'un peintre habile eût pu choisir pour donner de l'effet à sa composition. Sa mise offrait un assemblage exquis de magnificence, de goût et de simplicité. Un voile blanc de soie transparente lui tenait lieu de coiffure, seulement pour tempérer l'éclat de ses yeux, et pour donner à sa figure un air de langueur plus séduisant. Ses bras, arrondis par les Graces, étaient ornés de six rangs de grosses perles qui en faisaient ressortir la blancheur. Ses cheveux noirs, également entrelacés de perles, descendaient en anneaux le long du plus beau cou qui jamais eût porté une tête aussi belle, et flottaient sur son sein un peu plus découvert que l'usage n'y autorise, probablement afin de tranquilliser son libérateur sur la crainte que la flèche n'y eût laissé une cicatrice.

« Avoue, cher Osmandyas, que ma fidélité pour l'inconnue était mise à une rude épreuve, et peut-être n'existe-t-il point de mortel qui eût été capable de résister à l'empire de tant de charmes réunis.

« Je sentis le danger de ma situation, et mon trouble qui, sans doute, tenait plus de l'effroi que de la tendresse, fut remarqué de Pasidore. Elle me demanda ce que j'avais, d'un ton affectueux, ajoutant qu'elle serait inconsolable, si le service que je lui avais rendu devait me coûter un sacrifice dont il ne fût pas en son pouvoir de me dédommager.

« Ces mots furent pour moi un coup de poignard. Peu s'en fallut que je n'appelasse à mon secours ma belle inconnue. Je lui renouvelai, au fond de mon cœur, le serment d'une inviolable fidélité ; mais chaque regard que je laissais tomber sur l'enchanteresse, me rendait infidelle en dépit de moi-même. Je sentais qu'une prompte fuite pouvait seule opérer mon salut, et je sentais en même temps qu'il ne dépendait pas de moi de vouloir recourir à la fuite.

« Cependant je m'efforçai de répondre à Pasidore de manière à lui cacher l'état de mon cœur, sans offenser son amour-propre ; mais avec l'intention de n'être que poli, je lui parlai, à ce que je crains, le langage de la tendresse ; au moins parut-elle en juger ainsi ; car elle se crut dès-lors autorisée, sous le présexte de la reconnaissance, à ne plus me laisser aucun doute sur le penchant que je lui avais inspiré.

« Le péril augmentait sans cesse, et il était temps

de rassembler toutes mes forces. Je lui dis donc qu'il n'y avait point pour moi de récompense égale au plaisir d'avoir obligé, même à mon préjudice, une personne de son mérite ; mais que, la voyant désormais hors des atteintes de son persécuteur, je lui demandais la permission de me retirer, parce qu'une affaire des plus importantes exigeait ma présence en un lieu où j'étais attendu la veille, lorsqu'un hasard imprévu m'avait conduit à l'entrée de son palais.

« Elle eut l'air d'être surprise et affligée de ce discours. Elle ne me dissimula point qu'après la manière dont elle m'avait témoigné sa gratitude, il lui paraissait singulier de me voir n'ambitionner d'autre récompense que l'avantage de m'éloigner d'elle. J'alléguai pour excuse la nécessité ; mais probablement, le ton de cette apologie lui donna lieu de supposer que mon cœur était dans ses intérêts. En effet, son visage reprit tout-à-coup sa sérénité ; elle me dit, avec l'abandon le plus aimable, qu'elle s'en voudrait éternellement, si le desir de l'obliger me causait le moindre chagrin ; que les obligations qu'elle m'avait déja ne lui donnaient pas le droit d'attendre de moi de nouvelles complaisances ; et que, si je voulais seulement lui accorder la journée, elle céderait sans peine la nuit à celle en faveur de qui j'avais destiné la précédente.

« Mon malheur voulut qu'ayant de si fortes raisons de la craindre, je ne réfléchisse pas combien je risquais en demeurant exposé pendant une journée entière à l'ascendant de ses charmes et aux séductions d'un amour qu'elle déguisait à peine. En un mot, cher Osmandyas, je consentis à sa demande, et lorsqu'elle eut remporté sur moi une victoire aussi importante, elle ordonna à une de ses suivantes de me conduire dans ma chambre où je pourrais me reposer quelques heures.

« Dès que je me trouvai seul, ma première pensée fut de mettre à profit la sécurité où l'on était sur mon compte, et de m'évader secrètement, malgré la parole que j'avais donnée à Pasidore. Heureux si j'avais cédé à cette inspiration de mon bon Génie! mais l'idée de tromper une femme aussi charmante, qui se fiait à ma promesse, me parut avoir quelque chose de si bas et de si cruel, que je la repoussai toujours. Cependant, moins je pouvais me faire illusion sur l'état de mon cœur, plus je m'affermissais dans la résolution de me tenir sur mes gardes.

« Vers midi, elle me fit appeler. Je la trouvai dans une salle qui surpassait la première en magnificence, et qui avait vue sur les jardins. Elle était au milieu de ses suivantes, dans un costume oriental, où ses graces semblaient se développer avec encore plus d'avantage. J'eus peine à me défendre de tomber à ses pieds ; son premier regard triompha de toutes mes résolutions.

« La lutte pénible qui se renouvela dès-lors au dedans de moi, me donna sans doute un air contraint et embarrassé ; mais loin de paraître s'en apercevoir, elle eut l'air encore plus enjoué, et quoiqu'elle parlât peu durant le repas que nous fîmes ensemble, elle fournit à ses suivantes mille occasions de m'égayer par leurs saillies.

« Après le repas, elle me proposa une partie d'échecs; et si, comme je n'en puis douter, son intention était de me faire perdre le peu de raison que je conservais encore, en me fixant si près d'elle et vis-à-vis de tous ses charmes, elle ne pouvait choisir un moyen plus adroit pour arriver à son but. Tu concevras aisément, cher Osmandyas, combien de fois je fus échec et mat, et jusqu'à quel point elle eut à s'enorgueillir de la victoire que le jeu lui procura sur moi; mais, en récompense, ses yeux, ses yeux irrésistibles, ne décelaient que trop combien elle se félicitait de la victoire moins futile qu'elle avait remportée sur mon cœur.

« La beauté de la soirée nous invita à nous promener. Les jardins paraissaient avoir beaucoup d'étendue et réunir, dans l'élégante variété de leurs aspects, tout ce que la nature a de grand, de beau et d'agréable. Je ne comprenais pas comment ce palais et ces jardins, dont je n'avais jamais ouï parler, se trouvaient dans une contrée que je connaissais si bien. Cela me confirma dans l'opinion que Pasidore était une fée ou un des êtres élémentaires avec qui mon imagination était assez familiarisée pour que je ne fusse pas surpris de la voir se manifester à mes yeux. Les jeunes filles qui nous avaient accompagnés jusqu'à une certaine distance, se dispersèrent insensiblement; insensiblement, Pasidore et moi, nous devînmes plus silencieux. La belle nature, l'air imprégné du parfum des fleurs, le murmure du feuillage, le chant des oiseaux, le gazouillement des fontaines, et plus encore, l'effet magique des accidents de lumière, de cette espèce de combat entre le jour et l'obscurité, qui ont lieu vers le coucher du soleil, agirent insensiblement sur elle et sur moi. Insensiblement, et sans nous en faire part, nous éprouvâmes au même degré les plus douces émotions ; insensiblement, je pressai contre mon cœur palpitant d'amour la main de Pasidore qui ne m'opposa aucune résistance ; insensiblement je lus dans ses yeux humides de tendresse l'oubli du passé et de l'avenir ; insensiblement enfin, nous nous trouvâmes séparés de toute la nature, dans un petit temple de marbre, situé au milieu d'un épais bosquet de myrthes.

« Je vois, Osmandyas, que tu trembles pour moi, — et j'ai honte de poursuivre. L'aimable traîtresse se laissa tomber sur une pile de carreaux, et moi, à ses genoux, dans une extase muette, je couvrais ses mains de baisers, lorsque soudain le temple parut en feu. Un violent coup de tonnerre me renversa sur le plancher, Pasidore s'échappa de mes bras, et j'entendis mon inconnue me crier d'une voix menaçante : *Infidelle, tu m'as perdue sans retour !*

« N'exige pas, mon ami, que je t'en dise davantage. Ma respiration défaillante se refuse aux détails dont j'aurais encore à t'entretenir. Je n'ai pas la force de supporter une seconde fois les tourments de cette épouvantable nuit. Depuis cet instant, je suis le plus infortuné des hommes, moi qui en aurais été le plus heureux sans cette fatale épreuve ; car, j'en ai maintenant la certitude, c'était mon amante elle-même qui se montrait sans voile à mes yeux sous le nom de Pasidore ; c'est elle qui provoqua mon infidélité, à l'aide de ces prestiges, de cet appareil éblouissant, et surtout à l'aide de ces charmes que je n'avais fait qu'entrevoir dans nos conversations nocturnes. La cruelle ! pouvait-elle douter du succès d'une semblable épreuve ? Peut-elle se résoudre à me punir avec tant de rigueur de n'avoir aimé qu'elle-même sous un autre nom, et par l'effet du charme dont elle avait fasciné ma vue ?

« Aussi me paraît-il certain, dit Osmandyas, qu'elle ne sera pas inexorable. Il est trop évident qu'elle t'aime....

« Ah ! reprit Clodion, tu ne connais guères la délicatesse excessive des êtres de son espèce ! Ils ne pardonnent pas même la pensée, pas même l'ombre d'une infidélité. Elle ne me pardonnera jamais, ajouta-t-il, en se tordant les mains et en versant des larmes. Plusieurs semaines se sont écoulées, et j'ai passé plusieurs nuits dans cette tour depuis cette déplorable catastrophe. Elle a pu voir ma douleur, mon repentir, mon désespoir, et demeurer insensible ! Que n'ai-je pas tenté pour l'émouvoir ! que de supplications ne lui ai-je pas adressées ! — Car elle a beau ne pas se montrer à moi, je suis certain qu'elle m'a entendu ; mais je l'ai perdue sans retour. Tels furent les mots terribles où elle m'annonça mon arrêt, et il n'est que trop sûr qu'il est irrévocable. Déchu de toute espérance de bonheur, j'avais résolu de finir ma vie dans ce lieu, que je n'ai pas quitté depuis trois jours. Mon amour qui devait avancer mon trépas, et une faible partie des aliments que je trouve chaque jour dans cette armoire, sans savoir comment ils y sont déposés, ont soutenu, jusqu'à présent, mon odieuse existence. Mais, je l'avoue, depuis que les dieux m'ont envoyé le fils du sage Kalasiris, d'une manière aussi inattendue, un rayon d'espoir a lui dans mon ame; et, peut-être, d'après la bonté avec laquelle mon inconnue prend soin de mes jours, dois-je en conclure qu'elle ne veut pas ma mort. Dans les premiers accès de mon désespoir, j'ai cru qu'elle n'agissait ainsi que pour prolonger mon tourment; mais son cœur n'est pas capable de ce raffinement de barbarie.

« De quelle nature qu'elle soit, dit Osmandyas, elle ne saurait être assez ennemie d'elle-même pour ne pas pardonner une faute que tu as expiée par un repentir aussi vrai, et qui, à la bien examiner, est plus flatteuse qu'offensante pour son amour-propre; mais, puisque tu m'en as fait souvenir, permets-moi de te demander d'où tu connais mon père. As-tu voyagé en Egypte ?

« Dans un moment je répondrai à cette question. Auparavant, partage avec moi le peu que je suis en état de t'offrir. Nous avons besoin l'un et l'autre de reprendre des forces. »

En disant ces mots, Clodion ouvrit l'armoire, et

en tira des viandes froides, des fruits et un flacon de vin qu'il n'avait pas encore aperçus. « A ce qu'il paraît, dit-il en étalant ses provisions sur le tapis, mes pourvoyeurs invisibles ont deviné que j'aurais un convive.

« C'est bon signe pour nous deux, répondit Osmandyas, en faisant honneur à l'hospitalité de son nouvel ami. »

Il avait bien raison, le sage qui conseilla de donner du vin aux personnes affligées. Ce moyen eut tant de succès à l'égard de nos deux jeunes gens, qu'ils oublièrent insensiblement leurs sujets de douleur, et que leur entretien prit une tournure enjouée.

« Il me vient une idée singulière, dit le jeune habitant de la tour, serais-tu bien étonné si ta statue était de ma connaissance, et même ma plus proche parente ? »

L'Egyptien le regarda avec de grands yeux.

« Au moins, poursuivit Clodion, la chose ne serait pas impossible, et tu en conviendras avec moi, lorsque je t'aurai raconté comment j'ai eu occasion de faire connaissance avec le respectable Kalasiris.

« Il y a plus de trois ans que j'ai perdu mon excellente mère. Quoique mon père soit généralement reconnu pour le plus sage des Druides, parmi les secrets que la nature lui a dévoilés, il n'en trouva point d'assez puissant pour lui rendre cette perte supportable ; il se vit forcé d'avoir recours aux plus vulgaires des expédients usités dans les malheurs de ce genre, et nous commanda, à moi et à ma sœur, qui pouvait alors être âgée de quinze ans, de nous préparer à un grand voyage. *Je veux*, dit-il, *aller en Egypte, chercher de la consolation dans les bras de mon ami Kalasiris.* Je sus de lui qu'ils s'étaient connus dans leur jeunesse, et que, depuis plus de trente ans, malgré la distance qui les séparait, ils avaient entretenu la liaison la plus intime et la plus tendre amitié.

« Après avoir visité les principales îles de la Grèce et ses cités les plus fameuses, nous arrivâmes à Memphis. Ton père nous reçut avec une joie inexprimable. On eût dit que le plaisir de se revoir, après une aussi longue séparation, rajeunissait les deux vieillards. Ils trouvèrent tant de charmes dans la société l'un de l'autre, que mon père se laissa persuader sans effort de passer une année entière à Memphis. Tu étais alors dans la Grèce, et moi-même, au bout de quelques jours de repos, je m'enfermai dans le grand temple d'Isis, pour être initié dans vos mystères. J'y demeurai plusieurs mois; ensuite, jaloux de voir les curiosités de la Haute-Egypte, voulant aussi faire une excursion chez les Gymnosophistes d'Ethiopie, j'obtins la permission de consacrer deux ans à ces voyages, et mon père revint sans moi dans l'Armorique.

« A l'époque de notre arrivée à Memphis, ta sœur Thermutis vivait chez une sœur de sa mère. Je n'étais plus dans votre maison lorsqu'elle y retourna, et je ne me suis point rencontré avec elle. Mon antipathie pour son sexe était déja si violente, que mon père s'étant ouvert à moi, quelque temps auparavant, sur l'intention où il était de m'unir à la fille d'un de ses amis, n'avait pas trouvé d'autre moyen pour me mettre l'esprit en repos, que la promesse solemnelle de m'épargner, à l'avenir, de semblables propositions. J'eus peur que Thermutis ne fût l'épouse qu'il me destinait, et ce fut pour moi un motif de plus d'éviter soigneusement toutes les occasions de la voir ; mais elle et Clotilde conçurent tant d'amitié l'une pour l'autre, qu'on les nommait les *Inséparables*. Lorsqu'enfin il fallut se quitter, leur désolation prouva, ou que Clotilde devait rester à Memphis, ou que Thermutis devait accompagner son amie dans les Gaules, si leurs pères ne voulaient pas avoir à les regretter toutes deux à la fois. Le mien était rempli d'affection pour ta sœur, et Kalasiris ne fit aucune difficulté de lui céder tous les droits que la nature lui donnait sur elle. En revanche, il pria Clotilde et son ami de lui laisser leur image, afin d'avoir quelque chose qui diminuât pour lui le chagrin de leur séparation. Mon père, entre autres secrets merveilleux, possède celui de préparer l'argile dont on fait la porcelaine d'Egypte, de manière qu'en passant au feu, les statues formées de cette pâte reçoivent un émail qui leur donne une ressemblance parfaite avec les êtres animés. Un artiste grec qui l'avait suivi à Memphis, moula les statues ; mon père, au moyen de son secret, mit la dernière main à l'ouvrage ; et….. »

Un incident, que Clodion était loin de prévoir, le força de s'interrompre. Ce récit auquel Osmandyas aurait dû prendre tant d'intérêt, n'avait eu d'autre effet que de l'endormir. Son ami eut beau remarquer que le flacon était vuide, ce sommeil lui parut inexplicable; mais pendant qu'il y réfléchissait encore, vaincu par un assoupissement irrésistible, il tomba lui-même à la renverse sur un des carreaux qui lui servaient d'appui.

Nous ignorons combien de temps ils passèrent dans cet état. Il suffira de savoir qu'ils se réveillèrent tous deux en même temps; mais qu'on se figure leur surprise, lorsqu'en ouvrant les yeux, Osmandyas aperçut devant lui sa statue bien aimée, et Clodion, sa chère Salamandre!

L'un et l'autre crut s'éveiller au milieu d'un songe charmant, et se hâta de refermer les yeux pour continuer de rêver. Ne voyant plus rien, ils les ouvrirent de nouveau, et retrouvèrent avec transport la même apparition. La statue d'Osmandyas jouait avec sa colombe, étendue sur le même lit de repos, aussi charmante, aussi animée qu'il l'avait vue tant de fois; l'inconnue de Clodion avait son habillement couleur de feu, sa ceinture éclatante et son voile de pourpre. Tous deux ne savaient que penser, et s'ils devaient s'en rapporter à leurs yeux; mais ils s'élancèrent au même instant pour se jeter aux pieds de leurs amantes dans un transport silencieux. Tout-à-coup une porte cachée s'ouvrit; Teranès et Kalasiris, se tenant par la main, s'avancèrent entre eux avec dignité,

dignité, et mirent le comble à leur étonnement par leur présence inattendue. Teranès prit en souriant la main d'Osmandyas, et, le conduisant près de la statue : « Anime-la, si tu peux, lui dit-il, et sois heureux. » En même temps Kalasiris conduisit le fils du Druide vers la prétendue Salamandre, et dit, en lui ôtant son voile : « Pardonnez-vous réciproquement.... votre bonheur ; il ne serait pas aussi parfait s'il vous eût moins coûté. »

Les moments qui suivirent sont au dessus de toute description. Osmandyas, dans les bras de sa statue, sentit avec une joie inexprimable son cœur battre, pour la première fois, contre le sien. Clodion, aux genoux de Thermutis, avait besoin de tout l'amour que lui avait inspiré la belle Pasidore, pour ne pas succomber à l'excès de son ivresse, en retrouvant dans l'une et dans l'autre son inconnue désarmée. Jamais deux tendres couples n'avaient été aussi dignes d'envie ; jamais deux pères n'avaient joui à un tel degré, de la satisfaction de voir l'accomplissement de leurs projets dans la félicité de leurs enfants.

La tour était trop étroite pour tant de bonheur ; ils descendirent dans les jardins qui, par une douce pente, allaient, derrière les ruines, se rejoindre à la plaine, et Clodion reconnut sur le champ, dans l'Elysée nocturne de la Salamandre, le jardin magique où Pasidore l'avait conduit en plein jour. Thermutis lui montra aussi que la Salamandre avait pu fort aisément diriger sa marche par les détours d'un petit sentier, vers le palais de Pasidore, que des bosquets et un taillis de peupliers lui avaient caché dans ses promenades nocturnes.

Les deux vieillards et leurs enfants se trouvèrent bientôt dans le petit temple, où la métamorphose de la tendre Pasidore en une Salamandre irritée, avait laissé des impressions ineffaçables dans le cœur de Clodion. Ils s'assirent sur les carreaux qui en bordaient les murs, et le grand Druide Teranès, lisant, dans les yeux de son fils et d'Osmandyas, le desir de pouvoir s'expliquer à eux-mêmes ce que leur aventure offrait encore d'énigmatique, satisfit leur curiosité en ces termes :

« L'amitié qui m'unit à Kalasiris fut telle, dès son origine, que peut-être il nous aurait été impossible de découvrir ici-bas un tiers capable de l'éprouver comme nous. Aussitôt que le ciel nous eut donné à l'un et à l'autre un fils et une fille, dont la première jeunesse faisait concevoir les plus belles espérances, nous résolûmes, si rien ne s'y opposait, de n'en former qu'une, heureuse famille. Nous n'avions point consulté les astres à votre naissance ; mais nous convînmes que votre bonheur serait autant l'ouvrage de votre propre cœur et de notre prévoyance que celui du destin ; et nous prîmes à tâche d'épier tous les indices qui pourraient nous montrer la route, où les volontés du ciel à votre égard se rencontreraient avec vos vœux et les nôtres.

« La visite que je fis, il y a plus de trois ans, à mon ami Kalasiris, ranima en nous le desir d'exécuter notre ancien projet; mais Osmandyas était absent, et mon fils ayant conçu depuis son adolescence une prévention aussi étrange qu'opiniâtre contre les filles des hommes, il aurait été dangereux de lui laisser voir, comme fille de Kalasiris, cette même Thermutis qui lui aurait peut-être inspiré la passion la plus vive, s'il l'eût regardée comme un être d'un ordre supérieur. Les voyages, les études d'Osmandyas ne devaient pas être interrompus; il ne fallait pas se hâter de troubler Clodion dans ses préjugés bizarres, il est vrai, mais qui méritaient de l'indulgence, et il convenait de laisser au doux penchant qui commençait à naître dans le cœur de Clotilde et dans celui de Thermutis, le temps de se développer et de se mûrir; car Thermutis avait vu Clodion plus d'une fois, sans en être vue, et Clotilde n'avait besoin que de la certitude d'une grande ressemblance entre Osmandyas et sa sœur, pour être tout-à-fait disposée en faveur du premier.

« Nous ne doutions pas qu'à la fin la chose ne réussît au gré de nos souhaits; cependant nous jugeâmes qu'il était nécessaire de mettre aux plus fortes épreuves une inclination mutuelle qui devait décider, pour la vie entière, du bonheur ou du malheur de nos enfants. Nous préparâmes le double stratagème dont l'issue a si bien réalisé notre plan. Osmandyas ne connut Clotilde que sous la forme d'une statue, et Clodion crut aimer une Salamandre dans la personne de Thermutis. Cher Clodion, les deux ans que tu passas encore à voyager, lorsque j'étais déja de retour dans l'Armorique avec Thermutis et Clotilde, nous donnèrent le temps dont nous avions besoin pour nos préparatifs. La portion la plus sauvage de la forêt qui touche à mon habitation, fut métamorphosée en jardins. Un pavillon neuf que j'avais fait construire pour recevoir les deux amies, lorsque tu reviendrais parmi nous, était caché avec tant d'art, que Thermutis pouvait très-aisément jouer son double rôle ; et tu devais d'autant mieux supposer du merveilleux dans ton aventure, au milieu d'un pays que tu connaissais si bien, que tous nos domestiques avaient fait serment de te laisser ignorer ce qui s'était passé durant ton absence, et tout ce qui aurait pu te dévoiler le mystère de ton aventure.

« Et tu te convaincras par tes yeux, continua Thermutis, que les prodiges du séjour de Pasidoré étaient parfaitement naturels, si tu veux accepter de moi ce palais magique, avec ses nymphes, ses maures, ses dragons et tous leurs accessoires, comme un présent qui sera suivi de la main et du cœur de la donatrice.....

« Et que je ratifie avec plaisir, interrompit Kalasiris. Pour toi, Osmandyas, ajouta-t-il en se tournant vers l'amant de Clotilde, tu comprendras tout, lorsque.....

« Je lui ai déjà révélé le mystère des deux statues, dit Clodion ; mais avant que j'eusse achevé mes confidences, il s'est endormi probablement par l'effet de quelque drogue mêlée au vin du flacon.....

« Que nous-mêmes avions glissé furtivement dans l'armoire, interrompirent les deux amis. Le desir de savoir si Osmandyas, que nous attendions avec impatience, était arrivé sain et sauf, nous avait suggéré l'idée de nous déguiser en voyageurs et de nous introduire dans la tour, et, sans être aperçus de vous, nous avons entendu une partie de votre conversation. »

Le prestige du merveilleux a tant d'attrait pour la plupart des hommes, qu'on les désoblige souvent, lorsqu'on les mène derrière la coulisse, et qu'on rabaisse devant eux à leurs véritables proportions, les prétendues merveilles d'un pur mécanisme. Mais ici la réalité même était si belle et si extraordinaire qu'elle se passait aisément des avantages que lui avait prêtés l'illusion. Osmandyas trouva infiniment plus dans l'aimable fille du Druide, que sa statue ne lui avait fait espérer; et Clodion, à qui tous les efforts de son imagination ne pouvaient rien offrir de plus parfait que Thermutis, demeura persuadé qu'une fille des hommes, semblable à elle, avait fourni le modèle des Sylphides et des Salamandres, dont une doctrine fantastique avait peuplé les éléments plus purs que le nôtre. A.

PHILOSOPHIE.

Die Bestimmung des Menschen ; von J. G. Fichte. — *La Destination de l'Homme*, par *J. G. Fichte*. In-8.º Berlin. Voss 1800.

Rival de Kant, M. Fichte, après s'être hasardé aussi dans la sphère de l'Idéalisme, après avoir couru, ainsi que le philosophe de Kœnigsberg, toutes les chances de la non-intelligibilité, s'est attiré de plus, par un journal philosophique, la censure ecclésiastique et civile. Il paraît avoir pour but, dans cet ouvrage, de répondre aux nombreuses attaques faites contre son système jugé incompréhensible, contradictoire, inutile, par la pluralité des philosophes allemands, et taxé même de tendre à anéantir l'idée consolante d'une divinité suprême et de l'immortalité de l'ame.

Nous nous garderons bien de fatiguer nos lecteurs des querelles, des controverses qui ont agité et qui agitent encore les philosophes ou les penseurs allemands, sur les nuances des deux espèces d'Idéalisme des écoles de Kant et de Fichte. Rien n'est nouveau dans ces théories que la forme que leur ont donnée leurs auteurs ; car les idées en ont été parcourues par les anciens sages de l'Orient, sous des rapports bien moins obscurs et plus intéressants. Nous nous bornons donc, en parlant de cette nouvelle production de M. Fichte, à présenter les moyens qu'il à pris pour mettre les résultats généraux de sa philosophie à la portée des gens du monde, et pour en faire l'application à la moralité de l'homme.

Cette forme était difficile à trouver. Le contenu de l'ouvrage exigeait une exposition métaphysique ; son but demandait qu'elle eût un coloris poétique qui la fît goûter des penseurs non-philosophes ; qu'elle les conduisît du sensible à l'intellectuel, afin qu'en suivant avec intérêt la marche des idées, ils fussent à portée de tirer de ce nouveau système les conséquences d'une utilité commune.

C'est cette forme mitoyenne, philosophico-poétique, qu'a choisie l'auteur. Son premier livre, intitulé *Doutes*, commence par le monologue d'un de ces penseurs qui, après avoir cherché à connaître le monde visible, et s'être convaincu que ses connaissances à cet égard sont aussi certaines que l'est le sentiment de sa propre existence, se promenant d'un pas assuré dans cette sphère connue, éprouve le desir, en se reployant sur lui-même, de connaître aussi sa nature et sa destination.

Sans autre guide que lui-même, cet homme contemplateur de sa propre essence, ne fait d'abord, dans sa nouvelle carrière, que des progrès incertains. Son esprit s'égare dans le dédale de toutes les opinions qui, de quelque noms qu'on les décore, n'aboutissent qu'à la nécessité aveugle ou au fatalisme. Après maintes erreurs adoptées un moment, puis rejetées à la vue des conséquences absurdes qu'elles entraînent, le dernier terme auquel il puisse parvenir, est le septicisme le plus complet et le plus désolant.

Le desir de connaître, qui meut le penseur de M. Fichte dans ses recherches, le rend si malheureux, qu'on est tenté de croire que l'auteur reconnaît l'abus des spéculations philosophiques qui portent sur des objets que l'esprit humain, laissé à lui-même, ne peut approfondir; mais dans son second livre, intitulé *Science*, M. Fichte se hâte de nous dissuader, en introduisant un Esprit, on ne sait trop de quel genre et sous quel rapport, qui vient au secours du penseur, pour lui tendre un fil qui le tire du labyrinthe où ses propres recherches l'ont conduit ; et ce fil n'est autre que la théorie de l'auteur.

Le dialogue prenant ici la place du monologue, l'Esprit, après avoir présenté à son disciple beaucoup de systèmes connus, le ramène à celui de M. Fichte, dont le principe fondamental est qu'il n'existe rien de réel au dehors de nous, et que la nature visible n'est autre chose qu'une variété de formes nécessaires, créées et produites par nos idées. Le soi-disant Esprit céleste, en exposant la nécessité de ce principe, ne le rend, ni plus clair, ni plus concevable, ni plus consolant ; mais il le revêt d'un coloris dont l'effet est tel, que, dans le troisième et dernier livre, intitulé *la Foi*, le penseur, revenu à son monologue, sans abjurer son propre moi intellectuel créateur, lui associe cependant un être suprême infini. Il sent que son existence ne se bornera point à ce qu'elle est ici bas; et croyant à l'immortalité de l'ame, il termine ses recherches, en disant : « C'est ainsi que je vis, que je suis, que je serai invariablement durable et complétement formé pour l'éternité ; car mon être ne tient point à la matière ; il constitue ma propre existence, la seule essence, la seule existence vraie. »

Quel que soit le sens que donne M. Fichte à cette espèce de confession, il est certain que la dernière partie de son ouvrage, est écrite avec plus de chaleur et d'agrément que les deux autres, et qu'on lit même avec plaisir le morceau plein de sentiment dans lequel il s'adresse à l'être infini qu'il avoue supérieur à l'être moral humain; et quoiqu'on ne puisse néanmoins se défendre d'un sentiment de défiance sur le sens attaché par l'auteur au mot *Foi*; vu l'attention avec laquelle il conserve les tournures du style philosophique moderne, il est toujours satisfaisant de voir que, pour ne pas rebuter les gens raisonnables, ces philosophes sont obligés de dorer un peu la pilule. D. P.

SOPHOPHONE. — *SOPHOPHONE, ou Tableau des persécutions exercées contre les philosophes célèbres, anciens et modernes, qui ont été victimes de leur doctrine et de leurs principes;* dédié aux amis de la vérité et de l'humanité. Tom. 1. 290 pag. in-8.º. Leipsick, Heinsius, 1800.

Un titre aussi long renferme presque l'analyse de l'ouvrage; il indique au moins très-clairement le but que l'auteur s'est proposé. On voit qu'il a cru intéressant, dans le moment où nous sommes, de rassembler une collection choisie et historique qui présentât d'un coup-d'œil aux lecteurs qui n'ont eu ni le temps ni l'occasion de s'occuper de philosophie, la vie et les actions des hommes célèbres, doués d'assez de force d'esprit pour se rendre les martyrs de ce qu'ils croyaient être la vérité.

D'après ce plan, cette première partie contient l'histoire de Pythagore, de Zénon d'Elée, d'Anaxagore, de Diogène d'Apollonie, de Socrate, d'Aristote, de Senèque, de Boèce, de Scot Erigène, de Jordanus Brunus et de Thomas Campanella. L'histoire de ces hommes célèbres est racontée par l'auteur, d'une manière agréable, ni trop succincte, ni trop détaillée. Les causes des persécutions qu'ils ont éprouvées, leur caractère, leur conduite sont bien tracées; le style de l'auteur est coulant et léger. Les biographies de Socrate et de Boèce sont les plus étendues, parce que l'auteur a inséré dans la première une traduction très-bien faite de l'*Apologie* et du *Phédon* de Platon, et dans la seconde beaucoup de passages extraits de la *Consolation de la Philosophie* de Boèce. Des discussions assez longues sur la théologie d'Aristote, prouvent moins les connaissances de l'auteur en philosophie, que le desir qu'il a de faire d'Aristote un Idéaliste *trenscendental;* c'est-à-dire, un Kantiste. « Aristote, dit-il, n'était athée ni en pratique ni en théorie, car il admettait une divinité; mais il doutait qu'on pût donner une preuve de sa liaison avec le monde physique. Selon lui, elle n'était qu'une activité morale, éternelle et continuée. Diogène Laërce nous dit : *Aristote n'admet un ordre divin que dans le monde spirituel, avec lequel il suppose le monde physique dans une espèce d'analogie; mais il ne croit point que la divinité s'embarrasse de celui-ci.* » C'est aux hellénistes à juger si l'auteur a bien compris le passage de Diogène; il paraît le croire, puisqu'il le cite, tandis qu'il évite avec soin de citer ses autorités; précaution doublement nécessaire, lorsqu'on s'est fait un système qu'on cherche à étayer par les opinions d'autrui.

D. P.

HISTOIRE.

Souwarow und die Kosaken in Italien. — *Suwarow et les Cosaques en Italie, avec une Biographie succincte et des anecdotes concernant ce général et les Cosaques*, par *l'auteur de Rinaldo Rinaldini*. Deuxième édition ornée du portrait de Suwarow et de quatre gravures historiques. 236 pag. in-8.º Leipsick 1800.

L'auteur de Rinaldo est d'une fécondité qui crée à chaque instant quelque production nouvelle; mais nous doutons très-fort que celle-ci soutienne la réputation que Rinaldo lui a acquise. Suwarow est une véritable rapsodie que nous n'indiquons ici que pour ôter l'envie de la traduire à ces traducteurs qui, sans discernement, transmettent en français des ouvrages critiqués et sans succès en Allemagne même, ou qui, ôtant les beautés qui se trouvent dans une production, n'y laissent que ce qu'elle peut avoir de défectueux, ou qui enfin n'ayant aucune connaissance du local, des mœurs, des usages allemands, changent une pièce de manière à en faire une caricature qui n'est ni allemande ni française, telle que l'*Amour et l'Intrigue*, représentée sur le théâtre français, et qui ne pouvait y avoir que le sort qu'elle y a si justement éprouvé. M. Schiller son auteur, mérite, à plus d'un titre, sa grande réputation et l'enthousiasme qu'il inspire à ses compatriotes ; mais les beautés métaphysiques, philosophiques, même de sentiment dont ses pièces sont remplies, sont d'un genre à ne pouvoir être rendues en français que par un génie analogue au sien ; et leurs défauts, seuls conservés, ne peuvent donner l'idée ni d'une littérature ni d'un théâtre. Si l'on travestissait ainsi Racine ou Corneille, les étrangers s'étonneraient sans doute de l'admiration qu'ils inspirent à ceux qui les entendent. *Le Cid* eut en Allemagne, il y a 30 ou 40 ans, le même sort que l'*Amour* et l'*Intrigue* vient d'éprouver à Paris. Voici comme un traducteur allemand avait rendu ce passage si plein d'effet entre le Cid et son fils :

Rodrigue as-tu du cœur?
Rodrigue hast du hertz?

Rodrigue en français répond :

Tout autre que mon père
L'éprouverait sur l'heure.

Il répondait en Allemand, *Ja, papachen* (Oui, mon petit papa).

La pièce fut sifflée ; mais les critiques éclairés de l'Allemagne n'en conclurent pas que Corneille fut un plat auteur.

Revenons à Suwarow : des soldats cosaques louant trivialement leur chef, la populace italienne insultant les Français, des soldats républicains, des bandits, de bas bouffons, parlant le français, l'italien le plus grossier, le plus sale, entremêlé des jurements les plus révoltants ; le général Moreau haranguant son armée d'une manière qui n'a jamais eu d'exemple ; un officier français s'efforçant de faire des cosaques, qui ne le comprennent pas, des prosélytes à la liberté, et un monologue de Suwarow par lequel se termine l'ouvrage ; tels sont les traits principaux de cette informe production, dans laquelle la biographie de Suwarow, et quelques anecdotes concernant ce général, sont ce qu'il y a de mieux. L'auteur cherche à le justifier des cruautés exercées à Prague et à Ismaïlow, comme ne les ayant point ordonnées ; mais un général peut et doit les empêcher, et des faits pareils sont toujours une preuve de l'immoralité, de l'inhumanité du chef, autant que de la barbarie des soldats. D. P.

DER Polnische Insurrections Krieg in Jahre 1794. — LA guerre d'Insurrection de Pologne, avec quelques observations sur le partage de ce pays. Par un témoin oculaire, avec le portrait en taille-douce du feld-maréchal de Mollendorf. 347 pag. Berlin.

Quoique l'auteur ait fait la campagne qu'il décrit, comme il n'est point guerrier de profession ; il n'a pas traité ce sujet en militaire, et l'on serait trompé si l'on croyait y trouver les positions, les mouvements et les développements des armées respectives. Mais, malgré cette omission, cet ouvrage sera lu avec plaisir de tous ceux qui se bornent à avoir l'idée générale d'une guerre ; et l'auteur, après une exposition succincte des causes et des commencements de l'insurrection Polonaise, raconte d'une manière agréable les faits qui tiennent à cette période.

Nous relèverons cependant une erreur, savoir, que la succession du trône de Pologne avait été assurée à la maison de Saxe : elle nous a d'autant plus frappés, qu'il est connu que, lorsque cette succession fut offerte à l'électeur, il ne voulut l'accepter que sous la garantie de la Prusse, prévoyant sagement que les anciens garants d'une constitution élective, ne verraient pas de bon œil un changement qui la détruisait, et comme la condition que l'électeur exigeait, ne fut pas remplie, la chose en resta là. Beaucoup d'observations justes et d'anecdotes piquantes font, de cet ouvrage, une lecture agréable. L'auteur, entré dans le monastère de Czenstochow, fut frappé et enchanté d'y trouver une nombreuse et superbe bibliothéque, dont les livres paraissaient soigneusement conservés dans des étuis de bois dorés au dos. Cet aspect augmentant sa curiosité, il eut celle de les examiner plus attentivement, et il trouva que la plus grande partie de ces étuis étaient absolument vides.

Les détails et les descriptions du camp sont fatigantes par les longueurs et les répétitions. L'auteur paraît avoir souffert avec beaucoup d'impatience les cris des sentinelles, et desirer que son lecteur partage l'effroi que lui inspirait le ronflement du canon.

D. P.

BEAUX-ARTS.

DEUTSCHE Kunstblatter. — *FEUILLES artielles pour l'Allemagne.* Tom. 1, 1.er cahier, avec fig. 63 pag. in-8.° Pirna. Arnold et Pinther. 1800.

CETTE feuille périodique en remplace très-avantageusement une autre qui existait avant elle, sous le même titre, et les auteurs qui y travaillent en font un ouvrage intéressant et utile. L'article qui commence ce cahier a pour objet les arts du dessin. L'auteur les considère sous les rapports du beau idéal; il voudrait que cette question : « Si l'art doit s'étendre au-delà de l'imitation servile de la nature, » fût terminée, et que, sans mépriser ce modèle qu'on ne peut, vu les progrès de notre temps, regarder comme une règle absolue, chaque représentation de l'artiste fût directement soumise à l'empire du beau idéal, dont il n'y a, suivant l'auteur, que l'homme seul, dans la nature animée, qui puisse fournir des modèles.

L'article second contient une notice des tableaux exposés en 1800 au salon de peinture de Dresde, et entre lesquels se distinguent trois chef-d'œuvres, savoir : un portrait d'une comtesse Bibikof, peint par le professeur Grasli, et deux paysages du professeur Kleugel.

Le

Le troisième et dernier morceau de ce cahier traite des Romans. L'auteur de cet article est du nombre de ceux qui, ne considérant ce genre de littérature que sous les rapports de l'art, prétendent qu'il ne faut pas l'entraver en le soumettant à la nécessité d'un but utile. Comme ces trois morceaux ne seront terminés que dans le n.° suivant, nous ne faisons que les indiquer, nous réservant d'y revenir lorsque leur conclusion nous mettra à portée d'offrir en entier les idées des auteurs sur les arts, et la manière dont ils les présentent. Jusqu'ici, ils nous paraissent prendre pour règle unique l'æsthétique, mot conventionnel si en vogue en Allemagne. D. P.

POÉSIE.

Bas-Relief am Sarkofage des Jahrhunderts, —Alins Abendtheuer,—und Nachtrag zu meinen Gedichten. —*Bas-Relief du Sarcophage du dix-huitième siécle,* — *Aventures d'Alin,* —*et Appendice à mes Poésies,* par *Matthison.* 1800.

La réputation de l'auteur de ces trois ouvrages est faite depuis longtemps, et donne une idée favorable de ces productions nouvelles. Cependant la première des trois nous paraît au moins pécher par son titre; les bas-reliefs d'un sarcophage devant, en style lapidaire, donner l'idée de ce que renferme le monument. Or, ce poème ou cette ode, dans le goût de celles de Ramler, ne contient que des indications vagues et générales avec des déclamations sur les événements de la fin du siècle, événements qui, s'ils étaient bien rassemblés et rapprochés de leurs causes, auraient pu en caractériser l'esprit.

Le second poème est un conte sans intrigue, sans dénouement, sans gaîté. Alin, chevalier espagnol, fait en Afrique de très-grands exploits, montre beaucoup d'héroïsme et de vertu; partout il devient le chevalier des opprimés et le vainqueur des tyrans et des monstres. Tout-à-coup, entraîné par le tourbillon d'un destin aveugle, il se trouve en Egypte, et le goût que l'auteur lui donne pour les antiquités, devient un cadre dans lequel M. Matthison entasse pêle-mêle une foule d'observations scientifiques et littéraires, dont le pauvre Alin se tire en chevalier plus qu'en savant ou en homme d'esprit, et qu'on lit avec assez peu d'interêt. M. Matthison se retrouve dans le troisième ouvrage; la poésie descriptive fut toujours son triomphe. A plusieurs pièces connues par les journaux, il en a joint de neuves dans cet appendice; telles que le *Saint moderne* et *la dernière Consolation*, dans lesquelles son imagination vivifie tout ce qu'il peint. D. P.

LITTÉRATURE.

EPHEMERIDEN der Italianischen Literatur fur Deutschland. — *EPHÉMÉRIDES de la littérature italienne pour l'Allemagne, publiées par J. WISMAYR.* 1.ᵉʳ et 2.ᵉ cahiers.

LE plan de ce journal est très-vaste; l'esprit infatigable des Allemands embrasse tout avec détail, sciences, littérature, arts, modes, luxe, économie, biographies, anecdotes, toutes les espèces de connaissances humaines, se trouvent classées dans le prospectus de cette feuille avec l'ordre et la méthode que met cette nation dans ses recherches sur les nations étrangères. La guerre ayant interrompu les communications, les auteurs de ce journal remontent avec raison aux productions qui ont paru pendant cette lacune; car, malgré le prix de la nouveauté, quant à la littérature nationale, elle ne peut seule intéresser ceux qui veulent connaître à fond une littérature étrangère, et sa marche progressive ou rétrograde. Les deux premiers cahiers de ce journal remplissent ce but; ils rendent compte d'ouvrages importants d'histoire, de littérature, de poésie, de grammaire, publiés depuis une dixaine d'années; mais ils les font connaître la plupart par la traduction des meilleurs journaux italiens; ce qui sans doute donne moins l'idée de l'ouvrage même, que celle qu'en ont ces journalistes nationaux, souvent trop prévenus pour ou contre, pour que des étrangers puissent asseoir leur jugement là-dessus. L'ouvrage même, bien extrait, accompagné de morceaux bien traduits, mettrait les Allemands mieux en état de connaître à fond cette littérature. Quoi qu'il en soit, et sans que ces deux cahiers aient pu remplir tout ce que promet le prospectus, ce journal a du mérite et l'intérêt de la variété. D. P.

VOYAGES.

TAGEBUCH einer Reise durch die œstliche, sudliche, und italienische Schwitz. — *VOYAGE dans la Suisse occidentale, méridionale et italienne*; par *Frédérique* BRUN, *née* MUNTER. 540 pag. Leipsick. 1800.

L'AUTEUR de cette production n'a parcouru qu'une très-petite partie de la Suisse. Des bords du lac de Constance, en passant les contrées du Voralberg, elle alla à Coire dans le pays des Grisons, en 1795, et se rendit par le lac de Wallenstadt et par Zurich, sur le mont Albis, où sa santé la força de s'arrêter quelques jours. Lorsqu'elle fut rétablie, elle s'achemina sur le mont Riggi, et dans le canton de Schwitz, où elle s'arrêta encore, pour cause de santé. Elle passa ensuite par les quatre cantons, traversa le Saint-Gothard, entra dans les bailliages italiens, d'où elle fit une excursion par Margozzo à Palenza, et de-là aux îles Borromée jusqu'à Varèse, endroit où elle termine la relation de ses courses.

Il ne faut point chercher dans cet ouvrage des descriptions de villes ou les détails des choses remarquables, objets ordinaires des observations des autres voyageurs. M.me Münter n'a eu d'autre but, en écrivant, que de décrire les sites qu'elle a vus, et les sentiments qu'elle a éprouvés à leur aspect; sous ce rapport, les amateurs de descriptions pittoresques et sentimentales trouveront de quoi satisfaire leur goût dans cette lecture, qui, de plus, leur présentera çà et là quelques aperçus des mœurs des habitants des campagnes. Le style et le langage de l'auteur sont poétiques et si soignés qu'il approche souvent du précieux, défaut qui, dans toutes les littératures, tient plus à la manière ou à l'esprit d'un auteur, qu'à l'essence d'une littérature, et que les critiques allemands éclairés réprouvent tout autant que pourraient le faire les critiques français, si un traducteur croyait devoir rendre ces tournures ou leur équivalent.

Entre quelques erreurs, dont peu de voyageurs sont exempts, nous relèverons un passage où M.me Münter transporte la Limmat qui coule à Zurich, dans la ville de Wallenstædt, arrosée par la Mat. D. P.

Dambergers Reise durch Africa, vom Vorgebirge der Guten-Hoffnung bis Marocco. 2 Theile.— *Voyage de Damberger en Afrique, du cap de Bonne-Espérance jusqu'à Maroc.* 2 volumes, avec gravures et cartes. Leipsick, Martini. 1800.

Ce voyage n'est point écrit par un savant, n'a point été entrepris de dessein prémédité, et dans la vue de reconnaître les pays et les nations dont il donne une idée; et la vraisemblance des aventures du voyageur, la simplicité de ses récits écartent le soupçon que donne le cachet d'une imagination active. Rien ne l'annonce ici; l'auteur, garçon menuisier de Wittenberg en Saxe, faisant ce que les artisans, en Allemagne, appellent leur tour dans le monde, se trouve transporté d'Amsterdam au cap de Bonne-Espérance, y éprouve des désagrémens chez le directeur des postes où il était domestique, s'enfuit, et, arrivé sur le territoire d'Afrique, y pénètre sans autre motif que de se mettre en sûreté contre les poursuites de son maître. C'est tantôt en fuyard, tantôt en esclave, qu'il parcourt ce vaste pays du midi au nord, et presque toujours en zigzag. Avec autant de courage que de bon sens, il surmonte tout, se ploie aux mœurs des nations africaines. Pendant seize ans qu'il vit au milieu d'elles, il apprend leur langage, leurs traditions, leurs coutumes; de retour dans sa patrie, il a la curiosité de lire ce qu'on écrit sur l'Afrique ; et, en le comparant avec ses notes, il trouve, surtout dans les ouvrages du C. Levaillant et dans ceux de Mungo Park, des erreurs qu'il relève avec toute la simplicité d'un témoin oculaire, ami de la vérité.

L'éditeur de cet ouvrage important l'a décoré des reliefs typographiques qu'il méritait. Des planches colorées représentent le vêtement national des Caffies, un homme et une femme de Bahahara près de leur cabane, un maure du désert de Sahara à cheval. Enfin une carte très-bien dessinée de M. Goldbach, géographe et mathématicien distingué, met le lecteur à portée de suivre Damberger dans toutes ses courses, et redresse les erreurs commises jusqu'ici dans les cartes géographiques qu'on a de ces pays si peu connus.

Nous ne nous arrêterons pas à la préface qui est à la tête du premier volume ; elle contient des critiques plus fortes que polies, contre la relation qu'a publiée le C. Le Vaillant ; M. Damberger, en contredisant et redressant le voyageur français, va jusqu'à prétendre qu'il n'a pu, en suivant la route qu'il dit avoir tenue, pénétrer dans l'intérieur de l'Afrique.

Quoi qu'il en soit, nous allons y suivre Damberger, autant que les bornes d'un extrait pourront nous le permettre.

Parti du Cap, et évitant les demeures des colons, sur lesquels il donne une notice détaillée, l'auteur traverse d'immenses forêts, de très-hautes montagnes, achetant quelques provisions des esclaves cultivateurs, et, après avoir quitté le territoire de la compagnie hollandaise, éprouvé mille dangers, et pas une aventure extraordinaire, il arrive chez les Hottentots qui l'accueillent, et chez lesquels il se repose de ses fatigues. Quelque longs que soient les détails où le C. Le Vaillant est entré sur ce peuple, on peut, selon Damberger, ajouter beaucoup encore aux notions qu'il en a données. Voici ce qu'il en dit :

« Le chef d'une horde Hottentote se nomme Montur; on choisit toujours l'homme le plus vaillant de sa tribu pour remplir cette dignité, et chacun de ces chefs, que sa horde soit ou ne soit pas dans le territoire de la compagnie hollandaise, reçoit de celle-ci un grand bâton à pomme d'argent, gravée de son sceau, qu'il porte comme marque de sa dignité dans les fêtes solemnelles. La compagnie donne de plus annuellement à chaque Hottentot deux livres de tabac et deux pintes d'eau-de-vie, à condition qu'il apprendra le hollandais. Lorsque les Monturs vont à la ville du Cap, ils sont tenus d'amener un Hottentot avec eux; et celui-ci, pendant son séjour, est employé dans la citadelle, soit à couper du bois, soit à d'autres travaux grossiers, pendant lesquels il apprend à parler le hollandais.

« Les Hottentots sont, en général, aussi paresseux que sales. Leur seule occupation suivie est l'entretien de leurs bestiaux. Ils ne vont à la chasse que dans le plus pressant besoin d'aliments, et, quoiqu'ils pussent avoir une pêche abondante, ils préfèrent supporter la faim pendant plusieurs jours, au travail qu'exigerait cette occupation. Pour les engager à s'y livrer, la compagnie leur a fait en vain les offres les plus avantageuses; apathiques et oisifs, ils aiment mieux vivre en misérables brutes dans leurs déserts. Leur lâcheté est si grande, qu'ils se laissent chasser, tantôt au midi, par les Caffres, tantôt à l'orient, par des hordes de brigands qu'ils surnomment les hommes des buissons, bandits que le C. Le Vaillant, ainsi que d'autres voyageurs, prétend être des Hottentots dégénérés; mais qui sont, dans le fait, un mélange de toutes sortes de nations, et auxquels se joignent jusqu'à des soldats européens désertés des garnisons, et qui attendent parmi eux l'occasion de quelques vaisseaux pour regagner leur patrie. Quoique les femmes hottentotes soient esclaves de leurs maris, ceux-ci n'osent approcher ni toucher les nourrissons qu'elles allaitent; coutume introduite pour mettre un obstacle à la cruauté des pères hottentots, qui vendaient autrefois leurs enfants aux Portugais pour du vin et du tabac.

Ce sont les femmes qui soignent les troupeaux; elles traient les vaches, sans leur gonfler la vessie, comme le prétend le C. Le Vaillant, qui se trompe aussi en racontant qu'elles couvrent les veaux vivants du cuir des veaux morts. »

Après avoir séjourné quelque temps chez les Hottentots, Damberger les quitte, remonte le fleuve des Poissons, traverse une plaine d'environ quatre milles au pied de la montagne des Caffres, et arrive, le jour suivant, dans une de leurs habitations. Le chef de la horde le reçoit, l'accueille, le reconduit le lendemain une lieue de chemin, jusqu'aux limites de son territoire, où Damberger se dirige du côté de l'Eurekoha (ou Mont-Pavian). En comparant ses notes sur ces contrées avec les descriptions du C. Le Vaillant, il observe que les connaissances géographiques du voyageur français sur ce pays sont très-bornées; qu'il se trompe absolument sur le cours du fleuve des Poissons. Selon l'auteur allemand, ce fleuve prend sa source dans les montagnes de Hahoromto, vis-à-vis des montagnes de neiges. Après beaucoup de détours, il coule jusqu'au mont Jakata, qui, dans une circonférence de 300 milles, est la plus haute des montagnes de ce pays, et de-là se jette droit à la mer. « Ainsi, continue Damberger, s'il était vrai, comme le prétend le C. Le Vaillant, qu'il eût côtoyé ce fleuve et remonté à sa source, il aurait dû traverser, au moins pendant huit jours, des chaînes de montagnes coupées par des vallées remplies d'immenses marais; ce qui n'est pas vraisemblable, d'après la route qu'il indique avoir faite. » Il en conclut que le C. Le Vaillant a pris la rivière de Sangue pour celle des Poissons.

Les relations données sur la longitude et latitude du pays désigné sur les cartes géographiques, sous le nom de Caffrerie, sont très-diverses; ce qui n'est pas étonnant, dit Damberger, vû la quantité de nations différentes qui habitent cette contrée. Dans une étendue de 220 milles en longueur, du midi au nord, depuis Tombo jusqu'au fleuve Francis, et de 86 à 100 milles de largeur, l'auteur allemand compte, outre les Caffres proprement dits méridionaux, treize nations composant des pays et des royaumes, dont il indique les noms et les positions géographiques. Ces peuples sont subdivisés en peuplades, et plusieurs voyageurs ajoutant encore le Monomotapa à la Caffrerie, étendent ses frontières jusqu'au fleuve Chireyra.

« La Caffrerie est, en général, un pays fertile, quoiqu'elle soit coupée par beaucoup de montagnes et de marais. On y trouve une grande quantité d'animaux domestiques et sauvages, des végétaux utiles inconnus aux habitants, ainsi qu'aux étrangers, des minéraux inutiles par l'ignorance de ces peuples, sur la manière d'exploiter les mines. En général, les terres sont peu ou mal cultivées. Les Caffres méridionaux adorent un Etre suprême, et adressent un hommage secondaire au soleil et à la lune; ils n'ont, ni prêtres, ni temples, ni autels. Chaque individu rend à la Divinité le culte que ses opinions lui inspirent. A peu d'exceptions près, dans toutes les hordes caffres, c'est aux ayeux et ayeules qu'est réservée l'instruction religieuse de leurs petits enfants, que les pères et mères instruisent dans les travaux et soins domestiques. Le chef de chaque horde s'appelle Mampa; il est juge des petits différends journaliers; mais les causes importantes sont décidées par l'assemblée générale de toute la horde. C'est elle, par exemple, qui prononce la punition de l'adultère, plus sévèrement traité chez les femmes que chez les hommes, la polygamie étant permise à ceux-ci.

« Les Caffres méridionaux sont généralement courageux; ils fuient rarement en présence de l'ennemi; aimant la guerre, ils sont peu endurants avec leurs voisins. Opprimés par les colons hollandais dans l'année 1709, ils mirent 40,000 hommes sur pied, et si les autres nations caffres leur eussent envoyé des secours, l'armée de cette nation pouvait monter à 80 ou 90,000 hommes, qui auraient forcé la ville du Cap à se rendre.

« Lorsqu'une guerre éclate, la horde frontière plante un arbre, enduit de graisse, sur une hauteur, et les hordes voisines accourent à ce signal ; l'arbre employé à cet usage contient une cire verte, dont les colons font de la bougie ou chandelle, et le fruit de cet arbre ressemble à nos groseilles piquantes d'Europe. Grands amateurs de la danse et des jeux, les Caffres saisissent, pour s'y livrer, l'occasion de chaque victoire qu'ils remportent à la guerre ou à la chasse, ainsi que celle de l'élection d'un nouveau chef; ils les célèbrent par des fêtes qui se tiennent ordinairement dans les nuits claires, pour ne pas offenser le soleil. Leurs années sont de dix mois, raison pour laquelle leurs saisons sont irrégulièrement calculées.

« Quoique les femmes soient esclaves de leurs

maris, ainsi que chez les Hottentots, les lois du pays leur accordent cependant quelques prérogatives. Ainsi, par exemple, à la naissance d'un enfant, le mari n'ose point s'approcher de la cabane de l'accouchée; chaque horde, souvent chaque famille, a une cabane destinée à cet usage. Aux premières douleurs que ressentent les femmes enceintes, on les y transporte, leurs amies, parentes ou voisines, les y soignent; au bout de quatre jours, elles retournent chez leur mari. Un grand festin se donne à cette occasion; si c'est un fils, c'est le père qui régale; mais si c'est une fille, ce soin concerne la mère, et les parents y sont seuls invités. La loi défend aux hommes de battre leurs femmes, et généralement les dissentions conjugales sont très-rares. Quelquefois cependant, il existe des demandes en divorce, facilement accordées aux hommes, mais que les femmes n'obtiennent qu'avec peine et sous la condition expresse de quitter leur tribu. Dans le cas où un père de famille est malade, un homme de sa famille se charge de ses occupations domestiques; et, si c'est la femme, une parente la remplace dans les soins du ménage. »

Après un séjour de six semaines chez les Caffres méridionaux, Damberger les quitte; et prenant sa route à l'orient, il arrive, après plusieurs mésaventures, dans le pays qui borne au sud-est, les Caffres proprement dits. Le peuple qui l'habite monte à 30,000 hommes; on le nomme Jamatien; et, quoiqu'il ait beaucoup de rapports avec les Caffres proprement dits, l'auteur indique beaucoup de différences ou de nuances qui les distinguent.

« Le chef de chaque horde jamatienne est souverain, despote et juge sans appel; les assemblées générales tenues chez les Caffres méridionaux, ne le sont ici que dans des crises publiques, fâcheuses : on accuse à tort ce peuple d'être paresseux et anthropophage; la chasse et la pêche sont l'occupation principale des hommes; les femmes sont chargées des soins domestiques et de ceux qu'exigent les troupeaux de bétail. Il faut, avant qu'un jeune homme se marie, qu'il se distingue, soit à la guerre, soit à la chasse, par quelque action courageuse, et il peut alors choisir trois femmes, et plus si cela lui convient. L'adultère, puni de mort chez toutes les nations caffres, est traité avec moins de rigueur chez les Jamatiens, surtout si le premier enfant a été un fils. Le divorce est très-rare; il peut s'obtenir néanmoins dans un cas de stérilité; le mari se plaint alors aux parents de sa femme; ceux-ci l'annoncent au chef de la horde, et d'ordinaire, celui-ci décide que l'accusée choisira un autre homme; mais si elle en a un enfant, son ci-devant mari lui doit une réparation publique, à laquelle se joint une pénitence religieuse envers la divinité offensée de l'outrage qu'il a fait à sa femme. Les usages observés à la naissance des enfants sont les mêmes que chez les Caffres méridionaux. Ceux qui se pratiquent à l'égard des malades et des morts tiennent à l'idée générale, en Caffrerie, que toutes les maladies sont épidémiques. Soigneusement isolé du reste de la horde, aussitôt qu'un individu malade est mort, on l'enterre fort loin de l'habitation commune, et ses parents entretiennent du feu pendant trois jours sur sa fosse, pour que l'odeur fétide qui s'en exhale, ne nuise pas aux animaux sauvages. »

En quittant les Jamatiens, chez qui Damberger avait séjourné trois semaines, il dirige sa route vers le nord, traverse une plaine de cinq milles de longueur, passe en canot une rivière, monte la chaîne de montagnes qui sert de frontière entre les Jamatiens et les Muhotiens, arrive dans une plaine sablonneuse où il s'arrête la nuit, et le matin suivant, il se voit entouré, à son réveil, d'une horde de chasseurs muhotiens, qui le contraignent à se charger de leur gibier, et à le porter dans leur habitation. Il y est fort mal traité ; cependant les femmes lui témoignent quelque pitié et s'emploient en sa faveur; on le conduit au chef de la tribu, qui lui donne une compagne. Peu tenté de s'établir chez cette nation, Damberger s'enfuit, erre pendant quelque temps; mais pressé par la faim, il se rapproche d'une autre habitation où les premiers objets qui s'offrent à ses yeux, sont les corps de cinq blancs assassinés ; et quoiqu'il ait le bonheur d'échapper à ce triste sort, pendant sept semaines qu'il se voit contraint à rester dans cette horde, il y éprouve des traitements cruels. Il s'enfuit, arrive dans une autre tribu du même peuple, moins inhumaine que les deux premières, qui le traite assez bien, et lui laisse la liberté de continuer son chemin.

Sans s'arrêter à aucune habitation, il arrive au fleuve de Makumba, le traverse, et se trouve sur le territoire des Kamtarriens.

Cette nation, la quatrième nation caffre que nous fait connaître Damberger, « habite, dit-il, sur la rive du fleuve de Tambo ; sa population est moins considérable que celle des autres peuples dont j'ai parlé ; mais celui-ci est plus courageux, plus fort, plus adroit à manier le javelot, et presque toujours victorieux ; les hommes sont petits, ont les cheveux crépus, le teint moins noir que les autres Caffres ; les femmes, plus grandes que les hommes, vont avec eux à la guerre, et ils comptent sept mille guerriers des deux sexes. Ces espèces d'amazones sont toutes enlevées par leurs maris chez les nations voisines ; car on n'élève point de filles chez les Kamtarriens, et ceux-ci peuvent, lorsqu'ils ont enlevé une femme, la revendre, si elle ne leur convient pas. Leur beauté en fixe le prix. Plus religieux que les Caffres dont nous avons parlé, ce peuple, sans avoir de prêtre, observe un culte. Il est même très-superstitieux. Si un enfant vient au monde dans un temps nébuleux ou à la fin d'une lune, c'est pour eux une preuve certaine que le père a offensé la divinité, et que le nouveau-né, rejeté d'elle, n'est point digne d'être membre de la nation ; il est voué, en conséquence de cette idée, aux travaux serviles et les festins usités n'ont pas lieu. »

Le royaume de Biri borne le pays des Kamtarriens. Selon Damberger, sa population monte

à

à 16,000 ames, et ce peuple n'est point aussi barbare que le dépeignent les nations voisines. Le roi y a très-peu de prérogatives sur les chefs particuliers de chaque ville ou village, qu'on appelle Monihaja ou juges, et qui sont en même temps les prêtres, les instituteurs et les devins de la nation. Ils ont seuls le droit de porter des espèces de manteaux de peau de tigre ou de zèbre, nommés *algohara Bumkara* (habit de prophète) si respectés que, lorsqu'on rencontre ceux qui en sont revêtus, on s'arrête en portant la main droite sur la tête, la gauche sur la poitrine, et qu'on reste dans cette position jusqu'à ce qu'il se soit éloigné.

« Les Biriens diffèrent des autres Caffres par la peau qu'ils ont plus jaune que brune; ils sont grands et forts, mais très-paresseux; les femmes sont petites et trapues; le vêtement commun aux deux sexes est un tablier de feuilles de palmier; les femmes se couvrent de plus la poitrine des mêmes feuilles rattachées derrière le dos avec des sangles de cuir; elles sont, en général, très-modestes. Ce sont les Monihaja qui sanctionnent les mariages. Cette cérémonie se fait avant le lever du soleil, en présence des familles des deux époux; l'infidélité d'un mari est punie par une amende en bétail; celle d'une femme entraîne son bannissement de la commune. La circoncision est en usage chez ce peuple, sans être une cérémonie civile ou religieuse. Les enfants sont sévèrement élevés, comme chez les autres Caffres, par leurs parents, selon leur sexe; mais à seize ans ils sont remis à la direction du Monihaja qui les instruit; et ces chefs civils et religieux commandent encore les troupes en temps de guerre, tandis que le roi reste dans sa résidence, ou qu'en cas de danger, il se réfugie dans la ville d'Azahuja, située sur la frontière des Kaminaukais, peuple dépendant du royaume de Biri.

« La plus grande partie de ce pays est fertile et bien cultivée. Les bestiaux et la chasse fournissent abondamment à la subsistance de ses habitants, et l'on y exploite du sel que les Biriens troquent avantageusement avec leurs voisins contre de jeune bétail qu'ils élèvent; car ils mangent rarement de la viande, et la nourriture ordinaire de ce peuple consiste en laitage, millet et en farine d'un grain qui ressemble à notre orge, et qu'on délaie dans du lait aigre. Leurs cabanes sont rondes, vastes, les parois garnies en dedans d'écorce, et couvertes en chaume. »

Nous ne suivrons pas l'auteur dans ses descriptions des Gohavaniens et Temboukains, petits peuples dépendants du royaume de Biri, et qui, avec de très-petites différences, ont les mêmes mœurs et les mêmes usages. Les Kaminski, petite peuplade de 3000 hommes faibles, patients, haïs, persécutés des autres Caffres, particulièrement des Caffres méridionaux, ne nous arrêteraient pas non plus, si l'auteur ayant trouvé le nom de ce peuple indiqué par le C. Le Vaillant, entre ceux chez lesquels il a séjourné, n'avait donné à ce sujet un démenti formel au voyageur français, en alléguant que la route indiquée par lui, est éloignée de plus de 200 milles de l'habitation, distance trop considérable pour qu'il pût la franchir, même en supposant qu'il eût quitté pour quelques jours sa caravane.

Des frontières du royaume de Biri, Damberger arrive, après avoir passé le fleuve Sohmoh, dans le royaume de Mataman, pays montagneux, mais fertile, dont le gouvernement est monarchique, héréditaire, absolu : le titre honorifique du roi est Sohoawoia (ou élu des dieux); il est grand prêtre, devin et inspecteur de la jeunesse ; il nomme tous les chefs des villes ou villages qui, sous son autorité directe, sont juges et prêtres. La polygamie permise, en général, chez les nations caffres, est ici une prérogative royale. Le roi de Mataman ne va pas à la guerre, non plus que celui de Biri; mais il nomme le chef qui commande ses troupes, et les soldats sont aussi courageux qu'habiles tireurs d'arcs. Son armée est de 30,000 hommes. Quant à la nation, en général, elle est paresseuse et n'a de commerce que celui de ses pelleteries, qu'elle échange contre du sel dans le royaume de Mazumbo.

On ne compte que trois grandes villes dans ce royaume, dont la plus considérable est Seenhofa, la résidence, située à deux jours de distance de Biri. L'auteur, en y arrivant, fut admis au nombre des domestiques du roi; mais s'apercevant que les Matamans faisaient le trafic d'esclaves, il craignit d'être vendu, et prit le parti de s'enfuir, pour éviter ce malheur. Selon Damberger, c'est moins sur les Européens que sur les Africains même, que doivent tomber les reproches que mérite le commerce inhumain des esclaves. Avant que les Européens eussent découvert les côtes de l'Afrique, tous les Africains, excepté les Caffres méridionaux, faisaient entre eux ce trafic, regardant les hommes comme une marchandise. Les Matamans les échangent au Mazumbo, contre du sel; au Congo, contre du blé, et d'échange en échange, de proche en proche, ils parviennent enfin dans les mains européennes, qui ont fait de ce trafic un commerce régulier. Les Maures, au contraire, qui l'exercent sur la côte du Congo, en font un vrai brigandage; courant le pays et faisant des excursions jusque dans le désert de Sahara, ils enlèvent aux habitants de l'intérieur de l'Afrique, leurs enfants, qu'ils troquent ensuite avec les chefs des villes contre du bétail, des grains, des armes, de la poudre, du plomb. Ces chefs rassemblent ces infortunés, et les revendent par couples de vingt à soixante aux Portugais, Français ou Anglais qui abordent sur ces rivages. Avant d'y arriver, les pauvres esclaves ont quelquefois un trajet de dix à douze jours à faire, pendant lesquels leurs conducteurs les traitent avec une barbarie qu'on ne se permettrait pas envers des animaux. En se sauvant du Mataman, Damberger eut le malheur de rencontrer sur la frontière d'Osila, à quatre journées du Congo, un convoi de ces esclaves; enchaîné avec eux, il fut conduit dans une ville où on le vendit au chef, qui l'employa comme pâtre de ses troupeaux, occupation qui lui procura les moyens d'échapper ; en ayant profité, il parvint, après beaucoup d'aventures et de dangers, dans le royaume d'Angola.

On commence ici à apercevoir des traces d'une civilisation plus avancée qu'elle ne l'est dans la Caffrerie. Voici les traits principaux de la peinture que fait l'auteur du royaume d'Angola :

« Ce pays est borné à l'orient, par le Matamba ; au sud, par Bengula et Sova ; à l'ouest, par la mer, et au nord, par le grand fleuve Bambo, qui le sépare du Congo, et arrose de ses nombreuses branches les contrées voisines de l'est. Il faut dix journées de chemin pour traverser l'étendue du sud au nord, et quatorze de l'est à l'ouest. Ce royaume est coupé de rivières, de montagnes, de rocs nus et décharnés, contrastant avec d'agréables vallées et de verts pâturages. En général, ce pays est fertile ; il fournirait aux habitants de l'aisance, même du superflu, si leur paresse ne les empêchait de tirer parti des bienfaits de la nature. Mais les terres sont peu cultivées; les productions végétales qu'on soigne le plus sont le millet, l'orge, le maïs, les citrouilles, les melons d'eau. On y fait peu de cas du bétail, et l'on préfère de se nourrir de gibier qui s'y trouve en abondance, ainsi que les rhinocéros, les buffles, les éléphants. Le pays produit en outre du salpêtre, de l'argent, de l'étain, qui, avec l'ivoire et les pelleteries, sont des objets de commerce entre les Angolins et les Portugais.

« Les rois d'Angola dépendaient autrefois de ceux

du Congo ; mais le roi régnant s'est affranchi de ce joug ; ce qui lui a tellement acquis l'admiration et l'amour de ses sujets, qu'hommes et femmes, tous veulent le suivre à la guerre ; ses forces militaires montent à 50,000 fantassins bien disciplinés et exercés ; il n'a pas de cavalerie, les chevaux étant très-rares à Angola ; mais les buffles les remplacent pour le transport des équipages.

« La cour du roi est composée de 50 prêtres ou Evanga, qui, après lui, sont les premiers en rang, de 24 Manis ou chefs de l'autorité civile, et d'une garde de 250 soldats. Ceux-ci ont des armes européennes qu'ils ont prises aux Portugais en 1763, et dont ils savent très-bien se servir. Lorsque le roi donne ses audiences, tenues ordinairement en plein air, cette garde l'entoure ; et les officiers, nommés Fidalgos (fidelles compagnons), l'épée nue à la main, se tiennent près du roi. Quoique cette troupe n'aille jamais à la guerre, elle a le surnom de Mokārani (ce qui signifié élite des soldats).

« L'administration civile est exercée par les Manis ou juges. Il y en a deux dans les villes, un dans les villages. Ils sont subordonnés aux prêtres, personnages très-respectés dans ce royaume. La religion est payenne ; il y a partout des cabanes, particulièrement consacrées au culte religieux, mais point d'idoles ni de simulacres. Outre le *grand maître*, les Angolins adorent le soleil et la lune. On célèbre, à chaque quartier de celle-ci, un jour de repos, si strictement observé, que personne n'ose aller à la chasse ce jour-là. Il y a de plus des jours de pénitence et de jeûne, ordonnés par les prêtres, à la plus légère apparence d'orage, parce qu'ils regardent l'orage comme un signe certain de la colère du grand maître céleste. Les Angolins croient l'appaiser en sortant de leur demeure de jour et de nuit, et en se prosternant le visage contre terre, posture où ils restent immobiles tout le temps que le tonnerre gronde, et qu'ils ne quittent que lorsque l'orage est entièrement dissipé.

« C'est aux prêtres qu'est confié le soin de l'instruction de la jeunesse ; ils lui donnent leurs leçons en plein air, et les enfants paraissent plus attentifs, plus tranquilles, qu'ils ne le sont dans nos écoles européennes. Les garçons sont une propriété du roi. Dès qu'ils sont sortis de l'enfance et des mains des prêtres, il les fait exercer aux armes ; et chaque père, en lui amenant son fils à l'âge fixé, est non-seulement déchargé du soin d'entretenir son enfant, mais reçoit encore de ce prince son propre entretien *gratis* pour toute une année. Pour mettre les souverains d'Angola en état de fournir à une dépense aussi considérable, il a le droit de prélever le tiers de tout ce que produit la chasse, et des dépouilles faites sur l'ennemi.

« Les Angolins ont les cheveux courts et crépus, ornés de coquillages, de couronnes et de clinquants achetés des Portugais. Ils se peignent les joues en bleu ou en rouge, ne se coupent jamais les ongles : parmi ceux qui veulent se distinguer et qui les ménagent en s'abstenant de travail, il n'est point rare de voir des doigts ressemblants aux griffes d'un aigle. Le vêtement diffère : les uns se bornent à un tablier de feuilles de palmier ; les autres portent un manteau gris, d'un mauvais drap, que leur échangent les Portugais ; quelques-uns portent des peaux sur les épaules. Le roi, âgé de trente-six ans, lorsque j'étais à Angola, portait de longues culottes bleues, et un manteau rouge de mauvais drap.

« La nation est généralement hospitalière envers les Africains, mais elle n'aime pas les chrétiens ; et lorsque les Angolins commercent avec les Portugais, ils préfèrent leur envoyer leurs marchandises que de les laisser venir dans le pays. C'est avec des buffles qu'on fait ce transport, et on les ramène chargés des objets d'échange. Le roi partage l'aversion de son peuple pour tous les chrétiens ; mais il est plus particulièrement l'ennemi déclaré de la nation portugaise. Il ne veut absolument pas tolérer la traite des esclaves dans ses états, et contraint les comptoirs de Loanda et Gambamba à lui envoyer annuellement deux députés qui sont obligés de lui rendre un compte exact et fidelle de leur conduite à cet égard. Il cherche d'ailleurs toutes les occasions d'entraver leur commerce, et il paraît tellement disposé à l'interdire tout à fait, que si, comme il y a quelque apparence, il concluait une alliance avec le roi de Mataman, les Portugais pourraient éprouver à Angola, le même sort qu'ils ont eu au Japon. »

Une aventure arrivée à Damberger sert d'exemple

de l'aversion des Angolins contre les Portugais. En passant dans un village, nommé Maspa, à une journée de chemin de Mapata, séjour de plaisance où le roi d'Angola campe deux mois de l'année, Damberger, suspecté d'être Portugais, fut arrêté, enchaîné, dépouillé, et courait risque de la vie, si la sagesse et la justice du roi n'étaient intervenues à temps pour le sauver. Ce prince voulut même, en dédommagement, l'élever au grade d'officier de ses gardes; mais l'auteur préféra la liberté de partir, ne s'arrêta que cinq jours à parcourir la résidence qu'il décrit, et quitta le royaume d'Angola.

Au commencement de la seconde partie de son ouvrage, Damberger dépeint la peuplade dispersée et errante des Azahoréens, et s'arrête au ci-devant royaume d'Evango, situé entre la Guinée et l'embouchure du fleuve Zaire. Ce pays, qui a été le théâtre de bien des révolutions, se partage à présent en trois parties principales; la partie supérieure, située vers la mer, appartient aux Portugais; la partie du milieu, qui borne à l'ouest les comptoirs de cette nation, est occupée par les Malembars, et la partie inférieure compose le royaume de Cacongo. Les Malembars et le Cacongo n'avaient autrefois qu'un même roi, celui d'Evango; mais il y a environ 150 ans que, sous un de ces souverains, foible et inepte, les grands de l'Empire levant l'étendart de la révolte, assemblèrent des troupes, et s'érigèrent des royaumes et des principautés. Entre ceux qui se formèrent alors, les royaumes de Malembar et de Cacongo se sont soutenus, quoiqu'ils aient éprouvé divers changements dans ces derniers temps. Mais le pays qui reste au roi d'Evango est devenu république, depuis qu'en 1778, les Portugais et le roi de Cacongo lui ayant fait la guerre, il fut défait par eux, et assassiné, au sortir de la bataille, par ses propres sujets; depuis lors cette nation se gouverne elle-même, élit ses chefs et ses juges entre les plus anciens, est libre, indépendante, quoique tributaire du roi de Cacongo; mais ce tribut ne lui est point onéreux, parce que les Hollandais le payent pour elle, afin d'obtenir la permission de commercer à Evango. Ce pays est très-fertile; on y trouve, en minéraux, du cuivre, du plomb, de l'étain et un peu de poussière d'or; les productions végétales sont du millet, du maïs, du blé, des pois, des citrouilles, des cannes à sucre et du tabac. On y fait un vin de palmier et une boisson de prunes, très-potable. Quant au produit des arbres à coton, il est actuellement peu considérable; les guerres continuelles que les habitants d'Evango ont eu à soutenir avec leurs voisins, ayant détruit les plantations. Ainsi, par exemple, un bois de cotonnier d'une lieue d'étendue en longueur et en largeur, situé à une lieue de la ville d'Ango et remarquable par sa beauté, fut entièrement réduit en cendres en 1780.

« L'ivoire et les pelleteries forment une branche considérable de commerce pour ce pays, rempli d'éléphants, de rhinocéros, de lions, de tigres, de loups, de buffles, de bœufs et d'une grande quantité d'animaux domestiques. On y voit aussi des paons, des autruches, des pigeons rayés, rouges et bleus, d'une grosseur extraordinaire, et des perdrix ; les lièvres y ont la grosseur de ceux qu'on appelle aux Indes des lièvres à soie ; mais leur poil ne peut s'employer non plus que la laine des moutons, semblable au poil de nos chiens loups.

« Les deux grandes nations qui habitent le Malembar et le Cacongo, opposent un puissant obstacle au desir de conquêtes des Européens ; elles peuvent, au moyen des secours que les autres peuples d'Evango sont obligés de leur fournir, mettre sur pied une armée de 30,000 hommes. Ces peuples sont guerriers et vaillants, quoique, pour la plupart, ils n'ayent d'autres armes que des arcs et des flèches, et point de cavalerie. La religion des divers habitants du pays d'Evango est le paganisme ; mais sans beaucoup de cérémonies et sans idolâtrie proprement dite : ils admettent un être suprême auquel on adresse journellement des prières, dans des temples assez chétifs. Les prêtres n'ont aucune influence dans le gouvernement, et ne sont pas aussi estimés que chez les autres nations payennes. Les Portugais ont fait beaucoup d'efforts, mais sans succès, pour introduire le christianisme dans ce pays. »

Le siége principal du commerce des Européens, et particulièrement des Hollandais dans le ci-devant royaume d'Evango, est à Malembar. Voici l'idée que nous donne Damberger du pays et de la ville qui portent ce nom, et du Cacongo auquel ils sont actuellement réunis.

« Malemba n'était autrefois capitale que d'une petite principauté, dont le prince était surnommé Malemba Nahakami ; ce qui signifie prince des justes. Le dernier de ce nom, plus ambitieux que ses prédécesseurs, aspira au titre de roi, et voulut réunir sous sa domination les Zogoréens, peuple tributaire du roi d'Angola ; mais celui de Cacongo s'opposant à ce dessein, marcha contre Nahakami, qui fut défait et perdit ses propres états. Depuis lors, Malemba est réunie au Cacongo, qui a 70 milles de longueur, quarante en largeur, et qui est un pays fertile en toutes sortes de productions animales et végétales ; ses pelleteries sont très-recherchées ; il fournit du sel et de l'airain ; le fleuve de Bambo et la mer de Sahmoja, près de laquelle Malemba est située, abondent en poissons et en huîtres. Les Européens font un commerce très-avantageux dans ce pays ; ils en emportent, en échange de leur quincaillerie, les meilleurs cuirs et les plus riches pelisses. En moins de 48 heures, le roi de Cacongo peut mettre sur pied une armée de 10 à 12,000 hommes ; il les commande lui-même, et le roi actuel s'est acquis une si grande réputation en valeur, courage et qualités guerrières, que ses voisins, plus puissants que lui, qui aspiraient à le détrôner, le craignent et le respectent. On ne compte dans son royaume que deux villes, trente-huit villages, et une espèce de château situé sur une haute montagne. Malemba est la capitale ; elle a 700 maisons ou cabanes, trois rues principales et deux rues de traverse, entre lesquelles celle de Koffa, ou rue commerçante, est la plus belle et la plus habitée ; c'est là que les marchands portugais et hollandais ont leurs magasins et leurs comptoirs, qu'il se tient fréquemment un marché d'échange et de trafic ; et qu'en général, se fait le commerce. L'ivoire et l'airain, objets considérables, se vendent ou se troquent sur ce marché contre des marchandises européennes ; mais les chrétiens qui veulent commercer, doivent donner le cinquième pour cent d'imposition.

« Un second marché se tient dans la rue de Khisuhao ; c'est purement un marché de comestibles. Chaque rue principale a deux portes gardées par seize à vingt hommes chargés de percevoir les droits d'entrée et de sortie des denrées et marchandises. La ville est entourée d'une muraille construite en quartiers de rochers, et en dehors de laquelle est un large fossé. Ce qu'on appelle le château royal, bâtiment mal construit, est d'un étage en hauteur, et a 500 pieds de circonférence. Les soldats ou gardes du roi sont placés dans les bâtiments extérieurs ; les femmes occupent le centre. Cette maison est située près de la mer, la vue y est superbe. Je fus frappé d'y voir des canons de quatre ; on me dit que le roi les avait achetés, et qu'ils avaient beaucoup coûté. »

En arrivant à Malemba, l'auteur avait été rigoureusement examiné et conduit au roi qui lui fit donner des vêtements, et le plaça auprès de ses buffles de transport ; mais Damberger ayant eu l'occasion de conclure pour ce prince un marché avantageux avec un capitaine hollandais, le roi, pour le récompenser, l'admit au nombre des serviteurs qui approchaient de sa personne. Par la mauvaise volonté d'un prêtre et par sa propre imprudence, l'auteur ne conserva pas longtemps cette place, et se vit rejeté dans la classe des plus vils esclaves. Employé avec eux à la recherche des dents d'éléphants, il saisit un moment favorable pour s'échapper, et il se rendit chez les Jaganais, petite nation dont le pays faisait autrefois partie du Malemba; mais qui s'est affranchie, se gouverne elle-même, et possède aujourd'hui huit villages situés de façon que leurs habitants peuvent se rassembler sur une place commune. L'auteur ne put rien apprendre de l'origine de ce peuple; il lui paraît vraisemblable qu'il descend des Cacongonois. Voici comme il dépeint ses mœurs et son caractère :

« Ce petit peuple est fort pauvre; mais bon et courageux; il attache un grand prix à la valeur, et choisit toujours pour chefs de ses villages ceux qui se distinguent par cette qualité. On compte 10,000 hommes portant les armes. Avec ce peu de forces, ils savent maintenir leur indépendance, quoiqu'entourés de voisins puissants. Le roi de Cacongo prend le titre de chef suprême de cette peuplade; mais il ne peut rien obtenir d'elle qu'en lui témoignant les plus grands égards; les Jaganais n'obéiraient à aucun de ses ordres, et les retraites inabordables qu'ils habitent, lui ôtent tout moyen de les subjuguer. On les accuse de brigandages, de cruautés; on les range même au nombre des anthropophages. J'ai longtemps vécu parmi eux, et j'ai vu, au contraire, qu'ils ont une vraie horreur des brigandages qu'exercent leurs voisins, les habitants du Monomotapa; qu'ils sont très-hospitaliers envers les voyageurs; qu'ils les protègent et leur fournissent des provisions. Sans rois, sans prêtres, ils vivent en enfants de la nature, se nourrissent de fruits et de racines, la chasse étant peu abondante dans leur petit pays, par la quantité de tigres et d'autres animaux de proie qui dévorent le gibier. On y trouve aussi beaucoup d'éléphants, dont ils trafiquent l'ivoire. Le manque d'eau contraint ce petit peuple à changer souvent d'habitation; il suit le plus ordinairement, au nord, un des bras du fleuve Bambo, qui n'est jamais à sec. Je restai chez ces bonnes gens jusqu'à la fin de l'année; je les accompagnai dans quelques expéditions contre leurs ennemis; ils en sortirent vainqueurs, ramenant avec eux pour dépouille deux buffles de combats, qu'ils tuèrent pour célébrer leur victoire par un festin.

« Les buffles de bataille sont différemment élevés que les buffles qui servent au transport. Pour les former au premier usage, on commence, au moment où les cornes poussent aux buffletins, à les diviser en les écartant et ployant en tout sens; ce qui donne à ces animaux des défenses formidables, lorsque ces divers rameaux ont atteint leur croissance et leur dureté; puis on les accoutume à la course. Pour les y stimuler, un homme monté dessus, ou qui les suit par derrière, les pique de manière à les forcer à courir. Lorsqu'ils sont formés, on les lance dans les rangs ennemis, où, se précipitant, ils renversent et brisent avec leurs cornes tout ce qui se rencontre. D'ordinaire, on leur couvre le devant de la tête et la poitrine d'une peau d'éléphant, pour leur ôter la vue de l'ennemi, et pour les préserver des dards et des flèches. »

Chargé des provisions qu'il avait reçues des honnêtes Jaganais, Damberger, en les quittant le 2 décembre 1786, s'achemina par le village de Tamoh, la montagne d'Akasi, la ville de Grah qui contient 300 cabanes, et par une forêt épaisse et déserte de cinq milles de long, jusqu'au village frontière de Wahhala. De-là, l'auteur entrant dans une forêt à l'orient, atteignit la chaîne de montagnes qui limite le pays de Mugari, appelé Minto par ses habitants. Ici Damberger relève une erreur importante sur les cartes d'Afrique.

« La plupart des géographes placent, dit-il, cette contrée trop au nord; car même en supposant que la nation qui l'habite fût un peuple nomade, ses marches dans ce royaume n'embrasseraient jamais une étendue de 300 milles. La peuplade de ces contrées est peu nombreuse, sauvage et grossière ; ils ne font aucune attention aux étrangers qui ne parlent pas leur langue, ou ils les traitent durement et cruellement, imaginant, lorsqu'on leur parle une langue qu'ils n'entendent pas, qu'on veut les injurier. Ils sont petits, laids, peu considérés, même maltraités des nations voisines, surtout des Hassiens. De tous les peuples

ples de ces contrées, celui-ci est le plus habile à la chasse des éléphants, et c'est uniquement au commerce qu'il fait, des dents et des peaux de ces animaux, qu'il doit sa subsistance. La population des Mugariens ne va pas au-delà de 3,000 ames : la plus grande partie habitent des cavernes dans les montagnes, si cachées par les broussailles, qu'un étranger ne pourrait les découvrir. Lorsqu'on peut se faire entendre d'eux, ils sont moins sauvages. Ils n'occupent qu'une partie de cette montagne ; l'autre est habitée par les Hassiens, dont la langue est si différentes de celles des deux nations qui les avoisinent, qu'elles ne la comprennent pas, quoique les Hassiens les comprennent fort bien. »

Avant d'entrer dans le royaume de Hassi, Damberger atteint, le 7 décembre, le village de Sowohen, qui, vû sa position inabordable, n'a vraisemblablement point encore été visité par des blancs. « Je crois, dit l'auteur, qu'il vaudrait la peine qu'une société de commerçants se réunît pour y venir ; car, selon toute apparence, ses montagnes, non fouillées, contiennent bien des trésors ; du moins l'ivoire et les cuirs fourniraient-ils déja des branches considérables de commerce : ce peuple est trop faible pour opposer de la résistance, et trop bon pour n'être pas facilement gagné. On pourrait, en six jours, transporter des marchandises par des barques sur le fleuve Zampeco, jusqu'au fort Martial, appartenant autrefois aux Portugais, et y prendre d'autres objets en retour. »

Du royaume de Hassi, pays pauvre, et peu remarquable, l'auteur, continuant à indiquer sa route en tout sens, conduit son lecteur dans le royaume de Juhkodego, nommé Monoemugi sur les cartes. Ce royaume qui, du midi au nord, a dix-sept, et de l'ouest à l'est, 13 journées, est borné à l'orient par l'Abyssinie, au midi par le Monomotapa, à l'occident par le royaume de Hassi, et au nord par celui de Mangas. Le fleuve Zampeco se partage là en cinq branches, traverse en croix le pays, et est à une demi-journée d'un grand lac qui porte le nom de Zambre. Une double chaîne de montagnes coupe le pays, du nord au sud; elles sont garnies d'immenses forêts, et remplies d'une quantité innombrable d'animaux sauvages; on y trouve des mines de salpêtre, dont la paresse des habitants ne fait que peu d'usage. Le lac de Zambre abonde en poissons de toute espèce, et en tortues. On n'élève ni buffles ni moutons, mais on s'en procure par échange du Monomotapa, contre de l'ivoire, des cuirs et une petite quantité de salpêtre. Les productions végétales les plus communes sont le maïs, le millet, les citrouilles, les melons d'eau.

« On distingue deux classes d'habitants dans le pays, les anciens et les nouveaux. Les premiers se nomment Misahomi; leur vêtement est un tablier de feuilles de palmier; ils tressent leur cheveux, sont doux, dociles, et sous le joug des prêtres; ils ne se marient jamais hors de leur tribu. Les seconds s'appellent Monoemuquiens; ils vont nus, ont les che-

veux épars, le nez plat, de grosses lèvres, de petits
yeux. Ils se découpent les joues en tout sens, ainsi
que les Hassiens, leurs voisins. Ces deux nations
sont toutes deux d'une stature mitoyenne, et parlent la même langue ; quoique paresseux, ces peuples sont bons soldats et bons chasseurs. Le roi peut
mettre sur pied 40,000 à 50,000 hommes, et l'on
se sert des buffles pour la guerre, état presque con-
tinuel entre ces deux nations et leur voisins. L'entrée de ce royaume est fermée aux chrétiens, parce
qu'on leur attribue non sans quelque raison) d'a-
voir voulu s'y emparer de l'autorité. Ce fut le motif
pour lequel on en chassa les Portugais en 1763, et depuis lors, on leur a interdit tout commerce. Les chefs
de chaque ville et village, sont en même temps
militaires et juges civils; mais dans tous les cas importants, on en appelle au roi qui fait sa résidence
dans la ville de Zambre.

« Cette capitale forme un triangle sur la rive droite
du fleuve du même nom ; elle a deux rues principales,
et trois rues de traverse ; du nord à l'ouest, elle est
fermée par un mur. On y compte 400 cabanes et
50 à 60 maisons, toutes de la hauteur d'un étage,
sans en excepter la demeure royale. Les cabanes sont
construites en bois et en paille, les maisons en cailloux
liés avec de la terre glaise. Il y a huit temples dans
la ville, et un neuvième près de la demeure royale,
qui se distingue des autres, parce qu'elle est construite en cailloux. Tout le monde, sans exception,
peut entrer dans la ville de Zambre; mais si un

étranger veut aller plus loin, il faut qu'il s'annonce au roi, et qu'il demande sa protection. Le prince actuel est un homme exact et actif dans les affaires; sa réputation guerrière le fait respecter de ses voisins ; les officiers de son armée se distinguent des autres habitants par un tablier de peau de zèbre, et un turban décoré de coquillages et d'os. Lorsqu'ils viennent dans la capitale, ils ont la table royale; mais hors cette prérogative, ils ne reçoivent aucune paye, non plus que le soldat. Le butin qu'ils font à la guerre est leur propriété, ce qui est cause que les contrées où ils la font, sont toujours dévastées. »

L'auteur fut bien accueilli du roi, on lui montra les trésors de ce prince; il y trouva une vieille horloge en bois, qu'il répara et remit en mouvement, ce qui lui attira la faveur de sa majesté Juhkodéganoise, qui l'admit à sa table et le prit avec lui à la chasse et à la pêche qu'il fait au lac de Zambre, étendue d'eau de 36 heures dans sa longueur, de 12 dans son milieu, d'une forme ovale, et qui, à sa pointe au nord, a à peine un quart d'heure de traversée. Ce lac est coupé d'une quarantaine de petites îles peuplées d'une multitude innombrable d'oiseaux, qu'on prend ou dont on rassemble les œufs. Une garde de 200 hommes, payés par le roi, doit veiller à ce qu'on ne touche point à cette chasse et à cette pêche; mais, sous le prétexte de la surveiller, ils s'en approprient les plus grands profits. Selon Damberger, le lac de Zambre est mal placé par quelques géographes, qui le mettent presque en entier dans le royaume de Hassi, et qui lui donnent beaucoup trop de longueur.

Après un séjour de cinq mois dans ce pays, où l'auteur avait eu beaucoup d'agréments, il le quitta, le 28 mai 1787; et suivant une route très-pénible au nord-ouest, par des contrées presque inhabitées, il arriva le 11 juin chez un peuple qu'il appelle les Mohohatains (ce qui veut dire étrangers), parce qu'en effet, dit Damberger, « cette nation habitait anciennement une autre contrée, dépendante du royaume de Muschako; mais le roi cherchant à l'opprimer, et voulant la contraindre à accepter son frère pour chef, elle se révolta, se lia à d'autres petites peuplades menacées comme elle, tua le prince qu'on lui avait donné; et, pour se soustraire à la vengeance du roi de Muschako, elle se soumit, en 1728, à celui de Monoemugi, qui lui assigna la contrée qu'elle occupe sur ces frontières, pays coupé de montagnes et de vallées peu fertiles, et dont la longueur n'est que de deux journées de chemin. Cette peuplade, libre actuellement, ne paye aucun tribut à son nouveau souverain; elle défend seulement sa frontière contre les invasions ennemies, et marche à son secours en temps de guerre. D'ailleurs elle se gouverne elle-même, choisit ses chefs, nommés Bingpos, entre les anciens du peuple, et ceux-ci, qui ne vont jamais à la guerre, nomment au commandement des troupes les jeunes gens les plus distingués par leur valeur. »

Quoique Damberger fût assez bien accueilli dans

cette peuplade et reçût d'elle la nouriture, il ne lui fut point permis d'entrer dans les cabanes; on le logea auprès des troupeaux : il y souffrit beaucoup, parce que c'était la saison des pluies, et se hâta de partir aussitôt que le temps put le lui permettre. Une route très-penible le conduisit dans le royaume nommé Muschako sur la carte d'Afrique, nom qu'il n'a jamais entendu prononcer, dit-il, par les habitants « qui s'appellent Mophaniens. Leur roi, nommé Mojaphar, est souverain despote de ses sujets; il peut mettre 12 jusqu'à 14 mille hommes sur pied. Son pays a, de l'orient à l'occident, 10 journées de chemin de longueur, et sept journées du nord au midi. Quoique montagneuses, ces contrées sont fertiles, et les habitants savent tirer parti des productions. On trouve de la poussière d'or dans les montagnes septentrionales; mais le roi n'en fait point ramasser, et les a cédées contre un tribut annuel à son voisin, le roi Mohopharo. Le bois et les animaux de toute espèce abondent dans ce pays. Le zèbre y est indigène; sa chair est plus estimée que toute autre viande. La disette d'eau contraint ce peuple à changer plusieurs fois d'habitation par année, c'est sans doute la raison pour laquelle on ne trouve ni villes, ni villages dans tout ce royaume : la plupart des habitants demeurent dans des cavernes; quelques-uns se font des espèces de tentes, et autour de celle du roi, il s'en trouve environ une centaine de rassemblées. La langue de ce peuple a beaucoup de ressemblance avec celle du Congo; cependant au lieu de l'*a* ils emploient l'*o*, et ce même dialecte se parle avec quelques variations jusqu'au fleuve Niger. »

L'auteur fut d'autant mieux accueilli chez ce peuple, qu'on le prit pour l'envoyé d'un roi voisin, nommé Haphai, dont les états désignés par quelques géographes, sous le nom de Makoko, par d'autres, sous celui d'Anziko, ne sont point aussi au sud que les place la carte.

Le 3 septembre, Damberger s'acheminant au nord, atteignit, après deux jours de marche, les montagnes d'or, où il vit une multitude occupée à le chercher sous la terre : l'inspecteur, qui le reçut très-bien, lui montra le magasin où il vit ce métal rassemblé en grains de la grosseur d'un grain de millet; il y apprit la manière dont ces mines étaient travaillées, qu'il décrit à ses lecteurs. Il repartit de là, le 17 septembre, accompagnant des ouvriers chargés du transport de ce métal; et ils arrivèrent, après bien des dangers, au petit fleuve de Wohala, qui limite le royaume des Mophaniens; il traverse une quantité de peuplades, et arrive enfin dans le royaume de Wajagtam, qu'il croit, par sa position, être le même que les géographes désignent sous le nom de Dauma. Damberger observe, à cette occasion, que le royaume de Bahahara, qu'il écrit suivant la prononciation nègre, est omis sur les cartes qu'il a examinées, et que les géographes n'en font pas mention. Voici comment l'auteur décrit le royaume de Haurssa : « confinant au sud à celui de Bahara; à l'est, au royaume de Zanfara; à l'ouest, à celui de Feene, et au nord, au pays de Fomingho, que je n'ai trouvé sur aucune carte d'Afrique, quoiqu'il ait environ 10 à 12 milles de longueur, et 5 à 6 milles de largeur. Le Niger arrose une grande partie du Haurssa, le fertilise et favorise le commerce par les barques qui conduisent les marchandises de Tambucto jusqu'à Boosu, d'où elles sont transportées plus loin par des caravanes. Favorisé de la nature, ce pays abonde en productions végétales et animales, et les montagnes qui fournissent du sel et du salpêtre, donneraient des minéraux, si les habitants les cherchaient et savaient les exploiter. Les productions commerciales de ce royaume sont la manne, les dattes, le coton, qui vont à Tambucto, l'ambre, la gomme, le musc, qu'on exporte en Barbarie, l'ivoire, les plumes d'autruche, et les baleines qui se vendent dans le royaume de Tookahat, confinant aux côtes de Guinée. » La ville de Haurssa peut être regardée comme la ville la plus considérable de toute l'Afrique. Voici l'idée que nous en donne Damberger : Elle a six lieues de long sur quatre de large, neuf rues principales désignées par les noms des neuf premiers mois de l'année; sans être pavées, elles sont fortement recouvertes en gravier. On y compte 250 bâtiments, maisons ou temples, tous de la hauteur d'un étage, construits en pierre, liés avec de la terre glaise, et séparés les uns des autres par un intervalle, dans la vue de prévenir les incendies. Cette ville a quatre grandes places, dont l'une est destinée au marché des esclaves, l'autre au commerce ; les caravanes y arrivent, les marchands étrangers et indigènes s'y rassemblent. Sur la troisième, se tient le marché des bestiaux et des comestibles; la quatrième enfin est une place d'exercices militaires. On trouve à Haurssa des fabricants et des artisans; on y compte trois cents gros marchands ayant des caravanes en propre. Le commerce y est absolument libre ; ce qui, dans certains temps de l'année, y attire quantité de juifs qui viennent y trafiquer.

« La demeure royale est au sud de la ville, garnie d'une double muraille et entourée d'un large fossé. Une garnison de trois cents hommes est répartie entre la ville et le château. A une lieue de Haurssa, il y a un bain d'eaux thermales, avec une cabane qui est uniquement réservée au roi et à sa suite. »

Damberger, en arrivant dans cette capitale, fut conduit au roi, qui lui fit donner un long manteau de toile rouge et le prit à son service, faveur qui, en excitant l'envie, lui causa bien des dangers qu'il évita néanmoins par la sagesse et la bonté de son nouveau maître, duquel il gagna les bonnes graces par les ouvrages de menuiserie qu'il lui fit : il profita des occasions qu'il eut de prendre des renseignements sur la route à tenir pour entrer dans la grande Barbarie, et comme on ne paraissait pas disposé à lui permettre de partir d'Haurssa, il prit secrètement la fuite, entra sur le territoire de Feene, se rendit dans la capitale de ce royaume, qui porte le même nom que le pays, et s'y arrêta six mois, y exerçant sa profession de menuisier. Selon Damberger, Mango Park a mal placé cette ville en la mettant derrière celle de Haurssa, ainsi qu'en disant qu'elle est à deux journées de Sille. Voici ce qu'en dit le voyageur allemand :

« Feene est à trois journées de Sille, qu'on fasse le trajet par terre ou par eau. Elle est située sur une hauteur stérile qui, dans la saison des pluies, en juin et juillet, est entourée d'eau, de manière à ne pouvoir s'éloigner d'une demi-lieue de la ville. Celle-ci a deux lieues de longueur, quatre rues principales qui aboutissent toutes quatre à une grande place de marché, où l'on ne voit pas seulement des marchandises africaines, mais encore beaucoup de quincailleries et de ferrailles européennes, qui se vendent contre de l'argent et de l'or. Le château royal est à l'ouest, entouré d'un mur qui se joint au mur de la ville. L'on compte 300 maisons, 1000 cabanes, 80 mosquées ou temples publics, et il y en a de particuliers. Je trouvai ici ce que je n'avais vu nulle part, huit belles fontaines ou citernes, avec des escaliers. Le roi ne passe à Feéné que quatre mois de l'année ; il réside à Sille et dans d'autres villes, le reste du temps. Les Arabes cultivent les terres : les productions végétales les plus abondantes sont le blé, l'orge, les citrouilles, les limons ; les dattes, le tamarin, les prunes, sont moins communs. Cette ville a des fabriques, des artisans, tels que maréchaux-ferrants, potiers de terre, tisserands, charpentiers, tailleurs de pierre.

« Sille, située près du Niger, est plus grande que Feene, mais pas aussi bien bâtie. Le commerce y est considérable ; mais tout marchand doit au roi dix pour cent d'imposition. Il y a des manufactures de toile de coton. La ville est peuplée, outre les naturels du pays, de Maures, d'Arabes et de Juifs ; ceux-ci sont traités en esclaves, chargés par les Arabes de tous les ouvrages serviles dans la maison ou dans la campagne, mais cependant moins maltraités que les esclaves des chrétiens ne le sont dans leurs colonies. »

Pendant que Damberger était à Sille, il y arriva, le premier mai, une caravane de quarante chameaux, fortement escortée et chargée d'un riche transport de la Nubie pour Tunis ; il profita de cette bonne occasion, partit avec elle, le 3 mai, et décrit sa marche en tout sens. Elle la continua assez heureusement, quoique souvent attaquée par les Maures ; mais l'auteur, tombé malade, fut obligé de s'arrêter dans une petite ville. Sa santé rétablie, il continua son voyage à cheval, avec quelques Maures, et traversa le pays du prince Akumbat Mahomet Émir, qui, par ses connaissances, se distingue de tous les princes Arabes. « Son pays, dit Damberger, ne se trouve sur aucune carte, quoiqu'il ait quatre journées en longueur et une en largeur. »

Sur la frontière, l'auteur est vendu par les Maures qui l'accompagnent, puis revendu par son nouveau maître, le 20 février 1790. Il est transporté sur le fleuve Onimag, jusqu'à un endroit nommé Omozap, où on le troque contre trois moutons et un cheval ; vendu et revendu ainsi, il tombe enfin entre les mains d'un marchand de Maroc avec la caravane duquel il part de Mezabath, le 13 septembre. Cette caravane est attaquée par des Arabes, entre la montagne de Cozul et le fleuve Tagtal ; elle perd quatre esclaves, trois chameaux, mais disperse les brigands et se rafraîchit à Zahtami, ville de l'empire de Tripoli, fort peuplée et fort commerçante. Outre les six jours de repos qu'elle prit dans cette ville, la caravane en mit encore vingt-huit jusqu'à Azana, ville située sur le territoire marocain. Elle y arriva le 11 octobre. Ici l'auteur ne fut point traité en esclave, et dans le cours de l'année 1790, il fut racheté par M. Vander Haft, agent secret de la république française, qu'un capitaine hollandais intéressa en sa faveur. Damberger suivit ce capitaine à Gibraltar ; leur vaisseau, plusieurs fois battu de la tempête, les obligea de s'y arrêter : ils arrivèrent enfin au Texel, le 9 février 1791, d'où Damberger se rendit à Amsterdam ; là, sans l'entremise d'un capitaine de vaisseau prussien, il eût encore été contraint de servir deux ans comme soldat ; mais ayant obtenu sa liberté, il s'embarqua avec son libérateur, et arriva à Dantzig, d'où il a repris le chemin de sa patrie. Nous terminons ici l'extrait de son ouvrage : c'est aux savants qui s'occupent des recherches concernant cette partie de l'ancien continent, à juger de ce qu'il vaut sous les rapports géographiques. D. P.

ASTRONOMIE.

NEUESTER Himmel-Atlas zum Gebrauch für Schul- und akademisch Unterricht. — *NOUVEL Atlas céleste, à l'usage des écoles et académies, d'après Flamsteed, Bradley, Tob. Meyer, Lacaille, Lalande et Zach, en manière noire avec double carte étoilée; toutes perfectionnées et augmentées des découvertes astronomiques les plus récentes;* par C. F. GOLDBACH; *revu à l'observatoire de Seeberg près de Gotha, et précédé d'une introduction de M. le major de Zach.* Weimar, bureau d'industrie, 1799.

Les noms des astronomes indiqués dans ce titre et celui de l'éditeur de ces cartes, sont déja des indices de la bonté et de l'utilité de cette entreprise. Nous allons mettre sous les yeux de nos lecteurs l'idée qu'en donne M. de Zach dans l'introduction qu'il a placée à la tête de l'atlas.

L'astronomie est une mode en Allemagne; une foule d'amateurs des deux sexes s'en occupent avec le plus grand zèle, et cette noble ardeur paraît annoncer que c'est le vrai moment de publier un ouvrage élémentaire, qui facilite à la classe non-savante la connaissance des étoiles fixes, base et fondement de la science astronomique.

Cet ouvrage annoncé par M. de Zach, en 1798, dans ses éphémérides géographiques, auxquelles il joignit un échantillon de la manière dont les cartes seraient exécutées, et une description de l'utilité dont elles seraient, fixa l'attention de toute l'Allemagne. Les amateurs, les astronomes mêmes, invitèrent M. de Zach à faire réaliser cette entreprise par le comptoir d'industrie établi à Saxe-Weimar, connu depuis longtemps par tout ce qu'il a effectué pour l'avancement des arts et des sciences ; et ce bureau, encouragé par l'approbation prépondérante que feu le célèbre Kætsner de Gœttingue donnait à ce projet, s'est occupé du soin de le remplir.

M. Goldbach, l'éditeur, a pris pour base de son travail le grand atlas de Flamsteed, dont Fortin publia, en 1776, une seconde édition. Celle de Lamarche, qui parut en 1795, et qui fut annoncée comme ayant été revue, corrigée, augmentée par les CC. de Lalande et Mechain, à Paris, n'était autre chose, malgré cette brillante annonce, qu'une troisième et assez médiocre édition du même ouvrage, qu'il était d'autant plus essentiel de corriger et de retravailler, qu'on n'y avait ajouté que sept constellations nouvelles et quelques étoiles informes, et que non-seulement les découvertes des CC. Lalande, oncle et neveu, ne s'y trouvaient pas, comme le titre devait le faire présumer, mais qu'en outre, il fourmillait de fautes grossières en tout genre. « Pour se convaincre, dit M. de Zach, de la perfection du travail de M. Goldbach, il suffit de comparer l'atlas de ce nouvel éditeur à celui que M. Bode a publié en 1782, où il s'est servi de la nouvelle révision du ciel, faite par les deux Lalande ; opération à laquelle cette partie de l'astronomie doit une face absolument nouvelle. »

M. Bode, en publiant l'atlas *in-folio*, dont il a paru deux cahiers, a eu les savants en vue ; celui de M. Goldbach, destiné aux écoles et aux amateurs de la science, ayant pour but de leur faciliter l'étude du ciel, devait, pour répondre à cette intention, leur présenter le tableau simple d'un ciel étoilé, dégagé des contours, figures, signes, lettres, ou caractères adoptés par la science, afin que le premier coup-d'œil de l'observateur novice se fixât sur la position respective des étoiles, et la gravât dans sa mémoire, sans éprouver l'embarras des signes hétérogènes, adoptés par les astronomes, comme langage de la science. C'est ce qu'a fait l'éditeur de ce nouvel atlas céleste, en le composant de doubles cartes, dont les premières présentent sur un fond noir les étoiles marquées en blanc, dans leur position simple ; ceux qui veulent ensuite apprendre leur arrangement astronomique, les noms, les caractères qui le désignent, les figures des constellations et les principaux phénomènes des étoiles, trouvent ce tableau dans une seconde carte placée à côté de la carte simple, et traitée, comme celle-ci, en manière noire et blanche. Cet atlas contient 56 cartes, les n.ºs 1, 23, 29, sont des planisphères ou cartes générales, comprenant la moitié septentrionale et la moitié méridionale du globe céleste stéréographiquement dessinées. Le n.° 28 contient la moitié méridionale du globe, d'après Flamsteed; le n.° 29 la même région céleste, selon Lacaille; dans l'une et dans l'autre de ces cartes se trouvent la latitude et la longitude du cercle, en marge les chiffres et degrés d'ascension droite, le cadran solaire et les degrés de déclinaison des deux pôles.

Les doubles cartes du n.° 2 au n.° 12, comprennent la représentation générale de la moitié septentrionale du globe céleste; le n.° 13 au 22, renferme les 12 constellations du zodiaque; du n.° 23 au 27, se trouvent les constellations australes ou méridionales; enfin le n.° 30 est un planisphère qui sert à trouver la position des étoiles principales.

Comme jusqu'à présent le catalogue d'étoiles de Flamsteed sert de base à toutes les autres énumérations de ces corps célestes, il convenait au but de cet ouvrage de le prendre pour principe. C'est ce qu'à fait M. Goldbach, après avoir examiné par lui-même une partie de ces étoiles, et avoir rétabli dans ce catalogue celles qu'on en avait ôtées. Ainsi, par exemple, le C. Lalande en a observé 146 qui, depuis Flamsteed ne sont plus visibles; en les replaçant sur ces cartes, M. Goldbach les a soulignées d'un trait. M. Herschel a observé qu'entre les étoiles de Flamsteed, il s'en trouvait environ 300 doubles; en les remettant dans le catalogue et sur ses cartes, M. Goldbach les a soulignées de deux traits. Mais en prenant Flamsteed pour guide, il a encore tiré parti

des

des catalogues de Bradley, de Meyer, de Lacaille, de celui qu'a publié M. de Zach sur les étoiles du zodiaque, et surtout de l'immense énumération du C. Lalande, publiée par fragment dans la *Connaissance des temps*, et les Mémoires de l'académie, 1789 et 1790, et qui monte à 50,000 étoiles.

L'atlas dont nous nous occupons ici, contient, outre les 2919 étoiles de Flamsteed, 2139 du zodiaque, auxquelles sont ajoutées 5512 nouvelles étoiles tirées des catalogues de Lalande. Ce qui porte le nombre total de celles que renferme ce nouvel atlas, à 10,570 qui toutes ont été rapportées à l'époque de 1790, et présentées sur ces cartes dans les positions où les ont prises Walstone et le C. Lalande, dans son nouveau catalogue. Mais on n'a point ajouté les étoiles nébuleuses observées par le célèbre astronome français, et rejetées par Herschel, comme étant trop petites pour de semblables cartes.

Quant aux classes ou grandeurs de ces corps célestes, M. Goldbach a suivi Flamsteed, seconde édition de Fortin, en y ajoutant la 8.ᵉ grandeur à laquelle on a, en général, borné les étoiles du zodiaque renfermées dans ce nouvel atlas, où, pour les autres constellations, on n'a donné que les étoiles de la première jusqu'à la 6.ᵉ grandeur.

On a publié avec cet atlas l'*Astronomie populaire*, livre classique élémentaire, dont M. Voigt est auteur, et qui est arrangé d'après ces cartes, de manière à en expliquer les figures et la partie scientifique. Au moyen de ces deux ouvrages, aussi bien exécutés que conçus, la connaissance du globe céleste devient pour la jeunesse une étude aussi agréable et facile qu'elle était autrefois pénible et rebutante.

D. P.

LITTÉRATURE.

UEBER Deutschlands Literatur, und Buchhandel. *Sur la littérature et la librairie allemandes.* Dortmund, frères Mallinckrodt.

CETTE brochure recommandée par l'auteur anonyme à tous les savants et à tous les libraires de l'Allemagne, et particulièrement dédiée à M. Schutz, savant distingué par son zèle pour l'avancement de la littérature et du goût, a pour but d'arrêter les progrès de la crise effrayante qui menace en Allemagne, et la littérature et la librairie, et qu'occasionne l'immense quantité d'écrivailleurs, et de mauvaises productions publiées à chaque foire. Le nombre en est excessif, et l'avidité des libraires encourage cette prétendue richesse qui n'aboutit qu'à faire de la littérature allemande une manufacture, et de ses productions nouvelles un objet de fabrique. « Il n'est point rare, dit l'auteur, de voir, dans nos catalogues de foire, six à huit ouvrages du même auteur, et souvent une vingtaine de productions sur la même matière. S'il a paru un bon livre, c'est à qui s'exercera sur le même sujet ou le même genre ; pourvu qu'on livre tant de feuilles, qu'on compile ce que d'autres ont dit, qu'on débite des phrases, on s'embarrasse peu de la correction. Le libraire a un nouvel ouvrage, son titre grossit son catalogue, les journalistes sont forcés de l'annoncer, et les magasins acquièrent des volumes, tandis que la littérature s'appauvrit, et que cette manie de nouveautés fait négliger les chef-d'œuvres classiques des Lessing, Wieland, Goethe et tant d'autres trop longs à nommer ici, qu'on admirera dans les générations futures, lorsque cette multitude de productions éphémères sera en maculature. »

Nous sommes souvent à même d'apprécier la justesse de ces observations de l'auteur, et c'est la raison pour laquelle nous passons sous silence dans notre *Bibliothéque germanique*, une foule de nouveautés qui, vu leur peu de valeur intrinsèque, n'ont d'autre mérite qu'un luxe presque ridicule, lorsqu'il est seul, en vignettes et gravures. Il faut pourtant que ces nouveautés se vendent. Ici, l'auteur entre dans le détail des spéculations mercantiles de la librairie allemande : il expose le préjudice que lui cause cette foule de libraires sans connaissances, qui n'en traitent que la partie marchande ; le tort que lui fait la multiplicité des journaux littéraires, des cabinets de lecture, et la cherté excessive des livres allemands. Les esprits superficiels se contentent du compte rendu bien ou mal par les journaux ; les autres ont la facilité de lire sans acheter l'ouvrage, et, de cette manière, le débit n'est nullement en proportion avec les dépenses.

Après avoir parcouru toutes les causes qui menacent la littérature germanique d'une décadence, et la librairie d'une ruine totale, l'auteur conclut en établissant, 1.° qu'il ne faut se croire la vocation d'auteur, que lorsqu'on s'est examiné assez sérieusement pour être convaincu qu'on n'a d'autre but en écrivant, que celui d'être utile à l'humanité, et qu'on a réellement les moyens d'atteindre à ce but, dont l'auteur n'exclut point le genre agréable, pourvu qu'on le traite avec moralité; 2.° qu'il faut, avant de traiter un sujet quelconque, s'assurer s'il n'existe pas déja des ouvrages sur cette matière, et si l'on est en état de faire mieux que leurs auteurs; qu'enfin avant d'écrire, il faut se rendre familiers les secours nécessaires au genre qu'on a choisi. Passant ensuite aux libraires, il les invite à se former à leur profession, et à ne pas la considérer simplement du côté mercantille, source de tant de dégoûts qu'ils font éprouver aux gens à talents, souvent forcés de se ployer à la tyrannie avec laquelle ils décident sans appel, et tracent sans goût la carrière qu'il faut qu'on parcoure, pour qu'ils achètent un ouvrage. L'auteur de celui dont nous nous occupons, est convaincu que la dépravation du goût tient à l'immense quantité de mauvaises productions accueillies par la cupidité de libraires ineptes, simplement marchands, et qu'il s'épurerait si ceux qui se vouent à cette profession, gens de lettres eux-mêmes, apportaient plus d'attention au choix qu'à la quantité des ouvrages; « alors, dit-il, la littérature et la librairie allemande refleurirait en mesure égale. » D. P.

TOPOGRAPHIE.

Skizzen zu einem Gemælde von Hamburg. — *Esquisses pour servir à un tableau de Hambourg ;* par *l'auteur des Représentations de l'Italie.* (Darstellungen aus Italien) *avec cette épigraphe :* De præsentibus, mortuis et absentibus, nil nisi verè. *2 cahiers in-12 ornés des portraits de* Busch *et de* Sieveking. Hambourg. F. H. Nestler.

Ces *Esquisses* ont déja paru dans le *Magasin anséatique*. Elles sont l'ouvrage de M. F. J. L. Meyer, qui les publie de nouveau avec des additions considérables.

L'importance de Hambourg, sous le rapport du commerce ; l'avantage que cette ville partage avec Brême et Lubeck, de former un état indépendant et républicain, sous la protection de l'Empire germanique ; la beauté de sa situation aux bords de l'Elbe et de l'Alster ; l'espèce de révolution morale qu'y ont opérée les émigrés français, tout la rend digne de fixer les regards de l'observateur ; et, à beaucoup d'égards, un tableau de Hambourg ne serait pas moins curieux que le tableau de Paris ou de Londres.

Les objets esquissés par M. Meyer sont très-variés. Il commence par décrire le spectacle mouvant que présentent l'Elbe et le port de Hambourg, vus le matin; il parle ensuite des canaux qui traversent en tout sens la plus grande partie de cette ville, et qui, par les facilités qu'ils procurent aux négocians pour le transport et le débarquement des marchandises, contribuent si fort à l'activité de son commerce.

Après avoir rendu un juste hommage au gouvernement de Hambourg, pour la sagesse avec laquelle il a désobstrué les rues des mendiants qui y pullulaient jadis, l'auteur relève dans cette branche de la police, quelques abus auxquels on n'a pas encore songé à remédier; de-là il passe au caractère des Hambourgeois qu'il dépeint en ces termes :

« Tranquille et ami de la paix, attaché à la constitution de sa bonne patrie; fier, souvent peut-être mal à propos, de sa liberté, poussant cette fierté jusqu'à l'arrogance ; tel est notre peuple dans ses rapports extérieurs. Dans son intérieur, il est, comme on l'est partout du plus au moins, imitateur des grands, laborieux par desir du gain, serviable, mais trop exigeant pour de légers services ; moins économe qu'avide de jouissances, lorsqu'il s'agit de dépenser ce qu'il a gagné. Il tient encore beaucoup à la religion et à son culte, quoiqu'il ne porte pas cette affection au même degré que ses aïeux. Une probité franche, les vertus et le bonheur domestiques, sont encore son partage, malgré les raffinements du lu e moderne, et ces besoins factices qui ont pu, jusqu'à un certain point, altérer la pureté des anciennes mœurs. »

M. Meyer justifie ses concitoyens du reproche de grossièreté que leur font les voyageurs. « Sans doute, dit-il, dans une ville toute adonnée au commerce et au travail, on doit s'attendre à être mal reçu toutes les fois qu'on dérange l'artisan, le portefaix, etc. au milieu de ses occupations. Mais choisissez les moments; adressez la parole à l'ouvrier, au colporteur, à la marchande d'herbes, lorsqu'ils sont de loisir, et vous ne les trouverez ni plus incivils ni moins obligeants que partout ailleurs.

« A la source des nouvelles les plus récentes des pays étrangers, continue M. Meyer, le Hambourgeois de la classe la plus pauvre est naturellement curieux de savoir ce qui se passe dans le monde, et il satisfait aisément cette curiosité au moyen des gazettes qui paraissent tous les jours. Le matin, on voit aux portes des libraires qui les publient, des ouvriers, de simples compagnons, rangés à la file et lisant avec attention les journaux qu'ils sont allés quérir pour leurs maîtres. Il n'est pas rare de trouver au coin des rues des hommes qui attendent de l'ouvrage, occupés à lire, à discuter des pamphlets sur les affaires locales, ou même sur les grands intérêts politiques. Il y a souvent quelque chose de remarquable et même de surprenant, sous le rapport de la finesse, de l'exactitude et de la philosophie, dans les expressions, les jugements et les remarques de ces discoureurs en plein air. Lorsque Bonaparte courut les hasards de l'expédition d'Egypte, et que l'on était encore réduit à conjecturer sa destination, deux paveurs s'entreténaient très-naïvement sur ce sujet, dans un marché. L'un d'eux qui, à juger par son langage, paraissait de la Haute-Saxe, exprimait des doutes sur l'heureuse issue de l'expédition ; l'autre, Hambourgeois, parlant le bas-allemand, le gourmandait de sa méfiance : *Ne crains rien pour Bonaparte*, lui disait-il ; *il réussira dans son entreprise ; car*, ajouta-t-il avec emphase, *c'est un homme accompli.* »

La cherté des denrées, occasionnée dans ces derniers temps par l'affluence et le peu d'économie des émigrés français, sert de transition à M. Meyer pour passer à des considérations sur ces individus et sur les effets de leur présence à Hambourg.

« Certes, dit-il, plusieurs ont mal reconnu l'hospitalité qu'on leur accordait..... Mais ne parlons point d'une classe d'hommes, en partie distinguée dans son pays natal, méprisable, par sa conduite, dans les pays étrangers ; ne disons rien de ces vils fainéants qui passaient leur vie dans les rues ou dans les repaires de l'ennui et du vice ; de ces libertins, corrupteurs raffinés de nos domestiques, dont la moralité n'avait déja souffert que trop d'atteintes ; de ces débauchés dans leurs tripots nocturnes ; de ces criminels qui sont tombés entre les mains de la justice.....

« Mais il ne faut pas confondre avec ces êtres

dégradés, les Français vraiment estimables qui méprisent eux-mêmes cet impur ramas de leurs compatriotes.

« Avouons que la résignation paisible avec laquelle la portion bien pensante de ces fugitifs, supporte sa destinée et la privation des douceurs qui lui étaient habituelles, se procure par le travail les choses les plus indispensables, attend, sans se livrer à la haine, au délire d'une espérance orgueilleuse, un meilleur avenir qui, peut-être, ne luira jamais pour plusieurs de ceux qui la composent... Avouons, dis-je, que cette résignation a droit à nos égards et à notre sensibilité. On ne peut y méconnaître un trait national du caractère français, d'où résultent des effets peut-être uniques dans leur genre, et que, dans des circonstances pareilles, il ne faudrait pas se promettre de la part des allemands. Instruits par la nécessité, ils se sont adonnés, avec une industrie inventive, à des travaux manuels dont ils ne savaient jadis qu'employer les productions à leurs jouissances, et dont ils connaissaient à peine le nom. S'il est arrivé de là que, nous autres simples habitants du Nord, sommes devenus plus familiers avec les frivolités françaises et avec les dangereux raffinements que nous ne connaissions pas davantage, il est cependant vrai que nous avons maintenant à notre portée les moyens de satisfaire une multitude de besoins, que ces étrangers ont perfectionné plusieurs de nos arts, et donné à leurs productions plus d'élégance et d'utilité.

« La vicissitude des choses humaines se montre rarement d'une manière aussi frappante que dans la destinée de la plupart de ces fugitifs. Peu d'entre eux avaient assez sauvé des ruines de leur ancienne fortune, pour acheter des terres dans les environs de Hambourg ou dans le Holstein ; et les professions qu'ils ont été obligés d'embrasser, afin de se procurer leur subsistance, sont bien inférieures, du moins dans l'opinion, à celles de propriétaire ou d'homme titré. Un évêque français est intéressé dans l'entreprise d'une fabrique où l'on prépare de la farine de plusieurs espèces de plantes, de racines et de légumes, principalement pour l'usage des marins. Un autre évêque est entrepreneur d'une corroyerie, d'après la nouvelle méthode de Seguin. Un ancien général vit de sa plume, et occupe sa longue oisiveté à traduire des ouvrages allemands ; celui-là s'attache à prédire les événements politiques ; un autre général est fabricant de tapisseries ; un troisième fait le commerce du papier et la banque. Un marquis fait des souliers pour les dames ; un ci-devant duc et pair de France vend de petits bateaux ; un autre personnage distingué teint des rubans. Un ci-devant capitaine de l'armée royale sert, en qualité de garçon cabaretier, son ancien lieutenant devenu aubergiste. Le fils d'un gouverneur de province est restaurateur ; un vicomte s'est associé, sous le même titre, avec son ci-devant cuisinier. L'héritier du grand nom de Fénélon tient un cabaret de village, etc. »

Terminons cet extrait en rapportant ce que dit M. Meyer des sépultures de Hambourg; ce sujet a droit de nous intéresser dans un moment où l'on cherche de toute part les moyens d'assurer aux tombeaux et aux dépouilles qu'ils renferment, le respect qui leur est dû à tant de titres!

« En 1791, notre Sieveking disait à ses compatriotes, dans la société patriotique : Ce serait un luxe noble et digne d'une association de citoyens libres et éclairés, que celui de planter un bois funéraire au bord de l'Alster ou de l'Elbe, et de l'orner de monuments des arts qui éveillassent le souvenir des vertus de nos pères, et l'émulation de parvenir à une honorable immortalité. Malheur à l'homme qui est insensible à la douce joie qui enlève ainsi le sage au monde, pour le rendre meilleur et plus utile !

« Quand ce respectable philanthrope s'exprimait ainsi dans l'effusion d'un patriotisme sincère, il pouvait à peine se flatter que l'accomplissement de son vœu fût si prochain, vu les nombreux obstacles locaux qui s'opposaient à une réforme aussi salutaire. — Son idée fut saisie ; on l'a exécutée avec autant de courage que de bonheur. La paroisse de Saint-Jacques a donné l'exemple, et bientôt toutes les autres l'ont suivi. L'excellent usage d'acheter des sépultures de famille dans l'endroit désigné, devient plus général de jour en jour. Le bois est planté ; des peupliers d'Italie l'environnent, des champs ensemencés, de petits bosquets étalent leur verdure près des tombeaux. Encore quelques années, et un beau taillis ombragera ce lieu paisible et mélancolique.

« Je n'oublierai jamais une matinée du dernier printemps où, dans une excursion solitaire, j'entrai dans un de ces asiles du repos, dont la porte était ouverte. Les gouttes de la rosée y brillaient sur l'herbe naissante, aux rayons du soleil levant ; le feuillage des tilleuls, des ormes et des peupliers, bourgeonnait au dessus des tombeaux. Le spectacle des richesses printannières exaltait l'ame rassérenée par la tranquillité du matin. Devant elles disparaissaient la mort et la tombe.... Je ne jouis que d'elles, et je ne songeai, ni au peu d'élégance des pierres tumulaires, ni à l'incorrection, aux mensonges des épitaphes, ni à la mauvaise exécution des monuments allégoriques.

« Il est en effet remarquable que, malgré les nombreux modèles de tombeaux conçus avec goût, que le public allemand a sous les yeux dans plusieurs collections d'objets d'arts, il s'obstine à charger les sépultures d'ornements grossiers et difformes. Et que dirons-nous des fautes de grammaire et d'orthographe qui défigurent les inscriptions? Pourquoi ne les soumet-on pas, avant de les graver, à l'examen de quelques hommes instruits?

« Deux ou trois monuments allégoriques qui se rencontrent parmi ces tombeaux, font peu d'honneur à notre goût. Ici on voit une colonne à demi-rompue et renversée, qui n'a point mis en pièces, en tombant, un gros vase de parfums et une urne placés tout auprès. On pourrait, à la maigreur de cette colonne, la prendre pour un emblême ironique du personnage obscur que renferme le mausolée. Une absurdité encore plus impardonnable, est celle qu'on a commise dans un monument érigé en l'honneur d'une jeune femme, que son épitaphe annonce avoir été belle, douce et vertueuse. Près de sa tombe, décorée de l'urne funèbre et du papillon, symbole de la résurrection, l'artiste a appuyé un tronc d'arbre pourri, et sur ses branches mutilées, il a placé une chouette!.....»

Nous pourrions multiplier ces citations; toutes feraient l'éloge de la sensibilité, du goût et de l'esprit de l'auteur; mais ces articles, pris au hasard, donneront une idée suffisante de son ouvrage, qui forme un supplément très-curieux à la *Description de Hambourg*, publiée en 1796 par M. de Hess, et dont on prépare en ce moment une traduction abrégée. B.

Esquisse de Vienne et de ses mœurs, n.° 1.

Vienne, que depuis plusieurs siécles on peut considérer, en quelque sorte, comme la capitale de l'empire romain, semble avoir droit d'aspirer à la primatie des grandes villes de l'Europe. Il s'est tellement aggrandi, qu'en y comprenant ses vastes faubourgs, on l'a comparé, avec justesse, à une hirondelle qui aurait les ailes d'un aigle. On comptait, en 1796, 1397 bâtiments dans la ville seulement, et 5102 dans les faubourgs, outre une quantité considérable de terrains à bâtir ; ce qui n'empêche pas qu'il ne se trouve, dans les derniers, un très-grand nombre de jardins spacieux, et que plusieurs de ces édifices n'occupent un vaste emplacement.

D'après la situation topographique de cette métropole, on serait, au premier coup-d'œil, autorisé à croire que la température y doit être bien chaude; c'est à peu près la latitude d'Orléans ; mais nous avons remarqué ailleurs que plus un pays est situé vers l'orient, et plus, par cette raison même, il est froid; Vienne d'ailleurs, ceint de montagnes ou de hautes collines, sur lesquelles la neige et les glaces s'amoncèlent et se conservent longtemps, n'éprouve de vives chaleurs que pendant un couple de mois, tandis qu'en hiver le froid est souvent très-piquant.

La chaleur même est tempérée par des vents très-fréquents, et quelquefois fort pénétrants, avec lesquels l'habitude a tellement familiarisé les Viennois, que leur réponse ordinaire aux Italiens qui s'en plaignent, a passé en proverbe : *Vienna o ventosa è, ò venenosa*, Vienne est ou venteux ou vénimeux, disent-ils aux Lombards, à ces bons Milanais réfugiés chez eux, et qui ont abandonné un climat presque toujours calme et chéri du ciel.

Si l'on y souffre moins du froid que dans quelques autres contrées, où il n'a guères plus d'intensité, c'est qu'à l'exemple des peuples voisins, tels que les Hongrois, les Polonais, et même les Grecs et les

Turcs, on est dans l'usage de se revêtir d'une pelisse aux premières atteintes du froid, et qu'en vrais allemands, les habitants se servent, dans leurs appartemens, de poêles d'une grandeur, d'une qualité parfaitement analogues au climat.

Aussi l'homme du nord, qui, dans la Lombardie, aura eu, en été, trop chaud, et en hiver, trop froid, trouvera ici une température convenable dans toutes les saisons. Si cependant sa santé s'altère quelquefois par l'influence du climat, on doit surtout l'attribuer à la fréquente impétuosité des vents qui, indépendamment des refroidissemens et des rhumes qu'ils occasionnent, sèchent subitement un terrain de craie et de chaux, en enlèvent des molécules qu'ils insinuent dans la poitrine, et déposent ainsi le germe d'une pulmonie qui le tuera bientôt, s'il ne cherche à se soustraire au danger par un prompt départ.

Aussi le relevé des pulmoniques qui meurent annuellement dans cette ville, en offre-t-il un nombre immense. Cette cruelle maladie creuse partout, il est vrai, dans les grandes villes, plus de tombeaux que les autres; mais nulle part sans doute, elle n'exerce plus de ravages qu'ici, en dépit de tous les efforts de l'art, mieux cultivé à Vienne, peut-être, que dans toute autre ville d'Allemagne, et qui, par ses soins et la perfection qu'il a atteinte, parvient à arracher à la douleur et à la mort, une infinité de ces victimes de la volupté, que tout concourt à multiplier chez un peuple aisé, sensuel et avide d'une nourriture fréquente et substantielle; car nous sommes fondés à croire que le mal syphillitique est plus général à Vienne qu'à Paris même.

Après ces deux fléaux, la maladie la plus meurtrière est la petite vérole ; en 1795, elle avait enlevé jusqu'à 1,098 personnes. On vient d'introduire la nouvelle manière d'inoculer par la vaccine, et il faut espérer que le succès en étendra l'usage.

La ville a l'avantage d'être coupée par le Danube ; mais cet avantage est acheté par quelques inconvénients. Lorsque les ruisseaux qui descendent des montagnes, gonflent subitement par la fonte des neiges et des glaces, ils font déborder le fleuve qui inonde quelquefois une partie des faubourgs, jusqu'à une hauteur considérable ; c'est alors que la bonté de la police se manifeste dans tout son éclat. Il est difficile de se faire une idée de toutes les précautions et des moyens qu'elle emploie pour la conservation et le soulagement des familles exposées à ce désastre.

Le voisinage de ce fleuve devrait faire présumer qu'on y fait beaucoup de parties de plaisir qui ne peuvent qu'être infiniment agréables, surtout le long de la forêt du *Prater* ; mais c'est une erreur : ces sortes d'amusements ne sont pas communs ; on se borne généralement à recueillir les avantages qu'offre cette belle rivière pour le transport des marchandises et les divers genres d'approvisionnement.

Vienne est l'une des moins belles capitales de l'Europe ; aucune beauté extérieure n'y arrête les regards ; les rues qui se croisent çà et là, de la manière

manière la plus irrégulière, ne sont ni nivelées ni alignées. Non loin du centre, il y en a une, en forme de pont jeté à travers sur une autre rue, nommée le fossé profond, de sorte que les voitures qui passent dans la première, se trouvent quelquefois précisément au dessus d'un autre équipage dans la seconde, spectacle vraiment singulier et rare, qui a fixé souvent les regards de l'auteur de cet article; il s'est arrêté, plus d'une fois, pour voir défiler les hommes et les voitures qui allaient passer sous ses pieds et qui lui rappelaient constamment ces canaux creusés en Angleterre et en d'autres pays de l'Europe, lesquels, passant sur une rivière, offrent le coup-d'œil d'un vaisseau navigant sur un autre vaisseau. Les places, les théâtres, les temples, tout cela est barbare ici pour des yeux et des sens formés dans la patrie des Bernin et des Michel-Ange.

Il n'y a guères, dans cette métropole, qu'une seule rue qu'on puisse dire superbe; c'est une suite continuelle de palais magnifiques bien alignés; aussi l'appelle-t-on *la rue des Seigneurs*.

La seule promenade qu'on trouve dans la ville, sans compter celle du bastion, qui n'est fréquentée que dans l'été, ne s'étend point tout autour d'une place, mais seulement le long d'un de ses trottoirs; c'est le *Graben*, qui n'a de commun avec la place de Saint-Marc, que de rassembler les désœuvrés, les argus de la police, et des légions de ces malheureuses créatures qui ne font d'autre métier que de trafiquer de leurs charmes. Au reste, quoique la ville s'embellisse tous les jours davantage, on peut prédire qu'elle ne sera jamais parfaitement belle.

Les faubourgs sont construits sur un meilleur plan, et auraient beaucoup plus d'élégance, si les bâtiments qu'on élève, étaient plus grands et d'une architecture plus riche. La plupart des rues sont larges, régulières, aplanies; mais elles sont principalement occupées par des manufacturiers, par un grand nombre d'ouvriers qui sont sans doute placés trop près du luxe dangereux de la capitale, et exposés ainsi à faire plus de dépenses qu'ils ne feraient dans les petites villes du pays, qui, en général, n'ont pas la population que comportent la bonté du climat et la fertilité du sol.

Le total de la population de Vienne s'élevait, en 1795, à 231,105 habitants, dont 1,231 ecclésiastiques, 3,253 nobles, 4,256 fonctionnaires publics ou gens vivant noblement, et 7,333 bourgeois ou chefs de corporation.

Si la mortalité n'est point excessive dans un pareil centre de population, où tout d'ailleurs semble concourir à l'augmenter, on doit l'attribuer sans doute aux succès de la médecine et aux soins paternels du gouvernement, ainsi que des particuliers, pour les malades.

Parmi les établissements formés pour leur soulagement, il faut placer, premièrement, le grand hôpital, dont la direction est confiée au célèbre Frank; on y reçut, en 1796, jusqu'à 11,860 malades; il y a été joint un musée pathologique.

Vient ensuite l'hôpital des femmes enceintes ; il reçut, dans la même année, 1,904 femmes, dont 111 moururent.

Les Petites-Maisons renfermaient, en 1795, 261 fous, dont 156 mâles et 105 femelles ; il y entra, l'année suivante, 190 individus, et il en sortit 122. Le principal remède, dont on fait usage dans cet hospice, est le régime et l'abstinence ; et personne n'y est admis sans apporter un détail du traitement qu'on a suivi à son égard, afin qu'on soit à portée de mieux juger de son état.

Il y a un hôpital militaire, différents hospices desservis par des religieux, et jusqu'à un hôpital pour les juifs, qui ne se distingue pas moins par la propreté que par la bonté du traitement en général.

Vienne se glorifie en outre d'une institution marquée au coin de la bienfaisance, et à quoi rien ne peut être comparé, sinon l'établissement fait en faveur des pauvres à Hambourg, à Kiel, etc. Il est question de celle qu'a fondée Léopold, et d'après laquelle les faubourgs ont été divisés en huit districts, dont chacun a son médecin, son chirurgien, sa sage-femme soldés par le gouvernement pour soigner les pauvres dans leur domicile. Ces praticiens traitèrent, en 1795, jusqu'à 19,820 malades ; 464 moururent, et 623 furent envoyés à l'hôpital ; cette institution fut reconnue si salutaire, que, l'année suivante, on fit participer la ville même à ses bienfaits.

Nous ne devons pas omettre un autre établissement

en quelque façon semblable à celui-ci, et qui est formé pour les enfants au dessous de dix ans ; en 1795, 1935 malades y furent soignés; 113 seulement moururent.

NOTICES BIBLIOGRAPHIQUES.

LIVRES DE POCHE POUR L'ANNÉE 1801.

TASCHENBUCH für 1801. — *Livre de poche pour 1801, publié par F. GENTZ, JEAN-PAUL et J. H. VOSS.* Brunswick. Vieweg.

CE petit volume, décoré de tous les embellissements de la reliure allemande, renferme : 1.° *L'histoire des troubles de France, pendant la captivité du roi Jean,* par M. Gentz; 2.° des *poésies lyriques* de M. Voss, au nombre de dix-neuf, parmi lesquelles il s'en trouve que ses compatriotes regardent comme excellentes; 3.° *le 17 juillet* ou Charlotte Corday; par J. P. F. Richter; c'est un récit touchant de l'exécution de cette jeune enthousiaste; 4.° huit estampes dont les sujets sont tirés de l'Hudibras de Butler, dessinées par D. W. Soltau et gravées par D. Berger, avec un extrait de ce poème ingénieux, tiré en grande partie de l'imitation allemande que M. Soltau en a composée ; 5.° des vignettes pour chaque mois, dont plusieurs représentent les jours de fête du bonheur domestique et de la vie sociale.

Indépendamment de ces gravures et de celle du frontispice, où l'on voit le siécle qui finit et celui qui commence, allégoriquement représentés, six autres estampes d'une exécution non moins soignée, offrent quelques-uns des tableaux qui ont été transportés d'Italie en France, savoir : *la Fortune*, d'après le Guide; S. Grimoald, d'après And. Sacchi; *la Transfiguration*, en deux feuilles, d'après Raphaël; S. Jérôme, d'après le Dominiquin, et *le Christ mort*, d'après Annibal Carrache. Ces six estampes ont été dessinées par F. Catel; les quatre premières gravées par des artistes français, et les deux dernières par Hess.

Deux chansons notées, dont les paroles sont de M. Voss, et la musique de M. J. A. P. Schulz, achèvent de recommander ce joli volume à l'attention des gens de goût. A.

TASCHENBUCH für Damen. — *Livre de poche à l'usage des dames pour 1801, publié par Huber, La Fontaine, Pfeffel et autres.* Tubingen. Cotta.

Il a déja paru huit années de ce recueil. Le volume que nous annonçons n'est point inférieur à ceux qui l'ont précédé. Il renferme des poésies, des fables, des contes, la plupart de M. Pfeffel. M. Schiller l'a enrichi d'une parodie d'un morceau qu'il avait donné dans le volume de 1798, sous le titre de *La Foi*. La parodie est intitulée, *les paroles de l'Opinion*. M. Gœthe y a opposé des tableaux de femmes vertueuses à des caricatures représentant de méchantes femmes. L'auteur d'*Agnès des Lys* (Agnès von Lilien) termine dans ce volume son anecdote de *Walther et Nanny*, commencée dans le volume de 1800. Parmi les autres morceaux, on distingue une nouvelle d'Auguste La Fontaine, intitulée, les *Beaux-Frères*. M. Pfeffel a traduit les stances de l'abbé de Lille, *à l'immortalité*. On ne lit pas avec moins de plaisir le *Sacrifice manqué* de M. Huber, et l'*Hiver*, poème de M. Voss, composé en 1771, dans un ancien château de nobles brigands, où l'auteur était chargé de l'éducation d'un de leurs héritiers. M. Eccard a fourni un sonnet sur les derniers jours de l'année 1797; et M. Haag, outre trois épigrammes, une imitation d'un poème anglais, intitulé la *Femme abandonnée*, et *Richard et Mathilde*, ballade d'après Tickell.

La gravure du frontispice représente Collatin, introduisant sa famille dans la chambre de Lucrèce, son épouse, livrée aux soins domestiques. Six autres estampes offrent la fiancée, l'épouse et la mère, chacune dans deux situations différentes. U.

TASCHENKALENDER für Natur - und Gartenfreunde. — *CALENDRIER de poche pour les amis de la nature et du jardinage.* Tubingen. Cotta.

MM. Wildenow, Rœssig, Grüfe, Plouequet, Bonstetten, Thilow, etc. ont fourni des morceaux à cet almanach. Plusieurs sont faits pour intéresser la classe de lecteurs désignée dans le titre; mais quelques-uns ne conviennent qu'aux botanistes de profession. Celui qui paraît de nature à réunir le plus de suffrages, est une description des Tuileries, accompagnée de six gravures qui reproduisent, avec une fidélité rare, les plus beaux points de vue de cette promenade unique dans l'Europe. On trouve ensuite divers modèles de bancs pour les jardins, des plans de parterre, d'avenues, etc. Parmi les mélanges relatifs au jardinage, nous avons été frappés d'une observation communiquée par M. Scheidlin, jardinier du palais de Ludwigsbourg. Suivant lui, le chanvre est un préservatif sûr contre les chenilles, parce que ces insectes ne peuvent en supporter l'odeur. Il faut le semer à la fin de juin.   M.

AGLAIA. — *AGLAÉ, almanach à l'usage des femmes, pour l'année 1801, publié* par *N. P. STAMPEEL, de Leipsick.* Francfort sur le Mein. Herrmann.

Le nom de l'une des Graces convient parfaitement à cet almanach, soit qu'on ait égard à son élégance typographique, soit qu'on le juge d'après ce qu'il contient. Son principal ornement consiste dans six estampes gravées par M. Jury, et dont les sujets sont tirés du poème qui a pour titre, *les Sœurs lesbiennes*. (V. *Bibl. germ.* n.° de vendémiaire, an IX.)

Les pièces de vers sont en petit nombre, mais d'un excellent choix.

Les morceaux de prose sont tous appropriés au but de l'ouvrage. On remarque un esprit très-philosophique dans une dissertation de M. Gœde, sur l'Amour, envisagé comme enfant de la nature et de la liberté. M. Merkel, dans une Esquisse historique sur Jeanne de Naples, peint cette reine, trop calomniée, sous un jour plus favorable, et s'efforce de la disculper des crimes dont on l'accuse. Une nouvelle de M. Rochlitz, déja très-avantageusement connu dans la littérature légère, renferme les aventures d'un jeune émigré imbu des vices de l'ancien régime, et dont l'amour et le malheur font un homme laborieux et sensé. *Adélaïde*, par M. d'Oertel, offre l'aimable développement des affections d'une jeune fille. A côté de ces productions intéressantes, figurent avec honneur des *Fragments de la vie de Nerinna*, par M. Wagner; *Adélaïde de Montmorency*, esquisse omanesque de la seconde moitié du seizième siècle, par Aug. Muhlmann; *la Réconciliation*, conte imité de Marmontel, par l'éditeur, etc. E.

GÉOGRAPHIE.

ALLEGEMEINE geographische Ephemeriden. — *Ephémérides géographiques, universelles, rédigées par une société de savants, et publiées par A. C. GASPARI et F. J. BERTUCH.* Ouvrage périodique dont il paraît tous les mois un cahier in-8.°, avec fig. et cartes. Weimar.

La rédaction de ce journal est très-soignée. Elle embrasse l'extrait des livres nouveaux qui traitent de la géographie ancienne et moderne, des jugements sur les cartes géographiques, atlas, etc. récemment publiés, et des notices diverses.

Dans le volume de décembre 1800, que nous avons sous les yeux, on rend compte, 1.° du *Voyage dans la Troade* du C. Le Chevalier; 2.° d'un ouvrage anglais de M. R. Warner, intitulé, *Tournée dans quelques-uns des comtés occidentaux de l'Angleterre*; 3.° d'un tableau de Malte, publié à Leipsick en 1799; 4.° du *Système d'une hydrographie universelle de la terre*, ouvrage allemand de J. F. W. Otto. Berlin. 1800.

Les auteurs examinent ensuite une carte de l'archiduché d'Autriche, dessinée par L. Schmidt; celle de la presqu'île de l'Inde, depuis la rivière Kistna jusqu'au cap Comorin, publiée à Londres par J. Rennel; un Atlas de l'ancien monde, accompagné de tablettes explicatives, par MM. Vieth et Funke. (Weimar, 1800.) etc.

Le principal article des notices est la traduction des *Considérations sur les diverses méthodes à suivre dans l'observation des peuples sauvages*; par le C. Dégérando.

ROMANS.

Julchens Reisen durch England und Frankreich. — *Voyages de Julie en Angleterre et en France*. 392 pag. in-8.° Leipsick, Severin.

Des malheurs inévitables ont fait tomber la mère de Julie Brand, de la situation la plus aisée, dans la plus profonde misère. Julie n'a d'autre ressource, pour soutenir la vieillesse de celle à qui elle doit le jour, que son talent pour la musique, cultivé avec soin dans des temps plus heureux. Comme elle excelle sur la harpe, elle espère mettre à profit cet avantage, et c'est en Angleterre qu'elle va essayer ce nouveau genre de vie; mais son titre de virtuose, et plus encore sa beauté, l'exposent à une foule d'inconvénients de la part des jeunes étourdis. De toutes les attaques livrées à sa vertu, les plus dangereuses pour son cœur sensible, viennent de Charles Nesham, jeune homme aimable qui, sous le faux nom d'Edouard Smith, cherche tous les moyens d'éprouver ses sentiments. Il les trouve tels qu'il les desire dans la femme à laquelle il veut s'attacher. Cependant, pour s'en assurer encore plus, il ne se contente pas de la surveiller lui-même; il engage un musicien associé avec elle pour des concerts, à lui servir d'argus. Cet artiste, nommé Culloden, le sert fidellement pendant quelque temps; mais gagné par miss Arrabella Blakstone, qui forme des projets sur le cœur de Nesham, Culloden entre dans les vues de cette femme qui, jalouse de Julie, voudrait l'éloigner. Il engage Julie à passer en France, sous prétexte qu'elle y trouvera plus de ressources pour leur art. Ils s'embarquent, sont pris par des corsaires français; Nesham qui a suivi Julie sans qu'elle s'en doute, la sauve de mille dangers, la protége contre les Chouans, la délivre au moment où, condamnée par le tribunal révolutionnaire, elle va augmenter le nombre de ses malheureuses victimes; et, pour prix de tant de soins, de tant d'amour, il obtient enfin le cœur et la main de Julie.

Ce roman est du petit nombre de ceux qu'on lit actuellement sans dégoût ni regret d'avoir perdu son temps. Les aventures sont au moins vraisemblables; le récit rapide et bien fait; l'action intéresse et captive sans fatiguer l'attention, Culloden l'égaie par cet enthousiasme d'artiste, qui lui fait rapprocher de son violon tout ce qu'il voit, tout ce qu'il entend, tout ce qu'il éprouve; et ce caractère produit des scènes d'un bon comique. En général, l'esprit, le cœur et le goût sont satisfaits de cette lecture, et un but très-moral achève de faire l'éloge de ce roman, déja traduit en français, et qui va paraître incessamment.

D. P.

Topographie.

DANEMARKS Stædte und Schlœsser, in Kupfern, etc. — *Villes et châteaux du Danemarck, représentés en gravures*, par BRUN; décrits historiquement et topographiquement, par SANDER, NYERUP et LAHDE. 1.er cahier contenant six gravures avec quelques feuilles d'explications en langues allemande et danoise. Copenhague. Lahde. 1800.

Dans le plan de cet ouvrage, entrepris par souscription, il doit avoir dix cahiers du même volume que le premier qui a paru. Chacun d'eux renfermera deux vues de maisons royales, deux parties de la capitale, et deux autres gravures représentant quelques autres villes ou bourgs du royaume. Ainsi on trouve dans le premier cahier le château de Friderischbourg, celui de Hirsholm, la maison de correction et le canal de Frederichsholm, la ville d'Elseneur et celle de Kallundbourg. Sous le rapport de l'art, on pourrait desirer plus de perfection dans les gravures; mais elles paraissent fidellement dessinées, et le sont en effet, au jugement de ceux qui ont vu les objets qu'elles présentent. Les descriptions qui les accompagnent sont courtes, claires, d'un style assorti au sujet.

D. P.

FIN DU TOME PREMIER.

TABLE DES ARTICLES

Contenus dans ce Volume.

Préface.	pag. iij
Essai de Statistique de la Hongrie; par *Schwartner*.	5
Vie d'Ulrich de Hutten; par *Meiners*.	20
Romans de Jean Paul.	21
Œuvres de Hagedorn.	25
Poésies de Kosegarten.	35
Essais de Garve.	39
Philosophie de la Toilette; par *Claudius*.	48
Ma Carrière théatrale; par *Iffland*.	49
Mort de Gustave III.	58
Galerie de Personnages intéressants; par *C. A. Schiller*.	60
L'ancienne Livonie; par *Merkel*.	62
Voyage dans l'Ost-Frise, etc. par *Hoche*.	64
Lettres écrites de Sibérie; par *Sievers*.	71
Voyage dans le Caucase.	73
— Aux bains de Carlsbad, d'Egra et de Tœplitz.	76
— De Hambourg en Angleterre, par *Nemnich*.	78
— Aux îles de Saint-Barthelemi, Saint-Eustache et Saint-Christophe, par *Euphrasun*.	81
Annales de l'humanité souffrante.	83, 144
Œuvres mêlées de Mœser.	91
Heures de Loisir, par *Fullenborn*.	101
Encyclopédie économique.	103
Nouveau choix de morceaux français, par *Siefert*.	104
Anacréon et Sapho, traduits par *Overbeck*.	105
Klopstock à Young.	107
L'Orgueil, nouvelle.	Ibid.
Nécrologe. *Kæstner*.	118

Notice sur Creutz.	pag. 121
Scène de la Mort de Wallenstein.	123
Œuvres de Schlosser.	129
Etablissement de finance; par *Bulow*.	151
Histoire géographique de l'Homme et des Quadrupèdes; par *Zimmermann*.	154
Catalogue des coleoptères de la Prusse; par *Illiger*.	162
Julie, comédie.	168
La Vallée de Seifersdorf; par *Becker*.	190
Lettres de Koramsin.	196
Imitation d'un distique de Schiller.	210
Aperçu de la Lithuanie.	211
Nécrologe. *Busch*.	221
La Salamandre et la Statue, conte de Wieland.	224, 257, 385
Opuscules physiologiques de Blumenbach.	245
Flore de Salzbourg.	246
— D'Allemagne.	247
Traité de l'Acacia; par *Ruchert*.	Ibid.
Littérature de l'Histoire politique de l'Allemagne; par *Weber*.	249
Almanach généalogique.	251
Notice sur les savants d'Ulm; par *Weyermann*.	Ibid.
L'Allemagne industrieuse.	252
Fleurs des poètes grecs; par *Seckendorf*.	253
République de Platon, traduite par *Fæcher*.	254
Voyages de Rolando.	255
— Des élèves de Schnepfenthal; par *Salzmann*.	Ibid.
Nouveau magasin militaire; par *Hoyer*.	256
Observations faites dans un voyage en Danemarck, en Suède, en France; par *Lenz*.	280
Sparte; par *Manso*.	292
Histoire de Bernard le Grand, duc de Saxe-Weimar; par *Hettfeld*.	304

La Création, Oratorio de Hayde. pag.	308
Kalligone ; par *Herder*.	314
Hulda, la belle Ondine.	330
Gustave Vasa, Octavie, Bayard; par *Kotzebue*.	344
Sur l'état de la musique et de l'art dramatique à Vienne.	352
Fête de Klopstock à Pforta; par *Heimbach*.	368
Poésies de Salis.	371
Le Naturaliste.	372
Galerie de Conjurations, d'Insurrections et de Révolutions remarquables.	373
Tableau historique et statistique de la Russie; par *Storch*.	374
Curiosités de Pyrmont.	375
Voyages dans quelques parties de l'Allemagne méridionale et à Venise.	376
Vitruve de Rode.	377
Vies de Plutarque, traduites par *Kaltwasser*.	379
Manuel de la littérature poétique des Allemands ; par *Vetterlein*.	380
Le Chevalier noir.	382
Héliodora *ou* la Musicienne grecque.	383
Balsora, drame oriental.	384
Le nouvel Amour, imitation de Gœthe.	385
La Destination de l'homme; par *Fichte*.	406
Sophophone.	410
Suwarow et les Cosaques en Italie.	412
La guerre d'insurrection de Pologne.	414
Feuilles artielles.	416
Bas-relief du Sarcophage du dix-huitième siècle.	417
Ephémérides de la littérature italienne.	419
Voyage dans la Suisse occidentale.	420
— De Damberger en Afrique.	422
Atlas céleste.	461

Table des articles.

Sur la littérature et la librairie allemandes.   pag. 466
Esquisses de Hambourg.   469
—De Vienne et de ses mœurs.   477
Livres de poche pour 1801.   484
Ephémérides géographiques.   489
Voyages de Julie.   490
Villes et Châteaux de Danemarck.   492

BIBLIOGRAPHIE
UNIVERSELLE,

Par le C. Demaimieux, *inventeur de la Pasigraphie, membre de l'Académie des Sciences de Harlem, etc.*

TOME PREMIER.

À PARIS,

Chez les frères Levrault, quai Malaquais, au coin de la rue des Petits-Augustins; à Strasbourg, chez les mêmes, imprimeurs-libraires.

AN IX. 1800.

AVIS.

Deux ouvrages intitulés, l'un, LE NORD, l'autre, LE MIDI *industrieux, savant, littéraire, historique et moral,* ou *Indicateur analytique universel*, etc. ayant été réunis à la *Bibliothèque germanique* et à la *Bibliographie universelle*, les personnes qui ont souscrit pour LE NORD et pour LE MIDI, recevront celles-ci jusqu'au terme de leur abonnement.

On trouve aux mêmes adresses des collections du NORD et du MIDI.

AVANT-PROPOS.

Cette Bibliographie se composera d'un inventaire analytique et raisonné des productions des sciences et des arts de tous les pays, spécialement des nouveautés qui paraissent en France. Voici l'ordre dans lequel elles y seront dsitribuées :

1.° Religion et Philosophie morale ;
2.° Politique, Manufactures et Commerce ;
3.° Métaphysique et Mathématiques ;
4.° Sciences naturelles, Physique et Chymie ;
5.° Arts curatifs et vétérinaires ;
6.° Économie domestique et rurale ;
7.° Histoire, Voyages et Géographie ;
8.° Belles-Lettres et Beaux-Arts ;
9.° Mélanges, Biographie, Inventions, Anecdotes et Modes.

Les IX divisions dont on vient de lire les titres, sont en trop petit nombre pour qu'on ne se les rappelle pas facilement. Elles embrassent et classent, sans la moindre confusion, la totalité des objets de la curiosité publique, de manière que chaque cahier puisse contenir de quoi n'en laisser aucune des neuf vides.

Un esprit méthodique et bien fait reconnaîtra l'inappréciable avantage d'une distribution simplifiée, claire et fixe, sur le chaos qui règne dans certaines compilations périodiques, où le même N°. présente des articles de *Cartes géographiques*, d'*Architecture*, de *Musique*, de *Spectacles*, séparés, par plusieurs autres, des articles *Géographie* et *Beaux-Arts* ; où les *Poids*, les *Mesures*, les *Monnaies* précèdent la *législation* qui, seule, en détermine la valeur ; où les *Mathématiques* suivent immédiatement la *Médecine vétérinaire*, où le *Jardinage* conduit à la *Littérature ancienne*, et où l'on passe d'un roman à des leçons d'anatomie, etc.

Qu'on nomme journaux des catalogues de librairie, grossis de quelques lignes extraites de la préface ou de la table des chapitres des ouvrages à vendre, et qu'en conséquence on assure être fort intéressants; la tâche que nous nous imposons est très-différente, quant à ses motifs, et d'une exécution plus laborieuse. Notre BIBLIOGRAPHIE doit être une entreprise littéraire, et non uniquement mercantille. Nous y analyserons ce qui en vaudra la peine, avec l'impartialité la plus désintéressée; et des critiques décentes y donneront quelque prix aux éloges.

Livres, Gravures, Cartes, Plans, Estampes, Œuvres musicales, Séances et Programmes de Sociétés savantes, Découvertes, Nécrologe sommaire et complet, Pièces de Théâtre, Manuscrits communiqués, Anecdotes, Modes, Caricatures, tout y sera traité assez laconiquement pour que chaque partie ait sa place, et avec assez de détail pour qu'on n'en ignore rien d'essentiel. Quand une planche gravée deviendra nécessaire, nous n'épargnerons pas ce surcroît de dépense. Au bout de l'année un Index général fera retrouver, au premier coup-d'œil, les articles, les noms, etc.

Des travaux assidus, et des correspondances étendues porteront l'effective *universalité* de cette BIBLIOGRAPHIE au point que le lecteur puisse avoir la certitude qu'il n'y sera jamais omis aucun article important de la Littérature étrangère; ni aucun article quelconque de la Littérature française, ce qui ne peut manquer d'en faire une collection précieuse. Elle atteindra le double but des gens du monde qui, lisant pour s'instruire ou pour s'amuser, sont bien aises de savoir d'avance que penser des ouvrages qu'ils pourront ou se procurer ou se dispenser de lire, et des auteurs, traducteurs, artistes, libraires, marchands et amateurs dont l'intérêt est d'être informés de bonne foi, le plus exactement et le plus tôt possible.

Les extraits, traductions et notices qui composent la BIBLIOTHÉQUE GERMANIQUE ci-jointe, sont censés faire aussi partie de la BIBLIOGRAPHIE UNIVERSELLE, sous le rapport de la Littérature allemande, puisqu'on les destine au même lecteur, en les réunissant dans le même volume.

BIBLIOGRAPHIE
UNIVERSELLE.

RELIGION ET PHILOSOPHIE MORALE.

HISTORY interpreter of prophecy; or a view of scriptural prophecies and their accomplishment, etc. vith conjectures, etc. by *Henry* KETT. Rivingtons. —*L'HISTOIRE interprète des Prophéties; ou Coup - d'œil sur les Prophéties de l'Ecriture et leur accomplissement dans le passé et le présent; avec des conjectures sur la manière dont elles s'accompliront pour l'avenir;* par le docteur Henri KETT, *professeur au collège de la Trinité, à Oxford, l'un des prédicateurs du roi, à Whitehall;* 3 vol. in-12.

CET ouvrage est digne de la réputation de son auteur, par une originalité de pensées, une bonne-foi de sentiments, et une beauté de composition peu communes. L'histoire de tous les temps y subit, pour ainsi dire, un interrogatoire universel, y fait une sorte de confession générale, aux pieds de la religion révélée, avec l'intention bien soutenue d'y déposer continuement sur tous les principaux faits, de manière à confirmer les oracles, à effectuer les prophéties consignées dans les livres de celle-ci. Une pareille entreprise paraît d'abord devoir intéresser peu de lecteurs et promettre peu de rentrées aux Libraires, à la fin du siécle de la philosophie. Mais le public de l'Europe est un mélange indéfinissable ; les opposés s'y touchent, s'y confondent, et le caractère anglais se plaît singulièrement dans les extrêmes. D'ailleurs, le présent et l'avenir, interpellés avec le passé, font, de l'histoire et des conjectures de l'auteur, un objet piquant pour la curiosité même oiseuse des différents partis les moins ascétiques. Cependant il est à présumer que peu de gens du monde et fort peu de théologiens verront, avec autant de clarté que M. *Kett*, dans le mahométisme, dans d'autres religions et dans l'incrédulité philosophique, les trois règnes de l'antechrist annoncés et décrits par les prophéties de Daniel.

LETTRES sur *l'Éducation religieuse de l'Enfance*, précédées et suivies de détails historiques; dédiées au roi de Prusse, par J. A. DELUC, lecteur de S. M. la reine de la Grande-Bretagne ; des Sociétés royales de Londres et de Dublin, etc., professeur de philosophie, à Gœtingue. Un volume in-8.° de 219 pages petit-romain. — A Hambourg, chez P. F. Fauche.

Cet ouvrage fut dédié au roi de Prusse, le 18 décembre 1799. L'auteur est universellement connu par ses *Lettres physiques et morales sur l'histoire de la terre et de l'homme*. Il y joignit, dans le temps, des discours préliminaires sur divers sujets. Un de ces discours fut destiné à prouver que l'homme est naturellement bon, et qu'il ne devient méchant qu'en transgressant ou en méconnoissant les lois positives d'une révélation que Dieu lui donna la faculté de trouver. Dans les *Lettres sur l'éducation religieuse*, qu'il vient de publier, M. *Deluc* développe ce principe et l'oppose aux sophismes de ceux qu'il appelle Athées cyniques, aux dénégations des partisans de bonne-foi d'un *christianisme raisonnable*, d'une *religion essentielle à l'homme*, et *purement humaine*, enseignée, en Allemagne, à la jeunesse dans les *philanthropins*, par les émules de leur instituteur *Basedow*; aux opinions de *J. J. Rousseau* qui veut qu'on ne nomme pas Dieu à la première enfance; et aux sarcasmes et aux quolibets des disciples de *Voltaire* qui n'admettoit une religion naturelle que pour induire ses néophytes à n'en professer aucune. M. *Deluc* les traite tous d'ignorants eux et leur coryphée. Il est sûr qu'en fait de physique du monde, de géologie, de connoissance approfondie des monuments des révolutions qui modifièrent le globe terrestre, en fait de science effective et non superficielle, jamais partie ne fut moins égale; et il seroit plus aisé de le railler que de le réfuter.

Son but est de prouver l'insuffisance de la raison dont on nous vante tant les lumières; que la religion fournit seule à l'éducation la base de tout devoir; que le projet de décrier la révélation tient à celui d'un bouleversement général; que les arguments par lesquels on prétend l'exclure, et la suppléer, n'ont aucune solidité, et que déja les funestes effets de cet abandon commencent à s'appesantir sur le genre-humain prêt à secouer toute subordination, toute obéissance. Comme ce n'est pas ici le lieu de résoudre l'une des plus importantes questions qui jamais aient divisé les hommes, nous la livrerons aux méditations de ceux dont l'intérêt et le droit sont d'être obeis, à ceux dont le bonheur ne peut naître que de l'ordre et de la paix, et à ceux qui se chargent d'éclairer les uns et les autres.

L'auteur crut longtemps aux devoirs de l'homme, puisés dans les affections et dans les relations naturelles; mais il en fut dissuadé par les réflexions que lui suggéra l'anecdote que nos lecteurs nous sauront gré de leur rapporter. Un célèbre professeur de *Philosophie morale* (*) à Edim-

---

(*) Le chevalier *Pringle*, premier médecin de la reine d'Angleterre, et président de la société royale de Londres, auquel, à sa mort, a succédé le chevalier *Banks*, président actuel de cette société.

bourg, s'entretenait avec lui sur ces matières. M. *Delue* lui ayant offert le livre intitulé : *Morale universelle , ou les Devoirs de l'homme, fondés sur sa nature ;* ce vieillard refusa l'offre, et dit : « J'ai été, pendant plusieurs années, « professeur de cette prétendue science ; j'avais épuisé les « bibliothéques, et mon cerveau, pour en trouver les fon- « dements ; mais plus je cherchais à persuader mes disci- « ples, moins j'avais moi-même de confiance en ce que « je leur enseignais ; tellement qu'enfin je changai de voca- « tion, et repris la médecine qui avait été l'objet de mes « premières études. J'ai néanmoins continué, pendant quel- « que temps, d'examiner tout ce qui paraissait sur ce sujet, « où je ne m'étais pas senti en état d'enseigner avec convic- « tion ; mais enfin j'ai lâché prise, en reconnaissant très- « profondément que, sans une sanction divine immédiate « des lois morales, sans des lois positives accompagnées « de motifs précis et pressants, les hommes ne sauraient « être convaincus qu'ils doivent se soumettre à aucun code « pareil, ni en convenir entre eux. Depuis ce temps-là, « je ne lis aucun *ouvrage de morale* que la Bible, et le « fais toujours avec un nouveau plaisir. »

OSSERVAZION sopra il libro intitulato : — *Réflexions philosophiques sur le système de la nature,* par M. HOLLAND, ouvrage posthume de Fr. FLORIO, un vol. in-4.° de 184 pages. Udine.

Fr. Florio attaque ici les opinions de Holland en théologien catholique zélé, instruit, et traite, entre autres sujets, de la *liberté* de l'*indifférentisme*, d'un *appel aux philosophes pour exterminer le fanatisme et la superstition ;* ce qui met en opposition évidente l'extermination et la tolérance ; de *l'incohérence du théisme*, de *l'athéisme* et du *pyrrhonisme*. Ce livre, accueilli avec enthousiasme par le clergé italien, égale en luxe typographique les belles éditions de *Bodoni*.

Cours de morale religieuse, par M. NECKER; édition revue et corrigée; trois vol. in-8.° de 382, 323 et 300 pag. Paris, Genets, rue Thionville, n.° 5, an 9 (1800). Prix 9.

Ce cours paraîtra fort extraordinaire par l'époque où il est publié, et par sa forme considérée relativement à son auteur. Il abonde en vérités du premier ordre, généralement connues, mais combattues par les passions, vérités que l'orateur exprime presque toujours avec dignité, souvent avec onction, par fois avec la sublimité de leur genre, et qu'il entremêle d'observations profondes. Quatre sections, subdivisées en discours, ont pour textes des passages de la *Génèse*, de *Job*, d'*Esaïe*, d'*Habacuc*, des pseaumes de *David*, de l'*Ecclésiaste*, de *Saint-Jean*, de *Saint-Pierre*, de *Saint-Luc*, de *Saint Matthieu*. Il y traite de l'existence et des perfections de Dieu, de la Providence, de l'immortalité de l'ame, du meurtre, de la justice, de la charité, de la miséricorde, de la reconnoissance, de l'orgueil, du mariage, des devoirs envers les enfants, envers les pères, du respect dû à la vieillesse, des ministres de la religion, des princes, des magistrats suprêmes; de l'envie, de la vanité, de l'ambition, du jour de repos, de l'ordre dans les fortunes particulières, et dans les finances publiques; des secours qu'on peut tirer de la raison, et de ceux de la religion; des habitudes; de la mort; des paroles de J. C.: *Ils m'ont haï sans cause*, appliquées *aux opinions nouvelles et au système politique qui les a consacrées;* et termine sa mission chrétienne par des actions de grâces pour le retour annuel des fruits de la terre. On croit lire des sermons; mais ce ne sont ni ceux de Massillon ni ceux de Bourdaloue, qui ne se livrent jamais à l'emphrase déplacée et aux idées creuses. Indiquer tant d'objets de cette importance, et nommer le célebre auteur qui les a médités, c'est contracter l'obligation de revenir incessamment sur son ouvrage.

INSTITUTES of moral philosophy, by Adam FERGUSON, L. L. D. professor of moral philosophy in the university of Edinburgh. — A new édition enlarged. — PRINCIPES *de Philosophie morale, par le docteur Adam* FERGUSON, *professeur de philosophie morale à l'université d'Édimbourg.* — Nouvelle édition augmentée. — Un volume in-8.° de 242 pages. — Imprimé à Bâle, et se vend à Paris, chez les frères Levrault, quai Malaquais. Prix 3 fr.

Ces principes sont trop connus pour qu'il soit nécessaire de les analyser ici. Les additions que l'auteur y a faites complètent le tableau synoptique de l'esprit et du cœur humain, considérés dans l'individu, dans la famille, dans la société civile, dans le corps politique, dans l'espèce entière, par un philosophe dont les idées ont de la justesse et de l'étendue, de la profondeur et de la clarté, et se lient intimément entre elles. Un chapitre y dit plus sur le langage, les signes et leurs rapports aux pensées, que de volumineuses dissertations métaphysiques n'en ont appris au public sur cet objet. L'immortalité de l'ame, l'existence d'un Dieu juste et bon, la bienveillance, des jouissances proportionnées au travail, l'égalité de droits aux yeux de la loi criminelle, forment les bases de cette théorie. Plus d'un malheureux honnête réclameront contre l'assertion que toute loi a pour sanction générale que, l'observer est un moyen de bonheur; que, la négliger ou l'enfreindre est une source de misère (p. 139). Au reste, l'auteur distingue des sanctions civiles, politiques, religieuses et de conscience. Quant au meilleur gouvernement possible, il établit que le même ne saurait convenir à tous les peuples, et ses opinions, à cet égard, rentrent dans celles de *Montesquieu*. — L'exécution typographique ne laisse rien à desirer.

THE PRINCIPLES of moral and political philosophy. — *PRINCIPES de philosophie morale et politique*. Par William PALEY; 2 vol. *in*-8.° — Londres, 1800.

Cet ouvrage est trop intéressant pour que nous nous bornions à l'annoncer. Il fait le procès à tant d'opinions accréditées, caressées, dominantes, à tant de vices érigés en actes de sagesse, à tant de crimes métamorphosés en vertus; il le fait d'une manière si directe, si simple, si calme, si définitive, que nos lecteurs nous sauront gré de leur en donner incessamment une notice analytique.

ESSAIS moral and literary, by Vicesimus KNOX, M. A. late fellow of St. John's college, Oxford. — Basil, printed by James Decker, and Paris, sold by F. G. Levrault. — *Essais moraux et littéraires. Par V. KNOX, ancien professeur à l'université d'Oxford.* Deux volumes in-8.° de 366 et 364 pages, dont le premier a pour épigraphes : — *Studia et mores.* VIRG. — *Otii oblectationem hanc honestissimam esse judico.* CICÉRO; et l'autre : — ΡΗΙΔΙΗ Δ'ΗΠΕΙΤΑ ΠΕΛΕΙ. HESIOD. — *Non quia difficilia sunt, non audemus; sed quia non audemus, difficilia sunt.* SENEC. — Imprimé à Bâle, et se vend à Strasbourg et à Paris, chez les frères Levrault, imprimeurs-libraires, quai Malaquais. Prix 12 fr. an 9. (1800).

V. Knox s'est rendu célèbre dans sa patrie et dans l'étranger par d'autres ouvrages, surtout par un excellent traité où l'expérience sert de base à la meilleure théorie de l'éducation des enfants. Cette production l'a mis à côté, peut-être même au dessus de Rollin, et certainement dans une classe bien supérieure aux dissertateurs présomptueux qui, depuis cinquante ans, ont perverti les idées publiques à cet égard, et aux romanciers dont le style séduisant empoisonna l'institution de funestes paradoxes.

La première édition des *Essais Moraux et Littéraires* contenait plusieurs morceaux composés par l'auteur tandis qu'il était encore au collége de St.-Jean. Il y fit de nombreuses additions dans la seconde, et des changements considérables dans la troisième. Mais en cédant aux instances des personnes qui se chargèrent de répondre à l'empressement général par une quatrième édition, V. Knox annonce qu'il s'est à peine permis de supprimer ou de corriger çà et là quelques mots, n'osant refondre la moindre partie, de peur, dit-il, que son livre ne ressemblât au fameux vaisseau qui, successivement réparé avec de nouvelles planches, finit par n'en avoir aucune de sa construction originaire.

Un de ses regrets est que les dernières corrections n'aient pas eu pour objet certaines assertions que la maturité de l'âge lui a présentées comme aussi mal fondées qu'elles lui paraissaient solides dans sa jeunesse, et quelques réflexions ou trop amères ou trop mordantes qu'il se reproche aujourd'hui, « convaincu, ajoute-t-il, que, malgré les prétentions de la philosophie en morale, il n'y a point au monde de sagesse qui vaille la *charité*. »

Peu d'ouvrages sont moins susceptibles d'une analyse succincte qu'un recueil de ce genre. Les deux volumes se composent de cent dix-huit chapitres qui n'ont d'autre rapport entre eux que l'unité d'esprit et de sentiment, l'identité de l'auteur constamment fidèle à ses principes relatifs au goût, aux belles-lettres, aux sciences, aux mœurs.

Il s'y occupe de l'introduction des jeunes gens dans la société, des précautions qu'exige une puberté hâtive ; de l'utilité contestée, mais réelle, des études classiques; du louable desir de se perfectionner, de l'injustice et de la cruauté des papiers publics, de l'amour des plaisirs simples. Après avoir déterminé la véritable idée du patriote, il expose ce qu'il trouve de digne de respect dans le caractère du clergé, démontre que la perversité des mœurs détruit la liberté civile, et prend pour modèle de prudence et d'urbanité *Atticus*. Du liseur de nouvelles, il passe aux règles du style, au septiscisme en fait de religion, à l'immoralité d'où naissent tous les désagréments domestiques, à un jeune homme destiné à l'église, à un autre appelé à la vie des militaires ou des marins, et donne un chapitre aux amusements du dimanche.

Ensuite viennent les plaintes et les torts des personnes éclairées, la morale superficielle et pernicieuse (selon lui) des philosophes modernes, le style de l'histoire, la manière d'écrire les voyages, la folie de s'inquiéter de ce qu'on dit de nous pendant notre absence, l'efficacité de l'instruction en fait de mœurs; la critique d'à-présent, les auteurs d'essais périodiques, les charmes que la retraite emprunte d'un esprit cultivé, l'imitation du mauvais exemple des supérieurs, les inégalités du génie, et deux lettres où l'auteur établit que l'homme de génie n'excelle pas toujours dans la conversation, et que la critique verbale n'est point à dédaigner. Puis ses méditations se portent sur les moyens d'encourager un amour vertueux; sur ce qu'on entend par la vie d'un *gentleman* sans état; sur le manque de beauté, considéré comme cause de vertu et de bonheur; sur un excessif besoin de compagnie et l'aversion pour la solitude; sur la medecine, la vieillesse, la vie domestique, le ridicule employé pour sonder la vérité; sur les arguments par lesquels on cherche à la prouver, lorsqu'elle est admise; sur la nécessité de la tempérance pour la santé de l'esprit; le laconisme, le style de Pline le jeune, les ornements oratoires, le goût dominant pour les anciens poètes anglais, les effets moraux de la peinture et des estampes, l'inconvenance qu'il y aurait à publier une nouvelle traduction de la Bible, la multiplicité des livres, l'excellence de Bacon en tant que moraliste; le caractère de chasseur, la folle vanité de sortir de sa sphère pour être auteur ou orateur sans s'y être préparé, et les motifs qui décident aux professions mercantilles.

Dans le second volume, il entretient ses lecteurs de l'amour-propre, de l'homme du monde, de la manie de croire Homère sans défauts, de l'historien de Thou, d'Owen, de Politien, de Muret, de Vida, de Sannazar, de Bède, de quelques célèbres scholastiques, de la valeur d'un honnête homme, de l'origine et des effets de la sculpture, de la physique expérimentale ajoutée aux études classiques; de l'exemple des grands; de la musique, des moyens d'exciter le génie littéraire, du goût des antiques, de l'attention à donner aux choses et aux livres, de la mode, des universités anglaises, de la peur de vieillir, de l'architecture, d'un système abrégé de vertu et de bonheur; des moyens de multiplier les vertus dans les temps difficiles, de lire avec fruit, d'embellir sa vie, de se rendre utile; du peu de secours que le génie reçoit de la critique philosophique; de l'intérêt qu'on a d'avoir une bonne réputation et d'être bon; des femmes savantes qui n'ont, ni assez de savoir, ni assez de jugement; de l'atroce folie de négliger ses enfants, pour se livrer à la dissipation; des liaisons; d'une éducation libérale, du défaut de sensibilité qui produit le manque de piété; des plaisirs d'un jardin; de la philosophie grave et de la philosophie gaie, d'inscriptions pour des monuments, de pensées fugitives sur la biographie, de l'hospitalité, de la civilité, des avantages d'une illustre naissance, de l'influence des principes religieux et moraux sur la politesse et sur l'art de plaire, de la malhonnêteté de contracter des dettes qu'on n'a pas l'espoir d'acquitter; de la guerre; des rapports de l'étude et de la santé, des conversations actuelles, de Théophraste, du manuel d'Epictète, de la délicatesse du style, de la vocation du médecin, de griefs mal fondés contre la littérature du jour, du voisinage de compagne, de l'imprudence d'un goût prématuré pour jouer la comédie, des plaisirs de la réflexion, de la vocation d'un homme de loi, de quelques inconvénients inévitables pour les auteurs vivants, des obligations que les sciences ont au christianisme, de la vie et des écrits du docteur Jortin, de la parcimonie que montrent en ce qui est honnête les gens livrés aux bagatelles et aux vices, du goût pour la culture des fleurs et des arbrisseaux, d'Addison considéré comme poète.

Nous avons étendu cette notice pour donner une idée suffisante d'un bon ouvrage. Tous les articles y sont pleins d'observations instructives, profondes, lumineuses. Quand le temps aura fait justice des innombrables brochures dont se repaissent l'inconséquence et l'oisiveté, on recherchera ces essais avec plus d'empressement qu'on n'en met à prôner, sans les lire, de vains systèmes de métaphysique inintelligible ou de morale spéculative.

L'exécution typographique est soignée; il est rare que des livres anglais soient aussi correctement imprimés sur le continent. Cette perfection distinguera toujours, et ne peut qu'accréditer beaucoup les magasins de librairie où l'on est certain de la trouver.

PHYSIOLOGIE *morale, ou l'Art de connaître les hommes sur leur physionomie.* Ouvrage extrait de celui du célèbre physionomiste LAVATER, par J. PLANE. Deux vol. in-8.° avec fig. A Paris, chez Fuchs, libr. rue des Mathurins. Prix, 21 fr.

Cet ouvrage contient plusieurs figures ou physionomies, dont l'auteur expose le caractere. Voici comment il s'exprime au sujet d'un personnage sur lequel l'Europe fixe

les yeux, et qu'il ne nomme pas. « Bravoure et loyauté,
« Je vois, dans ce visage, un caractère, et en même temps
« un homme qui n'a pas besoin de réflexion pour agir;
« c'est-à-dire, qui sait prendre, au premier coup-d'œil,
« le parti le plus sage et le plus héroïque. »

Politique, Manufactures et Commerce.

A Treatise on the commerce and Policy of the river Thames : containing an historical view of the Trade of the port of London; and suggesting means for preventing the depredations thereon, by a legislative system of river Police. With an account of the functions of the various magistrates and corporations exercising jurisdiction on the river; and a general view of the penal and remedial statutes connected with the subject. By P. Colquhoun, L. L. D. London, printed for Joseph Mawman, in the Poultry. 1800. — *Traité sur le commerce et la police de la Tamise : contenant une vue historique du trafic qui se fait au port de Londres, et l'indication des moyens d'y prévenir les déprédations, par un système de lois de police de rivière ; avec le détail des fonctions des divers magistrats et des corporations qui exercent une jurisdiction sur la Tamise, et un aperçu général des réglements relatifs à ce sujet,* par M. P. Colquhoun, docteur ès lois; un volume in-8.° de 730 pages, enrichi de tableaux et d'une carte topographique de l'embouchure de la Tamise jusqu'au dessus de Chelsea.

L'importance de cet ouvrage est assez indiquée par le simple énoncé de son contenu. Neuf à plusieurs égards, il offre, quant aux détails, le plus grand intérêt, sous les rapports de la morale d'un nombre considérable d'individus et de la propriété de beaucoup d'autres. Les antidotes, les topiques variés que l'auteur oppose à la fraude, aux déprédations, à des maux affreux, invétérés, peu connus de l'étranger, doivent profiter à toutes les classes de la société. On n'imagine pas d'abord combien de gens, de fortunes, d'entreprises, de consommations, combien de peuples même sont journellement exposés, compromis, affectés d'une manière directe ou indirecte, par les imprudences, les inconvénients majeurs, les risques, les fourberies, les extorsions, les crimes, les turpitudes et les punitions que M. *Colquhoun* révèle, examine et cherche à rendre moins nuisibles. Ses conseils s'appliqueront non-seulement aux ports de la Grande-Bretagne, mais encore à la sécurité de tous les ports, avec lesquels les abus, les autorités, les formes et les lois d'un pays ont des relations ou des analogies multipliées et nécessaires. Une bonne police des rivières marchandes serait la plus belle et la plus utile des conquêtes que les états maritimes pussent faire, sans effusion de sang, sur l'Angleterre, en profitant des fautes et des idées du peuple de l'Europe le plus essentiellement négociant et maritime. M. *P. Colquhoun* est aussi l'auteur d'un ouvrage intitulé : *A Treatise on the Police of the metropolis;* (traité sur la Police de la métropole), dont la première édition parut en 1796, dont la sixième vient de paraître en un vol. in-8.° de 680 pages (Mawman, 1800). Ces traités remplis d'observations, de vérités désolantes, de faits épouvantables, de vues profondes et saines, tendent mieux au bien commun que toutes les théories politico-métaphysiques.

ATHENIAN LETTERS, or the epistolary Correspondence of an Agent of the King of Persia, residing at Athens during the Peloponnesian War. A new edition; to which is added a geographical Index — *LETTRES ATHÉNIENNES, ou correspondance d'un agent du roi de Perse, résidant à Athènes durant la guerre du Péloponèse.* Nouvelle édition, à laquelle est ajouté un index géographique. Trois vol. de plus de 430 pag. in-8.°. A Strasbourg et à Paris, chez les frères *Levrault*, imprim.-lib. : 12 fr.

Crébillon, le fils, a publié des *Lettres Athéniennes*, où il a peint les mœurs, les vices, les travers qu'il observait, que même il contribuait à répandre en France par le succès de ses brochures légères et pleines d'esprit. Ces lettres-ci n'y ont aucun rapport; le sujet et le style en sont aussi instructifs et aussi solides que les siennes étoient immorales et superficielles. Imprimées, en 1741 et 1743, in-8.°, à Dublin, pour quelques amis qui les reçurent sous le sceau du secret, les *Athenian lettres* furent réimprimées, en un vol. in-4.°, en 1781, au nombre de cent exemplaires, et deux journaux anglais en firent mention. Les motifs du secret n'existant plus, elles paraissent aujourd'hui, enrichies d'un index géographique. Frappé de l'analogie de cet ouvrage avec le fameux *Voyage du jeune Anacharsis en Grèce*, feu le lord *Dover*, de la maison d'*Yorke*, en adressa un exemplaire à l'abbé *Barthélemi*, le 21 décembre 1789. On donna d'abord ce recueil comme composé de lettres originales de *Cléandre* et d'autres, traduites par *Moses Ben Meshobab*; d'un manuscrit en vieux Persan, conservé dans la bibliothéque de Fèz, sous la domination du roi de Morocco. Mais on a su depuis qu'elles étaient d'une société d'amis unis par les mêmes études, dans l'université de Cambridge, de 1739 en 1740. Leurs noms sont tous connus, excepté celui du rédacteur de la préface; les lettres signées P. sont de *Philippe Yorke*, comte *de Hardwicke*; celles signées C. de son frère, tous deux fils du grand chancelier. *Thucydide*, *Plutarque*, *Ctésias*, *Hérodote*, *Pausanias*, *Strabon*, en ont fourni le fond; et la forme et les costumes y produisent une continuelle illusion. *Wicquefort* recommande *Cléandre* et *d'Ossat*. Ce livre est précieux pour l'étude approfondie de l'antiquité, des intérêts des peuples, et de l'art des négociations.

N. B. On en va mettre sous presse une traduction française, avec des *notes originales* qui ne sont point dans l'édition anglaise. Ces notes contiennent des rapprochements entre les principaux traits de la correspondance de l'agent du roi de Perse, et les morceaux les plus piquants du *Voyage du jeune Anacharsis en Grèce*, par *Barthélemi*.

THE HISTORY of the Helvetic confederacy. Stockdale. 1800. — *HISTOIRE de la confédération Helvétique*, 2 vol. in-8.°

Une dédicace adressée au roi d'Angleterre, nous persuade que cette histoire est de M. *Planta*, du muséum Britannique. La tâche était difficile ; mais l'auteur s'en acquitte avec un succès que ne pouvait se permettre quelqu'un de moins instruit, quelqu'un qui n'eût pas été à portée de bien connaître les meilleures sources, ou qui aurait manqué des talents nécessaires pour y puiser, et pour former un tout d'un extrait raisonné de tant de matériaux. Il prend les Helvétiens avant César, suit, caractérise et dépeint leurs progrès, leurs ligues, leurs constitutions, leur déclin, et la dissolution de cette masse imposante de corps hétérogènes, dont l'union était peut-être encore plus topographique et morale que fédérale et politique, à n'y considérer que la diplomatie et la philosophie appliquées au sort des peuples. Nous reviendrons sur cet ouvrage vraiment intéressant.

RECUEIL des réglements et arrêtés émanés du commissaire du gouvernement dans les quatre nouveaux départements de la rive gauche du Rhin ; contenant les lois, ordonnances, édits, arrêtés du Directoire exécutif, décisions des Ministres, et instructions, publiés dans ces départements, depuis le 14 brumaire an 6, première époque de leur organisation républicaine jusqu'au premier vendémiaire an 8. — Imprimé par ordre du commissaire du gouvernement, pour être distribué aux autorités administratives et judiciaires. — En français et en allemand. — 12 vol. in-8.° — Avec une table chronologique générale, une table de classification, une table des lois abrogées, une table des lois qui abrogent implicitement des dispositions précédentes, et une table alphabétique et analytique des matières contenues dans ce recueil. — A Strasbourg, chez F. G. *Levrault*, imprimeur du département du Bas-Rhin. Prix 48 fr.

Porte-Feuille politique d'un ex-employé au ministère de la police générale, ou Essai sur l'instruction publique ; publié par LEBRUN *(de Grenoble.)* — In medio virtus. 1 vol. in-8.° de 341 pages. — A Paris, chez l'auteur, rue des Cordeliers, n.° 31. — An 9 (1800). Prix 3 fr.

Original et plein de connaissances, le C. A. *Lebrun* écrit comme on parle, sans aucune des gênes que s'imposent ceux qui veulent faire un livre. Il propose des spectacles *gratis*, des écoles scéniques dotées, à Paris, des 500 mille francs que l'état donne à l'opéra ; de pareilles écoles dans tous les bourgs et villages, comme établissemens de la seule vraie religion bornée à la vie présente, excluant toute idée de vie future ; et paie les pièces en 5 actes, 5,000 fr., les pièces en 3 actes, 3,000 fr. Selon lui la police doit être faite par le préfet et des censeurs. Il conseille d'imprimer un *Journal des Mœurs*, croit que la bigamie serait nécessaire ; que, de mille hommes, il n'y en a pas quatre qui n'aient deux femmes ; qu'il est juste d'avoir des prostituées pour les étrangers ; qu'il faudrait réunir ces *immondices femelles* dans des quartiers séparés et les soumettre à des matronnes taxées comme les fiacres ; fonder une *chambre d'assurance* pour les vols, et abolir les maisons de jeu.

Inventeur du *Journal des Modes*, il gouverna l'Europe, à cet égard, de 1785 en 1793. Il nous explique l'origine de la couleur *caca-dauphin*, des *fichus menteurs*, des *carmagnoles*, du *sans-culotisme*, du *bonnet rouge*, des *coiffures à la sacrifice*, en *oreilles de chien*, des *incroyables*, des *collets juponnés*, de la *nudité*, des *têtes à la Titus*.
« Faut-il vendre nos chemises, se demande-t-il, parce que
» les anciens n'en portaient pas ? »

« C'est en partie pour avoir négligé l'étiquette que l'an-
» cien régime a péri avant le temps, nous dit-il, » puis il s'occupe d'un costume national, et fixe l'heure des repas. Quant à la propriété, il n'accorde aux enfants que les biens de leur père mort *ab intestat*, traite la parenté de chimère, destine les immeubles des collatéraux à doter des collèges (ce qui ferait des fiefs littéraires), et le reste au trésor public. Selon lui, l'*opulence* n'est bonne à rien, et commence à 15,000 francs de revenu. Il relègue les opulents à la campagne, ou les soumet, en ville, à une police spéciale. Au sujet des finances, il cite *Ramel*, *Terray*, *Calonne*, et ajoute (page 205) : « le plus méprisable de ces honnêtes gens-là, c'est *Necker*, sans contredit. » Il marque *au front* 1500 *représentateurs* du peuple, et renvoie les autres à leur boutique, etc.; met toutes les rentes en viager ; définit la loi *une décision de la sagesse* ; l'aristocratie, *les élus par le peuple comme étant plus probes et plus instruits ;* et la monarchie , *le personnage unique chargé pour un temps de l'exécution des lois.*

Son plan de constitution n'admet que deux chambres égales en tout , refond le sénat, fait finir le gouvernement *en pointe* ; et, déterminant *de quel bois doit être cette pointe,* il la veut formée d'un homme d'épée et d'état. Finissant par la diplomatie , il recommande aux ambassadeurs la voie des femmes-de-chambre, et à tous les négociateurs l'anéantissement de l'Angleterre. *Delenda Carthago.*

Essai de Statistique, par *J. A. Mourgue*. — 1 vol. in-8.º de 84 pages. — Paris, *Maradan*, rue Pavée-St.-André-des-Arcs, n.º 16. An 9 (1800.) Prix, 1 fr. 80 cent.

L'auteur ne s'occupe ici que de l'une des parties de la statistique. Une comparaison des naissances, des mariages, des morts, soigneusement faite pour les sexes, pour les âges, pour les périodes épidémiques, par années, saisons, mois, de 1772 à 1792, l'ont mis à même de répondre à toutes les questions dont la ville de Montpellier peut être l'objet, relativement à la vie humaine. *Amontons*, *Deparcieux* et *Buffon* avaient publié des tables de probabilité; celles de *J. A. Mourgue* portent sur des principes plus certains, plus généralisés, et présentent des résultats bien autrement instructifs. Il y a joint des observations météorologiques.

Recueil des lois des douanes de la République française, utile aux préposés des douanes, aux hommes de loi et aux négociants.

Ce recueil, imprimé à Strasbourg, avec commentaires, modèles de rapports, d'actes, etc., dans les deux langues, française et allemande, ou en français seulement, remonte à la loi du 5 novembre 1790, qui ordonna le reculement des barrières à l'extrême frontière. Il en a paru, jusqu'à présent, 7 numéros; les 5 premiers forment trois parties complètes, avec des tables générales de matières et chronologiques. Les n.ºs 7 et 8 commencent la quatrième partie, et la continuation aura lieu de six mois en six mois. — Le prix de l'abonnement, pour les deux n.ºs de chaque année, en langue française, est de *2 fr. 40 centimes*, et de *3 fr.*, franc de port par toute la République. — Pour les exemplaires français et allemands, de *3 fr.* et de *4 fr.*, franc de port. Il suffira, quant aux abonnements des préposés des douanes, que le directeur du département, ou un inspecteur, veuille bien faire connaître d'avance aux éditeurs le nombre d'exemplaires qui devront lui être expédiés. Les lettres et l'argent doivent être envoyés francs de port.

On s'abonne chez les *frères* LEVRAULT, *imprimeurs-libraires, à Strasbourg,* ou chez les mêmes, *quai Malaquais,* à Paris.

LA SCIENCE DES NÉGOCIANTS *et teneurs de livres, par feu* DELAPORTE ; *ouvrage utile aux personnes qui sont dans les affaires, et aux jeunes gens qui desirent apprendre la tenue des écritures à parties simples, mixtes et doubles, la comptabilité maritime et rurale, et les opérations de banque, sans maître ; dédié aux Cit. Juges du tribunal de commerce de Bordeaux.* Nouvelle édition entièrement refondue, et considérablement augmentée, ornée de planches et de tableaux, etc. Par BOUCHER, teneur de livres, directeur de l'agence commerciale et maritime de Bordeaux. 1 vol. *in-4°.* de 560 pages; de l'imprimerie de la C. *Pellier-Lawalle,* place Puy-Paulin, n.° 17, à Bordeaux. — Se vend, à la même adresse, et chez les frères Levrault, imprimeurs-libraires, à Strasbourg, ou à Paris. An 8 (1800.) Prix, 12 fr.

En 1495, *frère Luc,* italien, publia un traité sur la tenue des livres à parties doubles. *Roger* et *Kœnink,* hollandais, publièrent les leurs en 1611. Vers 1712, *Laporte* mit au jour *la Science des Négociants et teneurs de livres. Barême* imprima ses *Règles et pratique,* en 1719. Gobin, de Bordeaux; Larue, de Bayonne; Giraudeau, de Genève; Inhoff, de Vevey; Gaignant de Laulnais, de Nantes; Gentil, de Paris, donnèrent chacun leur ouvrage sur cette matière; tous copièrent Laporte, et supposaient des notions préalables. Le ministre Colbert voulut appliquer ces procédés aux finances de l'état ; mais son projet échoua, faute de sujets instruits pour ce genre d'opérations. Après plusieurs années d'exercice et d'enseignement, le C. Boucher nous donne ici une nouvelle édition de l'ouvrage de Laporte, approprié aux usages commerciaux actuels, développé dans ses principes, corrigé quant aux expressions vieillies, accompagné d'un exposé des lois de la comptabilité nautique et rurale, de propositions, questions, solutions, observations sur divers articles peu communs, de l'ordonnance de 1673, ou du *Code marchand*, avec un commentaire, d'exemples de toute sorte de changes et d'arbitrages, et d'un dictionnaire où l'auteur explique tout ce qui concerne le commerce et la banque.

Métaphysique et Mathématiques.

DE L'ESPRIT DES CHOSES, ou *Coup-d'œil philosophique sur la nature des êtres et sur l'objet de leur existence; ouvrage dans lequel on considère l'homme comme étant le mot de toutes les énigmes;* par un philosophe inconnu. — 2 vol. in-8.° de 330 et 350 pag. en petit romain, avec cette épigraphe : *Quia mens hominis rerum universitatis speculum est.* — A Paris, chez *Laran*, imprimeur-libraire, rue Neuve-des-Petits-Champs, n.° 81. An 8 (1800.)

Les meilleures intentions, une extrême facilité d'écrire en style métaphorique et vague sur des objets indéfinis, et beaucoup d'idées originales ou de rapprochements singuliers, ne suffisent pas pour faire un bon ouvrage. Celui-ci ne présente aucun plan. Il est composé de 166 chapitres détachés, dont les titres sont assez étranges. En voici quelques-uns. — *De l'esprit des miroirs divins, spirituels, naturels*, etc. — *Toute la nature est en somnambulisme; différence du somnambulisme au magisme.* — *La nature a pour objet de servir de prison et d'absorbant à l'iniquité.*

— *De l'esprit astral ou sidérique.* — *Dieu sans pésanteur; voilà pourquoi il ne peut pas passer.* — *Le Temps est aveugle.* — *Tout est monde.* — *Nous ne venons ici-bas que pour nous y faire habiller.* — *La nature n'est qu'une limite où vient expirer la voix de Dieu.* — *Balance et compensation nécessaire de la coagulation universelle par une substance en fluidité.* — *Les langues des êtres sont auprès d'eux.* — *Le principe s'est fait organe....* « L'univers, dit l'auteur, est une larme de la douleur de Dieu. » Selon lui, on prouve mal Dieu, si l'on ne prouve l'ame ; nous devrions ne faire qu'*un* avec la Divinité ; l'ame de l'homme ne doit vivre que d'admiration ; la nature et nous, sommes prisonniers, dans un état de punition ou de chute, dont le souverain désir opéra la restauration, mystères inaccessibles au savant, parce qu'il n'aime pas, et conséquemment ne sait rien... » Tel est le véritable *esprit des choses*, qui mérite une place distinguée parmi les productions extraordinaires de la u 18.ᵉ siècle.

Cours de Mathématiques, *à l'usage des gardes du pavillon de la marine, et des élèves de l'école polytechnique ;* par BEZOUT, formant les tomes IV et V. Nouvelle édition, revue et augmentée d'un volume, par le C. J. G. Garnier, *professeur d'analyse, à l'école polytechnique.* 3 vol. in-8.° — Paris, chez *Courcier*, impr.-libr., rue Poupée-St.-André-des-Arcs, n.° 5. — Prix 15 fr. port payé. An 9 (1800).

Les Notes du C. *Garnier* forment un de ces 3 volumes. Il se vend séparément, pour compléter les anciennes éditions, 7 fr. 50 c. — Le prix de l'Arithmétique est de 3 fr. ; celui de la Géométrie, 6 fr. ; celui de l'Algèbre, 6 fr. ; celui de la Navigation, 6 fr. Le tout franc de port. La partie relative au Calcul différentiel et intégral, forme un traité méthodique, enrichi de considérations, d'analyses, d'exemples et d'applications, dont on ne saurait trop recommander la lecture et même l'étude.

Du *Calcul des dérivations*; par L. F. A. ARBOGAST, de *l'Institut national de France, professeur de mathématiques à Strasbourg*. Un vol. in-4.º de 404 pages; de l'imprimerie des frères *Levrault*; se vend chez eux à Strasbourg, et à Paris, quai Malaquais. An 8 (1800). Prix, 18 fr.

Cet ouvrage a été annoncé depuis longtemps. Il y a plus longtemps encore que l'impression en est commencée. Différentes circonstances l'ont souvent interrompue. Il fut destiné à remplir le vœu de l'un des meilleurs analystes de l'Angleterre, du professeur *Waring*, qui, dans ses *Méditations analytiques*, imprimées à Cambridge, en 1785, travail considérable sur les séries et le calcul différentiel et intégral, témoigne son desir de voir éclore une *méthode de déduction directe et inverse*, dont il se borne à exprimer le souhait, sans donner aucun moyen de l'accomplir. Nous laissons aux géomètres à juger si le but en serait le même que celui de la *Méthode des dérivations* que publie aujourd'hui le C. Arbogast, et en quoi et à quel point cette dernière se rapproche ou diffère de l'*analyse combinatoire* du professeur *Hindenbourg*, embrassée et cultivée par les géomètres allemands.

Observons, 1.º que le nouveau calcul est fondé sur une manière générale de considérer les quantités comme dérivant les unes des autres ; 2.º que la dérivation est ici l'opération par laquelle une dérivée est déduite de celle qui la précède ou de la fonction ; 3.º que cette méthode consiste à bien saisir la loi qui lie les assemblages de quantités, et à se servir de ladite loi pour passer de dérivée en dérivée ; 4.º que, pour former l'algorithme des dérivations, il fallait introduire des signes nouveaux, simples et caractéristiques ; 5.° qu'il en résulte des procédés si expéditifs, qu'en faisant dériver les quantités polynominales, on peut écrire, sans s'arrêter, le développement tout réduit, le pousser aussi loin qu'on veut, et même écrire l'expression réduite d'un terme quelconque de la série du développement, indépendamment des autres termes ; 6.° enfin, qu'il faut se garder de confondre ce nouvel ouvrage avec un mémoire que le même auteur adressa, en 1789, à l'Academie des sciences de Paris, sous le titre d'*Essai sur de nouveaux principes de calcul différentiel et intégral, indépendants de la théorie des infiniments petits et de celle des limites*; mémoire dont l'illustre *Lagrange* a fait mention dans sa belle théorie des fonctions analytiques. — L'impression de ce volume offrait de nombreuses difficultés que les amateurs d'une bonne typographie reconnaîtront y avoir été toutes levées avec le plus grand succès.

SCIENCES NATURELLES, PHYSIQUE ET CHYMIE.

HISTOIRE NATURELLE du genre humain, ou Recherches sur ses principaux fondements physiques et moraux; précédées d'un discours sur la nature des êtres organiques, et sur l'ensemble de leur physique. On y a joint une dissertation sur le sauvage de l'Aveyron. — 2 vol. in-8.° de 444 et 396 pages, avec figures, par *J. J. Virey*. — *Opinionum commenta delet dies, naturæ judicia confirmat.* CICERO, *natur. deor. L.* II. — A Paris, de l'imprimerie de *Dufart*, rue des Noyers, n.° 22, et chez les frères *Levrault*. An 9. (1800). Prix, 8 fr. et franc de port, 12 fr.

Cet ouvrage annonce un auteur très - laborieux ; studieux, singulièrement instruit, qui sait employer utilement d'immenses lectures, et qui a l'honnêteté de vouloir que d'autres en profitent. Il traite de l'état de nature, de la conformation de l'homme, des diverses races ; de l'analogie de l'homme et du singe ; du climat, des vêtemens, de l'habitation, des alimens, de la pêche, de la chasse, de la guerre, de l'agriculture, de l'amour, des physionomies, des âges, de la stature, des probabilités de vie, du mélange des races ; de la perfectibilité, des mœurs, des coutumes, des modes ; de l'anthropophagie ; des langues, de l'écriture ; des religions ; de la danse, de la musique, de l'éducation, de la philosophie ; de l'esclavage des nègres ; de la population et des gouvernemens ; des sauvages trouvés en Europe ; des animaux parasites du corps humain. Ses citations sont très-nombreuses, ses digressions fréquentes, son plan peu régulier, son style toujours clair, souvent animé et fleuri, ses opinions sages, ses sentimens estimables. Les gravures contenues dans les deux volumes nous fourniront ici deux réflexions. Nos élégants du jour sont exactement coiffés comme l'Orang-Outang de Bornéo, le *Simia satyrus* de *Linné*, le *Satyros* d'*Elien* ; et l'Apollon pythien, représentant l'espèce humaine d'Europe dans sa perfection, et la Vénus pudique, prise pour type de la beauté, n'ont ni les oreilles tout à fait nues, ni le visage couvert de longues mèches de cheveux gras d'huile antique.

DESCRIPTION *des gîtes de minérai, forges, salines, verreries, tréfileries, fabriques de fer-blanc, porcelaine, faïence, etc., de la Lorraine méridionale ; par feu* DIETRICH, *membre de l'académie des Sciences, etc., commissaire de la visite des mines, des bouches à feu, et des forêts de France, maire de Strasbourg, en* 1790, 1791, 1792. *Cinquième et sixième parties.* — 1 vol. in-4.° de 610 pages, suivies d'un tableau général. — A Paris, chez DIDOT jeune, imprim. - libraire, quai des Augustins, n.° 22. An 7. (1799). Prix 12 fr.

L'auteur écrivait cette description en 1788. Il résulte des détails aussi circonstanciés que curieux dans lesquels il est entré, que les pays alors nommés les duchés de Lorraine et de Bar, formant aujourd'hui, en tout ou en partie, les quatres départements de la Meuse, de la Meurthe, de la Moselle et des Vosges, donnaient 204,750 quintaux de fabrication en fonte, 145,150 quintaux en fer forgé, faisant une consommation de 251,200 cordes de bois ; qu'il en provenait une vente annuelle de 3,055,040 fr. ; que la marque de fer montait à 149,743 fr., et que ces travaux employaient 9,100 ouvriers.

FAUNÆ *Ingricæ Prodromus exhibens methodicam descriptionem insectorum agri Petropolensis præmissâ mammalium, avium, amphibiorum et piscium enumeratione. Auctore* JOANNE CEDERHIELM, *cand. med. et hist. natur. Cum tabulis III pictis.* Lipsiæ, *Johann. Fried. Hartknoch.* CIƆIƆCCXCVIII. — Brochure in-8.° de 366 pages, suivies de trois planches gravées, contenant des insectes et des papillons, soigneusement coloriés.

L'auteur se propose de donner au public une Zoologie complète, en 3 volumes, dont celui-ci est l'introduction. Ses recherches personnelles dans l'Ingrie, ses connaissances variées et son zèle pour les progrès de la science naturelle, promettent un ouvrage utile. Il enrichit déja cette description méthodique des insectes des environs de Petersbourg, capitale de l'Ingrie, et des caractéristiques de quinze espèces qu'il n'a vu décrites nulle part.

FLORA EUROPÆA *inchoacta à* Joh. Jac. ROEMER, *med. et chir. doct. eorumdemque in instituto medico-chirurgico quod Turici floret, professore,* etc. — *Fasciculus IV, in*-8.° — Norimbergæ, *ex officinâ Raspeanâ.* 1799. — Prix de la livraison 3 fr. 30 cent.

Ces cahiers contiennent 32 pages de texte, de description, classification, nomenclature en plusieurs langues, indications d'auteurs, et caractéristiques ; et huit planches très-bien gravées et coloriées. Le 4.e offre aux curieux l'*Agrimoine à fleurs en faisceau*, la *Bruyère à feuilles de myrthe*, la *Chlora perfeuillée*, l'*Adonis printanier*, le *Sabot de Vénus*, le *Muflier des Alpes*, la *Renoncule à feuille de Parnassie*, l'*Orchis Sambucina* de *Linné*.

HERBARIUM VIVUM *muscorum frondosorum, cum descriptionibus analyticis ad normam Hedwigii. Pars I, curante Joanne Alberto* HOSE. — Lipsiæ, sumptibus *Henrici Graff*. 1799.

Cet *Herbier vivant de mousses à feuilles*, imprimé en latin et en allemand, les présente dans l'ordre adopté par le professeur *Hedwig*, et appliquées, collées, pressées en nature, dans le meilleur état, chaque espèce sur un feuillet de papier coloré, de manière à faire ressortir le mieux possible la plante et ses moindres filaments. La première partie forme un volume in-12 de 93 pages, qui, mis dans son étui, peut être envoyé et porté commodément partout et sans qu'il se gâte. — Prix, avec l'étui, 10 fr.

ICONES et *Descriptiones Fungorum minus cognitorum; auctore C. H.* PERSOON*, Societatis Gottingensis, Jenensis, Linneanæ Londinensis, Tigurianæ, etc. Socio. Fasciculi I et II. cum tabul. XIV. œneis pictis.* Lipsiæ, Bibliopolis *Breilkopf-Haerteliam*, impensis.

Cette description des Champignons les moins connus, se délivre par cahiers, dont chacun contient le texte nécessaire aux explications et aux divisions, par genres et espèces dûment caractérisés, accompagné de sept planches gravées et enluminées avec soin. — Le prix du cahier est de 3 fr. 50 cent.

Historia Amaranthorum, auctore Carolo Ludovico *Willdenow*, Medicinæ Doct. Soc. Naturæ Studiosorum Berolinens. ac Halens. membro. Collecta. — Cum tabulis XII æneid. pictis. — Turici, impensis *Ziegleri et filiorum*. (1788)..

Ce Volume ou Cahier, in-folio, contient : 1.° les définitions et dénominations de vingt-neuf espèces d'Amaranthes et leur classification, d'après les divers auteurs qui en ont traité ; 2.° douze planches gravées et supérieurement coloriées, représentant au naturel l'*Amaranthe blanche*, l'*Amaranthe sanguine*, l'*Amaranthe panachée*, l'*Amarantha jaune*, l'*Amaranthus strictus*, l'*épineuse*, *Amaranthus græcizans*, *tristis*, *oleraceus*, *polygonoïdes*, *Gangeticus* ou *du Gange*, *Mamoenus*, *hecticus*, *viridis*, *melancholicus*, *hybridus*, *deflexus*, *chlorostachys*, *retroflexus*, *mangostanus*. — Prix, 21 fr.

Description des plantes nouvelles et peu connues, cultivées dans le jardin de S. M. Cels, avec fig., par C. P. *Ventenat*, de l'Institut national, et l'un des conservateurs de la bibliothéque nationale du Panthéon. 1 vol. in-4.°, à Paris, chez *Barrois* l'aîné. 12 fr.

Cet ouvrage sera composé de vingt fascicules. Le premier, qui paraît, contient la description des dix plantes suivantes : *Mimosa botrylephala*, *Mimosa linifolia*, *Goodenia ovata*, *Robinia viscosa*, *Gaultheria erecta*, *Ancistrum repens*, *Bossiæa heterophilla*, *Embothrium salicifolium*, *Iris fimbriata*, *Melalema hypericifolia*. Le texte et les figures (du C. *Redouté*) ne laissent rien à desirer, et placent cette collection au rang des meilleures descriptions dont *Jacquin*, *Cavanilles*, *l'Héritier*, *Desfontaines*, etc., ont enrichi la science de la nature. Auteur de plusieurs ouvrages de botanique, le C. *Ventenat* est très-connu, surtout, par son *Tableau du règne végétal*, publié en l'an 7 (1798), en 4 vol. in-8.°

BOTANIQUE DES ENFANTS, ou *Histoire naturelle, générale et particulière du règne végétal, contenant* : 1.° *Les lettres élémentaires de J. J. Rousseau sur la botanique*; 2.° *une introduction supplémentaire à l'étude de cette science*; 3.° *et la description de plus de quatre mille espèces de plantes d'Europe, distribuées d'après* LINNÉ, *en classes, ordres, sections, genres, espèces et variétés; avec la table latine et française des genres, celle des familles naturelles et des noms français vulgaires des espèces; et un vocabulaire complet de tous les termes techniques.* — Un vol. grand in-8.° de 430 pages, en deux parties. A Paris, chez *Baudouin*, imprimeur de l'Institut national, place du Carrousel, n.° 662. An 8. (1800). Prix 7 fr.

ÉLÉMENTS ou *Principes physico-chymiques, destinés à servir de suite aux principes de physique, à l'usage des écoles centrales; par Mathurin-Jacques* BRISSON, *membre de l'Institut national de France; professeur de physique et de chymie aux écoles centrales de Paris.* — Un vol. in-8.° de 426 pages, orné de six planches. — A Paris, chez BOSSANGE, MASSON et BESSON. — An 8. (1800.) Prix 6 fr.

L'auteur enseigne publiquement la physique expérimentale, depuis 1762. Il a composé ces *Éléments* pour suppléer aux cahiers qui manquent aux élèves assidus à ses cours de chymie, afin que, s'il leur échappe quelque partie de la leçon, ils puissent en réparer l'oubli, sans avoir besoin d'aller prolonger leurs recherches dans différents livres qu'ils n'auraient pas toujours l'occasion de se procurer, ou la faculté de choisir. Un discours préliminaire

annonce

annonce que les matériaux en ont été puisés dans les œuvres des *Lavoisier*, *Guyton*, *Chaptal*, *Bertholet*, *Fourcroy*, *Vauquelin*, etc. ; qu'il les a rangés suivant la méthode qui lui a paru la plus convenable, avec autant de precision et de clarté qu'il a pu, en n'y admettant rien d'inutile, en n'y omettant rien de nécessaire. Une bonne table des matières présentées dans leur ordre, et une bonne table alphabétique achèvent de donner à cette compilation, faite par un homme instruit qui veut instruire, toute la commodité que peuvent y desirer ses disciples et le public.

Arts curatifs et vétérinaires.

Observations on the diseases of Sea-men. By Gilbert Blanc. — Murray et compagnie. — *Observations sur les maladies des gens de mer*. Par Gilbert Blanc, docteur en médecine. Troisième édition, corrigée et augmentée. — Un vol. in-8.º de 626 pages.

Ce serait se rendre utile aux marins de tous les pays, que de traduire ces observations ; en y joignant celles que d'autres médecins ont faites sur le même objet considéré sous le rapport trop négligé des différences que le caractère national, les habitudes, les usages, le climat, les aliments mettent entre les gens de mer de diverses contrées, et navigant sur toutes les mers, dans tous les temps, de toutes les manières.

L'art de prolonger la vie humaine. Trad. sur la seconde édition de l'allemand de Chr. Guillaume Huffland, docteur en médecine, et professeur à l'université de Jéna. Coblentz. — Deux vol. in-12. A Paris, chez *Morin* et *Lenoir*, libraires, rue de Savoie, n.º 4. Prix, 4 fr., et 5 fr. 25 centimes, franc de port.

Chr. G. Huffland établit que la nature nous constitua

pour deux siécles de vie, mais que le luxe, les excès, les malheurs de nos pères en abrégèrent la durée (sans doute pour les sauvages aussi). Nous n'apportons plus en naissant qu'un fonds de 110 ans de vie, et si nous mourons avant ce terme, c'est que nous ne vivons pas assez. Or, la longévité suppose une excellente santé, qu'on n'en abuse point, qu'on n'éprouve aucun accident, qu'on n'aille ni à la guerre, ni sur mer, une aisance qui éloigne toute fatigue, un caractère étranger aux passions violentes, etc. « Un homme destiné à vivre longtemps, dit l'auteur, a une taille moyenne, proportionnée, et même un peu ramassée. Il n'a pas trop de couleur, du moins un excès de couleur dans la jeunesse, indique rarement une longue vie. Ses cheveux sont plus blonds que noirs; sa peau est solide sans être rude. Sa tête est de grosseur moyenne. Il a des veines fortes aux extrémités. Ses épaules sont plus arrondies qu'en forme d'ailes; son cou n'est pas trop long, ni son ventre proéminent. Ses mains sont grandes, sans avoir des raies profondes; son pied est plus large que long, et son gras-de-jambe est presque rond..... Poitrine large, voix forte, sens fins, sans être trop délicats; pouls lent et uniforme, excellent estomac, digestion aisée; voilà les qualités qu'il réunit encore. Les plaisirs de la table ont pour lui de l'attrait et l'égayent; son ame partage la jouissance du corps. Il ne mange pas uniquement pour manger, mais l'heure du repas est pour lui une heure solennelle. Il mange lentement, et n'a que rarement soif; une soif considérable est toujours le signe d'une consomption rapide. Accessible à la joie, à l'amour, à l'espérance, il est inaccessible à la haine, à la colère, à l'envie. Il aime l'occupation, surtout les méditations tranquilles et les rêveries agréables; il est optimiste, ami de la nature et du bonheur domestique, sans ambition, sans avarice, sans inquiétude pour le lendemain ». — L'inquiétude et la douleur pouvant naître aussi des infortunes d'autrui, l'art de prolonger la vie n'exclurait-il pas la compassion, la philanthropie ? On recherche communément ces sortes d'ouvrages par les mêmes motifs qui portent à consulter les tireurs d'horoscopes, qui promettent de longues années.

Clinique des plaies récentes où la suture est utile, de celles où elle est abusive, par Lombard, *chirurgien en chef et professeur de l'hôpital militaire d'instruction de Strasbourg, ancien chirurgien consultant de l'armée du Rhin, membre de l'Institut national de France, etc.* — Un vol in-8.º de 308 pag. avec une planche représentant les aiguilles qui ont paru propres à cette opération. — A Strasbourg et à Paris, chez les frères *Levrault*. (1800) Prix, 4 fr.

Un médecin clinique est celui qui fait la plus grande étude de son art auprès du lit de ses malades. *Clinicus* signifie *grabataire*. L'ancienne église appelait *grabataires* ou *clinici* ceux qu'on baptisait au lit de la mort. D'après cette étymologie, la *clinique des plaies* sera la cure des blessés alités. Quoi qu'il en soit du titre de l'ouvrage, il prouve que l'horrible fléau des guerres longues et meurtrières contribuant au perfectionnement de la chirurgie, a pour effet de soulager et de sauver, dans la suite, un plus grand nombre de personnes exposées à des blessures d'un fer tranchant ou d'arme à feu. C'est un allégement aux douleurs que de pouvoir imputer du moins quelque sorte de bien, d'utiles résultats à des calamités inévitables.

Dans sa dissertation fondée sur une pratique éclairée, le C. *Lombard* résout la question proposée, en 1790, par l'académie de chirurgie, en ces termes : « déterminer la « meilleure forme des diverses aiguilles propres à la réu- « nion des plaies, à la ligature des vaisseaux, où leur usage « sera jugé indispensable. » L'auteur y traite, d'après l'expérience, de ces aiguilles, du fil, de l'historique des sutures, de leur usage, de leur abus, à l'égard de plaies faites dans des parties molles, aux muscles de la poitrine, au bas-ventre, dans les tissus membraneux articulaires ou les tendons, à l'estomac, aux intestins ; de la ligature des artères dans les plaies récentes, dans l'opération de l'anévrisme ; de la ligature de l'artère intercostale, des varices; de l'abus des ligatures dans l'extirpation des tumeurs carcinomateuses ou enkystées. Plus il a coulé de sang, plus on s'intéresse aux procédés qui l'étanchent. Si l'humanité délirante et furieuse se fait autant de mal qu'elle peut, il est consolant de voir l'humanité compatissante et ingénieuse s'occuper à guérir ce mal le mieux qu'il lui est possible.

TRAITÉ *Medico-philosophique, sur l'aliénation mentale, par* PH. PINEL, *professeur de l'Ecole de Médecine de Paris, médecin de l'Hospice national des femmes, ci-devant la Salpêtrière, et membre de plusieurs Sociétés savantes.* — Un vol. in-8.°, de 374 pages, avec figures, représentant des formes de crânes ou des portraits d'aliénés. — A Paris, chez *Richard, Caille,* et *Ravier,* libraires, rue Hautefeuille, n.° 11. An 9 (1800). Prix, 4 fr.

L'empyrisme et l'esprit d'hypothèse, ont tour-à-tour dominé dans cette partie de l'art de guérir. On a long-temps cru tout dire, en parlant d'ellébore du Mont-Oeta, de Galathie ou de Sicile (voyez l'article *Elléborisme*, du même auteur, dans l'*Encyclopédie* par ordre des matières). *Hyppocrate, Arétée, Celse, Cœlius, Aurelianus*, pénétrèrent fort avant dans ces ténèbres où se dérobent et les causes de l'aliénation et les moyens de sa cure. *Galien* arrêta les médecins mis sur la voie ; son imposante célébrité, ses luttes contre les sectes de dogmatistes, de méthodistes, d'empyriques, d'éclectiques, son ambition d'égaler *Hyppocrate*, de régner sur les écoles, et l'empire que lui déférèrent les savants d'Europe, d'Asie et d'Afrique pendant plus de seize siécles, détournèrent ceux-ci de l'observation. Une fausse chymie n'opposa que des absurdités et des injures au Galénisme. *Sennert, Rivière, Plater, Heurnius, Horstius*, professèrent des mots. Enfin *Vanhelmont* goûte de la racine de napel, se sent bouleversé, s'étudie, voit un maniaque tombé dans un étang, en sortir guéri ; soupçonne, découvre des principes, et ne laisse pas de déraisonner en les admettant. *Stahl* et *Boerhave* donnent une forme nouvelle à la science, et y encadrent la routine. Les monographies, publiées en Angleterre et en Allemagne, sur l'aliénation, rapprochent beaucoup de faits. *Crichton* met au jour, en 1798, *an Anquiry into the nature and origine of mental derangement*, ouvrage profond et plein de résultats précieux, où il considère les passions comme des phénomènes d'économie animale sans moralité ni métaphysique.

C'est ici le point où *Ph. Pinel* prend la science pour la porter à un degré qui les illustre à jamais l'un et l'autre. Persuadé, avec *Smith (Théorie des sentimens moraux)*, que le moral et le physique s'entre-modifient, il saisit l'aliénation dans les premières vésanies momentanées, et la suit à travers les fureurs jusqu'à la mort ; ce qui suppose une application, une perspicacité, une patience, une admirable analyse des facultés, des affections, des circonstances, un ensemble de qualités, de talents, de travaux, qui laissent fort loin dans cette carrière, les *Plater, Shenckius, Feriar, Locher, Chiarugi, Fowlen, Poution, Haslam, Pussin, Sauvages, Cullen, Willis,* théoriciens ou praticiens auxquels *Ph. Pinel* rend la justice qui leur est due, avec la modestie du vrai génie.

Son traité a pour objets, la manie intermittente, le traitement moral, la conformation du crâne des aliénés, la mélancolie ou le délire exclusif, la manie sans délire ou avec délire, la démence, l'idiotisme, la police et la surveillance dans les hospices d'aliénés, et les principes de leur traitement médical. Le tout porte sur de nombreux exemples, observés et décrits avec une justesse et une vérité peu communes, même dans les meilleurs ouvrages.

MÉMOIRES *sur la nature et le traitement de plusieurs maladies; par Antoine* PORTAL*, professeur de Médecine, au Collége de France, d'Anatomie et de Chirurgie, au Muséum d'Histoire Naturelle, membre de l'Institut National de France (et de diverses Académies de l'Europe); avec le Précis des Expériences sur les animaux vivants, et d'un Cours de Physiologie Pathologique.* — Deux vol. in-8.° de 319 et 320 pages — A Paris, chez *Bertrand*, libraire, rue Montmartre, n.° 113; *Moutardier*, libraire, quai des Augustins, et les frères *Levrault*, impr.-libr. quai Malaquais. An 9 (1800). 6 fr.

Ces mémoires sont remplis d'observations du plus grand intérêt. Nous y reviendrons dans le n.° 2.

DÉCOUVERTES. — *Prunelle artificielle, faite auprès du blanc de l'œil. Moyen de rendre la vue à ceux dont la cécité est l'effet de larges taches blanches ou cicatrices qu'on avait regardées jusqu'à ce jour comme incurables.*

Ce procédé a été inventé par le C. *Demours*, membre de l'ancienne Faculté de Médecine de Paris, et *Oculiste*. Il en a fait une expérience aussi heureuse qu'étonnante, sur les yeux du C. *Sauvage*, logé à Paris, rue Mazarine, n.° 1578, qui voit et lit actuellement avec ses prunelles artificielles, pratiquées chacune dans un point d'un œil blanc et cicatrisé, où l'on n'avait jamais songé à obtenir de la vue.

Le mémoire lu sur cet objet à l'Institut national et à la Société de Médecine, les rapports approbatifs, et une gravure représentant l'œil du C. *Sauvage,* se distribuent gratuitement chez l'auteur, rue Mazarine, n.° 1578.

Economie domestique et rurale.

Cours complet d'Agriculture, théorique, pratique, économique, et de Médecine rurale et vétérinaire ; ou *Dictionnaire universel d'Agriculture, par une Société d'Agriculteurs, et rédigé par l'Abbé* Rozier.— Tome X, *rédigé par les CC.* Chaptal, *conseiller d'état, et membre de l'Institut National ;* Dussieux, Lasteyrie et Cadet-de-Vaux, *de la Société d'Agriculture de Paris ;* Parmentier, Gilbert, Rougier-Labergerie et et Chambon, *de l'Institut National.* — A Paris, à la Libraire d'Education, rue du Bacq, n.° 264. — Prix, 12 fr. 25 cent., et 16 fr. *franc de port.*

Ce volume est enrichi d'un buste de *Rozier*, très-ressemblant, et de 30 planches gravées par *Tardieu*. La réputation des rédacteurs dispense de tout éloge. *François Rozier*, naquit à Lyon le 24 janvier 1734, traça une méridienne sur les carreaux de sa chambre à l'âge de dix ans, embrassa l'état ecclésiastique, étudia l'agriculture, consigna ses observations dans plusieurs mémoires, dont deux sur la meilleure manière de faire et de distiller le vin, furent couronnés, le premier par l'Académie de Marseille, et le second par la Société d'agriculture de Limoges. Il commença son *Journal de Physique* en 1771 ; publia, en 1783, le premier volume de son *Cours d'Agriculture*, déploya les plus héroïques et les plus touchantes vertus durant le siége de Lyon, et fut écrasé, par une bombe, dans la nuit du 28 au 29 Septembre 1793.

Le Cultivateur Anglais, ou *Œuvres choisies d'agriculture et d'Economie rurale et politique,* d'Arthur Young ; traduit de l'Anglais, par les C. Lamare, Benoist et Billecocq, avec des notes par le C. *Delalauze,* coopérateur du Cours d'agriculture de l'abbé *Rosier*, et des planches gravées par le C. *Tardieu* ; de 15 à 18 vol., gr. in-8.° — Première livraison, formant 6 gros vol., avec 45 planches en taille-douce, et contenant les *Voyages au sud et à l'ouest* de l'Angleterre, le *Voyage au nord* et le *Voyage à l'est*. — A Paris, chez *Maradan*, libraire, rue Pavée Saint-André-des-Arcs, n.° 16. — Prix 5 fr. 50 cent., chaque vol., et 6 fr., franc de port.

Agriculteur pratique, *Arthur Young* n'établit ses théories que sur des faits multipliés, sur des observations auxquelles il s'est livré en Angleterre, en Irlande, en Ecosse, en Italie, en Espagne, en France, avec un dévouement aux progrès de l'art, et avec des lumières qu'on ne saurait trop estimer. La première partie de cet ouvrage comprendra ses *Voyages agronomiques* ; la seconde, les *Lettres d'un fermier*, le *Guide du fermier*, *Essai sur l'économie rurale*; une collection d'expériences faites par lui-même ; un choix de mémoires extraits de ses *Annales agronomiques*. Chaque volume sera précédé d'un tableau comparatif des monnaies, des poids et des mesures. Sol, culture, petite, moyenne et grande, mises, frais, moyens, produits, ressources, systèmes d'assolement, de desséchement, d'amélioration, tout y est examiné, comparé, décrit sous tous les rapports et dans l'ordre le plus naturel des développements utiles, usuels, et la science des engrais y est traitée, ou, pour mieux dire, créée telle qu'aucun livre ne la présenta jamais nourrie de tant d'observations. L'auteur divise les contrées qu'il a parcourues en zônes relatives aux divers degrés et aux divers objets de production et de culture, et rend aussi curieuse qu'importante sa description de l'économie rurale des *gentlemen*, plus étendue et plus variée que celle des fermiers ordinaires. On promet que les livraisons se succéderont rapidement.

Traité des arbustes que l'on cultive en France et en pleine terre; par Duhamel, — nouvelle édition augmentée de plus de moitié pour le nombre des espèces; distribuée d'après un ordre plus méthodique, suivant l'état actuel de la botanique et de l'agriculture; où l'on trouve l'exposé des caractères, du genre, de l'espèce; les diverses variétés, les synonymes, la description, le temps de la floraison et de la maturité des fruits, le lieu natal, les usages éonomiques et médicinaux, leur culture, les moyens à prendre pour les naturaliser, l'époque où ils ont été apportés en Europe, et des remarques historiques sur leurs noms anciens et modernes. — Avec des figures peintes par J. P. Redouté, peintre du muséum d'histoire naturelle, et de la classe des sciences physiques et mathématiques de l'Institut, membre de la société d'histoire naturelle de Paris. — *Utile dulci*. — Deuxième livraison, composée de 6 planches; in-folio, sur papier vélin, figures coloriées, 18 fr. — A Paris, chez Etienne *Michel*, éditeur, rue des Francs-Bourgeois, au Marais, n.° 699.

Plantes grasses, de J. P. Redouté, *décrites par* A. P. Decandolle, *membre de la Société des sciences de Genève*, etc. — Septième livraison. — Chaque livraison est composée de 6 planches imprimées en couleur, sur papier vélin, et de 6 feuilles de texte. — Les exemplaires, petit in-folio, sont du même format que l'Herbier de la France par Bulliard; prix de chaque cahier, 12 fr., grand in-folio sur Nom-de-Jésus, dont il n'a été tiré que cent exemplaires, 30 fr. — A Paris, chez *Garnery*, libraire, rue Serpente, n.° 17. et chez *Levrault*, frères, quai Malaquais.

Rien n'est comparable à la beauté, à la vérité des formes et des couleurs de ces planches. On croit avoir la plante sous les yeux, les feuilles charnues, drapées, veloutées, pleines de suc, et les fleurs dans tout leur éclat. Ici le sujet (*Crassule*, *aloès*, *ficoïde*, etc.) est bien choisi, bien décrit, dessiné, peint avec toute la perfection possible, vivant, et n'est soumis à aucun des changements que lui ferait subir la moindre durée.

Plantes et arbustes d'agrément, gravés et enluminés d'après nature, avec la manière de les cultiver. Ouvrage entrepris par quelques amateurs, et publié par cahiers (grand in-8.°) de cinq planches chacun. — A *Winterthour*, chez Henry Steiner; — A Strasbourg, et à Paris, chez les frères *Levrault*. Prix du cahier, 3 fr.

Ce recueil est destiné aux personnes des deux sexes, et surtout aux dames qui se font un plaisir d'orner leur habitation, soit à la campagne, soit à la ville, de fleurs et d'arbustes cultivés, ou en pleine terre, ou dans des pots, et qui regrettent de ne pas connaître assez de sortes de plantes d'agrément pour varier leurs jouissances et celles de l'amitié. Ici les formes, les couleurs et une description sommaire déterminent le choix. Le premier cahier contient le *mouron de Monelly*, la *camellie du Japon*, le *laurier-rose nain des Alpes*, l'*onagre en arbuste*, et le *phylique à feuille de bruyère* ; le deuxième, le *géranium bicolor*, la *bruyère multiflore*, la *pervenche de Madagascar*, le *treffle des marais*, le *lys de Saint-Jacques* ; les troisième et quatrième, le *diosme inbriqué*, l'*amarylle ondulée*, la *kalmie vert-pâle* à jolis bouquets ; la *ficoïde belle de nuit*, l'*héliotrope du Pérou*, le *cistreau nocturne*, arbuste délicieux des Antilles, nommé par les Espagnols, *Dama de noche* ; la *giroselle*, l'*azederach*, la *rose-mousse*, et le *géranium à parfum de rose*. Chaque nom français est suivi du nom anglais, du nom latin, de l'indication de la classe et de l'ordre dans le système de *Linné*, des caractères génériques et spécifiques, et des soins qu'exigent ces diverses plantes.

HISTOIRE NATURELLE *de la rose, où l'on décrit ses différentes espèces, sa culture, ses vertus et ses propriétés ; suivie de la Corbeille de roses,* ou *Choix de ce que les anciens et les modernes ont écrit de plus gracieux sur la rose ; et de l'histoire des insectes qui vivent sur le rosier.* — 1 vol. in-12 de 350 pages. — Avec fig. — par GUILLEMEAU jeune. — A Paris, de l'imprim. de *Vatar-Jouannet*, rue Cassette, n.° 913. An 9 (1800). Prix, 2 fr. 50 cent.

La rose est ici considérée sous tous ses rapports. Forme, culture, moyens d'en varier les couleurs, d'avoir des roses en hiver, de les conserver, l'auteur n'omet rien. Il traite de plus de quarante espèces de rosiers, et enseigne à faire l'eau rose, les conserves, les tablettes de sucre rosat, les sirops de roses, l'huile essentielle de roses, le miel rosat, le vinaigre rosat. Ses détails sur les nombreuses familles d'insectes qui vivent aux dépens de la rose, sont puisés aux meilleurs sources. Nous placerions volontiers au nombre de ces insectes rongeurs, le critique sans goût qui ne sourirait pas aux jolis morceaux de prose et de poésie dont est composée la corbeille du C. *Guillemeau*.

HISTOIRE, VOYAGES ET GÉOGRAPHIE.

COURS *élémentaire et complet de Cosmographie et de Géographie, de Chronologie et d'Histoire ancienne et moderne,* en 125 leçons, par le C. MENTELLE, — 1 vol. in-8.°, avec des tableaux, et un Atlas in-4.° — Paris, *Bernard*, libraire, quai des Augustins, n.° 31. Prix 9 fr. en noir, 10 fr. 50 c. enluminé. Le second volume paraîtra le premier pluviose, et coûtera 6 fr. enluminé et 5 fr. en noir. Nous reviendrons incessamment à cet ouvrage.

LE MONT-JOUX ou *le Mont-Bernard, discours historique, lu à la séance publique de la société philotechnique, du 20 messidor, an* 8 *; suivi d'une lettre de M.* MURITH, *religieux du Mont-Bernard, sur son origine, son institution, les fonctions pénibles auxquelles se vouent les religieux, et la manière ingénieuse avec laquelle ils élèvent les chiens destinés à découvrir les voyageurs égarés ou engloutis sous les neiges; avec une belle gravure représentant le Grand Saint-Bernard et l'hospice, près de la vallée d'Aost: suivi de la Journée de Viterbe,* ou *les vingt-sept jours ;* par le C. ***, *membre résidant de la société philotechnique.* — Une brochure in-8.º de 98 pages. An 9. — Paris, aux cabinet et salon de lecture, Boulevard Cérutti, n.º 21.

Tant de détails historiques, pittoresques ou moraux que le C. *** avait à peindre en décrivant le Mont-Joux, l'Hospice, et ses propres angoisses et celles des Français sortis avec lui de Rome dans la nuit du 5 au 6 frimaire an 7 (à l'approche de 80,000 ennemis), arrivés à Viterbe, à six heures du matin, témoins du pillage de cette ville, sauvés de la mort par un Comte qu'ils sauvent à leur tour; des détails aussi intéressants dispensaient l'orateur de se livrer à une éloquence hyperbolique. La vérité simple, belle et touchante n'a pas besoin d'emphase pour exciter la curiosité et la sensibilité. On regrette que le style n'ait point cette correction dont ne saurait se passer aucun genre oratoire. Si de sincères amis invitaient l'auteur à respecter sa langue, peut-être n'écrirait-il plus : « Le Lycée « républicain m'a fait l'honneur de me demander une « *relute*.... La société philotechnique et *ses enfants*.... Dans

« des momens difficiles, il est indispensable, pour *s'en*
« *sauver*, *de conserver sa tête au milieu d'eux*, *de leur sur-*
« *nager*, de diriger le fluide électrique qui les rend *mor-*
« *tels dans leur explosion*.... La *connaissance de savoir* s'il
« (un homme) *pèse* dans les circonstances.... Le nuage,
« *porteur* de la foudre, ne *frappe* pas. » Qu'il soit ou non
vraisemblable qu'un collége de *Druidesses* initiait, sur le
Mont-Saint-Michel, les marins *dans* les mystères de la
volupté, et ornait l'habit de l'initié, *d'autant de coquilles
que sa vigueur lui avait permis d'initiations* ; un goût plus
pur n'aurait-il pas supprimé les réflexions suivantes du
C.***? « Que de coquilles comptées, jalousées, enviées,
« admirées ! C'était un bon temps que celui de la religion
» de nos pères !... et de nos mères aussi ! »

LA VIE et les Aventures politiques de NADIR-MIRZA-
SHAH, *prince de Perse, actuellement à Paris, gouverneur
de la province de Guilan, commandant en chef de l'armée
de Mazandaran, et général de la cavalerie du roi son frère
aîné, troisième fils de* CHAROK-SHAH, *qui est fils de*
ROSALHI-MIRZA-SHAH, *qui était fils de* NADIR-
SHAH, *connu des Européens sous le nom de* THAMAS-
KOULI-KHAN ; *recueillies et publiées pour la défense de
ce prince ; par Denis* MONTFORT, *aide-géologue, au
Muséum national d'histoire naturelle de Paris.* — Brochure in-8.º de 104 pages, ornée d'un portrait de Nadir-
Mirza-Shah, dans le costume persan ; avec un écusson
contenant ses armoiries, ayant pour support deux lions.
— A Paris, chez *H. J. Jansen*, imprimeur-libraire, rue
des Maçons, n.º 406. An 9 (1800). Prix 2 fr.

Un général français, le C. *Lecourbe*, met en liberté, en
Allemagne, un etranger détenu par ordre de l'archiduc
Charles. Cet inconnu arrive à Paris, y prend les noms et
titres qu'on vient de lire ; on est disposé à y croire. Mais le

C. *Olivier*, médecin, revenu de Perse, écrit dans un journal officiel (*le Moniteur*), que *Charok-Shah* ne fut jamais roi de Perse, mais souverain du Khorassan jusqu'en 1796; qu'aucun des fils de *Charok* n'a regné, que ce prétendu fils de *Charok* ne connaît ni la Perse, ni les usages, ni la langue des Persans; que *shah* signifie *roi*; que le pseudo-shah n'a pu recevoir le montant d'une lettre de change sur *Potemkin*, après la mort de *Potemkin*; qu'enfin cet étranger est un imposteur. Un anonyme, qui signe D., ajoute que le père que se donne l'étranger était eunuque. Ce sont ces assertions que le C. *Denis Montfort* entreprend de combattre.

Il y oppose les récits que lui a faits l'étranger. Celui-ci raconte l'histoire de ses père, mère, ayeux, frères, sœurs; peint le vertueux *Charok* réduit à poignarder des vice-rois infidelles et révoltés contre leur légitime souverain; décrit le pays, détaille ses propres aventures, son voyage aux Indes, ses amours; dépense des millions, bat les Turcs, les Cosaques, les Russes, est pris, conduit à Pétersbourg, y reçoit le montant de la lettre de change de l'impératrice, héritière de *Potemkin*; assure que *shah* signifie *roi* et *royal*, et que ses détracteurs n'entendent pas le persan; énumère les fêtes qui lui ont été données, en Suède, par le roi; en Danemarck, à Hambourg. Dépouillé par les manteaux rouges autrichiens, il refuse cent louis de l'archiduc *Charles*, est mis en prison, y est resserré de l'avis du général Suwarow, et, délivré par le vainqueur, s'en vient à Paris, où il espère que les lettres qu'il attend dissiperont tous les doutes. En attendant que ce *prince* ait de quoi vivre, la gravure lui a prodigué les perles. S'il n'en a pas imposé, *res est sacra miser*.

DESCRIPTION *des pyramides de Ghizé, de la ville du Kaire et de ses environs; par* J. GROBERT, *chef de brigade d'artillerie, membre de l'Institut de Bologne.* — Un vol. in-4.° de 160 pages, orné de planches et du plan du Kaire, et de ses environs.— A Paris, chez *Logerot-Petiet*, imprimeur, rue et maison des Capucines, vis-à-vis la place Vendôme. Prix 6 fr.

Cette description amène les détails les plus intéressants, empruntés de l'histoire ancienne, des voyageurs de divers siècles, des plus modernes, et des traditions locales. On y apprend à bien lire *Hérodote*, etc; tout, la nature, les langues, les empires disparus, leurs noms méconnus, les villes effacées, et les monuments les plus durables dévorés par le temps ; tout y devient matière à de profondes réflexions. Le modèle représentant le rocher Lybique, sur lequel sont élevées les pyramides de Ghizé, a été déposé au muséum du jardin des Plantes. Il y sera construit une salle égyptienne, au milieu de laquelle on placera ce modèle. Les administrateurs ont décidé que la salle égyptienne devra être ornée de tous les objets que l'administration possède, relatifs à l'Egypte, et de ceux qu'elle attend des savants et artistes qui sont encore dans ces contrées.

Atlas topographique, en seize feuilles, des environs de Paris, à la distance d'environ huit myriamètres, ou dix-huit lieues, dans sa moyenne étendue ; dressé sur une échelle de 31 millimètres, pour 2 kilomètres (4 lignes pour 300 toises) ; par dom G. COUTANS, ex-bénédictin. — revu, corrigé et considérablement augmenté, d'après nombre de cartes précieuses et plans particuliers, tant gravés que manuscrits ; par *Charles PICQUET*, géographe-graveur ; dédié et présenté au premier consul BONAPARTE.— A Paris, chez *Ch. Picquet*, palais Égalité, galerie de bois, n.° 254 bis, côté du jardin. — Grand in-folio, cartonné. Prix. 36 fr.

Nouvelle carte hydrographique et routière de la Suisse, levée et exécutée par J. H. WEISS, ingénieur géographe à l'état-major-général de l'armée du Rhin. — A Strasbourg. — An 8 (1800). 12 fr.

Pour la projection de cette carte, d'une grande feuille, on a supposé le degré terrestre de = 57050 toises, ou = 111155,9241 mètres, et la terre sphérique : les parallèles forment des courbes concentriques au pôle, auquel les méridiens convergent. Le degré est = 51324 toises ou 100,000 mètres. Il en résulte 38908 toises ou 75808,1454 mètres, pour la grandeur du degré de longitude en 47 de latitude. Le premier méridien a été établi sur un vieux château d'Arau. On a marqué l'élévation des principaux lieux au dessus du niveau de la mer.

CHOIX *des meilleurs morceaux de la Littérature Russe, à dater de sa naissance, jusqu'au règne de Catherine II; traduits en français*, par M. L. PAPPA DO POULO, *et par le* C. GALLET. — Un vol. in-8.° de 414 pag. A Paris, chez *Lefort*, libraire, rue du Rempart-Honoré, n.° 961. An 9 (1800). Prix 4 fr.

Les éditeurs observent qu'en lisant ces morceaux, on ne doit pas oublier qu'il y a cent ans, la Russie n'avait aucune sorte de littérature, et qu'en 1735, il n'existait pas encore un dictionnaire russe. Ce *choix des meilleurs morceaux*, nous offre une ode de *Trédiakowki*, sur la reddition de Dantzick, 1734; six odes de *Lomonosow*, sur des naissances, des avénements, des anniversaires, de 1752, 1754, 1759, 1761, 1762, 1764 (on n'a pu y joindre celles qui célébraient *Pierre* III); deux chants d'un poème intitulé *Pierre le Grand*, par *Alex. Soumarocow*, précédés de cinq chapitres sur la révolte des Strelitzs, en 1682; des considérations sur la comédie larmoyante; une lettre de *Voltaire* à *Soumarocow*; l'examen du sujet d'*Eugénie*; *Dimitri le Pseudonyme*, tragédie; et l'*Usurier*, comédie, par *Soumarocow*.

Il

Il y a de la verve dans les odes, mais une servile adulation; le poème manque de plan. Toutes les horreurs commises par les Strelitzs à Moscou, ces cris séditieux, ce palais investi, ces temples profanés, ces victimes égorgées, éventrées à coups de piques, ces cadavres traînés dans la boue, ces horreurs ne peuvent plus être exclusivement imputées au défaut de civilisation d'un peuple encore barbare. Pour *Voltaire*, il flatte *Soumarocow* et Catherine, et ajoute : « Il n'y a plus à Rome que des « processions, et dans la Grèce que des coups de bâtons. « Il faut donc absolument des souverains, qui aiment les « arts, qui s'y connaissent, qui les encouragent.... » A propos de *Racine* et d'amour, *Voltaire* écrit au poète russe : « *Corneille* n'avait fait bien parler cette passion que dans « *le Cid*, et *le Cid* n'est pas de lui. »

La tragédie du *Faux Démitri* est d'une conception faible, la marche en est embarrassée; mais il y est question des droits du peuple et de philosophie. Quant à l'*Usurier*, c'est tout simplement un avare qui prête à gros intérêts et qui ne donne lieu à aucun des effets bien marqués du fléau de l'usure. Il dit : « Tout animal éprouve « l'amour et *s'accouple*, l'homme seul pense à s'enrichir. « Qui pourrait redouter la mort, s'il y avait de l'argent « dans l'autre monde ? » Il répond à sa nièce : « Ce ne « sera pas mes côtes que ton mari cassera. » Sa servante dit de lui : « Les punaises ne sont pas plus dégoûtantes « que toi. » Mais les traducteurs observent, dans leur préface, que « chaque peuple a un génie..... *basé* sur ses « mœurs et ses préjugés. »

Grammaires.

On n'en eut jamais tant. En voici quelques-unes.

Grammaire et méthode par laquelle on peut apprendre dans trois mois, l'orthographe par principes, le calcul décimal, les nouveaux poids, les nouvelles mesures. — A Paris, chez l'auteur, rue de l'Échiquier, n.° 2. prix, 1 fr. 25 cent., et 1 fr. 75 cent. par la poste.

PRINCIPES de la grammaire française, à l'usage des petites écoles. — Chez l'auteur, (PRÉVOST-ST.-LUCIEN) rue Ste. Appoline, n.° 34 ; prix, 75 cent. et 1 fr. par la poste.

EXPOSITION des principes généraux de la langue française, à l'usage des français et des étrangers, par le C. YVES. — Chez l'auteur, rue des Deux-Écus. — 5 feuilles in-12.

ELÉMENTS raisonnés de la grammaire française... Abrégé de logique, ou entendement humain, etc. ; par Jh. ROUILLÉ. — 3 vol. in 8.° ; prix, 6 fr. 50 cent.

PRINCIPES élémentaires d'Orthographe. — 1 vol. in-8.° de 294 pages ; 3 fr. et 4 fr. par la poste. — Le jeu composé de 200 fiches, gravées en taille-douce, dans de jolies boîtes, 1 fr. 20 cent. Les deux ensemble, 4 fr. ; à Paris, chez *Genets*, libr., rue de Thionville, n.° 20.

COURS de langue française ; au Palais des sciences et arts, par le C. BLONDIN. — On souscrit, pour 12 fr. chez le portier du jardin de l'Infante, « chez lequel « (dit l'annonce.) on trouve la 4.ᵉ édit. de SA *grammaire française*, SES *grammaires italienne et anglaise*.» Le sens direct de la phrase ferait entendre que les grammaires sont celles du portier, si l'on ne connaissait le français du C. *Blondin*.

DICTIONNAIRE universel de la langue française ; Extrait comparé des dictionnaires anciens et modernes, ou Manuel d'orthographe et de néologie, précédé d'un *Abrégé de la grammaire française*, et suivi d'un *Vocabulaire de géographie universelle.* — 1 vol. format oblong, de la largeur entière et du tiers de la hauteur du grand in-4.°, de 580 pages, en 3 colonnes ; par P. C. V. BOISTE, imprimeur, et J. F. BASTIEN, ancien libraire, éditeur. = A Paris, chez *Boiste*, rue Hautefeuille, n.° 21. An 9 (1800). Prix 10 fr.

C'est une excellente idée que celle d'un pareil dictionnaire. Bien fait, il deviendra aussi utile que commode aux protes d'imprimerie, aux gens-de-lettres, aux personnes obligées d'écrire avec pureté. Les laborieux et très-estimables éditeurs de celui-ci, l'ont composé des nomenclatures des *dictionnaires de l'Académie française,* publiés avant et depuis la révolution, de *Trévoux, Richelet, Ferrand, Gattel, Catineau, Wailly,* de *l'Encyclopédie,* du *traité d'orthographe de Restaut,* etc.; des définitions, des diverses acceptions, de la distinction par le nombre des autorités, de la néologie et du néologisme ; d'une table des conjugaisons, et du système grammatical réduit à un tableau. En leur rendant la justice qui leur est due, nous témoignerons ici le regret qu'ils n'aient pas donné toute l'exactitude possible à quelques définitions, et nous croyons qu'ils auraient pu se dispenser de grossir leur vocabulaire de plusieurs articles, tels que *apotropéen, attrapette, escroqueur, esperlucat, fantasquement, filotier, madrigalier, probabilioriste,* etc. A l'égard du tableau grammatical, personne n'est plus capable que les éditeurs, d'en faire disparaître de légères fautes, sans doute typographiques, lorsqu'il s'agira de le réimprimer. Nous les invitons à examiner si les *articles* marquent *toujours* le genre et le nombre (*de* cheval, *de* chevaux, *de* jumens.); si *leur* n'est déclinable que devant un substantif précédé d'un article ; si les *prépositions* se mettent *toujours* devant un nom ou un prénom, (*pour* lire, finir *par* avouer.); si le « trait d'union se met entre les verbes et les pronoms, quand *ils* sont après » n'est pas une manière de s'exprimer incorrecte. L'incontestable bonté de l'ouvrage excuse ou plutôt motive toutes les observations qui tendent à le perfectionner.

DICTIONNAIRE *portatif et de prononciation, espagnol-français et français-espagnol.* — 2 vol. in-8.° de 1500 p. Par Barthélemi CORMON. A Paris, chez *Amand Kœnig*, libraire, quai des Augustins, n.° 18. 13 fr. 50 cent.

La partie espagnole est rédigée d'après la dernière édition du dictionnaire royal, et la française d'après les meilleurs vocabulaires français. On y trouve 9500 mots de plus que dans celui de *Sobrino*, et 4500 de plus que dans celui de *Gattel*. D'ailleurs, la prononciation y est indiquée avec autant de précision qu'il est possible.

DICTIONNAIRE *néologique des hommes et des choses;* par LE COUSIN JACQUES. — Les 7 premiers cahiers de 224 pag. chacun; à Paris, chez *Moutardier*, lib. quai des Augustins, n.° 28. Prix, 2 fr. 25 cent. le cahier, et 3 fr. par la poste. On souscrit, pour tout le Dictionnaire, moyennant 21 fr. et 24 fr. port payé.

Le très-singulier auteur de cet étrange recueil annonce qu'il le composera de « notices alphabétiques des person-« nes des deux sexes, des événements, des époques, des « monuments, des ouvrages, des institutions de toute es-« pèce, des pays, des découvertes et des *mots* qui ont « paru les plus remarquables dans tout le cours de la « révolution française. » Il y a beaucoup d'observation, de franchise, de caractère, et souvent de ce que quelques gens d'esprit appellent *du trait*, dans les cahiers déjà mis au jour. C'est un citoyen vertueux qui vote publiquement sa part de l'opinion générale sur des faits ou passés ou présents, bien ou mal vus, et sur un grand nombre de personnes vivantes; qui pense, et qui, par fois, rêve tout haut, sur les hommes, les femmes, les auteurs, leurs écrits, les actions, les choses, avec une bonhomie, une philanthropie sans métaphysique, sans galimatias, sans grec, intraitable envers le crime, indulgente pour l'erreur, et qui cherche, dans le remords des méchants, la plus douce consolation de leurs victimes. Sa raison n'a ni fiel, ni morgue, ne fait point de principes, et n'offre, des vérités douloureuses, que ce qu'elle y croit voir d'utile. Avec de pareilles intentions bien évidentes, qu'il se trompe ou non, il est toujours le *cousin* de ceux même qu'il traite le plus rigoureusement, et paraît avoir pour devise: *Homo sum*, *etc.* Quel prix on donnerait aujourd'hui d'ouvrages de ce genre, écrits par un contemporain de toutes les révolutions qui ne sont plus que quelques pages de l'histoire !

Les siécles littéraires de la France, ou Nouveau Dictionnaire historique, critique et bibliographique, de tous les écrivains français, morts et vivants, jusqu'à la fin du 18.ᵐᵉ *siècle. Contenant : 1.° Les principaux traits de la vie des auteurs morts, avec des jugements sur leurs ouvrages; 2.° Des notices bibliographiques sur les auteurs vivants; 3.° L'indication des différentes éditions qui ont paru de tous les livres français, de l'année où ils ont été publiés, et du lieu où ils ont été imprimés; par N. L. R.* Desessarts, *et plusieurs biographes.* — A Paris, chez l'auteur, imprimeur-libraire, place de l'Odéon. An 8, (1800). — Il en paraît les deux premiers volumes, in-8.°, de 463 et 482 pages, prix 8 fr.

Les articles de d'*Alembert*, *Bailly*, *Condorcet*, *Diderot*, *Dupaty*, de *Camille Desmoulins*, de *Collot d'Herbois* etc., beaucoup d'autres et ceux des auteurs vivants, attireront la curiosité publique sur ce dictionnaire recommandable d'ailleurs sous plusieurs rapports. En général, la critique est très circonspecte dans la plupart des jugements; l'éloge n'y a pas toujours des motifs assez précisément indiqués, et trop d'ouvrages n'y sont appréciés d'aucune manière. L'ordre alphabétique obligera les rédacteurs à recourir au moyen des suppléments pour réparer quelques omissions qu'on regrette d'entrevoir dans les deux premiers volumes.

POÉSIE.

Cours de mythologie, orné de morceaux de poésie analogues à chaque article. Ouvrage (dit le titre) *qui manquait à l'éducation;* avec cette épigraphe: *Point de poésie sans fiction.* Plutarque. Par *J.* Brunel. — Un volume de 382 pages in-12. — A Lyon, chez *Tournachon-Molin*, imprimeur-libraire, et à Paris, chez *Charles Pougens*, quai Voltaire, n.° 10 — An 8 (1800). 2 fr. 50 c.

L'auteur s'était borné jusqu'à présent à faire usage de ce recueil dans quelques éducations particulières, et le publie, à la sollicitation de plusieurs pères de famille. Il y met à contribution *Corneille, Racine, Boileau, Crébillon, Voltaire* et beaucoup de poètes modernes, au nombre desquels *Mallet-du-Pan* n'est probablement nommé que par une faute typographique. On souhaiterait un choix plus sévère et plus de correction dans le texte, qui sert de cadre à tant de vers pris de tout côté. *Silène* n'y serait pas *le Grégoire de la fable*, et l'on n'y verrait pas la paix représentée... une petite statue de Plutus, *d'une main*... avec une demi-couronne de laurier *à sa tête*, etc. » Tous les livres destinés à l'enfance doivent être écrits avec la plus grande pureté.

Poésies diverses de J. Delille. *On y trouve quelques pièces inédites.* — Un vol. in-12 de 130 pages. — Paris, chez *Colnet*, libraire, rue du Bacq, n.° 618. — An 9 (1800). Prix 2 fr.

Voici plus de trois mille vers imprimés pour faire suite aux *Géorgiques françaises*, à l'*Homme des champs*, ouvrage dont le succès confond les censeurs et honore le public. A diverses pièces recueillies dans des journaux où elles couraient le risque d'être oubliées, l'éditeur a joint des fragments d'un *poème sur l'imagination*, qui redoubleront le desir de voir enfin ce poème, et d'autres morceaux qu'il doit, dit-il dans un avertissement, « à la « bienveillance d'un littérateur aussi distingué par son « goût et son aménité, que par *sa naissance*. »

ODAS de D. P. MONTENGON. — Grand in-8.º de 250 pag. — A Madrid, chez *Sancha*.

Les nombreuses odes de *D. P. Montengon*, sont divisées en cinq livres. Il y chante divers sujets, y invoque la paix, et y a joint des traductions de huit pseaumes, et des cantiques qu'aujourd'hui peu d'amateurs français auront la fantaisie de lire en langue espagnole, quels que soient le mérite du fond, les talents du traducteur et le charme imposant de l'idiôme.

LE CHANSONNIER *des grâces, avec la musique gravée des airs nouveaux.* — Un vol. in-18, de 212 pages, et 32 pages de musique. — A Paris, chez *Louis*, libraire, rue S. Severin, n.º 110. — An 9.

Ce recueil contient plus de cent-cinquante chansons, romances ou ariettes. Quelques-unes sont déja très-connues, beaucoup le sont moins ; plusieurs paraissent pour la première fois. Les noms de *Bourdic-Viot*, *Coriolis*, *Coupigny*, *Delandine*, *Dufrénoy*, *Dupaty*, *Salverte*, *Garat*, *Montanclos*, *Ségur* et *Vigée*, promettent tout aux grâces et leur tiennent parole. Plus d'un anonyme fait desirer de le connaître. L'éditeur aurait cependant mieux rempli son titre en préférant un choix sévère au grand nombre des pièces.

ROMANS.

LES DANGERS d'un tête-à-tête, ou Histoire de Miss Mildmay; trad. de l'Anglais de sir Hugues KELLY, par Augustin COLLEVILLE. Deux vol. in-12, avec fig. — A Paris, chez le Prieur, rue St.-Jacques, n.° 278. Prix, 3 fr., et 4 fr. franc de port.

ROSEBELLE, Historiette du treizième siècle; par P. B. DE DAMMARTIN. — Un vol. in-12, avec fig. Prix, 1 fr. 50 cent., et 2 fr. par la poste; chez le même.

LES AMANTS comme il y en a peu, ou les Délices du Sentiment; par F. PAGÈS. Deux vol. in-12, avec fig. — Chez Manory, libr., quai des Augustins, n.° 33. Prix, 3 fr., et 4 fr. 20 cent., par la poste.

MELCHIOR Ardent, ou les Aventures plaisantes d'un Incroyable; par Mme S***. Un vol. in-12, avec fig. — Chez Lefort, libr., petite rue du Rempart-Honoré; n.° 961. Prix, 1 fr. 50 cent., et 2 fr.

AGATHINA, ou la Grossesse mystérieuse; trad. de l'Anglais de FOX, par J. B. BRETON, sténographe. Deux vol. in-12, avec fig. — Au Cabinet de lecture, boulevart Cérutti, n.° 41. Prix, 3 fr., et 4 fr. par la poste.

PLAISIRS ET PEINES, ou les Travers d'une jolie Femme; trad. de l'Anglais. Deux vol. in-12. — Chez Tavernier, libr., rue du Bacq, n.° 937. Prix, 2 fr. 40 cent., et 3 fr. 10 cent. par la poste.

ELLE ET MOI, ou Folie et Sagesse; par A. A. BEAUFORT. Deux vol. Prix, 3 fr., et 4 fr. par la poste. — Chez Ouvrier, libr., rue St.-André-des-Arcs, n.° 41.

NOUVELLE BIBLIOTHÉQUE des Romans; par une société de gens de lettres. Il en paraît chaque mois un vol. et deux à la fin de chaque trimestre, en tout 16 vol. par an, in-12 de 200 pages. Prix, 25 fr. pour l'année, et 35 fr., par la poste. — On souscrit à Paris, chez *Maradan*, libr. rue Pavée-Saint-André-des-Arcs, n.° 16. Les années précédentes se vendent à raison de 25 fr. l'année.

SPECTACLES DE PARIS.

THÉATRE NATIONAL DES ARTS (*Opéra*).

Les Horaces, en 3 actes, paroles du C. *Guillard*, musique du C. *Porta*; sujet ingrat pour ce genre de spectacle; poème qui n'offre ni exposition, ni nœud, ni dénouement; pantomime usée; beaux détails dans les deux premiers actes; musique monotone; morceau du serment digne des plus grands maîtres. La même tragédie lyrique, paroles du C. *Guillard*, musique de *Salieri*, fut donnée, pour la première fois, à Versailles, le 2, à Paris, le 7 décembre 1786, et parut froide. Des intermèdes supprimés, des changements considérables, un troisième acte absolument neuf, n'en ont pas fait un meilleur ouvrage.

THÉATRE FRANÇAIS DE LA RÉPUBLIQUE, *rue de la Loi*.

CAROLINE, ou *le Tableau*, Comédie en un acte, en vers; par le C. *Royer*, auteur de *la Dupe de soi-même*, et du *Valet à deux Maîtres*.

Dubreuil, maître de dessin et ancien ami du père de *Caroline*, est l'unique appui de cette jeune personne, qui n'a plus de parents. Elle aime *Desronais*, qu'un héritage enrichit, et qui s'amuse à dessiner. *Caroline* refuse la main de *Desronais*. Celui-ci, pour lever l'obstacle que sa fortune oppose à son bonheur, fait déguiser *Deschamps*, son valet, en parvenu, et le charge de jouer l'amateur et de payer vingt-quatre mille francs d'un mauvais tableau que possède *Caroline*. Soupçons, débats généreux; le valet laisse la somme, et la servante de *Desronais* vient accuser le faux amateur d'avoir volé vingt-quatre mille francs à son maître. *Dubreuil* admire la délicatesse de l'amant réduit à tout avouer, et détermine *Caroline* au mariage.

THÉATRE LYRIQUE *de la rue Feydeau.*

L'HOMME *à sentiments* ou *le Moraliste, comédie en cinq actes, en vers.*

Deux frères, *Valsain* et *Florville*, attendent leur oncle *Sudmer*, enrichi aux îles. Devenus majeurs, ils ont dissipé leurs biens, mais *Valsain*, hypocrite et usurier, a profité de la ruine de son frère, et capté l'estime publique et l'amitié de leur ancien tuteur *Gercourt*, par des dehors et des propos de moraliste, tandis que *Florville*, étourdi, franchement libertin, s'en est fait mésestimer. Les deux frères prétendent à la main de *Julie*, fille de *Gercourt*; elle préfère *Florville*, et l'oncle veut qu'elle épouse *Valsain*. Arrive *Sudmer*, qui se déguise pour éprouver ses neveux. Il prend le nom d'*Alexandre* (juif assez singulièrement nommé), et achète de vieux tableaux de famille à *Florville*, qui l'enchante en refusant de lui vendre, à tout prix, le portrait d'un oncle tendrement aimé. Sous le nom de *Lisimon*, vieux parent indigent, *Sudmer* sollicite en vain des secours de *Valsain*. Celui-ci engage la femme de *Gercourt* à une fausse démarche ; elle vient chez lui, il veut la séduire; *Gercourt* survient, *Valsain* fait cacher Mme *Gercourt* derrière un paravent ; soupçonné de mystère, il persuade à *Gercourt* que c'est une petite ouvrière qu'il faut ménager. *Florville* entre, regarde derrière le paravent, et ment pour ne compromettre ni son frère, ni le mari, qui sort en riant. *Valsain* calomnie ce frère, témoigne à *Lisimon* le desir de la mort de *Sudmer* pour avoir de quoi secourir les malheureux. *Lisimon* éconduit, furieux, se découvre aux deux frères; *Valsain* est démasqué, et *Sudmer* et *Gercourt*, pardonnant aux folies de *Florville* dont le cœur est bon, lui donnent *Julie*. Cette pièce est tirée de l'*École du scandale*, drame anglais, de *Sheridan*, et fut jouée, en 1789, au théâtre Italien, sous le titre de l'*Homme à sentimens*, titre qui paraît d'abord immoral, comme livrant au ridicule les *sentimens* dont *Valsain* n'a que l'hypocrisie ; mais l'ironie en épure l'acception, sans en mettre la justesse à l'abri de toute critique.

THÉATRE DE L'OPÉRA-COMIQUE NATIONAL, *rue Favart.*

LA MAISON à vendre. Paroles du C. DUVAL, auteur du *Prisonnier*; musique du C. DALAYRAC.

Mme *Dorval* est en marché pour la vente de sa maison, avec son voisin *Ferville*, vieil avare. Cette maison est à l'entrée d'un village sur la route de Bordeaux. Au moment de s'en retourner à Paris avec sa nièce *Lise*, à laquelle il tarde d'y rejoindre *Dermont*, jeune compositeur de musique, son amant, Mme *Dorval* voit entrer chez elle *Dormont* et *Versac*, poète, ami du musicien. Ils vont à Bordeaux et n'ont pas le sou ; mais l'écriteau *maison à vendre*, leur fournit un prétexte pour s'introduire, et leur gaieté les fait inviter à un bon goûter. *Versac* achète la maison, le contrat de vente est signé moyennant 60,000 fr. payables dans deux jours. On a pris *Versac* pour le neveu d'un riche négociant de Bordeaux. *Dormont* lui reproche cette étourderie ; mais *Ferville* offre à *Versac* 20,000 fr. de bénéfice et acquiert la maison. Mme *Dorval*, instruite de ce que sont les deux voyageurs, défie *Versac* de trouver la somme ; *Versac* donne *Ferville* pour caution, et remet les 20,000 fr. de *pot-de-vin* à *Dermont*. On se moque de *Ferville*, et la tante unit les deux amants. Tel est le plan de cette jolie comédie, dont la musique est charmante.

VAUDEVILLE.

Teniers, en un acte; par les CC. *Pain* et *Bouilli*.

Ce peintre a fait courir le bruit de sa mort pour vendre plus cher ses tableaux, et s'amuse à peindre, sous le nom de *Dominique*, une enseigne de cabaret, *au grand Léopold*. Il est voisin d'un barbouilleur envieux. L'archiduc *Léopold* s'arrête au cabaret pour se rafraîchir, égaré de la chasse, voit l'enseigne, jouit du spectacle d'une nôce champêtre, s'entretient avec *Dominique* (qui feint de ne pas le reconnaître), lui offre sa protection et lui dit qu'il vient d'acheter fort cher tous les tableaux de *Teniers*. Les groupes qui se forment excitent l'enthousiasme de *Dominique*. Il en trace une esquisse, et s'écrie : *Ah, Teniers! voilà ton plus bel ouvrage.* *Léopold* l'entend ; cette reconnaissance fait le dénouement, et la pièce finit par une danse où les costumes et les attitudes offrent un tableau du genre des *Teniers*.

JOURNAUX.

Svenske Blade. — *La Feuille suédoise*, qui s'imprime à Copenhague, chez *Brünnich*. — *Minerva*, par MM. *Pram* et *Lynow Rahbek*. — *Astrea*, par M. *Schlegel*. — *Thémis*, par M. *Nissen*. — *Iris og Hébé*, par M. *Poulsen*. — *Scandinaviskt Museum*. — *Danske Tilskuer*, le *Spectateur danois*, par M. *Rahbek*. — *Jesus og Fornuften*, *Jésus et la Raison*, par M. *Horrebow*....

Nous donnerons successivement des notices relatives aux vingt journaux littéraires qui paraissent à Copenhague, et ne négligerons rien de ce que produira d'intéressant cette branche des belles-lettres, si féconde ou si volumineuse, tant au Nord qu'au Midi de l'Europe.

Musique.

Principes élémentaires de musique, arrêtés par les membres du conservatoire, pour servir à l'étude dans cet établissement ; suivis de solfèges ; par les CC. Agus, Catel, Chérubini, Gossec, Mehul, Langlé, Lesueur et Rigel. — *Première partie.* — A Paris, à l'imprimerie du Conservatoire, faubourg Poissonnière. — Cette première partie est divisée en trois livres. — Prix 36 fr. ; et chaque livre séparé, 15 fr.

Des savants distingués, notamment le C. *Lacépède*, ont concouru à perfectionner la rédaction de cet ouvrage. La partie annoncée contient les règles de la lecture. Elles y sont suivies d'exercices sur toutes les gammes, et sur les difficultés principales dont le développement les précède. A la suite sont des solfèges progressivement gradués, qui doivent conduire l'élève au point de lire toute espèce de musique avec la plus grande facilité. C'est surtout dans la composition de ces exercices, que brille le mérite éminent des professeurs du Conservatoire. Le chant le plus pur et le plus aimable y est soutenu par des basses de l'harmonie la plus correcte. Cette partie rend l'ouvrage très-supérieur à toutes les méthodes publiées jusqu'à ce jour. La seconde contiendra des solfèges beaucoup plus riches, des leçons à deux, à trois, à quatre parties, et quelques-unes auxquelles on joindra des paroles.

Gravure.

Le Dilexit multum, ou une *Madeleine pénitente*, gravé d'après le tableau original de Gerard Seger, par Massard, fils aîné ; imprimé sur papier vélin. — Prix 6 fr. — A Paris, chez l'auteur, place Dauphine, n.º 27.

Cette estampe a de l'effet, la lumière de la lampe a tout l'éclat que l'on peut desirer. Le procédé de gravure est favorable ; mais nous regrettons la belle maniere des *Audrans*, des *Edelencks*, qui ont honoré la France par leurs talents.

Portrait de N. Baudin, capitaine de vaisseau, commandant en chef l'expédition entreprise en l'an 9 (1800), pour des recherches relatives aux sciences et aux arts ;

l'un des correspondants de la *Société des Observateurs de l'homme*. — A Paris, chez *Martinet*, rue du Coq-Saint-Honoré, et au *Bureau de la Pasigraphie*, rue et faubourg Montmartre, n.° 25.

Ce portrait est in-8.° ; il a été dessiné par le C. *Jauffret* le jeune, et ressemble beaucoup.

SOCIÉTÉS SAVANTES.

INSTITUT NATIONAL DE FRANCE.

NOTICE des travaux de la classe des sciences mathématiques et physiques, pendant le dernier trimestre de l'an 8, (du 20 juin au 22 septembre 1800).

Le C *Messier* donne une comparaison entre l'été de l'an 8, et l'été de l'an 1er. — Le C. *Prony* lit un mémoire contenant la description d'un nouvel instrument propre à mesurer la longueur du pendule qui bat les secondes. — Le C. *Flaugergues* lit des mémoires sur le phosphorisme des vers de terre, sur les effets de la foudre, sur des couronnes lumineuses (halos) au tour du soleil. — Le C. *Brisson* a fait paraître ses *éléments ou principes physico-chymiques*. — Le C. *Lacroix*, son *traité des différences et des séries*, faisant suite au *traité du calcul différentiel et intégral*.

NOTICE des travaux de la classe de littérature et beaux-arts.

Une nouvelle grammaire, par le C. *Dommergue*, qui observe, avec raison, que « ces grammaires qui surchargent « notre littérature, ne sont presque toutes que des copies » dangereuses. » — En examinant une des belles statues apportée d'Italie, déterrée en 1767, auprès de Frascati, nommée d'abord *Platon*, *Sardanapale*, et aujourd'hui *Bacchus barbu*, *Winckelmann* y vit un roi d'Assyrie, M. *Visconti*, un *Bacchus vieux*, le C. *Mongez* propose d'y reconnaître *Héliogabale*. — Le C. *Camus* lit un rapport sur les procédés du C. *Herhan*, relativement à la stéréotypie. — Le C. *Dufourny* rend compte du *Panorama*, inventé par M. *Robert Parker*, d'Edimbourg, introduit en France par l'américain *Fulton*. — Le C. *Leblond* lit ses *recherches sur*

Ephèse. — *Schweighæuser*, associé, donne une nouvelle édition du commentaire grec de *Simplicius*, sur le *manuel d'Epictète*. — Le C. *Langlès* communique une note sur les manuscrits chinois, que possède la bibliothèque nationale, et sur l'ordre dans lequel ont été conservés 50,000 caractères chinois, typographie unique en Europe. — Le C. *Chaptal* fait un rapport sur le nettoyement des statues de marbre. — Le C. *Bitaubé* publie sa traduction *d'Hermann et Dorothée*, poème de *Goethe*. — Le C. *Andrieux* lit une scène de comédie, où contrastent la soif de l'or et l'amour de la médiocrité.

PRIX distribués dans la séance publique du 15 vendémiaire an 9 (7 octobre 1800).

Le prix sur cette question : *quelles ont été les causes de la perfection de la sculpture antique, et quels seraient les moyens d'y atteindre*, a été décerné au mémoire portant pour épigraphe : *c'est au législateur à opérer ce prodige*.

Le prix proposé par le gouvernement, sur *les cérémonies à faire dans les funérailles, et les règlements à adopter pour le lieu de la sépulture*, a été remporté, sur 38 autres concurrents, par les CC. *Mulot* et *Amaury-Duval*. Le gouvernement a fait les fonds du second prix.

Le sujet de peinture était *Antiochus rendant à Scipion malade, son fils qu'IL tenait prisonnier*. *J. P. Granger*, de Paris, a remporté le premier prix ; les deux seconds ont été décernés à *J. Aug. Ingre*, de Montauban, et à *Joseph Ducq*.

Le sujet de sculpture était *Priam aux pieds d'Achille, demandant le corps de SON fils*. Les seconds prix ont été décernés à *Fréd. Tieck*, de Berlin, et à *A. J. Constant Horblin*, de Varsovie. Il n'y a point eu de grands prix.

Le sujet d'architecture était *une école centrale des beaux-arts*. Deux grands prix ont été donnés à *Simon Vallot*, de Dijon, et à *J. Fr. Ménager*, de Paris. Les deux seconds, à *J. B. Dedeban*, et à *Hubert Rohaut*, de Paris.

Le C. *Cuvier* a terminé la séance par une notice sur la vie et les ouvrages de *Louis-Guillaume Lemonnier*.

Mélanges, Biographie, Inventions, Anecdotes, et Modes.

Le conservatoire de Musique de Paris vient de perdre un célèbre professeur, *Gaviniés*, mort le 22 fructidor an 8, (le septembre 1800). âgé de 73 ans. Cet admirable violon fut, à juste titre, surnommé le *Tartini* de la France. Il a soutenu, pendant soixante années, l'honneur de son art, par une moralité sans tache et une instruction brillante, qui le mit en relation avec les premiers hommes du siècle. Son opéra du *Prétendu* fit regretter qu'il n'exerçât pas davantage ses talents pour la scène.

INVENTIONS. — Le C. *Bernard*, professeur d'écriture, à Paris, rue des Moulins, Butte-St.-Roch, n.º 513, est inventeur d'un bras supplémentaire, dont l'ingénieuse mécanique met celui qui a eu le malheur d'être privé de ce membre à même d'écrire et de tailler ses plumes.

ANECDOTES. — *A Forlenze, célèbre oculiste, qui m'a fait l'opération de la cataracte.*

Non, *Forlenze*, tes soins ne sont pas superflus ;
D'aveugle en clairvoyant, ton art divin me change ;
Et j'aperçois déjà (nul bien n'est sans mélange)
Quelques amis de moins, et quelques sots de plus.

Par le C. Lebrun.

MODES. — *Dialogue entre une Dame anglaise et un marchand de modes, à Londres.* Traduit de l'Anglais, par T. P. Bertin.

« Monsieur, j'arrive dans l'instant de la province ; ayez la bonté de me dire ce qu'il faut que je fasse pour être à la mode de la capitale ? — Je ne vous demande que deux minutes, Madame, pour vous mettre dans le dernier goût.... D'abord, ayez la complaisance d'ôter votre bonnet. — Volontiers. — Puis, quittez ce jupon. — J'y consens. — Défaites-vous de vos poches. — Les voici. — Abandonnez ce fichu. — Avec plaisir. — Remettez-moi votre corset et vos manches. — Tout ce que vous voudrez. — Hé bien, Madame, vous voilà dans le costume le plus élégant ; s'habiller aujourd'hui, c'est se déshabiller. »

Religion et Philosophie morale.

L'*Antidote* de *l'Athéisme*, ou *Examen critique du Dictionnaire des Athées anciens et modernes*, avec cette épigraphe : *Interest Reipublicæ cognosci malos.* Un vol. in-8.º de 164 pages. Chez l'éditeur, rue Traversière-Saint-Honoré, n.º 24. Prix 1 fr. 80 c.

Rapport fait au Conseil du département de la Seine sur l'instruction publique, le rétablissement des bourses, le scandale des inhumations actuelles, *l'érection des cimetières*. 40 pages in-8.º Desenne. Prix 40 c.

Ces deux brochures sont le cri de la vérité, de la raison pratique et de l'humanité, longtemps submergées par le torrent désastreux d'une doctrine immorale qui renversa toutes les digues que lui opposait la sagesse des siécles.

L'*Aurore naissante*, ou *la Racine de la Philosophie, de l'Astrologie et de la Théologie ; contenant une Description de la nature, dans laquelle on explique comment tout a été dans le commencement ; comment la nature et les éléments sont devenus créaturels, etc. ; ce qu'est le royaume de Dieu et le royaume infernal*, etc. Le tout exposé avec soin, d'après une base vraie, dans la connaissance de l'esprit et par l'impulsion divine : ouvrage traduit de l'allemand, de Jacob Béhme, sur l'édition d'Amsterdam, de 1682 ; par le Philosophe inconnu. 2 vol. in-8.º de 264 et 340 pages. — A Paris, *Laran*. Prix 8 fr.

Jacob *Béhme*, né en 1575, près de Gorlitz, en Lusace, garda les bestiaux, fut cordonnier, fit des livres, et mourut en 1624, à Gorlitz. Ses principaux ouvrages sont l'*Aurore naissante*, le *Grand Mystère*, les *Trois Principes*, la *Triple*

Tome I. 5

Vie, les *Quarante Questions* et les *Six Points*. Charles I.er fut tellement frappé des *quarante questions sur l'ame*, qu'il envoya *Jean Sparrow*, avocat de Londres, à Gorlitz, avec ordre de recueillir les Œuvres de *Béhme*. La traduction, en anglais, en parut en 1661 et 1662. Il y en a eu plusieurs éditions en allemand, en flamand, en hollandais. Son traducteur français publie la sienne dans l'espoir d'une révolution prochaine dans les opinions, qui reconciliera, dit-il, les *sciences physiques*, objet exclusif des études modernes, avec les *sciences divines* leurs sœurs aînées. Voici le sujet de quelques chapitres : *Essence divine, trois fois sainte Trinité, création des anges, leur vie joyeuse, leur gouvernement, amour affable de Dieu, chute de Lucifer, comment il devint démon, universelle astrologie*..... Béhme avertit que le démon l'empêche d'achever cet ouvrage; que le jour étant venu, l'aurore est passée en 1620. Le succès de ces deux gros volumes prouverait un curieux mécompte pour ceux qui se flattent d'avoir banni ce qu'ils nomment les *préjugés religieux*. Il serait singulier qu'on en vendît plus que de certain Traité philosophique. En sommes-nous venus au point opposé du cercle, à voir publier et réussir les livres du temps où il était rare que les gens les plus *huppés* sussent ou daignassent lire?

Discours sur la Vertu, par Stanislas *Boufflers*; brochure de 70 pages in-8.° — Paris, *Pougens*. Prix 1 fr. 20 c., et 1 fr. 50 c. port franc.

L'auteur d'*Aline*, et d'autres opuscules plus libres, où l'esprit poussa le badinage un peu loin, nous prêche aujourd'hui la vertu sans se contredire, puisqu'il n'y voit que les *œuvres de la bonté, contenues dans l'exercice de la compassion*, et que « le développement de cette faculté, moitié physique et moitié morale, » lui présente tout le système de la vertu. Quand il assure aujourd'hui à ses lecteurs d'autrefois qu'il a sondé le cœur humain, quelques-uns n'ont pas autant de gravité que lui; mais d'autres voudraient que son style en eût davantage. L'intérêt du sujet et la nouveauté que lui prêtent le talent de l'orateur, les souvenirs et les circonstances, le dispensaient de cette fleur d'élégance brillante qui nuit à l'effet de la raison supérieure et du sentiment vrai.

La Journée solitaire de l'homme sensible, ou Considérations sur l'existence et les attributs du Créateur. Par A. Degomer. — Chez Deroy, libraire, rue Hautefeuille, n.° 34. Prix 1 fr. 50 c., et 4 fr. sur papier-vélin, avec gravure avant la lettre, cartonné par *Bradel-Fabre*.

En achevant cette intéressante lecture, l'ame tendre sent qu'elle vient de faire quelques pas vers la seule véritable félicité, et qu'une morale affectueuse vaut mieux que toute l'idéologie possible.

Leçons d'un père à ses enfants, ou Recueil de sentences et de pensées morales, extraites des meilleurs auteurs latins et français, et mises en ordre pour servir à l'instruction de la jeunesse. Un vol. in-12, de 343 pages. — A Paris, *Lenormand*. Prix 1 fr. 80 c., et 2 fr. 50 c. par la poste.

Enfin, voici donc un livre qui n'est pas d'un auteur. Le père qui réellement a fait ce Recueil pour ses enfants, y a mis beaucoup plus de pensées et de sentiments à lui, que tel grand philosophe n'en met aujourd'hui dans ses énormes volumes, où il ne cite jamais que sa propre autorité pour caution de nouvelles découvertes de quarante siècles. Trente-un chapitres ont pour sujets Dieu, l'immortalité de l'ame, la conscience, les devoirs envers les parents, l'instruction, les passions, les vertus et le bonheur, la

mode, la politesse, le mensonge, la conversation et la médisance, la raillerie, la bienfaisance (mot dont on abusa si perfidement depuis vingt ans!), l'amitié, l'hypocrisie, l'égalité et la vraie noblesse, la liberté et la patrie, le courage et l'honneur, l'adversité, la philosophie (antipode du philosophisme), la fortune, l'avarice et le jeu, la médiocrité, le bon ménage, les devoirs des pères et mères, l'ambition (cette fatale passion que de faux principes répandirent dans toutes les classes du peuple), le temps, la vie et la mort. Une des notes contient ces fragments de lettres de *Voltaire* à *d'Alembert* : « Je voudrais que
« vous fussiez un peu fripon ; tâchez d'affaiblir votre
« style... vous seriez apôtre sans être martyr (8 *mai* 1764)...
« Telle est notre situation, que *nous sommes l'exécration*
« *du genre humain*, si nous n'avons pas pour nous les *honnêtes gens*. Il faut donc les avoir, à quelque prix que
« ce soit; travaillez donc à la vigne, *écrasez l'infâme*
« (13 *février* 1764). » Tel était le nom que donnaient à la religion la tolérance, la morale et l'urbanité philosophiques, ennemies, comme on sait, du fanatisme.

POLITIQUE, MANUFACTURES ET COMMERCE.

*SITUATION de la France et de l'Angleterre à la fin du dix-huitième siècle , ou Conseils au gouvernement de France, et réfutation de l'*Essai sur les finances de la Grande-Bretagne , *par Frederic* GENTZ. — Ouvrage dédié au premier Consul BONAPARTE, *par le C.* FONVIELLE *aîné, de Toulouse*, 2 vol. in-8.° de 287 et 268 pages, avec cette épigraphe tirée de l'ouvrage : *Les Nations sont immortelles ; ceux qui les gouvernent ne le sont pas ; et ceux-ci doivent sans cesse être occupés de ne pas léguer à celles-là des troubles et des déchirements au moment de leur disparition*. — A Paris, chez *Levrault*, imprim.-libraire, quai Malaquais. Octobre 1800. Prix, 6 fr.

Nous reviendrons incessamment à cet ouvrage rempli d'observations intéressantes.

RÉPONSE d'un Républicain français au libelle de sir Francis d'YVERNOIS, naturalisé Anglais, contre le premier Consul de la République française; par l'auteur de la Lettre d'un citoyen français à lord Grenville. — Paris, frimaire an 9 (1800). Un vol. in-8.º de 180 pag. Prix, 2 fr.

L'écrit de *sir Francis d'Yvernois*, auquel le Républicain français répond, a pour titre : *Des causes qui ont amené l'usurpation du général Bonaparte, et qui préparent sa chute*. La réponse a pour épigraphe : *Libertatem et consulatum J. Brutus instituit*. TACITE, *Annales*. Aux allégations et pronostics de *sir Francis d'Yvernois*, l'anonyme oppose les victoires de *Bonaparte*, les maux détournés par le 18 brumaire, la constitution de l'an 8, le vœu exprès et libre de tous les Français, les changements opérés depuis le consulat, le génie et la moralité du premier Consul, et de nombreuses contradictions relevées dans l'ouvrage réfuté.

DE LA PAIX et de ses bases, par J. (Delisle) DE SALES, de l'Institut national de France, et de l'Athénée de Lyon.— 1 vol. de 383 pages, avec cette épigraphe tirée de l'ouvrage : *La paix, le premier des biens pour l'homme social, bien supérieur à la liberté même, dont si peu de peuples savent jouir.* — A Paris, chez *Maradan*. An 9 (1800). Prix, 6fr.

Jadis, tous les gens vertueux desiraient la paix, et quelques hommes d'état la faisaient. Aujourd'hui chacun veut la faire. *Delisle de Sales* est du petit nombre des littérateurs dont les idées, à ce sujet, peuvent intéresser et instruire. La morale et la propriété sont les bases un peu vieillies de son système; et les droits des monarques héréditaires, il les fonde aussi sur la propriété ; ce qui n'est point du tout de la philosophie moderne. Ennemi des droits de convenance, des conquêtes, des échanges, des *indemnités*, il préfère à celles-ci les *satisfactions* articulées par les traités de Munster et d'Osnabruck, qu'il offre pour modèles. Selon lui, la paix doit résulter des délibérations du congrès de Lunéville, sur un manifeste des Consuls ; congrès qu'il forme des plénipotentiaires de toutes les souverainetés de l'Europe. Quant à ses principes, il les expose à l'égard du duché de Modène, de Genève et de Malte, et laisse au congrès le soin de les appliquer au reste des pays en litige. L'abandon de l'Egypte, la réintégration de l'Italie, de l'Empire, de la Pologne, lui paraissent en résulter. Il propose de consulter le peuple français sur la question : La France sera-t-elle consulaire ou monarhique ; de traiter, en conséquence du vœu général, et d'assurer la paix par la permanence d'un tribunal de droit des gens ? L'auteur se permet une violente sortie contre la neutralité du roi de Prusse. Cet ouvrage respire l'humanité, l'aversion de l'athéisme, la probité ; mais l'imagination s'y montre plus que la science diplomatique positive et pratique, et il y a des contradictions, du moins apparentes. Si les souverainetés sont indépendantes ; si les délits des peuples ne sauraient être constatés par la guerre ; tout peuple conspirateur doit-il être puni par la mort du gouvernement qui l'a égaré ? vaut-il mieux s'engager à payer des tributs, qu'accorder des indemnités ? Ces propositions demanderaient un examen approfondi. Pour le style, celui de l'auteur de la *Philosophie de la nature*, etc., est trop brillant d'originalité pour qu'on ne regrette pas d'y voir la *France-faction*, la Russie *peuplée de déserts*, et *le remords endormi à la porte du cœur*. Aucun homme d'état n'écrivit ainsi, en aucune langue, sur le droit public.

Tarif des droits de douane et de navigation, non compris la subvention de 10 centimes par franc, et l'État des prohibitions à l'entrée et à la sortie, au premier frimaire an 9; précédé et suivi d'observations sur tout ce qui a rapport à ces perceptions, et terminé par l'état des produits. Par le C. MAGNIEN, administrateur des douanes.— 1 vol. in-4.º de 55 pages.—A Paris, chez Bailleul, rue Grange-Batelière, n.º 3. Prix, 2 fr. 50 cent.

Il serait inutile d'insister sur la nécessité de connaître ce tarif dans toute opération de commerce, ou dans tout acte d'administration qui suppose cette connaissance. Ceux de nos lecteurs auxquels l'acquisition n'en est pas indispensable, nous sauront gré de n'avoir négligé aucune occasion de les informer de résultats de quelque intérêt, et de leur avoir communiqué l'état suivant des cafés, sucres, tabacs et toiles de coton, venus de l'étranger en l'an 8, avec déduction des droits à l'égard des parties avariées.

Cafés, en consommation, 15,186,383 livres; en transit, 1,476,009; droits perçus, 1,842,815 f. 66 c.

Sucres bruts, terrés et raffinés, 34,613,355 livres; droits perçus, 3,899,205 fr. 67 c.

Tabacs, par navires français, 11,126,150 livres; par navires étrangers, 5,126,069 livres; droits perçus, 3,727,275 fr. 11 c.

Toiles de coton blanches, 2,383,171 $\frac{1}{2}$; droits perçus, 1,185,464 fr. 47 c.

Total des droits perçus en l'an 8, 10,654,760 fr. 91 c.

Du Commerce maritime, de son influence sur la richesse et la force des états, démontrée par l'histoire des nations anciennes et modernes; Situation actuelle des puissances de l'Europe, considérées dans leurs rapports avec la France et l'Angleterre ; RÉ-FLEXIONS sur l'armement en course, sa législation et ses avantages. Par *Xavier* AUDOUIN. — Deux vol. de 280 et 262 pages in-8.° — A Paris, chez *Baudouin.* An 9 (1800). Prix, 6 fr.

L'auteur aurait pu se dispenser de remonter à la création du monde, à *Prométhée*, à *Noé*, à *Hercule*, à *Priam*, etc.; de nous parler de la mort de *Turenne*, pour nous dire que « la marine semblait essayer de réparer une perte si sensible... » Beaucoup d'autres détails étrangers au *commerce maritime*, occupent, dans cet ouvrage, une place que rempliraient plus utilement des additions aux renseignements qu'il promet sur les divers états de l'Europe.

LES ARBITRAGES SANS CALCUL ou *Comptes-faits, à l'aide desquels on obtient, d'un seul coup-d'œil, et par une seule formule, tels arbitrages que l'on puisse desirer entre les vingt places les plus commerçantes de l'Europe, qui travaillent avec la France, et celles avec lesquelles ces mêmes places sont dans l'usage de travailler (ouvrage en vingt Barêmes).* Par le C. AUBRY, géomètre.

LA BANQUE SIMPLIFIÉE, ou *Table présentant, avec toutes les variations possibles du change,* DEUX MULTIPLICATEURS UNIVERSELS, *donnant non-seulement le certain à toutes les places, mais réduisant les opérations de change à une seule transposition de virgule, et les arbitrages à une seule multiplication.* Par le même.

Ces deux ouvrages en sont à leur *première livraison.* Les souscripteurs en recevront une du 1.er au 3 de chaque mois. Il y en aura trois de la *Banque*, et cinq des *Arbitrages*. Prix du tout, franc de port, en papier ordinaire, 10 fr. 50 c. ; en papier vélin, 17 fr. 50 c. On souscrit chez l'auteur, à Paris, quai des Augustins, n.° 42. Ses exemplaires sont tous frappés d'un timbre sec au *verso* du premier titre.

Métaphysique et Mathématiques.

Principes naturels, ou *Notions générales et particulières de l'immensité, de l'espace, de l'univers, etc.* Par *Claude-François* Lejoyand. 5 vol. in-8.° A Paris, Moutardier.

Rebuté des conjectures des *sages*, l'auteur a cherché la lumière chez les *fous*. Il a trouvé l'*arcane humain*, et le secret de tout dans l'*archidoxe magique* de *Paracelse*, et a créé *un système qui ne ressemble à aucun système connu.* C'est la *lumière* éternelle qui pénètre tout, meut tout, produit tout; qui vient du feu, *omnia ex igne*; ce qui n'empêche pas que tout né vienne aussi de l'eau, *omnis ex aquâ* ; feu élément de la philosophie ; eau salutaire, hostie pure, évidence de la vérité placée au centre de chaque univers. Après une pareille découverte, « eússai-je « commis cent fois plus de bévues et d'erreurs de calcul, « dit *Cl. Fr. Lejoyand*, il n'en résultera pas moins que « j'ai jeté les premiers fondements de la théorie des forces « de la lumière céleste ; que, le premier, je me suis élancé « dans une carrière incommensurable jusqu'alors, relati- « vement au véritable principe qui anime l'univers. » Obligé de sortir de Paris, en germinal an 2, comme noble, l'auteur alla au comité de salut public, et, son manuscrit à la main, il déclara confidemment à *Robert Lindet*, que cette sublime découverte rétablissait la gloire de *Descartes*, et foudroierait *Newton*. « Ce seul *fait*, dit-il, parut dé- « cisif à *Robert Lindet* pour la gloire nationale de la « France. » Mais *Lindet* lui conseilla de ne pas se presser de publier *un ouvrage qui rabaisse ainsi les prétentions des*

Anglais, etc. Un homme de génie trouverait peut-être plus d'une mine précieuse dans ce gouffre, où des connaissances multipliées forment le chaos le plus indéfinissable.

LITTÉRATUR der mathematischen Wissenschafften, etc. — *LITTÉRATURE des sciences mathématiques.* Par F. W. A. MURRHARD. 2 vol. gr. in 8.° A Leipsick, chez *Breitkopf.* Prix, 8 fr.

L'objet de cet ouvrage est de donner au lecteur une connaissance littéraire et bibliographique des livres et traités qui ont été publiés sur les sciences mathématiques. Il n'en paraît encore que deux volumes. L'auteur en promet cinq. Dans le premier, il s'occupe des mathématiques en général, de l'arithmétique et de la géométrie ; dans le second, de la géométrie et de l'analyse. Son plan réunit l'ordre systématique et l'ordre chronologique, et embrasse les mécaniques, l'optique, l'astronomie, l'architecture et jusqu'à la musique, les éléments, les théories, les dictionnaires, les encyclopédies abrégées, les cours d'étude, les dissertations détachées. Une pareille entreprise n'est pas nouvelle ; mais aucun recueil de ce genre ne fut annoncé comme aussi complet. Puisse-t-il servir à répandre les connaissances, à les classer, à en faire suivre les progrès, et concevoir l'ensemble, sans y nuire par le malheureux effet trop peu médité de ces collections encyclopédiques, si favorables à l'ignorant paresseux et vaniteux, qui ne veut que des notions superficielles, et qui finit par déraisonner sur tout en mots techniques ou scientifiques !

SCIENCES NATURELLES, PHYSIQUE ET CHYMIE.

LICHENOGRAPHIÆ Svecicæ Prodromus. — *Auctor* ERIK ACHARIUS, *Med. Doct. Medicus Provinc. Ostro-Gothiæ ad Nososom. Reg. Vadsten. Med. Ordin. Reg. Acad.*

Scient. Evec. et Socie. Physcogr. Lund. Memb. — *Linco-pide, D. G. Byorn*, 1798. — 1 vol. in-8.º de 264 pag., enrichi de figures parfaitement coloriées. Pr. 6 fr.

Cette introduction à la Lichenographie suédoise offre 345 espèces de lichens, classées en 27 tribus, décrites et caractérisées avec une exactitude qui ne peut que rendre l'ouvrage fort intéressant pour les amateurs de la botanique.

ENTOMOLOGIE HELVÉTIQUE, ou *Catalogue des insectes de la Suisse, rangés d'après une nouvelle méthode, avec descriptions et figures.* — 1 vol. in-8.º de 150 pag., pap. vélin à Zurich, chez *Orell, Fuesli et compag.* (1798.) Prix, 18 fr.

Feu *Jean Gaspard Fuesli*, de Zurich, a publié, en 1775, un catalogue in-4.º des insectes de la Suisse. Le système du célèbre *Fabricius* est le plus complet et le mieux fait qu'on ait eu jusqu'à présent ; mais les observations récentes doivent en remplir les lacunes et demandent même une refonte générale. Cette *Entomologie helvétique* l'a commencée, de l'aveu, sous les yeux, avec l'approbation de *Fabricius* lui-même On regrettait beaucoup que la mort eût interrompu l'excellent journal intitulé : *Archives de l'histoire des insectes*, entrepris, en 1781, par *J. G. Fuesli*. L'éditeur de l'ouvrage que nous annonçons, invite tous les amateurs à lui communiquer leurs mémoires, et s'engage à continuer le précieux recueil de ce savant naturaliste. L'exécution typographique du 1.er volume de son *Entomologie* est parfaite ; le texte français y est *en regard* du texte allemand ; les descriptions y sont très-exactes, les figures supérieurement gravées et coloriées, et la méthode à peu près la même et plus précise que celle de *Linné*.

SYSTÈME *des connaissances chymiques, et de leurs applications aux phénomènes de la nature et de l'art.* Par

A. F. Fourcroy, de l'Institut national de France ; conseiller d'état, professeur de chymie au muséum d'histoire naturelle, à l'école politechnique et à l'école de médecine ; membre de plusieurs sociétés savantes, nationales et étrangères. — 10 vol. in-8.°, d'environ 400 pages chacun, ou 5 vol. in-4.° — A Paris, chez *Baudouin*, imprimeur de l'Institut, rue Grenelle-St.-Germain, n.° 1131 ; et chez les frères *Levrault*, impr.-libr. quai Malaquais. — Prix, in-8.° 50 fr. et in-4.° 72 fr. — Il sera délivré *gratis* aux acquéreurs de chaque exemplaire, une table générale et raisonnée des matières, pour l'un et pour l'autre format.

Le nom de l'auteur et le titre de l'ouvrage dispenseraient de toute analyse, si ces notices bibliographiques n'étaient destinées qu'aux juges compétents d'une pareille entreprise. Un discours préliminaire de 172 pages in-8.°, expose les intentions, le but et le plan du C. Fourcroy. « La chymie est peut-être, y dit-il, la seule science qui soit de « création moderne....... C'est en vain que les premiers « historiens de cette science en ont placé le berceau dans « les temps fabuleux, au-delà même des siécles héroïques, « et jusqu'aux époques peu éloignées de celles où l'imagi- « nation délirante des premiers poètes et les pieuses fic- « tions de quelques chroniques religieuses *ont osé suspendre* « *la marche éternelle de la nature, en y fixant la création* « *du monde.* »

Point de chymie égyptienne, point de chymie grecque. Si Platon en avait eu l'idée, après avoir nommé Dieu l'éternel géomètre, peut-être l'aurait-il surnommé le grand chymiste. Aristote et les *encyclopédistes* de la Grèce n'ont laissé *aucune lumière* sur les phénomènes chymiques. Il existe aussi peu de chymie romaine, de chymie arabe. Au seizième siécle, on voit naître une chymie pharmaceutique. Enfin, les Boyle, les Newton, les Mayow, les

Hooke, les Stahl, les Boerhaave, donnèrent une utile impulsion à l'art expérimental, et la chymie, se détachant de la pharmacie, se rapprocha de la physique générale, sous la dénomination de physique particulière.

Black, d'Edimbourg, découvre, en 1757, un fluide aériforme, entrevu trente ans plus tôt par Hales, et les expériences multipliées sur ce fluide donnent naissance à la chymie pneumatique, dont Lavoisier fut un des créateurs. C'est à la grande révolution qu'il opéra, aux découvertes subséquentes, au succès de la nouvelle nomenclature, à tous ces faits auxquels Fourcroy contribua, comme on sait, par des travaux assidus depuis vingt-six ans, que sont dus le renouvellement absolu et la restauration complète de cette science. Sa *philosophie chymique* est connue de toute l'Europe. Il aurait intitulé le nouvel ouvrage que nous annonçons, *Eléments de chymie*; comme l'immortel Haller a donné le titre modeste d'*Eléments de physiologie* au livre le plus savant et le plus profond qu'on ait encore eu sur la physique du corps humain; mais l'objet principal était ici bien plus la réunion, l'enchaînement, la coordonnation des éléments de la chymie, que leur simple exposition; le titre de *Système* lui a paru plus convenable que celui d'*Eléments*, d'autant mieux qu'il a traité directement ailleurs de ceux-ci. Or, telle est la division de son système : 1.° *théorie* de la science ; 2.° *histoire* de la science; 3.° *pratique* ; 4.° *applications*.

Au premier coup-d'œil, on croit retrouver un peu des trois autres divisions dans chacune des quatre. En effet, il est impossible que la *théorie* d'une science n'en contienne, sous de certains rapports, quelque partie de l'*histoire*, de la *pratique* et des *applications*; son *histoire* en effleure inévitablement la *théorie*; et les *applications* en réunissent la *pratique*, la *théorie*, l'*histoire*, et se reproduisent partout. Mais un esprit pénétrant, méthodique et maître de son sujet, rappelle incessamment toutes ses idées à des divisions fixes et lumineuses; ce qu'il emprunte de l'une pour éclairer l'autre, n'est traité à fond qu'à sa place; et une marche ferme et directe le conduit du simple au composé, de chaque partie à l'ensemble ; l'attention le suit sans effort et embrasse un tout où jamais les détails ne se confondent.

Sa *théorie* développe et classe les faits ; l'*histoire* enchaîne les découvertes, et rend justice à leurs auteurs, ce qui présuppose la connaissance des faits ou la théorie; la *pratique* offre les instruments, leur usage, les procédés, leur amélioration, les opérations, leurs diverses méthodes, le manuel nécessaire pour obtenir les résultats que l'on cherche, ce qui présuppose la connaissance des deux parties précédentes; enfin les *applications*, qui seraient mal comprises avant le reste, couronnent l'œuvre bien conçue, en rapprochant la chymie des sciences et des arts, en la leur donnant toujours pour auxiliaire, souvent pour guide, pour fanal; en la leur recommandant comme propre à étendre leur domaine ; en la peignant intimément liée aux progrès ultérieurs de la minéralogie, de la géologie, de la météorologie, de la physiologie végétale, et de l'agriculture, de la physique des animaux, de la médecine, et de tous les arts et métiers.

Ici la chymie, qu'on a vue se détacher de la pharmacie, se réfugier au sein de la physique générale, en recevoir les lisières qui soutinrent et dirigèrent les premiers pas de son enfance, adopter les divisons par règnes, se dégage, veut aller seule, renonce à ces divisions utiles avant l'analyse des corps à connaître, renonce à ces règnes caractérisés d'après des apparences, et démentis par la réalité mieux observée. D'antiques bornes étant déplacées ou détruites, bientôt les quatre éléments d'Aristote, n'en sont plus. Les académiciens de Dijon substituèrent, en 1777, à la distribution par règnes, celle des dissolvants et des dissolutions. La nouvelle nomenclature, publiée en 1787, manifesta la nécessité d'un ordre chymique.

Le C. Fourcroy fait huit classes : 1.° des corps simples ou *indécomposés* ; 2.° des corps brutes oxides ou acides ; 3.° des bases salsifiables, terreuses ou alcalines ; 4.° des sels ; 5.° des vingt-une substances métalliques ; 6.° des fossiles ou minéraux ; 7.° des composés organiques végétaux ; 8.° des composés organiques animaux. Ce vaste tableau présente la science dans ses différents âges, et dans son état actuel ; toutes ses richesses, tous ses moyens de les acquérir, de les employer, de les accroître ; tous les bienfaits qu'elle répand autour d'elle avec une profusion qui ne peut manquer de triompher de l'ingratitude des sciences et des arts, ses aînés. L'ouvrage doit être avidement accueilli des savants, des professeurs, des étudiants, de ceux qui s'instruisent pour mieux travailler, et de ceux qui veulent ne raisonner que de ce qu'ils connaissent.

Arts curatifs et vétérinaires.

Pharmacopœa Borussica. — Cum gratiâ et privilegio sacræ regiæ majestatis. — Berolini, Typis Georgii Decker, typograph. aul. reg. 1799. — 1 vol. in-4.° de 216 pages. — A Paris, chez *Levrault*, libraire, quai Malaquais.

Cette *Pharmacopée Prussienne*, faite avec le plus grand soin, a l'avantage de contenir et d'expliquer la nouvelle nomenclature chymique, et de n'indiquer que des procédés éprouvés, en suivant les progrès de l'art, ceux de la théorie et de la pratique.

Pharmaciæ elementa chemiæ recentioris fundamentis innixa ; auctore Francisco Carbonell, *pharmacopœo, botanico civitatis Barcinonensis collega, philosophiæ ac medicinæ doctore*, etc. *Barcinone et Parisiis, apud*

Méquignon, *natu majorem*, etc. — Brochure in-8.º de 164 pages. — A Paris, chez *Méquignon*, l'aîné. 3 fr.

Ces éléments de pharmacie, fondés sur la chymie moderne, sont dédiés à dom Fernandez de Velasco, et contiennent sept chapitres. L'auteur y traite des notions préliminaires relatives à la pharmacie, de la composition des médicaments, de la connaissance et du choix des médicaments simples tirés des règnes végétal, animal et minéral; de leur préparation, et des opérations pharmaceutiques, et compositions tant officinales que magistrales.

EDUARDI JENNERI, *med. D. et reg. scient. acad. soc.* DISQUISITIO *de causis et effectibus variolarum vaccinarum ; ex anglico in latinum conversa ab Aloysio* CARENO, *M. et Ph. D. etc. Cum fig. colorat.* — *Vindobonæ, apud Camesina*, 1799. Prix, 6 fr.

Cette dissertation ou *Discussion sur les causes et les effets de la vaccine*, de 70 pages in-4.º, est une traduction libre de l'ouvrage du célèbre médecin anglais Edouard Jenner, intitulé : *an anquiry into the causes and effects of the variolæ vaccinæ, a diseases discovered in some of the western countries of england, particularly Gloucestershire, and known by the name of the Cow-Pox. London,* 1798; auquel sont jointes des notices extraites des *Ephémérides Salisburgenses* du conseiller aulique Hartenkeil, des observations du docteur Odier, de Genève, et des nouvelles explications publiées à Londres, par Ed. Jenner, en 1799, sur la vaccine, dont il est le premier et le plus zélé promoteur dans sa patrie. Quatre planches coloriées, mises à la suite de la traduction latine, offrent des bras et des mains où l'œil peut remarquer divers effets de l'insertion et de l'éruption de ce virus de vache, comme on les verrait en examinant de près le bras d'un enfant ou des mains naturelles.

MANUEL

MANUEL *de Médecine-pratique, ouvrage élémentaire, auquel on a joint quelques formules à l'usage des chirurgiens et des personnes charitables qui se dévouent au service des malades dans les campagnes.* Par le C. GEOFFROY*, associé de l'Institut, etc. ancien professeur et docteur de la ci-devant faculté de Paris.* — 2 vol. in-8.° de 568 pages en tout. — A Paris, chez *Debure* l'aîné, rue Serpente. (1800). Prix, 6 fr.

Rien de plus touchant et de plus honorable que les motifs d'humanité qui ont porté cet illustre vétéran dans l'art de guérir, à composer ce manuel pour diminuer le nombre effrayant des malheureux essais que font, dans les campagnes, tant de soi-disant chirurgiens revenus des armées où ils furent appelés sans examen. L'*Avis au peuple*, de Tissot, la *Médecine domestique* de Buchan, le *Médecin des pauvres*, le *Dictionnaire de santé*, le *Manuel des dames de charité*, d'*Arnaud de Nobleville*, etc., ne remplissaient que quelques parties de cet objet vraiment sacré. Le C. *Geoffroy* a l'esprit trop juste et le cœur trop généreux pour donner au zèle de l'ignorance honnête l'occasion de se fourvoyer dans la théorie. Il écarte de vains systèmes, il préfère les notions bien comprises aux dénominations plus philosophiques et moins vulgaires, les divisions les plus claires, les plus à la portée du sens-commun, aux divisions des savants. Dix sections lui servent à tout classer sous deux chefs : *Maladies aiguës et maladies chroniques ; fièvres ; maladies inflammatoires, maladies par amas de sérosités, par congestion de pus, par épaississement de la lymphe, par pourriture et mortification, par augmentation d'évacuations, par suppression, par âcreté ; maladies soporeuses, convulsives, et poisons,* et un supplément sur les maux vénériens. Des indications soignées de tous les symptômes, et des formules de remèdes assortis aux facultés des malades, complètent ce précieux manuel que tout sage administrateur placera, dans son estime et dans celle du public, immédiatement auprès des meilleurs livres de morale.

MÉMOIRES *sur la nature et le traitement de plusieurs maladies.* Par *Antoine* PORTAL, *professeur de médecine, au Collége de France.* (Voyez notre n.° I.er, pag. 38.)

Les Traités particuliers, publiés par l'auteur, ont été souvent réimprimés et traduits en plus d'une langue. Ses Mémoires, insérés dans les collections académiques et dans quelques ouvrages périodiques, ne sont pas moins intéressants. En les réunissant, l'éditeur croit avec raison rendre service aux médecins, aux chirurgiens, aux élèves, qui, pour les consulter, n'auront plus besoin de recourir aux grandes bibliothéques. Chacun de ces mémoires détermine, d'après les recherches anatomiques du C. *Portal*, les causes et le siége d'une maladie. Les deux volumes contiennent d'abord une lettre où l'auteur a la modeste franchise de rétracter les erreurs qu'il professa relativement à des machines employées à la réduction de luxations, et ensuite des observations et mémoires qui ont pour sujet :

1.° Deux reins monstrueux ; 2.° un écoulement d'urine par l'ombilic ; 3.° l'action du poumon sur l'aorte ; 4.° le pouls par rapport aux crises ; 5.° des ischuries ; 6.° un *Spina bifida* ; 7.° une hydropisie de cerveau ; 8.° une bosse particulière ; 9.° les tumeurs, engorgements et racornissements de l'épiploon ; 10.° le déplacement des viscères du bas-ventre ; 11.° un dérangement dans la taille à un âge avancé ; 12.° une nouvelle méthode de pratiquer l'amputation des extrémités ; 13.° la situation naturelle du foie ; 14.° deux morts causées par la vapeur du charbon ; 15.° les effets du méphytisme ; 16.° quelques maladies du foie ;

17.° les glandes du poumon, et la phthysie pulmonaire ; 18.° l'apopléxie ; 19.° la phthysie de naissance ; 20.° des morts subites occasionnées par la rupture du ventricule gauche du cœur ; 21.° une maladie singulière et son traitement ; 22.° celui de la rage ; 23.° quelques voies de communication du poumon au bras ; 24.° la pleurésie ; 25.° un mouvement de la moelle épinière ; 26.° les fièvres d'automne ; 27.° quelques maladies de la voix ; 28.° le *melena* ou la maladie noire ; 29.° l'épilepsie ; 30.° l'irritabilité et la sensibilité ; 31.° le cerveau des animaux vivants, les tendons, les hémorragies, le cœur, les arteres, les veines, la transfusion du sang ; 32.° les animaux qui se noyent ; 33.° le mouvement péristaltique des intestins ; 34.° les os.

Economie domestique et rurale.

Account of the Improvements made on the Farme, etc.— *Détails sur les améliorations opérées dans la ferme du grand parc du roi à Windsor*. Par *Nathaniel* Kent.— Article extrait du *Journal de physique, de chymie et des arts*, de *Nicholson*.

Le parc a 4,000 acres d'étendue ; le sol y est très-varié, son aspect sauvage avait quelque chose de grand lorsque le roi l'acheta, en 1791. Il y a des portions argileuses, d'autres sablonéuses ; les unes étaient couvertes de joncs et de taupinières, les autres de mousse et de fougère. On sépara du reste, à l'une des extrémités, mille acres, qu'on appelle la ferme de Norfolk, et, à l'autre, 400 acres, qu'on appelle la ferme Flamande ; le surplus, demeuré en parc, nourrit plus de bétail que les 4,000 acres n'en nourrissaient auparavant. Les parties humides ont été desséchées, les taupinières nivelées à la herse et au rouleau. Les broussailles des fonds ont fait place à des pâturages. Les terres de la ferme de Norfolk sont soumises à un assollement de 5 ans; savoir, blé ou seigle, plantages irréguliers, puis des turneps, puis de l'orge ou de l'avoine, enfin du trèfle. L'année des plantages irréguliers prépare et produit à la fois; 40 acres se sèment en vesce pour manger sur place; 41 en seigles à la fin d'août, pour servir, au printemps, de pâturage aux brebis et aux agneaux; 20 se plantent en pommes de terre; et le tout se met en turneps l'année suivante. Le parcours des brebis a singulièrement amélioré cette ferme; on y emploie 180 bœufs de travail. Ils sont divisés en attelages de six, dont chaque jour un se repose. Ainsi, de sept jours ils en travaillent cinq. Peu de nourriture et un travail modéré les soutiennent mieux que plus de travail et de nourriture. On ne leur donne, en été, qu'un peu de vesce à couvert, et le pâturage des prés grossiers et des broussailles basses; en hiver, vingt-quatre livres de foin et douze de paille. Ils sont toujours libres, jamais on ne les renferme. Quatre bœufs labourent un acre par jour. On en engraisse quarante par an; ils passent l'été dans les meilleurs pâturages, sont achevés l'hiver aux turneps, et donnent vingt pour cent de profit. Les brebis parquent l'hiver sur les jeunes trèfles, ou sur les blés fraîchement semés, en temps sec; cet usage est très-pofitable aux trèfles et aux blés.

Histoire, Voyages et Géographie.

Taciti Vaerker, oversatte ved J. Baden. — *Œuvres de Tacite, traduites en Danois.* Par J. Baden. 2 vol. in-8.º Copenhague.

Le laborieux professeur *J. Baden* est honorablement connu comme traducteur de plusieurs livres classiques, et comme auteur d'un volume d'*Opuscules*, d'une bonne

Grammaire latine, de dictionnaires et de journaux littéraires. Sa traduction des *Œuvres de Tacite*, dont le dernier vol. vient de paroître, est singulièrement appréciée dans un *journal général de la littérature étrangère*, en ces termes : « Elle atteint très-souvent la concision et la force « de l'original ; et quelquefois elle n'en rend pas assez « exactement la délicatesse et les pointes. » *Atteindre la concision, atteindre la force, rendre la délicatesse,* et surtout *rendre les pointes* de *Tacite*, paraîtront aux Français instruits, appartenir à une littérature encore plus étrange qu'étrangère. On est un peu surpris de voir *Tacite* ainsi rapproché de M. *de Bièvre*.

THE LIFE of Lorenzo de Medici, called the magnificent. BY WILLIAM ROSCOE. — *VIE de Laurent de Médicis, surnommé le Magnifique* Par *W.* ROSCOE. — 4 vol. in-8.º de 353, 328 et 211 pages, imprimés en anglais, à Bâle, chez *J. J. Tourneisen.* — A Strasbourg et à Paris, chez les frères *Levrault.* Prix, 14 fr.

W. Roscoe a mis à contribution la *Vie de Laurent de Médicis*, par le Florentin *Nicolo Valori*, traduite en Italien en 1560, publiée par *Laurent Mehus* en 1749 ; les *Poésies del Magnifico Lorenzo de Medici, con alcune memorie attenenti alla sua vita, Testimonianze,* etc. Bergamo, 1763, *appresso Pietro Lancellotti* ; l'*Istoria degli scrittori Fiorentini*, opera postuma del *P. Giulio Negri.* Ferrara 1772 ; les *Anecdotes de Florence,* ou *histoire secrète de la maison de Médicis,* par *Varillas,* édition de la Haye, 1687 ; les *Elogi degli nomini illustri Toscani,* in Lucca, 1771, 4 vol. in-8.º ; des *Mémoires généalogiques de la maison de Médicis,* en 3 vol. in-8.º que lui a communiqués le marquis de *Lansdown,* mémoires recueillis et rédigés par M. *Tenhove,* de la Haye, intimement lié à l'ancien greffier des Etats-Généraux, M. *Fagel ;* et d'autres matériaux fournis par quelques amis, et tirés des meilleures bibliothéques de Rome, de Florence, etc. Son objet est moins de donner une biographie de *Laurent de Médicis*, l'un des plus grands hommes que l'histoire n'a pas assez apprécié, que de peindre l'élévation et l'influence de cette illustre maison dans leurs rapports avec les arts et les sciences, et d'esquisser un siécle trop peu connu. Le troisième vol. contient des pièces justificatives, parmi lesquelles il s'en trouve de curieuses, entre autres le *privilege* accordé par *Louis XI* à *Pierre*, fils de *Côme de Médicis*, sur requête, de porter trois fleurs de lis dans ses armoiries, même en temps de guerre, à perpétuité ; quelques poésies inédites italiennes, et la relation de la fameuse conjuration des *Pazzi* (*Angeli Politiani commentarium*), en 1478.

RÈGNE DE RICHARD III, ou *Doutes historiques sur les crimes qui lui sont imputés*. Par M. HORACE WALPOLE. *Traduit de l'anglais par* LOUIS XVI; *imprimé sur le manuscrit écrit en entier de sa main; avec des notes.* Un vol. in-8.º de 293 pages, ayant pour épigraphe : *Du premier des Français, voilà ce qui nous reste*. A Paris, chez *Lerouge* (1800). L'ouvrage est précédé d'une estampe représentant *Richard* à la tête d'une armée prête à fondre sur l'ennemi.

Les *Historic Doubts d'Horace Walpole* furent imprimés en 1768. Il est probable que *Louis XVI* fit cette traduction en 1782. On se rappelle que feu *Durosoy* avait donné aux Français une mauvaise tragédie intitulée *Richard III*, qui fut jouée le 6 juillet 1781. Le sujet en était tiré de la pièce de *Shakespear*. Le déplaisir de voir un roi étranger, et mort depuis des siécles, déshonoré sur la scène française pour des crimes qui n'étaient rien moins qu'avérés, porta *Louis XVI* à traduire l'ouvrage d'*H. Walpole*. Il retoucha, depuis, son manuscrit pendant sa détention aux

Tuileries. Ces doutes portent sur l'assassinat d'*Edouard*, prince de Galles, fils d'*Henri VI*; sur l'assassinat d'*Henri VI*; sur l'assassinat de *Georges*, duc *de Clarence*; sur l'exécution de *Rivers*, *Gray* et *Vaughan*; sur celle de lord *Hastings*; sur l'assassinat d'*Edouard V* et de son frère; sur l'assassinat de la propre femme de *Richard III*, et sur le projet de celui-ci d'épouser sa nièce. Le sort du traducteur attache plus d'une réflexion à cet écrit apologétique, considéré comme trait de caractère.

THE HISTORY OF AMERICA, etc. *by* WILLIAM ROBERTSON. — *HISTOIRE DE L'AMÉRIQUE, contenant celle de la Virginie jusqu'en 1688, et celle de la Nouvelle-Angleterre jusqu'en 1652.* Par *WILLIAM ROBERTSON*. Nouvelle édition imprimée à Bâle. Un volume in-8.° de 190 pages. — A Paris, chez *Levrault*, quai Malaquais. Prix, 2 fr.

William Robertson naquit en 1721, près d'Edimbourg, fut élevé dans cette ville, et eut pour compagnons d'études, MM. *Adam Ferguson, Hugh Blair, John Home, Alex. Carlyle*. Ordonné ministre en 1746, il débuta par un sermon sur l'*Etat du monde, à l'époque où parut J. C.*, sujet qui fera sourire de pitié tels philosophes incapables de composer le moindre des autres ouvrages de cet illustre auteur... En 1759, il publia son *Histoire d'Ecosse sous le règne de Marie et de Jacques VI, jusqu'à la réunion de l'Ecosse à la couronne d'Angleterre* (2 vol. in-4.°). En 1761, il fut nommé principal de l'Université, historiographe et chapelain du roi. En 1769, il mit au jour son *Histoire de Charles-Quint*, dont on lui paya 4500 liv. sterl. pour une cession de 14 ans, et son *Histoire de l'Amérique*. Ayant lu, en 1787, une traduction de l'*Histoire du Mexique* de l'abbé *Clavigero*, où quelques réflexions attaquaient divers passages de l'*Histoire de l'Amérique*, il publia ses

Additions en 1788. Ses *Recherches historiques sur la connaissance que les anciens avaient de l'Inde, et sur les voyages antérieurs au temps où l'on doubla le cap de Bonne-Espérance,* parurent en 1791. Il mourut le 11 juin 1793, près d'Edimbourg; ayant mérité autant d'estime que de gloire; ce qui n'est pas le sort de beaucoup de célèbres écrivains du 18.ᵉ siécle, et laissant trois fils et deux filles. L'un de ses fils W. R. fut l'éditeur de cette partie des Œuvres posthumes de son père.

HYSTOIRE *civile et commerciale des Colonies anglaises dans les Indes occidentales, depuis leur découverte, suivie d'un tableau historique et politique de l'île de Saint-Domingue, avant et depuis la révolution française; traduite de l'Anglais de* BRYAN EDOUARD. Avec une carte. 1 vol. in-8.° de 498 pages. Paris, *Dentu*, an 9 (1800). Prix, 5 fr.

Les objets traités dans cet ouvrage sont d'un très-grand intérêt. Evénements, topographie, situation politique, culture, moyens, produits, importations, exportations, nombre des vaisseaux et des hommes, traite, mœurs, usages, abus, rien n'y est omis; mais tout y est vu par des yeux anglais, beaucoup de *données* sont d'une date, ou trop éloignée, pour qu'il ne soit pas survenu de grands changements, ou trop récente, pour que le rapport en ait cette rigoureuse exactitude historique, fruit de la paix et du calme des passions.

HISTOIRE DE LA RÉVOLUTION, par *A. F. Bertrand de* MOLEVILLE, *Observations sur l'histoire de la révolution en général.* — Première partie, 5 vol. in-8.° d'environ 400 pages chacun. — A Paris, chez *Giguet et compagnie,* imprimeurs-libraires, rue Grenelle Saint-Honoré, n.° 42. — Prix, papier carré, 21 fr.; grand raisin, 30 fr. papier vélin grand raisin, 60 fr. — En envoyant 5 fr. de plus, on recevra les 5 vol. franc de port.

Voyage de Néarque, des Bouches de l'Indus jusqu'à l'Euphrate, ou *Journal de l'Expédition de la Flotte d'Alexandre*; rédigé sur l'original de *Néarque*, conservé par *Arrien*, à l'aide des éclaircissements puisés dans les écrits et relations des auteurs, géographes ou voyageurs, tant anciens que modernes ; et contenant l'Histoire de la première Navigation que les Européens aient tentée dans la mer des Indes ; traduite de l'anglais de *William-Vincent*, par le C. *Billecocq* ; imprimé par ordre du gouvernement, en l'an 8, un volume in-4.° — A Paris, chez *Maradan*, libraire, rue Pavée-Saint-André des-Arcs. — Prix, 21 fr., et en 3 vol. in-8.°, 15 fr. ou 18 fr. franc de port.

Alexandre le Grand, que *Sénèque*, *Juvenal* et *Boileau* traitent de fou, et dont *Montesquieu* dit : « On a assez parlé de sa valeur, parlons de sa prudence »... *Alexandre* recouvre aujourd'hui sa considération d'homme-d'état. Les louanges ampoulées de *Quinte-Curce* ont moins d'effet actuellement sur l'opinion, que des villes fondées, une vigoureuse constitution donnée à l'Egypte, et le projet de lier toutes les parties du monde alors connu, en pénétrant jusqu'aux sources de la richesse orientale. Il charge *Néarque* de l'exécution de ce vaste projet, en fait lui-même les immenses préparatifs, suit de l'œil, perd de vue, croit avoir perdu, pleure, retrouve *Néarque*, et apprend que sa flotte est sur l'Anamis ; il répand des larmes de joie, se dispose à une seconde expédition, meurt, et livre ainsi l'Europe, l'Asie et l'Afrique au cours imprévu d'événemens dont son génie audacieux allait être le régulateur. Plus d'un autre sut conquérir ; mais les siécles attestent aux siècles combien est rare cette inspiration vertueuse et sublime, qui fait concevoir le desir, et prédispose les moyens de créer de grands et beaux liens politiques, utiles à la famille des peuples. Tel fut le sujet du Journal de *Néarque*, conservé par *Arrien*, et développé dans tous ses détails historiques, nautiques, géographiques, astronomiques, moraux et phylologiques, par le docteur *W. Vincent*, qui met à contribution *Sainte-Croix*, *Danville*, *Rennel*, *Robertson*, etc. aux travaux desquels l'estimable traducteur a joint des Notes des Citoyens *Gosselin* et *de Fleurieu*.

RELATION de l'ambassade anglaise, envoyée en 1795, dans le royaume d'Ava ou l'empire des Birmans; par le major MICHEL SYMES, suivie d'un *voyage à Colombo, dans l'île de Ceylan*, traduits de l'anglais, avec des notes, par *J. Cartera.* — 3 vol. in-8.°, et 1 vol. in-4.°, contenant 30 planches, vues marines, plans, portraits, etc. gravées en taille-douce, par *Tardieu l'aîné, Niquet, Delignon, Delvaux;* dessinées sur les lieux, sous les yeux de l'amdassadeur. — Prix, 24 *fr.* et 28 *fr.* franc de port; 30 *fr.* en papier vélin, avant la lettre, et 54 *fr.* in-4.°, sans le port. — A Paris, chez *Buisson*, imprimeur-libraire, rue Hautefeuille, n.° 20.

L'histoire, les mœurs, la religion des Birmans, la conquête d'Ava par le roi de Pégu, la chute de l'antique dynastie dont *Douipide* fut le dernier roi; la révolte d'*Alompra;* les talents et la fortune de cet homme singulier qui releva le trône d'Ava, conquit le Pégu, et fonda, par son audace, l'empire des Birmans, dont ses successeurs ont étendu les limites, en envahissant le royaume de Siam; ce nouvel empire d'un demi-siécle, également respecté des Anglais et des Chinois; ses moyens et sa civilisation, remplissent la première partie de l'ouvrage, et y sont une introduction aussi agréable que nécessaire. L'arr rivée du major *Symes* au port de Rangon, sa mission, ses projets, ses espérances, ses craintes, les intrigues dont il est l'objet, la conduite du gouvernement, le voyage du major à Pégu, à Ava, à Umaropoura, capitale de l'empire, ses observations, les anecdotes, les fêtes, le théâtre mythologique, les feux d'artifice en plein jour, les danses, les cérémonies, l'étiquette, la forme pyramidale des temples, l'esclavage, les hyéroglyphes, la découverte d'une antique description de l'Angleterre en langue sacrée, et les rapports commerciaux que promet un pareil pays, répandent un vif intérêt sur le reste de l'ouvrage.

Voyage en Grèce de Xavier SCROFANI, *sicilien*, fait en 1794 et 1795, traduit de l'italien, par *J. F. C.* BLANVILLAIN, traducteur de *Paul et Virginie*; avec une carte générale de la Grèce ancienne et moderne, et dix tableaux du commerce des îles *dites* vénitiennes, de la Morée et de la Romélie méridionale. 3 vol. in-8.º de 179, 168 et 135 pages, non compris onze grands tableaux. A Paris, chez *Treuttel et Wurtz*. 1800. Prix, 9 fr.

Xavier Scrofani a déja publié à Venise, en 1793, un *Cours d'agriculture*, un *Essai sur le commerce général des nations de l'Europe*, un *Coup d'œil sur le commerce de la Sicile*, et plusieurs autres ouvrages d'économie politique, science que beaucoup trop de modernes ont réduite à des systèmes ou même à des mots, au point qu'avec un peu de facilité d'écrire, il est aujourd'hui fort aisé de donner au public des cours, des traités ou des encyclopédies économiques. Mais les lecteurs économes de temps et d'argent ne s'y prennent plus et savent qu'en achetant des milliers de ces brochures qui finiront par se vendre à la livre, on n'acquiert pas plus l'art de gouverner un état que l'art de régler ou sa maison rurale ou son ménage. L'auteur dont nous annonçons ici le voyage, est très-supérieur aux nombreux rapsodistes qui compilent et croient enseigner, et ne leur ressemble nullement, car il est modeste. Ses lettres sur les Thermopyles, Athènes, Salamine, Olympie, Elice et le Parnasse, joignent à l'élévation des pensées, une diction animée de la douce chaleur du sentiment. Ses observations relatives au commerce, attestent d'immenses recherches ; ses mémoires sur la culture des oliviers, du raisin de Corinthe, du tabac, etc. sont dignes de l'homme que l'ancien gouvernement de Venise avait spécialement chargé de faire un état de l'agriculture et du commerce du levant. Si l'aristocratie vénitienne régnait encore, la publication de ces tableaux livrerait peut-être *Scrofani*, ou à un bannissement volontaire ou à la mort. La traduction était difficile, et fait honneur au C. *Blanvillain*.

Abrégé de l'Histoire des Voyages, avec cartes géographiques et figures. Cinquième et sixième volumes du supplément, faisant suite aux Voyages du Levant. Tomes XXVIII et XXIX, de 527 et 583 pages in-8.° — A Paris, chez *Moutardier*, impr.-libr. quai des Augustins, n.° 28. An 8 (1800). Prix des deux volumes, 12 fr.

Le 28.ᵉ contient un précis des voyages de *Tournefort* et de *Choiseul*, dans les îles de l'Archipel ; un aperçu de l'état sauvage et primitif des Grecs ; le voyage de *Richard Pockocke* dans le continent de la Grèce ; des observations sur l'état actuel de ces contrées. — Le 29.ᵉ, un précis du voyage de *Tournefort* et de *Pockocke*, à Constantinople et dans la Romélie ; des voyages de *Tournefort* sur les côtes méridionales de la mer Noire jusqu'à Synope, en Arménie et en Géorgie ; du voyage de Tocat et d'Angora ; une géographie générale de l'Anatolie ; un voyage de Venise au cap Lectos ; une description de l'Hellespont, de la plaine de Troie ; le voyage de *Pockocke*, à Sélivrée, à Andrinople, et un tableau du gouvernement Turc.

RELATION des campagnes du général Bonaparte en Egypte et en Syrie, par le général de division *Berthier*, chef de l'état-major de l'armée d'Orient. — 1 vol. in-8.º de 183 pages, avec cette épigraphe : *Et facere et pati fortia Romanum est.* Tite-Live. — A Paris, chez *Didot* l'aîné. An 9 (1800). Prix, 3 fr.

Les aperçus politiques, les ressources, les mœurs, les monuments de l'Egypte, traités par le C. *Volney*, ne font point partie de cette relation qui se borne aux événements militaires, depuis le débarquement jusqu'à l'affaire d'Abouquir, où « la Porte perdit dix-huit mille hommes, et une grande quantité de canons. »

Belles-Lettres et Beaux-Arts.

ABÉCÉDAIRE utile, ou *Petit tableau des arts et métiers, ouvrage où les enfants peuvent, en apprenant à lire, puiser quelques idées de la société, orné de 26 fig. gravées.* — Avec cette épigraphe : *Apprenez à l'enfant à devenir un homme.* — 1 vol. in-12 de 72 pages. — A Paris, chez *le Prieur*, rue Saint-Jacques, n.º 278. Prix, 2 fr.

Tout abécédaire est *utile* ou ne vaut rien ; ainsi le titre de celui-ci pouvait être meilleur. Un tableau des arts et métiers, quelque petit qu'il soit, doit les contenir ou les indiquer tous. Six pages gravées (in-12) contenant chacune quatre sujets désignés par ces mots : 1.º *Agriculteur, boulanger, charron, distillateur* ; 2.º *épicier, ferblantier, gazier, horloger* ; 3.º *imprimeur, jardinier, joueur de gobelets, lunettier* ; 4.º *meunier, navigateur, orfévre, peintre* ; 5.º *quincaillier, rotisseur, serrurier, tonnelier* : 6.º *usurier, vendangeur*, *vinaigrier*, *oculiste*, n'offrent point le tableau des arts et métiers, et l'ordre dans lequel ces sujets se suivent, ne donne aucune suite régulière aux idées. *Quelques arts*, *quelques métiers* désigneraient mieux le peu qu'on en montre, si l'*usure* était un art ou un métier. Il faut bien se garder de dire aux enfants qu'on ne nomme *artistes* que *les peintres d'histoire* (page 53). Ne leur répétez pas: *Qu'est-ce qui veut du vinaigre ?* sans observer que le marchand de vinaigre parle mal, et qu'il devrait crier: *Qui est-ce qui veut*, etc. On n'insiste un peu sur cet article d'un petit livret, que parce qu'il est plus important de ne jamais donner des notions fausses à l'enfance, que de lui apprendre à lire.

PETIT DICTIONNAIRE *des consonnances, ou petit Dictionnaire raisonné des mots français qui ont entre eux une consonnance ; c'est-à-dire, qui paraissent les mêmes à la prononciation, mais qui cependant ont toujours un sens bien différent, et très-souvent aussi une orthographe bien différente*, etc. — Une brochure in-8.º de 124 pages, dont la préface est signée *Corpéchot*. — A Strasbourg, chez *Louis Eck*, imprimeur-libraire. Prix, 4 fr.

Cet ouvrage est spécialement destiné aux mères, aux bonnes, aux maîtres et maîtresses des petites écoles, aux jeunes gens, et aux étrangers qui veulent apprendre à parler, lire, écrire correctement le français, de manière à ne jamais être induits en erreur par les consonnances. On regrette beaucoup que, dans un livre élémentaire dont l'objet est la pureté de la prononciation, de l'élocution et du style, l'auteur ait négligé ces parties essentielles de son travail, au point d'affirmer qu'*aimait* se prononce comme *aimé* ; *il avait peur* comme *il avé peur* ; *fausse* comme *fosse* ; *six* comme *sisse* ; *suie* comme *suis* ; mes *fils* comme mes *fisses;* de donner pour françaises les façons de parler suivantes : *sa robe touche à bas ; la différence d'écrire ; cuire des fruits à la confiture* , et de donner le mot *être* pour le présent de l'indicatif du verbe *je suis* (Page 48), tandis que c'est précisément le contraire. Plus un livre peut devenir utile, plus il est indispensable d'en soigner la rédaction.

DICTIONNAIRE de l'Académie française, revu, corrigé et augmenté par elle-même. — Nouvelle édition, enrichie de la traduction allemande des mots. Par *S. H. CATEL.* Tome I.er A — C. 1 volume in-4.º de 400 pages en 3 colonnes. —A Berlin, chez *F. T. Delagarde*, 1780 ; à Paris, chez les frères *Levrault*, quai Malaquais.

S. H. Catel assure, dans la préface de ce dictionnaire, que l'Académie française a préparé la révolution, par le choix des objets de ses concours d'éloquence, où « tout « prit, dit-il, le ton simple et auguste de la langue répu- « blicaine. Là, poursuit-il, le nom de *roi* était rarement « prononcé, le nom *odieux* de *sujet* ne l'était jamais. » Au reste, ce dictionnaire, dont l'éditeur est un homme très-instruit du génie des langues, ne contient que les additions connues de tous les français qui se sont maintenus au courant des bonnes éditions, et le mot allemand, placé, sans commentaire, immédiatement après le mot français dont l'acception est indiquée par l'article. L'éditeur a cru nécessaire d'ajouter à son livre « les mots que la ré- « volution et la république ont ajoutés à la langue. C'est ce « qu'on a fait dans un appendice. On s'est adressé, dit-il, « pour ce nouveau travail, à des hommes de lettres que « l'Académie française aurait reçus parmi ses membres, « et que la révolution a comptés parmi ses partisans les « plus éclairés. Ils ne veulent pas être nommés ; leurs « noms ne font rien à la chose ; c'est leur travail qu'il faut « juger ; il est soumis au jugement de la France et de « l'Europe. »

The new pocket dictionary of the inglish and german languages, etc. — Nouveau Dictionnaire de poche, *anglais-allemand et allemand-anglais.* — Un volume d'un format qui n'a que la moitié de la hauteur de l'*in*-8.°; de 231 pages pour la première partie, et de 146 pages pour la seconde. — A Leipsick, chez *Rabenhorst*; à Londres, chez *Longman*; à Paris, chez *Levrault*, impr.-libr., quai Malaquais (1800). Prix, 6 fr.

Ce Dictionnaire est imprimé du caractère le plus fin et le plus net. On y a mis à contribution ceux d'*Adelung*, de *Jonshon*, et tous les ouvrages qui font autorité. Les parties du discours y sont soigneusement distinguées; le genre y est indiqué pour les noms allemands; l'accentuation y est rigoureusement observée, et les verbes irréguliers y sont marqués dans les deux langues. Une liste des noms d'homme et de femme, et des lieux les plus connus du monde, achèvent de rendre ce *vade mecum* aussi utile que commode.

Le Maitre Anglais, ou *Grammaire régulière, pour faciliter aux Français l'étude de la langue anglaise; contenant l'analyse des parties du discours et la syntaxe complète, avec des thèmes sur toutes les difficultés. Nouvelle édition, corrigée et augmentée d'une troisième partie*, etc. Par William Cobbett. — Un vol. in-8.° de 400 pages. — A Paris, chez *Laran*, impr.-libr., et chez *Levrault*, impr.-libr., quai Malaquais. Prix, 4 fr.

La Grammaire anglaise que nous annonçons ici, parut en 1795, à Philadelphie, et les exemplaires en étaient devenus très-rares. Il n'en est point qui présente les principes de la langue avec plus de clarté, et l'importante addition qu'on y a faite, ne peut qu'en assurer encore plus le succès ultérieur. Les grandes difficultés qu'offre l'idiome

anglais

anglais aux français qui veulent l'apprendre, tiennent à l'usage des particules placées à la suite des verbes, dont elles changent entièrement le sens. Une liste de verbes suivis de ces particules, avec des exemples en anglais et en français, ne laisse aucun doute à cet égard; et une liste des verbes qui ne prennent point *to* avant l'infinitif, achève de donner aux amateurs tous les moyens qu'on peut acquérir par une méthode. Le reste doit être le fruit de l'usage.

Parnasso degl' Italiani viventi. — Parnasse des Italiens vivants. Vol. 1, 2, 3, contenant les Poésies de *Lorenzo Pignotti, Aretino*; in-8.º avec fig. Pise.

Le docteur *G. Rozini* élève ce monument à la gloire de ses compatriotes et contemporains, et a fondé pour cela une nouvelle imprimerie à Pise. Dans le premier volume, il nous donne les fables de *Lorenzo Pignotti*, dont on a fait de si nombreuses éditions en Italie : six fables y sont imprimées pour la première fois. Le second contient d'autres fables, une ode, et une imitation de la jolie pièce fugitive française, intitulée : *Les trois manières*. Le troisième réunit les autres poésies du même auteur. Ce recueil est très-bien imprimé, et ne coûte que 1 *fr.* 80 *cent.* le volume.

Louise, Poème champêtre, en trois idylles, traduit de l'allemand de M. *Voss*, avec cette épigraphe : *Qui sait aimer les champs, sait aimer la vertu* (Delille). — 1 vol. in-12 de 186 pages, orné d'une gravure. — Paris, chez *Maradan*, libr., rue Pavée-Saint-André-des-Arcs, n.º 16. An 9 (1800). Prix, 1 fr. 20 cent.

On connaît ces trois idylles de M. *Voss*, plus que les sorties, que leur genre et leur style ont donné lieu de faire à la prévention de quelques littérateurs français, contre les poètes allemands dont ils ignorent la langue. L'ouvrage appartient à la *Bibliothéque Germanique*.

RECUEIL DE POÉSIES et de morceaux choisis de J. DELILLE, avec le portrait de l'auteur. 1 vol. in-12. de 314 pages. — A Paris, chez *Giguet*, rue Grenelle Saint-Honoré, et chez les frères *Levrault*, impr.-libr., quai Malaquais. An 9 (1800). Prix, 2 fr.

Ce recueil contient des pièces fugitives inédites, quelques fragments du poëme de l'*Imagination*, de celui du *Malheur et de la pitié*, et des morceaux de l'*Homme des champs*, qui (disent les éditeurs dans le titre) avaient été supprimés par ordre du Directoire; une notice historique sur l'auteur, et des extraits raisonnés des *Géorgiques françaises*, par les CC. *FONTANES, GEOFFROY, GINGUENÉ, MILLIN*, et d'autres littérateurs distingués. Les morceaux du poëme de l'*Homme des champs*, qu'un anonyme rapporte de mémoire, se bornent à cinquante-cinq vers, dont partie sur la révolution, partie sur ce qu'on a nommé le règne de la terreur, partie sur le sort affreux des émigrés, et enfin sur leur retour que suppose la sensibilité du poète.

FRUGONI canzonnette anacreontiche, et sonetti, in Pavia, Nella stamperia di Baldassare Comini. 1 vol. in-12 de 18 pages.

VERSI estemporanei di FRANCESCO GIANNI, racolti da alcuni suoi amici. — 1 vol. in-12 de 101 pages. *In Pavia, Presso Baldassare Comini.* Prix, 2 fr.

Ce dut être avec un singulier et bien vif intérêt qu'on entendit l'improvisateur *Francesco Gianni* composant et récitant en même temps les poëmes dont est composé ce petit recueil, entre autres, celui sur l'*Homme sensible*, en dix-huit stances de huit vers alexandrins, et celui sur l'*Eloquence des yeux*, en petits couplets de quatre vers. On lui désignait le sujet, on fixait la mesure, le ryhthme; il commençait aussitôt, et ne s'interrompait plus que le poème ne fût achevé. Peu d'ouvrages faits à loisir, sans nulle gêne et soigneusement retouchés, ont ce degré de perfection.

CANZONI *Pastorali di* GIROLAMO POMPEI, *aggiunti due componimenti, d'altro genere finora inediti. In Pavia, nella stamperia del R. J. Monast. di S.-Salvatore.* 1 vol. in-12 de 123 pages. Prix, 2 fr.

Girolamo Pompei fut surnommé, à juste titre, le *Théocrite* et le *Gessner* de l'Italie. « Nous hésitons à prononcer, dit le savant *Fontana*, dans la vie de *Pompei*, si la candeur de son ame, et la douceur (*suavitas*) de ses mœurs, ne surpassèrent pas encore celle de son génie et de ses œuvres poétiques. Réunir et publier les morceaux inédits de ce poète, que les Muses pleureront longtemps, c'est rendre un service important aux amateurs de la poésie italienne.

HOMÈRE *et* ALEXANDRE, poèmes. Par *Louis* LE MERCIER. 1 vol. in-8.º de 200 pages, orné de deux gravures au simple trait, représentant le buste d'*Homère* et celui d'*Alexandre*. — Paris, chez *Renouard*, libraire, rue Saint-André-des-Arcs, n.º 42. Prix, 2 fr. 50 cent.

Ces deux poèmes, auxquels l'auteur promet d'en joindre quatre autres, quand il aura de nouveau fait *quelques pas sur le théâtre*, sont dédiés au XIX.ᵉ siècle par une épître qui se termine ainsi :

« Souviens-toi bien que celui qui t'implore
Fut le premier de tous tes courtisans.
De ton crédit j'ai prévenu l'aurore.
O siècle enfant ! puissent mes vers encore
Te recréer alors qu'en cheveux blancs
Tu verras fuir le dernier de tes ans ! »

Homère aveugle, ses talents, sa *lyre d'or*, sa misère, les malheurs que lui suscite le courroux de *Mars* indigné de la manière dont il est peint dans l'Iliade, et la gloire du poète triomphant de la vengeance de ce Dieu, font le sujet de quatre chants. Les exploits, les vertus, les fautes et la gloire d'*Alexandre* en butte aux fureurs de *Neptune*, et de fleuves mis en dialogue avec d'autres fleuves, remplissent quatre chants qui laissent le héros sur l'Indus. *Saturne* offre, en songe, à *Homère* les poètes de tous les pays et de tous les temps jusqu'à *Voltaire*, *le Brun* et *Delille*. On y remarque ce vers, sur le premier des trois que nous venons de nommer :

De l'irréligion fanatique sectaire.

Les portiques gravés d'un temple de *Pallas*, présentent aux yeux d'*Alexandre*, les héros de tous les siècles, jusqu'à *Nemours*, *Bayard*, aux *Condé*, au bon *Henri* et à *Bonaparte*, à qui l'auteur dit :

« Pour toi, qui, plein d'ardeur, sers un puissant empire,
C'est toi qu'ici le Grec en nos fastes admire. . . . .
Sache combler l'espoir qu'ont donné tes hauts faits ;
Moderne Miltiade, égale Périclès. »

ROMANS. — *Miss Glamour*, ou *les Hommes dangereux*, version libre de l'anglais. Par Th. P. Bertin, traducteur des Satires d'Young, ornée de figures ; avec cette épigraphe : — *Somme romance entertain the genius.* Dryden. — 2 vol. in-12 de 260 et 244 pages. — A Paris, chez l'auteur, rue de la Sonnerie, n.° 1. An 9 (1800). 3 fr.

Le C. Th. P. Bertin, sténographe, a des titres littéraires à l'estime publique d'un tout autre poids que cette *version libre* du roman que nous annonçons ici, et dont l'auteur anglais est anonyme. Il serait difficile de croire qu'un pareil ouvrage fût au nombre de ceux auxquels *Dryden* appliquait l'expression *entertain the genius* ; mais nommer le traducteur, c'est annoncer que les mœurs y sont respectées, quoiqu'on y peigne, en actions, des *hommes dangereux* de l'un des peuples modernes où la corruption touche à son dernier terme, au milieu d'exemples de vertu et des plus sublimes productions de la pensée. Nous souhaiterions que le dessinateur et le graveur n'eussent pas *orné* le premier volume de l'image d'une fille embrassant, à genoux, son père aveugle, mutilé, dont le visage est tailladé de coups de sabre. Il était possible de trouver dans l'ouvrage le sujet d'une estampe qui eût offert un ornement plus agréable.

LES MÈRES RIVALES ou *la Calomnie;* par Mme DE GENLIS. 3 vol. grand in-8.° — A Paris, chez F. Dupont (1800). Prix, 12 fr.

Ce roman a deux épigraphes, l'une anglaise, tirée de *Dryden*, ainsi conçue : *Virtue and Patience have at length unravell'd the knots which fortune ty'd;* l'autre, tirée de la tragédie de *Tancrède*, et dirigée contre la calomnie toujours en butte aux imprécations des ennemis de la médisance. Tout le mérite des *Mères rivales* est dans quelques portraits, et le fond, un tissu d'aventures galantes, qu'on peut appeler une chronique scandaleuse, des tableaux, des situations dignes du pinceau de *Louvet*, entremêlés de longues tirades de morale affectée, de déclamations et de dissertations qui, supprimées, réduiraient l'ouvrage aux deux tiers. Quant à l'intrigue, elle ne tient nullement de l'heureuse fécondité de l'imagination de l'auteur. Une femme va voir son mari à Paris; le mari est absent. Elle allait repartir, trouve un bel enfant dans sa chambre, et s'en charge. On l'en croit la mère, le mari la suppose infidèle, quoique l'enfant soit de lui. Enfin la véritable mère se montre, tout s'explique. Un autre enfant inconnu complique ce roman, dont les fils multipliés et emmêlés échappent souvent à l'auteur même. Ce cadre, assez mal choisi, n'a visiblement été conçu que comme un prétexte à la publication de réflexions doctorales sur *J. J. Rousseau*, les mœurs, l'hypocrisie, sur les philosophes à qui Mme *de Genlis* reproche de proscrire l'évangile en le pillant sans cesse, et sur la religion, attendu, dit-elle, *qu'il en faut une au peuple* : phrase impudente dans un sermon, et déplacée dans un roman licentieux ; le style en est très-inégal, et le plan nul. Au milieu de beaucoup de pages, qu'on ne saurait lire sans bâiller, il en est cependant que l'on quitte à regret, tant elles sont attachantes.

AGATHINA, ou *la Grossesse mystérieuse*, nouvelle napolitaine, traduite de l'anglais de *FOX*. Par *J. B. BRETON*, sténographe. — 2 vol. in-12, ornés de gravures. — A Paris, au salon de lectures, boulevart Cérutty, n.° 21. An 9 (1800). Prix, 3 fr.

La fille du comte *Rodolphe*, *Agathina*, allait épouser le prince *Rinaldo*, son cousin. Elle tombe en léthargie. On la fait garder par deux moines ; elle revoit le jour, mais troublée par un songe qui l'avait livrée aux embrassements de *Contarini*, ennemi de sa famille. *Rinaldo* croit l'avoir perdue, tombe malade, est transféré au château de Martorano. *Agathina* se trouve enceinte. *Rodolphe* est furieux ; sa femme *Isabelle* donne à leur fille des habits de pélerin, et l'engage à fuir le courroux de son père. Celui-ci impute à *Rinaldo* la grossesse d'*Agathina*, et envoie au château deux assassins pour se défaire du jeune homme et de son tuteur *Manfrédy*. Bourrelé de remords, *Rodolphe* sert l'état, revient, les croit morts, et va prendre possession du château, comme héritier de son neveu. Sa femme et lui apprennent que leur fille, déguisée tantôt en pélerin, tantôt en troubadour, a fait tourner la tête à toutes les jeunes personnes qu'elle a rencontrées. *Agathina* est accouchée d'un enfant mort, et a juré de ne déclarer son sexe que lorsque le secret de sa grossesse aura été expliqué. Les ennemis de *Rodolphe* l'accusent d'avoir fait assassiner *Rinaldo*. Ses deux complices et *Contarini* déposent contre lui à Naples. Il est condamné à mort, et meurt suicide. Au moment où il vient de se frapper, son fils *Ferdinand*, qui passait pour avoir été tué par *Contarini*, ramène *Rinaldo* de la guerre des croisades, confond cet accusateur et les faux témoins. On découvre que *Contarini*, sous l'habit de moine, avait abusé d'*Agathina*, assoupie par un breuvage narcotique. Le supplice des scélérats venge l'innocence, et *Rinaldo* épouse *Agathina*. On nous annonce une autre traduction de ce roman.

JOURNAUX. — *Opposition littéraire. Mémoires secrets de la République des lettres*, rédigés par l'auteur des *Étrennes de l'Institut, de la fin du XVIII.ᵉ siècle*, etc.; et par *plusieurs littérateurs indépendants*. — Neuvième cahier, 1.ᵉʳ frimaire an 9.

Ce journal blesse plus d'un amour-propre, et n'est pas au dessus de tout reproche ; mais il contient quelquefois des articles bien faits, souvent des critiques gaies et presque toujours des anecdotes ou des traits qu'on chercherait vainement ailleurs. Il deviendra un recueil aussi utile que piquant, si les auteurs s'attachent, relativement au bon goût, à une doctrine pratique constante, éprouvée, invariable ; si la censure, sagement ménagée, et incontestablement motivée, y gagne en force et même en vraie gaieté, ce qu'on en supprimera de causticité vague, et surtout d'amertume et de personnalités. Les erreurs, les paradoxes dangereux, l'ignorance présomptueuse et la sottise, sont du ressort de la satyre estimable qui respecte les mœurs. Chaque cahier, pris séparément, se paie 1 franc 25 centimes, et ne coûte qu'un franc aux souscripteurs. Il en paraît un cahier le premier de chaque mois. On souscrit chez *Colnet*, libraire, rue du Bacq, n.° 618, à l'enseigne de l'Institut.

BIBLIOGRAPHIE

Spectacles de Paris.

Théatre des Arts (Opéra). — *Dardanus*, tragédie-opéra, paroles de *Labruère*, fut joué avec succès, en 5 actes, en 1739. Ce fils de *Jupiter* et d'*Electre*, bâtit la ville de Troie et épousa la fille de *Teucer*, dit *Virgile*. *Labruère* suppose la guerre allumée entre *Dardanus* et *Teucer*; celui-ci accepte les secours d'*Antenor* et lui promet sa fille *Iphise*. *Antenor* et *Iphise* consultent le magicien *Isménor*; le père, sur l'état du cœur d'*Iphise*, et la fille, sur les moyens de ne plus aimer *Dardanus*; mais *Antenor* est *Dardanus* déguisé. Sa prison, ses dangers, sa victoire, sa réconciliation avec *Teucer*, après la mort d'*Antenor*, fondent tout l'intérêt de la pièce. Quand *Sacchini* se chargea d'en refaire la musique, le C. *Guillard* en retrancha, y changea, y ajouta plusieurs morceaux, et l'opéra n'eut, à la cour, qu'un succès équivoque. L'administration décida qu'avant de le donner à Paris, on y rétablirait un acte supprimé; le C. *Guillard* et *Sacchini* travaillèrent en conséquence, et l'ouvrage tomba *presque* en 1784. On remit ce même opéra en 3 actes, et il réussit en 1786. Aujourd'hui, comme alors, *Isménor* et *Dardanus* sont deux personnages; mais le magicien donne à *Dardanus* une baguette enchantée qui fascine les yeux de l'amante au point qu'elle prend *Dardanus* pour *Isménor*. Mais si *Dardanus* laisse échapper sa baguette, il doit tomber au pouvoir de ses ennemis. Il est mis en prison: heureusement qu'*Isménor* a la bonté, non de l'en tirer, mais de l'y amuser d'un voluptueux ballet, que viennent y exécuter l'Amour, les Plaisirs et les Grâces.

Théatre des Troubadours. — *Arlequin taisez-vous*, parodie de *Thésée*. Fils de *Pétra* et de M. *Cassandre-Gelé*, directeur du théatre de Nogent-le-Rotrou, *Arlequin taisez-vous* s'est enfui lorsque son père supplanta

Gilles-Paillasse, entrepreneur du spectacle, à qui *Cassandre* avait promis sa survivance. Ce *Cassandre* est mené partout à la lisière par Mme *Madré*, sa seconde femme, qui a battu vingt acteurs, éreinté trente régisseurs, souffleté beaucoup d'actrices, divorcé sept fois, et mis ses cinq enfants à l'Hôpital. Arrive *Arlequin*, sujet renommé pour le tragique; il va débuter dans *Thésée*: Mme *Madré* et *Bichonne*, sa confidente, forment une cabale pour faire tomber la pièce : M. *Cassandre* est mis dans le complot au moyen d'une lettre saisie entre les mains de *Scapin*, ami d'*Arlequin*, lettre où l'on voit qu'*Arlequin* presse l'arrivée de *Colombine*, sa femme, qui fait, à Noirmoutiers, les délices des Sables-d'Olonne. Dans une répétition générale, on présente une coupe soporifique à *Arlequin* pour qu'elle opère au moment de la représentation. Il tire son sabre, jure fidélité à la race de *Cassandre*, qui reconnaît son fils. Mme *Madré*, furieuse, s'abyme dans une trappe, et la troupe se range du parti d'*Arlequin*, nommé survivancier de son père.

PEINTURE. — VITE de' più eccellenti pittori, scultori e architetti, scritte da M. Georgio VASARI, pittore e architetto Aretino, in questa prima Sanese arricchite più che in tutte l'altre precedenti di Rami, di Giunte é correzioni; per opera del P. M. GUGLIELMO DELLA VALLE, minor conventuale, soccio delle RR. accademie delle scienze di Torino et di Siena, dell' instituto e belle arti di Bologna, etc. etc.—In Siena, a' spese de' PAZZINI CARLI e compagno. — *Vies des meilleurs peintres, sculpteurs et architectes, écrites par* GEORGIO VASARI, etc.; édition plus complète que toutes les précédentes, corrigée et augmentée par le P. GUGLIELMO DELLA VALLE. — 10 vol. in-8.º de plus de 360 pages chacun, avec des portraits gravés. —A Sienne, *Pazzini Carli*.

La première édition de ces vies par Vasari, fut imprimée en 1550, en 2 vol. in-4.°, non à Florence, comme l'a dit, à tort, M. Battori, mais à Turin. Il en parut une seconde en 1568, à Gênes, en 3 vol. in-4.° Enfin, celle de 1648, a successivement reçu diverses dates de la supercherie, trop commune en Italie, de nouveaux frontispices appliqués à d'anciens livres ; mais on n'en a réellement fait aucune autre édition depuis cette époque ; ainsi que l'a très-bien observé le savant et judicieux abbé Comolli. Celle dont il est question ici, contient des notions générales sur les arts de la peinture, de la sculpture, de l'architecture, des additions considérables, et des notes, tant biographiques, anecdotiques, que techniques et littéraires.

Trois essais sur le beau pittoresque ; sur les voyages pittoresques, et sur l'art d'esquisser le paysage ; suivis d'un poème sur la peinture du paysage. Par M. *William* Gilpin, chanoine de Salisbury, etc. trad. de l'Anglais, par le baron de B***. 3 vol. petit in-4.° de 160 pages, sur papier vélin, avec des planches gravées en couleur, dont une est coloriée à la main. — A Breslau, chez *G. TH. Korn.* A Paris, chez *Levrault*, impr.-lib. quai Malaquais. Prix, 60 f.

Le poème de M. *W. Gilpin* est ici traduit en prose française, où les puristes releveront plus d'une incorrection. Mais ce poème, l'essai qui le précède, les notes, les détails, les conseils, les exemples, les planches et la machine destinée à saisir la perspective, donneront d'agréables jouissances aux amateurs qui s'exercent dans l'art difficile de bien rendre ce que les payages ont de pittoresque. Peu d'ouvrages réunissent, au même degré, le plaisir d'une pratique aisée, aux règles d'une théorie claire. Les estampes y sont de vrais tableaux, où l'œil suit les progrès de l'exécution à mesure que chaque règle y est appliquée.

GRAVURE. — Deux estampes représentant, l'une, la *mère trompée* ; l'autre, *la fille surprise*, d'après les tableaux de *le Peintre*. — A Paris, chez *Desnoyers*, rue Neuve-Egalité, n.° 300. — Prix, 12 fr. les deux.

Elles font sourire et ne font pas rougir.

Vues des monuments antiques de Rome, huit cahiers de six feuilles ; par *Bablard*. — A Paris, chez l'auteur, rue Saint-Dominique, n.° 239. — Prix, 2 fr. 50 c. le cahier. — Ces vues, dessinées d'après nature, sont gravées à la manière du lavis.

FIGURES d'HOMÈRE, *d'après l'antique*, par *H. Guill. Tischbein*, directeur de l'académie royale de peinture et de sculpture de Naples; avec les explications de *Cr. G. Heyne*. — Le roi de Naples, M. *Hamilton* et M. *d'Italinsky* ont donné à l'artiste tous les secours dont il avait besoin pour cette grande entreprise. Sa collection sera imprimée grand in-folio, sur papier grand-soleil-vélin, et paraîtra par livraison de six planches, suivies du texte. Le premier cahier sera le plus cher, aura dix feuilles, et contiendra le portrait d'*Homère* et sept têtes, morceaux vraiment précieux. Il coûtera 36 fr. A Metz, chez *Collignon*. A Strasbourg et à Paris, chez les frères *Levrault*, quai Malaquais.

COLLECTION des gravures d'HOGARTH. — Première livraison, composée de six planches in-folio.

Le six planches de cette livraison représentent 1.° des comédiens et comédiennes d'une troupe ambulante, qui s'habillent dans une grange ; 2.° des buveurs de punch ; 3.° le matin ; 4.° le midi ; 5.° le soir; 6.° la nuit. Ces estampes, dont l'originalité, très-connue, cause toujours un nouveau plaisir, sont dessinées et gravées par *E. Rupen-*

hausen, d'après les tableaux faits par *W. Hogarth*, en 1738.

PRINCIPES DE CARICATURE, *suivis d'un essai sur la peinture comique ;* par *Fr.* GROSE, écuyer, membre de la société des antiquités de Londres ; traduit en français, sur la traduction allemande de M. J. G. Grohmann, par M. de L***, avec vingt-neuf planches. A Leipsick, chez *Baumgartner*. A Paris, chez *Levrault*, frères, quai Malaquais.

La caricature est pour les dessinateurs, les graveurs et les peintres, ce qu'est la satyre dans l'art poétique ; plus d'un fait atteste même à quel point la caricature est un art politique dans les mains des gouvernements, et surtout des factieux. On a souvent commis des homicides très-effectifs, en corrigeant et *chargeant* les épreuves d'une estampe d'un sou. Cet art, si dangereux, a des règles fort innocentes, et peut servir à corriger des vices ou des ridicules, ou à égayer la mélancolie. *Hogarth* a ce mérite au plus haut degré. Dans sa *Porte de Calais*, deux poissardes à figures de poisson ; un gros moine extasié devant une belle longe de veau ; son prisonnier pour dettes, auteur d'un projet qui doit payer celles de l'état ; son Hercule russe sous les formes d'un ours, etc., feraient sourire l'amateur le plus sérieux. Peu d'artistes ont le génie de la caricature ; la plupart n'y mettent pas même d'esprit.

MUSIQUE. — *Trois sonates pour le forte-piano*, avec accompagnement d'un violon *ad libitum ;* par D. STEIBELT. Op. 35. — Prix, 9 fr. — *Le Menestrel*, romance de *Boieldieu*, arrangée pour la harpe. — Prix, 1 fr. 25 c. — A Paris, chez *Naderman*, marchand de musique, rue de la Loi, passage du café de Foi.

M. *Sonnenleither*, de Vienne, annonce une *histoire de la musique* de tous les temps, enrichie de fragments, de portraits et de biographies, ouvrage entrepris sous la direction de MM. *Albrechtsberger*, *Jof. Haydn* et *Ant. Salieri*. Il formera 50 vol. in-folio, de soixante feuilles chacun; le texte sera en quatre langues, allemand, français, anglais et italien. La souscription est de 100 ducats de Hollande.

A GENERAL TREATISE on Music, particularly on Harmony or Tourough-Bass, and its application in composition, etc. — *TRAITÉ GÉNÉRAL de musique, particulièrement d'harmonie ou de basse-continue, appliquée à la composition, etc.*; par *M. P. KING*. In-folio, 77 pages gravées. Prix, une guinée. — Chez l'auteur, great Portland street, n.° 113, à Londres.

M. *King* y développe les principes philosophiques et pratiques de l'art, avec autant de clarté que de méthode. Son ouvrage ne peut qu'être utile aux amateurs, aux artistes même. Quant à l'analyse des compositions, il nous paraît avoir suivi les procédés employés par *Martini* dans son *Saggio di contrappunto*, et par *Paolucci* dans son *Arte pratica di contrappunto*, sorte d'analyse sur laquelle M. *Kallman* a depuis peu déployé les plus grandes connaissances et publié les remarques les plus ingénieuses en Angleterre.

CONSERVATOIRE DE MUSIQUE. — La distribution des prix, pour les cours de l'an 8, se fit le 17 frimaire an 9, dans la salle du théâtre des Arts, au milieu de la plus grande affluence des spectateurs, et en présence des autorités constituées du département de la Seine. Cette solennité commença par un concert, où l'ouverture de l'*Hôtellerie portugaise*, de *Chérubini*, fut jouée avec la plus grande perfection. On y entendit aussi plusieurs morceaux détachés qui furent vivement applaudis. Après le concert, le ministre de l'intérieur, le C. *Chaptal*, prononça un discours, simple, court, éloquent, sur l'utilité de la musique appliquée aux affections de l'ame; et décerna les prix aux élèves.

Le Théâtre de la République et des Arts (*l'Opéra*) de Paris, prépare pour le 3 nivose prochain, 24 décembre, 1800, une première représentation de la Création du Monde, *oratorio d'*Haydn, *parodié* et mis en vers par le C. *Ségur*, jeune, traduit de l'Allemand, et dont la musique est *arrangée* par D. *Steibeld*. L'ouverture peindra le Chaos. *Première partie :* Dieu crée la lumière et sépare les éléments. Chœur d'Anges. *Seconde partie :* Dieu peuple les éléments et crée l'homme et la femme. Adam et Eve célèbrent la puissance de Dieu et leur reconnaissance. *Troisième partie :* Admiration d'Adam et d'Eve pour les Œuvres de Dieu. Ils chantent leur tendresse et leur créateur. On ne conçoit pas comment un pareil sujet peut être *parodié* dans l'acceptation ordinaire du mot *parodie*.

Mélanges, Biographie, Inventions, Anecdotes et Modes.

Nécrologe et Biographie. — *Dominique Chaix*, curé de Baux, près de Gap, est mort ces jours-ci, à soixante-neuf ans. Savant botaniste, ami et compagon du célèbre naturaliste *Villart*, il lui a légué ses manuscrits. Le C. Villart va publier la *Flore Gapençaise* de *Chaix* dans l'*histoire des plantes du ci-devant Dauphiné.*

J. B. *Audiberd*, peintre, graveur, naturaliste, vient de mourir. Il est auteur de l'*Histoire naturelle des Singes, des Makis et des Colibris.*

Découvertes ou Inventions. — On a éprouvé que pour rendre potable et saine l'eau la plus corrompue, il suffit de la faire passer au travers d'une couche de charbon, de chaux et de cailloux, de différentes espèces.

Le marquis de *Salisbury* présenta, le 5 novembre 1800, au roi d'Angleterre, le premier livre qu'on ait imprimé sur du papier fabriqué avec de la paille ; papier aussi beau que le meilleur fait de chiffons. De pareils échantillons furent présentés au roi de France en 1785.

Un nouveau manuscrit de J. J. *Rousseau*, est, dit-on, prêt à paraître ; il en avait fixé la publication vers la fin de l'an 1800. On nous assure que ce nouvel ouvrage est dirigé contre le baron de *Grimm*, que *Jean-Jacques* s'y compare à *Voltaire*, et que la parallèle finit par l'affirmation, que la renommée de *Voltaire* ira toujours en diminuant, et que celle de J. J. *Rousseau* doit toujours croître. Quel étrange philosophe, qu'un homme qui charge expressément sa mémoire de l'odieux et du ridicule de pareilles personnalités, et d'une vanité si puérile !

Le docteur *J. Barton*, à Londres, vient d'inventer une méthode de mêler l'air vital avec le vin, en assez grande quantité pour en faire un remède dans toutes les espèces de fièvres d'affections nerveuses ou de grossesse. En décomposant ce que nos ignorants aïeux appelaient l'*air*, on finira par y trouver tant de mixtes différents, qu'il ne s'agira plus que de les séparer, et de les appliquer, pour en retirer tous les avantages d'une pharmacie universelle.

M. *Almorth*, à Stockholm, a inventé un moulin qui réduit le quinquina en poudre aussi fine que le font les Anglais.

Aussitôt que le télégraphe fut connu en Suède, on y adopta l'usage de cette machine ingénieuse, pour indiquer l'état du passage de Stockholm en Finlande. On en a construit à l'entrée du Mastrand, pour l'utilité des pêcheurs et du commerce.

ANECDOTES ou *Faits remarquables.* — Etymologie du mot *Cabale.* — Il s'établit sous le règne de *Charles II*, un conciliabule de cinq personnages, qui gouvernaient ce roi ;

les lettres initiales de leurs noms composèrent un mot, sur lequel la satyre s'exerça librement : *Clifford*, *Ashley*, *Buckingham*, *Arlington* et *Landerdale*, furent collectivement désignés par CABAL. *Histoire d'Angleterre, par Goldshmith.*

Van Noorden, médecin de Roterdam, vient d'apprendre, d'un témoin oculaire, que l'arbre à pain réussit tellement à Surinam, qu'on y en voit de belles allées, et que le pain, fait de son fruit séché et pilé en farine, est aussi bon, et lève aussi bien, que le meilleur pain de froment. — Toute la métaphysique des idéologues, et tous les lauriers des conquérants, ne valent pas l'espoir que donne la transplantation de cet arbre.

Une des lionnes du Jardin des Plantes de Paris, mit bas le 10 novembre 1800, trois petits vivants, et à terme, après 100 jours de gestation. Le père et la mère ont six ans et demi, et ont été pris à l'âge de six mois, entre Bonne et Constantine, par des Arabes.

Quelques amateurs, réunis en société, ont fait acheter à Londres un Tigre royal et sa femelle, un Léopard, une Panthère, une Hyène, un Lynx et sa femelle, un Ouanderou (Singe-lion), et un Papion de la grande espèce, qu'ils se proposent de faire voir au public de Paris, pour de l'argent.

MODES. — Les premiers froids ont triomphé de la répugnance de nos dames pour les *douillettes* et pour les *palatines*; mais on ne voit pas encore de manchons. On n'imagine pas ce qu'il en coûte aujourd'hui pour être en négligé. Quelques savantes naturalistes ont nommé des rubans mouchetés, des rubans *vaccinés*. Le bon goût va même, dit-on, jusqu'à nommer chapeaux à la *vaccine*, les chapeaux de velours à mouches. Le danger imminent d'avaler du verre brisé, n'empêche point nos élégantes de garnir de jais leur coiffure, et jusqu'à leurs bouts de m che plus longs que jamais.

BIBLIOGRAPHIE UNIVERSELLE.

Religion et Philosophie morale.

ELEMENTS of christian Theology, etc. — ELÉMENTS de *Théologie chrétienne*, contenant les preuves de l'authenticité et de l'inspiration des saintes écritures ; un sommaire de l'histoire des Juifs, et des principaux livres de l'Ancien et du Nouveau Testament ; un compte rendu des traductions de la Bible en anglais, et de la liturgie de l'église anglicane, et le texte expliqué de ses 39 articles de religion. Par George PRETYMAN, évêque de Lincoln ; ouvrage destiné aux jeunes étudiants en théologie. 2 vol. in-8.°, de 550 pages chacun. Londres, Cadell. 1799.

Notre cadre fût-il moins resserré, nous nous garderions bien de donner à la notice d'un livre de ce genre l'étendue, vraiment étonnante aujourd'hui, que prennent encore de pareilles analyses approbatives et raisonnées, dans les meilleurs journaux anglais. On compromet son droit naturel de recommander les vérités nécessaires, quand on a l'indiscrétion d'en excéder ceux qu'elles ennuient, d'en offusquer ceux qui les détestent, et d'en offrir le développement à ceux qui sont prêts à les tourner en ridicule. Elles imposent d'abord le devoir du respect ; et l'obligation de les défendre est un ministère auquel un simple bibliographe n'est pas spécialement appelé. Des calamités générales, nées du mépris de toute religion, sont d'assez terribles leçons pour que désormais l'homme d'état, s'il est digne de ce nom, ne doute plus de la nécessité des institutions religieuses, et du tort impolitique et sacrilége qu'il aurait de s'y montrer indifférent. Quelques opinions, soit personnelles, soit locales, du pieux et savant évêque de Lincoln (*), attesteront à la bonne-foi des diverses

---

(*) Il a paru à Londres, en 1800, plusieurs critiques très-sérieuses de certaines opinions contenues dans son ouvrage : *Observations... Animadversions*, etc.

communions chrétiennes, que l'unité seule peut rendre au christianisme, à la philosophie divine, toute la bienfaisance morale promise au fidelle qu'une vie future console d'une vie de tribulations.

A MODESTE APOLOGY, for the Roman-Catholics of great-Britain, etc. — *MODESTE APOLOGIE des Catholiques Romains de la Grande-Bretagne, adressée aux plus modérés d'entre les protestants, particulièrement aux membres du parlement.* 1 vol. in-8.° de 271 pages. Londres, *Faulder*, 1800.

Il est bien temps de faire enfin succéder quelques écrits conciliateurs et pacifiques, à toutes ces absurdités philanthropico-incendiaires dont on repaît les passions des individus et des peuples, depuis un quart de siécle. Mais le plus grand obstacle au rapprochement commun, nommé *religion*, de *relier*, c'est le préjugé anti-moral qui met la liberté des cultes dans l'indifférence pour tous les cultes; préjugé philosophique, né de la vanité qui se flatta follement d'avoir détruit et les cultes et les préjugés. Nous doutons beaucoup, 1.° que la majorité des catholiques de la Grande-Bretagne souscrive aux renonciations que fait pour eux leur modeste apologiste; 2.° que les protestants qui ne le sont pas encore à la manière de *Bayle*, en estiment davantage les catholiques esprits-forts signataires de l'apologie; et 3.° que les indifférents, habiles à dissoudre les éléments du respect, de l'estime et de la paix, et qui ne veulent de religion que sur le théâtre, manquent de donner aux uns et aux autres les épithètes contradictoires de sectaires relâchés, et de fanatiques.

SENTIMENT de M. l'évêque de Troies, résidant à Londres, sur la légitimité de la promesse de fidélité, ou Réponse à un écrit intitulé : Véritable état de la question de la promesse de fidélité à la constitution, demandée aux prêtres. 1 vol. in-8.° de 120 pages. Paris, *Leclere*; prix 2 fr.

M. l'évêque décide que les prêtres peuvent et doivent faire la promesse exigée d'eux par le gouvernement, attendu que le gouvernement lui-même a déclaré que *fidélité* signifie, dans ce cas, uniquement soumission, obéissance, non-opposition.

DES ÉTUDES DES ENFANTS, par M. ROLLIN, ancien Recteur de l'Université de Paris, de l'académie des Inscriptions et Belles-Lettres; nouvelle édition, un vol. in-12, de 162 pages, à Paris, chez Mme LAMY, libraire, rue du Vieux-Colombier, faubourg Saint-Germain, N.° 746, an 9 (1800). Prix 1 fr. 20 c.

DE L'ÉDUCATION DES FILLES, par M. de FÉNÉLON, archevêque de Cambrai; nouvelle édition, augmentée d'une *Lettre du même auteur à une dame, sur l'éducation de sa fille unique*, et d'un *Discours préliminaire sur les changements introduits dans l'éducation*, par S. J. B. V. un vol. in-12, de 276 pages, orné du portrait de Fénélon, gravé par C. E. Gaucher, sur l'original, peint par J. Vivien, à Paris, chez le même libraire, prix 1 fr. 80 c.

Ces deux Ouvrages sont trop connus pour que nous croyons devoir en faire l'analyse. On les fait paraître en même temps, du même caractère, du même format, afin que les pères, mères, instituteurs et institutrices puissent les joindre en un seul volume. « L'éducation tombe en ruine parmi nous, dit l'éditeur; elle est devenue le sujet de mille systèmes téméraires, et comme le jouet de ces visionnaires fantasques et audacieux, qui se décorent du titre spécieux de métaphysiciens. Le plus funeste désordre est le fruit de leur doctrine, et, par un travers inoui chez les nations même les plus corrompues, on a introduit, avec réflexion et *à dessein*, dans l'institution de la jeunesse, un relâchement qui va jusqu'au scandale, et qui doit nécessairement nous conduire aux derniers excès de la dépravation. »

Il destine ces nouvelles éditions aux mères tendres, attentives, pieuses; assure que tous les trésors de science qu'on entasse de nos jours, dans de jeunes cerveaux, n'y laissent que de la vanité; s'élève contre l'usage de tutoyer les père et mère; contre l'éducation de *J. J. Rousseau*; contre *Sénèque*, précepteur de *Néron*, apologiste du parricide; contre *Diderot*, qui justifia cette apologie, et contre quelques femmes auteurs modernes, dignes, selon lui, de *servir de modèles aux plus inintelligibles sophistes*. Peut-être un zèle moins âcre, eût-il recommandé plus utilement la sagesse éprouvée des conseils de *Rollin*, et la morale aimable et pure de *Fénélon*, s'occupant à former le cœur et l'esprit des jeunes personnes que sa langue chaste nommait encore décemment des filles.

Politique, Manufactures et Commerce.

Morality united with Policy, etc. — Réunion de la Morale et de la Politique, ou Réflexions sur l'ancien et sur le nouveau gouvernement de France, et divers moyens d'opérer une réforme civile et ecclésiastique. Par Robert Fellowes, auteur du *Tableau de la Philosophie Chrétienne*. Un pamphlet in-12. Londres, White, 1810.

L'auteur de cette brochure, supérieurement écrite, y déploie tant de modération que les *Thorys* le traiteront de *Whig*, et les *Whigs* de *Thory*, comme le disent d'un autre sage deux vers de *Pope*. Robert-Fellowes pense que, sous l'ancien gouvernement de France, les mœurs tempéraient le pouvoir absolu, au point de n'y laisser qu'un despotisme de théorie. Tout le monde ne sera pas de cet avis. Quant aux réformes que l'auteur propose pour son pays, il y trouvera plus d'un intérêt ou personnel ou public qui lui soutiendra que de pareils objets ne doivent pas être livrés aux discussions populaires chez un peuple violent, emporté, excessif, corrompu. Mais les hommes capables de réflexion, préféreront son assertion, que tout état bien ordonné doit consacrer une portion de ses terres, ou de ses revenus industriels, à cette partie de la politique destinée au maintien de la morale.

DE L'INFLUENCE du Gouvernement sur la prospérité du Commerce. Par *Vital, Roux* de Lyon, négociant. Un vol. in-8.º de 484 pages, avec cette épigraphe, tirée d'Horace: *Ulterius sic altera poscit opem res, et conjurat amicè*, que l'auteur a traduite, assez peu littéralement, en ces termes: *Il faut qu'ils fassent ensemble une étroite alliance, et qu'ils s'entr'aident mutuellement.* Paris. *Fayolle*, et chez *Levrault*, imprim.-libr., quai Malaquais. An 9 (1800). Prix, 4 fr.

Un sage emploi de toute la science théorique du commerce, dont on a fait une bibliothèque si volumineuse, depuis que l'esprit tue le commerce; des vues raisonnables, des intentions dignes d'estime, des conseils utiles donnés, avec modestie, sur le crédit, les dettes, les banques, la balance générale, l'impôt, les corporations; sur des écoles à établir, la bourse, les courtiers, et le code appliqué aux banqueroutes, mettent cet ouvrage au nombre des productions dont le succès concourt au bien public.

MANUEL *alphabétique des Maires, de leurs Adjoints et des Commissaires de police, contenant le texte ou l'analyse des règlements relatifs aux fonctions dont ils sont chargés.* 2 vol. in-8.º de 432 et 364 pag. A Paris, chez *Garnery*, libraire, rue de Seine, et chez les frères *Levrault*, imprim.-lib., quai Malaquais. An 9 (1800). Prix, 6 fr.

On a traité dans ce Manuel, avec étendue, tout ce qui concerne l'état civil, la police, les contributions, les intérêts des communes; rien de ce qui touche à l'ordre public, n'y a été négligé. L'exactitude que les rédacteurs ont mise dans les renvois, donnera, aux possesseurs des collections de lois, la facilité de recourir, sans la moindre peine, au texte des lois ou réglements qui ne sont pas analysés. Quant aux nombreux articles d'un usage habituel, leur insertion dispensera le maire, ou le commissaire qui n'aura que ce recueil, de chercher des développements ailleurs. Des formules indiquent la teneur légale de tous actes, et une appendice contient les changements survenus durant l'impression.

STORIA civile e politica del Commercio de' Veneziani, di Carolo-Antonio MARIN. — *Histoire civile et politique du Commerce des Vénitiens.* Par C. A. MARIN. Tome 1.ᵉʳ Venise.

Cet ouvrage, annoncé en 1798, remonte à l'origine de Venise, que les incursions des barbares rendirent maritime. (Un journal observe ici que « ceux qui habitaient « le voisinage des lagunes, *se réfugièrent derrière elles*). » L'invasion des Huns accrut encore le nouvel établissement de riches familles, qui s'y mirent à l'abri, et qui (prouvant ainsi que le bien peut naître des plus grands fléaux) y fondèrent un gouvernement solide, et firent des lois commerciales. Autre invasion, celle des Hérules et des Ostrogoths. *Théodoric, Justinien, Bélisaire, Narsés* et *Alboin* (non *Albruin*) influent tour à tour sur le sort de Venise, où les mœurs étrangères, l'opulence et leurs suites amènent le dogat. Les Francs arrivent en Italie, *Charlemagne* fait la guerre aux Lombards; C. A. Marin va toujours, pesant les causes avec justesse, peignant les résultats d'une manière animée, et finit son 1.ᵉʳ volume par le récit du combat naval qui assura l'indépendance de Venise.

CODE DU COMMERCE *de terre et de mer, ou Conférences sur les lois, tant anciennes que modernes, publiées sur le Commerce. Ouvrage enrichi du développement des principes fondamentaux du commerce, du tableau des usances et des jours de grace en usage dans les différentes places de l'Europe, des modèles de lettres-de-change, de billets à ordre et autres effets négociables; et terminé par le recueil des lois publiées, en France, sur le commerce de terre et de mer, et par celui des condamnations prononcées contre les banqueroutiers.* Par J. Ch. PONCELIN. 4.ᵉ édition, revue et corrigée. 2 vol. in-8.° de 320 pages chacun. À Paris, chez *F. V. Ponçelin* jeune, imprimeur-libraire, rue du Hurepoix, n.° 17. An 9 (1800). Prix, 4 fr.

Quoique la jurisprudence des faillites soit le principal objet de cet ouvrage, tout le reste y est traité de la manière la plus solide et la plus utile.

OBSERVATIONS on the various Systems of Canal of navigation, etc. — OBSERVATIONS *sur divers systèmes de canaux de navigation, considérés sous leurs rapports pratiques et mathématiques; dans lesquelles le plan des bateaux à roue de M. FULTON est examiné, ainsi que l'utilité des souterrains et des canaux étroits, et où sont décrits les canaux et les plans inclinés de la Chine.* Par *William* CHAPMAN, membre de la société des ingénieurs civils à Londres. 1 vol. in-4.° de 104 pages, orné de 4 planches. Londres. *Taylor, Holborn.* 1800.

Ce n'est point ici de la rhétorique sur les canaux, de ces déclamations vides de faits, de connaissances, d'idées utiles, qui ne font pas faire un quart de mille à un bateau, dans les pays où l'on a la manie de mettre les arts politiques en bel-esprit, en brochures, en phrases que tout oisif sait faire et dont personne ne profite que le marchand de papier. Les entrepreneurs de canaux, les hommes d'état, appelés à s'occuper de ces *grandes artères factices* à donner au commerce intérieur, les ingénieurs destinés à des travaux de cette importance, nous sauront gré de leur avoir recommandé cet ouvrage, aussi clair que savant, aussi plein de détails précieux que méthodique.

The Political Economy of inland navigation, irrigation, and drainage, etc. — *Économie politique de la navigation intérieure, de l'irrigation et du desséchement ; et pensées sur la multiplication des ressources commerciales, et sur les moyens d'améliorer le sort du genre humain, par la construction de canaux ; les avantages qui en résulteraient pour le commerce, les transports, l'agriculture, le bien-être domestique et les arts mécaniques ; et par leur extension illimitée dans les parties les plus éloignées de l'intérieur de la Grande-Bretagne, jusque dans l'étranger.* Par *W. Tatham.* 1 vol. in-4.º de 320 pages, orné de 11 planches. Londres. *Faulden*, 1799.

L'emphase de ce titre, où il ne s'agit de rien moins que d'*améliorer le sort du* Genre humain, fait soupçonner d'abord, et la lecture du volume confirme, à chaque page, que ce n'est qu'une compilation, telle qu'en font, depuis trente ans, sans choix, sans jugement, sans expérience, sans étude, sans idées qui leur soient propres, de verbeux rapsodistes dont le droit d'ennuyer se fonde sur la mission qu'ils se donnent à eux-mêmes, de faire le bonheur de la pauvre humanité. Celui-ci embrasse l'Europe et l'Amérique, et propose de creuser un canal d'*insulation* autour de Londres.

Mémoires relatifs à la Marine. Par *A. Thevenard*, vice-amiral. 4 vol. in-8.º de plus de 560 pages chacun, avec un grand nombre de gravures et de tableaux. Paris, *Laurent* jeune, imprimeur-libraire, rue Saint-Jacques, n.º 32, et les *frères Levrault*, imprimeurs-libraires, quai Malaquais. An 8 (1800). Prix, 21 francs, et port payé 24 francs.

Ces mémoires ont pour objets l'origine de la boussole ; la calcul de la force d'un homme qui tire horizontalement, des deux mains, sur une corde ; le calcul raisonné de la force d'un appareil pour tirer un vaisseau à terre ; la mer Rouge ; la mâture ; les pesanteurs spécifiques ; la construction des avisos et petites corvettes ; la méthode de mesurer la profondeur de la mer et la dérive ; les rades et îles de Brest, d'Ouessant à la Loire, et les antiquités celtiques ; les phares anciens et modernes ; les noms des différents lieux des côtes de Terre-Neuve et de Labrador, défigurés par les Anglais et copiés en France ; la conservation des gens de mer ; les pêches de sardines, de morues, de baleines, du hareng ; leurs rapports avec la marine ; le passage du Ras de Sein, dit de Fontenay ; des expériences sur la portée de différentes bouches à feu, tirées du rivage vers la mer ; des causes qui ont fait crever des canons de fer forés ; le raccourcissement des canons de fer de marine ; la rentrée des œuvres mortes des vaisseaux ; la courbe des bois ; les cordages ; les voiles ; la valeur d'une coque achevée de vaisseau, de frégate, de corvette ; les dimensions et la force en artillerie ; la progression des marées ; la résistance des fluides ; les quantités et valeurs d'articles de construction et d'équipement ; la pesanteur de bâtiments armés, équipés ; les causes du plus de froid de l'hémisphère sud ; du lest en eau de mer ; l'arche de *Noé* ; les signes du temps, et les proverbes des marins ; le cap de la Circoncision, les îles de Juahn de Lisboa et de la Trinité ; la force du bois, du fer, du cuivre, du chanvre ; le poids des ancres ; la proportion de l'équipage, en paix ; le transport de troupes aux colonies. Parmi les gravures, on distingue la tour de Pharos, le port d'Alexandrie, la tour de Bellus, le colosse de Rhodes; les phares, tours ou fanaux de Cordouan, Chassiron, des Baleines, d'Ouessant, du cap Fréhel, de Groix, Pen-Marck, de l'Orient, de Bouc, Cette, la Hève, d'Ailly, de Barfleur, Plymouth, Foreland, Kronstad, Gênes, Livourne, Naples, Messine; beaucoup de pointes, de caps, d'îles, de côtes, de rades; des cartes, des dessins de mâtures, voilures, etc. Ces 4 volumes seront suivis de quelques autres.

Programme du plan à mettre à exécution, qui divise l'Europe en quatre puissances, et partie de l'Afrique et l'Egypte, 15 pages in-4.° Par le C. *Thomerel;* chez l'auteur, rue J. J. Rousseau, n.° 91.

Ce *Programme* contient encore l'annonce d'un autre ouvrage, intitulé : *Pas le Sens-Commun;* des vues sur l'école d'équitation et la fabrique d'armes de Versailles, sur les haras, sur un canal qui partirait de la Loire, passerait à Versailles, et se jetterait dans la Seine, à Mantes; sur les moyens de forcer les ennemis de la France à faire la paix, et une description de la ville de Vienne, en Autriche. L'auteur donne, dans une gravure divisée en 5 écussons sur un fond rayonnant; 1.° à la France, le Piémont, la Savoie, les trois royaumes d'Angleterre, Gibraltar, Minorque, Mahon, l'Italie, la Sicile, la Suisse, la Hollande, le Cap de Bonne-Espérance, Batavia, les deux Electorats du Rhin, et Francfort; 2.° à l'Espagne, le Portugal, le Brésil, Tunis, Alger, Tripoly, Maroc en masse, Malte, Corfou et la Sardaigne; 3.° A la Prusse, la Hongrie, la Bohême, l'Autriche, toute la Silésie, Belgrade, Ratisbonne, Ulm, la Suède et ses îles, la Saxe, le Tyrol, les cinq Electorats, y compris le Brandebourg, la Transylvanie et la Valachie; 4.° A la Russie, la Turquie, le

Danemarck et ses îles, la Crimée entière, Hambourg et l'Egypte. Nous ne faisons que transcrire ce que l'auteur appelle *le bonheur du monde*, pour lequel il *suffirait que ses quatre puissances s'entendissent* parfaitement. Le tout est à vendre pour 3 francs, et ne suppose au plus, que quelques cent mille hommes et quelques centaines de millions.

Métaphysique et Mathématiques.

Éléments d'Algèbre, à l'usage de l'École Centrale des Quatre-Nations, seconde édition, revue et corrigée. 1 vol. in-8.º de 328 pages, de l'imprimerie de *Crapelet*. A Paris, chez *Duprat*, quai des Augustins. An 9 (1800). Prix 3 fr.

L'algèbre, enseignée en Europe dès le XV.ᵉ siècle, par *Léonard de Pise* et *Lucas Paccioli*, d'après les écrits des Arabes qui, peut-être, s'étaient servis de l'arithmétique de *Diophante*, fut bornée d'abord à la résolution d'un petit nombre de questions arithmétiques. Cette première époque produisit en France les écrits de *Buteon* et de *Jacques Pelletier*, du Mans. *Viete* y introduisit l'usage des lettres pour désigner les quantités connues et les inconnues. *Descartes*, *Albert Girard* et *Harriot* en firent un corps de doctrine; telle fut l'algèbre de *Wallis*. Enfin parut l'*Arithmétique Universelle de Newton*, et *Clairaut* se fraya, depuis, une route nouvelle en faisant participer ses lecteurs à l'invention de la science. Après lui, on ne fit rien entrer de nouveau dans les *Éléments d'Algèbre*, malgré les travaux immenses d'*Euler*, de *Waring*, de *Lagrange*, sur la théorie des équations. Tel était l'état des choses, lorsque *Lagrange* et *Delaplace* furent appelés à faire un cours d'analyse à l'école normale, et la routine disparut. Ajoutant à toutes ces richesses celles de son propre fond, l'auteur traite ici des notions préliminaires, des équations du premier et du second dégrés, à une, à deux, à plusieurs inconnues, à deux termes; des quantités positives et négatives; de l'addition, de la soustraction, de la multiplication, des fractions littérales; de la formation des puissances, des quantités monomes et complexes, de l'extraction de leurs racines, de l'élimination, de la résolution numérique, des équations à une seule inconnue; il donne la théorie des quantités exponentielles et des logarithmes, et résout les principales questions relatives à l'intérêt de l'argent.

ENTRETIENS sur la Pluralité des Mondes, par FONTENELLE; avec des notes; par JÉROME LALANDE, ancien Directeur de l'Observatoire. A Paris, au collége de France, Place Cambray. An 9 (1800). Prix 1 fr. 50 c.

Qui n'a pas lu ce petit livre? Il a plus servi à faire connaître l'astronomie et les astronomes au public, à répandre le goût de la science parmi les personnes bien élevées, que les meilleurs ouvrages qui ne vont que d'observatoire en observatoire; tant il est vrai qu'en tout genre les savants ont grand besoin que quelques-uns d'entre eux aient beaucoup d'esprit, ceux-ci dussent-ils être un peu moins savants. *Jérôme Lalande* se charge de nous révéler les erreurs de *Fontenelle*, de nous préserver de tous les dangers de la doctrine des tourbillons, plus dangereux cependant sur la mer ou en politique, qu'ils ne le sont en astronomie. Il veut aussi nous empêcher de croire que les planètes soient habitées, quoiqu'il n'y ait rien à craindre de ces côtés-là, sous le rapport de l'émigration. On sait combien il est fort, lorsqu'il s'agit de ne point croire, et qu'à cet égard, il a des consolations particulières. Mais souvent l'incrédule ne fait que rêver qu'il ne croit pas. Sans supposer, avec *Buffon*, qu'un certain dégré de chaleur suffit pour que le mouvement produise partout des êtres organisés, ce qui réduirait à rien la nécessité de moules ou de germes précréés, on peut si non croire, ce mot est peu philosophique, du moins imaginer des planètes habitées. L'*Astronomie des Dames*, que J. Lalande, avait tâché de substituer au livre de *Fontenelle*, instruirait davantage, si on la lisait avec le même plaisir. Elle n'est point arrivée à son adresse. N'écrit point qui veut de manière à avoir cent éditions ; celle des *Œuvres de Fontenelle*, in-folio, La Haie, 1728, ornée de figures de *Bernard-Picard* le Romain, et celle de *Didot* le jeune, in-folio, 1797, sont des chef-d'œuvres de typographie. Il n'est question aujourd'hui que d'un seul ouvrage détaché. Le nouvel éditeur traite l'auteur *en ancien*, ne touche point au texte ; y ajoute une bonne biographie, les découvertes modernes, et ce que d'autres avaient dès-lors publié sur la *Pluralité des Mondes*. Ce travail est digne de la réputation du doyen des astronomes.

SCIENCES NATURELLES, PHYSIQUE ET CHYMIE.

Expériences sur la germination des plantes, par *E. A. Lefebure*, un vol. in-8.° de 140 pages. À Paris, chez les frères *Levrault*, imprimeurs-libraires, quai Malaquais ; à Strasbourg, chez les mêmes. An 9 (1800). Prix 1 fr. 80 cent.

Les graines sont des œufs. Il existe un nombre infini d'analogies entre les parties constitutives, les moyens de la formation et la fécondation des œufs et des graines. *E. A. Lefebure* considère ici les graines en elles-mêmes, leurs qualités, les circonstances de leur développement, les substances qui favorisent la germination, l'influence du calorique, de l'eau, de l'air, des fluides lumineux, électriques, etc. Quoique les diverses expériences qu'il rapporte, n'aient été faites que sur des graines de rave, le lecteur instruit en généralisera très-utilement les conséquences.

C. PAYKULL, Fauna Suecica. —(littéralement) *LA FAUNE Suédoise*, ou *Histoire naturelle des animaux de la Suède*, par *C. PAYKULL*, tom. I et II, grand in-8.° A Upsal, chez *Edman*.

Il n'est encore question, dans ces deux premiers volumes, que des insectes. L'auteur, élève de *Linné*, a cependant préféré le système de *Fabricius*. C. Paykull décrit plusieurs espèces qui n'ont pas encore été observées, et met à contribution toutes les provinces de la Suède, jusqu'à la Laponie, où le désir d'augmenter une collection d'insectes, conduit peu d'étrangers et même peu de Suédois, quelque juste gloire qu'ils aient acquise dans l'histoire naturelle, et que cette science ait reçue d'eux. Il nomme, avec reconnaissance, les amis qui l'ont aidé à grossir son trésor, prêt à devenir celui de l'Europe studieuse.

TABLE GÉNÉRALE raisonnée, des matières contenues dans les trente premiers volumes des ANNALES DE CHYMIE; suivie d'une *Table Alphabétique des auteurs qui y sont cités*, 1 vol. in-8.° de 430 pages. Paris, *Fuchs*, libraire, rue des Mathurins, n.° 334, et chez *Levrault*, imprimeur-libraire, quai Malaquais; an 9 (1801). Prix 5 fr.

J. B. VAN MONS, censura commentarii à Wieglebo nuper editi, cui titulus: De vaporis aquei in aerem conversione. Bruxellis, e typographiâ Emmanuelis FLOV. An 9 (1800). 40 pages, in-4.° A Paris, chez *Amand Koenig*, Prix 1 fr.

OBSERVATIONS sur la pesanteur de l'atmosphère et sur les causes de ses différents changements, avec quelques remarques sur la manière dont on construit les baromètres et les moyens de les perfectionner. Par le C. PUGH;

seize pages in-4.°, avec une gravure. A Rouen, chez *Fouquet*, libraire; et à Paris, chez *Fuchs*, rue des Mathurins. Prix, 75 c., et 90 c. franc de port.

On connaît le *Mémoire* du C. *Monge, sur les principaux phénomènes de la météorologie*, qui fait partie du V.ᵉ volume des *Annales de Chymie*. Voici comment s'exprime le C. *Pugh* : « D'après les principes du C. *Monge*, il est « évident que, *Quelle que soit la cause qui change la gra-* « *vité spécifique de l'atmosphère, elle doit aussi changer* « *sa pesanteur, et conséquemment agir sur la colonne de* « *mercure du baromètre*. C'est sur ce point unique et gé- « néral que repose le système du C. *Monge*; donc, si je « réussis à prouver que la gravité spécifique de l'atmo- « sphère peut varier à l'infini, sans changer aucunement « sa pesanteur, ce système doit s'écrouler avec toutes les « conséquences qui y sont attachées. » C'est aux physi- ciens à juger du degré d'intérêt dont doit être cette dis- cussion pour eux et pour la science.

Arts curatifs et vétérinaires.

Médecine du Voyageur, ou *Avis sur les moyens de conserver la santé, et de remédier aux accidents et aux maladies auxquels on est exposé dans les voyages, tant par mer que par terre; suivie d'un essai de médecine pratique sur les voyages, considérés comme remèdes.* — *Si tibi deficiant medici, medici tibi fiant hæc.* Ecole de Salerne. Aphor. II. Par *J. D. Duplanil*, citoyen français, docteur en médecine de la ci-devant univer- sité de Montpellier. 3 vol. in-8.° de 400 à 500 pages chacun. A Paris, chez *Moutardier*, an 9 (1801). Prix, 12 fr.

Cet ouvrage remplit son titre; précautions, régime, accidents, maux naturels, remèdes, procédés curatifs, tout y est détaillé avec des soins dignes du savant éditeur de la *Médecine domestique* de G. *Buchan*.

DE LA NATURE et de l'usage des bains. Par HENRI- MATHIAS MARCARD, médecin du duc de Holstein-Olden- bourg, et correspondant de la société de médecine de Paris; traduit de l'allemand par Michel Parent, doc- teur en médecine. 1 vol. in-8.º de 300 pages. Paris, chez *Croulebois*, et chez les frères *Levrault*, impri- meurs-libraires, quai Malaquais. An 9 (1801). Prix, 3 fr.

L'immense érudition de M. *Marcard*, ses propres obser- vations, ses voyages, son expérience, l'ont mis à même de faire de ce volume un abrégé substantiel de ce qu'on peut désirer de savoir sur les effets des bains froids, frais, tièdes, chauds, d'eaux de toute espèce ou de vapeurs, usités dans tous les temps et dans tous les pays. A l'égard des bains de vapeurs, il préfère les *Dampt-Kisten*, ou caisses qui donnent le dégré de chaleur nécessaire à la partie malade sans com- promettre ni le cerveau, ni les poumons.

DU SOMMEIL, par le C. CHABERT, Directeur de l'*École Vétérinaire d'Alfort*, membre de l'*Institut national*, etc. Deuxième édition, 38 pages in-8.º; Paris, *Meurant jeune*, an 9 (1800). Prix 1 fr. 20 c.

Cet opuscule, composé en 1793, dans une prison, est à la fois un aimable trait philosophique de caractère, et un intéressant recueil d'observations fondées sur une saine physiologie.

RECUEIL de mémoires, d'observations et d'expériences sur l'inoculation de la vaccine; 57 pages in-8.º Paris, *Mugimel*, an 9 (1800). Prix, 75 cent.

Ce recueil a pour objet, d'apprécier les motifs de quel- ques hommes qui, en France, se sont empressés de décrier la vaccine, avant que ses effets y fussent connus, et qui, par-là, par-là, ont empêché beaucoup de personnes de profiter de ses bienfaits. Il contient, 1.° une notice historique, par le citoyen *Aubert*, extraite du *Journal de Médecine*, vendémiaire an 9 ; 2.° un mémoire du docteur *Odier*, de Genève, extrait de la *Bibliothèque Britannique*, n.ᵒˢ 113 et 114 ; 3.° des expériences faites à Paris par le comité médical, rapport des 28 vendémiaire et 20 brumaire an 9, signés, *Thouret* ; 4.° des expériences faites. On dit qu'il y a au moins, à présent, 80,000 vaccinés, tant en Angleterre, qu'à Vienne, à Genève, à Paris, à Rheims, à Boulogne, etc. Sans doute les zélés promoteurs de l'inoculation de ce virus d'une bête étrangère, se sont assurés qu'il ne menace l'inoculé français, allemand, etc., d'aucune infirmité pour un autre âge que celui où l'on le soumet à cette expérience.

RAPPORT sur la vaccine, etc. Par *A. AUBERT*, docteur en médecine. Un vol. in-8.° de 72 pages. Paris, chez *Richard*, rue Hautefeuille, n.° 11. An 9 (1800). Prix, 1 franc.

MÉMOIRE sur la guérison d'une sciatique universelle. Par *J. GIRAULT*, chirurgien-dentiste, de la cour de Brunswick, avec cette épigraphe : *Balnea imaginantur et fontes ; hæc summa curarum, hæc summa votorum.* Plin. Epist. 26 lib. XII ; 54 pages in-8.°, suivies d'une planche gravée. A Brunswick, chez *P. F. Fauche*. A Paris, chez *A. Kœnig*, et chez *les frères Levrault*, imprimeurs-libraires, quai Malaquais. 1800. Prix, 1 fr. 80 centi.

M. *Girault* arrive, le 1.ᵉʳ juin 1794, à Pyrmont, attaqué depuis 6 mois d'une sciatique universelle, perclus, abandonné des gens de l'art et accablé de douleurs ; les bains, l'usage des eaux-salines dont il continua la boisson, des ventouses, un régime qu'il décrit, et une équitation simulée au moyen d'une machine dont il donne le plan, lui rendirent la plus parfaite santé, comme l'attestent les signatures de MM. *Trampel, Kiapp, Weber* et *Schopff.*

Économie domestique et rurale.

TRAITÉ *de la culture des arbres et arbustes qu'on peut élever dans la République, et qui peuvent passer l'hiver en plein air ; avec une notice de leurs propriétés économiques et des avantages qui en peuvent résulter pour la France en les multipliant.* Par BUC'HOZ ; tome III.ᵉ Un vol. in-12, de 332 pages. Paris, chez l'auteur, passage des ci-devant Jacobins, n.° 499. An 9 (1800). Prix, 2 francs.

J. P. Buc'hoz est d'une fécondité prodigieuse. Depuis 1789 seulement, il a publié une *Histoire des insectes utiles et nuisibles*, la *Méthode de Maupin sur la manière de cultiver la vigne et l'art de faire le vin* ; un *Catalogue latin et français de toutes les plantes cultivées en France* ; une *Flore économique des environs de Paris* ; un *Manuel vétérinaire des plantes* ; un *Manuel tinctorial des plantes* ; un *Manuel économique des plantes* ; un *Manuel cosmétique et odoriférant des plantes* ; un *Manuel floréal des plantes* ; un *Manuel tabacal et sternutatoire des plantes* ; un *Manuel officinal et indigène des plantes* ; une nouvelle *Médecine domestique tirée des végétaux de la France*. On avoit déja, de lui, une collection précieuse, économique et coloriée de 2000 plantes, dont le prix est de 4,000 fr. (Le onzième exemplaire est sous presse.)

Le III.ᵉ volume que nous annonçons, complète le *Traité* désigné par son titre. L'auteur y décrit, entre autres plantes, une *espèce de sophore* qu'il nomme la *Louis XVI* (Chapitre 128).

THE NEW FARMER'S CALENDAR, etc. — *Nouveau Calendrier du Fermier, où sont rappelés au sou-*

venir du fermier tous les travaux et tous les soins nécessaires, dans chaque mois, à la campagne ; comprenant tout ce qui concerne l'établissement et le perfectionnement d'une nouvelle maison, des champs, et l'entretien des animaux qui y sont indispensables. Un vol. in-8.° de 616 pages. Londres, *Symonds.* 1800.

Ce *Moniteur de chaque mois (Monthly Remembrancer,* dit le second titre) serait un excellent ouvrage à faire dans toutes les langues et pour tous les pays. Il ne consiste pas, comme d'autres calendriers, dans l'opération dérisoire de substituer les mots, *carotte, betterave, citrouille, âne, cochon, oie, dindon,* etc., aux noms de quelques saints tournés en ridicule, ni dans de simples indications d'époques et de procédés, d'après de vieux proverbes ou des traditions erronées. Ici aucun détail n'est négligé ; la science pratique remplace l'aveugle routine, et des calculs exacts perfectionnent à la fois la terre, le ménage, les animaux collaborateurs, et l'intelligence héréditaire du fermier qui sait lire et compter.

PROJET *d'un plan pour établir des fermes expérimentales, et pour fixer les principes des progrès de l'agriculture.* Par SIR JOHN SINCLAIR, baronet, membre du parlement, et fondateur du bureau d'agriculture britannique. 32 pages in-4.° avec 3 gravures. Paris, *Baudouin.* An 9. — 1800. Prix, 2 fr. 50 cent.

Ce projet est suivi du rapport qui en fut fait et lu à la classe des sciences physiques et mathématiques de l'Institut national de France, le 1.ᵉʳ thermidor, an 8, (20 juillet 1800). Le citoyen *Otto,* commissaire français en Angleterre, a envoyé le plan du chevalier *Sainclair,* à l'Institut, de la part de l'auteur. 1,600 actions, à 1,150 fr. feraient 1,840,000 fr. pour 10 fermes, dont le produit définitif serait une valeur réelle de 6,049,000 fr. L'une des gravures représente l'emploi du terrain, en diverses cultures; l'autre, des maisons champêtres circulaires, en forme de ruche, et leur distribution intérieure; la 3.ᵉ, un village composé du chef-lieu central de la ferme expérimentale, de 12 maisons circulaires et de deux écoles carrées.

Histoire, Voyages et Géographie.

Les *Tablettes* historiques et géographiques françaises, ou *Recueil synthétique de tout ce qui concerne la politique et la législation, la diplomatie et la jurisprudence, l'histoire et la géographie, les sciences, et les arts, en France.* Cet ouvrage offre, en même temps (dit son titre) la galerie des hommes célèbres qui ont paru dans chaque département, jusqu'en vendémiaire, an 9 (22 septembre 1800), et celle de ceux que l'on distingue aujourd'hui dans les différentes classes de la société; avec cette épigraphe : *Crescit eundo*. Un vol. in-18 de 466 pages. Paris. *Renaudière*, et chez les *frères Levrault*, imprimeurs-libraires, quai Malaquais. An 9 (1800). Prix 2 fr. 50 cent.

Ce volume offre l'état de la France, avant et depuis le 18 brumaire, an 8 (9 novembre 1799), la constitution actuelle, tous les fonctionnaires publics, le calendrier, les *lois organiques* relatives aux tribunaux, et sous la dénomination d'*hommes célèbres* de chaque département, des personnages de toute espèce, avec la date de leur naissance et de leur mort, quand l'éditeur en a été informé. Dans le département de la Seine (Paris), se trouvent, à côté l'un de l'autre, de singuliers collègues en fait de célébrité; *Camilles-Desmoulins*, *Cartouche* et *Catinat*. A l'égard des *hommes que l'on distingue particulièrement dans les sciences et les arts*, les morts et les vivants, les français et les étrangers, sont nommés ou classés avec trop peu d'exactitude. Il y en a beaucoup d'omis. Le citoyen *Lacépède* est parmi les *anatomistes*, et le citoyen *François* (de Neufchâteau) parmi les *professeurs de langue française*.

Une seconde édition perfectionnera ce recueil utile et bien conçu ; on pourra même en simplifier le titre.

Abrégé des Révolutions de l'ancien gouvernement français, ouvrage élémentaire, extrait de l'abbé Dubos et de l'abbé Mably. Par *Thouret*, membre de l'assemblée constituante ; pour l'instruction de son fils. 1 vol. in-12, de 310 pages. Paris, *Pierre Didot*, au Louvre. An 9 (1800). Prix, 1 fr. 20 c.

L'*établissement des Francs dans les Gaules*, par l'abbé *Dubos*, et les *Observations* de l'abbé *Mably*, sur l'Histoire de France, sont trop connus pour qu'un abrégé de ces deux ouvrages ait ici besoin d'analyse. Il suffit d'indiquer dans quelles vues le C. *Thouret* les a extraits. Il dit à son fils (et aux lecteurs) qu'il faut savoir l'histoire, *autrement qu'elle ne se trouve dans les livres de nos historiens.* « Aucun, ajoute-t-il, ne te peindra, *comme elles
« doivent l'être* (tournure de phrase incorrecte ; car *elles
« ne doivent pas être peindre*), les usurpations des rois,
« des nobles et des prêtres.......... Aujourd'hui que la
« révolution *la plus pure* et la plus complète dans ses
« effets, a fait justice de toutes les usurpations et de
« toutes les tyrannies, un jour nouveau luit sur notre
« histoire (Il s'agit ici de l'histoire du passé)...... La
« nation, depuis sa naissance, n'avait pu parvenir à se
« faire un gouvernement........... Un parti, malheu-
« reusement trop faible, s'occupe d'établir les bases du
« bonheur public.......... Egalement odieux aux deux
« religions (catholique et protestante), ils furent regar-
« dés comme de mauvais chrétiens..... appelés *poli-
« tiques*....... *athées*....... Ils eurent la confiance de

« s'assembler à Nîmes, le 10 février 1675..... Ils réso-
« lurent de changer la forme du gouvernement. Le *traité*
« qu'ils signèrent, à Nîmes, établissait entre eux une es-
« pèce de république... Ce projet n'eut aucune suite...
« La nation s'était laissée gouverner au hasard, depuis
« Clovis...... Faute d'une constitution, par laquelle la
« nation eût délégué et départi ses pouvoirs, personne
« ne les posséda légitimement...... Les rois n'avaient
« point de véritables droits. ... Le siécle de Louis XIV
« fut plutôt celui de la littérature que celui de la phi-
« losophie ; on s'y exerça plus à bien écrire *qu'à penser.*
« .... Le moment marqué pour le réveil de la raison et
« du courage du peuple français n'est arrivé que de nos
« jours. La nation venge, par une révolution à jamais
« mémorable, les maux qu'elle a soufferts pendant douze
« siécles..... Elle donne un grand exemple à l'univers. »

Louis XVI détrôné avant d'être roi, ou *Tableau des causes nécessitantes de la Révolution française, et de l'ébranlement de tous les trônes ; faisant partie intégrante d'une vie de* Louis XVI, *qui suivra.* Par M. l'abbé POYARD. Tel est le titre d'un vol. in-8.º de 532 pag. qu'on a publié à Londres en 1800.

Les principes de cet ouvrage diffèrent en tout de ceux de l'*Abrégé* précédent. On a dit souvent, à la fin du 18.ᵉ siécle, que c'était du choc des opinions que devait jaillir l'étincelle de la vérité. Puisse-t-elle éclairer, sans incendier, dans le siécle qui commence !

Sur la Suisse, *à la fin du XVIII.ᵉ siécle.* 1 vol. in-12, de 206 pages. A Paris, chez les frères *Levrault*, imprimeurs-libaires, quai Malaquais ; à Strasbourg, chez les mêmes. An 9 (1801). Prix, 1 fr. 20 c.

Ce volume contient, 1.º des *Réflexions d'un Suisse sur*

le projet de Constitution, imprimé à Bâle ; 2.° un *Mémoire sur la situation de la Suisse, à la fin de 1799*; 3.° un extrait de l'ouvrage du général *Dumas*, intitulé : *Précis des événements militaires, sur l'invasion de la Suisse*; 4.° un extrait de la Réponse de l'ex-directeur *Carnot*, au représentant *Bailleul*, sur le même sujet ; 5.° une analyse de l'ouvrage de *Mallet-Dupan*, intitulé : *Essai historique sur la destruction de la ligue et de la liberté helvétiques*; 6.° un *Mémoire sur les indemnités qu'on demande à l'ancien gouvernement de Zurich*, traduit de l'allemand ; 7.° une *Esquisse d'un projet de constitution, pour la Suisse*, constitution fédérative, qui laisserait à chaque canton sa souveraineté, le droit de reprendre sa forme de gouvernement, et où le congrès serait composé d'une haute-cour et d'un sénat conservateur dont les membres seraient à vie, et d'un conseil d'état dont les membres seraient élus pour cinq ans, ainsi que le président du congrès. Pour aspirer aux premières magistratures, il faudrait être citoyen depuis dix ans, posséder des biens-fonds de la valeur de 20 à 30 mille livres, et avoir un revenu de 1200 liv. au moins ou de 50,000 liv. au plus. Une note assure qu'il existe déja *quelques centaines* de projets de constitution, et que l'un des *Solon* suisses en a fait, pour sa part, jusqu'à neuf ; 8.° une lettre de l'auteur à un ami qui l'invitait à travailler à une feuille périodique ; et enfin un *Dialogue entre Mesdames* HEUTELIE *et sa belle-mère* RAFCONNIE, *à l'usage des belles-filles malheureuses des deux nations :* en allemand et en français, par le C. *Jean-Grégoire* PHILALETE, *maître de langue et membre de plusieurs académies. L'an II de la grande Turlupinade.* Madame *Heutelie* rit et pleure de se voir successivement enlever, pour son plus grand bien, ses beaux cheveux, son corset et son dernier jupon, par madame *Rafconnie* qui veut se *faire un tour* des cheveux coupés, et donner le jupon à ses femmes-de-chambre qui *aiment à se tenir chaudement.* Cette excellente mère dit toujours : *obéissez, ou je vous frappe.* On ne dira plus qu'il n'y a que les Français pour plaisanter sur des calamités publiques.

VOYAGE *dans le Jura*, 2 vol. d'environ 500 pages chacun, avec une carte géographique. Paris, chez *Caillot*, rue du Cimetière-Saint-André-des-Arcs, n.º 6. An 9 (1800). Prix, 8 fr.

L'auteur entre dans les moindres détails relatifs aux localités, aux mœurs, aux usages, à l'agriculture, aux divers produits, aux idiomes. Peut-être que, réduit au nécessaire, son voyage eût été moins volumineux. Il le dédie *au Tonnerre*. Ce n'est pas la première offrande qu'on ait faite à cet étrange Mécène, si, comme l'observe le poète *Lucrèce*, plus d'un culte naquit de la crainte de ce météore. Mais la *Dédicace* de notre voyageur a cela de particulier, qu'elle est en prose presqu'entièrement composée de vers alexandrins non-rimés: *Tonnerre, sois propice au vrai desir du bien. — A cet essai naïf accorde ton appui. — Si de mes ennemis la troupe encore armée, — Conjure contre moi la haine et la vengeance. — Sois toujours généreux, la force est toujours grande. — Ne leur cause pas même un excès de frayeur ; — Mais, juste aussi partout, entre leurs traits et moi, — Place avec fermeté l'égide protectrice, — Où la méchanceté voit briser son audace,* etc. etc.

GÉOGRAPHIE. — H. P. EGGERS om den sande beliggenhed af Groenlands oesterbrigd. — *De la véritable position de la partie orientale du Groenland.* Par *H. P. EGGERS*. Dissertation à laquelle on a joint une copie de la fameuse *Carta di navegar di Nicolò e di Antonio Zeni*, d'après la première édition originale de Venise.

Cet opuscule danois, inséré dans le tome IV.º des

Mémoires de la société économique de Copenhague, jette au moins des doutes très-graves et fort intéressants pour les marins, sur ce qu'on croit savoir de la géographie, dont les bases ont été prises dans l'hypothèse de *Torfæus*, par rapport au gisement respectif des caps Farwell et Staatenhook et des détroits de Forbischer. *L'uenland* ou *le beau pays* qu'ont habité des Norwégiens partis du Groenland, est probablement une côte de l'Amérique, connue ainsi avant la découverte due à *Colomb*.

GÉOGRAPHIE ÉLÉMENTAIRE *de la France, considérée dans tous ses Départements, et sous leurs rapports actuels de population, commerce, industrie et productions territoriales, à l'usage des écoles de premier enseignement.* Par *Louis* PHILIPAU-LA-MAGDELAINE. Nouvelle édition, revue, corrigée et augmentée, principalement de la nomenclature et de la classification des préfectures, sous-préfectures, tribunaux civils et criminels, divisions militaires ; avec une table alphabétique et une carte de la France, enluminée. Un vol. in-12, beau papier. A Paris, chez *Dentu*, impr.-libr. palais du Tribunat, galeries de bois, n.° 240. An 9 (1800). Prix, 2 fr. et 2 fr. 75 cent., franc de port.

BELLES-LETTRES ET BEAUX-ARTS.

PRINCIPES *généraux et raisonnés de la langue latine, à l'usage des écoles centrales et des maisons d'éducation, d'après les méthodes de* DUMARSAIS *et de* LHOMOND, *divisés en deux parties, dont la première offre un* TABLEAU RAISONNÉ *des noms, des déclinaisons ; des conjugaisons des verbes ; des adverbes, prépositions, conjonctions, et autres parties du discours ; la seconde partie renferme les principales règles de la grammaire latine, et leur application aux fables de Phèdre, avec des signes qui caractérisent les genres, des noms et les temps des verbes.* Par le C. SÉRANE, *instituteur.* Un vol. in-12, de 222 pages. Paris. *Laurens jeune*, rue Saint-Jacques, n.° 32. An 9 (1801). Prix, 1 fr. 35 c.

Le second titre est beaucoup plus simple et meilleur : *Nouvelle Grammaire latine élémentaire.* Une bonne *Grammaire* vaut bien des *principes raisonnés*, un *tableau raisonné*, etc. L'auteur marque le genre des noms et le temps des verbes, par un accent mis sur la dernière voyelle du mot latin. Le grave est pour le masculin, l'aigu pour le féminin, l'aigu et le grave, réunis ainsi ‧ʌ, pour les deux genres. Il écrit *egò*, je, *egô*, moi ; *tu*, tu, *tû*, toi ; *ille*, il, *illê*, lui ; *venî*, *venîs*, *venit*, *venimûs*, *venerêm*, *venîssêm*, *venissemûs*, *venissént*, etc. persuadé que « trois traits de plume feront, pour les enfants, « plus que n'ont fait les gros et barbares volumes de « *Port-Royal*....... Quand cette méthode, ajoute-t-il, « n'épargnerait, chaque année, à un million d'enfants, « que deux millions de fautes et deux tonneaux de lar- « mes, n'aurions-nous pas bien mérité de cette partie « intéressante de la nation ? »

PHRASEOLOGIA *anglo-germanica,* ou *Collection de plus de 50,000 phrases,* tirées des meilleurs classiques anglais, rangées par ordre alphabétique, et traduites en allemand, par IV. HAUSSNER, professeur de l'école centrale du département du Bas-Rhin. Un vol. in-8.° de 112 pages. De l'imprimerie des frères *Levrault*, à Strasbourg, et à Paris, quai Malaquais. Prix, 12 fr. et 15 fr. 50 c., franc de port.

LETTERE *scielte de' megliori Italiani scrittori, divise in varie classi, ed unite ad una breve istruzione sullo stile epistolare, per uso della gioventu,* da Elia GIARDINI. Un volume in-8.° de 242 pag. *In Pavia, presso Baldassore Comino.*

Ce choix de modèles de lettres, recueillis par *Elie Giardini*, est excellent pour exercer et former le goût des amateurs de la langue italienne.

DICTIONNAIRE *portatif de la Fable, pour l'intelligence des poètes, des tableaux, statues, pierres gravées, médailles, et autres monuments relatifs à la Mythologie;* par CHOMPRÉ. *Nouvelle édition, revue, corrigée et considérablement augmentée;* par *A. L.* MILLIN, conservateur des antiques de la Bibliothèque nationale, membre de plusieurs sociétes savantes françaises et étrangères, et de celle des *Observateurs de l'homme.* 2 tomes in-12, de 998 pages en tout. Paris, chez *Desray*, rue Hautefeuille, n.° 36; et chez les frères *Levrault*, impr.-libr., quai Malaquais. An 9 (1801). Prix, 6 fr.

Le Petit *Chompré* avait, entre autres avantages, celui d'être plus *portatif* qu'un volume de 1000 pages; le dictionnaire que nous annonçons, n'a perdu de ce mérite, que pour acquérir incomparablement plus en additions savantes, dont peu de personnes étaient aussi capables de l'enrichir que le C. *Millin.*

DICTIONNAIRE *de la Fable,* ou *Mythologie grecque, latine, égyptienne, celtique, persanne, syriaque, indienne, chinoise, scandinave, africaine, américaine, iconologique.* Par *Fr.* NOEL, ancien professeur de belles-lettres dans l'université de Paris, membre de l'Athénée de Lyon, etc. 2 vol. in-8.°, petit-texte, à deux colonnes. Chez *Lenormand*, imp.-lib., rue des Prêtres-Saint-Germain-l'Auxerrois, n.° 42; et chez les frères *Levrault*, imp.-lib., quai Malaquais. An 9 (1801). Prix, 12 fr. et 16 fr., franc de port.

L'importance de cet ouvrage nous fait une loi d'y revenir, dès que nous en aurons pris une connaissance plus détaillée. Le titre d'ancien professeur de l'université de Paris, devient tous les jours plus recommandable en ceux qui l'ont bien mérité.

LA CRÉATION DU MONDE, *Oratorio, en trois parties, traduit de l'allemand, mis en vers français,* par *Joseph A.* SÉGUR; *musique d'*HAYDEN, *arrangée pour être exécutée au théâtre des Arts,* par *D.* STEIBELT. 24 pages in 4.° An 9 (1800). Paris, chez *Baudouin.* Prix, 1 fr. 25 c.

« On essayerait vainement, nous dit l'auteur, de don- « ner à qui n'a jamais parodié, même une faible idée « de ce travail ingrat. » Le grand *Rousseau* n'aurait pas entrepris cette traduction, cette imitation, ou cette *parodie*. L'ouvrage n'a aucun plan, n'offre aucune action, puisque tout s'y opère par le seul effet de la parole (on parle ici de l'original et non pas de la traduction). Ce n'est qu'une suite de tableaux imposants, mais froids et rendus incorrects par des vers plus longs ou plus courts que ne le permet le rhythme français. Enfin ce n'est point un poème et ce ne sont point des vers; le traducteur n'avait ni ne pouvait prendre la liberté de se livrer à son talent bien connu. Quant à la musique, elle a été annoncée aux amateurs de Paris, avec de si fastueux éloges, qu'il eût été difficile que l'exécution y répondît sous tous les rapports. L'admiration en a paru plus calme, quoique l'orchestre n'ait laissé rien à desirer. Un article de la *Bibliothèque germanique* offre à nos lecteurs le jugement d'un compatriote d'*Hayden* sur ce chef-d'œuvre supérieurement exécuté à Vienne, sans *parodie*.

LA MORT DE KLÉBER, *scène lyrique, suivie d'une Ode sur le passage du Mont-Bernard, et d'une Notice sur l'assassinat de ce général;* 20 pages in-8.° A Toulouse, chez *A. D. Madavit*, fils, rue Sainte-Rome. Prix, 30 centimes.

Le Voyageur curieux et sentimental ; *ouvrage en deux parties, contenant,* 1.° *le voyage de Chantilly et d'Ermenonville ;* 2.° *le voyage aux îles Borronée.* Par le C.-Damin, avec cette épigraphe : *Forsan et hæc olim meminisse juvabit.* Virg. Un vol. in-8.° de 170 pages. A Toulouse, chez *Manavit*, fils. Prix, 1 fr. 20 cent.

C'est un agréable mélange de prose facile, et de vers légers.

L'Homme des bois, ou *l'Homme des champs travesti*, poëme burlesque, en 4 chants. Un vol. in-18 de 136 pages. Paris, chez *Barba*, Palais du Tribunat. Prix, 60 cent.

Ce poëme commence par : *Puisqu'il est vrai que Boileau pût....* et finit par : *Je puis ici tracer la fin.* Dans ses errata, l'auteur conseille au lecteur de *franchir à pieds joints* tout ce qui est entre ces deux vers. Un avertissement annonce la publication d'un autre poëme, *deux ou trois jours* après le *succès bien constaté* de la dixième édition de celui-ci. Nous attendrons.

Romans. — Voyage dans le boudoir de Pauline. Par L. F. M. B. L., avec une longue épigraphe, (tirée de la *Nouvelle Héloïse*) : *Me voici dans ton cabinet... ô Julie ! Il est plein de toi !* Un vol. in-12 de 246 pages, orné d'une estampe. A Paris, chez *Maradan*, libraire, rue Pavée-Saint-André-des-Arcs, n.° 16. An 9 (1800). Prix, 1 fr. 50 cent. Nous attendrons.

La Prusse galante, ou *Voyage d'un jeune français à Berlin, traduit de l'allemand.* Par le docteur Akerlino. Un vol. in-12 de 166 pages, avec une estampe (1801).

MELCHIOR ARDENT, ou *les Aventures plaisantes d'un incroyable*. Par madame S***. Un vol. in-12 de 214 pages. A Paris, chez *Lefort*, libraire, rue du Rampart Honoré, n.º 961.

De ces trois brochures qu'on ne peut nommer, ni romans, ni ouvrages littéraires, sans changer le sens des mots, la première est insignifiante, la seconde indécente, la troisième d'une extravagance faite exprès et peu morale. Les auteurs auraient dû faire un meilleur emploi de leur temps et de leur esprit.

RINALDO RINALDINI, *chef de brigands, histoire romanesque de notre siécle, traduite de l'allemand.* 3 vol. in-18. A Paris, chez *Dufour* et chez les frères *Levrault*, imprimeurs-libraires, quai Malaquais. Prix, 1 fr. 80 c., et 2 fr. 50 cent. franc de port.

Puissent tous les brigands n'être plus que dans des *histoires romanesques*, et de ces deux mots, le second reconciliera les ames sensibles avec le premier ! L'original de ce roman a eu le plus grand succès en Allemagne.

PAPA BRICK, ou *Qu'est-ce que la mort ?*. Roman anglo-franc-italien, par l'auteur de *Brick-Boldin*, ou *Qu'est-ce que la vie ?* 2 vol. in-12, fig. Paris, *Baron*, et chez les frères *Levrault*. Prix, 3 fr.

Ce roman est moins gai, mais plus intéressant que *Brick-Boldin*. Un style simple, des situations attachantes et un but moral en assurent le succès.

LE CHEVALIER ROBERT, ou *Histoire de Robert, surnommé le Brave ;* dernier ouvrage posthume de *Louis-Elisabeth* DELAVERGNE, *comte de Tressan*, l'un des 40 de l'académie française. A Paris, chez *Gignet*, imprimeur,-libraire, maison des Petit-Pères, an 8 (1800).

Un chevalier fait élever avec son fils le jeune *Robert*, son vassal. Celui-ci devient l'ami, le frère d'armes de son maître ; égale, par ses exploits, la réputation des plus fameux guerriers; fonde une maison nouvelle, et s'allie à l'héritière d'une grande famille, illustration dont on est fort heureux de trouver les moyens dès qu'elle doit être la récompense des vertus. Si, comme quelques lecteurs ont cru le reconnaître, ce roman n'était pas incontestablement de l'auteur du petit *Jehan de Saintré* et d'*Amadis*, il n'en serait pas moins digne d'un tel père.

Spectacles de Paris.

Théatre Français de la République, *rue de la Loi.* Thésée, *tragédie en 5 actes, en vers.* Par le C. *Mazoier.* La tragédie de *Lafosse*, et l'opéra de *Quinault* ont fourni quelques situations à l'auteur. *Ægée* n'occupe le trône d'Athènes que sous les conditions de ne point se marier, et qu'à sa mort, la couronne reviendra aux *Pallantides*. Il a eu un fils d'*Æthra*, le croit mort, a épousé *Médée.* Celle-ci sachant que *Thésée*, déja fameux, est le fils d'*Ægée*, craint qu'*Ægée* ne la chasse du trône; elle s'unit à *Pallante*, qui feint de la seconder et ne veut que perdre *Thésée.* Arrive un compagnon d'*Hercule*; c'est *Thésée*, lui-même. Il ne doit se découvrir au roi que pendant un sacrifice qu'il demande. Une lettre adressée par *Thésée*, à sa femme *Anthiope* (où cet époux lui annonce qu'il a une couronne à lui offrir) sert au projet de *Médée*, jette des soupçons dans l'esprit du roi, et le détermine à présenter du poison à *Thésée* dans le sacrifice. A l'heure fixée, le fils toujours méconnu, engage les sujets du roi à renouveler leur serment de fidélité à *Ægée* et à sa famille ; il prend la coupe et tire son épée pour prêter lui-même ce serment. C'était l'épée que lui avait donné son père en l'éloignant d'auprès de lui. Le roi reconnaît son fils, lui arrrache la coupe empoisonnée, et reproche à *Médée* le crime qu'il allait commettre. Elle part en promettant de se venger, revient, essuie de nouveaux reproches. *Pallante* assiége le palais, a gagné le peuple ; un combat s'engage, *Thésée* victorieux, tue *Pallante*, et l'on annonce que *Médée* s'est abymée dans les enfers, au bruit de la foudre. Dans les deux derniers actes refaits, le mystère est prolongé, et *Médée* s'obstine à vouloir qu'*Ægée* consente à ce qu'elle trame contre *Thésée*. La pièce est supérieurement écrite.

Théâtre de l'Opéra-comique national, *rue Favart*. — Paris n'a plus de théâtre de l'Opéra, mais un *théâtre national des Arts* ; comme il n'a plus de Louvre, mais un *palais national des Sciences et des Arts*. Il est assez singulier que, dans cette grande révolution de sentimens, d'opinions, de choses, de personnes et de mots, les pièces exécutées sur le théâtre des Arts, n'aient pas cessé de se nommer *opéra*, et que le théâtre de la rue Favart ait conservé l'ancienne dénomination d'*Opéra-Comique*.

Sur le théâtre des Arts, l'*Oratorio d'Haydeu*, la *Création du monde*, a fait éclore beaucoup de parodies, de *Créations* et de *Récréations* qui sont fort loin d'être toutes récréatives. *Le Premier homme du Monde ou la Création du Sommeil*, par le C. *Vieillard*, est un travestissement burlesque du récit de la *Genèse*, des journalistes ont dit de la *Fable* du serpent et de la pomme, qui tentèrent nos premiers parens. *Gilles*, le *premier homme*, s'ennuie ; *Arlequin*, qui joue du *serpent* dans une troupe de musiciens, noirci de honte, apprend à *Gilles*, qu'on vient de former une *femme*, et il conçoit le projet de les séparer. Tandis que *Gilles* et *Ève* s'occupent à enfiler des perles, ne sachant

chant pas encore *d'autres jeux*, *Arlequin* vient leur conseiller de chercher de l'esprit dans une pomme qu'il leur montre. Sur le refus de *Gilles*, *Arlequin* veut l'endormir pour séduire plus facilement *Eve*. Le *serpent* appelle ses musiciens et leur commande un *Oratorio*. Arrivent un poete et un chanteur gascon, dont on ridiculise jusqu'au maintien et à la manière de se mettre. *Gilles* s'endort; *Eve* tâche envain de le réveiller; *c'est un mari*, un amant aurait le sommeil plus léger. Elle cueille la pomme. *Gilles* reprend ses sens; elle l'excite à rompre le fruit défendu; *Gilles* s'y oppose. *Eve* a perdu son innocence, joue la coquette, prie, menace, pleure; il n'y tient plus, rompt la pomme, et une vapeur qui en sort, lui noircit la figure. Le *serpent* croit triompher d'un rival aussi noir que lui; *Eve* demeure fidelle à *Gilles*. — Cette pièce est remplie de couplets malins bien tournés. Quelques censeurs ont blâmé la licence de jouer, en caricature, sur la scène, un *artiste* aussi fameux que le C. *Garat*, chanteur; il leur a même rappelé *Socrate* livré aux risées des Athéniens dans les *Nuées* d'*Aristophane*. Personne encore n'a remarqué publiquement aucune inconvenant dans la dérision versée sur l'une des bases de toutes les religions de l'Europe, au moment où l'on professe la liberté des cultes, qui, sans doute, n'est pas celle de les turlupiner sur tous les théâtres.

Théatre Feydeau. — *Owinska*, opéra en 3 actes, paroles d'un anonyme, musique du C. *Gaveaux*. — L'ex-favori du czar *Pierre* I.er, le célèbre *Menzikof* est exilé en Sibérie, et s'y établit avec sa fille *Owinska*, dans une forêt qu'il croit déserte. Quelques années après, d'autres exilés viennent y gémir. *Owinska* les secourt en secret. Elle apprend que ces deux malheureux, un vieillard et son fils, sont les *Dolowsky*, ennemis de *Menzikof*; mais *Dolowsky* et *Owinska* s'aiment, et les secours alimentaires conti-

Tome I.

nuent. Enfin *Menzikof* découvre ce mystère, se livre à sa fureur, mène *Owinska*, la traîne au lieu où il enterra lui-même son épouse, victime de leur persécution. *Owinska* se précipite sur ce tombeau et y reste seule, désespérée. Le vieux *Dolowsky* paraît, comble de bénédictions sa jeune bienfaictrice. Arrivent des Tartares. Ils respectent *Dolowsky*, leur ancien protecteur, et cherchent *Menzikof* qui les traita jadis avec dureté. *Dolowsky* s'oppose à ce qu'ils enlèvent *Owinska*. *Menzikof* est pris par une autre bande de Tartares; mais le jeune *Dolowsky* le délivre. Ces actes d'une générosité mutuelle, appuyés de l'intercession du fils de l'ambassadeur de France, jeune voyageur égaré dans cette forêt, apaisent le ressentiment de *Menzikof*, et un courrier apporte la nouvelle du rappel des deux familles réconciliées.

THÉATRE DU VAUDEVILLE. — *La Revue de l'an 8*, en un acte. Par les CC. *Dieulafoy*, *Armand-Gouffé* et *Chazet*. On connaît *la Revue de l'an 6*. Le succès de cette pièce a pu donner l'idée de celle-ci; mais le cadre en est différent. *Duval*, revenu d'Espagne, apprend que sa femme se livre au même train de vie que l'héroïne de l'*Ecole des Mœurs*, comédie du C. *Collin d'Harleville* ; car c'est maintenant aux femmes que nos théâtres cherchent à donner des mœurs. Pour la ramener, il s'introduit successivement sous les habits d'un entrepreneur de fêtes, d'un écrivain public, secrétaire de Lycée, d'un petit-maître joueur, dans le genre actuel, d'un procureur honnête-homme, d'un bijoutier et d'un costumier. Toute l'académie française, depuis sa fondation jusqu'au milieu du 18.ᵉ siècle, aurait fait des réponses qui nous paraîtraient aujourd'hui bien iroquoises, si on lui avait demandé : Qu'est-ce qu'un *costumier* ? Qu'est-ce qu'un *entrepreneur de fêtes* ? Qu'est-ce qu'un *secrétaire de Lycée* ? Ces déguisements servent à *Duval* à détourner sa chère moitié des pièges d'un fat.

Enfin, sous l'habit de costumier, ce mari apporte à madame sa robe de noce, donne un habit de Gilles au fat, et se faisant alors connaître, il congédie son rival. Ce *Duval* arrive toujours fort à propos pour empêcher l'effet de discours qu'il lui est impossible d'entendre, et remet, comme bijoutier, une lettre qui répond mot pour mot à celle qu'on dicte à sa femme. Un jeu charmant et des couplets pleins de sel font oublier ces invraisemblances.

Gentil Bernard, *pièce en un acte*. L'auteur de l'*Art d'Aimer* et de *Castor et Pollux*, *Gentil Bernard*, a fait la cour, sous le nom d'*Auguste*, à *Claudine*, jolie fille de Fontenay-aux-Roses. Elle est veuve; *Samuel Bernard*, fameux millionnaire, veut l'épouser. *Rameau* dirige une fête pour ce *Crésus*. Madame *d'Orly* (*Claudine*) se déguise en paysanne; *Gentil Bernard* s'habille en chasseur; ils jouent ensemble une scène tendre qui finit par une reconnaissance, et ils se marient.

Il est arrivé à Paris un beau garçon de 15 ans, né avec trois cuisses, trois jambes, trois pieds, bien conformés. Les affiches annoncent qu'il est d'un caractère doux, et qu'il porte sur sa troisième cuisse *la marque du sexe féminin*. On dirait que c'est une simple observation grammaticale. Il en coûte pour le voir, 60 centimes (12 sous) par personne.

Journaux. — Les journaux anglais ont annoncé : *The Eulogy on Michael de Montaigne*, by Henrietta Bourdic-Viot; smal 12-.mo pp. 105, Paris, 1799; imported by *De Boffe*, London. — C'est-à-dire, l'*Éloge de Montaigne*, en français. Par madame *Bourdic-Viot*, ouvrage qui a le plus brillant succès à Paris. Il contient, non-seulement, des anecdotes biographiques, mais encore les principaux traits du l'éducation, du caractère singulier, et des *Essais* du philosophe universellement connu (né en 1533, mort en 1592). On se rappelle, à Londres, le jugement de *Jonhson* sur ce *lively old Gascon.* Le sévère docteur lui reproche *une excessive vanité, d'impertinentes digressions,* et d'avoir perdu *tout amour naturel d'une réputation honnête* (*Adventurer,* n.° 49). Un des meilleurs écrits périodiques d'Angleterre fait à ce sujet quelques observations que nos lecteurs nous sauront gré de soumettre à leurs lumières. Le changement opéré dans les mœurs, les usages, les principes, à la fin du XVIII.ᵉ siècle, lui paraît se manifester en bien peu de choses aussi évidemment qu'en ce qui concerne *Montaigne*. Souvent traité de la sorte, et n'ayant jamais parlé du sexe avec beaucoup de délicatesse, il est actuellement honoré d'un éloge public par une dame qui nous apprend qu'elle a puisé la connaissance de ses devoirs dans les œuvres de *Montaigne*, et que ce fut en méditant l'histoire de ce philosophe qu'elle s'éprit de l'enthousiasme qui rend les mortels capables de toute entreprise, en leur cachant, ajoute-t-elle avec modestie, l'immense intervalle qui les sépare de leur modèle. Nous n'avons pas sous les yeux le texte français. Malgré cette divergence d'opinions (qui serait moindre peut-être, si *Montaigne* était né anglais), ces insulaires ont payé leur tribut d'estime au travail facile, au talent aimable, aux réflexions profondes, au style clair, pur, élégant, ingénieux et toujours naturel, de l'auteur de l'*Eloge,* femme justement célèbre que tant d'opuscules charmants placent à la fois au nombre des Muses et des Grâces.

Annuaire de l'Instruction publique, pour l'an 9 (1800 — 1801). Un vol. in-18, de 396 pages. — Prix, 2 fr. 50 c. et 3 fr., franc de port. — A Paris, chez *Duprat,* libraire, quai des Augustins.

'objet de cet annuaire est d'indiquer tous les établis-
  ts publics et les principaux instituteurs particuliers,
  s ou femmes, qui concourent actuellement à l'é-

ducation publique ou privée, dans tous les genres. Un article sur les sourds-muets y fixera l'attention des lecteurs amis de l'impartialité.

Almanach national de France, pour l'an 9. (1800 — 1801). Un vol. in-8.° de 700 pages. — A Paris, chez Testu, impr.-lib., rue Hautefeuille, n.° 14. — Prix, 6 fr. et 2 fr. 50 c. de plus, franc de port.

Almanach de Gotha, pour l'an 1801. Un vol. in-18, orné d'estampes, cartonné très-proprement, doré sur tranche, avec une couverture joliment coloriée et embellie de gravures du meilleur goût; le tout dans un étui. A Gotha, chez G. W. Ettinger; à Paris, chez Levrault, quai Malaquais. Prix, 4 fr.

L'Allemagne a donné l'exemple de tout ce qu'on peut mettre d'instructif et d'amusant dans ces petits recueils annuels qu'un néologisme ridicule a fait nommer, dans le français du jour, des *annuaires*. Un homme de lettres estimé ne dédaigne pas d'enrichir les almanachs allemands d'observations curieuses et même profondes, de connaissances utiles, d'opuscules précieux qu'il serait difficile de trouver ailleurs. On donne ainsi plus de cours aux vérités qu'il importe de communiquer à beaucoup de lecteurs, qui n'ajoutent, chaque année, que peu de volumes à leur petite bibliothéque. Celui-ci soutient sa réputation, et les gravures en sont charmantes. *Une voiture portugaise*, sa forme carrée, ses dix pieux pointus, ses roues pleines, ses deux bœufs avec leur plaque sur le front, et la tournure du voiturier; *la paysanne portugaise, allant au marché à Leiria*, sa coiffure voluptueuse, son grand éventail, et le maintien de son conducteur; *la litière portugaise* et le muletier allant à reculons pour amuser, avec sa guitare, la voyageuse qui l'écoute; *le courrier de Lisbonne à Oporto*, dormant sur le cou de sa mule dont la bride traîne, ont beaucoup d'originalité. *Une litière japonnaise*, *les femmes de Malte*, un quartier de Malte, la vue de Corfou, le palais impérial de Vienne, les Tuileries, le palais de Saint-James, trois des plus belles maisons de campagne d'Angleterre, un coup-d'œil sur les mœurs portugaises, les hypothèses relatives au Soleil, des réflexions sur les aveugles et sur les sourds, sur la musique et les effets qu'en éprouvent les animaux, sur la vîtesse de l'homme; des notes sur les dépenses des temps passés, sur la statistique de l'Empire ottoman, où l'on ne s'occupe guères de statistique, un peu d'arithmétique politique, si chère aux *penseurs* qui peuplent et enrichissent l'Europe de zéros; l'histoire de l'astronomie et la chronique de 1799 et 1800; les mesures, les poids, la situation de divers lieux, les postes, le nom et l'âge des princes, un calendrier vulgaire et celui de la France; tel est le contenu de ce petit volume.

ALMANACH DE GOETTINGUE, *pour l'année* 1801. Chez *Dieterich*, et à Paris, chez *Levrault.* 4 fr.

Cet Almanach, du même format et du même prix, offre ce que les merveilleux des deux sexes appellent leurs *costumes*; des estampes représentant des nègres, des mendiants, et des traits de l'histoire romaine; l'explication du tout et l'histoire de l'Almanach, contée par lui-même. On regrette que la langue française n'y soit pas écrite avec pureté.

MUSIQUE. — AN INTRODUCTION to harmony. — INTRODUCTION *à l'harmonie.* Par *William* SHIED. Un vol. in-4.º de 125 pages. Londres. *Robinsons.* 1800.

Le modeste auteur de cet ouvrage aurait pu promettre beaucoup plus qu'une *Introduction.* Combien d'autres donnent infiniment moins, sous les titres imposants de *Traité*, de *Principes* de l'art musical, de *Théorie* fondamentale, philosophique, complète ? Un pareil essai mériterait mille fois plus l'honneur de la traduction, que le tas de romans dont la librairie française est encombrée. *W. Shied* étend l'acception du mot *harmonie*, à la mélodie, à la modulation, à leurs effets, et traite ces différentes parties avec un talent, une originalité de moyens, une clarté d'exposition qui ne peuvent qu'instruire les commençants, être vivement applaudis des professeurs, et plaire même aux plus exigeants *Deletanti*. Les Anglais ont trouvé du neuf, une invention heureuse, admirable même, du génie enfin, dans l'expédient qu'il propose, dans le plan qu'il donne pour apprendre et enseigner à bien saisir les lois de l'harmonie, en jouant du violon, du hautbois, de la flûte, du violoncelle, du basson. Les inventeurs étant aussi rares que leurs lâches et vils détracteurs sont communs dans la classe des sophistes babillards qui n'inventèrent jamais rien, nous nous empresserions de rendre un juste hommage à M. *Shied*, en exposant son idée, si nous le pouvions, sans employer des signes qui nous manquent.

BABYLONS PYRAMIDEN, etc. — *Les Pyramides de Babylone* ; grand opéra héroï-comique, d'*Emmanuel Shikaneder*, mis en musique pour la première édition, par *Jhn. Gallus* ; pour la seconde, par *Pierre Winter*, maître de chapelle de S. A. S. le duc de Bavière ; accommodé pour le forté-piano, par *Jhn. Henneberg*. A Vienne, et se trouve à Paris, chez les frères *Levrault*, imprimeurs-libraires, quai Malaquais. Prix, 24 fr.

Sept nouvelles Romances, musique et accompagnement de forté-piano, par *Lamparelli*. XI.ᵉ recueil. Prix, 6 fr. — *Le Bouton de Rose*, musique de *Pradère* fils ; romance arrangée pour la harpe. Prix, 1 fr. 25 c. A Paris, chez *Naderman*, rue de la Loi.

Dessin. — Imitation of original drawings by Hans Holbein, etc. — *Imitation des dessins originaux, faits* par *H. Holbein*, tirés de la collection de Sa Majesté, pour les portraits des personnes illustres de la cour de Henri VIII, avec des notes biographiques; publiée par *John Chamberlaine*, garde des dessins et des médailles du roi, et membre de la société royale. Grand in-folio. XIII.ᵉ livraison. A Londres. *Nicol.* de 1792 — à 1800. 18 fr.

Le génie du peintre, les talents du graveur et les soins de l'éditeur font, de cette collection, l'un des plus beaux ouvrages qu'on ait encore vus. *Holbein* naquit à Bâle, en 1498, et fut recommandé par *Erasme* à sir *Th. More* qui l'accueillit dans sa maison de Chelséa, où ce peintre fit, durant près de trois ans, les portraits des parents et amis de sir *Thomas*. Le roi, étant venu faire une visite au chancelier, prit *Holbein* à son service, lui donna des appointements, le logea dans le palais, et lui paya d'ailleurs ses chef-d'œuvres. Cet artiste célèbre mourut de la peste, en 1554.

Notizia d'opere di disegno nella prima metà del secolo XVI, etc. — *Notice des dessins de la première moitié du seizième siécle, qui se trouvent à Padoue, à Crémone, à Milan, à Pavie, à Bergame, à Creme, à Venise; écrite par un anonyme de ce temps-là, et publiée* par D. J. Morelli, (garde de la bibliothéque de Saint-Marc). 1 vol. in-8.º de 272 pag., superbement imprimé par les frères *Remondini*. Bassano. 1800.

Cet ouvrage d'un anonyme du 16.ᵉ siécle, s'est trouvé manuscrit parmi les livres d'*Apostolo Zéno*. Le savant éditeur y a joint une préface et des observations qui rendent à l'admiration beaucoup de chef-d'œuvres, et à la gloire beaucoup d'artistes ignorés, méconnus, oubliés de ce siècle à jamais mémorable pour les arts en Italie.

Une brochure intitulée: *Situation de la France et de l'Angleterre, à la fin du 18.ᵉ siècle*, ou *Conseils au gouvernement de France, et réfutation de l'*Essai sur les finances; par Fred. Gentz; 2 vol. in-8.°; brochure dédiée au premier consul *Bonaparte*, par le C. *Fonvielle* aîné, de Toulouse, contient une note dont nos lecteurs nous sauront gré de leur donner un extrait, et qui rentre dans ce que nous avons déja dit sur l'*Art de la caricature*, mis au rang des arts politiques.

« Je connais, dit le C. F., un recueil de 162 volumes
« *in-folio*, ou en forme d'atlas, qui comprend 20 à 25,000
« pieces, depuis les premières gravures en bois jusqu'à
« nos jours, toutes gravures françaises ou relatives à
« l'histoire de France..... où la caricature de 2 *sols* se
« trouve à côté de ce qu'un amateur peut rencontrer de
« plus précieux... Une des remarques qui m'ont le plus
« donné à réflechir, c'est le nombre des volumes que
« chaque période renferme... Sans remonter plus haut...
« pendant la Ligue.... 8 volumes; sous *Louis XIII*,
« 8 vol.; sous *Louis XIV*, 16 vol.; *dans lesquels il y a*
« *sans doute beaucoup d'estampes représentant des fêtes, des*
« *monuments, des chef-d'œuvres;* sous *Louis XV*, 20 vol.
« et depuis *Louis XVI*, on a pu faire cette curieuse
« distribution : 11 vol. sous *Louis XVI*, jusqu'au 14 juil-
« let 1789; 18 vol. jusqu'au Directoire; 3 vol. sous le
« Directoire, depuis son installation jusqu'au 18 *brumaire*
« (9 novembre 1798); et enfin, en moins d'une seule
« année, 2 vol. sous *Bonaparte*. » (*Situation de la France*, tome I, pages 177—178.)

Gravure. — Estampe de 23 pouces de large et 22 de haut, représentant *Bélisaire* aveugle, recevant l'aumône et reconnu par un soldat. Gravée par le C. *Morel*, d'après le tableau du C. *David*. Chez le C. *Morel*, rue de la Poterie, n.° 2. Prix, 24 fr. avant la lettre.

LE *trente-un*, ou la maison de jeu, dessiné par *Guérin*; gravé par *Darcis*. A Paris, chez l'auteur, rue Montmartre, n.ºs 110 et 98. Prix, 3 fr.

SUITE *du* 83.e *tableau de la révolution.* Tombeau de *Marat*, faisant suite à *Marat assassiné*, estampé du même format. Paris. *Charles Pougens*, quai Voltaire, n.° 10. Prix, 6 francs.

FABLES *d'Esope, représentées en figures*, avec les explications et les principaux traits de sa vie, gravés par les meilleurs artistes, pour servir à l'éducation des enfants, soit dans les écoles nationales, soit dans la maison paternelle. Un vol. in-4.° Paris, chez *Remoissenet*, quai Voltaire, n.° 12. Prix, 4 fr. Le texte est aussi gravé. La destination de cet ouvrage nous fait regretter qu'on y ait laissé des fautes d'orthographe.

SOCIÉTÉS SAVANTES. — *INSTITUT NATIONAL DE FRANCE. Séance publique du* 15 *nivôse, an* 9 (5 janvier 1801). — La séance a été présidée par le C. *Bertholet*, et a commencé par le rapport des mémoires mathématiques et physiques lus dans la classe qui s'en occupe, pendant le trimestre précédent. *Jean-Charles Burckhart*, astronome adjoint au bureau des longitudes, à Paris, a reçu le prix proposé, en l'an 8, sur cette question : 1.° *discuter toutes les observations que l'on pourra trouver de la comète de* 1770, *en déterminant, s'il est nécessaire, les positions des étoiles auxquelles on l'a comparée;* 2.° *examiner avec soin si les observations peuvent être représentées dans une orbite non rentrante;* 3.° *si l'on trouve que cela est impossible, déterminer les éléments de l'orbite elliptique qui satisfait le plus exactement à ces observations.*

Le C. *Levesque* a fait le rapport des travaux de la classe des sciences morales et politiques, et a proclamé *Nicolas Fr. Canard*, ancien professeur de mathématiques à Moulins, auteur du mémoire qui a remporté le prix sur la question: — *Est-il vrai que dans un pays agricole, toute espèce de contribution retombe, en dernier terme, sur les propriétés foncières? Et si l'on se décide pour l'affirmative, les contributions indirectes retombent-elles sur ces mêmes propriétaires avec une surcharge?* (Les fameux principes des économistes sont donc mis en question par l'Institut)!

Cette même classe propose de nouveau la question: — *Quelles doivent être, dans une république bien constituée, l'étendue et les limites du pouvoir du père de famille?* — Elle propose pour sujet du prix de morale, la question suivante: — *Quel est le véritable caractère de bonté dans l'homme public?* (N'aurait-il pas été nécessaire d'expliquer ce qu'on entend par *homme public*)? — Elle propose pour sujet de prix de science sociale et législation, la question suivante: — *Quels sont les moyens de perfectionner en France l'institution du jury?* (L'un des premiers ne serait-il point de rendre au serment toute la force morale d'un acte religieux? Comment perfectionnerait-on des *jurys* qui pourraient se composer d'athées?) Chaque prix sera une médaille d'or de la valeur de 5 *hectogrammes*. La distribution s'en fera le 15 germinal an 10 (5 avril 1802). Les mémoires doivent être remis 3 mois plus tôt.

Le C. *Dutheil* a fait le rapport des travaux de la classe de littérature et beaux-arts; le C. *de Jussieu*, un rapport sur le voyage entrepris par les ordres du gouvernement et sous la direction de l'Institut, par le capitaine *Baudin*; le C. *Champagne*, une notice historique sur *P. Ch. Louis Baudin*; le C. *Ameilhon*, une notice des inscriptions apportées d'Egypte par les officiers de l'armée commandée par le général *Bonaparte*; le C. *Palissot-Beauvoir* (associé), des notices sur le peuple de Benin, recueillies par lui-même, pendant son séjour en Afrique; le C. *Lefebvre-Gineau*, une notice historique sur *P. Lemonnier*, astronome; le C. *Guyton*, l'exposition du plan d'un traité *de la contagion*, et des moyens d'en arrêter les progrès; le C. *Mongez*, un extrait d'un Mémoire sur les harangues rapportées par les historiens, et sur les moyens que l'on croit avoir été employés chez les anciens, pour augmenter les effets de la voix. La séance a été terminée par un morceau, en vers, du C. *Colin d'Harleville*, intitulé : *La Campagne et les Vers*.

LA SOCIÉTÉ DES OBSERVATEURS DE L'HOMME a tenu, le 8 nivôse an 9 (le 29 décembre 1800), à Paris, rue de Seine, hôtel de la Rochefoucault, une première séance anniversaire depuis sa fondation. Après un discours sur le but et le caractère distinctif de cette société, l'un des fondateurs, le C. *Demaimieux*, ancien major d'infanterie, inventeur de la *pasigraphie*, membre de l'académie des sciences de Harlem, a terminé son année de présidence, et a payé un juste tribut d'éloges au nouveau président unanimement élu, au C. *d Jussieu*, membre de l'Institut national. On sait que l'objet de cette nouvelle institution est d'observer l'homme sous ses rapports physiques, intellectuels et moraux; ce qu'exprime la devise qu'elle a adoptée, l'une des inscriptions qu'on lisait sur les murs du temple de Delphes : ΓΝΩΘΙ ΣΕΑΥΤΟΝ, *connais toi-même*. Voici la question que la *Société des observateurs de l'homme* a déja proposée pour sujet du prix qu'elle distribuera dans sa première séance publique de l'an XI.

« Déterminer, par l'observation journalière d'un ou de
« plusieurs enfants au berceau, l'ordre dans lequel les
« facultés physiques, intellectuelles et morales se déve-
« loppent, et jusqu'à quel point ce développement est
« secondé ou contrarié par l'influence des objets dont

« l'enfant est environné, et par celle, plus grande en-
« core, des personnes qui communiquent avec lui. »

Le prix consistera en une médaille en bronze, et en une indemnité de 600 fr. Les mémoires seront reçus jusqu'au 1.er germinal an X (22 mars 1802). Ils doivent être adressés, franc de port, au C. JAUFFRET, secrétaire perpétuel de la Société des observateurs de l'homme, rue de Seine, hôtel de la Rochefoucault, à Paris. Les auteurs sont invités à joindre à leur mémoire un billet cacheté portant, en suscription, la même devise que le mémoire, et contenant leur nom et leur adresse.

LE LYCÉE RÉPUBLICAIN de Paris a fait l'ouverture de ses cours de l'an 9 (de décembre 1800 à décembre 1801), avec beaucoup plus d'éclat qu'il n'en avait eu depuis quelques années. On y distingue *l'histoire de l'homme*, par le C. *Cuvier*; les démonstrations chymiques du C. *Fourcroy*; la classification des corps vivants, par le C. *Sue*; la nouvelle carte anthropographique du C. *Moreau*; la physique et la lexicographie du C. *Buttet*; le cours de botanique du jeune, éloquent, laborieux, et modeste C. *Mirbel*, et les lectures littéraires du C. *Laharpe*, que la partialité de quelques détracteurs n'empêchera pas de recueillir les suffrages d'un nombreux auditoire, du public et de la postérité.

L'ACADÉMIE *de Berlin* a proposé la question suivante : *Jusqu'à quel point Frédéric II a-t-il contribué à éclairer et à polir son siècle?* Le prix est une médaille d'or, de la valeur de 50 ducats; et le concours sera ouvert jusqu'au 1.er mai 1801.

MÉLANGES, BIOGRAPHIE, INVENTIONS, ANECDOTES
ET MODES.

MÉLANGES. — *CATALOGUE des livres de la Bibliothèque de feu l'abbé* BARTHÉLEMY, *auteur du Voyage du jeune Anacharsis en Grèce, garde des médailles, à Paris, et membre de plusieurs sociétés savantes de l'Europe; précédé d'une notice sur la vie littéraire de cet homme célèbre, et du catalogue de tous les ouvrages dont il a enrichi les lettres et les arts. A Paris, chez Bernard, libraire, quai des Augustins, n.° 31.* — La vente de cette collection précieuse est fixée au 16 ventose an 9 (7 mars 1801).

En faire l'annonce, c'est promettre de vraies jouissances aux savants et aux amateurs. Ils trouveront ce catalogue dans les principales villes d'Europe, et peuvent compter sur les plus belles éditions des auteurs grecs et latins, parfaitement conservés et reliés avec le goût le plus noble et le plus exquis. La partie numismatique est d'une grande richesse.

BIOGRAPHIE. — *ÉLOGE FUNÈBRE des généraux KLEBER et DESAIX, prononcé le 1.er vendémiaire an 9, à la place des Victoires; par le C. GARAT, membre du Sénat conservateur et de l'Institut national.* A Paris. De l'imprimerie de la République.

L'Europe connaît l'éloquence et la philosophie de l'orateur. Admirateurs et censeurs, tous s'accordent à dire que le C. *Garat* s'est surpassé lui-même dans ce discours. Il y a joint des notes, dont deux pourraient passer pour de véritables dissertations. La 6.e a pour but de prouver « que les usurpateurs ne sont jamais des héros, que les « héros ne sont jamais des usurpateurs, et qu'une des « plus sûres garanties contre la *tyrannie militaire*, est une « grande *gloire militaire* attachée au nom de celui qui, « dans un pays libre, est revêtu de la première magis- « trature. »

ÉLOGE de J. B. G. Bochard de SARON, premier président du parlement de Paris, et membre honoraire de l'académie des sciences. Un vol. in-12, de 200 pages. A Paris, chez *Lenormand*, imp.-lib., rue des Prêtres-Saint-Germain-l'Auxerrois, n.° 42.

Nommer l'auteur de cet éloge, le C. *Montjoie*, c'est, sans contredit, la meilleure recommandation qu'on en puisse faire.

Legrand-d'Aussi, membre de l'Institut national, est mort, ces jours-ci, à l'âge de 63 ans. Elève des Jésuites, il vécut, quelque temps, dans cette célèbre société, s'associa, depuis, aux travaux de M. *de Paulmy*, publia d'anciens fabliaux, et allait finir son ouvrage sur la *Vie privée des Français*, quand il a succombé, dit-on, au chagrin, quoique sa constitution et son régime lui promissent encore une longue vie.

DÉCOUVERTES. — LE C. *Faujas*, à Paris, a découvert, dans un lieu très accessible, à 4 lieues du Rhône, une couche considérable de terre, avec laquelle il a fait fabriquer des *briques flottantes*, telles que celles dont parlent *Pline*, *Vitruve*, *Strabon*. La même espèce de terre fut trouvée, il y a quelque temps, par le savant *Fabroni*, directeur du muséum d'histoire naturelle de Florence, entre Ardidasso et Castel-del-Piano, dans la Toscane. Ces briques nagent sur l'eau et sont le plus mauvais conducteur connu du calorique ; en d'autres termes, elles communiquent difficilement la chaleur ; rougies au feu de forge, par un bout, elles peuvent être tenues, de l'autre bout, sans qu'on se brûle ; chauffées d'un côté, elles demeurent froides de l'autre. L'expérience en a démontré les propriétés. On s'en servira fort utilement pour la construction de la sainte-barbe des vaisseaux, et pour toute sorte de revêtements destinés à prévenir les incendies.

UN Marchand du pays de Nassau, a inventé le moyen de rendre les draps de laine imperméables à la pluie.

ANECDOTES. M. *Junker*, célèbre médecin de Halle, professeur d'anatomie, se procura les corps de deux pendus. A minuit, tout le monde étant couché, il entend du bruit, va voir ce que c'est ; le drap qui couvrait les pendus est déchiré, et l'un d'eux est disparu. L'anatomiste effrayé, cherche et aperçoit ce cadavre assis dans un coin et qui le suit des yeux ; tremblant et reculant pas à pas, M. *Junker* laisse tomber sa lumière ; elle s'éteint ; il se sauve et va se cacher dans son lit. Il est poursuivi et sent que cette figure hideuse et nue, lui embrasse les jambes en sanglottant. — « Laissez-moi. — Ah, M. le bourreau ! faites-moi grâce. Vous voulez donc me perdre ? Au nom de l'humanité, sauvez-moi. » Le médecin rallume sa bougie, prête une vieille robe de chambre au pendu, lui fait avaler un cordial, et se met à causer avec lui. C'était un déserteur puni. Le jour luit ; M. *Junker* habille son homme et le conduit hors de la ville. Douze ans après, un négociant d'Amsterdam le reconnaît, le mène chez lui très-poliment, lui montre une femme aussi belle qu'estimable et de jolis enfants. Cet heureux père de famille est le ci-devant cadavre, et bénit l'humanité du médecin qui ne le reconnaît qu'alors. Ils observent ensemble que des lois qu'on croit justes tuent quelquefois de très-honnêtes gens.

Le 3 nivose an 9 (24 décembre 1800), à 8 heures du soir, au moment où le général *Bonaparte*, premier consul, venait de passer au coin de la rue Saint-Nicaise, à Paris, pour se rendre à l'Oratorio d'*Hayden*, intitulé *la Création du Monde*, l'explosion d'un baril de poudre, placé dans la rue sur une petite charrette, ébranla toutes les maisons voisines, brisa les fenêtres, causa beaucoup de dommage, tua quelques personnes et en blessa plusieurs. *Bonaparte n'éprouva aucun accident.*

On a fait l'observation suivante sur l'état du crédit public, en France. Le 5 vendémiaire an 8 (*27 septembre 1799*), la sorte d'effets connus sous la dénomination de *rente provisoire*, qui était à un franc 75 centimes (ou 35 sous) pour cent francs, était, le 19 nivôse an 9 (*9 janvier 1801*), à 44 fr.; bénéfice de plus de 2514 pour cent.

MODES. — Les fracs se *dégagent*, les redingottes s'élargissent. On met pour le bal, habit noir, gilet blanc, culottes noires, bas blancs et chapeau à trois cornes. Les dames portent un diadême de feuillage ou de diamants, et des chiffres sur leurs souliers. On ne va guères plus sans *esprit*. Des coiffures en cheveux *à la Cérès* offrent des épis d'argent ou d'or réunis sur le devant de la tête. Des *réseaux* en fil d'argent, larges derrière et revenant en pointes étroites se nouer au dessus du front, sont nommés *à la circassienne*. Nos belles à têtes antiques *du jour* ne peuvent guères se passer de *ruches* de satin ou de crêpe; les robes sont coupées *à la turque*, pour qu'il y ait de l'ensemble, et des *pluies* de jais ou d'acier brillent sur ces robes blanches, roses ou noires. Quant aux *chapeaux-bonnets-de-nuit* qu'on porte du matin au soir, quand on n'a pas de temps à donner au coiffeur, ils continuent à représenter un casque de goujat romain ou plutôt un tesson. Les rubans qui les croisent et qui les assujettissent, en bridant de travers une oreille et les machoires, font ressembler nos jeunes dames, avec leur pot-en-tête jusques dans l'appartement, à des voyageuses à pied qui craignent qu'un ouragan ne les décoiffe, et nos vieilles à des malades qu'on a trépanées, dont le crâne doit se consolider sous des bandes en croix. Ces ornements inventés par le bon-goût moderne, et des cheveux huilés qui tombent en crochets sur les yeux, sur les joues, sur les lèvres, développent merveilleusement les charmes décents d'une heureuse physionomie.

Quelques confiseurs de Paris annoncent, dans des fiches, des dragées fines et des confitures sèches pour les baptêmes.

BIBLIOGRAPHIE UNIVERSELLE.

Religion et Philosophie morale.

WINTER EVENINGS, *or* Lucubrations on Life and Letters. Neuw edition, in two volumes. Basil. Printed and sold by *James Decker*. Paris, sold by *Levrault* frères. — SOIRÉES D'HYVER, ou *Elucubrations sur la Vie et les Lettres*. Nouvelle édition, en 2 vol. in-8.° de 356 et 420 pages. A Paris, chez les frères *Levrault*. imp.-lib., quai Malaquais. Prix, 8 fr.

Elucubration est un terme didactique, et se dit d'un ouvrage composé à la lumière de la lampe, c'est-à-dire, le fruit des *veilles* de son auteur. Quoique ces deux volumes contiennent une suite de petits traités détachés et variés, que la forme du tout, le sujet de quelques-uns et le titre général renvoyaient à nos divisions de *Belles-lettres* ou de *Mélanges*, néanmoins l'acception des mots *Vie* et *Lettres* y est si morale, si philosophique et si pieuse, le choix des objets, le point de vue sous lequel on les voit, la manière de les traiter, y sont tels, que peu d'ouvrages, sous un titre aussi modeste, méritent mieux une place dans notre division de *Religion et Philosophie morale*, division que l'esprit dominant de l'Europe menace de laisser, plus d'une fois, vide de bonnes productions. Ces *Soirées* ou *Veillées* se divisent en 9 livres et 135 chapitres, dont voici les principales matières. « La littérature est plus cultivée
« en hiver qu'en été. — Des titres de mélanges. — De
« la controverse, de *Milton*. — De la vanité de la raison
« humaine. — D'une fausse philosophie, ennemie de la
« divinité. — Des motifs des écrivains moraux. — De
« l'action de Dieu sur l'esprit de l'homme. — De quel-
« ques affectations littéraires. — De l'éducation en vue
« d'un état. — De *Xénophon*. — De *Socrate*. — De l'hon-
« nêteté, de la simplesse. — Sermons. — Des satyriques.
« — De l'effet des songes. — De l'indifférence en ma-

Tome I

« tière de religion. — Du christianisme. — De la piété.
« — Du parjure. — Des poésies sacrées. — De la *Pé-*
« *dotrophie* (art de nourrir ou d'élever). — Du gouver-
« nement d'une paroisse. — De l'absurdité de quiconque
« cherche le bonheur hors de la morale et de la religion.
« — De l'usage de qualifier de superstition tout principe
« ou tout acte religieux. — De la volupté, de la misère,
« de l'ambition, de la vie morale sans religion. — De
« l'imitation, de l'amour de la renommée, etc. » Le
tout est en général nourri d'observations instructives,
d'une érudition attrayante, et respire une candeur aujourd'hui fort rare en Angleterre.

*Aperçu de l'état des mœurs et des opinions dans la
République française, vers la fin du* 18.e *siècle*; par
Hélène-Maria WILLIAMS, traduit de l'anglais, par
Mme Sophie GRANDCHAMP. 2 vol. in-8.º de 315 et
300 pages. Paris, chez les frères *Levrault*, impr.-libr.,
quai Malaquais. An 9 (1801). Prix, 7 fr.

Cet *Aperçu* consiste en 41 lettres, dont voici les titres
littéralement transcrits.

Ier Vol. « Comparaison entre les habitants de Bâle et
« les Béotiens. — Révolution de Bâle. — Remarques sur la
« révolution de Berne. — Manière dont les Français opé-
« rèrent la révolution en Suisse. Mort de l'abbé d'Engel-
« berg. — Malheur domestique. — Observations sur l'état
« de la République française. Position des ordres privi-
« légiés de l'ancien régime. — Discussion sur les prê-
« tres, l'esclavage des nègres et les paysans. — Remar-
« ques sur l'*Histoire de la destruction de la liberté helvétique,*
« par *Mallet-du-Pan*. — Remarques sur la conduite de l'Ins-
« titut national envers l'auteur d'un poème connu, et de
« l'abbé de ..... Critique de quelques passages de ses
« ouvrages. — Révolution du 30 prairial. — Avantages
« que les puissances coalisées ont retirés de la conduite

« des jacobins. Motifs qui ont paru réunir ces derniers
« aux royalistes. — Histoire de la révolution et contre-
« révolution de Naples. Dispositions hostiles de cette cour
« contre la République française. Ses préparatifs pour la
« guerre. Arrivée de l'escadre anglaise devant Naples. —
« Invasion de la *République romaine* par les armées na-
« politaines. *Défaite du roi, sa fuite à la cour de Sicile.*
« Entrée des Français à Naples. Établissement de la *Ré-*
« *publique napolitaine.* — Réflexions d'un Napolitain pa-
« triote. Germe de la contre-révolution. Les Français
« quittent Naples. Cette ville investie par les contre-ré-
« volutionnaires et les forces des puissances coalisées. —
« Naples au pouvoir des insurgés. *Conduite héroïque* de
« la garnison de Civigliano. *Cruauté des royalistes*, à leur
« entrée dans Naples. Capitulation des forts de Castel-
« nuovo et de Castel-del-Ovo, *avec* les forces réunies de
« la Russie, de la Porte ottomane, de l'Angleterre et du
« roi de Naples. — Arrivée du lord *Nelson*, de sir *Wil-*
« *liam* et de lady *Hamilton* dans la baie de Naples. Exa-
« men fait à bord *le* vaisseau de l'amiral, des patriotes qui
« avaient capitulé. Arrivée du roi dans la baie de Naples. Ses
« dispositions envers les *capitulés.* Installation de saint *An-*
« *toine* à la place de saint *Janvier.* Parallèle entre la terreur
« royale et la terreur des jacobins en France. Conduite
« généreuse du commodore *Trowbridge.* — Manière in-
« génieuse dont l'amiral *Nelson* découvre les rebelles.
« Bannissement du tiers des personnes qui avaient capi-
« tulé, et confiscation de leurs biens. Conditions *par les-*
« *quelles elles obtiennent cette clémence.* Exécution de
« l'amiral *Caraccioli* et des deux tiers des personnes qui
« avaient capitulé. Mort d'*Éléonore Fonseca.* Notes sur
« quelques-unes de ces intéressantes victimes. — Fuite
« de *Suwarow* par les montagnes de Glarus. Séjour de
« l'armée française en Palestine. Histoire de *Pérourou,*
« écrite par lui-même. — Amusement de la campagne

« en automne. Nouveaux traits de vandalisme. — Scru-
« pules d'un prêtre catholique. Mets scientifiques. — Re-
« tour de *Bonaparte.* »

II.e vol. « Le 19 brumaire. — Suite. — Sur la consti-
« tution. — Sur les femmes. — Des pouvoirs administra-
« tifs, judiciaires, et des jurés. — De l'état de la reli-
« gion dans la République française. — Suite. — Autre
« suite. — Ouverture de la campagne en Allemagne. —
« Réflexions sur la guerre. — Départ de Paris de *Bona-*
« *parte —* Conscrits. Poètes italiens. — *Bonaparte* en Ita-
« lie. — Bataille de Maringo. — Sur l'Egypte. — Re-
« tour de *Bonaparte* à Paris. — Réorganisation de la
« *République cisalpine.* Observations sur l'origine de la
« guerre. Le Barbet de Castiglione. — Sur l'accusation
« d'athéisme dans la République française. — Notice sur
« M.me *Helvétius.* — Examen d'un ouvrage intitulé : *Des*
« *causes qui ont amené l'usurpation de Bonaparte et qui*
« *préparent sa chute.* — Suite du même sujet. — Sur
« l'armistice. — Sur les fêtes nationales. — Appendice. »

On voit assez que cet *Aperçu* ne forme point un ouvrage
auquel l'auteur ait eu l'intention de donner une marche
régulière, dont il ait médité le plan. C'est la correspondance d'une Anglaise très-savante, très-spirituelle, capable
de profondes méditations sur les sujets les plus graves, et
douée de cette originalité de pensées qui se fait toujours
lire avidement par ceux même qui professent d'autres
principes et d'autres opinions ; correspondance où les transi-
tions sont de pure fantaisie ou de circonstance, où quelques matières peuvent n'être qu'effleurées, où le style ne
s'imposant aucune gêne, passe du ton sérieux à la plaisanterie et les mêle à volonté. Un pareil livre est, pour
l'observateur attentif, une portion bien intéressante des
immenses matériaux que doit recueillir celui qui se propose d'examiner les opinions et les mœurs de l'époque et
du pays où l'auteur, femme et Anglaise, rédigea et pu-

blia son *Aperçu*, à la fois image et échantillon, très-curieux sous ce double rapport.

Le *Poème connu* est celui de la *Guerre des Dieux anciens et des Dieux modernes*, du C. *Parny*; et Miss *Williams* loue beaucoup l'Institut d'avoir repoussé de son sein ce poète érotique. Pour l'abbé... c'est M. *Delille*. Quant aux faits politiques et militaires, Miss *Williams* assied ses réflexions sur des récits officiels, sur ses propres observations, ou sur des notes de réfugiés de Naples. Quant aux principes, ils sont ceux d'une ardente et sincère amie de la révolution, qui se croit aussi éloignée du jacobinisme que du royalisme. Elle soutient que la révolution a mis fin à des maux plus affreux que ceux dont cette régénération fut souillée; que *Mallet-du-Pan* exagère la liberté des Suisses, et qu'il donne, sans le vouloir, de bonnes raisons pour motiver une révolution en Helvétie; elle assure que le *Concile*, tenu dernièrement à Paris, s'est sagement occupé des moyens d'anéantir le *papisme* en France et de perfectionner la *religion catholique*, en profitant de ce que les *Pères* de ce *Concile général* découvriront de meilleur dans les ouvrages des auteurs protestants, en remettant les dogmes en question, dans une invitation publique et philosophique par laquelle ils ont provoqué un nouvel examen des articles de foi.

Dans ces conversations libres, faites la plume à la main, l'interlocuteur anonyme, toujours combattu, réfuté, ne dit que le peu de mots qu'on cite de ces lettres supprimées. La souveraineté des peuples, les droits de l'homme et les lumières du siècle y sont chaudement loués; et la guerre et l'athéisme voués, l'une à l'exécration et l'autre au ridicule. Tout monarque y est un despote, tout sujet un esclave; la hyérarchie ecclésiastique y est un abus, et toute religion révélée une absurdité; le pape, le *Jupiter* catholique; mais *Jesus* y est révéré, et la nécessité de la religion y est établie avec la touchante éloquence de la conviction. A l'égard de M. *d'Yvernois*, Miss *Williams* ne voit en lui que le plus risible des prophètes de malheur. Mais l'ame de l'auteur se livre toute entière au plaisir de louer *Bonaparte*, en ces termes :

« L'arrivée de *Bonaparte* n'est pas un événement or-
« dinaire dans les annales de l'histoire de France... Mon
« cœur bat, en songeant aux projets qu'il médite.... Si
« un vaisseau anglais s'en était emparé ! S'il eût été con-
» duit à Londres ! Je sais que ma nation est trop grande,
« trop éclairée, pour ne pas admirer un ennemi comme
« *Bonaparte*. Mais il a des choses plus importantes à faire
« que de visiter les côtes de l'Angleterre..... La coali-
« tion ne m'irrite plus ; elle me paraît sans forces, quand
« je vois qu'on va lui opposer le vaste bouclier du génie
« de *Bonaparte* ; et, grace à lui, je n'ai pas besoin de
« méditer plus longtemps sur le choix d'une retraite...
« Je me plais, dit-elle ailleurs, à composer une pompe
« triomphale ; la liberté précédera le cortége ; l'humanité
« portera le drapeau ; des palmes civiques ombrageront
« le chemin ; la marche sera fermée par la paix, appuyée
« sur la figure principale du groupe qui, difficile en
« louange comme en gloire, distingue, avec le tact pré-
« cieux que la supériorité accorde, les hommages d'une
« foule prosternée aux pieds de la grandeur, du tribut
« qu'une ame noble s'empresse d'offrir au génie. »

La traduction de cet ouvrage aurait pu être faite avec plus de soin. *Défenseur marquant de la chute* du despotisme ; *le temple vous accordera une vie ; un matelas de bourre de mon père ;* des canons *courriers de la victoire ; la foi devenue opaque ; tremblez que je veuille ; j'ai parue ; principes subversibles des droits ; se rappeler de ; pointiller la raison*, ne sont pas des locutions correctes. Nous extrairons le fait relatif au *Barbet de Castiglione* et *l'histoire de Pérourou*, le premier, dans notre article des Mélanges et Anecdotes, le second, à la suite des Romans.

Discours *sur la Vertu*, prononcé à l'académie des sciences et belles-lettres de Berlin, le 25 janvier 1797, par *Stanislas* Boufflers. 2.ᵉ édition, corrigée et augmentée. 80 pages in-8.º A Paris, chez *Pougens*. An 9 (1801). Prix, 1 fr. 20 cent.

Nous avons déjà fait mention de ce discours. Le principe de l'auteur est que nous éprouvons « un *plus* vrai besoin « de *moins* de mal que de *plus* de bien, et que la vertu « est le développement de la compassion, faculté moitié « physique, moitié morale. » Il annonce qu'il « n'y a « changé qu'une page ou deux, qui ne tenaient point au « fond du sujet, et qui ne pouvaient, ajoute-t-il, avoir « d'*intérêt* que pour le prince et le peuple *généreux* à qui « je voulais témoigner ma *reconnaissance*. » Il nous semblait que la *reconnaissance* tenait à la vertu qui est le fond du sujet de ce discours, et qu'il était bon, juste et honorable de louer partout la générosité.

Politique, Manufactures et Commerce.

Manuel *des Tribunaux civils, contenant toutes les lois non abrogées, sur le nouvel ordre judiciaire, les successions, donations, transactions, demandes en rescision, fermages, locations,* etc. *Ouvrage particulièrement utile aux juges, aux avoués ; aux fondés de pouvoirs,* etc. *rédigé suivant l'ordre alphabétique des matières;* par le C. Grenier, *ci-devant employé au ministère de la justice.* Un vol. in-8.º de 232 pages. An 9 (1801). A Paris, chez *Garnery*, libraire, rue de Seine, et les frères *Levrault*, quai Malaquais. Prix, 2 fr. 50 c.

Projet *d'une loi portant défense d'apprendre à lire aux femmes;* par S**-M***. Un vol. in-8.º de 114 pages. A Paris, chez *Massé*, éditeur, rue Helvétius, n.º 580. An 9 (1801).

Peut être aurions-nous dû placer cette brochure parmi les pièces fugitives littéraires ; mais 113 *considérant* et 80 articles *en conséquence*, commençant presque tous par *la raison veut*, en font un ouvrage trop sérieux et de trop de poids, pour qu'il ne soit pas assimilé aux productions de l'esprit politique de nos derniers temps. *La raison veut*, dit l'auteur, que l'on dispense les femmes d'apprendre à lire, à écrire, à imprimer, à graver, à *scander*, à solfier, à peindre. Il les exclut des assemblées particulières ou publiques, des *Instituts*, *académies*, *cercles ou sociétés littéraires*, *Portiques ou veillées des muses*, *Lycées*, *Prytanées*, *Athénées*; et termine son projet de loi par quelques vers qu'il suppose sans doute devoir être leur dernière lecture. Nous ne citerons que ce 5.e commandement : *Père et mari honoreras, afin de vivre plaisamment* ; et ce quatrain :

« Au temps où nous vivons, deux têtes exaltées
« Du sexe féminin outre-passant les droits,
« La S**, la G**, deux chèvres Amalthées,
« Ont singé les docteurs des peuples et des rois. »

DES COLONIES *et de la Traite des nègres.* Par C. BELU. 72 pages in-8.º A Paris, chez *Debray*, libraire. An 9 (1800). Prix, 75 cent.

Cette brochure traite de l'utilité des colonies, des rapports des blancs entre eux et les gens de couleur avant la révolution, de l'état des nègres, de la traite, de leur transport. L'auteur paraît préférer des millions, du travail, une marine, du sucre, du café, de l'indigo, la prospérité du commerce et la paix, aux principes des droits des hommes. Il propose de rétablir l'esclavage des noirs, et dédie publiquement son ouvrage à *Bonaparte*, premier consul.

SCIENCES NATURELLES, PHYSIQUE ET CHYMIE.

DE L'INFLUENCE de l'histoire naturelle sur la civilisation. Discours prononcé au Lycée républicain, à l'ouverture du cours de botanique, le 9 nivose an 9 (30 décembre 1800), par le C. BRISSEAU-MIRBEL, professeur. 32 pages in-8.° A Paris, au Lycée. An 9 (1801).

Ce discours intéresse vivement les ames sensibles et les amis de la vraie science, par un fonds d'idées saines, par le charme d'une expression pure, claire, naïve, doucement animée, par les sentiments qu'il développe, et plus encore par l'homme supérieur qu'il promet ou décèle déja dans un professeur si jeune, si studieux et si modeste. Quel contraste on observe entre le bon-sens de tous les temps, employant et manifestant des connaissances réelles, de manière à les faire chérir, et cette fausse métaphysique, toujours obscure, toujours guindée, que les sots croient d'autant plus sublime, qu'elle est plus inintelligible, qui ne sait qu'abuser de grands mots, et se nomme niaisement *idéologie*, qui ne sert à rien et se flatte de perfectionner l'espèce humaine ! « J'avoue, dit le C. Mir-
« bel, que je ne crois pas plus à la perfectibilité indéfi-
« nie, dont parlent nos métaphysiciens, que je ne crois
« à l'augmentation (*sans doute aussi indéfinie*) des
« maux..... Si le sage ne peut s'abuser sur la destinée
« des générations futures, si cette perfectibilité morale,
« à laquelle on prétend les conduire par des mots et des
« abstractions, ne lui paraît qu'une brillante erreur, du
« moins-a-t-il l'espérance qu'en étudiant la nature, il
« trouvera des contre-poids aux maux qui menacent encore
« l'humanité. »

MÉTHODE de préparer et de conserver les animaux de toutes les classes pour les cabinets d'histoire naturelle;

par *P. F. Nicolas*, *membre non-résidant de l'Institut national, ancien professeur de chymie et d'histoire naturelle.* Un vol. in-8.º de 228 pages, avec 10 planches. A Paris, chez *Buisson.* An 9 (1801). Prix, 4 fr.

P. F. Nicolas décrit tous les procédés, combat l'usage des poisons, et donne la recette des liqueurs qu'il emploie pour la conservation de la robe, du plumage et des pieds des animaux.

Annuaire météorologique, pour l'an 9 (1800—1801). Par *J. B. Lamarck.* 1 vol. in-18. A Paris, chez l'auteur, au Muséum d'histoire naturelle. Prix, 1 fr. 20 c. et 1 fr. 40 c. franc de port.

La partie conjecturale des ouvrages météorologiques de cet ingénieux observateur, y joint un intérêt de plus à la certitude que les observations sont bien faites.

Vocabulaire portatif des mécaniques, ou Définition, description abrégée, et usage des machines, instruments et outils employés dans les sciences, les arts et les métiers; avec l'indication des ouvrages où se trouve leur description plus détaillée; par *L. Cotte*, de plusieurs sociétés savantes. 1 vol. in-18. de 608 pag., en deux colonnes. An 9 (1801). A Paris, chez *Delalain*, fils, quai des Augustins, n.º 29. Prix, 4 fr. relié.

L'auteur y a joint, la liste des ouvrages auxquels il renvoie dans le Vocabulaire, en indiquant l'édition ; et deux notices alphabétiques des arts et métiers dont la description a été publiée par l'académie des sciences; et de ceux dont la description se trouve dans le *Dictionnaire des arts et métiers* en 8 vol.; faisant partie de l'*Encyclopédie par ordre des matières.* Il suffira de comparer ces notices pour entrevoir à quel point à été poussée l'avidité mercantille, qui fait acheter souvent le même fonds d'idées, sous divers titres.

Recherches sur la décoloration spontanée du bleu de Prusse, et sur le retour spontanée de cette couleur. Par N. R. T. Le Bouvier Desmortiers. 32 pag. in-8.° An 9 (1801). A Paris, à la librairie, rue Saint-André-des-Arcs, n.° 46.

Ces recherches ont pour objet de bien voir les raisons d'un fait singulier. Du bleu de Prusse, broyé avec de l'huile de noix et couvert d'eau, est devenu blanc; ce blanc, étendu sur du papier, du bois, un mur, est redevenu bleu. Il en résulte, 1.° que la décoloration n'est pas due à la décomposition de l'huile, mais au changement de surface et à l'extinction des globules lumineux dans les pores; 2.° qu'aucun des principes de l'air ne régénère la couleur; 3.° que le calorique, sans le contact de la lumière, nuit au retour de la couleur; 4.° que le mouvement intestin des parties et l'action de la lumière reproduisent la couleur; 5.° que le fer en état de bleu de Prusse contient encore des parties non oxidées; 6.° que le prussiate bleu, qu'on suppose oxidé à 48 pour cent, peut recevoir plus d'oxigène; 7.° que l'oxigène n'est pas le principe teignant du bleu de Prusse; 8.° que ce principe est un acide qui se dégage de sa base par la moindre impression du calorique avec lequel il forme un mixte volatil. Les expériences sont clairement décrites et multipliées.

Arts curatifs et vétérinaires.

Histoire des principaux lazarets de l'Europe, accompagnée de différents mémoires relatifs à la peste, aux moyens de se préserver de ce fléau destructeur et aux différents modes employés pour en arrêter les ravages.

Par *Jean de* HOWARD, *de la société royale de Londres*, auteur de *l'*Etat des prisons de l'Angleterre, *traduite de l'Anglais,* par *Théodore-Pierre* BERTIN ; suivie d'un *Traité sur la peste,* par *Richard* MÉAD, médecin du roi d'Angleterre, traduction de l'anglais, revue et corrigée par l'éditeur. 1 vol. in-8.º de 380 pages. A Paris, chez *T. P. Bertin,* rue de la Sonnerie, n.º 1. Au 9 (1801). Prix, 4 fr.

Howart et *Méad* sont généralement connus. Le premier est mort de la peste qu'il gagna, comme on sait, à Cherson, en s'obstinant à vouloir tâter le pouls à une dame que ses soins secouraient dans les horreurs de cette épouvantable maladie. Ainsi finit la vie du philanthrope le plus zélé pour s'instruire par lui-même des moyens de perfectionner les prisons et les hôpitaux, si industrieux, si courageux, si constamment seul dans l'exécution de ses projets pour le bien de l'humanité, qu'on a dit de lui qu'il exerçait le *monopole* de la bienfaisance. *Méad* eut les mêmes vertus, et il était digne du C. *Bertin* de s'associer à eux en les rapprochant. *Friend,* médecin, ami de *Méad* et membre de la chambre des communes, parla contre le gouvernement, et fut mis à la Tour en 1722. Le ministre tomba malade, et *Méad* lui refusa tout secours, jusqu'à ce que *Friend* fût en liberté ; puis il remit cinq cents guinées à *Friend,* montant des honoraires qu'il avait reçus en traitant les malades de son ami. Il s'agit ici des lazarets de Marseille, Gênes, Livourne, Naples, Malte, Zante, du Levant, de Venise, de Trieste et d'Angleterre, des plus importantes questions relatives à la quarantaine, aux préservatifs, aux marchandises, aux saisons, aux symptômes, au traitement, à la convalescence, et de la peste de Spalato, en 1780. Quant au traducteur, il a fait ses preuves de talent et de fidélité. Cette dernière est du plus grand intérêt en matière aussi grave.

An Essai on the preservation of shipwrecked mariners, etc. — *Essai sur les moyens de sauver les mariniers naufragés*, en réponse aux trois questions proposées au concours pour les prix promis par la société royale établie sous le nom de *Humane society* : Quels sont les meilleurs moyens, 1.° de préserver les mariniers du naufrage ; 2.° de mettre le bâtiment à flot ; 3.° de secourir l'épuipage quand on ne peut pas y employer la chaloupe ou le canot ? Par *A.* Fothergill, docteur en médecine et membre de la société royale. 1 vol. in-8.° Londres. *Johnson.* 1799.

La société royale d'*Humanité*, établie à Bamborough-Castle, est une institution qui sera probablement imitée dans tous les ports de mer. Elle se voue au soin généreux de sauver la vie et les propriétés des naufragés, et rien n'entre mieux dans ses vues que cet important ouvrage.

De la Fièvre en général, de la Rage, de la Fièvre jaune et de la Peste. Du traitement de ces maladies, d'après une méthode nouvellement découverte ; par M. Godefroy-Chrétien Reich, docteur et professeur de médecine de l'université d'Erlangen ; ouvrage publié par le collége royal de médecine de Berlin, en conséquence des ordres à lui adressés par S. M. le roi de Prusse; traduit de l'allemand, par Jean-Nicolas-Etienne de Boch. 1 vol. in-12 de 86 pages. An 9 (1800). A Paris, chez les frères *Levrault*, imprimeurs-libraires, quai Malaquais. A Metz, chez *Behmer*. Prix, 1 fr. 20 cent.

Economie domestique et rurale.

A general View of the Agriculture of the County of Perth. — *Aperçu général de l'agriculture du comté de Perth, avec des observations sur les moyens de l'amé-*

liorer; par JAMES ROBERTSON, ministre d' Callander, dans le Perthshire. 1 vol. in 8.º de 575 pages. Londres. Cadell et Davies. 1799.

Le pays de Perth, comté de Perth ou Pertshire, en Ecosse, est d'environ de 5,000 milles ou 1,666 lieues carrées, et contient 3,200,000 acres, mesure d'Ecosse, ou 4,068,640 acres, mesure d'Angleterre, d'un sol très-varié, couvert de montagnes, de forêts; 70 villes, bourgs ou villages dont plusieurs annoncent de l'aisance; Perth ou Saint-Johnstown en est la capitale. Elle est sur la rivière de Tay, à 10 lieues, N. O. d'Edimbourg. Cet aperçu est exact, et intéressera le lecteur curieux de connaître les produits minéraux, végétaux, animaux de ces contrées, leurs moyens, leurs privations, leurs ressources.

SEMANARIO *de agricultura y artes, dirigido à los Parrocos, de orden superior.* 3 vol. in-4.º A Madrid. *Villalpando.*

L'agriculture et les arts ne sont utilement traités dans un journal *hebdomadaire*, que lorsque l'industrie nationale, l'émulation, les lumières pratiques ont déja fait de grands progrès. Mais cette maxime d'expérience trouve une heureuse exception locale dans la précaution d'adresser un pareil journal aux curés. Il est d'un excellent esprit de joindre aux fonctions pastorales le titre de bienfaiteur des champs et des ménages. *Charles III* conçut le premier le projet de cet ouvrage. Il en paraît deux feuilles tous les huit jours.

Puisse-t-il ne jamais répandre parmi des hommes naturellement peu laborieux, l'erreur qui porte à croire qu'on sait tout, et qu'on a tout fait quand on a lu, retenu, débité des mots ou des phrases sur les arts nécessaires qui demandent plus de travaux que de lectures.

Phytologia, or the Philosophy of Agriculture and Gardening, etc. — *Phytologie ou la Philosophie de l'agriculture et du jardinage, avec la théorie du desséchement des marais, suivie de la description d'une nouvelle charrue éprouvée;* par Erasme Darwin, docteur en médecine, membre de la société royale. 1 vol. in-4.° de 612 pages. Londres. *Jonhson.* 1799.

Depuis que la *philosophie* n'est plus simplement ce que dit le mot, *l'amour de la sagesse*, on en met partout : il faut une *philosophie* pour chaque science, chaque art; et le jardinage a la sienne. Aussi le vrai sage finit-il par cultiver son jardin. Peu de lectures donnent autant de plaisir que celles de la *Phytologie* du docteur *Darwin*. Elle abonde en idées plus singulières qu'originales, en observations curieuses, en systèmes ingénieux présentés avec tout l'intérêt possible. On regrette que ces idées ne soient pas neuves; que ces observations manquent d'exactitude; que ces systèmes n'ayent pas de solidité. Dans sa *Physiologie des végétaux*, il fait des plantes une espèce particulière, mais inférieure, d'animaux, hypothèse plus amusante qu'utile aux amateurs de l'agriculture. Respiration, poumons, vaisseaux absorbants en ligne spirale, artères, aorte, veines, circulation, manducation, digestion, glandes et sécrétions, organes de reproduction, passions, fibres *desirantes*, molécules *langoureuses*, muscles, nerfs, cerveau, volonté, pensées, actes et *crimes*, il trouve tout dans les plantes, et les nourrit de sucre. On croit revoir les *homœomeries* d'*Anaxagore*, les qualités de l'opium décrites par *Molière*, ou les rêveries de *Campanella*, remaniées, du plus grand sérieux, par un homme de beaucoup d'esprit, et l'on s'attend, à chaque instant, à voir le savant docteur se mettre à son aise, et rire avec ses lecteurs de ses tours de force. Point du tout : sa gravité ne se dément pas; et dans son *économie végétale*, il est presque inintelligible. La chymie moderne appliquée aux plantes, lui fournit des expériences précieuses. Ses moyens de desséchement n'ont rien de neuf. Il oppose aux deux électricités *positive* et *négative* de Franklin, deux fluides électriques, l'un *vitré*, l'autre *résineux*, et conseille d'établir de petits conducteurs dans les jardins, pour assurer aux plantes le bénéfice de ces fluides. Arrivé aux *maladies des plantes* aux *ennemis des plantes*, à la *fructuation*, aux *semences*, il en traite d'une manière aussi amusante qu'instructive. Il est moins clair dans le nouvel ordre qu'il veut substituer à celui de *Linné*. Ses sorties contre les rats ont fait dire qu'il était fort heureux que ces animaux ne sussent pas l'alphabet; que s'ils en venaient à lire ses œuvres, au lieu de les ronger, il courrait grand risque d'éprouver le sort de l'évêque allemand *Hotto*, qui fut dévoré par les rats, si l'on en croit de vieilles chroniques.

THE FARMER'S BOY a rural Poem, etc. — LE GARÇON DE FERMIER, *Poème champêtre, en quatre livres;* par *Robert* BLOOMFIELD, orné de gravures en bois, par *Anderson*. 1 vol. in-8.° de 118 pages. Londres. *Vernor et Hood*. 1800.

Robert Bloomfield est un garçon cordonnier qui travaille actuellement chez *Davies*, maître cordonnier pour les dames (*ladies Shœmaker*) dans *Lombard Street*, à Londres. Originairement destiné à l'état de *garçon de fermier*, il apprit à lire et à écrire. Sa mère et un magister de campagne lui enseignèrent l'un et l'autre en moins de trois mois. Les querelles survenues, en 1784, entre les ouvriers à la journée et les maîtres cordonniers, le portèrent à s'en retourner aux champs, et la lecture des *Saisons* de *Thomson*, lui inspira le goût de ce genre de poésies. MM. *Austin* et *Capel Lofft* furent ses Mécènes, et eurent le bon esprit de le protéger dans son dessein de reprendre sa profession, le métier de faire de bons et jolis souliers pour les dames, devant plus surement lui procurer du pain et un sort honnête, que ses talents pour la musique, ses airs de violon et ses vers, quelque esprit, quelque harmonie, quelque richesse d'idées et de sentiments qu'il mette dans ces derniers. Son poëme décrit les occupations d'un *garçon de fermier* dans les quatre saisons de l'année, en termes si naïfs, si vrais; il donne tant de charmes aux détails les plus ingrats; il mêle ces descriptions de peintures si animées, d'épisodes d'un choix si heureux, qu'on demeure suspendu entre le desir de le voir s'illustrer dans cette carrière, et la crainte qu'il ne s'y soutienne pas aussi bien que dans l'état qui le nourrit.

Histoire, Voyages et Géographie.

Histoire universelle, en *style lapidaire* : — *Multa paucis*. 1 vol. grand in-8.° de 191 pages, dont 20 pages de *Discours préliminaire* en *cicéro* interligné, et 171 pages imprimées en majuscules et encadrées. De l'imprimerie de *Crapelet*. A Paris, chez *Deterville*, libraire, rue du Battoir, n.° 16. Prix, 9 fr.

Le même anonyme publia, en 1786, une ébauche dans ce genre, intitulée: *Actions célèbres des grands hommes de toutes les nations*, in-4.°, accompagnées d'estampes. Il cite aujourd'hui la plupart des monuments historiques consistant en inscriptions gravées sur la pierre, la brique, le bois ou les métaux, et ce qu'on a dit de meilleur à la louange du style lapidaire ou sur les règles qui doivent y être observées. *Cicéron* exige qu'il soit *varié, vif, plein d'ame et d'esprit;* que tous les mots y soient *pesés*. Un moderne croit que chaque mot doit y faire *épigramme*. L'auteur assure que chaque ligne doit y former *un sens complet*, chaque mot *y offrir une pensée ou peindre un sentiment;* il ajoute que « ce style est devenu indispensable; qu'on a commencé par lui, qu'il faudra y revenir; » et il propose d'élever « un vaste édifice, composé d'une seule muraille, laquelle partant d'un noyau ou obélisque astronomique, se développerait en spirale à mesure que les siécles amèneraient des événements. On graverait sur ce mur d'airain ou de marbre, les seuls actes qui font honneur à l'espèce humaine, et cet édifice serait le *Palais de l'Histoire.* » En attendant, son zèle nous donne, en lignes d'un, de deux, de trois ou de quatre mots, l'histoire, depuis les temps fabuleux jusqu'à la découverte de l'Amérique et de l'imprimerie. Prenons quelques lignes çà et là : *Moïse paraît;* — *il crée* — *un peuple et une religion dont on parle encore.* — *L'égal peut-être de Socrate,* — *Epicure osa nier* — *la providence des dieux.* — *Il tint école de vertu* — *sous l'enseigne du plaisir.* — *En ces temps-là,* — *Jésus, fils de Syrach,* — *donnait à lire* — *à ses contemporains de Judée* — *un livre sage.* — *En ces temps-là,* — *Pierre à Rome,* — *Paul dans Athènes,* — . . *opposent dans l'évangile* — *l'adultère* — *d'une épouse juive* — *à la chasteté des dames romaines,* — *et les sœurs Agapètes dégénèrent en femmes suspectes*, etc. Ce style est-il conforme aux règles exposées par l'auteur? Une pareille histoire nous dispenserait-elle de lire les autres? L'exécution typographique fait honneur au C. *Crapelet.*

MUNIMENTA ANTIQUA, or Observations on Ancient Castles, including Remarks on the whole progress of Architecture, etc. — LIEUX-FORTS antiques, ou *Observations sur d'anciens châteaux, contenant des remarques sur les progrès de l'architecture ecclésiastique et militaire, et sur les changements qui les ont accompagnés dans les mœurs, les lois, les usages, et tendant à éclaircir plusieurs traits de l'histoire moderne et divers passages intéressants de quelques anciens auteurs classiques.* Par *Edouard* KING, membre de la société royale de Londres. 1 vol. in-folio de 350 pages. A Londres. *Nicol.* 1799.

Le volume annoncé ici est le premier de quatre auxquels l'auteur promet de borner la totalité de son important ouvrage. Il y traite des plus anciennes époques de l'histoire britannique, du temps, selon lui patriarchal, des Druides. Son 2.° volume décrira les travaux des Romains dans l'île. Le troisième embrassera tout ce qu'y firent les Saxons ; et dans le quatrième, on verra les résultats des efforts du génie normand, et l'influence de ce génie sur les progrès ultérieurs des mêmes arts, comme des imitations de l'architecture phénicienne, syrienne, romaine. *Edouard King* divise les monuments dont il s'occupe, en différentes classes, et en enrichit l'explication de tout ce qu'il trouve d'analogue dans les meilleurs écrivains et dans les mémoires des plus savants voyageurs ; de manière que son entreprise achevée donnera un monument d'érudition lumineuse à sa patrie, à l'Europe, à la république des lettres, aux siécles à venir.

Manière de discerner les médailles antiques de celles qui sont contrefaites. Par M. Beauvais, avec l'introduction, les notes et la spécification de la valeur et de la rareté des anciennes médailles des empereurs romains, ajoutées à la traduction allemande de cette dissertation. 44 pages in-4.° A Dresde, chez les frères *Walther.*
—La Dissertation, traduite de l'allemand, parut à Paris, en 1739, in-4.°, fut mise, en 1740, à la suite d'un *Traité des finances et de la fausse monnaie des Romains,* in-8.° ; puis, en 1767, à la fin de l'*Histoire abrégée des Empereurs romains et grecs.* A Paris, in-8.° Par le même M. *Beauvais.*

Voyage pittoresque en Suisse et en Italie, par le C. Cambry, préfet du département de l'Oise, de l'académie de Cortone, et membre de la société d'agriculture du département de la Seine. 2 vol. in-8.° de 341 et 374 pag. avec des gravures. A Paris, chez *Jansen*, lib., rue des Maçons-Sorbonne, n.° 406. An 9 (1801). Prix, 6 fr.

Quoiqu'on ait des bibliothéques entières de voyages faits dans ces contrées, celui-ci ne peut manquer d'être lu avec autant d'utilité réelle que d'intérêt et de plaisir. C'est la compagnie instructive et amusante d'un homme de beaucoup d'esprit, qui sait bien voir, sentir vivement et bien dire, et non l'ouvrage d'un auteur de profession faisant un livre avec des livres. Nous nous bornerons, pour le présent, à jeter un coup-d'œil rapide, ou simplement à diriger les regards de nos lecteurs sur quelques passages de son premier volume où il est question de la Suisse, en nous réservant de leur parler incessamment du second qui traite de l'Italie. Une remarque à faire, c'est que le C. *Cambry* se livrait aux impressions agréables, attachantes, souvent délicieuses, qu'il recevait et qu'il nous transmet des sites, des mœurs, de la nature et des œuvres de l'art, aux époques où Paris commençait à ressentir les premières secousses d'une révolution qui, depuis, fit gémir chez nous et les arts ruinés et la nature outragée. Observateur, tantôt gai, tantôt méditatif, toujours moral, il se plaît à entremêler le ridicule au sérieux, le sentiment à la pensée, le pathétique au pittoresque, et son récit est vif, animé, léger, brillant sans affectation, et plein sans surcharge. On croit le suivre; on croit entendre M. *Bourrit*, lui racontant comment deux amis, *Jacques Balmat* et le docteur *Paccard*, arrivés, le 8 août 1786, au haut du Mont-Blanc, s'y disputerent à qui s'approprierait l'honneur d'avoir le premier soumis au pied de l'homme le sommet le plus élevé de l'ancien monde; on croit l'entendre lui-même dire au fameux ex-ministre *Necker*: « Rentre chez toi, bon « homme.... Si tu ne peux cesser de calculer et d'écrire,

« calcule chez toi, comme *Perrin Dandin* jugeait chez lui.
« Rédige tes mémoires les jours de pluie; mais, de grace,
« point de second volume à tes *opinions religieuses* (pag.
« 80). » Il y a de l'exagération dans ce qu'il dit des dames
de Lausanne. « Toutes les femmes veulent imiter l'ingé-
« nieux auteur de *Caroline*, qui vit au milieu d'elles, et
« ne se présentent dans les cercles que leur roman à la
» main ; les plus modestes le cachent dans un sac à ou-
« vrage ; les jeunes demoiselles en esquissent le plan, ou
« préparent quelques détails (pag. 83). » Mais il est peu
de tableaux d'une vérité aussi profitable que celui d'un
jeune garçon dont la tête et le cœur ont été gâtés par
une lecture immodérée de l'*Héloïse* de *Jean-Jacques*,
ouvrage plus corrupteur qu'il ne le paraît communément
aux esprits superficiels (pag. 97).

A l'aspect des lieux si voluptueusement décrits par *J. J.
Rousseau*, notre voyageur dit, de cet écrivain, que « le
« vrai n'était pas plus nécessaire à ses tableaux qu'à ses rai-
sonnements (pag. 115). » Quel philosophe! et quelle impudence à lui que d'afficher partout sa devise : *Vitam
impendere vero !* Un sourire involontaire échappe au lecteur qu'étonnent un peu des éloges répétés de la piété
de cet autre philosophe qui se moquait du peuple en
s'agenouillant en public devant la statue dorée de *Jésus*. Le ton railleur, en matière de religion, commence
à passer de mode, et l'auteur n'avait aucun besoin de
recourir à cet expédient usé pour se faire lire. La raison et
la justice l'invitaient à ne jamais confondre la superstition
et le catholicisme ou le christianisme. Elles abandonnaient
à sa censure de pieuses absurdités recueillies à Fribourg,
à Berne, à Soleure, à Lucerne, les tableaux dont l'ignorance grossière crut orner cinq à six ponts, tels que le
Capelbrug. Ils ne pouvaient être esquissés plus gaiement;
ainsi qu'un grave gouverneur à cravatte rouge, achetant,
l'épée au côté, une bague de verre pour sa dame, de l'air

dont *Louis XV* eût destiné le plus bel écrin à la *marquise de Pompadour*; le spectacle burlesque de Payerne ; les deux maîtres de ballet, l'un Bernois, l'autre Français ; le puéril et mesquin monument que la vanité de l'abbé *Raynal* lui fit dédier à la Suisse, et les *Baunois* de Merlingen. Au milieu de ces grotesques vivants ou inanimés, sont amenés par le cours du voyage et traités avec la dignité convenable, le cabinet de M. *Sprungli*, à Berne, ses jolis oiseaux entretenus, comme ceux d'*Asthon-Levers* à Londres, son nid de remis ou de la penduline, son grèbe, son héron de Mahon, que l'analogie mélancolique placerait sur un saule pleureur ; les Suisses du Hasli, originaires de la Suède et de la Norwège ; les jolies retraites du bois de Brengarten, les mœurs patriarchales et presque incroyables de l'Underwald, le *kindlein-mord* (nous y reviendrons ailleurs) ; et l'on arrive ainsi, de plaisir en plaisir, au charmant séjour de l'*Isola Madré*, d'où l'on partirait à regret, si ce n'était pas pour suivre le voyageur en Italie, dans son second volume, qui sera l'objet d'une seconde notice.

A *Voyage* performed by the late Earl of Sandwich round the Mediterranean, etc. — *Voyage de feu le comte de Sandwich autour de la Méditerranée*, en 1738 et 1739, écrit par lui-même, avec son portrait, quelques gravures et une carte géographique ; précédé de sa vie, par JOHN COOKE, son chapelain. 1 vol. in-4.º de 580 pag. Londres. *Cadell* et *Davies*. 1799.

La réputation, les qualités éminentes et l'originalité du caractère de feu le comte *de Sandwich*, ont inspiré au public le plus vif empressement pour cet ouvrage dédié au roi par l'éditeur. Mais son auteur (*John Montague*, fils d'Edouard-Richard Montague, vicomte d'*Hinchingbrook*), né le 3 novembre 1718 (dans Middlesex), avait à peine 19 ans lorsqu'il fit ce voyage, accompagné de M. *Ponsonby*, depuis comte *de Besborough*, MM. *Nelthorpe* et *Mackye*, et du peintre *Liobard*. Ses observations sont celles d'un jeune homme très-spirituel, qui a reçu la meilleure éducation au collége de la Trinité à Cambridge. Il épousa, en 1740, une des filles du lord vicomte *Fanti* d'Irlande, fut second lord de l'amirauté en 1744, signa la paix d'Aix-la-Chapelle en octobre 1748, fut vice-trésorier d'Irlande en 1755, premier lord de l'amirauté en 1771, et mourut en 1792. Dans son voyage, les lecteurs le suivent avec plaisir, intérêt et profit, en Italie, en Sicile, à Athènes, à Mégare, à Constantinople, à Délos, à Smyrne, à Patmos, à Rhodes, à Chypre, à Alexandrie, au Caire, à Malte, d'où il vint à Lisbonne par Gibraltar. L'une de ses opinions est que les Turcs sont la nation la plus heureuse du monde, paradoxe assez singulier en un futur pair du pays de l'*habeas corpus*.

TRAVELS through several Provinces of Spain and Portugal, etc. — *Voyage dans plusieurs provinces d'Espagne et de Portugal*; par Richard CROKER, capitaine d'infanterie anglaise. 1 vol. in-8.º de 316 pag. A Londres, Robson. 1799.

Embarqué pour la Jamaïque et pris par les Français en juillet 1780, *R. Croker* passe à Cadix, est envoyé à Arcos de la Frontera, en Andalousie; obtient, au bout de trois mois, la liberté de revenir dans sa patrie par le Portugal, où il séjourne quinze jours, et arrive en Angleterre, en janvier 1781. On voit que sa façon d'observer les deux royaumes et les mœurs des habitants, ne peut être que très-supeficielle; mais il sait rendre son récit agréable, et devient instructif lorsqu'il décrit les différences singulières qui existent entre les usages et le commandement d'un vaisseau de guerre français et ceux d'un vaisseau anglais.

État général des Postes aux chevaux et aux lettres de la République française, auquel est jointe *la carte géographique des départements*; précédé des *deux calendriers pour l'an 9*, dressé par ordre du conseil d'administration des relais. Un vol. de 214 pag. in-12. — A Paris, chez *Favre*, libraire, rue Traversière-Honoré, n.° 845. — De l'imprimerie de B. Duchesne, rue du Mail, n.° 12. Prix, 3 fr.

L'intérêt des éditeurs et le bien public réclamaient, pour cet ouvrage, une composition plus soignée de l'ensemble, et une exécution typographique moins volumineuse. Il eût été fort aisé de le rendre plus complet, en diminuant le format, le nombre des pages et le prix.

CARTES GÉOGRAPHIQUES. — *Carte de la partie méridionale de la presqu'île de l'Inde, qui comprend l'île de Ceylan*, dressée au dépôt des cartes et plans de la marine, sur les observations du vice-amiral *Rosili*; publiée par ordre du ministre, pour le service des vaisseaux de la république française. An 8. — *Cartes des côtes de Guzerat, Concan et Canara.* — *Plan de la baie de Manille et de ses environs*, vérifié sur la frégate *la Méduse*, en 1789, et corrigé pour les positions du *Banc de Saint-Nicolas* et de la *Pointe Caponne*. — *Trois feuilles* des côtes de la Cochinchine, depuis l'île de *Buil*, jusqu'au cap *Boxhornen*. — *Carte d'une partie de la mer de la Chine.* — *Carte générale de la mer Rouge.* — *Carte du golfe de Suez (Rosili).* — *Carte du détroit de Basse, entre la nouvelle Galle méridionale et la terre de Diemen*, levée par M. *Flinders*, lieutenant du vaisseau anglais *la Reliance*, par ordre de M. le gouverneur *Hunter*. 1798 et 1799. — *Carte itinéraire de la Bretagne, contenant 5 départements et toutes les routes*; par DEZAUCHE.

Atlas du monde ancien, en 12 cartes géographiques, dressées par *G. U. A. Vieth*, et publiées par *C. Ph. Funke*, avec des tables explicatives. 1800. A Weimar, et à Paris, chez *Levrault*. Un vol. in-4.° bien gravé et proprement colorié.

Les explications sont aussi claires que savantes.

Belles-Lettres et Beaux-Arts.

Tableau synoptique de la langue allemande, au moyen duquel on fait disparaître les longueurs de l'enseignement de cette langue, inséparables de la forme des grammaires. Méthode applicable à toutes les langues de l'Europe. 32 pages in-8.° Paris. Amand Kœnig. An 9 (1800). Prix, 1 fr. 25 c.

Synopsis signifie *abrégé*; *synoptique* n'était pas encore *français* du temps de l'académie. L'auteur voit trois parties dans toutes les langues, *déclinaison*, *conjugaison* et *construction*. Il fait un tableau de mille cases, place dans chacune de ces cases un mot, souvent deux, quelquefois plus de vingt (quant aux *adverbes*), et plus de cent, lorsqu'il en est aux *verbes*. Toutes les cases étant numérotées, les chiffres peuvent indiquer les mots, ou leurs modifications grammaticales déterminées par le principe contenu dans la case. Voici l'exemple qu'il donne lui-même de cette sorte d'analyse par le moyen des chiffres :

312 184 726 387 726 4 32 451 239 587
Wer vieles weiss, der muss den Wahn von sich entfernen,
221 527 455 437 453 382 119 451 587
Er habe weiter nichts in dieser welt zu lernen.

Pour rendre ces deux vers allemands par deux vers français, l'auteur substitue la seconde personne à la première, *tu* à *il*, *savant* à *savoir beaucoup*, *se garder de prétendre* à *éloigner de soi l'opinion*, *désormais* à *de plus*, et supprime les mots *dans ce monde*, changements qui bouleversent son analyse en donnant l'imitation (et non la traduction) suivante :

> *Si savant que tu sois, gardes-toi de prétendre*
> *Qu'il n'est rien désormais que l'on puisse t'apprendre.*

Une traduction littérale, rigoureusement exacte, interlinéaire, aurait manifesté beaucoup mieux l'usage et l'utilité de la méthode. D'ailleurs, certains mots ayant à la fois plusieurs modifications grammaticales, comme *verbe actif*, *réciproque*, *temps composé*, *personne*, *nombre*, *anomalie*, etc., ne faudrait-il pas autant de sommes en chiffres pour désigner toutes ces modifications combinées?

Au reste, de pareils tableaux, bien faits, auront de grands et prompts résultats dans les mains d'excellents maîtres. Ici la classification des verbes irréguliers est l'ouvrage du célèbre *Rammler* de Berlin.

GRAMMAIRE *de l'adolescence*, ou *Exposition des principes généraux de la langue française*. Par *Yves* BASTIOU. Seconde édition, revue et augmentée. Un vol. in-12 de 144 pages. A Paris, chez l'auteur, au Lycée des langues européennes, cloître Saint-Honoré. An 9 (1801). Prix, 1 fr., relié en parchemin.

L'auteur est déjà connu par sa *Grammaire de l'enfance*. A la manière dont on écrit et dont on parle à présent dans le nouveau beau-monde, ce serait bien mériter du public que de lui donner une grammaire de tous les âges. Celle-ci a de remarquable sa méthode simple et claire, un ordre naturel et très-facile à saisir et à retenir, une juste antipathie pour les innovations qui feraient un jargon barbare de la belle langue des *Racine*, des *Fénelon*, des

Bossuet, des *Buffon* ; et une suite de questions singulièrement utiles aux instituteurs, aux institutrices, aux pères et mères, aux étudiants qui veulent s'exercer seuls, suite bien faite, et que l'auteur n'a nommée *série* qu'en tombant dans le néologisme moderne qu'il désapprouve avec tant de raison; car *série* est un terme de mathématiques, et exprime une suite de grandeurs qui croissent ou décroissent suivant une certaine loi, expression peu propre à signifier une suite de questions grammaticales, avant que le mauvais goût eût fait déborder le vocabulaire des sciences dans la conversation pédantesque d'ignorants prêts à tout enseigner. Le C. *Bastiou*, doué d'un très-bon esprit, est trop supérieur à la foule des grammairiens, aime trop sa langue, la science et la vérité, pour ne point accueillir la censure de l'estime qui prouve la sincérité de l'éloge.

Novelas Nuevas escritas en francés, por M. de Florian, traducidas libremente, é illustradas con alcunas notas curiosas et instructivas, por dom Gaspar Zavala y Zamora. 1 vol. in-8.º de 182 pag. A Perpignan, chez J. Alzine. (1800). Paris, chez *Levrault*, frères. 1 fr. 50 c.

Ce volume contient *Séligo*, nouvelle africaine ; *Claudine*, nouvelle savoyarde ; *Camiré*, nouvelle américaine, et *Selmur*, nouvelle anglaise. On connaît les œuvres de *Florian*. Plusieurs traits en sont d'autant plus faciles à bien traduire en espagnol, que son esprit moissonna beaucoup d'idées dans les auteurs trop peu connus dont les ouvrages n'ont paru qu'en cette langue.

Chansonnier des Muses, pour l'an 9 (1801). 1 vol. in-18 de 160 pag. avec une estampe. A Paris, chez *Capelle*, rue J. J. Rousseau, n.º 346. Prix, 75 cent. imprimé sur papier bleu.

Nommer les CC. *Cousin*, *Ségur aîné*, *Piïon*, *Bailleux*,

Lucet, *Chazet*, *Radet*, *Barré*, *Dupaty*, *Bourgeuil*, *Desfontaines*, *Prévôt-d'Iray*, *Armand-Gouffé*, *Léger*, *Païrat*, *Aubert*, c'est annoncer de jolis couplets; mais ils ne sont ni tous neufs, ni tous également agréables.

IDYLLES de JAUFFRET, *sur l'enfance et l'amour maternel*, mises en vers par Mme *de France*, née *Chompré*, auteur d'une *Traduction en vers des odes d'Anacréon*. 1 vol, in-12 de 87 pag. A Paris, chez *Leclere*, libraire, quai des Augustins, n.^e 39. Prix, 1 fr. 25 cent.

Ces trente-deux Idylles sont traduites avec une aimable facilité, et une expression naïve qui rend tous les charmes de la nature, de l'enfance, de la pensée et du sentiment, tels qu'on les retrouve toujours dans les ouvrages du C. *Jauffret*, dont les talents sont voués à l'instruction du premier âge.

DISCOURS *sur la littérature et les littérateurs*. Par F. FAYOLLE. A Paris, chez *Moller*, maison des Filles-Saint-Thomas. An 9 (1801).

Quoique la modestie du jeune auteur de cet opuscule l'ait intitulé *Discours*, ce n'en est pas moins un poème de 108 vers. Tel autre poète y eût attaché le titre fastueux de *Poème philosophique*. La raison s'y exprime avec autant de grace que de vérité, sur le meilleur emploi des talents littéraires. Il a beaucoup plus que de l'esprit celui qui sait si bien apprécier et les fruits du génie, et les causes de la maturité de ces fruits. Nos plus célèbres poètes s'honoreraient d'avoir fait les vers suivants, dont le premier caractérise *Tacite*, et le second le naïf *La Fontaine* :

« Quand il peint les tyrans, ils sont déjà punis (*)... »
« C'est *Psyché* caressant l'Amour, sans le connaître. »
« Heureux qui n'a jamais chagriné que l'envie ! »
« Le Temps n'épargne pas ce qu'on a fait sans lui. »

(*) Le C. *La Harpe* a exprimé la même idée dans les mêmes termes.

Appel aux Principes, ou *Observations classiques et littéraires sur les* Géorgiques françaises; *suivi de tableaux mathématiques à l'usage de ceux qui ont plus de passion que de goût, terminé par la collection des critiques et des épigrammes auxquelles ce poème a donné lieu. Par un professeur de belles-lettres.* 1 vol. in-8.º de 436 pag., avec une estampe. An 9 (1801). A Paris, chez *Jourdan*, rue de Grenelle. Prix, 5 et 6 fr. franc de port.

Ces principes, observations, tableaux, calculs, critiques et épigrammes, ont pour but de prouver que le poème de l'abbé *Delille*, qu'on lit avec tant de plaisir, contribuerait à la décadence de l'art poétique, si sa *manière* faisait *école*; que sa *manière est fausse*; que son *faire est systématique*; que le *mécanisme* de sa *manière* l'a engagé dans une fausse route; que ce *mécanisme* est *mal-adroit et borné*; que le *jugement est faux* dans l'ensemble, et l'*esprit faux* dans les détails. Quant aux *tableaux mathématiques*, singuliers moyens de critique en poésie, ils offrent aux amateurs de calculs 643 répétitions; 558 antithèses, 498 vers *symétriques*, 294 vers surchargés (ou portant énumération), 164 vers léonins, total, 2,157, sans compter les vers durs, les cacophonies, les solécismes, les contre-sens, les fausses harmonies imitatives, les rimes fausses. Il en résulte qu'il y a plus de fautes que de vers; ce qui peut, ajoute le professeur de belles-lettres, en chiffres, servir *à composer mathématiquement la formule de l'esprit de l'auteur*. Un élève de *David* a dessiné, et le professeur à fait graver, pour frontispice de cette critique, une caricature où le poète, en abbé, tourne le dos à la nature, et dirige ses pas et sa lorgnette vers le temple du mauvais goût. Des farfadets lui présentent des hochets et des guirlandes.

Sa chatte est à ses pieds ; il se couvre la tête d'un parasol, et on lit au bas de l'estampe ses deux vers :

> « Majestueux été, pardonne à mon silence.
> « J'admire ton éclat, mais crains ta violence. »

En encourageant ainsi les talents, on contribue encore à leur gloire. L'anonyme a beaucoup d'esprit et veut se rendre utile à la jeunesse.

LE GROS LOT, ou *la Journée de Jocrisse au Palais-Egalité*, par HECTOR CHAUSSIER, auteur du *Tombeau du Pacha*, etc., avec cette épigraphe : *Beatus vir qui timet Dominum et syphillim*, et une estampe enluminée. 1 vol. in-18, de 138 pag. A Paris, chez *Roux*, libraire, Palais-Egalité. An 9 (1800). Prix, 75 cent.

LE NOUVEAU MOMUS FRANÇAIS, ou *Recueil contenant tout ce qu'il y a de plus agréable et de plus amusant, en fait d'anecdotes, aventures, bons mots, facéties, répliques, impromptus, calembourgs, pièces badines mises en vers, couplets, ainsi que les jolies bluettes du jour*. 1 vol. in-12 de 292 pag., avec une estampe. A Paris, chez *Moutardier*, imprimeur-libraire, quai des Augustins. An 9 (1800). Prix, 2 fr.

Ces sortes de compilations ne sont pas de nature à être analysées. Il serait à souhaiter que le goût, la langue et les mœurs y fussent, en général, plus respectés. Rien n'est moins neuf que la plupart des articles de ce *nouveau Momus*. De nombreuses fautes typographiques y défigurent les vers, au point qu'on ne croit pas lire du français. Ce recueil de morceaux connus, pris çà et là, placés sans ordre, transcrits avec beaucoup d'incorrection, ne laisse pas de contenir quelques traits singuliers et piquants.

Almanach du dix-neuvième siécle ou *Etrennes du bon vieux temps*. 1 vol. in-18 de 178 pag., avec une estampe. A Paris, chez *Michel*, rue des Moulins, n.° 531.

Ce petit recueil de bons mots copiés et recopiés, de prose et de vers tirés des journaux et entassés sans ordre, offre quelques traits qu'on chercherait vainement ailleurs, sur des personnes vivantes, et contre ce qu'il aurait été possible d'y nommer plus poliment que *philosophaille*. Une injure n'est pas une raison. L'estampe représente la Folie conduite par la Sagesse et congédiant, avec sa marotte à grelots, un homme en bonnet rouge, qui porte un drapeau sur lequel on lit : *Ou la mort*. Au bas de l'estampe est écrit ce refrain : *Adieu paniers, vendanges sont faites*. Si l'intention du dessinateur n'a pas été de faire entendre que le terrorisme ne fut banni que par la folie, il y a visiblement un contre-sens dans la gravure.

Arlequiniana ou *Jeux de mots de Dominique et autres*, rédigés et mis au jour par CH. MALINGRAU. 1 vol. in-18 de 156 pag., avec une estampe représentant *Dominique*. A Paris, chez *Roux*, libraire, Palais du Tribunat (1801). — Recueil de saillies de tout genre, extraites de vieux *Ana* et de calembourgs.

Almanach des honnêtes gens pour l'an M. DCCCI. 1 vol. in-18 de 178 pag., précédées d'une estampe. A Paris, chez *Michel*, rue des Moulins, n.° 531.

Des anecdotes d'un ou deux siécles, des prédictions triviales pour tous les mois, des réflexions sur les mœurs, les *costumes*, la révolution, forment le fonds de cet almanach. L'estampe offre un singe habillé en directeur, tenant un pot de chambre d'où sortent des rouleaux de papier sur lesquels on lit : *Otages, déportation, fusillade, emprunt forcé*, et un lion de la gueule duquel il sort un rouleau, et qui tient une corne d'abondance d'où sortent une branche de laurier, et quatre rouleaux. Sur ces cinq, on lit les mots suivants, dont l'orthographe est peu digne des honnêtes-gens, *consula, justice, confiance, crédit public* et *liberté des cults*.

RAMAH-DROOG, opéra comique, en 3 actes, par *James Cobb*. (1800). Londres. *Longman* et *Rees*.

Chez nos voisins, comme ailleurs, l'absurdité du plan et des paroles n'empêche nullement quelques pièces de réussir. Celle-ci a eu le plus grand succès sur le théâtre royal de Covent-Garden. *Ramah-Droog* est le nom d'une place forte. Un Rajah de l'Inde, après avoir usurpé les droits du prince légitime héréditaire, et mis à mort toute la famille de ce prince (excepté la fille qui s'est sauvée), défait un détachement d'Anglais et les retient prisonniers dans Ramah-Droog. Parmi ces prisonniers est un sergent irlandais, nommé *Liffy*, dont les sabots et les bévues font toute la gaieté de la piece. *Liffy* se dit médecin, et appelé auprès du Rajah malade, il ne sait lui ordonner que des pommes-de-terre. Elles guérissent le Rajah, qui n'avait d'autre mal que d'avoir bu trop de vin clairet. L'*Esculape* est comblé d'honneurs, et sa fille, qui sert comme soldat, déploie le caractère d'une amazone poissarde. Enfin un second détachement de troupes anglaises, plus heureux que le premier, vient délivrer ses compatriotes de la captivité, et tirer l'auteur de tout embarras, en prenant d'assaut Ramah-Droog. L'héritière est placée sur le trône de ses pères, et épouse un prince voisin. De superbes décorations, les rôles de *Liffy*, de sa virago de fille, et d'un geolier rapace et traître, la pompe asiatique, le cortége du prince, une chasse aux tigres, des éléphants, les femmes de *Zénanah*, la musique

et

et surtout les danseuses ont excité les plus vifs applaudissements.

Holberg (vryheer von) Deensche Schowburg of blyspeelen. — *Théatre comique du baron de Holberg, traduit du danois en hollandais.* 4 vol. in-8.º Amsterdam. 1800.

Le baron de *Holberg* est le *Plaute* du Danemarck. Ses pièces, traduites en français, ne seraient certainement pas tolérables sur la scène; on en supporterait à peine la lecture; mais des auteurs doués du vrai génie comique, trouveraient dans ces tableaux d'une gaieté franche, un peu grossière, beaucoup de traits qui ne demanderaient qu'à recevoir le coup de lime du bon goût, pour servir à rendre avec originalité certains côtés fort plaisants de l'homme, qui ne conserve presque plus de physionomie dans nos pièces modernes. Tel fumier est une mine. *Cirano* fut utile à *Molière.*

The Plays of William Shakspear. *With the Corrections and illustrations of various Commentators. To Wich are added Notes by* Samuel Johnson *and* George Steevens. *A new edition. Revised and augmented (with a glossarial index), by the editor of* Dodsley's *Collection of olds Plays.* — ΤΗΣ ΦΥΣΕΩΣ ΓΡΑΜΜΑΤΕΥΣ ΗΝ, ΤΟΝ ΚΑΛΑΜΟΝ ΑΠΟΒΡΕΧΩΝ ΕΙΣ ΝΟΥΝ. *Vet. Auct. apud Suidam.*

> *Multa dies, variusque labor mutabilis aevi*
> *Retulit in melius, multos alterna revisens*
> *Lusit, et in solido rursus fortuna locavit.* (Virgil.)

8 vol. grand in-8.º d'environ 500 pag. chacun, avec des gravures; imprimés à Bâle, chez J. J. Tourneisen. A Strasbourg et à Paris, chez les frères *Levrault*, imprimeurs-libraires. 1800.

Cette édition des œuvres de *Shakspear* réunit toutes les préfaces, dédicaces, additions, corrections, interprétations et conjectures des plus illustres éditeurs et commentateurs de ce poète, sa vie et jusqu'à une copie exactement figurée de quelques mots de son écriture.

ROMANS. — LES AVEUX *de l'amitié;* par ÉLISABETH DE B.*** 1 vol. in-8.° A Paris, chez *Maradan*, libraire, rue Pavée-Saint-André-des-Arcs, n.° 16. An 9 (1801). 1 fr. 80 cent. et 2 fr. franc de port.

On se croit revenu aux beaux jours de la littérature française, en lisant ce charmant ouvrage. Vérité de sentiments, caractères bien conçus, bien soutenus, détails aimables, style pur, tout y attache. Il est encore des cœurs assez heureusement nés pour prendre le plus vif intérêt à la renaissance du bon goût, aux talents naturels, à l'esprit délicat sans recherche affectée, fin sans subtilité, à un roman sans aventures bizarres, sans crimes, sans horreurs. Celui-ci nous promet un autre *Riccoboni*, si son auteur se voue, avec persévérance, au genre dont *les Aveux de l'amitié* nous offrent les prémices. La première fleur qui se montre après le plus long hiver, ne cause pas plus de plaisir au tendre ami de la nature.

LE SOLITAIRE *des Pyrénées*, ou *Mémoires pour servir à la vie d'*Armand*, marquis de* Falcour. Par G. L... 3 vol. in-12, fig. A Paris, chez *Maradan*. Prix, 5 fr. et 6 fr. 50 cent. franc de port.

Nous reviendrons incessamment sur ces deux ouvrages, dont nous nous hâtons de recommander la lecture aux personnes qui veulent à la fois se délasser agréablement, exercer leur sensibilité et faire un cours d'expérience morale.

Spectacles de Paris.

Théâtre Français, rue de la Loi. — Le Mariage supposé, *comédie en 3 actes, en vers*, par le C. Lourdet de Santerre. — Une veuve dégoûtée du mariage, aime *Saint-Phar*, et le désespère. Il feint d'aimer ailleurs, annonce qu'il va se marier, et présente *sa sœur* comme *sa fiancée*. La jalousie lui soumet la veuve, et la sœur épouse un fat que cette feinte a aussi mis à l'épreuve. Deux scènes agréables, des moyens usés qui ne sont plus ni dans les mœurs, ni dans le comique du jour, des pensées fines, des madrigaux, de l'invraisemblance, du papillotage, des vers pleins de grace, des longueurs, ont procuré à cette pièce un de ces succès mixtes, pour lesquels notre langue n'a point de mot.

Les Calvinistes, ou *Villars à Nîmes*, drame historique, *en un acte*, par les CC. Pigaud-Lebrun et Dumaniant. — Les maréchaux de France se multiplient sur les théâtres de Paris ; on y voit *Catinat* et *Villars*. Envoyé aux Cévennes contre les calvinistes illuminés, nommés alors *Camisards* (qui *y ont levé l'étendard de la révolte*, dit un journal, *du 10 nivose an 9*, qui n'a pas toujours donné le même sens aux mêmes expressions, ni attaché les mêmes expressions aux mêmes idées), *Villars* y reçoit une dénonciation contre *Daubusson*, respectable négociant, accusé de favoriser *la rebellion*. *Villars* interroge *Daubusson* ; celui-ci déclare avoir donné asile à deux jeunes calvinistes (*Jules* et *Sophie*). Leurs parents ont péri sur l'échafaud. Mais *Auguste*, fils de *Daubusson*, est pris les armes à la main. Nouveau chef d'accusation contre le père. Par bonheur, *Villars* distingue les *hommes égarés* des *vrais coupables*, et le dénonciateur est un traître. *Auguste* recouvre sa liberté, épouse *Sophie*, et *Villars* conclut un traité de paix, au nom de *Louis XIV*, de puissance à puissance, avec *Cavalier*, chef des *Camisards*.

Ici *Villars* parle, en 1704, de sa correspondance avec *Louvois*, mort en 1693, et de l'affaire de Denain, de 1712. De pareils anachronismes induisent en erreur la foule des gens qui, surtout aujourd'hui, n'apprennent l'histoire qu'au spectacle.

L'AMOUR ET L'INTRIGUE, *drame en 5 actes, en prose.* — Ce drame fut d'abord annoncé sous le titre de *la Favorite*. Sa chute, bien méritée, a été l'occasion d'un déchaînement déplacé de quelques journaux français contre la littérature et le théâtre des Allemands. On a déclamé d'autant plus mal-à-propos, à ce sujet, contre ce qu'on a poliment appelé des *monstruosités tudesques*, le *troupeau de traducteurs anglo-germaniques*, les *conquêtes* de ce troupeau, et le roman de *Schiller*, que le drame sifflé n'offrait ni le plan, ni la coupe des scènes, ni les faits, ni les caractères, ni le dialogue, ni le style de la pièce allemande qu'on suppose gratuitement avoir été traduite et jouée ; que tout, dans l'*Amour et l'Intrigue*, est de la composition de l'auteur français, du C. *Lamartelière*. Le zèle digne d'encouragement, les intentions louables qui portent quelques amis des deux littératures à les enrichir l'une par l'autre, n'a jamais induit qui que ce soit à vanter l'une pour déprimer l'autre. Pénétrés d'un juste respect pour les deux génies nationaux, ils savent qu'une désastreuse confusion ne serait d'aucun côté une conquête. Il y aurait de l'improbité à ne pas cesser d'opposer ce qu'on fait de plus mauvais chez un peuple, à ce qu'on a d'excellent chez un autre peuple. Ce serait ignorer les deux langues, les deux littératures, les deux théâtres et les procédés d'une utile et loyale censure, que de vouloir rendre les meilleurs auteurs allemands et leur traducteur impartial, responsables des conceptions et des pièces du C. *Lamartelière*, qui ne connaît, ni les mœurs, ni les usages germaniques, ni les convenances théâtrales de tous les pays, ni l'art du dialogue dramatique dans sa propre langue.

Théâtre de l'Opéra-comique national, *rue Favart.* — *Bion*, *opéra en un acte et en vers*, par l'auteur d'*Euphrosine* et de *Stratonice.* —Les *Voyages d'Antenor* du C. *Lantier*, ont fourni le sujet de l'opéra-comique de *Bion* ; il a suffi de coudre les scènes et de rendre le dénouement plus favorable qu'il ne l'est dans le roman. Ici *Bion* s'amuse aux dépens de *Thanor*, et le mariage du jeune étourdi avec *Théophanie* est une mystification ; dans l'opéra-comique, *Agenor* et *Nisa* s'aiment réellement, et si *Bion* ne finit pas par leur dire : je m'amusais, c'est que la statue de l'Amour arrive à propos pour annoncer la fin de la plaisanterie. La musique est du C. *Méhul.*

Le Grand Deuil, *opéra-comique en un acte*, paroles des CC. *Etienne* et *Vial*, musique du C. *Lebreton.* —M. et Mme *Leblanc*, vieux avares, ont une nièce, leur pupille, *Agnès*, dont l'amant, aidé par *Crispin*, a recours à de vieilles ruses qui rappellent un peu trop directement *les Étourdis* ou *les deux Morts vivants*, *le double Veuvage*, *le Légataire universel.* On annonce à Mme *Leblanc* la mort de son mari qui est aux eaux ; on écrit au mari que sa femme est morte ; grand deuil. Elle fait, par écrit, une promesse de mariage au galant d'*Agnès.* Arrive l'époux qui s'occupe d'hériter, aime la soubrette, et lui fait une donation par contrat. Les deux époux se rencontrent, en dépit des amants et des valets, se font peur, se reconnaissent, et sont forcés à consentir au mariage des jeunes gens, par la crainte de voir produire, l'un sa promesse d'épouser, l'autre son contrat de donation.

Théâtre Feydeau. — La Bonne Sœur, *opéra en un acte*, paroles des CC. *Petit* fils, et *Philippon-la-Madelaine*, musique du C. *Bruni.* —Victime d'un tuteur avare,

Logarez, vénitien, va périr comme criminel d'état. *Rosella*, sa sœur, déguisée en religieux, s'introduit dans la prison, lui donne un breuvage narcotique, le fait passer pour mort, achète le prétendu cadavre, du fossoyeur séduit, sous le prétexte d'expériences anatomiques. *Logarez* se réveille, reconnaît sa sœur; le gouverneur survient, et l'innocence du frère se découvre au moment où l'on gémissait de la mort de ce frère.

THÉATRE DU VAUDEVILLE. — Trois jours après la première exécution du trop célèbre *Oratorio d'Haydn*, gravement *parodié* en prose rimée, au *Théâtre des Arts*, les CC. *Barré*, *Radet* et *Desfontaines* en ont fait jouer une véritable *parodie*, dans l'acception commune du mot, au *Théâtre du Vaudeville*, sous le titre de *la Récréation du Monde*. Au 13.ᵉ siècle, on jouait sérieusement la Bible sur les théâtres; aujourd'hui, on l'y travestit, pour en rire; et un journaliste observe qu'on a eu le temps de recueillir « une assez ample moisson de traits spirituels sur *cette mythologie juive*. » La liberté des cultes est-elle chez nous la liberté de se moquer du livre sur lequel sont fondées toutes les religions de l'Europe? Les plus ingénieuses plaisanteries de ce genre n'occupent d'ordinaire la scène qu'aussi longtemps qu'il est question, dans le public, de l'œuvre dramatique ou musical, sérieux ou ennuyeux, dont elles sont la censure, ou qui leur sert d'à-propos.

FLORIAN, *vaudeville*, par les CC. *Pain* et *Bouilly*. Tous les hommes qui se sont fait un nom, figurent successivement sur ce théâtre. Un pareil genre de biographie en action, où le principal but est le motif de quelques couplets, mêlera trop peut-être, dans l'esprit public, l'honneur et le ridicule; et l'empressement à jouer des modernes à peine enterrés, répandra plus d'une erreur. Ici *Florian*, l'auteur d'*Estelle*, et *Gilbert* le satyrique, ont, après leur mort, des relations et des caractères qui ne sont nullement historiques ; les incidents ont peu de liaison ; mais de jolis couplets font le sort d'une agréable bagatelle.

Musique. — *Récréation des Muses*, ou *Études pour la guitare* ; par Doisi. 18.ᵉ, 19.ᵉ et 20.ᵉ livraisons. A Paris, chez *Doisy*, au coin de la rue Montmartre. Il en paraît une livraison tous les quinze jours. Prix, pour l'année, 24 fr. et 27 fr. franc de port. — 3 *sonates* pour le violon, avec accompagnement de basse, par Joseph *Binhernagel*. A Paris, chez *Cochet*, rue Vivienne, n.º 42. Prix, 7 fr. 50 cent.

Danse. — Le théâtre des Arts vient de donner un ballet intitulé *les Noces de Gamache*, pantomime exacte de cet épisode si connu du roman de *Don Quichotte*. On n'y a retranché que le siége du château de la beauté, par l'Amour et la Fortune ; mais on y a substitué quelques bouffonneries. *Sancho* met ses mains dans une cruche, ne peut les en retirer, et casse la cruche sur l'armet de *Don Quichotte*, à genoux, qu'il prend pour un tronc d'arbre. Pendant que cette farce est jouée sur le premier théâtre, l'Ambigu-Comique donne un ballet pantomime du genre noble, sous le titre de *Thésée et Philomèle*.

Gravure. — *Catalogue raisonné des estampes gravées à l'eau-forte ; par* Guido Reni, *et de celles de ses disciples Simon* Cantarini, *dit le* Paserèse, *Jean-André et Elisabeth* Sirani, *et Laurent* Lolɪ. *Par Adam* Bartsch, *garde des estampes à la bibliothèque impériale et royale de la cour, et membre de l'académie impériale et royale des beaux-arts à Vienne*. 1 vol. in-8.º de 108 pages. A Vienne, chez *A. Blumauer*.

La différence presque imperceptible qui se trouve entre beaucoup de pièces des disciples du *Guide* et celles de leur maître, et les soins scrupuleux que s'est donné M. *Adam Bartsch* pour éviter toute méprise, tant relativement aux auteurs qu'à l'égard des contre-épreuves et des copies, rendent ce catalogue précieux aux amateurs.

FIGURES D'HOMÈRE, d'après l'antique, par H. Guill. TISCHBEIN, directeur de l'académie royale de peinture et de Sculpture de Naples, etc. avec les explications de Cr. G. HEYNE. 1801. Première livraison. Prix, 36 fr.

« Faire connaître la manière dont les artistes de l'antiquité concevaient et représentaient les fictions d'*Homère*, et cela par une copie fidelle des monuments qui nous sont restés d'eux, tel est le but essentiel de cet ouvrage. Les écrits d'*Homère* furent toujours l'objet de mes méditations. Un séjour de vingt années en Italie, me mit à portée de recueillir un grand nombre de morceaux de l'art antique, peu ou point encore connus, ou mal dessinés et mal interprétés jusqu'alors, et ayant tous quelque rapport aux événements de l'*Iliade* et de l'*Odyssée*. Je conçus l'idée de livrer un *Homère* en figures purement antiques, et c'est à l'exécution de cette immense entreprise que j'ai consacré les dix dernières années de mon séjour en Italie, de grands travaux, et une partie considérable de ma fortune.

« J'ai été soutenu dans mes pénibles recherches par un concours de circonstances qui se réuniraient difficilement une seconde fois. Mon poste, comme directeur de l'académie des beaux-arts à Naples, m'a mis à portée d'accroître ma collection, en puisant dans les plus riches cabinets de l'Italie. A mesure que je me procurais ces monuments, ils étaient dessinés avec le plus grand soin, selon leur degré d'importance, par moi-même ou par mes plus habiles élèves, entre lesquels je dois surtout nommer mon ami *Luigi Hummel*, jeune dessinateur d'un grand talent. Ils étaient aussi gravés, la plupart, sur le champ, à l'eau forte, par moi, ou au burin par d'excellents artistes, tels que *Morghen*, premier graveur de S. M. Sicilienne, qui a mis tout son art à rendre d'une manière accomplie le caractère des différentes têtes de héros.

« Il n'était guères possible de mettre un ordre constant dans la série de tant d'ouvrages isolés et indépendants, et qui pût concorder avec le fil des récits d'*Homère*. Ce n'est donc pas un ordre chronologique ou de narration qu'il faut chercher ici ; j'ai rangé mes planches en artiste et nullement en poète. Pour jeter aussi plus de variété dans l'ouvrage, je fais toujours alterner un cahier de l'*Iliade* avec un de l'*Odyssée*.

« Je dois observer encore que, pour établir dans mes planches une certaine uniformité, j'ai cru devoir ramener tous mes dessins à une échelle commune ; de sorte que le dessin de la statue colossale, et celui du camée le plus délié, sont ici de la même grandeur. Les explications jointes à chaque planche en font connaître l'original.

Signé, H. G. TISCHBEIN.

L'ouvrage sera imprimé in-folio, sur papier grand soleil, vélin superfin, de même format et même qualité que les planches, en caractère gros parangon neuf. Je n'omettrai rien pour que la partie typographique réponde à la correction et à la magnificence du reste.

Il paraîtra par cahiers ou livraisons de six planches chacune, avec le texte y appartenant, sous une enveloppe de papier bleu, avec un frontispice imprimé. Ces livraisons se suivront rapidement, les planches étant toutes gravées, et les explications déja prêtes. Cette superbe collection, qui doit occuper un rang distingué dans toutes les bibliothèques, se recommande assez d'elle-même.

Le premier cahier, qui sera incessamment mis au jour, renferme :

I. *Tête d'Homère*, d'après le buste de *Farnèse*.

II. *Homère instruit par les Muses*, d'après un camée appartenant au chevalier *Hamilton*.

III. *Apothéose d'Homère*, d'après une coupe d'argent travaillée en bosse, du musée Ercolano.

IV. *Hélène conduite au vaisseau de Pâris*, cause de la guerre de Troie, d'après un sarcophage étrusque de la galerie de Florence.

V. *Les Têtes des sept principaux héros de l'Iliade*, dessinées et groupées d'une manière caractéristique, par *Tischbein*, d'après sept beaux bustes antiques.

VI. *Le corps d'Antiloque placé sur son char par Nestor*, d'après un sarcophage pareil au premier.

Plus, huit vignettes et ornements de pur travail antique, comme les planches.

Cet ouvrage se trouve à Metz, chez *Collignon*, libraire; à Paris et à Strasbourg, chez les frères *Levrault*, imprimeurs-libraires.

SOCIÉTÉS SAVANTES. — *Nova acta Regiæ societatis scientiarum Upsalensis.* — Nouveaux Mémoires de la société royale des sciences d'Upsal; 6.ᵉ vol. in-4.° de 354 pag., avec 12 gravures.

Cette société est composée de quatre membres honoraires, de vingt-quatre membres ordinaires, deux adjoints et vingt-six externes. Le 5.ᵉ volume de ses Mémoires parut en 1792; le 6.ᵉ a paru en 1799. Il contient, 1.° une *Dissertation sur la Plukenetia*, de M. *J. E. Smith*, genre de plante dont *Linné* a confondu les espèces, faute de les avoir vues; 2.° une *Dissertation sur le rat amphibie*, par M. *Niger Gmel*; 3.° un *Traité entomologique sur les Brachyeri*, dont l'auteur, M. *C. P. Thunberg*, a recueilli lui-même beaucoup d'espèces au cap de Bonne-Espérance; 4.° *Observationes in genus Halleriæ*; 5.° *Hedysari species quatuor descriptæ*; 6.° *Betula japonica descripta* (Ces trois derniers ouvrages sont de M. *Thunberg*); 7.° une Dissertation sur une nouvelle plante, *Braba biralis*, qui se trouve sur les rochers les plus élevés et toujours couverts de neige, près de Torneo en Laponie ; 8.° une nouvelle classification des orchis, par le professeur *Schwartz* ; 9.° une exposition des dommages que fait aux filets des pêcheurs le *cancer pulex* ; 10.° *Histoire des vers, larves et insectes de différentes espèces qui ont vécu deux ans dans un corps humain, et expériences tentées pour les en expulser*, par M. *Ackrel*. Le nombre des insectes qu'a rendu une demoiselle de 30 ans, est étonnant ; l'huile de lin et l'huile de thérébentine, combinées à fortes doses, ont été le meilleur spécifique pour les chasser ; l'huile de cajeput à fait sortir le ver solitaire mort et sans qu'on s'en aperçût. Les autres Mémoires traitent d'objets de mathématiques et d'astronomie, des hivers les plus remarquables (notices de M. *Neicter*, à commencer en 524); du fameux *Codex argenteus*, transporté du monastère de Werden, dans le comte de Marck, à Upsal, et de deux manuscrits très-anciens, contenant la version gothique de la Bible ; une inscription du 24 mai 1136, copiée sur un monument funèbre arabe, conservé dans la bibliothéque du sénat de Palerme ; et le volume est terminé par les biographies de savans suédois, de *Samuel Aurivillius*, médecin, mort en 1767, *Jean Ihre*, professeur d'éloquence et de politique, mort en 1781, et *Daniel Solandrus*, professeur de droit, mort en 1781.

La Société royale de Londres a décerné le prix fondé par sir *Godfrey Copley* à M. *H. Howard*, auteur d'un mémoire sur le mercure fulminant. Ce même M. *Howard* a découvert un nouvel argent fulminant, et s'occupe de l'analyse de pierres tombées des nuages.

INSTITUT NATIONAL DE FRANCE. — Le C. *Hallé* a démontré, avec l'appareil de *Volta* (inventeur de l'électrophore et du condensateur) l'identité du principe du galvanisme et de l'électricité. — Le C. *Ramond* a décrit un nouveau genre de plante, qu'il a découverte dans les Pyrénées, qu'il nomme, d'après les Espagnols, *mindereia*, et qui se rapproche des colchiques, des bulbocode, des safrans. Il a vu la renoncule aquatique, fleurissant sous l'eau à une certaine profondeur. — Le C. *Lacépède* a décrit un serpent inconnu des naturalistes, qu'il nomme *erpeton tentaculé*, qui a une rangée de grandes lames au dessous du corps, et des écailles sous la queue comme sur le dos. — Le C. *Cuvier* a retrouvé, dans le cours de ses ingénieuses recherches sur les quadrupèdes, 23 espèces qu'on n'a pas vues vivantes. — Les C. *Hallé, Ramond, Lacépède* et *Cuvier* sont membres de la *Société des Observateurs de l'homme.* — Des travaux tels que les leurs, servent incomparablement plus aux progrès de la vraie science, que les meilleures dissertations *idéologiques*.

MÉLANGES, BIOGRAPHIE, DÉCOUVERTES, INVENTIONS, ANECDOTES ET MODES.

MÉLANGES. — Il s'est ouvert une discussion très-vive dans les journaux imprimés à Paris, entre un anonyme et le C. *Ant.-Alexis Cadet-de-Vaux*, sur la nécessité d'aggraver les supplices pour la répression des scélérats. Le C. *Cadet-de-Vaux* combat très-vigoureusement une philanthropie à laquelle il reproche de réduire les principes d'humanité à des déclamations, et qui, selon lui, n'oppose à l'assassinat qu'une mort dont les coupables ne sont plus effrayés.

INVENTIONS. — *Description d'un télégraphe portatif très-simple et à la portée de tout le monde ; avec un Supplément contenant des remarques sur le système télégraphique décimal, et l'esquisse d'un système général de correspondance télégraphique pour l'Europe. Avec*

gravures. — Deuxième édition revue et augmentée. —
In-8.º 50 pag. A Paris, chez *A. Kœnig*, libraire, quai
des Augustins, n.º 18.

Cet ouvrage est dédié à M. *Christophe-Louis Hoffmann*, *inventeur de la télégraphie*, médecin de l'archevêque de Mayence. Une note ajoutée à la page 4, déclare que, quoique M. *Ch. Fr. Hoffmann* eût déja inventé et consigné la télégraphie dans ses œuvres (*), lorsque le C. *Chappe* communiqua la sienne à l'assemblée nationale, en 1792, l'antériorité de l'invention allemande ne diminue point le mérite de l'invention française. L'objet de la nouvelle brochure est de proposer une télégraphie dont le corps et les bras de l'homme seraient le télégraphe, les divers angles que peuvent former les deux bras tendus, levés ou baissés, rappelant, à volonté, chacun une lettre de l'alphabet; les doigts font en petit le même effet. Peu d'enfans l'ignorent. A l'égard des lignes télégraphiques, l'auteur les croise dans tous les sens sur toute l'Europe, et en multipliant ses *anastomoses*, de Pétersbourg en Afrique, par le détroit de Gibraltar, aux Dardanelles, à Smyrne, en attendant qu'on les pousse jusqu'aux Indes et à la Chine. Il y emploie les télégraphes usités, conseille d'y joindre les procédés de la sténographie, et préfére le télégraphe décimal à celui du C. *Chappe*, comme d'un usage plus facile. Son opinion paraîtra d'autant moins fondée, que le télégraphe décimal offre évidemment quelques peines de plus, des opérations qu'on ne fait pas avec l'autre, de nombreuses occasions de plus d'erreurs, puisque la machine n'indique jamais que de chiffres, 5, 6, 7, 8, 9 chiffres, une somme entière qu'il faut composer et lire pour aller cher-

---

(*) *Abhandlung ueber den Scharbock* (Traité sur le Scorbut.) *Munster.* 1782, pag. 180.

cher le mot dans un vocabulaire numéroté, pour donner ensuite au mot toutes ses modifications grammaticales. Exemple : 392758954—57—41, *ne lui en donnera-t-on pas ?* — L'inventeur de la *Pasigraphie* et de la *Pasilalie*, a, dans son porte-feuille, un plan de *télégraphe syllabaire* qui dicterait à la simple vue, sans vocabulaire numéroté, en toutes les langues et presqu'aussi vîte que la parole.

ANECDOTES. — *Histoire de Pérourou ou du Raccommodeur de soufflets, écrite par lui-même.* — Un raccommodeur de soufflets, établi dans l'un des petits hameaux du voisinage de Montelimar, avait donné la même profession à son fils unique. Celui-ci va l'exercer à Lyon et y devient la coqueluche des femmes-de-chambre. Quelques jeunes gens le rencontrent le soir, se disent entre eux : *c'est notre homme*, et le conduisent dans l'une des rues les plus isolées du quartier de Saint-Clair, en le nommant *Pérourou*; c'est le nom que les Lyonnais donnent aux raccommodeurs de soufflets. On fait souper *Pérourou*; il raconte son histoire; il est gai, rusé; les domestiques se retirent, et les dix maîtres, tous jeunes graveurs fort à leur aise, lui confient ainsi leur projet. *Aurore*, fille unique d'un marchand de tableaux, a l'esprit gâté par des romans, a refusé la main de celui qui parle, et se croit faite pour épouser quelqu'un d'un état plus relevé qu'un graveur. Ils ont tous juré de se venger de l'orgueil et des mépris d'*Aurore*. Leur intention est de faire jouer le rôle d'un riche héritier (de terres, de châteaux, de mines) au pauvre *Pérourou*, à leurs frais communs, pour qu'il épouse *Aurore*, et qu'après les noces, elle soit désespérée de se voir la femme d'un *Pérourou*. La supercherie a tout le succès désiré. Les graveurs, déguisés en cocher, en laquais, conduisent dans un bel équipage, leur prétendu maître, M. le marquis *de Roupourou*, un des premiers propriétaires des mines du Dauphiné, du bel hôtel, où ils l'ont installé, bien vêtu, bien tourné, au château de ses aïeux, avec son épouse enchantée, et finissent par les laisser tous les deux dans la chaumière du vieux raccommodeur de soufflets. *Aurore* s'évanouit, recouvre ses sens, se sauve, entre dans un couvent, intente un procès à *Pérourou*, plaide en cassation de mariage ; mais la maternité la désarme, et la justice lui laisse le droit de garder son enfant dans la solitude où elle se confine. Aidé par les dix graveurs, *Pérourou* devient, en moins de cinq ans, l'un des plus riches banquiers de Paris. De retour à Lyon, il obtient son pardon d'*Aurore*, et depuis, c'est le plus heureux ménage. — Extrait de l'*Aperçu de l'état des mœurs et des opinions dans la république française*, etc. par Miss *Williams*.

Mœurs *de l'Underwald*. — « Egaré sur la sommité d'une montagne dans le canton d'Underwald, le général *Pfiffer*, accablé de fatigue, supplia un jeune paysan de l'aider à porter les instruments et les effets dont il était chargé. Refus. — Pourquoi ? — Je ne le veux pas. — Je te donnerai de l'argent. — Vous avez de l'argent ? — Oui. — Voyons, je n'en ai jamais vu, quoique j'en aie entendu parler. — Il le regarde, l'examine, le rend. — Gardez-le, dit-il ; qu'en ferais-je ? nous filons ici nos habits, et nous avons le lait de nos troupeaux. » *Voyage* du C. *Cambry*.

Le Barbet *de Castiglione*. — « Un incident qui arriva à la fameuse bataille de Castiglione, suffit pour montrer que *Bonaparte*, au milieu du tumulte des armes, fut capable de déployer une sensibilité rare.... Au moment où le combat était le plus opiniâtre...., parmi les monceaux de cadavres, un seul être vivant se présente à lui ; c'était un fidelle barbet. Ce fidelle animal avait les deux pattes de devant appuyées sur la poitrine d'un officier autrichien ; ses longues oreilles couvraient ses yeux fixés sur ceux de son maître qui n'était plus ; absorbé par l'objet de [son] attachement, le bruit ne pouvait distraire son atten[tion] ou changer son attitude. *Bonaparte*, frappé de ce do[u]loureux spectacle, arrête son cheval, appelle ceux [qui] étaient auprès de lui, et montre l'animal qui attire [les] regards. Le chien paraissant connaître cette voix, déto[urne] les yeux de dessus son maître, et ayant considéré un mo[-] ment *Bonaparte*, reprit sa première posture ; mais il [y] avait eu dans ce coup-d'œil une éloquence muette que [le] langage ne saurait peindre. Il lui parut adresser le re[-] proche le plus amer, le plus piquant. *Bonaparte* l'entendit et sut traduire l'instinct expressif de l'animal en une de[-] mande non équivoque de miséricorde. Cette impression irrésistible fit disparaître toutes les autres ; il o[r]donna [de] mettre fin au carnage.... » *Aperçu de l'état des mœurs et des opinions dans la république française*, etc. par *Hélène-Maria* WILLIAMS. Tom. I, pag. 177.

MODES. — La douceur de l'hiver habituait nos dames à la demi-nudité des Grecques. Quelques jours d'un froid un peu vif n'ont presque rien changé à la manière dont la plupart étaient vêtues dans les salons. Si le printemps est beau, elles pourront adopter le *costume* (pour user du mot en vogue) de la *Vénus de Médicis*. Jamais il n'y eut tant de dia[-] dêmes ; mais la plupart sont de verre : c'est un ruban de trois doigts de large sur lequel on a cousu de longs tuyau[x] de jais blanc, mis obliquement à côté les uns des autres, et qui vont du bord au milieu du ruban rétréci vers s[es] deux extrémités. Il n'en coûte ainsi que quelques *centimes* pour donner à la ci-devant bourgeoise un faux air de *Cl[y]temnestre*. Quant à l'*esprit*, il est, ou blanc ou noir, ou en fil d'or ou d'argent.

BIBLIOTHÈQUE GERMANIQUE

ET

BIBLIOGRAPHIE UNIVERSELLE.

N.° II.   Frimaire an IX.

BIBLIOTHÈQUE GERMANIQUE.

Opuscules de *Schlosser*. pag. 129	Flore de Salzbourg. 246
Annales de l'humanité souffrante. 144	— d'Allemagne. 247
Etablissement de Finance. 151	Traité de l'Acacia. *ibid.*
Histoire géographique de l'homme, etc. 154	Littérature de l'histoire d'Allemagne. 249
Coléoptères de la Prusse. 162	Almanach généalogique. 251
Julie, comédie. 168	Notices sur les savants d'Ulm. *ibid.*
La vallée de Selfersdorf. 190	L'Allemagne industrieuse. 252
Voyages d'un Russe. 196	Fleurs des poëtes grecs. 253
Distique de *Schiller*. 210	République de Platon. 254
Aperçu de la Lithuanie. 211	Voyage de Rolando. 255
Nécrologe. Busch. 221	— des élèves de Schnepfenthal. *ibid.*
La Salamandre et la Statue, par *Wieland*. 224	Nouveau magasin militaire. 256
Opuscules de *Blumenbach*. 245	

BIBLIOGRAPHIE UNIVERSELLE.

Religion et Philosophie morale. 63	Histoire, Voyages et Géographie. 84
Politique, Manufactures et Commerce. 68	Belles-Lettres et Beaux Arts. 95
	Journaux. 103
Métaphysique et Mathématiques. 73	Spectacles de Paris. 104
Sciences naturelles, Physique et Chymie. 74	Peinture. 105
Arts curatifs et vétérinaires. 79	Mélanges, Biographie, Inventions, Anecdotes et Modes. 110
Economie domestique et rurale. 83	

BIBLIOTHÈQUE GERMANIQUE

ET

BIBLIOGRAPHIE UNIVERSELLE.

N.° III. Nivose an IX.

BIBLIOTHÈQUE GERMANIQUE.

La Salamandre et la Statue. (Suite.) pag. 257		Poésies de Salis.	371
		Le Naturaliste.	372
Voyages de *Lenz*.	280	Galerie de Conjurations.	373
Sparte, par *Manso*.	292	Tableau de la Russie.	374
Histoire de Bernard le Grand.	304	Curiosités de Pyrmont.	375
La Création, Oratorio de *Hayden*.	308	Voyage en Allemagne.	375
		Edition de *Vitruve*.	377
Kalligone, par *Herder*.	314	Traduction des vies de *Plutarque*.	379
Hulda, la belle Ondine.	330		
Gustave Vasa, Octavie et Bayard, par *Kotzebue*.	344	Manuel poétique.	380
		Le Chevalier noir.	382
Etat de la musique à Vienne.	352	Heliodora.	383
Vallée de Seifersdorf.	362	Balsora.	384
Fête de Klopstock.	368		

BIBLIOGRAPHIE UNIVERSELLE.

Religion et Philosophie morale.	113	Belles-Lettres et Beaux Arts.	137
Politique, Manufactures et Commerce.	116	Romans.	141
		Spectacles de Paris.	148
Métaphysique et Mathématiques.	123	Musique.	150
Sciences naturelles, Physique et Chymie.	124	Dessin.	152
		Gravure.	153
Arts curatifs et vétérinaires.	126	Sociétés savantes.	154
Economie domestique et rurale.	130	Mélanges, Biographie, Découvertes ou Inventions, Anecdotes et Modes.	
Histoire, Voyages et Géographie.	132		157

BIBLIOTHÈQUE GERMANIQUE

ET

BIBLIOGRAPHIE UNIVERSELLE.

N.° IV. Pluviose an IX.

BIBLIOTHÈQUE GERMANIQUE.

Le nouvel Amour.	pag. 385	Voyage dans la-Suisse.	420
La Salamandre et la Statue. (Fin.)	Ibid.	— De *Damberger*.	422
Destination de l'homme.	406	Atlas céleste.	461
Sophophone.	410	Librairie allemande.	466
Suwarow.	412	Esquisses de Hambourg.	469
Guerre de Pologne.	414	— De Vienne.	477
Feuilles artielles.	416	Livres de poche.	484
Bas-relief du dix-huitième siècle.	417	Ephémerides géographiques.	489
Ephémérides italiennes.	419	Voyage de Julie.	490
		Villes et châteaux de Danemarck.	492

BIBLIOGRAPHIE UNIVERSELLE.

Religion et Philosophie morale.	151	Spectacles	193
Politique, Manufactures et Commerce.	166	Musique.	199
Sciences naturelles, Physique, et Chymie.	169	Danse.	Ibid.
		Gravure.	Ibid.
Arts curatifs et vétérinaires.	171	Sociétés savantes.	202
Economie domestique et rurale.	173	Institut national de France.	
Histoire, Voyages et Géographie.	177	Mélanges, Biographie, Découvertes	
Belles-Lettres et Beaux Arts.	183	ou Inventions, Anecdotes et Modes	204

Traité des maladies vénériennes, par *Swediaur*, 4.ᵉ édition, revue et considérablement augmentée. 2 gros vol. in-8.º 10 fr.

Description historique et chronologique des monuments anciens de sculpture déposés au Musée de Paris; par *Lenoir*, conservateur du Musée, membre de l'Institut national. 4 vol. in-8.º avec des gravures pour la représentation de chaque monument. Prix 32 fr. (Le premier volume paraîtra incessamment. Prix de celui-ci, 8 fr.).

Philosophia Indica, id est : Oupneckat, seu Secretum tegendum: opus ipsâ in Indiâ rarissimum, continens antiquam et arcanum doctrinam, è quatuor sacris Indorum libris : Rak-Beid, Djedjv-Beid, Sam-Beid, Athrbar-Beid, *excerptam, ad verbum è Persico idiomate Samskreticis vocabulis intermixto in latinum conversum, et notis dfficiliora explanantibus illustratum; studio et operâ* nquetil Duperron, *Indico-pleustæ.* 2 vol. in-4.º Prix,) fr.

Chef-d'œuvres dramatiques de Charles *Goldoni*, traduits pour la première fois en français; avec le texte italien à côté de la traduction, un discours préliminaire sur la vie et les ouvrages de *Goldoni*, des notes et une analyse raisonnée de chaque pièce ; par M. A. A. D. R. in-8.º à 3 liv. 10 s. le vol.

Géorgiques françaises, *ou* l'Homme des Champs, par Jacques *Delille*, édition in-4.º sur papier grand raisin vélin, avec quatre figures. 48 fr.

Idem. sur papier jésus, figures avant la lettre. 72 liv.

Knox's Winter-Evenings, 2 vol. in-8.º 8 fr.

Coxe's Travels through Schwitzerland, with the Notes of

www.ingramcontent.com/pod-product-compliance
Lightning Source LLC
Chambersburg PA
CBHW071708300426
44115CB00010B/1352